Online-Kommunikation für Verbände

EBOOK INSIDE

Die Zugangsinformationen zum eBook inside finden Sie am Ende des Buchs.

Ralf-Thomas Hillebrand

Online-Kommunikation für Verbände

Wie Ihre Botschaften die Zielgruppen sicher erreichen und überzeugen

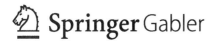

Springer Gabler

Ralf-Thomas Hillebrand
politik & internet
Berlin
Deutschland

ISBN 978-3-658-13266-8 ISBN 978-3-658-13267-5 (eBook)
https://doi.org/10.1007/978-3-658-13267-5

Die Deutsche Nationalbibliothek verzeichnet diese Publikation in der Deutschen Nationalbibliografie; detaillierte bibliografische Daten sind im Internet über http://dnb.d-nb.de abrufbar.

Springer Gabler

Gedruckt auf säurefreiem und chlorfrei gebleichtem Papier

Springer Gabler ist Teil von Springer Nature
Die eingetragene Gesellschaft ist Springer Fachmedien Wiesbaden GmbH
Die Anschrift der Gesellschaft ist: Abraham-Lincoln-Str. 46, 65189 Wiesbaden, Germany

Inhaltsverzeichnis

Einleitung 1

1.1 Warum dieses Buch?

Es gibt bisher im deutschsprachigen Raum kaum Literatur, die sich grundlegend mit der Online-Kommunikation von Verbänden auseinandersetzt und dabei zugleich den Verbandskommunikatoren ein Instrumentarium an die Hand gibt, das sie bei ihren Maßnahmen von einer kommunikationswissenschaftlich untermauerten Strategieentwicklung bis hin zur adäquaten technischen Umsetzung praktisch unterstützt (vgl. Preusse und Zielmann 2010).

Die Gründe dafür sind vielschichtig. Einer der wichtigsten ist jedoch zweifelsohne, dass der Fokus nicht nur der Medien, sondern auch der wissenschaftlichen Literatur vor allem auf erfolgreiche massenwirksame Kampagnen der Online-Kommunikation gerichtet ist. Wenn Umweltorganisationen mittels Social-Media-Kampagnen Konzerne in die Knie zwingen, wenn Präsidentschaftswahlkämpfe in den USA durch Online-Campaigning entschieden werden, wenn ein Hashtag es wegen seiner Bedeutung für einen breiten gesellschaftlichen Diskurs bis zum Grimme-Preis schafft – dann werden die Kampagnen und Instrumente anschließend durch viele Autoren engagiert analysiert.

Die Erkenntnisse aus diesen Analysen werden dann jedoch allzu oft auf alle Organisationen angewendet, die politische Kommunikation online betreiben – mithin auch auf Verbände. Dabei wird jedoch vielfach übersehen, dass Verbände bisweilen völlig andere Interessen verfolgen.

Ein Musterbeispiel dafür ist eine wissenschaftliche Untersuchung aus dem Jahr 2013 mit dem Titel „Der Partizipationsmythos – Wie Verbände Facebook, Twitter & Co. nutzen". Sie kommt nach der Analyse der Facebook-Seiten von 35 Verbänden zu folgendem Ergebnis (Hoffjann und Gusko 2013):

> Wenn man (…) das Partizipationsniveau bzw. die Diskussionskultur deutscher Verbände nur an den Facebook-Profilen messen würde, so wären sie autoritäre Organisationen.

R.-T. Hillebrand, *Online-Kommunikation für Verbände*,
https://doi.org/10.1007/978-3-658-13267-5_1

Indem sie in ihrem Titel erst einen „Partizipationsmythos“ kreiert und ihn dann mit empirischen Daten konterkariert, suggeriert die Studie wie selbstverständlich, dass das Kommunikationsziel aller Verbände beim Betrieb einer Facebook-Fanpage die „Partizipation“ sein müsse – so wie bei Umweltschutz-, Menschenrechts- oder anderen Public-Interest-Organisationen.

Dabei unterscheiden sich die Kommunikationsaufgaben von Public-Interest-Organisationen und Verbänden gravierend: Erstere werben vor allem um Unterstützung für Ziele, die – tatsächlich oder vermeintlich – dem Gemeinwohl dienen. Über diese Ziele besteht in der Regel gesellschaftlich oder zumindest in der angesprochenen Zielgruppe ein Konsens. Public-Interest-Organisationen arbeiten deshalb vor allem an der Mobilisierung von Unterstützern, die in dem fraglichen Diskurs von Anfang an eine analog ausgerichtete Meinung besitzen.

Die Aufgabe von Verbänden ist hingegen die Vertretung der Interessen ihrer Mitglieder. Kommunikationsbedarf besteht bei Verbänden beispielsweise besonders dann, wenn öffentliche Meinung und Interessen der Verbandsmitglieder divergieren. Die Kommunikation zielt dann vor allem darauf, einen Meinungsumschwung bei politischen Entscheidern oder der Öffentlichkeit zu erzielen, beispielsweise, indem der Verband zu vermitteln versucht, dass die konkreten Verbandsziele auch im Sinne des Gemeinwohls sind. Diese *persuasive* Kommunikation versucht also zu überzeugen oder Einfluss auf Willensbildung zu nehmen – bei Menschen, die in dem fraglichen Diskurs eine abweichende Meinung besitzen.

Während Public-Interest-Organisationen vor allem mit der breiten Öffentlichkeit kommunizieren, zielt der Lobbyismus klassischer Verbände primär auf politische Entscheidungsträger.

Schließlich tendieren Public-Interest-Organisationen zu Single-Issue-Kampagnen, während klassische Verbände kontinuierlich korporatistisch ausgerichtete Kommunikation betreiben.

Diese unterschiedlichen Konstellationen bedingen, jedenfalls in vielen Aspekten der Online-Kommunikation, völlig unterschiedliche strategische Ansätze. Die Online-Kommunikation von Public-Interest-Organisationen und Verbänden lässt sich insofern kaum vergleichen.

Dieses Buch widmet sich deshalb spezifisch der Online-Kommunikation von klassischen Verbänden – wie Wirtschafts- und Industrieverbänden, Fach- und Berufsverbänden, Sozial- und Wohlfahrtsverbänden oder Arbeitgeberverbänden – und berücksichtigt dabei die strategischen Erfordernisse bei der Verfolgung ihrer spezifischen Ziele.

1.2 Wissenstransfer in Verbände

Es ist auch Konsequenz solch unzureichender wissenschaftlicher Aufarbeitung, dass es in der Online-Kommunikation von Verbänden zunehmend zu nicht zu übersehenden Fehlentwicklungen kommt.

So sind es, wie die Bundeszentrale für politische Bildung moniert, nicht mehr nur Einzelfälle, in denen Industrieverbände die Mobilisierungskonzepte großer Public-Interest-Organisationen auf äußerst fragwürdige Weise kopieren, indem sie – ohne sich als Initiator zu erkennen zu geben – Grassroot-Kampagnen einer de facto nicht vorhandenen Basis in der Bevölkerung künstlich aufzubauen versuchen (BPB 2010). Nicht nur ethisch ist ein derartiges, sogenanntes Astroturfing[1] problematisch. Denn spätestens, wenn sich die Medien eines solchen Falles annehmen, droht ein gewaltiger Imageschaden. Abgesehen davon aber offenbart das Vorgehen vor allem Defizite in der strategischen Konzeption.

Strategische Defizite in der Online-Kommunikation von Verbänden sind allerdings häufiger noch dort erkennbar, wo es um ureigenste Aufgaben der Verbände geht, nämlich bei der öffentlichen Artikulation von Interessen.

Ein Dilemma – nicht nur für Verbandskommunikation – lautet: Im Internet lassen sich Rezipienten zwar *technisch* einfacher, *de facto* aber zumeist schwieriger erreichen als über andere Medien. Denn während eine erfolgreich in die Zeitung lancierte Pressemitteilung vom Auge des Zeitungslesers zumindest kurz wahrgenommen werden dürfte und während eine an viele Empfänger gratis versendete PR-Broschüre durchaus die Chance hat, auch gelesen zu werden, ist die Wahrscheinlichkeit sehr viel geringer, dass eine im Internet publizierte Nachricht – jedenfalls ohne entsprechendes Werben um Rezipienten – überhaupt ihre Zielgruppe erreicht.

In der Online-Kommunikation von Verbänden besteht die Gefahr eines folgenschweren Missverständnisses: nämlich zu glauben, dass Botschaften im Internet zu publizieren, in denen die Interessen des Verbands artikuliert werden, bereits wirksame Interessenvertretung sei. Eine dafür notwendige, angemessene Reichweite bleibt indes zunächst rein hypothetisch.

Belege für solche Missverständnisse gibt es zuhauf, etwa in Form von erfolglosen Verbandsrepräsentanzen in sozialen Netzwerken, die – mangels relevanter Besucherzahlen aufgegeben – als Mahnmal konzeptioneller Ratlosigkeit noch online stehen. Oder unzählige „Kampagnen-Websites", die als Onlinevariante von klassischen Image- oder Werbekampagnen eingerichtet wurden, und denen man – vor allem, wenn es Kommentar- oder Mitmachfunktionen gibt, die niemand nutzt – anmerkt, dass eine Strategie dazu fehlt, wie man die Zielgruppe für einen Besuch gewinnen kann.

Die Problematik besteht vor allem darin, dass es sich beim Internet nicht um ein einzelnes Medium handelt. Vielmehr ist es ein Metamedium, das einen globalen öffentlichen Raum darstellt, in dem unzählige, miteinander konkurrierende Medien zur Verfügung stehen. Hypertextualität ist ein wichtiges Strukturmerkmal des Internets; Nutzer nehmen ihre eigenen Wege zwischen einzelnen Medien im Web.

Wie alle Internetnutzer müssen sich deshalb auch die Zielgruppen der Verbandskommunikation den öffentlichen Raum des Metamediums selbst erschließen, bevor sie Medien daraus rezipieren können. Dazu nutzen sie Softwarewerkzeuge, allen voran

[1] Der Begriff ist vom Markennamen eines Kunstrasenherstellers abgeleitet. Er versinnbildlicht somit eine künstlich erzeugte Graswurzelbewegung.

Suchmaschinen, aber auch abonnierbare Dienste, wie etwa Newsletter. Zunehmend erfolgt das Erschließen von Information auch über soziale Netzwerke, bei denen virtuelle soziale Beziehungen als Filter fungieren und durch entsprechende Algorithmen eine bestimmte Auswahl an Information treffen, die der Internetnutzer dann sieht. Jeder Verband muss sich daher, wenn er im Internet wahrgenommen werden möchte, aktiv darum bemühen, seine Zielgruppen über neue Online-Publikationen auch in Kenntnis zu setzen.

Wie häufig dieser qualitative Unterschied zwischen klassischen Medien und Internet verkannt wird, zeigt sich bereits an einfachen Beispielen. So ergab eine Untersuchung von Verbandswebsites im Jahr 2011, dass von den knapp 1800 Verbänden, die als Interessenvertretungen beim Deutschen Bundestag registriert waren (Deutscher Bundestag 2016) und zugleich über eine eigene Website verfügten, nur 9,4 Prozent einen technisch validen und inhaltlich qualifizierten RSS-Feed[2] anboten (Hillebrand 2011).

Ähnlich flächendeckend, zeigen sich strategische Schwächen in der internen Struktur der Websites vieler Verbände – mit allerdings noch gravierenderen Konsequenzen: In ihrem Aufbau sind viele Webpräsenzen nämlich konzeptionell nicht an der Aufgabe ausgerichtet, die Interessen des Verbandes und seiner Mitglieder wirksam nach außen zu artikulieren.

Denn nur wenige Internetnutzer, gleich welcher Zielgruppe, werden über Navigation oder Suchfunktionen auf der Website eines Verbands dessen politische Positionen aktiv recherchieren. Und die dies tun, kennen höchstwahrscheinlich schon mehr oder weniger genau die Interessenkonstellation. Die Online-Kommunikation wirkt somit in der immer gleichen Zielgruppe nur redundant – und ist damit politisch nur bedingt wirksam. Ein kommunikationsstrategisch fundiertes Bemühen um Interessenartikulation gegenüber einer – möglichst wachsenden – Zielgruppe erkennt man hingegen daran, dass jene Dokumente, die Interessen artikulieren, nicht nur gefunden werden können, sondern dass im Umfeld von Nachrichten oder ähnlichen, vergleichsweise reichweitenstarken Inhalten um Leser für sie geworben wird. Dies kann durch sogenannte Teaser[3] geschehen oder durch aussagekräftige Links.

Beispielsweise könnte es sein, dass Besucher häufig die Branchennachrichten eines Verbandes nutzen. Sofern der Verband danach trachtet, dass diese Zielgruppe etwa die Artikulation einer Verbandsposition zur Kenntnis nimmt oder gar eine bestimmte Haltung in einem Diskurs entwickelt, wäre es sinnvoll, dass im Umfeld jeder Nachricht wirkungsvoll auf einen weiteren Artikel hingewiesen wird, der die Verbandsposition darstellt. Die

[2] RSS ist eine sehr einfach und kostengünstig zu implementierende Technologie, mittels derer sich Internetnutzer ohne Preisgabe ihrer persönlichen Daten in Echtzeit über neue Inhalte einer Website informieren lassen können. Sie müssen dazu nur mit wenigen Mausklicks den entsprechenden RSS-Feed der Website abonnieren. Die meisten Browser und viele E-Mail-Programme beherrschen RSS, sodass der Abonnent eines RSS-Feeds eine eigene Software nicht benötigt.

[3] Als Teaser bezeichnet man kleinformatige Ankündigungen weiterführender Inhalte mit kurzen Anrisstexten, die oft auch mit Bildern versehen sind. Sie sollen Neugier beim Besucher der Website auslösen und zum Anklicken und Lesen eines weiteren Inhalts verleiten.

Besucher müssen also von einem Nachrichtentext, den sie selbst lesen wollten, auf einen anderen Artikel weiterverwiesen werden, der die Interessen des Verbands artikuliert.

Teaser oder anderweitige kommunikationsstrategisch sinnvolle Verlinkungen dieser Art findet man jedoch auf vielen Verbandswebsites kaum oder gar nicht. Was jeder engagierte Lobbyist in der Realität tun würde, nämlich im Dialog mit den an seinem Verband Interessierten auch die Verbandspositionen darzulegen, findet online somit auf vielen Websites praktisch nicht statt. Während etwa im Online-Marketing eine hohe *Stickiness*[4] von Websites zentrales Ziel ist und die *User Journey*, also der Weg eines Nutzers über eine Website oder sogar mehrere Online-Plattformen hinweg, akribisch vorausgeplant wird, bleibt es in der politischen Kommunikation von Verbänden vielfach dem Zufall überlassen, ob Zielgruppen die an sie gerichteten Botschaften überhaupt zu sehen bekommen.

Gerade dieses Phänomen dürfte auch damit zusammenhängen, dass die meisten mit politischer Online-Kommunikation befassten Autoren in Medien und Fachliteratur kaum zwischen den mobilisatorischen Aufgaben erfolgreicher Public-Interest-Organisationen und den persuasiven von Verbänden differenzieren – und somit adäquate Rezepte für die Verbandskommunikation im Schrifttum nur vereinzelt dargestellt sind.

Die möglicherweise problematischste Entwicklung für die Online-Kommunikation von Verbänden ergibt sich aus dem unaufhaltsamen Trend hin zu freier Software. Die Open-Source-Communitys stellen immer leistungsfähigere Softwareprodukte bereit, mit welchen man ohne jegliche Investition die Grundvoraussetzungen für Online-Kommunikation in allen Facetten an die Hand bekommt. Es dürfte wohl mittlerweile die Mehrheit der deutschen Verbände sein, die ihre Website mit einem Content-Management-System wie Typo3, Joomla, WordPress, Drupal oder Contao betreibt. Mit einem solchen CMS eine Website aufzusetzen, ist ohne viel Aufwand und ohne umfangreiche Kenntnisse möglich, ein ansprechendes Webdesign ist oft schon inklusive. Allerdings: Soll die Website auch die funktionalen Anforderungen erfüllen, die in der politischen Interessenvertretung dann ratsam sind, wenn man Zielgruppen wirklich erreichen möchte, so muss auch mit einem Open-Source-CMS individuell (und damit kostenträchtig) programmiert werden. Wenn also die Website über RSS verfügen und eine sinnvolle User Journey vorgeplant sein soll, wenn die Website gut mit sozialen Netzwerken als Quelle von Besuchern harmonieren und Suchmaschinen die Inhalte möglichst weit vorne anzeigen sollen, oder wenn Nutzer gar Infos zu neuen Inhalten spezifisch nach ihrem Interesse an bestimmten Themen abonnieren können sollen, dann steigt der finanzielle Aufwand sofort drastisch an. Denn das leistet auch kein Open-Source-CMS von selbst.

Viele Verbände erliegen aber bei ihrer Entscheidung für ein Open-Source-CMS der Verlockung, sich mit dem bescheidenen funktionalen Niveau einer Standardinstallation zu begnügen, um die programmiertechnischen Kosten auf ein Minimum zu reduzieren. Einen

[4] Als Stickiness (englisch für „Klebrigkeit") bezeichnet man die Eigenschaft einer Website, Besucher festzuhalten. Eine wesentliche Voraussetzung dafür ist, dass dem Besucher auf jeder Seite entsprechend attraktive Angebote gemacht werden, weitere Seiten aufzurufen. Dazu werden unter anderem Teaser eingesetzt.

Eindruck von der technischen Qualität von Verbandswebsites gibt eine Stichprobe aus dem Jahr 2015: Bei einem Test der Validität ihres HTML-Codes fielen 33 von 35 Websites großer deutscher beim Bundestag registrierter Lobbyorganisationen, überwiegend Verbände, durch (Hillebrand 2015). Bei dem Validierungstest, der mit einem frei zugänglichen Tool des für Technikstandards im Internet zuständigen World Wide Web Consortiums erfolgte, fand sich bei 20 Websites eine jeweils mindestens zweistellige Anzahl von Programmierfehlern im Code. Diese verhindern zwar nicht unbedingt eine lesbare Darstellung in normalen Browsern, sie können aber beispielsweise Suchmaschinen eine korrekte Analyse erschweren – und mithin Besucher kosten. Befunde wie dieser belegen, mit welch geringen personellen und kognitiven Ressourcen Verbandswebsites vielfach aufgesetzt werden.

Dass sich Verbände und ihre Dienstleister so häufig auf geringe strategische Ansprüche in der Online-Kommunikation oder auch auf technisch unzureichende Programmierung einigen, dürfte nicht nur eine Frage der Kosten sein. Es ist auch eine Frage des spezifisch für Verbände zur Verfügung stehenden Know-hows. Dieses Buch ist deshalb mit der Zielsetzung entstanden, Verbänden das für ihre Anforderungen erforderliche spezifische Wissen zu erfolgreicher Online-Kommunikation in kompakter Form zur Verfügung zu stellen.

Literatur

BPB – Bundeszentrale für politische Bildung (2010). Grassrootscampaigning und Chancen durch neue Medien, Abschnitt: Künstliche Graswurzeln. http://www.bpb.de/apuz/32777/grassrootscampaigning-und-chancen-durch-neue-medien?p=all. Zugegriffen: 4. Apr. 2016.

Deutscher Bundestag (2016). Öffentliche Liste über die Registrierung von Verbänden und deren Vertretern. https://www.bundestag.de/dokumente/lobbyliste. Zugegriffen: 6. Mai 2016.

Hillebrand, R.-T. (2011). Nutzung von RSS-Feeds im deutschen Verbandswesen – Eine Untersuchung von 1769 Websites. http://www.polkomm.net/pdf/untersuchung_verbaende_und_rss.pdf. Zugegriffen: 6. Mai 2016.

Hillebrand, R.-T. (2015). Alles außer Kontrolle! – Wer kontrolliert die Entwickler von Webseiten der Verbände? In *Verbändereport 5/2015* (S. 22–25). Bonn: businessFORUM.

Hoffjann, O., & Gusko, J. (2013). *Der Partizipationsmythos – Wie Verbände Facebook, Twitter & Co. nutzen* (S. 8). Frankfurt/Main: Otto-Brenner-Stiftung.

Preusse, J., & Zielmann, S. (2010). Gesellschaftlicher Wandel, Mediengesellschaft und Wirtschaft – Die Kommunikationsaktivitäten bundesweit agierender Interessenverbände der Wirtschaft (S. 301). In W. Schroeder & B. Weßels (Hrsg.), *Handbuch Arbeitgeber- und Wirtschaftsverbände in Deutschland* (S. 298–315). Wiesbaden: VS Verlag für Sozialwissenschaften.

2 Strategieentwicklung

2.1 Typische Ziele der Online-Kommunikation von Verbänden

Die Kommunikationsziele von Verbänden sind üblicherweise komplexer als jene von Public-Interest- oder Wahlkampforganisationen, obwohl Letztere viel häufiger im Fokus kommunikationswissenschaftlicher Analysen stehen. Verbandskommunikation hat es fast immer mit diversen Zielgruppen zu tun, die – oft mit stark unterschiedlicher Zielsetzung – auch online erreicht werden sollen. Im Allgemeinen werden zu diesen Zielgruppen vor allem Entscheidungsträger in Politik, öffentlichen Institutionen und bei den Stakeholdern gezählt, außerdem die Medien und öffentliche Meinungsführer sowie die Verbandsmitglieder (Schütte 2010). In vielen Fällen wird zudem auch die breite Öffentlichkeit dazu gerechnet (Giessmann 2014; Romba 2006).

Einen strukturierten Überblick über potenzielle Kommunikationsziele von Verbänden gegenüber den Zielgruppen der Verbandskommunikation findet man bei Velsen-Zerweck (1995), siehe Tab. 2.1.

Lässt man Mitarbeiterkommunikation und sehr allgemein formulierte Ziele (wie das Erhöhen der Mitgliederzufriedenheit und die Vertretung der Branche) außer Acht, verbleiben die nachfolgend gelisteten möglichen Ziele. Sie werden im Folgenden als Kommunikationsaufgaben bezeichnet, da sie über die eigentlichen, konkreten Verbandsziele noch nicht unbedingt etwas aussagen.

Typische online-relevante Kommunikationsaufgaben von Verbänden nach Zielgruppen

- **Zielgruppe: Medien, Öffentlichkeit und Meinungsführer**
  - Artikulation der Verbandsmeinung nach außen
  - Bekanntheitsgrad fördern

R.-T. Hillebrand, *Online-Kommunikation für Verbände*,
https://doi.org/10.1007/978-3-658-13267-5_2

- Image verbessern
  - Vertrauensaufbau
  - Initiierung von Meinungsbildung
  - Aufmerksamkeit für die Sache/den Anlass erzeugen
  - Werbung für Dienstleistungen und Produkte der Verbände
- **Zielgruppe: Medien**
  - Presse- und PR-Aufgaben für eine Branche übernehmen
- **Zielgruppe: Politiker, Meinungsführer**
  - Interessenvertretung und -durchsetzung gegenüber Dritten
  - Sachverstand in die politische Diskussion bringen
- **Zielgruppe: Mitglieder**
  - Beratung der Mitglieder
  - Fortbildungsleistungen für Mitglieder
  - Mitglieder halten beziehungsweise neue werben

Tab. 2.1 Elemente des Kommunikationsmix in Verbänden für unterschiedliche Zielgruppen

Kommunikation	Zielgruppen	Mögliche Ziele
Öffentlichkeitsarbeit/ PR	• Medien • Öffentlichkeit • Meinungsführer	• Artikulation der Verbandsmeinung nach außen • Bekanntheitsgrad fördern • Image verbessern • Vertretung der Branche • Vertrauensaufbau • Initiierung der Meinungsbildung
Lobbying	• Politiker • Meinungsführer	• Interessenvertretung und -durchsetzung gegen über Dritten • Sachverstand in politische Diskussion bringen
Verbandsmitglieder-Kommunikation	• Aktuelle, potenzielle und ehemalige Mitglieder	• Beratung der Mitglieder • Fortbildungsleistungen für Mitglieder • Mitglieder halten bzw. neue Mitglieder werben • Mitgliederzufriedenheit erhöhen
Verbandsmitarbeiter-Kommunikation	• Aktuelle, potenzielle und ehemalige Mitarbeiter	• Informations- und Erfahrungsaustausch • Mitarbeiter halten bzw. neue Mitarbeiter gewinnen • Mitarbeiterzufriedenheit erhöhen
Werbung allgemein/ Andere Kommunikationsinstrumente	• Öffentlichkeit als Ganzes oder bestimmter Teil	• Initiierung der Meinungsbildung • Aufmerksamkeit für die Sache/den Anlass erzeugen • Presse- und PR-Aufgaben für eine Branche übernehmen • Werbung für Dienstleistungen und Produkte der Verbände

Für alle hier genannten Kommunikationsaufgaben von Verbänden sollen im Folgenden prototypische Strategien für die Online-Kommunikation skizziert werden. Dabei soll deutlich werden, welche Überlegungen in strategische Planung mit einzubeziehen sind. Eine wesentliche Rolle spielen dabei vor allem folgende Aspekte:

- Wie kann der Kommunikationsprozess kommunikationswissenschaftlich betrachtet funktionieren?
- Wie erreicht man die spezifische Zielgruppe möglichst genau und mit hoher Reichweite?
- Welcher Ablauf des Kommunikationsprozesses ist als Konsequenz der ersten beiden Aspekte am sinnvollsten?

2.2 Politische Online-Kommunikation und Medienwirkung

Mit dem Aufkommen des Internets ist Massenkommunikation gewissermaßen profan geworden: Niemand mehr, schon gar kein Verband, ist ausgeschlossen von der Möglichkeit, seine Botschaften in Echtzeit an die Allgemeinheit zu richten. Dies verleitet allerdings häufig zu dem Schluss, auch politische Kommunikation sei dadurch trivial geworden. Doch birgt die Online-Kommunikation gerade für Verbände ein hohes Risiko, dass Maßnahmen mehr oder weniger wirkungslos verpuffen.

Wilfried Schulz kritisiert ganz generell in seinem Werk „Politische Kommunikation" einen weit verbreiteten Illusionismus (Schulz 2008, S. 309):

> Praktiker der politischen Öffentlichkeitsarbeit gehen meist ganz selbstverständlich von der Wirksamkeit ihrer Maßnahmen aus. Für die Kommunikationsforschung ist das aber eine offene, empirisch zu klärende Frage.

So ist aus kommunikationswissenschaftlicher Sicht betrachtet beispielsweise eine weit verbreitete Vorstellung zu einem erheblichen Teil reine Illusion – nämlich, dass gute Argumente die Rezipienten im politischen Diskurs überzeugen und dass deshalb bereits die Publikation guter Argumente die Meinungsbildung entsprechend beeinflusst.

Auch wenn die empirische Medienwirkungsforschung in ihrer etwa siebzigjährigen Geschichte unterschiedlichste und zum Teil höchst differenzierte Modelle dazu entwickelt hat, wie sich Massenkommunikation im Detail auf die Einstellungen[1] der Rezipienten auswirkt, so hat doch der von Joseph Klapper im Jahr 1960 formulierte *Verstärkereffekt* bis heute im Kern Gültigkeit (Schrott 1997).

Klapper führte in seinem Werk *The Effects of Mass Communication* die These aus, dass Massenkommunikation jene Einstellungen, Meinungen und Verhaltensdispositionen, welche die Rezipienten bereits besitzen, vor allem verstärkt und folglich – wenn überhaupt – nur in geringem

[1] Der Begriff „Meinung" bezeichnet eine eher punktuelle oder kurzfristig entstandene Haltung, „Einstellung" hingegen eine eher grundsätzliche, von längerfristigen Erkenntnisprozessen und Erfahrungen bestimmte Überzeugung.

Maße persuasiv wirkt, also Einstellungen verändernd (Schenk 2016). Dies dürfte selbstverständlich auch für Massenkommunikation im Internet gelten, das Klapper noch nicht kannte.

Meinungsbildend kann Massenkommunikation deshalb am einfachsten dann wirken, wenn Rezipienten noch keine abgeschlossene Einstellung entwickelt haben. So sind etwa auch in Wahlkämpfen vormalige Nichtwähler und Unentschlossene die wichtigsten Zielgruppen der Parteistrategen – und nicht etwa die Stammwählerschaft anderer Parteien (vgl. Schulz 2008, S. 303).

Das Dilemma für erfolgreiche Verbandskommunikation lautet jedoch: Im Internet lassen sich meinungsoffene Rezipienten besonders schwierig erreichen. Dies liegt vor allem daran, dass Internetnutzer sich die zu rezipierenden Medien im Metamedium Internet zunächst erschließen müssen; man bezeichnet dies auch als *Informationsexploration*. Sofern Menschen keine gefestigte Meinung zu bestimmten Diskursen besitzen, spricht aber vieles dafür, dass es ihnen schwerfallen wird, mediale Information im Internet zu dem entsprechenden Thema aktiv zu suchen – nämlich beispielsweise, weil ihre Motivation dazu eher gering ist, oder auch, weil ihnen die Terminologie nicht geläufig ist, die dafür etwa bei Suchmaschinen einzugeben wäre.

Eli Pariser hat den vielbeachteten Begriff der *Filter Bubble* dafür geprägt, dass es charakteristisch für die Algorithmen von Suchmaschinen, sozialen Netzwerken und anderen personalisierten Angeboten im Internet sei, jedem Nutzer Inhalte anzubieten, die seinen eigenen Einstellungen in starkem Maße entsprechen (Pariser 2011). Der Einzelne erhält demzufolge keinerlei Denkanstöße, die von seiner Haltung abweichen oder gar persuasiv zu wirken in der Lage wären. Umgekehrt finden Rezipienten, die noch für eine Meinungsbildung offen sind, aufgrund der selektiv wirkenden Algorithmen nicht ohne Weiteres zu entsprechenden Internetangeboten.

Winfried Schulz beschreibt dieses Phänomen im Zusammenhang mit Wahlkämpfen wie folgt (Schulz 2008, S. 242):

> Das Internet verstärkt am ehesten Einstellungen und Wahlabsichten; Umstimmungen sind dagegen eher unwahrscheinlich (...). Das liegt vor allem an der Charakteristik des Internets als Pull-Medium. Um in Kontakt mit der Website einer Partei oder eines Kandidaten zu kommen, muss der Nutzer diese aktiv aufsuchen. In der Regel sind dann bereits ein Interesse, eine Motivation und oft auch eine politische Neigung vorhanden. Mit den Web-Angeboten erreichen Parteien und Kandidaten daher hauptsächlich ihre Anhänger und Sympathisanten.

Onlinemedien von Verbänden haben es schwer, jene Zielgruppen überhaupt zu erreichen, auf deren Meinung unter Umständen Einfluss genommen werden kann. Die Kommunikationsaufgabe der „Initiierung von Meinungsbildung" kann insofern prinzipiell nur dann erfolgreich angegangen werden, sofern man meinungsoffene Zielgruppen tatsächlich erreicht. Dazu muss man gezielt um sie werben – und zwar vor allem außerhalb der eigenen Onlinemedien. Sofern entsprechende Maßnahmen unterbleiben, werden mit der Online-Kommunikation in starkem Maße nur jene Rezipienten erreicht, die weder für Meinungsbildung offen sind noch einer Artikulation der Verbandsinteressen bedürfen – nämlich das Verbandsumfeld und andere Stakeholder.

Um meinungsoffene Rezipienten zu gewinnen, ist permanentes Bemühen um neue, erstmalige Besucher für die Onlineangebote erforderlich; dies kann logischerweise nur außerhalb der eigenen Onlinemedien, nämlich auf der Ebene des Metamediums Internet geschehen. Der Auffindbarkeit über Suchmaschinen, der Nutzung sozialer Medien, dem Online-Marketing oder der Verlinkung eigener Angebote durch externe Websites kommen daher für den kommunikativen Erfolg essenzielle Bedeutung zu. Strategisch durchdachtes *Targeting*, also die Ansprache von Zielgruppen mit spezifischen, beispielsweise demografischen oder soziologischen Eigenschaften, ist dabei äußerst sinnvoll.

Auch wenn man als zutreffend ansehen darf, dass persuasive Kommunikation am wahrscheinlichsten bei Menschen wirkt, die noch keine Meinung oder gar ausgereifte Einstellung besitzen, impliziert eine ganze Reihe kommunikationswissenschaftlicher Theorien und Modelle aus heutiger Zeit jedoch, dass Klappers Verstärkerthese den tatsächlichen Prozess öffentlicher Meinungsbildung zu vereinfachend darstellt.

So geht das *Elaboration-Likelihood-Model* beispielsweise davon aus, dass mediale Botschaften umso eher eine nachhaltige persuasive Wirkung auf Rezipienten erzielen können, je mehr diese Rezipienten die Motivation und die Fähigkeit zu Verarbeitung entsprechender Information besitzen. Höher gebildete oder in einen Diskurs stärker involvierte Menschen sind demnach für persuasiv intendierte Kommunikation offener als andere. Es besteht daher prinzipiell auch die Chance, sie zu überzeugen. Die Kriterien besserer Bildung und höherer Involviertheit treffen tendenziell auf alle Zielgruppen der Verbandskommunikation zu – mit Ausnahme der breiten Öffentlichkeit. Allerdings haben solche Zielgruppen in der Regel ganz zwangsläufig auch die am meisten gefestigten Einstellungen.

Warum bei ihnen dennoch die Chance zu Persuasion gegeben ist, dafür liefert das psychologische Modell der *kognitiven Dissonanz* ein Erklärungsmuster. Als kognitive Dissonanz wird das Auseinanderfallen zweier sogenannter Kognitionen einer Person bezeichnet – beispielsweise von Verhalten und Einstellung. Im Kontext politischer Kommunikation zählt dazu auch das Auseinanderfallen von kognitiven Erkenntnissen und eigenen Überzeugungen. Die individuell als Belastung empfundene kognitive Dissonanz tritt beispielsweise ein, sofern die eigene, möglicherweise sogar öffentlich bekundete Meinung öffentlich bekannten Fakten widerspricht. Dieser Konflikt wird meistens dadurch reduziert oder aufgelöst, dass der Betreffende seine Meinung so weit anpasst, dass die Dissonanz beseitigt wird.

In der Psychologie wird allerdings ausdrücklich betont, dass diese Anpassung der (als „Kognition" bezeichneten) Meinung nicht etwa dadurch erfolgt, dass die betreffende Person aktiv nach besserer Information sucht (Herkner 1986):

> Wichtig ist noch der Hinweis, daß die Änderung (…) nicht aus „rationalen" Gründen erfolgt. Man ändert in diesem Fall nicht deshalb eine Kognition, weil man neue Informationen erhalten hat, die eine Meinungsänderung notwendig machen, sondern ausschließlich, um den dissonanzbedingten Spannungszustand zu reduzieren. Sofern man überhaupt im Zustand großer Dissonanz Information sucht und aufnimmt, ist die Informationssuche einseitig und unvollständig. Wie beim Hypothesenprüfen (…) will man nur solche Informationen, von denen man eine Unterstützung der eigenen Meinung (…) erwartet.

Politische Online-Kommunikation wird demzufolge auch nach diesem Modell nicht erfolgreich persuasiv wirken können, sofern sie voraussetzt, dass die Zielgruppe selbst aktiv und rational nach Information sucht. Es ist vielmehr essenziell für den Erfolg der Kommunikation, dass der Kommunikator jene Information, die auf den Rezipienten persuasiv wirken könnte, offensiv in einen stattfindenden Dialog so einbringt, dass sie zum richtigen Zeitpunkt ihre Wirkung entfalten kann.

Konkreter ausgedrückt: Wenn ein politischer Entscheidungsträger auf einer Verbandswebsite Fakten erfährt, zu denen seine Einstellung in unauflösbarem Widerspruch steht, wird er sich nicht unvermittelt aktiv eine neue Einstellung erarbeiten wollen. Es ist jedoch nicht unwahrscheinlich, dass er in diesem Moment einen Hyperlink oder einen Teaser anzuklicken bereit ist, der ihm bei der Auflösung seiner kognitiven Dissonanz Hilfestellung verspricht.

Dies zeigt, dass die sogenannte User Journey, also der Weg einer Person durch den Onlinedialog, vorausschauend geplant werden muss, wenn man wirksam online kommunizieren möchte. Das schließt mit ein, dass der Druck für ein Individuum der Zielgruppe, wegen kognitiver Dissonanz eine Meinungsänderung in Kauf nehmen zu müssen, unter Umständen in einem öffentlichen Dialog größer sein kann als beim Lesen eines Textes im privaten Raum. Die Erzeugung einer kognitiven Dissonanz kann also unter Umständen im öffentlich wahrnehmbaren Dialog – etwa in sozialen Medien – politisch wirkungsvoller sein als bei der schlichten Rezeption von Information. Allerdings wird die User Journey in beiden Fällen völlig unterschiedlich aussehen. Eine Kernregel lautet: Persuasive Information wird nicht gesucht.

Auch das Modell der kognitiven Dissonanz zeigt mithin ganz eindeutig: Die Zielgruppen der Online-Kommunikation von Verbänden werden im Hinblick auf persuasive Kommunikationsaufgaben die entscheidenden Verbandsbotschaften kaum zu sehen bekommen, wenn selbige einfach nur online publiziert werden. Das Modell der kognitiven Dissonanz zeigt aber außerdem, dass persuasive Online-Kommunikation nur funktionieren kann, wenn der Dialog einer durchgeplanten Dramaturgie folgt, in der persuasive Botschaften an geeigneter Stelle des Dialogs dem Rezipienten nahe gebracht werden müssen.

Die Notwendigkeit einer solchen, unter Umständen aber noch komplexeren Dramaturgie zeigt sich auch im mehrstufigen *soziokulturellen Modell der Persuasion*, bei dem während des Kommunikationsprozesses zunächst Einigkeit über eine Wertvorstellung, wie etwa den Erhalt einer intakten Umwelt, hergestellt wird. Im nächsten Schritt kann dann Problemdruck erzeugt und schließlich Überzeugung für einen bestimmten politischen Lösungsweg herstellt werden (Schönbach 2016). Eine derartige Kommunikationsstrategie muss nicht zwingend in zeitlich getrennten Phasen ablaufen, denkbar ist auch, die erste, werteorientierte Stufe beispielsweise in sozialen Medien zu platzieren und weitere, persuasions- oder mobilisierungsorientierte auf einer entsprechenden Verbandswebsite. Dieses in der politischen Online-Kommunikation durchaus typische Vorgehen setzt jedoch umso mehr eine exakte Planung der User Journey voraus, als diese sich nicht nur über verschiedene Argumentationsschritte, sondern auch über mehrere Online-Plattformen erstreckt.

Für solche plattformübergreifenden Dialoge gibt es im Marketing den Begriff der *vernetzten Kommunikation*. Er besagt, dass im Rahmen von Kampagnen Werbekanäle nicht nur inhaltlich und formal verknüpft sind, sondern auch einer aktiven Userführung über die verschiedenen Mediengattungen hinweg hin zu einem Zielmedium dienen, in dem die für den besten Werbeeffekt sinnvollsten Interaktionen möglich sind (Kubicek et al. 2009).

Das Prinzip vernetzter Kommunikation schließt also beispielsweise Websites, Social-Media-Fanpages, Blogs, Twitter-Feeds und andere Instrumente in ein strategisches Gesamtkonzept ein und plant die Kommunikationsprozesse übergreifend. Besucheraktionen zwischen den einzelnen Plattformen bleiben nicht dem Zufall überlassen – die Kommunikationsziele werden über ihre Grenzen hinweg verfolgt.

Eine derartige detaillierte Planung des virtuellen Dialogs zwischen Zielgruppenmitgliedern und Verband ist vor allem deshalb unumgänglich, weil sich herkömmliche aus der Massenkommunikation bekannte Wirkmechanismen nicht uneingeschränkt auf die Online-Kommunikation von Verbänden übertragen lassen. So führt der zuvor bereits beschriebene Fokus, den Medien und Wissenschaft auf große Kampagnen sozialer Bewegungen oder Public-Interest-Organisationen richten, häufig dazu, dass in der theoretischen Analyse vor allem Kommunikationsmodelle in den Blickpunkt geraten, die primär im großen Maßstab auf die öffentliche Meinung und den politischen Prozess wirken; diese eignen sich jedoch zur Konzeption von Kommunikationsmaßnahmen nur dann, wenn die Reichweite auch wesentliche Teil der Öffentlichkeit umfasst.

Das von den US-amerikanischen Kommunikationswissenschaftlern Maxwell McCombs und Donald Shaw beschriebene *Agenda-Setting*, ist eines dieser Modelle. Während des US-Präsidentschaftswahlkampfes im Jahre 1968 belegten McCombs und Shaw empirisch, dass Massenmedien zwar nicht unbedingt beeinflussen, *was* die Menschen denken, aber sehr wohl, *worüber* sie nachdenken – womit die Massenmedien mittelbar durchaus Einfluss auf politische Einstellungen nehmen (Schulz 2008, S. 233). Beispielsweise kann die Bedeutung, die der Rezipient einem Thema zubilligt, durch massenmediale Berichterstattung beeinflusst werden; eine veränderte Werteskala kann dann möglicherweise auch Einstellungen verändern. Unter Umständen wird auch der Rezipient erstmalig auf ein Thema aufmerksam und beginnt, auf Basis der vorhandenen Information eine Meinung zu bilden.

Elisabeth Noelle-Neumann entwickelte in den 1970er-Jahren die Theorie der *Schweigespirale*: Die Massenmedien können demnach erheblichen Einfluss auf die öffentliche Meinung ausüben, sofern sie fälschlicherweise den Eindruck erwecken, eine bestimmte Meinung sei die Mehrheitsmeinung; sie setzen dabei den einzelnen Rezipienten psychologisch unter Druck, keine abweichende Meinung zu äußern – was zu einem manipulierten Bild der öffentlichen Meinung führt (Schulz 2008, S. 235).

Die Forschung zum Modell des *Agenda-Buildings* hat vor allem in den 1990er-Jahren empirisch belegt, dass die Bevölkerungsagenda, also die in der öffentlichen Meinung vorherrschende Themengewichtung, starken Einfluss auf die Policy-Agenda, also das Aufgabenprogramm des politisch-administrativen Systems, hat (Schulz 2008, S. 150 f.). Einfluss auf die Bevölkerungsagenda zu nehmen, bedeutet demzufolge zugleich, auch direkt Einfluss auf den politischen Prozess zu gewinnen.

Die drei genannten Kommunikationsmodelle beschreiben zwar Wirkmechanismen massenmedialer Kommunikation. Sie tragen auch dazu bei, die Wirkung großer, erfolgreicher Kampagnen von Public-Interest-Organisationen erklären, wie etwa jenen der Umwelt- oder Menschenrechtsbewegung. Die Online-Kommunikation klassischer Verbände lässt sich jedoch nur selten danach gestalten. Denn in aller Regel ist die Kommunikation von klassischen Verbänden, auch wenn das Internet dabei die Eigenschaften eines Massenmediums besitzt, keine Massenkommunikation, weil es dazu an einer entsprechenden Reichweite und damit verbundener Wirkung auf die Massen fehlt.

Wenn Verbände, wie von der Bundeszentrale für politische Bildung öffentlich moniert, Astro-Turfing betreiben, um direkt auf die Agenda der Öffentlichkeit oder gar die Agenda des politisch-administrativen Systems einzuwirken, verkennen sie nicht nur die Wirkung ihrer Kommunikation, sie verkennen ebenso die Reichweite ihrer Maßnahmen in der anvisierten Zielgruppe. Denn zumeist scheitern solche Kampagnen weniger an der Interessenlage der Zielgruppe als vielmehr bereits daran, dass der die Kampagne initiierende Verband nicht zur Mobilisierung einer kritischen Masse von Unterstützern in der Lage ist.

Reichweite und damit eine massenmediale Wirkung erzielen die Botschaften von klassischen Verbänden zumeist – trotz Zugriffs auf das Internet als wohlfeiles Instrument der Massenkommunikation – nur über Pressearbeit. Eine vielzitierte These, dass nämlich mit dem Aufkommen des Internets die Bedeutung der Medien in ihrer Funktion als *Gatekeeper* abgenommen habe, trifft insofern auf die externe Kommunikation von klassischen Verbänden nur bedingt zu. Die Journalisten der Massenmedien sind allerdings insofern gar keine eigene Zielgruppe, wie Velsen-Zerweck postuliert (1995), sondern ihnen kommt vor allem die Rolle von „Multiplikatoren" zu, über die Verbandsbotschaften bei den eigentlichen Zielgruppen, nämlich der breiten Öffentlichkeit und des politisch-administrativen Systems, Reichweite erlangen können.

Zwar wird in der politischen Wissenschaft Interessenvertretung durch Verbände vor allem als Prozess von Interessenartikulation, Interessenaggregation und Interessenvermittlung definiert (Donges 2002), während Persuasion dabei zunächst nur eine untergeordnete Rolle spielt. Aber auch die ausschließliche Artikulation von Interessen unterliegt in der Online-Kommunikation ganz ähnlichen Bedingungen wie die persuasive Kommunikation.

So erlangt beispielsweise ein Positionspapier eines Verbandes eben nicht etwa bereits dadurch Wirkung, dass es online gestellt wird, sondern erst dadurch, dass möglichst viele Individuen der Zielgruppen dazu bewegt werden können, das Papier zur Kenntnis zu nehmen. Die Adressaten der Kommunikationsmaßnahme müssen also den Link zu dem Papier nicht nur anklicken *können*, sie müssen auch dazu gebracht werden, dass sie es *wollen*.

Mit der Frage, wie Internetnutzer die Entscheidung treffen, ein bestimmtes Angebot wahrzunehmen und auf einen entsprechenden Link zu klicken, beschäftigt sich die Selektionsforschung seit Jahren intensiv und hat dazu unterschiedlichste Modelle entwickelt (Schweiger 2007, S. 182 f.). Überwiegend betonen diese Modelle dabei, dass der Internetnutzer dabei vor allem einen Nutzen erkennen muss. Der dänische Informatiker Jakob Nielsen hat bereits 1993 in einer Systematisierung der Attribute für die Akzeptanz technischer Dialogsysteme dafür den Begriff der *Utility* verwendet (Nielsen 1993).

Die Utility bedeutet dabei jedoch nicht nur Nutzen in materieller Hinsicht, wie Nielsen betont:

> Note that the concept of „utility" does not necessarily have to be restricted to the domain of hard work. Educational software („courseware") has a high utility if students learn from using it, and an entertainment product has high utility if it is fun to use it.

Einen plastischeren Rahmen, was zum Begriff der Utility dazugehören kann, definiert Jan Schmidt, der als Motive für die Nutzung sozialer Medien drei Aspekte benennt: Informations-, Identitäts- und Beziehungsmanagement (Schmidt 2006). Als Utility eines digitalen Mediums darf also durchaus auch die Möglichkeit zu Selbstdarstellung oder zu beruflichem wie privatem Netzwerken gelten, nicht etwa nur ökonomisch verwertbare Information. Nach der *Mood-Management-Theorie* wählen Rezipienten Medien auch aus, um ihre Stimmung zu optimieren (Trepte und Reinecke 2010).

Sofern man einen Rezipienten für digitalen Dialog gewinnen möchte, muss dieser die Utility klar erkennen können, sonst wird er sich zum Mausklick nicht verleiten lassen. Es ist dabei nicht nur eine Frage von Vertrauensbildung oder ethischen Ansprüchen, dass die Darstellung des Nutzens möglichst treffend zu sein hat. Denn der Internetnutzer wird seine Entscheidung auch nach dem Klick noch weiter infrage stellen, wie Schweiger in seinem *Ablaufmodell der Mediennutzung* eindrucksvoll beschreibt (Schweiger 2007, S. 185):

> Jede Selektionshandlung (Wechsel des TV- oder Radiokanals, Klick auf einen Hyperlink, Blick auf einen anderen Zeitungsartikel bzw. Umblättern) basiert auf einer Entscheidung. Diese ist aber noch keine Entscheidung zur Rezeption, sondern „nur" eine Selektionsentscheidung. Erst wenn die Evaluation des ausgewählten Kanals usw. zu einem positiven Ergebnis führt, fällt die eigentliche Rezeptionsentscheidung. Während der Rezeption überprüft der Mediennutzer ständig unbewusst, ob diese noch ausreichend Nutzen bringt. Ist das nicht mehr der Fall, fällt eine Abbruchentscheidung.

Nahezu jeder Websitebetreiber kennt eine hohe Zahl solcher Abbruchentscheidungen aus seiner Besucherstatistik, nämlich von jenen Besuchern, die er über Suchmaschinen gewonnen hat. Die meisten von ihnen verlassen üblicherweise die Website bereits nach dem Abrufen einer einzigen Seite wieder, weil sie während der Rezeption den Nutzen bezüglich ihres spezifischen Erkenntnisinteresses als nicht mehr ausreichend eingeschätzt haben.

Die Problematik solcher Abbruchentscheidungen beim Ansteuern und bei der Rezeption eines Mediums bedingt, dass bei der Gewinnung von Rezipienten im Metamedium Internet nicht nur ein möglichst hohes Maß Utility in Aussicht gestellt werden muss, sondern dieses Versprechen hat sich nach der Selektionsentscheidung des Rezipienten auch zu erfüllen. Hier liegt im Hinblick auf die Aufgabe der Interessenartikulation ein Grundproblem der Online-Kommunikation von Verbänden: Für den potenziellen Rezipienten dürfte der Nutzen, der sich aus der Kenntnis des Verbandsinteresses ergibt, sehr häufig begrenzt sein. Er sucht nur, was ihm persönlich nützt – gesuchte und Interessen artikulierende Information fallen somit auseinander. Die Architektur eines Onlinedialogs muss deshalb ähnlich wie bei einem persuasiven Ziel aus zwei Schritten bestehen: Zunächst müssen – um

Abbruchentscheidungen zu vermeiden – maximal auf Utility ausgerichtete Inhalte vermittelt werden; und erst während deren Rezeption können artikulativ intendierte Inhalte angeboten werden, auf einer Website beispielsweise durch entsprechende Teaser.

Verbänden fällt es oft schwer, gegenüber breiten Zielgruppen eine starke Utility erkennbar zu machen und Nutzen im Dialog dann auch tatsächlich zu vermitteln. Dies hat diverse Ursachen, wie etwa die Komplexität typischer politischer Anliegen der Verbandsarbeit; aber es kann auch daran liegen, dass Partikularinteressen artikuliert oder durchgesetzt werden sollen und die Allgemeinheit kein Interesse daran hat, die Anliegen des Verbands aufzugreifen. Dennoch ist Utility für die Rezipienten der Schlüssel zu erfolgreicher Online-Kommunikation.

2.3 Use Cases

Eine für den Nutzer eines Onlineangebotes möglichst hohe Utility darf kein Zufall sein, sondern muss vorab sorgfältig geplant werden. Dazu ist ein Perspektivwechsel erforderlich – und das Dialogsystem, beispielsweise also die Verbandswebsite, aus Sicht des Nutzers zu betrachten. Ein unter Internetentwicklern verbreitetes Bonmot fasst den Grund dafür in wenigen Worten anschaulich zusammen: „Your website is not for you!"

Bei der Konzeption von Onlinemedien werden deshalb konkrete Anwendungsszenarien entwickelt, in denen der Dialog Schritt für Schritt aus Sicht des Nutzers vorausgeplant ist. In Literatur und Praxis der Internetentwicklung hat sich dafür der englische Begriff *Use Cases* durchgesetzt. Der Informatiker Kent Beck hat 1999 eine heutzutage etablierte Idee vorgestellt, wie man am effektivsten beginnen kann, Use Cases zu planen: Die von Beck vorgeschlagene Methode ist es, zunächst eine *User Story*, zu formulieren, die eine Reduktion eines Use Cases auf ein Minimum an Information darstellt (Goll und Hommel 2015). Eine User Story hat folgende Struktur:

Beispiel: Struktur einer User Story

Als (Rolle) möchte ich (Handlung), um (Ziel).

Beispielsweise kann eine User Story dann lauten:
Als *Verbraucher* möchte ich
aus dem Internet Information abrufen,
um *zu erfahren, ob die Produkte, die ich nutze, sicher sind.*

Eine andere kann sein:
Als *politischer Entscheidungsträger* möchte ich
über die Interessen der relevanten Verbände informiert sein,
um *sinnvolle und nachhaltige politische Entscheidungen treffen zu können.*

Eine User Story dieses oder sehr ähnlichen Inhaltes dürfte, zumindest implizit, die Grundlage der meisten Internetangebote von Verbänden sein. Allerdings zeigen die im vorangegangen Abschnitt dargestellten Erkenntnisse aus Medienwirkungsforschung und Psychologie, dass es nicht sehr realistisch ist, dabei von einer allzu intensiven Bereitschaft in der Zielgruppe zu aktiver Suche nach Information auszugehen. Mittels einer User Story lässt sich die Onlinestrategie jedoch wie in einem Rollenspiel auf Plausibilität überprüfen.

Man wird dabei schnell zu einer Unterscheidung kommen zwischen jenen politischen Entscheidungsträgern, die direkt in den politischen Prozess eingebunden sind, in dem der Verband Interessen zu wahren trachtet, und anderen weniger oder gar nicht involvierten Teilen der Zielgruppe. Nehmen wir als Beispiel ein in Vorbereitung befindliches Gesetz, das die Interessen eines Verbandes berührt. Die zuvor genannte User Story ist – soweit sie unterstellt, dass der Nutzer Onlineangebote aktiv durchsucht – nur für jene politischen Entscheidungsträger realistisch, die im Gesetzgebungsprozess eine aktive Rolle als Berichterstatter, Ausschussmitglied oder sonst wie zuständige Person innehaben. Obwohl schließlich alle Parlamentarier an der legislativen Beschlussfassung teilnehmen werden, ist es für alle sachlich nicht zuständigen Politiker kaum wahrscheinlich, dass sie beispielsweise eine Stellungnahme eines Verbands zu dem geplanten Gesetz auf dessen Website suchen – denn sie sind ihrerseits für ganz andere Politikbereiche zuständig und konzentrieren den persönlichen Aufwand für Informationsbeschaffung auf selbige.

Aber auch die direkt beteiligten Politiker werden Interessenartikulationen des Verbandes gar nicht unbedingt online suchen, denn sie sind ja vor allem die regulären Adressaten im politischen Prozess: Sie erhalten, etwa im Rahmen von Anhörungen, die gleichen Interessenartikulationen offline, persönlich und offiziell, zugestellt. Schon aus formalen wie auch organisatorischen Gründen wird dies für sie daher höchstwahrscheinlich der relevante Rezeptionsvorgang sein.

In der Praxis der Verbandskommunikation zeigt sich allerdings im Kontext von Gesetzgebungsprozessen, dass es vielfach vor allem die Mitarbeiter von Parlamentariern sind, die durch aktive Suche online auf Dokumente mit der Interessenartikulation von Verbänden zugreifen. Denn sie bereiten im Hintergrund Entscheidungsprozesse vor und haben daher eine hohe Motivation, die Interessen von Verbänden detailliert und frühzeitig in Erfahrung zu bringen.

Was das Beispiel zeigt: Eine User Story wird für verschiedene Teile von Zielgruppen unterschiedlich realistisch sein, sofern die Utility für die Teilzielgruppen unterschiedlich ausfällt. Hier hilft das Konzept von *Personas* dabei, eine differenzierte Betrachtung zu ermöglichen. Ziel des Endes der 1990er-Jahre von Alan Cooper, dem Erfinder der Programmiersprache Visual Basic, entwickelten Konzepts ist es, über die Personalisierung von prototypischen Nutzerprofilen realistische Annahmen über die Benutzerfreundlichkeit von Softwareprodukten zu erstellen (Cooper 1999). Das Instrument der Personas wird seitdem auch bei der Planung von Websites, vor allem im Marketing, eingesetzt.

Personas werden üblicherweise in Teamarbeit entwickelt und in Form eines Steckbriefs schriftlich abgefasst. Es gibt kein festes Schema, welche Daten die Darstellung einer Persona enthalten sollte. Wichtig ist vielmehr, dass dabei die Diversität einer Anwender- oder Zielgruppe im Hinblick auf die Anwendungssituation realistisch abgebildet wird (vgl. Pampuch et al. 2009). Zur Zielgruppe „politische Entscheidungsträger" gehören beispielsweise, wie wir gesehen haben, erstens zuständigkeitshalber in eine politische Angelegenheit involvierte Parlamentarier, zweitens die Mitarbeiter dieser Parlamentarier und drittens nicht involvierte, aber als Mandatsträger für parlamentarische Beschlüsse irgendwann mitverantwortliche Parlamentarier. Während im Marketing die für Personas erfassten Merkmale demografischer, soziologischer oder auch ökonomischer Natur sind, empfiehlt es sich in unserem Beispiel, die jeweilige Rolle einer Persona im politischen Prozess, die rezeptionstheoretischen Rahmenbedingungen und die Verbandsziele zu berücksichtigen (Tab. 2.2).

Das Beispiel ist fiktiv und mag im Praxisfall abweichen, aber wir sehen, dass die Publikation einer Verbandsstellungnahme nur für jenen Teil der Zielgruppe Utility besitzt, also nützlich ist, der praktisch keine Entscheidungsgewalt im politischen Prozess besitzt, nämlich Mitarbeiter bestimmter Parlamentarier. Nur in ihrem Fall ist es zu erwarten, dass sie etwa bestimmte Begriffe mit Google suchen und so zur Website des Verbands gelangen oder dass sie den Verband kennen und seine Website direkt aufsuchen.

Wir bewegen uns, wohlgemerkt, immer noch im Rahmen der User Story: „*Als politischer Entscheidungsträger möchte ich über die Interessen der relevanten Verbände informiert sein, um sinnvolle und nachhaltige politische Entscheidungen treffen zu können.*" Und doch hat uns die Ausarbeitung von einfachen Personas gezeigt, dass

Tab. 2.2 Rollen von Personas im politischen Prozess

Zuständiger Parlamentarier	Mitarbeiter	Anderer Parlamentarier
Aufgabe:		
Berichterstatter der Fraktion für das Gesetzesvorhaben XY	Vorbereitung von Entscheidungsgrundlagen zu Gesetzesvorhaben XY	Zuständig für andere Politikbereiche, aber beteiligt an der Verabschiedung des Gesetzesvorhabens XY
Interesse an Verbandspositionen als Onlineangebot:		
Hoch, aber Kenntnisnahme per Exzerpt von Mitarbeitern. Das Internetangebot des Verbands wird wahrscheinlich nicht genutzt.	Sehr hoch. Internetangebot des Verbands wird genutzt. Dabei wird auch aktiv über Navigation und Suchfunktionen gesucht.	Sehr gering. Stimmt fast immer so ab, wie von der Fraktionsführung empfohlen. Onlineangebot des Verbands ist nahezu irrelevant.
Utility einer Verbandsstellungnahme zu Gesetzesvorhaben XY auf der Website des Verbands:		
Gering.	Sehr hoch.	Gleich null.
Wirkungsbeitrag der Online-Kommunikation zur Durchsetzung der Interessen des Verbands:		
Gleich null.	Gering.	Gleich null.

wesentliche Teile der Zielgruppe vermutlich die Online-Kommunikation unseres fiktiven Verbands nicht wahrnehmen werden – von einer persuasiven Wirkung ganz zu schweigen.

Personas müssen übrigens nicht nur aus spekulativen Annahmen bestehen, man kann sie beispielsweise durch Interviews stützen. Im Marketing wird empfohlen, Personas auch aus öffentlich zugänglichen Statistiken, wie denen des Statistischen Bundesamtes, zu entwickeln. Auch andere soziologische Statistiken, wie etwa Mediennutzungsdaten, lassen sich dafür auswerten.

Unsere Betrachtungen von Personas haben – plakativ ausgedrückt und bezogen auf ein fiktives, aber nicht unrealistisches Beispiel – gezeigt, dass Parlamentarier nicht viel davon haben, wenn ein Verband ein Dokument online stellt, das Verbandsinteressen artikuliert. Parlamentarier werden die Veröffentlichung mit hoher Wahrscheinlichkeit nicht zur Kenntnis nehmen. Allenfalls Mitarbeiter von direkt in den politischen Prozess involvierten Abgeordneten werden das Onlineangebot nutzen. Eine Wirkung der Online-Kommunikation ist damit folglich in der Gesamtheit der Zielgruppe kaum gegeben – weder im Sinne der Artikulation noch im Sinne der Durchsetzung von Verbandsinteressen.

Aus subjektiver Sicht der vorgesehenen Rezipienten betrachtet ist das Problem eine zu geringe Utility, eine fehlende Nützlichkeit, des Onlineangebots. Dies kann man allerdings konzeptionell ändern, indem man für die verschiedenen Personas unterschiedliche Use Cases entwirft.

In unserem fiktiven Beispiel könnten diese – weiterhin fiktiv – beispielsweise etwa so aussehen:

- Für die in den politischen Prozess involvierten Parlamentarier wird aufgrund der Tatsache, dass eine aktive Nutzung von Onlineangeboten des Verbands nicht zu erwarten ist und anderenfalls vermutlich auch nur selten persuasiv wirken würde, eine längerfristig angelegte Lobbying-Strategie entwickelt. Diese sieht vor, dass Vertreter des Verbands vor allem in persönlichem Kontakt die Interessen der Verbandsmitglieder artikulieren und durchzusetzen versuchen – denn alle kommunikationstheoretischen Erkenntnisse weisen darauf hin, dass interpersonale Kommunikation im Falle dieses Zielgruppensegments erfolgreicher wirken wird. Die intensive, vor allem offline stattfindende Vernetzung mit den fraglichen Parlamentariern, die dazu notwendig ist, wird online allerdings durch Social-Media-Aktivitäten der Verbandsrepräsentanten unterstützt.[2] Denn aus dem Engagement von Parlamentariern in sozialen Medien lässt sich eine entsprechende Utility herleiten, die Politiker solcher Vernetzung beimessen, weil sie damit erfolgreich Selbstdarstellung betreiben können. Die geplante Vernetzung in sozialen Medien hat zwei positive Auswirkungen: Zum einen werden

[2] Ausführlich beschreiben eine solche Strategie übrigens die Autoren Gunnar Bender und Torben Werner in ihrem Buch „Digital Public Affairs: Social Media für Unternehmen, Verbände und Politik" (Bender und Werner 2010), siehe dazu auch Abschn. 2.4.9 *Interessenvertretung und -durchsetzung gegenüber Dritten*.

die Parlamentarier mit deutlich gesteigerter Wahrscheinlichkeit die Artikulation von Verbandsinteressen wahrnehmen, sofern diese entsprechend geschickt in sozialen Netzwerken erfolgt. Zum anderen lassen sich Parlamentarier im öffentlichen Dialog unter Umständen zu Zugeständnissen bewegen oder bestenfalls – unter Ausnutzung des Effektes kognitiver Dissonanz im öffentlichen Dialog – gar zu Änderungen ihrer Meinung.

- Von den nicht in den politischen Prozess involvierten Parlamentariern ist weder zu erwarten, dass sie die Onlinemedien des Verbands aktiv nutzen, noch dass interpersonale Kommunikation bei ihnen ans Ziel führt, denn dieses Zielgruppensegment ist ja zunächst inhaltlich nicht zuständig. Denkbar wäre aber, dass diese Parlamentarier eine latent andere Interessenkonstellation haben als ihre zuständigen Kollegen: Eine politische Analyse könnte zu dem Schluss kommen, dass ein hoher Anteil dieses Zielgruppensegments aus standortpolitischen Gründen an weniger Regulierung für die Unternehmen ihrer Wahlkreise interessiert sind, während das geplante Gesetz die Regulierung verschärft. Eine Einwirkung auf das Gesetzesvorhaben könnte also dadurch möglich sein, dass dieser Gruppe von Parlamentariern die Konsequenzen des Gesetzes vor Augen geführt werden, um sie in Opposition zu den involvierten Parlamentariern zu bringen. Dafür müsste der Verband jedoch direkt mit diesem Zielgruppensegment kommunizieren können, was – wie wir gesehen haben – ohne Weiteres kaum möglich ist. Der Verband könnte deshalb Maßnahmen direkter Kommunikation beschließen, um die nicht-involvierten Parlamentarier (auch online) vor den Folgen des Gesetzesvorhabens zu warnen. Dies wäre – nach Lage der Dinge in unserem Beispiel – vor allem durch Maßnahmen des Online-Marketings zu erreichen, wie etwa Social-Media-Marketing. Dabei könnte über entsprechendes Targeting genau das fragliche Zielgruppensegment angesprochen und beispielsweise auf entsprechende, vor dem Gesetz warnende Artikel auf der Verbandswebsite geleitet werden.

Wie unschwer zu erkennen ist, haben wir es bei einer einzigen Kommunikationsaufgabe des Verbands und einer einzigen ursprünglich damit verbundenen User Story nunmehr mit drei verschiedenen *Use Cases* zu tun. Der Grund dafür ist, dass sich Utility, also ein Nutzen, aus der Kommunikation für die drei Teilzielgruppen in jeweils unterschiedlicher Form ergibt:

- Nur für die Mitarbeiter der involvierten Parlamentarier ist ein Use Case insgesamt nützlich, bei dem sie Information des Verbands aktiv suchen müssen.
- Für die involvierten Parlamentarier hat die direkte Kommunikation mit dem Verband zunächst keinen Nutzen, allerdings liegt die Utility für sie – unabhängig von einem einzelnen Verband – in einer intensiven Vernetzung innerhalb der Stakeholder einer bestimmten politischen Sphäre. Denn dadurch werden sie online als Meinungsführer zu einem bestimmten Themenbereich öffentlich wahrnehmbar.
- Für andere, nicht involvierte Parlamentarier ergibt sich ein Nutzen aus der Kommunikation mit dem Verband unseres fiktiven Beispiels nur dann, wenn dadurch etwa Interessenskonflikten oder persönlich wirkenden Krisensituationen vorgebeugt werden kann.

Das Konzept für Use Cases stammt aus der technischen Entwicklung von interaktiven Systemen und findet vor allem in der Softwareentwicklung Anwendung. Alistair Cockburn, einer der meistzitierten Autoren zu diesem Thema, definiert einen Use Case wie folgt (Cockburn 2003, S. 15):

> Ein Use Case (Anwendungsfall) erfasst eine Übereinkunft, die zwischen den Stakeholdern eines Systems über dessen Verhalten getroffen wird.

Ein Use Case beschreibt nach Cockburn (2003, S. 16 f.) unter anderem die folgenden Elemente:

- *Umfang (Scope):* Was genau ist das zur Diskussion stehende System?
- *Primärakteur:* Wer verfolgt das Ziel?
- *Trigger:* Ein Trigger spezifiziert das Ereignis, das den Use Case auslöst (Cockburn 2003, S. 113).
- *Akteure:* Jeder und alles, das im Use Case „ein Verhalten zeigt" – also beteiligt ist.
- *Stakeholder:* Jemand oder etwas mit einem ureigenen Interesse am Verhalten des zur Diskussion stehenden Systems.
- *Vorbedingungen und Invarianten:* Bezeichnet, was vor und nach Ablauf des Use Cases zutreffen muss.
- *Standardablauf und Erweiterungen:* Cockburn unterscheidet hier Fälle, „bei denen nichts schief geht" und „andere Möglichkeiten für den Ablauf eines Szenarios".

Cockburn beschreibt zwar mit den Komponenten *Trigger* und *Vorbedingungen* zwei Aspekte, die in engem Zusammenhang mit der Utility des Systems zu sehen sind. Allerdings verwendet er den Begriff Utility selbst nicht. Dies dürfte vor allem daran liegen, dass Cockburn Use Cases anhand von Beispielen beschreibt, denen er Utility a priori beimisst – wie etwa bei der Nutzung eines Bankautomaten (vgl. Cockburn 2003, S. 113). Anders als bei der Nutzung eines solchen technischen Systems, dem eine hohe Nützlichkeit bereits inhärent ist, kann jedoch ein Use Case überall dort, wo der Primärakteur Selektionsentscheidungen zur Nutzung des Systems überhaupt erst trifft, realistisch betrachtet nur unter einer Voraussetzung funktionieren: In Bezug auf wenigstens eine der beiden Komponenten *Trigger* und *Vorbedingungen* müssen Umstände gegeben sein, die für den Primärakteur ein möglichst hohes Maß an Utility bedeuten, die sich aus der Nutzung des Systems für ihn ergibt. Wenn es nicht zu Abbruchentscheidungen während der Nutzung kommen soll, muss der Primärakteur die Utility auch durchgängig erkennen können. Wie wichtig Utility im Rahmen der Konzeption von Online-Kommunikation ist, wird auch deutlich, wenn das US-Gesundheitsministerium auf *www.usability.gov* zur Frage, was Use Cases zur Gestaltung von Websites beinhalten, angibt (U.S. Department of Health o. D.): „*What Use Cases Include:*

- Who is using the website
- What the user want to do
- The user's goal

- The steps the user takes to accomplish a particular task
- How the website should respond to an action

Use Cases müssen nicht auf ein System, wie etwa eine Website, beschränkt sein: Cockburn fordert zwar, dass für jeden spezifischen Nutzungsvorgang eines Systems ein eigener Use Case zu erstellen sei, weist aber auch darauf hin, dass sich mehrere Use Cases aufeinander beziehen können, sodass komplexe Systeme in übersichtliche Teilelemente zerlegt werden können. Dies folgt der Intention Cockburns, die *Usability*, also die Gebrauchstauglichkeit des Systems, zu optimieren. Use Cases können deshalb für verschiedene Ebenen erstellt werden: für die Überblicksebene, die Anwenderebene oder Subfunktionsebenen.

Als Beispiel für einen Use Case der Überblicksebene nennt Cockburn (2003, S. 17) *„eine Person, die versucht, Schadenersatz für einen Autounfall zu erhalten. Dieses Ziel ist nicht mit einem Arbeitsgang zu erreichen."* Im Übrigen, so ist hinzuzufügen, ist dieses Ziel auch nicht mit einem einzigen, eindeutig definierbaren technischen System zu erreichen, wie sich bei Cockburn ebenfalls zeigt. Dies ist wichtig, weil der *Scope*, der in Cockburns Beispiel schlicht *„Versicherungsgesellschaft"* lautet, im Sinne der zuvor beschriebenen vernetzten Kommunikation unter Umständen ein über diverse Online-Plattformen verstreutes Arsenal von Teilsystemen umfassen kann, die nur dadurch zusammengehören, dass sie im Rahmen einer Kommunikationsaufgabe zusammen eingesetzt werden. Ein Use Case der Überblicksebene kann also beispielsweise einen Scope haben, bei dem die Facebook-Seite eines Verbands der Verbandswebsite Besucher zuführt. Zwei technische Systeme werden somit zu einem Kommunikationssystem.

2.4 Prototypen für Use Cases der Verbandskommunikation

In den folgenden Abschnitten werden mit dem bisher dargelegten Instrumentarium prototypische Use Cases für die zuvor genannten typischen Kommunikationsaufgaben von Verbänden entwickelt. Ziel ist dabei, den Leser in Systematik und Methodik der Strategieentwicklung einzuführen. Zwangsläufig beruhen die nachfolgenden Use Cases zum Teil auf fiktiven Annahmen und sind aus didaktischen Gründen vereinfacht; sie eignen sich somit nicht unbedingt als Blaupause für tatsächliches Vorgehen. Im jedem konkreten Einzelfall könnten zudem Personas, Primär- und andere Akteure oder Stakeholder völlig anders zu definieren sein.

2.4.1 Artikulation der Verbandsmeinung nach außen

Die in Velsen-Zerwecks Übersicht aufgeführte Kommunikationsaufgabe „Artikulation der Verbandsmeinung nach außen" kann im Kontext unserer nun folgenden Überlegungen vor allem als prinzipielles Bemühen um eine möglichst gute Wahrnehmbarkeit von Verbandsmeinung und -interessen im öffentlichen Diskurs verstanden werden, sodass zunächst ausschließlich diesbezügliche Use Cases entworfen werden sollen; für die Artikulation der Verbandsmeinung mit konkreteren Zielen, wie dem Lobbying oder einer Imageverbesserung, hat Velsen-Zerweck weitere Kommunikationsaufgaben definiert, für die nachfolgend andere prototypisch Use Cases entworfen werden. Die Medien, die er als Zielgruppe benennt, können wir hier der Einfachheit halber zunächst ebenfalls außer Acht lassen, da auch für Pressearbeit eine eigene Kommunikationsaufgabe existiert, zu der nachfolgend Use Cases entwickelt werden (siehe Abschn. 2.4.8 *Presse und PR-Aufgaben für eine Branche übernehmen)*. Wir konzentrieren uns deshalb bei dieser Kommunikationsaufgabe ausschließlich auf direkte Kommunikation. Als Zielgruppen für die Kommunikationsaufgabe „Artikulation der Verbandsmeinung nach außen" nehmen wir also an:

***Zielgruppe*: Öffentlichkeit und Meinungsführer**

Komplementär zur Kommunikationsaufgabe ergibt sich mittels eines einfachen Perspektivwechsels zur Sichtweise des Primärakteurs die – zunächst recht rudimentäre – User Story: *Als Individuum der Gruppen Öffentlichkeit und Meinungsführer möchte ich die Meinung des Verbands XYZ zur Kenntnis nehmen, um daraus persönlichen Nutzen zu ziehen.*

Wie zuvor dargelegt kann kein Use Case funktionieren, der dem Primärakteur nicht persönlichen Nutzen verspricht, der also für ihn keine Utility besitzt. Für die Utility ist der abschließende Nebensatz der User Story (*„um daraus persönlichen Nutzen zu ziehen")* zunächst nur ein Platzhalter, den wir konkretisieren und dabei daraufhin überprüfen werden, dass er realistisch ist. Es ist leicht zu erkennen, dass die User Story in der zuvor formulierten Form bei den meisten Individuen der Zielgruppe kaum Aussicht darauf hat, in der Praxis wirklich zu funktionieren. Denn zumindest für weite Teile der Öffentlichkeit ergibt sich kaum ein relevanter Nutzen aus der Kenntnis der Verbandsmeinung; es wird auch, wie wir zuvor gesehen haben, kaum jemand selbst aktiv nach Dokumenten suchen, welche die Verbandsmeinung artikulieren. Ein wesentlicher Schritt der strategischen Konzeption liegt deshalb darin, Ideen zu entwickeln, wie der Onlinedialog für verschiedene Personas so viel Utility erhält, dass die Kommunikationsaufgabe erfüllt werden kann.

Wenden wir uns zunächst der Teilzielgruppe der Meinungsführer zu und kreieren eine konkretisierte User Story:

> „Als Meinungsführer im Bereich … möchte ich die Meinung des Verbands XYZ zur Kenntnis nehmen, um im politischen Diskurs umfassend informiert zu sein."

Wie jede User Story sollte auch diese unbedingt mit einer Reihe von denkbaren Personas daraufhin geprüft werden, ob sie jeweils realistisch ist oder welche Bedingungen gegebenenfalls geschaffen werden müssen, damit sie realistisch wird. Wahrscheinlich stellt sich dabei – wie schon an einem Beispiel zuvor erörtert – heraus, dass ein Teil der

Meinungsführer zur Information über Verbandspositionen keine Onlinemedien nutzt. Stattdessen lassen sich diese Meinungsführer von Mitarbeitern instruieren, informieren sich in der Presse oder erhalten Verbandspositionen im Rahmen des politischen Prozesses zur Kenntnis, beispielsweise in Anhörungen, in denen Verbände Parlamentarier informieren. Zwar ist auch in diesen Fällen die User Story realistisch – sie wird nur nicht online umgesetzt. Bei der Überprüfung, ob und wann die User Story realistisch ist, wird sich vermutlich auch zeigen, dass kaum ein Unterschied zwischen dem Verband politisch nahestehenden und Personas mit konträrer politischer Position zu erwarten ist.

Es lässt sich also für die Meinungsführer folgender Use Case der Überblicksebene formulieren:

USE CASE 1 (ÜBERBLICKSEBENE)	
Primärakteur	Meinungsführer
Vorbedingungen	Meinungsführer möchte über den Diskurs zu einem Thema umfassend informiert sein
Trigger	Meinungsführer bemerkt den Beginn des öffentlichen Diskurses
Standardablauf	Meinungsführer besucht die Verbandswebsite und liest dort die Verbandsmeinung oder -position nach

Spielt man diesen Use Case der Überblicksebene durch, wird man merken, dass insbesondere der Beginn des Standardablaufs viele Varianten haben kann, denn: Wie gelangt der Primärakteur auf die Website des Verbands? Kennt er die Website und gibt ihre Adresse direkt in den Browser ein? Hat er die Website in seinen Bookmarks gespeichert? Oder benutzt er eine Suchmaschine?

Bei diesen Überlegungen wird ein grundsätzliches Problem der Online-Kommunikation ins Blickfeld geraten: Grundsätzlich muss sich der Internetnutzer die benötigte Information selbst erschließen. Ein Verband hat zunächst keine Möglichkeit, zu einem selbst gewählten Zeitpunkt seine Zielgruppe aktiv anzusprechen, sondern muss nach einer Veröffentlichung im Internet prinzipiell darauf warten, dass die Zielgruppe das publizierte Dokument sucht und findet. Einen Dialog aktiv beginnen kann ein Verband nur mit jenen Internetnutzern, die Hinweise auf neue Publikationen des Verbands abonniert haben – etwa per Newsletter, per RSS oder über soziale Netzwerke. Längerfristig wird eine Verbandswebsite daher in der Regel die meisten Individuen aus ihren Zielgruppen überwiegend über solche Informationsdienste erreichen. Es wird deshalb Teil entsprechender Use Cases sein, dass Besucher der Website nach erfolgter Rezeption von Dokumenten mit der Verbandsmeinung auch einen Informationsdienst abonnieren – im Use Case wird dies als optionale Erweiterung vermerkt.

Zugleich ist es sinnvoll, für Fälle mit und ohne ein solches Abonnement verschiedene Use Cases zu definieren:

USE CASE 1.1.1 (ANWENDEREBENE)	
Scope	*Verbandswebsite*
Primärakteur	Meinungsführer
Vorbedingungen	Meinungsführer möchte über den Diskurs zu einem Thema umfassend informiert sein
Trigger	Meinungsführer bemerkt den Beginn des öffentlichen Diskurses
Standardablauf	Meinungsführer besucht die Verbandswebsite *aus eigenem Antrieb* und liest dort die Verbandsmeinung oder -position nach
Erweiterung	Meinungsführer *abonniert außerdem Informationen von der Website, um regelmäßig ohne eigenes Zutun informiert zu werden*

Im nun hinzugefügten Feld zum Systemumfang (Scope) sehen wir, dass der Use Case sich nur noch in einem von zwei Fällen auf das System der Verbandswebsite beschränkt. Im zweiten Fall schließt er beispielsweise Interaktion innerhalb einer E-Mail-Software mit ein. Der Use Case beginnt, wie im Standardablauf beschrieben, mit dem Empfang einer Push-Meldung des Verbands per Newsletter, RSS oder über soziale Netzwerke, die auf neue Inhalte der Verbandswebsite hinweist.

USE CASE 1.1.2 (ANWENDEREBENE)	
Scope	*Vom Anwender lokal installierte Software (z. B. Mailprogramm) oder soziales Netzwerk und Verbandswebsite*
Primärakteur	Meinungsführer
Vorbedingungen	Meinungsführer möchte über den Diskurs zu einem Thema umfassend informiert sein
Trigger	*Hinweis in einem Informationsdienst, wie einem Newsletter, einem RSS-Feed oder einem sozialen Netzwerk*
Standardablauf	*Meinungsführer wird von einem Informationsdienst über eine neu publizierte Verbandsmeinung oder -position informiert* und sucht daher die Verbandswebsite auf, um sie zu lesen

Während unser Use Case 1 als Use Case der Überblicksebene eher dazu dient zu überprüfen, ob die zur Erfüllung unserer Kommunikationsaufgabe notwendigen Selektions- und Rezeptionsentscheidungen des Primärakteurs als realistisch angesehen werden können, sind die Use Cases der Anwenderebene bereits konkret auf das verwendete technische System zugeschnitten und helfen uns, diesem eine sinnvolle Struktur zu geben und einen Blick auf mögliche Schwachpunkte zu werfen. Exerzieren wir nämlich einmal den Use Case 1.1.1, also den Besuch eines Meinungsführers auf der Verbandswebsite aus eigenem Antrieb, wie in einem Rollenspiel aus der Perspektive eines Websitebesuchers durch, werden wir wahrscheinlich bemerken, dass es sinnvoll ist, jeden Leser eines Dokuments am Ende der Seite deutlich auf die Möglichkeit hinzuweisen, weitere Information zum gleichen Thema zu abonnieren. Es dürfte Erfolg versprechender sein, ihm unterhalb des gelesenen Textes eine Funktion zum Abonnieren eines Newsletters zu offerieren als irgendwo auf einer Unterebene in den Navigationsmenüs. Und es dürfte ebenfalls Erfolg versprechender sein, ihm die Möglichkeit zu geben, Information möglichst exakt zu dem für ihn interessanten Thema anzubieten und nicht zu der Gesamtheit jener, die dem Verband wichtig sind. Ein Link wie *„Unseren Newsletter abonnieren …* " dürfte daher wahrscheinlich weniger Besucher zu einer Subskription bewegen als ein Link wie *„Alles zum Thema Binnenmarkt abonnieren …* ". Je detaillierter Use Cases durchgeplant sind, desto mehr sind sie also in der Lage, das System zu optimieren, vor allem natürlich die Verbandswebsite.

So konjunktivisch und spekulativ wie einige Sätze des letzten Absatzes wird übrigens mancher Use Case aussehen, den man bei der Konzeption von Systemen zur Online-Kommunikation ausarbeitet. Im Zweifel kann und sollte man ursprüngliche Überlegungen zu Use Cases in der Praxis immer evaluieren. Welche Art von Hyperlink Websitebesucher beispielsweise am ehesten dazu bringt, Newsletter oder andere Push-Dienste zu abonnieren, kann man sehr einfach messen. Dem Thema Evaluation widmet sich deshalb ein eigener Abschnitt dieses Buches (siehe dazu auch Abschn. 3.4.8 *Tracking).*

Der Use Case 1.1.2, in dem ein Meinungsführer auf einen Teaser in einem Newsletter klicken soll, wird bei genauerer Ausarbeitung ebenfalls Chancen und Risiken offenbaren: Denn der Newsletter muss attraktiv genug sein, damit die Empfänger die darin enthaltenen Teaser auch möglichst oft anklicken und dadurch auf die Website gelangen. Welchen Aufwand man an diesem Punkt betreiben kann, um Besucher auf die Website zu holen, zeigt die Tatsache, dass viele Unternehmen die Inhalte ihrer Marketing-Newsletter für jeden Empfänger auf der Basis von dessen Käufen oder durch Tracking ermittelten Interessen einzeln auswählen; denn durch solch eine individuelle Zusammenstellung werden deutlich höhere Klickraten erzielt als mit Einheits-Newslettern.

Der Use Case 1.1.1, in dem ein Meinungsführer die Website des Verbands aus eigenem Antrieb aufsucht, kann schon am Beginn höchst unterschiedlich ausfallen. Auch das erkennt man, sofern man ihn detailliert durchspielt: Denn während ein Teil der Zielgruppe wahrscheinlich eine Suchmaschine bemüht und sich zu einem bestimmten Suchwort Information erschließt, kennen andere Meinungsführer möglicherweise unseren (fiktiven) Verband und suchen direkt dessen Website auf.

Wir haben es daher hier mit zwei Use Cases der Subfunktionsebene zu tun, die wir genauer analysieren sollten:

Use Case 1.1.1.1 (Subfunktionsebene)	
Primärakteur	Meinungsführer
Vorbedingungen	Meinungsführer möchte über den Diskurs zu einem Thema umfassend informiert sein
Trigger	Meinungsführer bemerkt den Beginn des öffentlichen Diskurses
Standardablauf	*Meinungsführer kennt (oder ermittelt) die Adresse der Verbandswebsite*, sucht sie aus eigenem Antrieb auf und liest dort die Verbandsmeinung oder -position nach
Erweiterung	Meinungsführer abonniert außerdem Informationen von der Website, um regelmäßig ohne eigenes Zutun informiert zu werden

Ähnlicher Use Case, aber mit anderem Vorgehen des Primärakteurs am Beginn:

Use Case 1.1.1.2 (Subfunktionsebene)	
Primärakteur	Meinungsführer
Vorbedingungen	Meinungsführer möchte über den Diskurs zu einem Thema umfassend informiert sein
Trigger	Meinungsführer bemerkt den Beginn des öffentlichen Diskurses
Standardablauf	*Meinungsführer sucht Information zu dem fraglichen Thema über eine Suchmaschine*, stößt auf die Verbandswebsite und liest dort die Verbandsmeinung oder -position nach
Erweiterung	Meinungsführer abonniert außerdem Informationen von der Website, um regelmäßig ohne eigenes Zutun informiert zu werden

Beide Use Cases unterscheiden sich in der Realität in gravierenden Aspekten, die bei genauerem Ausarbeiten leicht deutlich werden. Vor allem sind, damit sie beide gut funktionieren und auf beiden Wegen möglichst viele Besucher auf der Website eintreffen, völlig unterschiedliche Anstrengungen zu unternehmen: Im ersten Fall sollte nicht nur der Verband selbst möglichst gut bekannt sein, sondern auch die Adresse seiner Website; der Domainname der Website sollte also gut gewählt sein, damit man ihn leicht erinnert. Im zweiten Fall hingegen ist es wichtig, dass die Verbandswebsite bei bestimmten

Suchworten möglichst weit oben im Suchmaschinenresultat auftaucht. Die Anpassung der Website an die Erfordernisse von Suchmaschinen sollte daher möglichst optimal sein (zur sogenannten Suchmaschinenoptimierung siehe Abschn. 3.4.7 *Suchmaschinenoptimierung* und Abschn. 4.3 *Suchmaschinengerechte Redaktionsarbeit* in diesem Buch).

Die beiden Use Cases haben aber zudem auch starken Einfluss auf die Struktur der Website. Denn im ersten Fall trifft der Besucher auf der Startseite (englisch: Homepage) ein, im zweiten Fall auf einer Unterseite, die sich spezifisch dem Thema des eingegebenen Suchwortes widmet. Besonders der erste Fall ist äußerst anspruchsvoll: Der Besucher muss nämlich jederzeit daran glauben können, dass er mit vertretbarem Aufwand an nützliche Information gelangen wird – anderenfalls trifft er eine für unsere Kommunikationsaufgabe verheerende Abbruchentscheidung. Rezipienten, die sich über die Meinung des Verbands zum Thema „Binnenmarkt" informieren wollen, werden entsprechende Dokumente sehr viel eher erreichen, wenn in der Navigation ein Eintrag „Binnenmarkt" existiert, als wenn sich diesbezügliche Dokumente beispielsweise hinter einer Rubrik wie „Aktuelles" verbergen.

Indem man mit dem Instrument eines Use Cases die Funktionsweise eines online stehenden Kommunikationssystems, wie einer Verbandswebsite samt Peripherie, konzipiert, wird man die Bedeutung bestimmter Details erkennen – zum Beispiel: Es dürfte unzweifelhaft sein, dass nach einer gewissen Zeit der Anteil jener Rezipienten von Artikulationen der Verbandsmeinung, die über Newsletter, RSS und andere Push-Dienste auf die Website kommen, überwiegt. Er kann jedoch nur dann schnell wachsen, wenn die zahlenmäßig unbedeutenderen Use Cases, die erstmalige Besucher der Website betreffen, möglichst gut funktionieren. Wir haben es hier also gewissermaßen mit einer Hebelwirkung zu tun. Kleine Details, wie die Frage, wo genau man etwas abonnieren kann oder wie man etwas von der Startseite aus findet, sind deshalb letztlich für die Reichweite der Website von nicht zu unterschätzender Bedeutung.

Aber zurück zu den Kommunikationszielen: Rufen wir uns noch einmal ein von der Medienwirkungsforschung identifiziertes Problem vor Augen, nämlich dass die Artikulation der Meinung unseres fiktiven Verbands vor allem von jenen Menschen wahrgenommen wird, die dem Verband nahestehen oder zumindest eine gefestigte, gegebenenfalls anderslautende Meinung bereits besitzen. Wir müssen daher einräumen, dass die bisherigen Use Cases nur eine relative geringe politische Wirkung erzeugen werden. Denn weder sind viele meinungsoffene, für persuasive Kommunikation zugängliche Rezipienten zu erwarten, noch viele Rezipienten, für welche die artikulierte Verbandsmeinung besonderen Neuigkeitswert haben könnte, sodass der politische Prozess dadurch beeinflusst werden könnte. Möchten wir, dass unser Verband politisch wirkungsvoller kommuniziert, kann dies kaum über Rezipienten funktionieren, die sich die Inhalte selbst erschließen; stattdessen muss auf eine Weise kommuniziert werden, mit der die Verbandsbotschaften potenziellen Rezipienten, die danach nicht suchen würden, aktiv angeboten werden. Eine Möglichkeit dazu wäre beispielsweise, dass Besucher der Verbandswebsite dazu bewegt werden, Verbandsmeinung artikulierende Online-Publikationen in sozialen Netzwerken teilen. Denn auf diese Weise erreichen diese Publikationen ein Publikum, das der Verband zunächst nicht direkt ansprechen kann, das aber – da es sich um Kontakte zweiten Grades handelt – mit einer gewissen Wahrscheinlichkeit an dem entsprechenden Themenfeld interessiert sein dürften.

Wir benötigen also einen weiteren Use Case auf der Subfunktionsebene:

Use Case 1.1.3 (Subfunktionsebene)	
Primärakteur	Meinungsführer
Vorbedingungen	Meinungsführer hat eine Meinung artikulierende Publikation des Verbands gelesen
Trigger	Meinungsführer findet die Meinung relevant für den öffentlichen Diskurs
Standardablauf	Meinungsführer teilt das Dokument in sozialen Netzwerken mit seinen Kontakten

Hilfreich, wenn auch nicht unbedingt notwendig, ist dafür eine Funktionalität, die dem Primärakteur möglichst viel Arbeit beim Teilen abnimmt. Vielfach werden deshalb Social-Media-Buttons unterhalb von Onlineinhalten platziert, die den Leser zum einen animieren, ein Dokument zu teilen, und zum anderen das Teilen mit wenigen Mausklicks ermöglichen, indem der Teaser mit Titel, Bild und Anrisstext automatisch erstellt wird.

Es ist sinnvoll, den zuletzt beschriebenen Use Case bei den anderen Use Cases als Erweiterung zu benennen, denn bestenfalls teilt nun jeder Websitebesucher gelesene Inhalte mit seinen Kontakten in sozialen Netzwerken.

Unter Umständen könnte das Teilen eines Dokuments aber auch integraler Bestandteil aller Use Cases sein: Wenn beispielsweise ein Verband, etwa ein Berufsverband, eine Kampagne zur Durchsetzung bestimmter politischer Ziele mittels Mobilisierung zum Protest oder mittels Petition betreibt, ist es anzuraten, dass die Use Cases nicht mit der Rezeption von Dokumenten enden und als optionale Erweiterung Funktionen zum Teilen in sozialen Netzwerken beinhalten, sondern dann muss es Ziel sein, dass jeder Leser sein persönliches Umfeld mobilisiert. Am Ende der Rezeption entsprechender Inhalte würde also der Primärakteur des Use Case aufgefordert werden, das Dokument zu teilen. Dazu würde ein sogenannter Call-to-Action erstellt, ein Button oder Link, der etwa wie folgt beschriftet wäre: *„Informiere Deine Kollegen über diese Kampagne – teile diesen Text!“*

Es muss an dieser Stelle noch einmal darauf hingewiesen werden, dass unsere Use Cases zu dieser Informationsaufgabe, die bis hier nur Meinungsführer betreffen, nach allen Erkenntnissen von Psychologie und Medienwirkungsforschung ohne das Bemühen um eine Expansion der Zielgruppe relativ geringe politische Wirkung haben dürften. Denn wir können davon ausgehen, dass die Einstellungen von Meinungsführern kaum beeinflussbar sind. Wir wissen zudem, dass für maßgebliche Teile der Meinungsführer das Internet auch nicht das Medium der Wahl ist, um die Artikulation der Verbandsmeinung zur Kenntnis zu nehmen. Erst indem die Use Cases so geplant werden, dass Meinungsführer die Publikationen des Verbands an ihre eigenen Kontakte weiterleiten, werden Menschen erreicht, die von den Interessen des Verbands bisher keine Kenntnis hatten und auf deren Meinung möglicherweise sogar Einfluss genommen werden kann. Politische Wirkung erzielt die Online-Kommunikation in unserem Beispiel also erst dann in größerem Maße, wenn sie in der Lage ist, die „Filter-Bubble“ zu überwinden. Dazu ist zwar zunächst Dialog innerhalb dieser Insider-Sphäre erforderlich; beschränkt sich der Verband jedoch darauf, kommuniziert er online weitgehend ohne Effekt.

Für eine möglichst wirkungsvolle Kommunikation sind deshalb drei aufeinander aufbauende Schritte erforderlich: Erstens müssen die Meinungsführer die Botschaften eines Verbands möglichst gut auffinden, zweitens müssen sie sich mit dem Verband vernetzen und dadurch regelmäßige Rezipienten von dessen Online-Publikationen werden und drittens müssen sie die Botschaften des Verbandes möglichst oft weiterverbreiten. Funktioniert einer dieser Schritte nicht in ausreichendem Maße, leidet die politische Wirksamkeit der Online-Kommunikation.

Für die Kommunikationsaufgabe „Artikulation der Verbandsmeinung nach außen" hatten wir eine zweite Teilzielgruppe benannt, die bisher in unseren Use Cases nicht berücksichtigt worden ist: die Öffentlichkeit. In der Kommunikation mit ihr kulminiert für die meisten Verbände das Phänomen, dass die Zielgruppe keine entsprechende Informationsexploration betreibt, die erforderlich wäre, um Verbandsmeinung von selbst zur Kenntnis nehmen zu können. Eine User Story, wie die folgende, ist in den meisten Fällen völlig unrealistisch: *„Als Bürger möchte ich die Meinung des Verbands XYZ zur Kenntnis nehmen, um im politischen Diskurs umfassend informiert zu sein."* Nur wenn die Forderungen von Verbänden das Gemeinwohl betreffen und, etwa bei sozialpolitisch relevanten Themen, Partei ergriffen wird, wie beispielsweise Mindestlohnforderungen oder dem bedingungslosen Grundeinkommen, wird eine solche User Story in gewissem Umfang realistisch. Zumeist jedoch geht es dann gar nicht mehr um reine Information, sondern um Mobilisierung, sodass die User Story eigentlich lautet: *„Als Bürger möchte ich die Meinung des Verbands XYZ zur Kenntnis nehmen, um dessen Position im politischen Diskurs zu unterstützen."* (Siehe dazu auch Abschn. 2.4.9 *Interessenvertretung und -durchsetzung gegenüber Dritten).*

Je eher es um Partikularinteressen geht, umso weniger wahrscheinlicher ist es, dass relevante Teile der Öffentlichkeit bei jenem Onlinemedium eintreffen, in dem der Verband seine Meinung artikuliert. Es ist deshalb unumgänglich, der Zielgruppe gegenüber zunächst nicht Meinungsartikulation zu betreiben, sondern stattdessen Inhalte mit ausreichender Utility zu bieten – beispielsweise in Form service-orientierter Information. Die Nutzungsstatistiken zeigen beispielsweise beim BLL, einem großen Verband der Lebensmittelwirtschaft, dass viele Besucher Infos zu Zusatzstoffen in Lebensmitteln suchen. Beim BVMed, einem Verband für Medizintechnologie, suchen viele Menschen Hilfestellung in Fragen der Erstattung von Medizinprodukten durch die Krankenkassen. Und bei der GDV DL, einer Servicegesellschaft der Autoversicherer, nutzen viele Websitebesucher die Onlinedatenbank zu Kfz-Typklassen, nach denen sich Versicherungsbeiträge errechnen. Solche Informationen sind auch nicht nur im Vergleich zu anderen Inhalten besonders erfolgreich, weil sie hohe Utility bieten, sondern auch weil die Reputation des Verbands bei seinen Kernthemen hoch ist. Dies führt dazu, dass sogar Medien und öffentliche Institutionen Links auf solche Onlinedokumente setzen und damit die Seiten bei Suchmaschinen zu Top-Platzierungen verhelfen. Wichtig ist aber gerade dafür, dass zunächst nur die Utility im Vordergrund steht und keinerlei Meinungsartikulation betrieben wird.

Sofern man mit derartigen nützlichen Angeboten erfolgreich Besucher aus der Teilzielgruppe „Öffentlichkeit" auf die Website holt, kann man sie während ihres Besuchs auch dafür zu gewinnen versuchen, die Verbandsmeinung zur Kenntnis zu nehmen. Dazu müssen entsprechend aufbereitete Links oder Teaser auf weiterführende Inhalte mit der Verbandsmeinung verweisen. Vor allem Formulierung und Gestaltung dieser Links und Teaser geben dann den Ausschlag, wie viele Rezipienten die Dokumente zur Kenntnis nehmen, in denen der Verband seine Meinung artikuliert.

Da wir von Jakob Nielsen und von der *Mood-Management-Theorie* wissen, dass Utility nicht nur durch Information erzeugt werden kann, sondern beispielsweise auch durch Unterhaltsames, dürfen wir prinzipiell von einem breiteren Portfolio an Möglichkeiten ausgehen, mit denen wir die Öffentlichkeit auf eine Verbandswebsite holen können. Tatsächlich gibt es vielfältige Beispiele, wie Online-Gewinnspiele, Online-Tutorials, Kochrezeptesammlungen für chronisch Kranke oder auch schlicht Möglichkeiten zur Vernetzung mit Gleichgesinnten. Solche kreativen Ansätze müssen allerdings immer vor dem Hintergrund gesehen werden, dass kommerzielle Medien mit hohem Aufwand vielfach ähnliche Angebote betreiben und Verbände in einer solchen Konkurrenzsituation zumeist das Nachsehen haben.

Nach diesen Grundüberlegungen formulieren wir deshalb für weitere Betrachtungen nun eine User Story, die aus vielen denkbaren Varianten eine eher typische herausgreift. Stellen wir uns dazu einen beliebigen Verband aus dem Bereich des Personenverkehrs vor, der bestimmte Interessen gegenüber der Öffentlichkeit artikulieren möchte. Die User Story, für die wir ja einen Perspektivwechsel zur Sichtweise der Zielgruppe vornehmen, kann dann beispielsweise lauten:

> „Als Fahrgast möchte ich im Internet Hilfestellung finden, um bei Verspätungen von Verkehrsmitteln im Fernverkehr meine Rechte auf Entschädigung wahrnehmen zu können."

Das Beispiel zeigt zunächst eine typische verbandsinterne Interessenkollision: Prinzipiell hilft der Verband, sofern er ein Onlineangebot nach der genannten User Story errichtet, den Kunden seiner Mitglieder bei der Durchsetzung von deren Interessen gegenüber den Mitgliedsunternehmen. In Verbänden sind solche Projekte deshalb oft nur schwer oder gar nicht umzusetzen. Dabei dürfte ein solcher Service das Aufkommen an Entschädigungen kaum erhöhen; denn auf Verbraucherportalen findet jeder Fahrgast solche Informationen zu Fahrgastrechten ohnehin. Der Imagegewinn aber, den eine Branche mit solch kundenfreundlichem Auftreten erzielen kann, wird die Belastungen der Mitgliedsunternehmen durch zusätzliche Entschädigungen wahrscheinlich in vielen Fällen aufwiegen.

Das Beispiel ist aber auch aus einem anderen Grund interessant: Ein Branchenverband im Personenfernverkehr verfügt auf dem Feld der Fahrgastrechte zwangsläufig über hohe Kompetenzen. Es ist deshalb zu erwarten, dass ein entsprechendes Onlineangebot von Medien, Behörden und anderen Stakeholdern vielfach verlinkt wird. Der Verband hat dadurch die Chance auf eine erstklassige Position bei Suchmaschinen (zur Bedeutung von Hyperlinks anderer Websites für die Suchmaschinenpositionierung der eigenen Website siehe Abschn. 3.4.7.2 *Reputation*).

Tatsächlich ist ein in der Öffentlichkeit relativ unbekannter Verband des Schienenverkehrs bei einschlägigen Suchwortkombinationen mit seinen Infos über Fahrgastrechte bei Google an erster Stelle zu finden. Allerdings beschränkt sich dieser Verband darauf, zu Fahrgastrechten zu informieren. Man könnte aber eine so günstige Suchmaschinenpositionierung durchaus dazu nutzen, Besuchern mit Hyperlinks oder Teasern auch weiterführende Information zu Verbandsmeinungen und -positionen anzubieten. Es wäre dann nur noch eine Frage geschickter Formulierung, ob man den Fahrgast zum Lesen anregen kann. Mit hoher Wahrscheinlichkeit werden viele der so gewonnenen Leser meinungsoffen sein und die Verbandsmeinung zum ersten Mal zur Kenntnis nehmen. Die politisch-kommunikative Wirkung ist also hier relativ groß.

Unser nächster Use Case sieht daher wie folgt aus:

Use Case 1.2 (Anwenderebene)	
Primärakteur	Fahrgast (als Teil der Öffentlichkeit)
Vorbedingungen	Fahrgast möchte Information über Fahrgastrechte bei Verspätungen
Trigger	Fahrgast ist mit Verspätung befördert worden
Standardablauf	Fahrgast sucht Information zu Fahrgastrechten über eine Suchmaschine. Er findet dort, was er sucht, und liest intensiv. Dabei fällt ihm ein Teaser auf, der ihm deutlich macht, dass bestimmte Interessen des Verbands auch in seinem Sinne sind. Er liest den Text und lernt die Verbandsmeinung genauer kennen.

Dieser Use Case ließe sich noch erweitern: Der Verband könnte beispielsweise einen Verspätungsmeldedienst aufbauen und Besucher zur Nutzung bewegen – und Nutzer zur Kenntnisnahme von Verbandsmeinungen animieren. Langfristig würde man den Nutzern dabei vermitteln können, dass Verspätungen im Personenfernverkehr leider unausweichlich sind, dass die Branche damit aber verantwortungsbewusst, konstruktiv und verbraucherfreundlich umgeht.

Auch bei der Zielgruppe „Öffentlichkeit" gilt, dass man nur einen Rezipienten, der sich vernetzt hat, zu einem bestimmten Zeitpunkt oder regelmäßig aktiv kontaktieren kann. Da die Darstellung entsprechender Use Cases, bei denen der Primärakteur einen Newsletter, RSS-Feed oder andere Infos abonniert, im Wesentlichen aus Wiederholungen bestünde, wollen wir sie uns an dieser Stelle ersparen.

2.4.2 Bekanntheitsgrad fördern

Die Kommunikationsaufgabe, die Bekanntheit eines Verbands zu fördern, ist ähnlich anspruchsvoll wie die Artikulation von Verbandsmeinungen. Denn auch hier ist das Problem, dass wir kaum mit jenen kommunizieren brauchen, die per Suchmaschine nach dem Verband suchen: Zielgruppe sind prinzipiell Menschen, die den Verband nicht kennen. Auch hier nützt also eine attraktive, gut geplante Website allein nicht. Vielmehr muss das Ziel sein, die Zielgruppe jenseits eigener Medien zu erreichen.

Dafür sind Massenmedien, besonders auch die klassischen, natürlich ein probates Instrument. Auch Velsen-Zerweck nennt Medien für die Kommunikationsaufgaben als Zielgruppe. Da sie jedoch nachfolgend in einem eigenen Abschnitt behandelt werden, können sie hier der Einfachheit halber weggelassen werden (siehe dazu Abschn. 2.4.8 *Presse- und PR-Aufgaben für eine Branche übernehmen).* Die ebenfalls als Zielgruppe benannten Meinungsführer werden einen Verband vermutlich in der Praxis nahezu ausschließlich offline kennenlernen. Wir können uns hier also auf die Öffentlichkeit als Zielgruppe konzentrieren.

***Zielgruppe*: Öffentlichkeit**

Außer der bereits genannten Presse- oder Medienarbeit gibt es eine ganze Reihe von weiteren Methoden, potenzielle Besucher auf eine ihnen bislang unbekannte Website aufmerksam zu machen. Dies fängt bereits bei der Verbreitung der Internetadresse auf Werbeartikeln an. Allerdings ist es dabei oft sehr schwierig, dem Rezipienten die Utility zu vermitteln, die seinem Besuch innewohnen könnte. Offlinemedien erzielen zudem in aller Regel ohnehin sehr geringe Wirkung bei der Gewinnung von Websitebesuchern – man spricht von einem *Medienbruch*, dessen geringe Permeabilität sich in der Evaluation von Onlineprojekten immer wieder zeigt.

Als bedeutsamste Quellen von Besuchern auf ihnen zunächst unbekannten Websites sind deshalb vor allem zu nennen:

- Andere Websites, redaktionell betreut
- Andere Websites, soziale Medien
- Suchmaschinen
- Online-Marketing

Will ein Verband seinen Bekanntheitsgrad fördern, wird er tunlichst in allen diesen Bereichen aktiv werden. Er wird beispielsweise aktiv Onlinemedien kontaktieren, die in ihren Artikeln bereits andere Stakeholder aus seiner Interessensphäre auflisten und ebenfalls um Nennung bitten – schon, weil das die Grundlagen des Link-Buildings bei der Suchmaschinenoptimierung sind (siehe dazu auch Abschn. 3.4.7.2 *Reputation).* Er wird auch erwägen, die Reichweitendynamik sozialer Netzwerke zu nutzen, um neue Rezipienten zu gewinnen (siehe dazu auch Abschn. 4.5 *Social Media und Verbände).* Unter Umständen wird er auch Marketing betreiben und dabei mittels der Möglichkeiten geschickten Targetings vor allem neue Kontakte finden (siehe dazu auch Abschn. 4.2.3 *Marketing und Targeting).*

All diese Aktivitäten lassen sich besser planen, wenn dafür jeweils User Storys und Use Cases, gegebenenfalls für verschiedene Personas, beschrieben und diese auf Plausibilität überprüft werden. Als Beispiel soll im Folgenden durchgespielt werden, wie der Weg über Suchmaschinen funktionieren könnte.

Stellen wir uns einen Internetnutzer vor, der von unserem fiktiven Verband noch nie gehört hat, aber potenziell Interesse haben könnte, ihn kennenzulernen. Dieser Internetnutzer ruft eine Suchmaschine im Internet auf und gibt etwas ein. Indem wir uns überlegen, was das sein könnte, können wir massiv beeinflussen, welcher Typ von Besuchern auf unserer Website landet – und mithin, in welchen Kreisen die Bekanntheit unseres Verbands gesteigert wird.

Nehmen wir das bereits zuvor erwähnte Beispiel eines Branchenverbands im Personenfernverkehr, der hilfreiche Inhalte zu Fahrgastrechten präsentiert und es schafft, damit in Suchmaschinenergebnissen weit oben zu stehen. Sofern ihm dies mit Begriffen, wie *„Fahrgastrechte"* oder *„Entschädigung bei Verspätung"* gelingt, wird der Verband möglicherweise recht bald einer ansehnlichen Zahl von Kunden von Fernverkehrsunternehmen bekannt sein. Die Steigerung der Bekanntheit wird natürlich auch von der Gestaltung der entsprechenden Website abhängen: Sofern die Seiten ausschließlich über Fahrgastrechte aufklären, wird die Wirkung geringer sein, als wenn es dort überall Hyperlinks oder Teaser gibt, die beispielsweise sinngemäß verkünden: *„Verband XYZ – wir helfen Fahrgästen, wo wir können"*. Verlinken würde man damit zu einer zielgruppengerecht formulierten Selbstdarstellung des Verbands.

Gibt der imaginäre Internetnutzer jedoch den Fachterminus *„EU-Fahrgastrechte-Kraftomnibus-Gesetz"* ein, so dürfen wir davon ausgehen, dass es mit höherer Wahrscheinlichkeit jemand ist, der beispielsweise entweder aus der Politik oder aber aus einem Verkehrsunternehmen kommt. Es werden also über diesen Suchbegriff eher Besucher auf unserer Website eintreffen, die von professionellem Interesse bestimmt sind – beispielsweise auch potenzielle künftige Mitglieder.

Natürlich kann ein Verband mit unterschiedlichsten Begriffen bei Suchmaschinen gut platziert sein. Allerdings: Es ist kaum möglich, mit einem einzigen Dokument zu einem Thema bei verschiedensten entsprechenden Suchbegriffen immer ganz vorne mit dabei zu sein. Wer mit einem Dokument zu den ersten zehn Suchmaschinentreffern gehören möchte, muss sich für einen Begriff, eine Kombination aus mehreren Begriffen oder eine Phrase entscheiden, auf die hin er sein Dokument formuliert und gestaltet (siehe dazu auch Abschn. 3.4.7.1 *Dokumentenrelevanz)*. Denn auch das Ziel einer Suchmaschine ist bestmögliche Utility für ihre Nutzer. Sie wird deshalb aus dem Myriaden von Onlinedokumenten umfassenden Internet nur jene Handvoll Seiten ganz oben zeigen, die auf das eingegebene Suchwort wirklich optimal passen. Ist das Suchwort nur ein wenig anders, ist es die Reihenfolge im Suchmaschinenresultat ebenfalls.

Diese Überlegungen zeigen: Die im Jargon der Internetentwickler und Suchmaschinenoptimierer *Keywords* genannten Suchbegriffe müssen von Beginn an sorgfältig definiert werden. Denn sie entscheiden, wer später auf der Website eintrifft. Bereits bei der Planung der Website muss man deshalb antizipieren, welche Begriffe die Zielgruppe tatsächlich eingibt. Es müssen deshalb für die Verbandswebsite Dokumente erstellt werden, die genau auf diese Keywords zugeschnitten sind. Im Zweifel benötigt man sogar für das gleiche Thema verschiedene Dokumente, nämlich dann, wenn verschiedene Zielgruppen sich ein Thema voraussichtlich mit unterschiedlichen Keywords erschließen. Es ist daher dringend notwendig, dass man sich über die Terminologie der Zielgruppe ein genaues Bild macht und ein Keyword-Konzept (siehe dazu auch Abschn. 2.5 *Semantische Konzeption)* erstellt, das zu den Grundlagen für die Erstellung der Inhalte zählt.

Die Kommunikationsaufgabe, den Bekanntheitsgrad zu fördern, bedarf also in der Praxis der Online-Kommunikation einer spezifischeren Definition, was genau erreicht werden und wer die diesbezügliche Zielgruppe sein soll – da dies durch die Auswahl der Keywords gesteuert werden kann.

Um ein realistisches Beispiel zu entwickeln, gehen wir im Folgenden davon aus, dass der Bekanntheitsgrad unseres fiktiven Verbands bei politischen Entscheidungsträgern gefördert werden soll. Auch in diesem Fall wäre es selbstverständlich sinnvoll, alle zuvor genannten Maßnahmen zu betreiben, also sich um Links auf anderen Websites zu bemühen, in sozialen Medien aktiv zu werden und gegebenenfalls Marketing zu betreiben. Den prototypischen Use Case beschränken wir hier jedoch der Einfachheit halber auf jene politischen Entscheidungsträger, die wir über Suchmaschinen zu gewinnen trachten.

Da als Zielgruppe grundsätzlich politische Entscheidungsträger definiert sind, die den Verband noch nicht kennen, kommen vor allem zwei User Storys infrage. Die erste unterstellt, dass der Primärakteur direkt nach Interessenvertretern sucht:

„Als politischer Entscheidungsträger möchte ich durch Online-Recherchen erfahren, welche Stakeholder es beim Thema XYZ gibt, um deren Interessen im politischen Prozess berücksichtigen zu können."

Die zweite User Story ist allerdings wahrscheinlicher, aber zugleich auch komplexer, da der Primärakteur nicht nach Stakeholdern, sondern nach politisch relevanten Interessenartikulationen sucht:

„Als politischer Entscheidungsträger möchte ich durch Online-Recherchen die Meinungen verschiedener Stakeholder zum Thema XYZ zur Kenntnis nehmen, um deren Interessen im politischen Prozess berücksichtigen zu können."

Die zweite User Story ist vor allem deshalb wahrscheinlicher, weil politische Entscheidungsträger in aller Regel die relevanten Stakeholder in ihrem Zuständigkeitsbereich kennen. Vor allem sie selbst werden kaum der Meinung sein, dass sie danach suchen müssten. Die exakte Haltung von Stakeholdern zu bestimmten, politisch aktuellen Fragestellungen müssen sie jedoch permanent überprüfen.

Auch hier sollte man überlegen, ob die Planung mit unterschiedlichen Personas sinnvoll ist, um realistische Use Cases zu entwickeln. Im vorliegenden Fall dürfte es bei den beiden genannten User Storys jedoch beispielsweise egal sein, ob ein Parlamentarier oder sein Mitarbeiter die Recherche ausführt, solange am Ende der politische Entscheidungsträger von der Existenz des Verbands Kenntnis erlangt.

Die Frage, die nun im Hinblick auf Suchmaschinen zu stellen ist, lautet: Welche Begriffe geben politische Entscheidungsträger im Falle beider User Storys ein? Wir müssen damit rechnen, dass der Primärakteur unserer zu planenden Use Cases vor allem jene Begriffe als Suchbegriffe verwendet, welche die jeweils aktuelle Debatte dominieren – in unserem Beispiel also *„Fahrgastrecht"* und *„Entschädigung"*. Er wird möglicherweise nicht unbedingt vom politischen Diskurs so weit abstrahieren, dass er Suchwortkombinationen wie *„Verband Verkehrsunternehmen"* oder *„Verband Unternehmen Personenfernverkehr"* eingibt, um sich ein Bild von ihm noch unbekannten Verbänden zu machen. Stattdessen wird er höchstwahrscheinlich eine Suchwortkombination wie *„Fahrgastrechte Entschädigung Verbände"* eingeben, wenn er herausfinden möchte, ob Verbände existieren, welche die Interessen der Verkehrswirtschaft im Hinblick auf Fahrgastrechte vertreten.

Wir sehen also, dass ein Text, in welchem sich unser fiktiver Verband – ohne weitere Überlegungen zur Suchmaschinentauglichkeit anzustellen– selbst darstellt, von der Zielgruppe kaum gefunden werden wird. Denn bei einer Selbstdarstellung im auf Verbandswebsites weithin üblichen Stil tauchen Begriffe zu einzelnen politischen Debatten kaum oder nur am Rande auf – das Wort *„Fahrgastrechte"* eventuell in einem Nebensatz, der Begriff *„Entschädigung"* vermutlich gar nicht. Zudem beschreibt der Verband sich selbst im Singular, während der Suchmaschinennutzer vermutlich *„Verbände"* im Plural sucht.

Deutlich erfolgreicher bezüglich der Kommunikationsaufgabe, in der Zielgruppe politischer Entscheidungsträger den Bekanntheitsgrad unseres Verbands zu fördern, dürfte deshalb ein Dokument sein, in dem der Verband beispielsweise seine eigene Rolle im Diskurs zu Fahrgastrechten und Entschädigungen bei Verspätungen der Verkehrsmittel innerhalb der Gesamtheit involvierter Verbände reflektiert. Ein solches Dokument hätte wegen seines Überblickscharakters außerdem vielfach höhere Chancen darauf, von anderen Websites verlinkt zu werden, was wiederum die Positionierung in Suchmaschinenergebnissen verbessert und zusätzliche Besucher heranführt.

Dennoch wollen wir – eher vorsorglich – neben diesem wahrscheinlicheren auch den unwahrscheinlicheren Fall in einen Use Case fassen:

Use Case 2.1 (Anwenderebene)	
Primärakteur	Politischer Entscheidungsträger
Vorbedingungen	Politischer Entscheidungsträger möchte die relevanten Stakeholder zum Thema XYZ kennen
Trigger	Politischer Entscheidungsträger bereitet politischen Prozess (parlamentarische Debatte, Gesetzentwurf etc.) vor
Standardablauf	Politischer Entscheidungsträger gibt in Suchmaschine Begriffe ein, die auf ihm unbekannte Verbände/Stakeholder zielen, wie etwa *„Verband Verkehrsunternehmen"* oder *„Verband Unternehmen Personenfernverkehr"*; er findet die Selbstdarstellung des Verbands weit oben im Suchergebnis und lernt so den Verband kennen

Sofern wir den wahrscheinlicheren Fall in einen Use Case fassen, bei dem der Primärakteur nicht nach einem Verband, sondern nach einem Thema sucht, müssen wir einen weiteren Schritt in der User Journey vorsehen: Denn nun findet der Primärakteur zunächst ein Dokument, dessen

Schwerpunkt Fahrgastentschädigungen sind, weshalb ihm durch einen Teaser ein weiteres Dokument zur Rezeption angeboten wird, in dem sich der Verband allgemein vorstellt. Dies kann prinzipiell das gleiche Dokument sein, auf das der Primärakteur des Use Cases 2.1 direkt stößt.

Use Case 2.2 (Anwenderebene)	
Primärakteur	Politischer Entscheidungsträger
Vorbedingungen	Politischer Entscheidungsträger möchte *die relevanten Positionen von Stakeholdern zum Thema XYZ* kennen
Trigger	Politischer Entscheidungsträger bereitet politischen Prozess (parlamentarische Debatte, Gesetzentwurf etc.) vor
Standardablauf	Politischer Entscheidungsträger gibt in Suchmaschine Begriffe ein, *welche in der Debatte dominieren, wie „Fahrgastrechte Entschädigung Verbände"; er findet ein entsprechendes, auch suchmaschinengerecht formuliertes Dokument*
Erweiterung	*Politischer Entscheidungsträger klickt bei Interesse auf einen Teaser, der ihn zur Selbstdarstellung des Verbands führt*

Wir sehen, dass es – je nachdem, von welchen Suchbegriffen der Primärakteure wir ausgehen – zu unterschiedlichen Use Cases kommt, die auch entsprechend unterschiedliche Gestaltungsmerkmale der Website erforderlich machen.

Der Erfolg von Use Case 2.2 steht und fällt natürlich damit, dass die Redaktion möglichst früh im Verlaufe eines politischen Diskurses entsprechende Inhalte erstellt und publiziert. Denn je früher am Beginn eines Diskurses ein solcher Inhalt zur Verfügung steht, umso eher ist auch bei vielen Individuen der Zielgruppe ein Informationsbedarf gegeben, der allerdings mit der Zeit abnehmen wird.

Da wir uns hier ausschließlich auf Suchmaschinen konzentriert haben, sei abschließend gesagt: Wenn es an dieser Stelle mit rein hypothetischen Überlegungen zu prototypischen Use Cases auch spekulativ sein mag, ist analog zum Beschriebenen davon auszugehen, dass auch Social-Media-Maßnahmen oder Online-Marketing mit dem Ziel, einen Verband bekannter zu machen, dann besser funktionieren werden, wenn in Teasern, Social-Media-Postings oder Onlineanzeigen ein aktuell kontroverses Thema angesprochen und nicht nur eine allgemeine Darstellung eines Verbandes angekündigt wird. Dies alles sollte natürlich in der Praxis möglichst immer evaluiert werden (zur Evaluation von Besucheraktionen auf Websites siehe Abschn. 3.4.8 *Tracking*).

2.4.3 Image verbessern

Zu dieser Kommunikationsaufgabe von Verbänden werden in der Praxis vielfältige Aktivitäten gerechnet. Explizit um Image kümmern sich Verbände vor allem sehr häufig im Rahmen zeitlich begrenzter Kampagnen mit unterschiedlichsten Zielen. So strebt beispielsweise der Zentralverband Gartenbau mittels einer Imagekampagne an, dass gärtnerischen Produkten und Dienstleistungen vor allem von jüngeren Menschen wieder mehr Wert beigemessen wird (Gawina 2015). Bei der Imagekampagne des Zentralverbands des Deutschen Handwerks steht vor allem die Gewinnung von Nachwuchs für Handwerksbetriebe im Mittelpunkt (ZDH o. D.). Und der Marburger Bund, größter Ärzteverband Deutschlands, wirbt mit einer Imagekampagne um neue Mitglieder (Marburger Bund 2014). Für solche Imagekampagnen ist selbstredend die Konzeption höchst unterschiedlicher Use Cases erforderlich, mit denen sich zum Teil nachfolgende Abschnitte beschäftigen (siehe Abschn. 2.4.7 *Werbung für Dienstleistungen des Verbands/Mitglieder werben)*.

Eine vor allem für Unternehmensverbände bedeutsame Aufgabe der Imageförderung, um die es auf den nachfolgenden Seiten gehen soll, betrifft den mit dem Terminus *Corporate Social Responsibility* (CSR) umschriebenen Bereich, in dem Unternehmen, gegebenenfalls aber auch deren Verbände, Verantwortung für Aspekte des Gemeinwohls übernehmen und dies zugleich nach außen kommunizieren. Von den meisten Autoren wird CSR vor allem im Kontext „nachhaltigen Wirtschaftens“ gesehen, bei dem Unternehmen in ökonomischer, ökologischer und sozialer Hinsicht verantwortungsvoll handeln (vgl. Schneider und Schmidpeter 2015).

Überwiegend sind Unternehmen daran interessiert, entsprechende Inhalte selbst zu kommunizieren, während Verbänden eher eine unterstützende Rolle im Hintergrund zukommt. So betreiben beispielsweise die Bundesvereinigung der Deutschen Arbeitgeberverbände, der Bundesverband der Deutschen Industrie, der Deutsche Industrie- und Handelskammertag und der Zentralverband des Deutschen Handwerks gemeinsam die Online-Plattform „CSR Germany – Unternehmen tragen gesellschaftliche Verantwortung“, um Unternehmen online Hilfestellung zu geben (CSR Germany o. D.).

Ganz überwiegend geht es auf dieser Plattform um Projekte, bei denen Unternehmen aufgrund von früheren oder aktuellen Missständen öffentlichen Druck zu spüren bekommen haben, wie etwa bei zu wenig nachhaltigen Energiebilanzen und zu hohen CO_2-Emissionen, bei unwiderruflicher Vernichtung von tropischem Regenwald oder bei menschenrechtlich fragwürdigen Arbeitsbedingungen bei den Zulieferern aus Entwicklungsländern. In den bei CSR Germany dargestellten Fällen hat die Industrie zügig reagiert und gemeinsame, in der Regel selbstverpflichtende Normen oder Kodizes geschaffen, welche die Einhaltung bestimmter Mindestanforderungen sicherstellt. Oft sind dabei auch Umweltschutzverbände, die internationale Arbeitsorganisation ILO oder andere unparteiliche Institutionen einbezogen gewesen.

Ein Beispiel zeigt dabei die Problematik der Kommunikation vieler CSR-Maßnahmen durch die einzelnen Unternehmen selbst: Um in Entwicklungsländern Mindeststandards für die Arbeitsbedingungen in Zulieferbetrieben der Textilindustrie sicherzustellen, lassen sich viele Unternehmen der Textilbranche nach dem Standard SA8000 zertifizieren, der von der gemeinnützigen New Yorker Organisation SAI geschaffen wurde und sich aus

Grundrechtekonventionen von ILO und UN ableitet (vgl. SAI o. D.). Da sich die Websites von Textilunternehmen jedoch in ihrer vorgeplanten User Journey vor allem an dem Ziel orientieren, Kleidung zu verkaufen, wird die CSR-Aktivität letztlich online meist zur Randnotiz – eine erläuternde Darstellung des Standards SA8000 findet man oft nur dann, wenn man explizit danach sucht. Und zumeist stößt man dabei nur auf einen kurzen Text.

Um prototypische Use Cases zu entwickeln, greifen wir dieses Thema aus und gehen im Folgenden davon aus, dass ein Verband der Textilindustrie das Image seiner Branche dadurch verbessern möchte, dass er kommuniziert, wie verantwortungsvoll seine Mitgliedsunternehmen mit den Arbeitsbedingungen bei ihren Zulieferern umgehen. Der Verband möchte dafür die breite Öffentlichkeit ansprechen.

***Zielgruppe*: Öffentlichkeit**

Wir gehen des Weiteren davon aus, dass der Verband nach ausführlichen Überlegungen die folgenden drei realistischen User Storys definiert (Medien lassen wir auch hier zunächst außer Acht):

„Als Kunde möchte ich online Informationen erhalten, um herauszufinden, ob der Hersteller, bei dem ich Textilien gekauft habe oder kaufen möchte, bezüglich der Problematik unzureichender Arbeitsbedingungen bei Textilzulieferern aus Entwicklungsländern verantwortungsvoll handelt."

„Als politisch interessierter Bürger möchte ich online mehr zu dem Problem unzureichender Arbeitsbedingungen bei Textilzulieferern aus Entwicklungsländern erfahren, um mich als Verbraucher entsprechend verantwortungsbewusst zu verhalten oder mich gegebenenfalls auch politisch zu engagieren."

„Als politischer Entscheidungsträger möchte ich durch Online-Recherchen erfahren, inwieweit es bezüglich der Problematik unzureichender Arbeitsbedingungen bei Textilzulieferern aus Entwicklungsländern politischen Handlungsbedarf gibt, um gegebenenfalls entsprechend tätig zu werden."

Wichtiger Aspekt aus Sicht der Medienwirkungsforschung ist, dass wir es bezüglich persuasiver Wirkung mit völlig unterschiedlichen Zielgruppen zu tun haben: Während die Kunden mit hoher Wahrscheinlichkeit relativ meinungsoffen sind, dürften die politisch interessierten Bürger eher bereits eine vorgefasste Meinung haben, die – ähnlich wie es Klappers Verstärkerthese beschreibt – kaum noch zu verändern ist. Bei politischen Entscheidungsträgern hingegen dürfen wir möglicherweise davon ausgehen, dass sie entweder meinungsoffen sind oder trotz vorgefasster Meinung vergleichsweise anfällig für kognitive Dissonanzen sind, wenn sie zu dem Thema recherchieren. In jedem Fall ist davon auszugehen, dass eine möglichst ausführliche und dokumentarisch gehaltene Darstellung der CSR-Aktivitäten der Unternehmen, also etwa Videos über die Zulieferer, deutlich persuasiver wirkt als nur ein knapper Text. Wir planen deshalb in unserem Beispiel für die vorliegende Kommunikationsaufgabe ein multimediales Angebot zum Standard SA8000. Die Inhalte sind intensiv untereinander verlinkt und beinhalten neben Videos und Fotos auch vielfältige Materialien sowie eine ansprechende grafisch angelegte Darstellung des gesamten Zertifizierungsprozesses.

Die Erfahrung in vielen Verbänden zeigt, dass gelegentlich einzelne Unternehmen ein gemeinsames Vorgehen in bestimmten komplexen, beispielsweise ethischen Fragen blockieren. Wir planen deshalb eine eigene, von der Verbandswebsite unabhängige Website, die gegebenenfalls nur von einem Teil der Unternehmen getragen wird.

Selbstverständlich ist es auch bei dieser Kommunikationsaufgabe sinnvoll, über Personas nachzudenken; der Einfachheit halber gehen wir jedoch hier davon aus, dass sich keine wesentlichen Unterschiede zwischen verschieden Soziotypen ergeben – und auch Parlamentarier und ihre Mitarbeiter sich gleich verhalten. Daher ergeben sich folgende Use Cases:

Use Case 3.1 (Anwenderebene)	
Primärakteur	Kunde eines Textilherstellers
Vorbedingungen	Kunde möchte wissen, ob der Hersteller verantwortungsvoll handelt
Trigger	Kunde hat von problematischen Arbeitsbedingungen bei Textilzulieferern aus Entwicklungsländern gehört und will erfahren, ob dies das gekaufte oder zu kaufende Produkt betrifft
Standardablauf	Kunde besucht die Website des Herstellers und sucht dort nach Information, möglicherweise auch auf der Seite des spezifischen Produkts. Er findet dort den Hinweis: „Wir unterstützen faire Arbeitsbedingungen bei Zulieferern aus Entwicklungsländern". Kunde klickt diesen an und landet auf der Website des Verbands zum Standard SA8000
Erweiterung	Kunde sieht unter jedem Artikel die Möglichkeit, seine Social-Media-Kontakte per Mausklick darüber zu informieren, dass er ein oder mehrere Produkte nutzt, die unter „fairen Arbeitsbedingungen" hergestellt wurden; ein Link zur Website des Verbands zum Standard SA8000 ist dem vorbereiteten Posting beigefügt

Die Erweiterung führt der Website über den Standard SA8000 weitere Besucher aus sozialen Netzwerken zu. Natürlich sehen auch die anderen Zielgruppen die entsprechende Funktion auf der Website; es ist jedoch deutlich unwahrscheinlicher, dass sie diese auch nutzen. Sie werden deshalb in den anderen Use Cases nicht explizit erwähnt.

USE CASE 3.2 (ANWENDEREBENE)	
Primärakteur	Politisch interessierter Bürger
Vorbedingungen	Politisch interessierter Bürger möchte mehr zu einem vermeintlichen Skandal erfahren
Trigger	Politisch interessierter Bürger hat in Medien von einem Skandal bei Textilzulieferern aus Entwicklungsländern erfahren
Standardablauf	Politisch interessierter Bürger gibt einschlägige Begriffe bei Suchmaschine ein (wie die Kombination „Arbeitsbedingungen Textilzulieferer Entwicklungsländer") und landet auf der Website des Verbands zum Standard SA8000

Bei der dritten Zielgruppe, nämlich den politischen Entscheidungsträgern, ist unter Umständen davon auszugehen, dass sie den Verband kennen und dessen Verbandswebsite direkt aufsuchen. Wir haben deshalb zwei verschiedene Standardabläufe zu berücksichtigen – einen, der mit der Nutzung einer Suchmaschine eingeleitet wird, und einen zweiten, der auf der Startseite der Verbandswebsite beginnt, wozu diese entsprechend gestaltet sein muss, damit die auf der Startseite eintreffenden Besucher ohne Probleme zum Thema „SA8000" finden:

USE CASE 3.3.1 (SUBFUNKTIONSEBENE)	
Primärakteur	Politischer Entscheidungsträger
Vorbedingungen	Politischer Entscheidungsträger möchte herausfinden, ob es bezüglich der Arbeitsbedingungen bei Textilzulieferern aus Entwicklungsländern politischen Handlungsbedarf gibt
Trigger	Politischer Entscheidungsträger hat von einem Skandal bei Textilzulieferern aus Entwicklungsländern erfahren
Standardablauf	Politischer Entscheidungsträger gibt einschlägige Begriffe bei Suchmaschine ein (wie die Kombination „Arbeitsbedingungen Textilzulieferer Entwicklungsländer") und landet auf der Website des Verbands zum Standard SA8000

Use Case 3.3.2 (Subfunktionsebene)	
Primärakteur	Politischer Entscheidungsträger
Vorbedingungen	Politischer Entscheidungsträger *kennt den Verband und* möchte herausfinden, ob es bezüglich der Arbeitsbedingungen bei Textilzulieferern aus Entwicklungsländern politischen Handlungsbedarf gibt
Trigger	Politischer Entscheidungsträger hat von einem Skandal bei Textilzulieferern aus Entwicklungsländern erfahren
Standardablauf	Politischer Entscheidungsträger *sucht die Verbandswebsite auf, sucht dort nach entsprechenden Informationen, findet diese inklusive eines Hinweises und Links und gelangt so zur* Website des Verbands zum Standard SA8000

Unter Umständen haben wir zu berücksichtigen, dass ein Zertifizierungsstandard urheberrechtlich geschützt sein könnte und unser Verband keine eigene Website unter dessen Namen betreiben kann. In diesem Falle kann aber der Verband mit den Unternehmen zusammen eine eigene, dauerhaft laufende Kampagne etablieren, die sich auf den Standard beruft. Nennen wir sie in unserem Gedankenspiel „Faire Fabrikation".

Die Website hätte dann die Adresse *www.faire-fabrikation.de* und würde multimedial von den abgesicherten Arbeitsbedingungen aus den Ländern der Zulieferer berichten, Kontrollmechanismen erläutern und Interviews mit Menschenrechtlern zeigen, die sich positiv äußern. Die Hersteller von Textilien könnten Logos mit dem Schriftzug „Faire Fabrikation" auf ihren Websites neben jedem Produkt zeigen und auf *www.faire-fabrikation.de* verlinken. Auf der Startseite der Verbandswebsite gäbe es einen auffälligen, ansprechenden Teaser, der zunächst auf einen erläuternden Text und von dort weiter auf die Website *www.faire-fabrikation.de* verlinken würde. Kunden, die das Engagement der Unternehmen begrüßen würden, könnten durch ihre Social-Media-Posts zusätzliche Reichweite in der Öffentlichkeit erzeugen.

Im Sinne der Definition von Use Cases nach Alistair Cockburn haben wir nun einen recht weit gefassten Scope: Der Umfang des beschriebenen Systems beinhaltet die Verbandswebsite, eine eigene Website für die CSR-Aktivität, die Websites der beteiligten Unternehmen sowie Social-Media-Kanäle, auf denen zufriedene Kunden unterwegs sind. Ein solcher übergreifender Scope ist aber durchaus sinnvoll.

Was hier zu weit führen würde, sollte in der Praxis unbedingt detailliert ausgearbeitet werden: Use Cases für alle Details der verschiedenen User Journeys. Es wird beispielsweise für den Erfolg der Kommunikationsmaßnahmen von großer Bedeutung sein, wie die

Unternehmen die CSR-Website verlinken – und mithin sollte dies in einem Use Case für die Unternehmens-Websites geplant werden.

Stellen wir uns dazu drei Varianten vor: In der ersten befindet sich neben jedem Produkt auf der Website eines Textilherstellers zum einen der Link zur CSR-Website, sodass ein potenzieller Käufer nachlesen kann, wie sich das Unternehmen für faire Arbeitsbedingungen bei seinen Zulieferern einsetzt. Darunter steht ein Link mit einem Call-to-Action: *„Empfehle ‚Faire Fabrikation' deinen Freunden"*. In der zweiten Variante lautet der Call-to-Action davon abweichend: *„Empfehle dieses fair fabrizierte Produkt deinen Freunden"*. In der dritten Variante würde auf der Produktseite nur der Link zur CSR-Seite stehen; aber am Ende des Kaufprozesses eines Onlinekaufs würde auf der abschließenden Bestätigungsseite ein Call-to-Action zu finden sein, der lautet: *„Teile deinen Freunden mit, dass du ein fair fabriziertes Produkt gekauft hast"*. Man kann vermuten, dass die ersten beiden Varianten kaum zur Nutzung der Social-Media-Empfehlung führen werden, da die Websitebesucher den Call-to-Action sehen, während sie auf der Produktsuche sind und wohl nur diesbezügliche Inhalte und Funktionen als nützlich empfinden. Die allgemeine Empfehlungsfunktion für die CSR-Website würde an dieser Stelle möglicherweise erfolgreicher sein als jene für ein fair produziertes Produkt. Am Ende des Kaufprozesses jedoch könnte der Kunde am ehesten bereit sein, sich mit einer solchen Empfehlung an seine Social-Media-Kontakte auseinanderzusetzen. Im Zweifel kann man bei der praktischen Umsetzung deshalb eine Testphase einplanen, in der evaluiert wird, welche Varianten funktionieren und am erfolgreichsten sind.

2.4.4 Vertrauensaufbau

Die Kommunikationsaufgabe, Vertrauen gegenüber der Öffentlichkeit und deren Meinungsführern aufzubauen, erfordert vor allem Kommunikation mit entsprechenden inhaltlichen Grundzügen. So vertreten Schweer und Thies (2005, S. 47) die Position, dass

> … Institutionen und Organisationen nur dann das Vertrauen der Bürger (zurück-)gewinnen können, wenn sie selbst auf der Basis von Vertrauen als einem übergeordneten Organisationsprinzip funktionieren, so dass intra- als auch extraorganisationales Vertrauen gefördert werden kann. Hierzu bedarf es der Realisierung zentraler Merkmale einer „Vertrauensorganisation", nämlich glaubwürdige Kommunikation, Orientierung an ethisch-moralischen Grundsätzen und Verteilungsgerechtigkeit.

Grundsätzlich ist Vertrauensaufbau also zunächst eine von der spezifisch via Internet betriebenen Kommunikation unabhängige Aufgabenstellung. Gleichwohl spielt Vertrauen in der Online-Kommunikation eine besondere Rolle. Denn immer wieder belegen Untersuchungen, dass Onlinemedien generell ein deutlich geringeres Vertrauen genießen als Radio, TV und Printmedien (vgl. VPRT 2016). Dafür mag es diverse Gründe geben, offenkundig dürfte indes aber sein, dass eine Personalisierung von Verbandspositionen und -botschaften deren Glaubwürdigkeit verbessert und damit auch das Vertrauen in den Verband und seine Repräsentanten erhöht. So setzen die politischen Parteien in ihrer Kommunikation intensiv auf Personalisierung, wie Jarren und Donges (2002) beschreiben:

> Personalisierungsstrategien werden vor allem von politischen Parteien verfolgt, die damit zweierlei erreichen wollen: Aufbau von Vertrauen und Imagebildung.

Zur Entwicklung prototypischer Use Cases nehmen wir deshalb an, dass ein fiktiver Verband beschließt, seinen Geschäftsführer als Repräsentant öffentlich wahrnehmbarer werden zu lassen. Der Verband setzt damit auf eine Personalisierungsstrategie, die darauf abzielt, systemisches Vertrauen in den Verband dadurch zu fördern, dass der Repräsentant personales Vertrauen gewinnt und dieses sich auf den Verband überträgt. Bei Schweer and Thies (2005, S. 50) heißt es dazu:

> Personales Vertrauen entsteht immer dann, wenn ein konkreter Interaktionspartner involviert ist, dem aufgrund seiner spezifischen Merkmale und Eigenschaften Vertrauen geschenkt wird. Systemisches Vertrauen schließt alle solche Konzeptionen des Vertrauens ein, bei denen Vertrauen in eine Organisation, eine Institution oder auch die Gesellschaft beziehungsweise die Demokratie als solche investiert wird (…). Natürlich können personales und systemisches Vertrauen miteinander verwoben sein; insbesondere dann, wenn Repräsentanten einer Organisation Vertrauen einfordern, das dann auf die Organisation generalisiert werden soll. Repräsentanten einer Organisation sind somit gleichermaßen Vertrauensobjekte, aber auch Transporteure der Vertrauenswürdigkeit der gesamten Organisation.

Auch bei dieser Kommunikationsaufgabe lassen wir zunächst die Medien erneut außen vor und betrachten Öffentlichkeit und Meinungsführer.

***Zielgruppe*: Öffentlichkeit und Meinungsführer**

Natürlich ist der Aufbau von Vertrauen, wie schon zuvor dargelegt, ein Ziel, das vor allem offline verfolgt werden muss. Es liegt jedoch nahe, dass eine Personalisierung der Verbandskommunikation gerade auch dort Vertrauen schaffen könnte, wo der Verband seine Interessen und Positionen online artikuliert. Denn in vielen Fällen wird es hier hinsichtlich der Vertrauensbildung ein Problem geben: Der Verband vertritt wahrscheinlich in erster Linie Partikularinteressen und er wird dies möglicherweise auch vor allem mittels juristisch-technokratisch formulierter Texte tun, die auf die Öffentlichkeit kaum überzeugend zu wirken in der Lage sind. Hier könnte eine Strategie ansetzen, die darauf abzielt, dass der Geschäftsführer sich in der breiten Öffentlichkeit als prominenter Repräsentant etabliert (vor allem durch erhöhte Medienpräsenz) und dann Positionen und Interessen des Verbands persönlich und glaubwürdig kommuniziert. Im Gegenzug zu dieser Strategie würde sich die folgende User Story ergeben:

> Als politisch interessierter Bürger möchte ich wissen, wie der mir aus den Medien bekannte Geschäftsführer des Verbands XYZ umstrittene politische Forderungen seiner Mitglieder persönlich begründet, um einen klareren Einblick in die tatsächliche Interessenlage des Verbands zu erhalten.

Diese User Story klingt zunächst eher nach einer idealtypischen Zielvorstellung als nach einer wirklich realistischen Ausgangssituation für einen funktionierenden Use Case. Man wird jedoch bei genauerer Betrachtung verschiedenster Situationen der Zielgruppe auf wenigstens einen Moment stoßen, in dem das in der User Story formulierte Interesse mit einer gewissen Wahrscheinlichkeit vorhanden sein kann – wenn nämlich ein Besucher der Website ein Dokument mit einer Interessenartikulation gelesen hat. Sofern man ihm dann ein Angebot in Form eines Teasers macht, die persönliche Meinung des Geschäftsführers zur Kenntnis nehmen zu können, ist es nicht unwahrscheinlich, dass der Besucher das entsprechende Dokument liest. Zwei Aspekte steigern die Wahrscheinlichkeit: zum einen die Bekanntheit des Geschäftsführers, zum anderen eine gute Headline beziehungsweise ein spannender, auf den persönlichen Stil hinweisender Anrisstext.

Um den persönlichen Charakter eines Dokuments mit der Meinungsäußerung des Geschäftsführers zu betonen, könnte der beispielsweise ein Blog betreiben, also ein Online-Tagebuch mit kurzen persönlichen Abhandlungen zu entsprechenden Themen. Insbesondere unter Dokumenten mit der Interessenartikulation des Verbands im Rahmen aktueller politischer Diskurse könnten dann Teaser zum Blog des Geschäftsführers angezeigt werden, die auch dessen Porträtfoto zeigen.

Der Use Case wäre in diesem Falle ein untergeordneter Use Case, der sich an andere Use Cases als Ergänzung anschließt. Er würde also beispielsweise so aussehen:

Use Case 4.1 (Subfunktionsebene)	
Primärakteur	Websitebesucher (Primärakteur anderer Use Cases)
Vorbedingungen	Websitebesucher hat ein Dokument rezipiert, in dem der Verband seine Interessen artikuliert hat; dieser Use Case stellt daher eine Erweiterung beliebiger bestehender Use Cases dar
Trigger	Websitebesucher ist – zumindest bedingt – meinungsoffen und möchte Argumente lesen
Standardablauf	Websitebesucher klickt auf einen Teaser unterhalb des rezipierten Dokuments und wird zu einem Artikel auf dem Blog des Geschäftsführers geleitet

Das Blog des Geschäftsführers erlaubt, wie üblich, zudem das Abonnieren von Benachrichtigungen über neue Beiträge des Geschäftsführers. Zudem werden seine Blogbeiträge in sozialen Medien promotet. Prinzipiell sind all diese Funktionen in Use Cases beschrieben, die das Blog betreffen. Auch wenn Blogs in der Regel mit stark standardisierter Software erstellt werden und deshalb Use Cases zunächst kaum Einfluss auf Funktionalität und Gestaltung des Blogs haben können, ist es sinnvoll, Use Cases auszuarbeiten, die beschreiben, auf welchen verschiedenen Wegen die Rezipienten zum Blog gelangen sollen und wie eine Erfolg versprechende Reichweite erzielt werden kann.

Damit Vertrauen aufgebaut und auf den Verband transferiert werden kann, muss in dem Blog natürlich entsprechend empathisch, ethisch einwandfrei und am Gemeinwohl orientiert kommuniziert werden. Und natürlich ist eine solche Verlinkung eines Blogs nur ein kleiner Bestandteil jener Maßnahmen, die zum Aufbau von Vertrauen notwendig sind.

Ähnliche Personalisierungsstrategien für die Online-Kommunikation sind beispielsweise in ganz anderer Form bei Berufsverbänden denkbar, wo nicht ein Geschäftsführer für den Verband um Vertrauen wirbt, sondern beispielsweise die Ansprechpartner für Mitglieder. So könnte im Kontext eines jeden Inhalts der sachlich zuständige Verbandsmitarbeiter mit Bild und Link zu einer Übersichtsseite zu seiner Person dargestellt sein, sodass Mitglieder ein deutlich persönlicheres Bild der Geschäftsstelle aufbauen könnten. Der entsprechende Use Case würde sich nur geringfügig vom zuvor dargestellten unterscheiden:

Use Case 4.2 (Subfunktionsebene)	
Primärakteur	Websitebesucher (Primärakteur anderer Use Cases)
Vorbedingungen	Websitebesucher hat ein Dokument rezipiert, in dem der Verband *eigene Leistungen für Mitglieder beschreibt*; dieser Use Case stellt daher eine Erweiterung beliebiger bestehender Use Cases dar
Trigger	Websitebesucher ist *an der Leistung des Verbands interessiert*
Standardablauf	Websitebesucher klickt auf einen Teaser *neben oder* unterhalb des rezipierten Dokuments und wird zu *einer Seite geleitet, die den zuständigen Verbandsmitarbeiter beschreibt und seine Kontaktdaten zeigt*

2.4.5 Initiierung von Meinungsbildung

Wie bereits zuvor dargelegt, lässt sich eine bereits gefestigte Meinung eines Menschen mittels massenmedialer Kommunikation nur äußerst schwer ändern. Deutlich leichter hingegen lässt sich darauf Einfluss nehmen, dass beziehungsweise wozu sich Menschen eine Meinung bilden. Dies ist auch der Kern der Theorie des Agenda-Settings, nach der Massenmedien relativ wenig Einfluss auf die Meinung der Rezipienten haben, jedoch intensiv mitbestimmen, wozu sich die Rezipienten eine Meinung bilden. Sofern es dabei zu einer Änderung der persönlichen Priorisierung von Wertvorstellungen kommt, kann dies dann gleichwohl eine Meinungsänderung nach sich ziehen.

Der Kommunikationsaufgabe „Initiierung von Meinungsbildung“ kommt deshalb eine wichtige Bedeutung im Rahmen der Interessenvertretung durch Verbände zu. Denn Einflussnahme auf die öffentliche Meinung findet vor allem auf diese Weise statt, während unmittelbar persuasive Kommunikation aus den zuvor beschriebenen Gründen relativ selten vorkommt.

Der erfolgversprechendste Weg zur Initiierung von Meinungsbildung in der Öffentlichkeit besteht darin, über Massenmedien klassisches Agenda-Setting zu betreiben. Denn sofern es einem Verband gelingt, Massenmedien dafür zu gewinnen, ein Politik-Issue erstmalig zu einem Thema in der Öffentlichkeit zu machen, nimmt die Meinungsbildung unaufhaltsam und mit großer Reichweite ihren Lauf. Es bleibt dann freilich offen, ob die mediale Darstellung im Sinne des Verbands ausfällt und ob die initiierte Meinungsbildung sich möglicherweise ganz anders vollzieht als ursprünglich vom Verband beabsichtigt.

Natürlich kann Online-Kommunikation einiges zum Agenda-Setting via Massenmedien beitragen. Vor allem besteht diese Beteiligung in erfolgreicher Medienarbeit, womit sich weitere Teile dieses Buches noch intensiver auseinandersetzen werden (siehe dazu Abschn. 2.4.8 *Presse- und PR-Aufgaben für eine Branche übernehmen* und Abschn. 4.4.3 *Medienarbeit mit Journalisten)*. Der Regelfall in der Verbandskommunikation wird allerdings sein, dass die Massenmedien sich für viele, aus Sicht eines Verbandes wichtige Themen nicht interessieren. Bei der Herleitung prototypischer Use Cases soll deshalb im Folgenden die direkte Kommunikation mit den eigentlichen Zielgruppen im Fokus stehen, während Medien hier außen vor bleiben.

***Zielgruppe*: Öffentlichkeit und Meinungsführer**

Natürlich könnte ein Verband in der Praxis anstreben, eine wirklich breite Öffentlichkeit direkt zu erreichen. In diesem Fall wäre jedoch vermutlich eine regelrechte Kampagne unter Einbeziehung von Werbung und anderen Marketingmethoden unausweichlich, womit sich ebenfalls Abschn. 4.2.3 *Marketing und Targeting* beschäftigt. Im Mittelpunkt der nachfolgenden Betrachtungen zu Use Cases soll hingegen eine andere, eher niedrigschwellige Strategie stehen, nämlich die Initiierung von Meinungsbildung zu jener Vielzahl oft sehr spezifischer Themen, die zur Sphäre der Partikularinteressen von Verbänden gehören und deren Themen zumeist weder bei der Allgemeinheit noch bei den Massenmedien auf Interesse stoßen. Agenda-Setting im klassischen Sinne, also über Massenmedien, ist deshalb nicht möglich. Gerade hier kann Online-Kommunikation aber einiges leisten, wie die folgenden Überlegungen zeigen sollen.

Denn das Internet ermächtigt Verbände zur Schaffung eigener, intern vernetzter Teilöffentlichkeiten, innerhalb derer vor allem jene Teile der Zielgruppe kommunizieren, die für die Initiierung von Meinungsbildung generell eher zugänglich sind. Ermöglicht werden solche Teilöffentlichkeiten vor allem durch das Social Web, wie Himmelreich und Einwiller (2015) darlegen:

> Organisationen sehen sich in Zeiten des Social Webs folglich mit einer neuen Form von Öffentlichkeit konfrontiert. Dieser vormediale Raum ist neben die klassische Medienöffentlichkeit getreten. Bei ihm handelt es sich um netzwerkartige Mikroöffentlichkeiten, in denen neue Wege der Diskussion und Vernetzung zwischen den Kommunikationsakteuren existieren.

Wir haben es hier gewissermaßen mit der komplementären Eigenschaft zu Eli Parisers Filter-Bubble zu tun: Zwecks möglichst intensiver Informationsexploration vernetzen sich Stakeholder einer Interessensphäre untereinander besonders intensiv. Sie erlauben damit Nachrichtengebern explizit, jederzeit einen Dialog zu beginnen, da sie sich eine hohe Relevanz für das eigene Informationsmanagement versprechen. Im Idealfall kann ein Verband sich daher mit all jenen Teilen seiner Zielgruppe, die grundsätzlich offen für den Informationsaustausch zu einem bestimmten Themengebiet sind, langfristig vernetzen (siehe dazu auch Abschn. 4.5.3.2 *Die Basis in sozialen Medien: Vernetzung)*. Der Verband kann dann zu einem möglichst frühen Zeitpunkt eines politischen Diskurses bei diesen Kontakten eine Meinungsbildung initiieren, sofern er sie mit der zugrunde liegenden Thematik erstmals bekannt macht.

Darüber hinaus ist es nicht unwahrscheinlich, dass sich unter den Vernetzten ein hoher Anteil an Meinungsführern befindet, die sich – analog zur Theorie der Filter-Bubble – weitgehend im Einklang mit den Interessen des Verbands befinden und gegebenenfalls entsprechend auf die Meinungsbildung ihrer Meinungsfolger einwirken.

Andreas Eckhoff fasst die umfangreiche kommunikationswissenschaftliche Forschung zu diesem Aspekt treffend zusammen (Eckhoff 2001):

> Das Modell der zweistufigen Kommunikation beruht auf den Erkenntnissen, dass persönliche Beziehungen einen größeren Einfluss auf die Meinungsbildung als Massenmedien haben, dass weiterhin bestimmte Personen im Rahmen informeller sozialer Beziehungen Einfluss auf die Meinung der Mitglieder ihrer sozialen Gruppen ausüben, und dass sich letztlich diese Personen, die Meinungsführer genannt werden, häufiger den Massenmedien zuwenden und deshalb besser informiert sind.

Das vom amerikanischen Soziologen Lazarsfeld bei Untersuchungen des US-Präsidentschaftswahlkampfs 1940 entwickelte Modell der zweistufigen Kommunikation gilt heute aufgrund empirischer Studien als überholt – allerdings halten auch neuere Theorien an seinem Kern fest, wie Eckhoff erläutert:

> In diesen Studien konnte nachgewiesen werden, dass die Meinungsführer sich gegenseitig beeinflussen, und dass sich somit der Kommunikationsfluss offensichtlich über soziale Ketten vollzieht. An der zentralen These, dass die Informationen über die Meinungsführer an die Meinungsfolger gelangen, wurde jedoch festgehalten (…).

Sofern ein Verband eine Strategie entwickeln möchte, um Meinungsbildung in der Öffentlichkeit zu initiieren, könnte er sich deshalb eine maximale Vernetzung zum Ziel setzen. Klar sein dürfte zugleich, dass Suchmaschinen in diesem Kontext keinerlei Rolle spielen – denn ein unbekanntes Thema würde sich die Zielgruppe kaum mittels Suchmaschinen erschließen können.

Sofern wir eine dazu passende User Story kreieren, dürfte diese lauten:

„Als politisch in das Themengebiet XYZ involvierte Person möchte ich immer frühzeitig erfahren, welche Fragestellungen auf die Agenda gelangen, um mir baldmöglichst dazu eine Meinung bilden zu können."

Für eine erfolgreiche Erfüllung der Kommunikationsaufgabe bei jenen Themen, die sich für Agenda-Setting via Massenmedien nicht eignen, ist nunmehr in unserem Beispiel ausschließlich der Vernetzungsgrad mit der Zielgruppe ausschlaggebend. Folglich müssen die Use Cases möglichst so angelegt sein, dass es keinerlei Hindernisse in der

Benutzerfreundlichkeit beziehungsweise beim Nutzungsverhalten gibt, durch die Websitebesucher von einer Vernetzung abgehalten werden.

Wir können uns hier mit dem Ansatz, Personas zu definieren, ein Bild von den Anforderungen unserer Zielgruppe machen: Es zählen dazu natürlich zunächst Verbandsmitglieder oder deren Mitarbeiter, von denen wahrscheinlich ein Teil regelmäßig Verbandsmitteilungen erhält und ein anderer nicht. Bei Personas außerhalb des direkten Verbandsumfeldes sollten wir berücksichtigen, dass nicht alle Menschen gerne ihre E-Mail-Adresse herausgeben, um einen Newsletter zu abonnieren. Manche Menschen lieben soziale Netzwerke, während manch andere einen Beitritt strikt ablehnen. Technik-affine Menschen nutzen häufig RSS-Feeds, weil sich damit unter Verwendung entsprechender Tools Nachrichten sehr gut nach Suchworten oder differenzierten Themenbereichen selektieren lassen, aber die Mehrheit kann mit RSS kaum umgehen. Wieder andere Menschen nutzen mit Vorliebe einfacher zu bedienende Nachrichtensuchmaschinen oder -aggregatoren, die ähnliche Selektionsmöglichkeiten bieten, aber meist weniger Nachrichtenquellen auszuwerten in der Lage sind. Auf der Anwenderebene werden wir es also mit einer ganzen Reihe von verschiedenen Use Cases zu tun haben.

Da wir um die Funktion vieler Individuen unserer Zielgruppe als Meinungsführer wissen, bietet es sich an, einen Call-to-Action vorzusehen. Empfänger einer Verbandsbotschaft werden also aufgefordert, diese Botschaft an ihre Kontakte weiterzuleiten, wodurch sich deren Reichweite beträchtlich erhöhen kann. Natürlich würde ein solcher Call-to-Action nicht jeder, sondern nur bestimmten Nachrichten hinzugefügt.

Der Use Case der Überblicksebene sieht daher wie folgt aus:

USE CASE 5 (ÜBERBLICKSEBENE)	
Primärakteur	Politisch involvierte oder interessierte Person
Vorbedingungen	Politisch involvierte oder interessierte Person möchte über politische Agenda informiert sein und hat sich deshalb mit dem Verband vernetzt
Standardablauf	Politisch involvierte oder interessierte Person erfährt durch einen Push-Dienst des Verbands von einem neuen Politik-Issue und besucht daraufhin die Verbandswebsite, um dort Information zu rezipieren
Erweiterung	Im Laufe der Rezeption wird die politisch involvierte oder interessierte Person gegebenenfalls aufgefordert, andere ihr bekannte Personen auf das Politik-Issue und die diesbezügliche Publikation des Verbands hinzuweisen (Call-to-Action). Siehe dazu Use Case 5.1.2

Erst die Use Cases der Anwenderebene beschreiben jedoch genauer, wie sich der Primärakteur vernetzt hat – und dass die Website dafür beispielsweise über einen Newsletter verfügen sollte:

USE CASE 5.1 (ANWENDEREBENE)	
Primärakteur	Politisch involvierte oder interessierte Person
Vorbedingungen	Politisch involvierte oder interessierte Person möchte über politische Agenda informiert sein und hat *deshalb den Newsletter des Verbands abonniert*
Standardablauf	Politisch involvierte oder interessierte Person erfährt *durch den Newsletter* des Verbands von einem neuen Politik-Issue und besucht daraufhin die Verbandswebsite, um dort Information zu rezipieren
Erweiterung	Im Laufe der Rezeption wird die politisch involvierte oder interessierte Person gegebenenfalls aufgefordert, andere ihr bekannte Personen auf das Politik-Issue und die diesbezügliche Publikation des Verbands hinzuweisen (Call-to-Action). Siehe dazu Use Case 5.1.2

Wir wollen es an dieser Stelle mit einem Use Case der Anwenderebene bewenden lassen. Andere Technologien für Push-Dienste, die in einem eigenen Use Case erwähnt werden müssten, wie interne Verbandsmitteilungen, RSS oder Benachrichtigungsfunktionen sozialer Netzwerke, wurden zuvor bereits genannt. Mit den verschiedenen Technologien von Push-Diensten und dem Erzielen möglichst hoher Reichweite durch entsprechende Vernetzung befasst sich Abschn. 3.4.5 *Versandsystem* dieses Buches ausführlicher.

Unbedingt hinzuweisen ist an dieser Stelle aber noch einmal darauf, dass der Erfolg bei der Erfüllung der Kommunikationsaufgabe (sofern Agenda-Building via Massenmedien nicht gelingt) direkt davon abhängig ist, wie viele Menschen sich mit dem Verband zuvor vernetzt haben. Die einzelnen eingesetzten Technologien, wie Newsletter, RSS oder soziale Netzwerke, sind dabei erfahrungsgemäß – aufgrund der Vorlieben, Abneigungen und technischen Kenntnisse der Internetnutzer – nur sehr bedingt durch andere substituierbar. Es wird also darauf ankommen, möglichst viele verschiedene etablierten Technologien zugleich anzubieten, um bei der Vernetzung maximale Reichweite zu erzielen – und damit einen maximalen Effekt bei der Initiierung von Meinungsbildung.

Es ist zudem äußerst ratsam, weitere Use Cases zu entwickeln, nämlich jene, die dazu führen, dass sich Menschen mit dem Verband bereits vor dem für unsere Kommunikationsaufgabe ausschlaggebenden Dialog vernetzen. Dabei wird man höchstwahrscheinlich erkennen, dass die Chance einer Vernetzung aus psychologischen Gründen steigt, wenn der Primärakteur erstens die Vernetzung jederzeit autonom wieder beenden, zweitens den zeitlich Rhythmus der Benachrichtigungen selbst beeinflussen und drittens den thematischen Umfang der Benachrichtigungen nach eigenen Bedürfnissen definieren kann.

USE CASE 5.1.1 (SUBFUNKTIONSEBENE)	
Primärakteur	Besucher der Website
Vorbedingungen	–
Trigger	Besucher der Website findet die Inhalte nützlich
Standardablauf	Besucher der Website kann unterhalb von Artikeln einen Newsletter abonnieren. Die entsprechende Funktion lässt keinen Zweifel daran, dass der Besucher der Website das Newsletter-Abonnement jederzeit wieder kündigen kann; deshalb kann er beim Abonnieren neben dem Feld zur Eingabe der E-Mail-Adresse zwischen „Newsletter abonnieren“ und „Newsletter kündigen“ wählen. Zugleich kann er wählen, ob ihm der Newsletter täglich oder wöchentlich zugesandt wird. Schließlich kann er auch eine Themenauswahl treffen, sodass er nicht alle Informationen des Verbands empfangen muss. Das Abonnieren ist nur über ein Double-Opt-in, also mit Verifizierung der E-Mail-Adresse möglich.

Der Standardablauf dieses Use Case ist bezüglich der Funktionalität relativ detailreich beschrieben. Grund dafür ist, dass man bei der Konzeption des Use Cases leicht wird erkennen können, dass man mit geschickter Gestaltung der Funktionalität eines Push-Dienstes dessen Akzeptanz deutlich erhöhen – und somit den Vernetzungsgrad verbessern kann. Es ist deshalb sinnvoll, bereits in den Überlegungen zu den entsprechenden Use Cases all das explizit mit einzubeziehen, was möglicherweise die Bereitschaft zur Vernetzung zu erhöhen in der Lage ist.

Die Beschreibung solcher funktionalen Details ist insofern eine direkte Konsequenz der analytisch-strategischen Herangehensweise bei der Planung der Online-Kommunikation. Es ist mithin nicht ausschließlich eine Frage von *Usability* oder *User Experience*, wie man in solchen

Zusammenhängen oft liest. Da hier die Funktionalität der Kommunikationsstrategie folgt, müssen funktionale Details Bestandteil von Use Cases und Lastenheft (siehe dazu auch Abschn. 3.4 *Lastenheft)* sein – und dürfen nicht Gestaltern oder Programmierern überlassen werden.

Gleiches gilt für den als Erweiterung des Use Cases der Überblicksebene beschriebenen Call-to-Action: Unmittelbar maßgeblich für den Erfolg bezüglich der Kommunikationsaufgabe ist auch jene Reichweite, die dadurch erzielt wird, dass einzelne Rezipienten Menschen aus ihrem persönlichen Umfeld auf das Anliegen des Verbands hinweisen. Auch hier ist es ratsam, genau zu antizipieren, wie die Bedingungen sind, dass Websitebesucher solche Hinweise möglichst oft versenden.

Use Case 5.1.2 (Subfunktionsebene)	
Primärakteur	Besucher der Website
Vorbedingungen	–
Trigger	Besucher der Website hat einen Inhalt rezipiert
Standardablauf	Besucher der Website wird mit einem kurzen Text aufgefordert, Menschen aus seinem persönlichen Umfeld auf die Angelegenheit hinzuweisen. Unter dem Text finden sich Symbole für das Versenden von Hinweisen per E-Mail und per sozialen Netzwerken. Klickt man auf ein solches Symbol, wird die Benachrichtigung automatisiert erstellt, sodass dem Besucher der Website die Eingabe von Text und Hyperlink abgenommen wird.

Es ist denkbar, dass die durch die Benachrichtigungsfunktion zu erzeugende Reichweite theoretisch über jener liegen könnte, die der Verband durch seine eigene Mitteilung erzielt. Die Benutzungsfreundlichkeit der Benachrichtigungsfunktion determiniert also in hohem Maße den Erfolg bei der Erfüllung der Kommunikationsaufgabe. Es ist deshalb essenziell, dass der Primärakteur nicht etwa gezwungen ist, den Hinweis eigenständig zu verfassen, sondern dass ihm die Programmierung der Website von dieser Arbeit möglichst viel abnimmt (siehe im Hinblick auf soziale Medien dazu auch Abschn. 3.4.6.2 *Offene Schnittstellen)*.

Analog zu dem zuvor beschriebenen Use Case der Subfunktionsebene müsste in der Praxis ein weiterer Use Case beschreiben, wie Verbandsmitglieder, sofern sie Verbandsmitteilungen abonniert haben, andere Menschen auf das Anliegen hinweisen. Sofern die Verbandsmitteilungen per E-Mail versendet werden, müsste ein Call-to-Action Teil der E-Mails sein und beispielsweise im Extranet, dem passwortgeschützten Mitgliederbereich, die eigentliche Benachrichtigungsfunktion zur Verfügung gestellt werden.

Zudem wäre möglicherweise die Formulierung eines Use Cases für Redakteure sinnvoll: Er könnte beschreiben, dass der Call-to-Action im Content-Management-System der

Website für jeden Artikel ein- oder ausgeschaltet werden kann. Denn ein Call-to-Action wird natürlich nur dann erfolgreich sein, wenn man eine solche Handlungsaufforderung an den Besucher der Website sparsam einsetzt.

Wir haben es bei dieser Kommunikationsaufgabe somit mit einem ganzen Bündel von Use Cases zu tun, die alle einem Ziel dienen: Die exakte Planung der User Journey des Primärakteurs mittels Use Cases hilft uns, alle Details des Onlinedialogs so zu optimieren, dass wir eine möglichst große Reichweite erzielen.

2.4.6 Aufmerksamkeit für die Sache/den Anlass erzeugen

In der täglichen Praxis der Verbandskommunikation werden sich diese und die zuvor behandelte Kommunikationsaufgabe häufig überschneiden: Aufmerksamkeit für eine Sache zu erzeugen, dient oftmals vor allem dem Ziel, Meinungsbildung in der Öffentlichkeit zu initiieren.

In beiden Fällen werden die verantwortlichen Kommunikatoren eines Verbands intensiv Medienarbeit betreiben. Sie werden auch intensiv innerhalb der im vorigen Abschnitt beschriebenen Mikroöffentlichkeit kommunizieren. Oft betreiben Verbände zudem öffentliche Werbekampagnen, in die zum Teil erhebliche Mittel fließen, um der genannten Kommunikationsaufgaben gerecht zu werden.

Es soll im Folgenden jedoch um eine spezifische Kampagnenform gehen, an der viele Verbände immer wieder scheitern: Online-Petitionen sind zum einen Mittel zum Agenda-Setting, da die Massenmedien deren Themen zumeist begierig aufgreifen. Zum anderen wirken sie aber auch als Instrument des Agenda-Buildings, denn wenn Massenmedien von der Willensbekundung maßgeblicher Teile der Öffentlichkeit berichten, nehmen Politiker und ihre Institutionen entsprechende Politik-Issues als Reaktion auf ihre Agenda – selbst wenn die Petition nur auf einer beliebigen Online-Plattform organisiert und publiziert wird. Spätestens seit der Bundestag Petitionen nach Artikel 17 und 45 c des Grundgesetzes auch online entgegennimmt, gelangt das Anliegen einer solchen, bezüglich des Quorums erfolgreichen Petition aber auch kraft Gesetzes auf die Agenda des Bundestages.

Größtes Problem bei Online-Petitionen stellt für Verbände die Mobilisierung einer ausreichenden Zahl von Mitzeichnern innerhalb der sogenannten Mitzeichnungsfrist dar (vgl. Voss 2014, S. 150), die beim Bundestag vier Wochen beträgt. Nur wenn ein Quorum von 50.000 Mitzeichnern in dieser Zeit erreicht wird, behandelt der Petitionsausschuss die Online-Petition in öffentlicher Beratung – und demzufolge unter entsprechender öffentlicher Aufmerksamkeit (Deutscher Bundestag o. D.).

Auch eine solche Kampagne lässt sich durch Use Cases planen und daraufhin prüfen, ob erwünschte Aktionen der Zielgruppe plausibel und wahrscheinlich sind:

***Zielgruppe*: Medien, Öffentlichkeit und Meinungsführer**

Sofern wir eine passende User Story formulieren wollen, werden wir merken, dass eine Petitionskampagne in einem bestimmten Maße voraussetzt, dass sich der Primärakteur von einem politischen Missstand mehr oder weniger persönlich betroffen fühlt. Denn anderenfalls wird er sich kaum engagieren wollen. Die User Story lautet also:

„Als von der Angelegenheit XYZ betroffene Person möchte ich die Petition unterstützen, um dazu beizutragen, dass der politische Missstand behoben wird."

Der einfachste Standardablauf des daraus resultierenden Use Cases ist schnell zu beschreiben: Der Primärakteur erfährt in Medien des Verbands von der Petition, folgt einem Link und zeichnet die Petition mit.

Vergleichen wir die Petitionskampagne mit der zuletzt untersuchten Kommunikationsaufgabe, erkennen wir sofort zwei quantitative Schwachpunkte: Erstens führt die Voraussetzung, dass der Primärakteur von der Petition aus Verbandsmedien erfährt, dazu, dass deren Reichweite über den Erfolg der Petitionskampagne entscheidet. Dies auch deshalb, weil Hilfe von Massenmedien aller Voraussicht nach erst dann zu erwarten ist, wenn die Petition bereits von einem erheblichen Anteil des erforderlichen Quorums mitgezeichnet worden ist. Zweitens aber endet der Standardablauf einer Mitzeichnung auf dem für Petitionen eingerichteten Server des Deutschen Bundestages mit einem schlichten Bestätigungstext – ein Call-to-Action kann dort nicht implementiert werden.

Unzureichende Vernetzung des Verbands in Verbindung mit einem Use Case, der außerhalb des Wirkungsbereiches des Verbands endet, sind also zwei Risiken, die wir bei der Planung der Use Cases einer Petitionskampagne konterkarieren sollten.

Wie hoch der Aufwand einzuschätzen sein kann, eine fünfstellige Zahl Mitzeichner zu mobilisieren, zeigt sich am Beispiel von Greenpeace: Die britische Greenpeace-Zentrale warb im Jahr 2013 beispielsweise für eine Online-Petition zur Reduktion von CO_2 beim Europa-Parlament mit einem eigens programmierten Computerspiel sowie einem zu dessen Promotion aufwendig produzierten YouTube-Video, um ein Quorum von 50.000 Mitzeichnern zu erreichen (Horizont 2013). Diverse weitere Kampagnen-Websites von Greenpeace mit hohem Besucherverkehr führten der Petition zusätzlich mittels mahnender Calls-to-Action ständig neue Interessenten zu.

Kleinere Organisationen, vor allem aus den Bereichen Umweltschutz und Bürgerrechte, nutzen angesichts der Schwierigkeiten bei der Mobilisierung Zehntausender Mitzeichner die Plattform „Campact",[3] bei der fast zwei Mio. registrierte, politisch engagierte Menschen registriert sind, die aktiv um Unterstützung für Online-Petitionen und andere Kampagnen gebeten werden können (vgl. Voss 2014, S. 151 f.).

Unser fiktiver Verband könnte deshalb folgende Strategie beschließen, um die Risiken des Scheiterns bei der Erreichung des Quorums wegen der kurzen Mitzeichnungsfrist zu reduzieren: Er könnte der Petition eine Kampagne mit eigener Website vorschalten, die zunächst Betroffene sammelt und vernetzt. Die dahinter stehende Absicht wäre, vor Beginn der Mitzeichnungsfrist bereits so viele Unterstützer zu finden, dass schließlich ohne unüberschaubares Risiko die eigentliche Online-Petition durchgeführt werden kann.

[3] Website: www.campact.de

Prinzipiell wären dabei zwei Varianten denkbar: Zu einen könnte sich die Plattform unmittelbar der Vorbereitung einer Petition widmen, zum anderen könnte sie aber auch zunächst das eigentliche Anliegen der Betroffenen in den Mittelpunkt stellen, um später darüber zu entscheiden, ob eine Petition tatsächlich begonnen werden soll.

Die Einrichtung einer eigenen Kampagnenplattform bietet zudem einen entscheidenden Vorteil: Der Verband könnte die Plattform unter Umständen mit anderen Organisationen gemeinsam aufbauen, die ähnliche Interessen vertreten. Eine solche Koalition könnte möglicherweise auch vermeiden helfen, dass ein Industrieverband sich etwa bei Mobilisierung der Kundschaft seiner Mitgliedsunternehmen dem Verdacht des *Astroturfings* aussetzt, sofern beispielsweise anerkannte Verbraucherorganisationen bei der Plattform mitarbeiten.

Stellen wir uns also vor, ein Verband der Gesundheitswirtschaft setzt sich für bestimmte Änderungen in der medizinischen Versorgung ein, weil aktuell eine Unterversorgung chronisch Kranker bei einer bestimmten Therapieformen besteht. In Verhandlungen zeigen andere Verbände, unter anderem auch Patientenverbände, Bereitschaft, eine gemeinsame Kampagne – nennen wir sie „Behandelt uns besser!" – zu unterstützen.

Auf der gemeinsamen Kampagnen-Website *www.behandelt-uns-besser.de* kann die Petition nun angekündigt und vorbereitet werden. Die beteiligten Verbände könnten dafür folgendes Vorgehen beschließen: Sie weisen ihre Mitglieder und ihr sonstiges Umfeld in möglichst vielen Verbandsmedien, auf Veranstaltungen und mittels gedruckten Flyern auf die Kampagnen-Website hin und schlagen allen an einer Petition Interessierten vor, sich dort zu registrieren. Nach Erreichen einer Zielmarke von 50.000 Registrierungen wird die Petition auf der Petitionsplattform des Bundestages begonnen. Es werden zeitgleich alle auf der Kampagnen-Website Registrierten angemailt und um Mitzeichnung auf der Petitionsplattform des Bundestages gebeten. Einige Tage später werden die Medien auf die Petition hingewiesen, die dann schon einen erheblichen Teil des Quorums erreicht hat. Durch die Medienberichterstattung kommen weitere Mitzeichner hinzu, die gegebenenfalls ausgleichen, dass mancher auf der Kampagnen-Website Registrierte eine Mitzeichnung bei der Bundestagspetition unterlässt.

Es ist in diesem Fall sinnvoll, zwei Use Cases der Überblicksebene zu beschreiben:

Use Case 6.1 (Überblicksebene)	
Primärakteur	Betroffene Person
Vorbedingungen	Betroffene Person wünscht eine Verbesserung der Versorgung der Patienten und möchte die Petition unterstützen
Standardablauf	Politisch involvierte oder interessierte Person erfährt durch einen Verband von der Kampagnen-Website, besucht diese und registriert sich dort
Erweiterung	Am Ende der Registrierung wird die betroffene Person andere Menschen auf die Kampagne und die Petition hinweisen (Call-to-Action).

Der zweite Use Case betrifft die eigentliche Petition:

Use Case 6.2 (Überblicksebene)	
Primärakteur	Betroffene Person
Trigger	Betroffene Person erhält von der Kampagnen-Website eine E-Mail, die zur Mitzeichnung an der soeben begonnenen Online-Petition beim Bundestag auffordert
Standardablauf	Betroffene Person besucht die Petitionsplattform des Bundestages, registriert sich dort (sofern nicht bereits eine Registrierung besteht) und zeichnet die Petition mit

Für den Call-to-Action im ersten Use Case sollte unbedingt ein weiterer Use Case beschreiben, welche Funktionen dem Nutzer angeboten werden, um andere Menschen möglichst einfach auf die Kampagne und die Petition hinweisen zu können. Denn eine häufige Nutzung der Funktionen trägt unmittelbar zum Erfolg der Kampagne bei. Wir sparen uns das an dieser Stelle, da es im Prinzip dem Use Case 5.1.2 im vorigen Abschnitt entspricht.

Prinzipiell wäre es auch sinnvoll, mittels spezifischer Use Cases jeweils detailliert zu planen, wie die beteiligten Verbände ihre Mitglieder und ihr Verbandsumfeld auf die Kampagne hinweisen. Denn davon hängt der Erfolg der Kampagne ab. Wir überspringen diese Vielzahl detaillierter Betrachtungen bei unseren prototypischen Überlegungen ebenfalls.

Der fiktive Fall für diese Kommunikationsaufgabe ist übrigens ein weiteres Beispiel für die Notwendigkeit, jederzeit Personas in die Überlegungen einzubeziehen. Denn unter chronisch Kranken sind möglicherweise viele Menschen mit eingeschränktem Sehvermögen. Es kann also sinnvoll sein, die Kampagnen-Website und deren E-Mail-Versandsystem in höchstem Maße barrierefrei zu planen. Unter Umständen müssten sie so gestaltet sein, dass Vorlese-Software oder eine Braille-Schiene, die Websites in Blindenschrift übersetzt, damit zurechtkommen.

Die Use Cases für die hier behandelte Kommunikationsaufgabe zeigen überdies die Bedeutung einer möglichst ausgiebigen Vernetzung von Verbänden im Social Web auf. Denn gerade eine zeitlich komprimierte Kampagne, wie eine Online-Petition, kann nur gelingen, sofern der Verband möglichst viele Menschen aktiv zu einem bestimmten Zeitpunkt ansprechen kann – und nicht auf deren Besuch auf der Website warten muss. Die aktive Kommunikation wird im vorliegenden Beispiel dadurch möglich, dass zunächst über einen längeren Zeitraum mittels der Kampagnen-Website die Vernetzung betrieben und erst in einem zweiten Schritt die Petition angestoßen wird. Letztlich funktionieren auch die erfolgreichen Online-Petitionen von politischen Protestbewegungen nicht anders, denn diese haben ebenfalls fast immer bereits vor einer Petition intensiv eine Vernetzung betrieben.

2.4.7 Werbung für Dienstleistungen des Verbands/Mitglieder werben

In diesem Abschnitt sollen, um Doppelungen zu vermeiden, zwei von Velsen-Zerweck benannte Kommunikationsaufgaben zusammengefasst werden: „Werbung für Dienstleistungen und Produkte der Verbände" und „Mitglieder halten beziehungsweise neue werben". Denn zumindest online dürfte es angeraten sein, dass Verbände in erster Linie durch die Darstellung ihrer Dienstleistungen (und gegebenenfalls Produkte) um neue Mitglieder werben – vorausgesetzt, man versteht auch die Interessenvertretung als Dienstleistung.

Grundlegender Bestandteil von Marketingmaßnahmen im Internet ist das sogenannte *Targeting*, also ein Bündel von Methoden und Technologien, mit denen gezielt potenzielle Kunden angesprochen und Streuverluste durch Ansprache ungeeigneter Rezipienten vermieden werden sollen (mit Targeting befasst sich Abschn. 4.2.3 *Marketing und Targeting)*. Unser fiktiver Verband könnte diesbezüglich erwägen, über seine eigene Website eine Werbekampagne zu kreieren. Er würde dabei zunächst ein möglichst präzises Targeting machen und potenzielle Mitglieder identifizieren wollen, um diese dann explizit und mehrfach auf eine Mitgliedschaft ansprechen zu können, ohne andere Besucher der Seite mit diesem Anliegen zu belästigen. Potenzielle Mitglieder finden sich in den Zielgruppen:

***Zielgruppe*: Öffentlichkeit und Meinungsführer**
Die Kampagne soll vor allem Interesse und Bedürfnisse bei all jenen wecken, die für eine Mitgliedschaft infrage kommen. Die User Story lautet demzufolge:

> „Als im Bereich XYZ engagierte Person möchte ich Informationen über politische Interessenvertretung einholen, um mich (mein Unternehmen) gegebenenfalls einem Verband anzuschließen."

Sofern wir nun überlegen, woran wir solche potenziellen Mitglieder erkennen können, werden wir recht bald zu Überlegungen gelangen, die im Allgemeinen als *Behavioral Targeting* bezeichnet werden: Wir können bestimmte Zielgruppen nämlich an ihrem Verhalten auf der Website erkennen – und die einfachste Methode ist, nachzuschauen, was Websitebesucher lesen.

Zwar wird es nie gelingen, mittels Targeting eine Zielgruppe hundertprozentig genau zu erreichen, aber wenn wir uns überlegen, wer beispielsweise eine Verbandssatzung oder Dokumente liest, die der Verband mit „Unsere Aufgaben" oder „Unsere Leistungen" überschrieben hat, dann dürfte klar sein, dass dies ganz überwiegend entweder Mitglieder oder aber potenzielle Mitglieder sein werden.

Da natürlich auch ein Journalist, ein Politiker oder eine politisch interessierte Privatperson solche Dokumente lesen könnte, nehmen wir eine weitere Bedingung dazu: Die Zielgruppe unserer Werbemaßnahmen soll Leser eines der drei bereits genannten Dokumente nur umfassen, sofern diese bereits über einen längeren Zeitraum hinweg öfters den Webauftritt des Verbands besucht haben, denn dies lässt auf ein spezifisches und dauerhaftes Interesse an dem Verband und seinen Themen schließen.

Die Information über frühere Besuche auf der Website können wir relativ leicht aus den Tracking-Daten gewinnen, die bei der Evaluation mit Auswertungs-Tools wie *Piwik* anfallen (siehe dazu Abschn. 3.4.8 *Tracking)*. Wir können über diese Daten auch jene Leser der drei Dokumente ausscheiden, die offensichtlich Mitglieder sind, indem wir all jene aus der Zielgruppe herausnehmen, die jemals eine der passwortgeschützten Mitgliederseiten im Extranet der Website aufgesucht haben.

Werbestrategie soll sein, dass diese Zielgruppe – anders als andere Besucher der Website – aufseiten mit bestimmten wichtigen verbandspolitischen Inhalten unterhalb des eigentlichen Inhalts einen Teaser angezeigt bekommt, der auf die Vorteile einer Mitgliedschaft im Verband hinweist. Es handelt sich bei diesem Teaser also um *individualisierten Content*, den nur bestimmte Besucher der Website sehen. Der Teaser verweist auf ein Dokument, das ausführlich erläutert, welche Vorteile der Leser (beziehungsweise sein Unternehmen) von einer Mitgliedschaft hätte. Die Einblendung des Teasers kann überdies kampagnenartig auf bestimmte Zeiträume beschränkt werden und der Teaser kann wechselnde Texte anzeigen, die jeweils unterschiedliche Vorteile einer Verbandsmitgliedschaft hervorheben.

Der Use Case sieht dann wie folgt aus:

Use Case 7 (Überblicksebene)	
Primärakteur	Potenzielles Mitglied (beziehungsweise ein verantwortlicher Manager eines Unternehmens, das Mitglied werden könnte)
Vorbedingungen	Potenzielles Mitglied • hat den Webauftritt des Verbands mindestens sieben Mal besucht, • war erstmalig vor mindestens drei Monaten auf der Website des Verbands zu Besuch, • hat jedoch nie das Extranet für Mitglieder besucht und • hat irgendwann wenigstens eines der Dokumente „Verbandssatzung“, „Unsere Aufgaben“ oder „Unsere Leistungen“ aufgerufen

Trigger	Potenzielles Mitglied möchte sich über verbandsrelevante Themen informieren
Standardablauf	Potenzielles Mitglied gelangt via Suchmaschine auf die Verbandswebsite und sieht dort auf bestimmten Seiten mit verbandspolitisch besonders relevanten Themen innerhalb bestimmter Zeiträume am Ende des Inhalts einen Teaser, der für einen Verbandsbeitritt wirbt und auf ein entsprechendes Dokument verweist; der Teaser (und gegebenenfalls der verlinkte Text) werden redaktionell variiert

Aus Sicht des Anwenders ergeben sich vielfältige Use Cases, die beispielsweise wie folgt aussehen können:

Use Case 7.1 (Anwenderebene)	
Primärakteur	Potenzielles Mitglied (beziehungsweise ein verantwortlicher Manager eines Unternehmens, das Mitglied werden könnte)
Vorbedingungen	*- siehe Überblicksebene -*
Trigger	Potenzielles Mitglied möchte sich über *europäischen Binnenmarkt* informieren
Standardablauf	Potenzielles Mitglied gelangt via Suchmaschine auf die Verbandswebsite und sieht dort *auf der Seite zum Thema europäischer Binnenmarkt während des vierten Quartals 2017* am Ende des Inhalts einen Teaser, der darauf hinweist, *dass der Verband seine Mitglieder in Brüssel intensiv bezüglich anstehender Regulierungsabsichten der EU-Kommission vertritt,* für einen Verbandsbeitritt wirbt und auf ein entsprechendes Dokument verweist

Sofern unser Verband eine solche Werbekampagne führen möchte, ist es durchaus sinnvoll, die unterschiedlichen Use Cases mit spezifischen thematischen Details auf der Anwenderebene individuell zu beschreiben. Denn dies hilft, das Projekt bei internen Abstimmungsprozessen im Verband, bei der Umsetzung der Funktionalität mit den Programmierern und bei der Redaktion verständlich darzustellen. Wir belassen es hier jedoch bei einem Beispiel.

Auch wenn der Besucher der Website die Speicherung bestimmter Daten über seinen Besuch nur im Hintergrund auslöst, ist es – vor allem, um mit der Gesamtheit der Use Cases einen systematischen Überblick über die Anforderungen an die Website zu gewinnen – nützlich, das der Werbeeinblendung vorangehende Tracking in einem Use Case der Subfunktionsebene genauer zu beschreiben:

Use Case 7.1.1 (Subfunktionsebene)	
Primärakteur	Websitebesucher
Standardablauf	Websitebesucher ruft ein Dokument auf, wobei – anonym und unter Einhaltung aller datenschutzrechtlichen Bestimmungen – ein eindeutiges Cookie auf seinem Rechner platziert wird und in einem dazugehörigen anonymisierten Nutzerprofil auf dem Webserver folgende Daten gespeichert werden: • URL und Zeitpunkt aller Seitenaufrufe • Zusammenfassende Auswertung der Seitenabrufe als einzelne Sitzungen mit Zeitverlauf • Markierung als Mitglied bei Seitenaufrufen im Extranet für Mitglieder • Markierung als Leser eines der Dokumente „Verbandssatzung", „Unsere Aufgaben" oder „Unsere Leistungen"
Erweiterung	Das beschriebene Tracking der Website wird durch Programmierung so erweitert, dass das Content-Management-System der Website bei jedem Seitenaufruf abfragen kann, ob der Websitebesucher zur Zielgruppe für die Werbemaßnahmen des Verbands gehört (siehe dazu *Use Case 7: Vorbedingungen)*

Die beim Tracking zu beachtenden Bestimmungen des Datenschutzes werden in Abschn. 3.4.8 *Tracking* erläutert. Zu einem rechtskonformen Tracking gehört auf jeden Fall aber, dass der Besucher der Website über die Speicherung informiert wird. Dies kann man durchaus in einem eigenen Use Case der Subfunktionsebene darstellen, etwa wenn dies beispielsweise gemäß der europäischen Cookie-Richtlinie durch eine Einblendung beim ersten Seitenaufruf geschehen soll.

2.4.8 Presse- und PR-Aufgaben für eine Branche übernehmen

Wo in der Literatur die Aufgaben der Online-Kommunikation für die Medienarbeit beschrieben werden, steht in der Regel die Gestaltung von Pressebereichen der Websites von Unternehmen und Institutionen im Vordergrund, zunehmend auch von Social-Media-Newsrooms. So schreibt Ruisinger über den Online-Pressebereich (Ruisinger 2016):

> Organisationen haben dort die Aufgabe, den Bedarf von Journalisten an Hintergrundinformationen, Daten und Fakten sowie an Dialogformaten zu erfüllen. Nur so wird der Online-Pressebereich zur proaktiven PR-Plattform, die Medienvertretern sowie weiteren Stakeholdern einen bindenden Mehrwert bietet und ein Themensetting ermöglichen kann.

Wenden wir jedoch das in diesem Kapitel dargelegte Instrumentarium – Personas, User Storys und Use Cases – an, lässt sich leicht zeigen, dass die Planung der Online-Kommunikation mit Journalisten differenzierter ausfallen sollte. Die Zielgruppe erscheint zunächst weitgehend homogen:

Zielgruppe: Medien
Überlegen wir uns aber dazu einmal, welche typischen Verhaltensweisen Journalisten in ihrer Arbeit gegenüber Verbänden üblicherweise haben, dürften zwei große Gruppen zu unterscheiden sein:

- Eine Gruppe besteht vor allem aus Fachjournalisten, die sich längerfristig um einen Themenbereich, eine Branche oder einen Berufsstand kümmern. Diese Journalisten sind in der Regel relativ gut über die Interessenlage des Verbands und anderer Stakeholder informiert. Solche Journalisten sind dem Verband wegen der kontinuierlichen Zusammenarbeit oft auch persönlich bekannt. Sie informieren sich auch dann zu dem fraglichen Themenbereich, wenn sie nicht unbedingt direkt an der Berichterstattung arbeiten. Aus diesem Grund sind sie sehr oft auch bereit, Pressedienste, Pressemitteilungen, Newsletter oder andere Push-Dienste zu abonnieren.
- Die andere Gruppe besteht aus Journalisten, die vor allem aktuell arbeiten und die wir im Folgenden als Nachrichtenjournalisten bezeichnen können. Ihre Redaktionen sind oft nach dem Newsroom-Prinzip organisiert und zumeist so strukturiert, dass die Zuständigkeit des einzelnen Journalisten ein recht weites Themenfeld oder ein gesamtes Ressort umfasst. Sie haben daher häufig, wenn sie ein den Verband betreffendes Thema bearbeiten, erstmalig Kontakt mit dessen Pressestelle und Website. Oft sind sie daher über Hintergründe zunächst weniger gut informiert, müssen diesen Rückstand jedoch kurzfristig aufholen. Diese Gruppe arbeitet vielfach für reichweitenstarke Medien beziehungsweise Massenmedien, weshalb die Berichterstattung oft tief greifendere Wirkung als die von Fachjournalisten hat.

Eine dritte Gruppe, die Investigativjournalisten, berücksichtigen wir an dieser Stelle nicht weiter, da sie in ihrer Arbeitsweise gegenüber Verbänden eine Mischform aus beiden beschriebenen Personas darstellen.

Welche User Storys können wir für die beiden Gruppen von Journalisten annehmen? Für den Fachjournalisten ergeben sich wenigstens zwei verschiedene User Storys:

> „Als im Bereich XYZ tätiger Fachjournalist möchte ich mich kontinuierlich über Nachrichten und den politischen Diskurs informieren, um gegebenenfalls berichten zu können."

Und:

> „Als im Bereich XYZ tätiger Fachjournalist möchte ich, sofern ich an Berichterstattung arbeite, unkompliziert einen möglichst vollständigen Überblick über das Thema gewinnen."

Die User Story eines Nachrichtenjournalisten dürfte in aller Regel ähnlich lauten, wie die zweite User Story der Fachjournalisten:

> „Als Nachrichtenjournalist, der an Berichterstattung zum Thema XYZ arbeitet, möchte ich unkompliziert einen möglichst vollständigen Überblick über das Thema gewinnen."

Ganz bewusst ist übrigens in keiner der User Storys ein Verband genannt, denn von Ausnahmen abgesehen, steht im Mittelpunkt der medialen Berichterstattung selten ein Verband allein, sondern stehen zumeist vor allem seine Mitglieder, eine Branche oder bestimmte Ereignisse aus deren Umfeld. Zum Handwerk des Journalismus gehört es überdies, bei der Recherche von allen Stakeholdern Information einzuholen und deren Interessenlage einzubeziehen.

Wenden wir uns bezüglich der Use Cases zunächst den letzten beiden User Storys zu: Beiden Personas liegt vor allem an einem vollständigen Überblick über das Thema. Wir können also annehmen, dass Journalisten online vor allem recherchieren, indem sie einschlägige Begriffe bei Suchmaschinen eingeben. Dies betrifft besonders die Nachrichtenjournalisten, da sie den Verband und möglicherweise auch andere Stakeholder – zumindest anfangs – gar nicht unbedingt kennen. Wichtig für den Verband ist also eine gute Position im Suchmaschinenergebnis.

Es gibt eine ganze Reihe von Gründen, warum eine Verbandswebsite sich möglichst darauf konzentrieren sollte, nur ein einziges Dokument zu einem bestimmten Thema bei den Suchmaschinen nach oben zu bringen. Problematisch ist dabei vor allem, dass Dokumente, die mit dem gleichen Suchwort gefunden werden sollen, einander

„kannibalisieren", wie es Suchmaschinenexperten bezeichnen. Bei Spriestersbach heißt es dazu (Spriestersbach o. D.):

> In Sachen SEO bedeutet die Kannibalisierung auf Keyword-Ebene, dass sich mehrere Seiten gegenseitig im Ranking Konkurrenz machen, da diese zu ähnlich sind und auf die gleichen Begriffe abzielen. Oft treten dadurch negative Effekte auf, so dass keine der Seiten wirklich gut rankt, da die Suchmaschine nicht entscheiden kann, welches die „richtige" bzw. die beste Seite zu diesem Begriff ist.

Die Konsequenz ist: Über Suchmaschinen recherchierende Journalisten finden Dokumente zu einem bestimmten Thema auf einem Verbandsauftritt mit größerer Wahrscheinlichkeit, wenn nicht versucht wird, ihnen eigene, zielgruppenspezifische Dokumente zum Zugriff über Suchmaschinen anzubieten. Vielmehr sollte sich der Aufwand zur bestmöglichen Suchmaschinenpositionierung bei einem Suchwort oder einer Suchwortkombination immer auf ein einziges Dokument beziehen. Zur Frage, wie man einzelnen Dokumenten bei Suchmaschinen besondere Auffindbarkeit verschafft und anderen diese entzieht, siehe Abschn. 3.4.7.2 *Reputation.* Nur in Ausnahmefällen wird dies eine Pressemitteilung sein, weil bislang kein anderes Dokument zu dem entsprechenden Thema existiert.

Das bedeutet: Da Journalisten ihre User Journey häufig mit einem Dokument beginnen werden, das sich auch an andere Zielgruppen richtet, dürfte es nicht ganz einfach sein, ihnen danach spezifische Angebote zu unterbreiten – sofern man nicht andere Websitebesucher dazu verleiten will, ebenfalls auf entsprechende Links oder Teaser zu klicken, sodass sie dadurch die eigene, für sie geplante User Journey verlassen.

Dieses Problem taucht übrigens in ähnlicher Weise auch bei jenen Journalisten auf, die den Verband kennen und seine Website während ihrer Recherche direkt aufsuchen. Dies betrifft vor allem also unsere Gruppe der Fachjournalisten. Sofern es – was ja wegen anderer Use Cases geradezu zwingend ist – von der Startseite aus einen intuitiv erkennbaren Navigationspfad zu dem fraglichen Thema gibt, wird ein erheblicher Anteil der Journalisten diesem folgen und ebenfalls nicht direkt den Pressebereich besuchen. Somit landen auch diese Journalisten auf einem Dokument, das für diverse Zielgruppen angelegt worden ist.

Von diesen Überlegungen ausgehend könnte man beispielsweise erwägen, allen Websitebesuchern eine Funktion zu offerieren, mit der sie sich nach dem Lesen des ersten Dokuments einen vollständigen Überblick über alle Dokumente der Verbandswebsite zu einem bestimmten Thema verschaffen können. Die Funktion könnte beispielsweise so aussehen, dass unterhalb eines jeden Dokuments Schlagworte platziert sind, die als Hyperlink ausgelegt wären und zu einem Suchergebnis führen würden, das Dokumente mit dem gleichen Schlagwort listet – also eine Art Hashtag-Funktion. Es könnte zudem redaktionell dafür gesorgt werden, dass zu wichtigen Themen jeweils aktuelle „digitale Pressemappen" – ein Dokument mit einer Auflistung aller für Medien wichtigen Dokumente – vorhanden wären, die in der jeweiligen Suchergebnisliste der Hashtag-Funktion aufgrund permanenter Aktualisierung jeweils weit oben zu finden wären. Journalisten würden somit intuitiv zu einem für sie vorbereiteten Überblick gelangen, ohne dass dazu Nachteile bei der Suchmaschinenpositionierung hingenommen werden müssten.

Der entsprechende Use Case sähe also wie folgt aus:

USE CASE 8 (ÜBERBLICKSEBENE)	
Primärakteur	Journalist (Fachjournalist oder Nachrichtenjournalist gleichermaßen)
Vorbedingungen	Journalist recherchiert ein Thema
Standardablauf	Journalist findet das Dokument zum Thema XYZ und liest es. Unterhalb findet er das Hashtag #XYZ. Wenn er es anklickt, gelangt er zu einem listenförmig chronologisch aufbereiteten Suchergebnis mit allen Dokumenten der Website, die ebenfalls das Hashtag #XYZ erhalten haben. Weit oben im Suchergebnis findet er auch das Dokument „Digitale Pressemappe zum Thema XYZ". Dieses Dokument ist seinerseits ebenfalls eine aus Teasern bestehende Liste von Dokumenten, die redaktionell spezifisch für Medien aufbereitet worden ist.
Erweiterung	Journalist findet im Umfeld aller für Medien bereitgestellten Inhalte Funktionen zum Abonnieren der Pressemitteilungen (siehe dazu *Use Case 8.1*)

Der vorstehende Use Case beschreibt zunächst nur die Überblicksebene. Aber natürlich haben wir es mit zwei verschiedenen User Journeys zu tun, weil viele Journalisten via Suchmaschine auf der Website eintreffen, manche aber auch auf der Startseite. Um bei der Konzeption der Website Klarheit über Navigation und Suchmaschinen-Keywords zu gewinnen, sollten solche unterschiedlichen User Journeys immer auch Niederschlag in spezifisch ausformulierten Use Cases der Anwenderebene finden. Wir ersparen uns dies jedoch an dieser Stelle.

Der Vollständigkeit halber könnte man auch einen Use Case der Subfunktionsebene notieren, in dem festgelegt wird, dass digitale Pressemappen unter passenden Pressemitteilungen immer durch einen ausführlichen Teaser und nicht nur per Hashtag-Suche verlinkt werden. Auch dies lassen wir hier aus.

Für die erste unserer zuvor formulierten User Storys soll hier jedoch ein Use Case explizit formuliert werden. Denn dass sich möglichst viele Journalisten mit dem Verband in einer Mikroöffentlichkeit vernetzen und erst dadurch vom Verband aktiv mit Pressemitteilungen kontaktiert werden können, trägt maßgeblich zum Erfolg bezüglich diverser Kommunikationsaufgaben bei, wie etwa bei der in Abschn. 2.4.5 beschriebenen *Initiierung von Meinungsbildung*.

Aufgrund der für die Erfüllung diverser Kommunikationsaufgaben immensen Bedeutung dieser Vernetzung von Journalisten mit dem Verband, sollen hier zunächst einige Überlegungen erörtert werden, die unser fiktiver Verband anstellen sollte:

- Wenn Journalisten nach Funktionen zur Vernetzung, wie etwa der Onlineeintragung in den Presseverteiler, auf der Verbandswebsite erst suchen müssen, senkt das die Wahrscheinlichkeit der Vernetzung. Ein optimaler Platz, um Vernetzungsmöglichkeiten anzubieten, ist hingegen im Umfeld von Pressemitteilungen und anderen für die Medien aufbereiteten Dokumenten – entweder gut sichtbar am Rand oder direkt unten auf jedem Dokument; denn ein Journalist, der gerade ein solches Dokument gelesen hat, dürfte am ehesten bereit sein, sich zu vernetzen. Gleichwohl sollte die Eintragungsmöglichkeit in den Presseverteiler als Alternative auch immer per Navigation erreichbar sein, damit auch jene Journalisten, die gezielt danach suchen, fündig werden.
- Aufgrund einer Flut von per E-Mail eingehenden Pressemitteilungen tragen sich viele Journalisten ungerne per E-Mail in Presseverteiler ein. Dienste wie RSS und soziale Netzwerke, bei denen der Journalist den Bezug von Nachrichten mit wenigen Mausklicks zuverlässig beenden kann, sind zum E-Mail-Versand von Pressemitteilungen eine gute Alternative. Das Angebot verschiedenartiger Push-Dienste für Journalisten erhöht somit die Chance für Abonnements. Die Chancen steigen zudem ebenfalls, wenn Journalisten ihren persönlichen Präferenzen für bestimmte Technologien folgen können.
- Das Vertrauen, das erforderlich ist, damit Journalisten sich mit ihrer E-Mail-Adresse in einen Presseverteiler eintragen, lässt sich dadurch fördern, dass am Formular zum Eintragen erkennbar ist, dass eine Austragung ebenso leicht möglich ist wie die Eintragung. Eine sichtbare Funktion zur Austragung steigert also prinzipiell die Chance, dass Journalisten sich eintragen. Überlegenswert könnte es auch sein, vertrauensbildend zu wirken, indem das Formular zum Ein- und Austragen durch ein Foto des Pressesprechers, der als Absender von Pressemitteilungen fungiert, personalisiert wird.
- Angesichts der Flut von Pressemitteilungen, unter der Journalisten oft leiden, erhöht sich die Chance der Vernetzung möglicherweise, wenn Presseinformationen auch themenspezifisch bezogen werden können. Dazu kann man beispielsweise Funktionen anbieten, mit denen Presseinformationen unter anderem auch ausschließlich zu bestimmten Schlagworten abonniert werden können.
- Sofern Funktionen zur Vernetzung erkennbar werden lassen, mit welcher Frequenz an Presseinformationen der Empfänger zu rechnen hat, erhöht das prinzipiell die Bereitschaft zum Abonnement. Dies leistet beispielsweise ein einfacher „Ticker" neben dem Formular, in dem die letzten Pressemitteilungen mit Datum umgekehrt chronologisch gelistet und verlinkt sind. Der potenzielle Abonnent erkennt somit, dass seine Aufmerksamkeit nicht permanent in Anspruch genommen wird und die versendeten Pressemitteilungen relevant für seine Arbeit sind.

Aus diesen Überlegungen könnte unser Verband folgenden Use Case herleiten:

USE CASE 8.1 (ANWENDEREBENE)	
Primärakteur	Journalist
Vorbedingungen	Journalist ist zur Vernetzung bereit
Standardablauf	Journalist findet im Umfeld eines für Medien bereitgestellten Inhalts (z. B. Pressemitteilung oder digitale Pressemappe) einen Hinweis zum Abonnieren der Pressemitteilungen des Verbands, der in der Art eines Calls-to-Action gestaltet ist („Abonnieren Sie unsere Pressemitteilungen hier … "). Ein Klick auf den Hinweis führt den Primärakteur auf eine Seite mit Funktionen zum Abonnieren der Pressemitteilungen. Diese Seite zeigt unter der Überschrift „Pressemitteilungen abonnieren" eine Liste verschiedener Möglichkeiten an, nämlich „ … per E-Mail", „ … per RSS", „ … via Twitter". Neben der Liste finden sich ein Ticker, der die letzten sieben Pressemitteilungen mit Datum und Überschrift umgekehrt chronologisch listet, sowie ein Foto und Kontaktdaten des Pressesprechers. Klickt der Primärakteur den Listeneintrag „ … per E-Mail" an, öffnet sich darunter ein Formular. Es enthält ein Eingabefeld für die E-Mail-Adresse, eine Auswahlmöglichkeit zwischen „Eintragen" und „Austragen", eine Auswahlliste mit der Anzeige „alle Pressemitteilungen" und einen Button „Absenden". Statt „alle Pressemitteilungen" kann der Primärakteur auch ausschließlich bestimmte Themengebiete wählen. Das Abonnieren erfolgt über das gesetzlich vorgeschriebene Double-Opt-in. Klickt der Primärakteur den Listeneintrag „ … per RSS" an, öffnet sich darunter ein Formular. Es zeigt eine Liste, die mit dem Eintrag „alle Pressemitteilungen" beginnt und danach einzelne Themengebiete listet. Zu jedem dieser

	Einträge gibt es eine spezifische Adresse für einen RSS-Feed, die man kopieren kann, um sie in eine RSS-Software einzufügen. Klickt der Primärakteur den Listeneintrag „ ... via Twitter“ an, öffnet sich darunter ein Formular. Es zeigt ein Element mit den letzten Twitter-Nachrichten des Verbands und einen „Folgen“-Button, mit dem der Primärakteur dem Verband auf Twitter folgen kann.

Ein zweiter Use Case der Anwenderebene sollte der Vollständigkeit halber analog beschreiben, wie man über die Navigation der Website zu der Seite mit den Abonnementsfunktionen gelangt. Wir ersparen uns dies hier.

Der letzte Use Case ist unter allen bisherigen der detailreichste. Grund dafür ist, dass die Reichweite und Wahrnehmung von Pressemitteilungen innerhalb der Medien ein Schlüsselkriterium zu erfolgreicher Verbandskommunikation darstellen. Journalisten, die sich bereitfinden, die Pressemitteilungen eines Verbands zu abonnieren, erhöhen potenziell die Reichweite von Verbandsbotschaften im Maßstab der Reichweite ihres Mediums. Es lohnt sich daher, bei der Planung eines Webauftritts die Perspektive des Journalisten als Websitebesucher einzunehmen und darüber nachzudenken, wie man seine Bereitschaft zum Abonnement der Pressemitteilungen maximal fördern kann. Kleinigkeiten, wie eine Austragungsfunktion auf dem Eintragungsformular für den Presseverteiler oder das Foto des Pressesprechers daneben entscheiden somit möglicherweise über spätere Reichweiten von Pressemitteilungen in fünf- oder sechsstelliger Zahl. Insofern ist der Use Case ein gutes Beispiel dafür, wie auch Details einer Website Konsequenz strategischer Planung der Verbandskommunikation sind. Prinzipiell gilt aber für jeden Use Case, dass eine intensive Auseinandersetzung mit der Nutzerperspektive – bis hinein in psychologische Verhaltensmuster – die strategische Qualität der Kommunikationsmaßnahmen erhöhen hilft.

2.4.9 Interessenvertretung und -durchsetzung gegenüber Dritten

In ihrem viel beachteten Aufsatz „Digital Public Affairs – Lobbyismus im Social Web“ hat Jessica Einspänner einen theoretischen Ansatz zur politischen Interessenvertretung beschrieben, der erst vor einigen Jahren mit dem Siegeszug sozialer Medien möglich geworden ist – nämlich Einflussnahme auf politische Entscheidungsprozesse, die sich schwerpunktmäßig direkt auf Online-Kommunikation stützt (Einspänner 2010, S. 35):

> Bei Digital Public Affairs werden die Medien, und im Speziellen das Medium Internet, nicht mehr als „Umweg“ begriffen, sondern als wesentliches Instrument, mit dem sich die anvisierten Ziele durchsetzen lassen.

Wesentliche Methode der Digital Public Affairs ist sogenanntes *Multi-Voice-Lobbying*, das durch Mobilisieren von Teilen der Öffentlichkeit auf den politischen Prozess einwirkt (Einspänner 2010, S. 38):

> Das Involvieren und aktive Mobilisieren von Stakeholdern gehören zu den entscheidenden Techniken der Digital Public Affairs. Der „grassroot input" wird hierbei gezielt als Werkzeug zur Beeinflussung der Gesetzgebung eingesetzt.

Zu Recht warnt Einspänner allerdings vor sogenanntem *Astroturfing*, bei dem eine Kampagne nur vortäuscht, relevante Teile der Öffentlichkeit als Unterstützer gewonnen zu haben. Wie wir bereits gesehen haben, dürfte es nämlich einem Verband zumeist nur schwer möglich sein, erfolgreich auf eine breite Öffentlichkeit persuasiv einzuwirken. Sofern Stakeholder eine ähnliche Interessenlage haben, können diese jedoch durchaus mobilisiert werden.

Idealfall für Einspänner ist dabei, wenn es Interessenvertretern im Rahmen von Digital Public Affairs gelingt, den „Bürgerwillen" erst durch die Zusammenarbeit nach außen wahrnehmbar werden zu lassen, ihn also erst durch das Involvieren und Mobilisieren „offenzulegen" (Einspänner 2010, S. 37):

> Der Einbezug von interessierten NetznutzerInnen in die Public Affairs eines Unternehmens oder einer Organisation schafft also nicht nur einen demokratischeren Rahmen von Interessenvertretung, sondern gibt den PA-Strategen auch neue Methoden der Einflussnahme an die Hand. Mit Offenlegung des Bürgerwillens entsteht ein gewichtiges Druckmittel, das in verschiedenen Situationen auf den politischen Prozess einwirken kann.

Der theoretische Ansatz der *Digital Public Affairs* ist, obschon in aller Munde, bislang wissenschaftlich umstritten: So hat Wikipedia im Jahr 2010 einen Artikel zu *Digital Public Affairs* gelöscht und eine Freischaltung bis heute (Stand Oktober 2016) mit der Begründung verweigert, der Begriff werde bis dato nur von einer einzigen Agentur verwendet und sei mithin als Marketingschöpfung anzusehen (Wikipedia 2010). Gleichwohl gibt es eine Reihe wissenschaftlicher Hypothesen und Modelle, die von ähnlichen Wirkmechanismen politischer Interessenvertretung ausgehen.

So bildet beispielsweise das von Paul Sabatier und Hank Jenkins-Smith ab den Achtzigerjahren entwickelte *Advocacy Coalition Framework* einen Analyserahmen für die Bildung von Koalitionen in der politischen Interessenvertretung. Die Akteure teilen demnach im Kern bestimmte Überzeugungen und koordinieren ihre Aktivitäten bezüglich gemeinsamer Ziele, wie Schneider und Janning beschreiben (2006):

> Innerhalb eines Policy-Subsystems können diejenigen Akteure zu einer so genannten Advocacy-Koalition aggregiert werden, die den Policy Kern eines belief systems teilen und ihre Handlungen über einen längeren Zeitraum hinweg zu einem nicht-trivialen Grad koordinieren. Ein nicht-trivialer Grad der Koordination liegt bereits bei einer schwachen Koordination unter den Akteuren vor. Im Gegensatz zu einer starken Koordination, die die Entwicklung, Kommunikation, Akzeptanz und Durchführung eines gemeinsamen Handlungsplans umfasst, bezieht sich eine schwache Koordination auf Akteure, die ihr politisches Verhalten gegenseitig beobachten und ihre Handlungen so anpassen, dass sich ihre politischen Strategien hinsichtlich des gemeinsamen Ziels ergänzen.

Einen Schritt weiter bei der Analyse von Advocacy-Koalitionen geht Maarten Hajer. Er kritisiert, es seien weniger geteilte Überzeugungen notwendig, wie von Sabatier und Jenkins-Smith postuliert, vielmehr stünden vor allem *narrative storylines* im Vordergrund (vgl. Münch 2016).

Ähnlich äußert sich Martin Höfelmann, der bei seiner Analyse von Digital Public Affairs vor allem das Ringen der Interessenvertreter um Deutungshoheit bezüglich eines Politik-Issues betont (Höfelmann 2013):

> Digital-Public-Affairs ist eine Form der politischen Interessenvertretung, der strategisches Framing immanent ist.

Als Framing bezeichnet die Kommunikationswissenschaft den Effekt, dass ein Politik-Issue von den Rezipienten einer Information häufig völlig unterschiedlich beurteilt wird – je nachdem in welchem Zusammenhang die Darstellung erfolgt. Ein anschauliches Beispiel finden wir bei Bertram Scheufele (2004):

> Wenn wir zum Beispiel „Abtreibung" in den Bezugsrahmen „Emanzipation" stellen, halten wir sie für gerechtfertigt, weil Frauen frei entscheiden können. Wenn wir sie in den Bezugsrahmen „Leben" stellen, lehnen wir sie ab, da ungeborenes, aber bereits als Mensch angelegtes Leben getötet wird. Damit dürfte klar sein, dass es bei Framing zunächst nicht primär um Bewertungen geht. Bewertungen werden aber dann im zweiten Schritt nahe gelegt – und zwar allein aufgrund des Bezugsrahmens, in den ein Sachverhalt gestellt wird, und nicht etwa dadurch, dass der Sachverhalt direkt oder explizit bewertet wird.

Framing ist ein mächtiges Instrument der Interessenvertretung, wie Volker Stocké zusammenfasst (Stocké 2002).

> [Bei Framing-Effekten] wird beobachtet, dass oft minimale Veränderungen in der Art der Informationsvermittlung und geringfügige Variationen des Entscheidungskontextes zu oft dramatischen Veränderungen im Entscheidungsverhalten führen.

Der wissenschaftliche Disput zu der Frage, wie im Detail sich Koalitionäre in der Interessenvertretung verbinden, muss an dieser Stelle offen bleiben – ob es Übereinstimmungen in *Belief Systems* sind, wie Sabatier und Jenkins-Smith schreiben, oder die *Narrative Storylines* Hajers oder ob die Vernetzung von Akteuren bei Digital Public Affairs vor allem darauf zielt, gemeinsam *Framing* zu betreiben. Gleichwohl dürfte letztlich unstrittig sein, dass Allianzen in der Interessenvertretung eine bedeutende Rolle spielen, wie auch Andreas von Münchow aus der Perspektive eines Praktikers einer PR-Agentur plastisch darlegt (Münchow 2006):

> Allianzen sind darauf ausgelegt, die Öffentlichkeit und somit die Politik für ihr Thema zu gewinnen. (...) Zumindest solange wie das eine gemeinsames Ziel die Koalition zusammenhält, gilt das Motto: Je bunter und je breiter eine Allianz aufgestellt ist, desto mehr potenzieller Erfolg steckt in ihr. Gerade diese Breite verleiht der Allianz das Attribut „strategisch".

Es soll deshalb im Folgenden um das wohl prominenteste deutsche Beispiel einer Kampagne der Gattung *Digital Public Affairs* gehen, nämlich um die Maßnahmen des Mobilfunkanbieters E-Plus, mit denen das Unternehmen in den Jahren 2010 bis

2012 vor allem Einfluss auf den Gesetzgebungsprozess zur Novellierung des Telekommunikationsgesetzes zu nehmen trachtete. Dabei soll jedoch nicht untersucht werden, was die Kampagne im Hinblick auf einzelne gesetzliche Regelungen politisch erreicht hat, sondern es soll vielmehr darum gehen, wie E-Plus strategisch beim Aufbau einer Allianz vorging.

Zwar setzen sich die US-amerikanischen Public-Affairs-Experten Amy Showalter und Craig Fleisher in Bezug auf ihre Ideen zum *Grassroot Lobbying* zum Teil der Kritik illegitimen Vorgehens aus (vgl. Irmisch 2011), doch dürften wesentliche Bestandteile ihrer Rezepte kaum angreifbar sein: So beschrieben sie beispielsweise, welche Anreize Koalitionären geboten werden können – etwa, indem ihnen Zugang zu Parlamentariern vermittelt wird oder sie zur Identifikation prominenter Fürsprecher befähigt werden (Showalter und Fleisher 2007):

> A [grassroots] program is a continuous effort not only to persuade your people to become advocates for your issues, but also to educate them about the legislative process, provide access to elected representatives, create a sense of teamwork, and recognize stellar advocates.

Es ist offensichtlich, dass solche Anreize allein im virtuellen Raum des Internets kaum richtig funktionieren können. Und tatsächlich war ganz wesentlicher Bestandteil der Kommunikation von E-Plus, dass sich potenzielle Koalitionäre online vernetzen, um sich danach nicht nur im Web, sondern vor allem offline auszutauschen und dabei einen *„sense of teamwork"* zu entwickeln, wie der damalige Leiter der Unternehmenskommunikation im Interview erläuterte (Horizont 2011):

> Gerade auch eine virtuelle Gemeinschaft ist abhängig von realen Treffen. Menschen haben das Bedürfnis, zu erfahren, wer sich hinter den virtuellen Namen verbirgt. Also sind wir zurück auf die Straße gegangen und haben monatliche Treffen organisiert, bei denen sich Menschen zwanglos austauschen können. Dort stehen dann Themen wie Internet und mobiles Leben im Mittelpunkt und nicht die Marke. (…) Inzwischen bemerken wir einen Sogeffekt und müssen nicht einmal mehr offizielle Einladungen verschicken. Stattdessen informieren wir in den Netzwerken über neue Termine und können jedes Mal einige hundert Gäste begrüßen.

Das Konzept beschrieb E-Plus in einem Blogbeitrag wie folgt (E-Plus 2011):

> Wesentlicher Bestandteil des Konzepts sind physische Treffen, so etwa die monatlichen „UdL Digital Talks", bei der unter der Moderation von Cherno Jobatey Politiker, wie in der Vergangenheit etwa Brigitte Zypries, Frank-Walter Steinmeier, Peter Altmaier und Sigmar Gabriel, mit Vertretern der digitalen Community zu aktuellen Themen diskutierten.

Bereits nach einem Jahr musste das Veranstaltungszentrum des Konzerns in größere Räumlichkeiten umziehen, wie das Blog berichtete (E-Plus 2012):

> Im Laufe des letzten Jahres trafen sich im BASE_camp am alten Standort Unter den Linden 10 bei mehr als 100 Veranstaltungen Bundesminister, Abgeordnete, Blogger, Journalisten, Gründer und Aktivisten, um über Themen der neuen digitalen Gesellschaft zu diskutieren und sich zu vernetzen. Schnell wurde die Fläche zu klein, so groß war der Andrang.

Es blieb erwartungsgemäß nicht aus, dass die Vernetzung mit anderen Kritikern des Telekommunikationsgesetzes besonders gut gelang – etwa jenen Bewegungen, die eine erfolgreiche Kampagne gegen die Sperrung von Kinderporno-Websites geführt hatten beziehungsweise die nun gegen Vorratsdatenspeicherung protestierten.

Dafür verantwortlich zeichnete unter anderem auch der von E-Plus eingestellte, prominente Blogger Robin Meyer-Lucht, der als erklärter Gegner der Vorratsdatenspeicherung (vgl. Meyer-Lucht 2011) mit anderen Kritikern des Gesetzentwurfs bestens vernetzt war.

Es leuchtet ein, dass unter solchen Umständen die Voraussetzungen zur Bildung einer Advocacy-Koalition ebenso gut waren wie die zu gemeinsamen Narrative Storylines beziehungsweise zu gemeinsamem Framing. Es ist jedoch für unsere Betrachtungen der Onlinestrategie nicht ausschlaggebend, worum es E-Plus dabei im Detail ging. Wichtig ist hingegen, dass ein weiteres Kernelement der Kampagne ein Blog mit hochwertigen Inhalten war, wie der Leiter der Unternehmenskommunikation betonte (Horizont 2011):

> Die Netzwerke und ihre Nutzer verlangen nach guten Inhalten. Dazu tragen wir bei. In der Unternehmenskommunikation sehen wir uns mehr denn je als ein Medienproduzent.

Natürlich war das Blog *www.udldigital.de* – vor allem, weil es durch Synergieeffekte der erfolgreichen Veranstaltungen massiv unterstützt wurde – seinerzeit eines der meistbeachteten Medien in Sachen Telekommunikation. Framing, das sofort alle Koalitionäre erreichte, war somit nur noch eine Sache der redaktionellen Umsetzung.

Die vorstehende ausführliche Darstellung der Kampagne ist hier vor allem deshalb unentbehrlich, weil sie zeigt, welche spezifischen Voraussetzungen gegeben sein müssen, um erfolgreich eine Advocacy-Koalition zu initiieren und sich nicht infolge von offensichtlichem Astroturfing angreifbar zu machen. Wie die Kritik der Bundeszentrale für politische Bildung am in Verbänden um sich greifenden Astroturfing belegt (BPB 2010), scheitern politische Interessenvertreter hier immer wieder in Bezug auf eine klare Grenzziehung.

Bevor wir uns einigen einer solchen Kampagne zugrundeliegenden Use Cases widmen, lassen wir den damaligen Social-Media-Verantwortlichen zu Wort kommen, der die Online-Rezeptur zur Promotion der Veranstaltungen in verblüffender Einfachheit darlegt (Public Affairs Manager 2010):

> Über Facebook kann man sich dafür anmelden und anschließend in einem informellen Rahmen mit Politikern, Bloggern, Journalisten und politisch Interessierten diskutieren.

Tatsächlich hat die Facebook-Präsenz von *UdL digital* (www.facebook.com/UdLDigital/) mit Tausenden von „Fans" eine zentrale Rolle eingenommen. Denn wer ihr „Fan" wird, erhält Einladungen zu den Veranstaltungen. Wer über Facebook die Teilnahme an einer Veranstaltung zusagt, teilt dies eigenen Facebook-Kontakten automatisch mit. Und wer eine Veranstaltungsankündigung „teilt", sendet sie quasi mit einem Mausklick seinen Kontakten als Empfehlung zu, selbst wenn er nicht teilzunehmen vorhat. Diese für Facebook typische kaskadierende Informationsverbreitung zu den Veranstaltungen war ein wesentlicher Baustein der Kampagne. Denn man kann – vereinfacht ausgedrückt – sagen:

Telekommunikations-Aktivisten sind im Social Web natürlich besonders gut mit anderen Telekommunikations-Aktivisten vernetzt. Dies erlaubte eine äußerst effiziente Durchdringung der Stakeholder – und mithin potenzieller Advocacy-Koalitionäre.

Wollen wir den grundlegenden Mechanismus der Kampagne in Use Cases fassen, gibt uns Facebook etliche Details vor. Allerdings sind die Funktionalitäten des sozialen Netzwerkes sehr umfangreich und lassen sich im Rahmen einer Kampagne jeweils bedarfsgerecht kombinieren. Auch wenn Facebook ein externes System ist, auf dessen Ausgestaltung ein Kampagnenmanager eines Verbandes keinen Einfluss hat, ist deshalb die Entwicklung von Use Cases durchaus sinnvoll – schon deshalb, weil damit eine Handlungsabfolge des Primärakteurs sichtbar wird, mittels derer man sich ein Bild davon machen kann, inwieweit vom Kampagnenplaner erwünschtes Verhalten des Primärakteurs wirklich wahrscheinlich ist. Auch Evaluation und Optimierung der Kampagne werden dadurch gegebenenfalls möglich.

Orientieren wir uns an Velsen-Zerwecks Kommunikationsaufgaben, so definiert sich unsere Zielgruppe wie folgt:

***Zielgruppe*: Politiker und Meinungsführer**

Sofern wir daran arbeiten, durch eine Advocacy-Koalition Einfluss auf politische Entscheidungen zu gewinnen, spielen Politiker natürlich unterschiedlichste Rollen in unserem strategischen Konzept. Möglicherweise kommen bestimmte oppositionelle Politiker als Verbündete infrage, die sich in ihrem Verhalten von den Meinungsführern, die wir für unsere Koalition zu gewinnen suchen, nicht unterscheiden. Wesentlicher Bestandteil der Konzeption wird aber auch sein, beispielsweise Regierungsvertreter in Veranstaltungen mit einer breiten Koalition von Kritikern zu konfrontieren. Es ist naheliegend, dass solche Podiumsgäste persönlich eingeladen werden müssen. Schon deshalb ist es auch hier sinnvoll, mit dem Personas-Konzept zu überprüfen, ob alle Soziotypen und Funktionsebenen, die in der Kampagne eine Rolle spielen sollen, mit den gleichen Mitteln bedient werden können. Um der Übersichtlichkeit willen beschränken wir uns bei User Story und Use Cases auf potenzielle Advocacy-Koalitionäre unter Politikern und Meinungsführern.

Unsere User Story lautet daher:

> „Als Politiker oder Meinungsführer im Bereich Telekommunikationsrecht möchte ich möglichst umfassend informiert sein, um im politischen Diskurs möglichst wirkungsvoll agieren zu können."

Wie die Onlinestrategie für unseren fiktiven Verband auszusehen hat, lässt sich am einfachsten herleiten, wenn wir mit einem Use Case beginnen, der am Ende der Aktivitäten unseres Primärakteurs steht, nämlich mit dem Empfang einer Einladung:

Use Case 9.1 (Überblicksebene)	
Primärakteur	Politiker oder Meinungsführer
Vorbedingungen	Primärakteur nutzt Techniken des Social Webs und ist mit anderen Stakeholdern vernetzt (dazu kann auch unser Verband gehören)
Trigger	Primärakteur liest in einem seiner Feeds von einer bevorstehenden Veranstaltung
Standardablauf	Primärakteur klickt auf den Teaser, findet eine ausführliche Beschreibung und beschließt die Teilnahme
Erweiterung	Primärakteur wird unter Angabe eines entsprechenden Hyperlinks gebeten, sich möglichst über Facebook anzumelden

Wie immer stellt der Use Case der Überblicksebene nur eine Zusammenfassung mehrerer Use Cases der Anwenderebene dar. Wenn wir abzuschätzen versuchen, wie realistisch der Use Case ist, ist natürlich ausschlaggebend, dass der Teaser, die ausführliche Beschreibung und die inhaltliche Planung des Events dem Primärakteur eine attraktive und informative Veranstaltung verheißen. Voraussetzung ist jedoch auch, dass sich der Primärakteur vernetzt hat, da damit erst ermöglicht wird, ihm eine Einladung zukommen zu lassen. Je mehr realistische Wege dieser Vernetzung wir kreieren oder – sofern diese schon bestehen – nutzen können, umso größer wird die Reichweite der Einladung. Ein entsprechender Use Case der Anwenderebene kann beispielsweise auf einer Facebook-Empfehlung beruhen:

Use Case 9.1.1 (Anwenderebene)	
Primärakteur	Politiker oder Meinungsführer
Vorbedingungen	Primärakteur ist *nicht mit dem Verband, aber* mit anderen Stakeholdern *via Facebook vernetzt*
Trigger	Primärakteur *empfängt eine Empfehlung eines seiner Facebook-Kontakte zu* einer bevorstehenden Veranstaltung
Standardablauf	Primärakteur klickt auf den Teaser, findet eine ausführliche Beschreibung und beschließt die Teilnahme
Erweiterung	Primärakteur wird unter Angabe eines entsprechenden Hyperlinks gebeten, sich möglichst über Facebook anzumelden

Diese Variante eines Use Cases der Anwenderebene ist deshalb besonders bedeutsam, weil der Primärakteur möglicherweise von der Existenz des Verbandes oder seiner Veranstaltungen bisher gar keine Kenntnis hatte. Ein Mitglied seines Netzwerkes macht ihn jedoch darauf aufmerksam. Die Reichweite der Einladung steigt an diesem Punkt also über die unserem Verband bekannten Adressaten hinaus an. Wir werden darauf gleich noch eingehen.

Analog zu dem zuletzt beschriebenen Use Case können wir nun weitere entwickeln, als deren Vorbedingung beispielsweise genannt wird, dass der Primärakteur den RSS-Feed unseres Kampagnen-Blogs abonniert hat und darin von einer Veranstaltung erfährt, dass er sich mit uns in einem der sozialen Netzwerke verbunden hat und darüber eingeladen wird oder dass er wegen Eingabe einschlägiger Suchbegriffe per Suchmaschine auf einem Blogbeitrag landet und dort einen Teaser mit einem Veranstaltungshinweis sieht. Letzteres ist ein wichtiger Grund dafür, möglichst exzellenten Content zu publizieren, denn gerade in ihm liegt ein enormer Anreiz für Stakeholder, sich mit unserem fiktiven Verband zu vernetzen. Guter Content wirkt sich somit erhöhend auf die Reichweite aus. Zudem erlaubt eine hohe Reichweite des Contents innerhalb der Stakeholder-Szene natürlich am ehesten Framing, welches zunächst Meinungsführer, über diese danach aber möglicherweise auch eine breitere Öffentlichkeit erreicht. Qualitativ guter Content ist deshalb, ebenso wie qualitativ gute Veranstaltungen essenziell für eine möglichst hohe Reichweite.

Aber im Rahmen unserer Use Cases sind ebenso die kleinen Details, die Facebook bietet, essenziell. Deshalb wird der Primärakteur auch gebeten, sich über Facebook für den Besuch von Veranstaltungen anzumelden. Dies hat viel weniger mit Kapazitätsplanung der Veranstaltungen zu tun als vielmehr mit der Steigerung der Reichweite, die Facebook uns ermöglicht. Deshalb ist die Erweiterung der zuvor dargestellten Use Cases ein äußerst erfolgsrelevanter Faktor, wie wir im diesbezüglichen Use Case sehen:

Use Case 9.2 (Überblicksebene)	
Primärakteur	Politiker oder Meinungsführer
Vorbedingungen	Primärakteur ist Facebook-Mitglied
Trigger	Primärakteur möchte eine Veranstaltung besuchen und hat die Bitte um Anmeldung via Facebook gelesen
Standardablauf	Primärakteur klickt auf den Hyperlink unter der Beschreibung der Veranstaltung und landet bei Facebook, wo die Veranstaltung eingetragen ist und er mit einem Klick auf „Zusagen" seine Teilnahme ankündigen kann (und damit automatisch seine Facebook-Kontakte über seine Teilnahme und die Veranstaltung informiert)
Erweiterung	Primärakteur kann unter diversen Optionen wählen, mit denen er seine Kontakte gezielt auf die Veranstaltung hinweist

Im Standardablauf können wir erkennen, warum die Anmeldung via Facebook so wichtig ist: Sie führt dazu, dass Kontakte unseres Primärakteurs den Veranstaltungshinweis mit dem Vermerk zu sehen bekommen, dass er teilnehmen wird.[4] Diese Kontakte gehören mit vergleichsweise hoher Wahrscheinlichkeit zur Zielgruppe der Kampagne – und können sich nun gegebenenfalls selbst ebenfalls anmelden.

Der kaskadierende Informationsfluss wird von Facebook sogar noch weiter vorangetrieben: Wenn nämlich einer der Facebook-Kontakte unseres Primärakteurs den Hinweis sieht, kann er darin eine Schaltfläche anklicken, die mit „Interessiert" beschriftet ist. Das ist vor allem deshalb für ihn von Nutzen, weil ja der Hinweis mit jedem neuen Posting aus dem Kreis seiner eigenen Facebook-Kontakte weiter nach unten rutscht und er vielleicht den Veranstaltungshinweis später nicht wiederfindet. Klickt er, um das zu verhindern, auf „Interessiert", erfahren wiederum seine Facebook-Kontakte davon – indem Facebook ihnen diese Interessenbekundung in Verbindung mit dem Veranstaltungshinweis mitteilt. Wir sparen uns hier den entsprechenden Use Case, jedoch ist es anzuraten, dass im Rahmen eines tatsächlichen Projekts solche Use Cases innerhalb des Systems von Facebook ebenso dargestellt werden wie die User Journey auf eigenen Systemen. Denn gerade die Funktionen von Facebook und anderen sozialen Netzwerken stellen in vielen Kampagnen maßgebliche Erfolgsfaktoren dar. Will man sich ein Bild davon machen, wie wahrscheinlich es ist, dass ausreichend viele Nutzer von bestimmten Botschaften erreicht werden, ist eine genaue Kenntnis solcher Funktionen unabdingbar. Und je genauer sie in Use Cases beschrieben werden, desto besser lässt sich die Kampagne nicht nur planen, sondern in ihren einzelnen Schritten schließlich auch evaluieren und optimieren.

Die Erweiterung des zuletzt beschriebenen Use Cases ist wiederum Grundlage für einige weitere Use Cases, deren Funktionsweise Facebook vorgibt, die aber Teil unserer Gesamtstrategie werden können. Beispielsweise kann jedes Facebook-Mitglied die Veranstaltungsankündigung „teilen", also wie ein eigenes Posting in das eigene Profil übernehmen und damit den eigenen Kontakten weiterzuleiten. Besondere Aufmerksamkeit verdient jedoch eine andere Funktion, nämlich das gezielte Einladen von Kontakten zu einer Veranstaltung. Der entsprechende Use Case kann wie folgt dargestellt werden:

USE CASE 9.3 (ANWENDEREBENE)	
Primärakteur	Politiker oder Meinungsführer
Vorbedingungen	Primärakteur ist Facebook-Mitglied
Trigger	Primärakteur möchte seine Facebook-Kontakte auf eine Veranstaltung hinweisen
Standardablauf	Primärakteur sieht auf der Facebook-Seite mit der Veranstaltungsankündigung eine Liste seiner eigenen Kontakte, denen er mit einem einzigen Mausklick eine Einladung als persönliche Nachricht zukommen lassen kann

[4] Wegen Facebooks sogenanntem Newsfeed-Algorithmus sehen die Mitglieder nicht alle Postings und Meldungen ihrer Kontakte. Stattdessen werden vom Algorithmus als weniger interessant ermittelte Inhalte auf der Nachrichtenseite des Mitglieds („Timeline") nach unten verschoben oder sogar gar nicht angezeigt.

Bemerkenswert an diesem Use Case und der entsprechenden Funktionalität von Facebook ist, dass die Einladung hier zu einer persönlichen Nachricht wird. Der Empfänger wird sie also in jedem Fall sehen, während ein geteiltes Posting bei seinem nächsten Facebook-Besuch vielleicht in der Timeline schon so weit nach unten gerutscht ist, dass er es nicht mehr liest. Absender der persönlichen Nachricht, die – je nach Einstellung der persönlichen Präferenzen des Empfängers – möglicherweise auch als E-Mail versandt wird, ist unser Primärakteur. Während eine persönliche Nachricht, ob als E-Mail oder auf anderem elektronischen Wege, von uns an einen unbekannten potenziellen Teilnehmer rechtlich höchstwahrscheinlich als Spam zu werten wäre, gelingt es uns über die Facebook-Funktionalität, bei Unbekannten für die Veranstaltung zu werben. Der Empfängerkreis wird somit ausgedehnt.

Natürlich spricht prinzipiell nicht unbedingt etwas dagegen, die zur Verfügung stehenden Einladungsfunktionen gleich unter dem Abschnitt „Erweiterung" jenes Use Case aufzuzählen, in dem der Primärakteur sich zu einer Veranstaltung anmeldet. In diesem Fall jedoch ist es ratsam, einen eigenen Use Case daraus zu machen, da dieser ja auch an anderer Stelle einsetzbar ist. Beispielsweise könnte der Veranstalter allen Podiumsteilnehmern bei der Bestätigung ihrer Teilnahme, sofern diese per E-Mail erfolgt, eine Art Call-to-Action mit einem Link zu der Einladungsfunktion zuzusenden: „Bitte laden Sie Ihre persönlichen Facebook-Kontakte ein!"

Wie bereits kurz erwähnt zählt zu der Kampagne natürlich – neben den Einladungen – auch die Distribution des möglichst hochwertigen Contents. Dies geschieht über ein Blog und über soziale Netzwerke, wozu ebenfalls Use Cases zu entwickeln wären. Ziel wäre dabei immer, dass der Primärakteur sich vernetzt, um dauerhaft die von unserem fiktiven Verband verbreiteten Inhalte zur Kenntnis zu erhalten – und mit ihnen auch die Einladungen. Wir wollen uns diese Use Cases, die in ähnlicher Form bereits bei anderen Kommunikationsaufgaben beschrieben wurden, jedoch hier ersparen.

2.4.10 Sachverstand in die politische Diskussion bringen

Ihre wichtigste Funktion im Hinblick darauf, Sachverstand in die politische Diskussion einzubringen, üben Verbände zweifelsohne offline aus: In § 47 Abs. 3 der Gemeinsamen Geschäftsordnung der Bundesministerien ist die Beteiligung von Verbänden an der Vorbereitung von Gesetzesvorlagen der Bundesregierung (vgl. Deutscher Bundestag 2015) und in § 70 Abs. 1 der Geschäftsordnung des Deutschen Bundestages die Möglichkeit zur öffentlichen Anhörung festgeschrieben.

Die von Verbänden dafür ausgearbeiteten Stellungnahmen richten sich dementsprechend zunächst an Parlamentarier und Ministerialbürokratie. Zumeist wird jedoch durch Veröffentlichung – vor allem auch online – versucht, den Rezipientenkreis zu erhöhen, um eine stärkere Wirkung auf die Meinungsbildung innerhalb des laufenden Diskurses zu nehmen. Wir haben zuvor bereits mehrfach erörtert, dass dies nur dann Erfolg verspricht, wenn Stellungnahmen und Positionspapiere nicht nur online gestellt, sondern auch potenziellen Lesern aktiv und attraktiv angeboten werden. Eine persuasive Wirkung ist dabei allerdings umso weniger wahrscheinlich, als es sich bei den Rezipienten vornehmlich um Stakeholder handelt, deren Meinungsbildung möglicherweise zumeist bereits weit fortgeschritten oder gar abgeschlossen ist. Einfluss auf die Mehrheitsverhältnisse in der öffentlichen Meinung zu nehmen, ist deshalb unter Umständen erfolgversprechender, wenn der Verband die sachlichen Hintergründe seiner eigenen Position vor allem einer breiteren Öffentlichkeit zugänglich macht.

Viele Verbände nutzen dazu zunehmend soziale Medien (zur Nutzung sozialer Medien durch Verbände siehe Abschn. 4.5 *Social Media und Verbände)*. So kritisiert etwa der Vorstand des Verbraucherzentrale Bundesverbandes die Volkswagen AG via Twitter wegen mangelnder Plausibilität in deren Aussagen zu „#Dieselgate", belegt das mit einem Link zu einem Artikel einer großen deutschen Tageszeitung (Müller 2016) – und erreicht damit außer dem per *@Volkswagen* angeschriebenen Autokonzern theoretisch fast 3000 Interessierte, die ihm auf Twitter folgen. Der Verband der Chemischen Industrie lässt seine etwa 2500 Twitter-Follower per Tweet wissen, dass die von privaten Haushalten zu zahlende Umlage nach dem Erneuerbare-Energien-Gesetz einer Prognose des Instituts der Deutschen Wirtschaft zufolge bis zum Jahr 2025 auf zehn Cent je Kilowattstunde ansteigen werde und verweist deshalb auf ein eigenes Forderungspapier (VCI 2016). Und der Deutsche Journalisten-Verband schreibt nicht nur das Bundesinnenministerium per Twitter an, um Kritik an geplanten Workshops für Chefredakteure zu äußern, mit denen Einfluss auf die Berichterstattung über Muslime genommen werden soll (BMI 2016) – der Verband bindet automatisch auch seine knapp 22.000 Follower mit ein und verweist per Link auf eine längere Erklärung (DJV 2016a). Die Aufzählung ließe sich lange fortsetzen.

Der Verbraucherzentrale Bundesverband und der Verband der Chemischen Industrie verwendeten in ihren Twitter-Botschaften auch *Hashtags: #Dieselgate* und *#EEG*. Bei Twitter werden Hashtags von sehr vielen Nutzern eingesetzt. Dies bewirkt eine stark vereinfachte Suchmöglichkeit nach Tweets zum entsprechenden Thema per Mausklick und darüber hinaus eine Automatisierbarkeit solcher Suchvorgänge mit gratis verfügbaren Onlinediensten. Wer sich also für die Themen *#Dieselgate* oder *#EEG* interessiert, kann sehr leicht alle Beiträge im gesamten Twitter-Kosmos dazu verfolgen, auch von Nutzern, denen er selbst nicht folgt oder die er nicht einmal kennt. Die potenzielle Reichweite der genannten Tweets ist daher höher als die zuvor angegebenen Follower-Zahlen. Aber nicht nur das, man adressiert damit zugleich eine explizit am Thema interessierte, offene Zielgruppe, die sich zuvor mit dem Absender nicht bereits vernetzt haben muss.

Der Verbraucherzentrale Bundesverband und der Deutsche Journalisten-Verband sandten ihren Tweet aber auch direkt an den kritisierten politischen Kontrahenten, indem sie jeweils dessen mit „@" beginnenden Nutzernamen im Tweet erwähnten.

Die potenzielle Wirkung einer solchen Botschaft illustriert der zweite dieser beiden Tweets: Denn es konnten nicht nur die knapp 22.000 Follower des Journalistenverbands lesen, wie überzeugungsstark dessen Vorsitzender das Wesen der Pressefreiheit verteidigte – sondern auch das Bundesinnenministerium musste zwangsläufig mitbekommen, dass die Idee der Journalistenworkshops öffentlich eher kritisch aufgenommen werden dürfte. Denn die im Tweet verlinkte Mitteilung zitierte den Verbandsvorsitzenden mit klaren Worten (DJV 2016b):

> Es ist die Aufgabe von uns Journalisten, umfassend und vielseitig über muslimische Mitbürger und den Islam zu berichten, wenn es geboten ist. Die Richtschnur gibt aber der Pressekodex des Deutschen Presserates vor und nicht der Bundesinnenminister.

Eine derartige kommunikative Konstellation, bei der ein Verband öffentlich sichtbar argumentativ „punktet", dürfte – jedenfalls bei einer solchermaßen gemaßregelten Einzelperson – durchaus zu einer *Kognitiven Dissonanz* führen, dem als unangenehm empfundenen Auseinanderfallen von eigenen Überzeugungen und kognitiven Erkenntnissen. Wie bereits weiter vorn dargelegt (vgl. Abschn. 2.2 *Politische Online-Kommunikation und Medienwirkung)* wird ein solcher psychischer Konflikt meistens dadurch reduziert oder aufgelöst, dass der Betreffende seine Meinung modifiziert.

Generell ist eine solche Wirkung entsprechender Argumente aber genauso gut in Bezug auf andere Rezipienten eines Social-Media-Dialogs möglich, und zwar insbesondere dann, wenn diese erkennen, dass ihre eigene Position auf Dauer nicht haltbar sein wird. Die persuasive Erkenntnis lässt sich naturgemäß am ehesten durch eine gute Faktenlage befördern. Und die politische Wirkung ist umso stärker, je mehr Rezipienten einbezogen sind.

Ein lehrreiches Beispiel zu diesem Kontext bietet ein Dialog zwischen Krankenkassenverbänden über morbiditätsorientierten Risikostrukturausgleich. Der im Jargon als MorbiRSA bezeichnete Mechanismus weist Krankenkassen mit statistisch kränkeren Versicherten höhere finanzielle Mittel aus dem Gesundheitsfonds zu als Kassen mit vielen gesunden Mitgliedern – und führt daher immer wieder zu erbitterten Streitigkeiten. Von allen Beteiligten gibt es Vorschläge, wie diese Umverteilung modifiziert werden könnte. Als der AOK-Bundesverband im Herbst 2016 ein Positionspapier dazu veröffentlichte, reagierte ein anderer Verband mit kritischen Tweets, von denen einer lautete (AOK 2016):

> @AOK_Politik Das Problem des #Morbi_RSA ist nicht die Zielgenauigkeit, sondern #Manipulationsanfälligkeit und #Präventionsfeindlichkeit!

Hintergrund dafür sind Vorwürfe, dass Krankenkassen ihre Versicherten auf dem Papier kränker machen, als sie tatsächlich sind, um mehr Geld zugewiesen zu bekommen. Zudem wird befürchtet, ein hoher finanzieller Ausgleich für viele morbide Versicherte senke den Anreiz für die Kassen, möglichst viele Maßnahmen zur gesundheitlichen Prävention zu ergreifen. Wie ernst die Kritik zu nehmen ist, zeigte sich einen Monat später, als eine Krankenkasse wegen Falscheinstufungen der Morbidität von Versicherten eine Millionenstrafe hinnehmen musste (FAZ 2016).

So begründet also der zuvor zitierte Tweet in der Sache sein mag, er verschenkt an diversen Stellen sein Potenzial:

- Die maximal 140 Zeichen, die ein solcher Tweet lang sein darf, erlauben es zwar Fakten zu behaupten, aber nicht, sie zu belegen – es sei denn, man verlinkt ein entsprechendes Dokument auf der eigenen Website. Einen solchen Link gibt es aber nicht, obwohl er einer Versachlichung dienlich sein könnte.
- Der Tweet ist als Antwort auf einen Tweet des AOK-Bundesverbandes angelegt worden. Das verringert jedoch – gemäß der Funktionalität von Twitter – seine Reichweite enorm.

Denn wenn ein Tweet eine Antwort ist (was man daran erkennt, dass er mit einem @Nutzernamen beginnt), wird er – außer für den Absender und den Empfänger – nur jenen Nutzern in ihrer sogenannten Timeline angezeigt, die sowohl dem Absender als auch dem Empfänger folgen. Sinnvoller wäre es deshalb gewesen, den AOK-Bundesverband nur mit einer sogenannten Erwähnung zu bedenken, bei der der Nutzername des AOK-Bundesverbandes nicht am Anfang des Tweets gestanden hätte. Der AOK-Bundesverband hätte dann ebenfalls von Twitter eine Benachrichtigung über den Tweet erhalten.

- Alle drei Hashtags erreichen nicht die möglicherweise interessierte Öffentlichkeit. Denn Hashtags funktionieren nur, wenn sich alle Interessierten auf gemeinsame Begriffe und Schreibweisen einigen. Es ist daher sinnvoll, genau zu verfolgen, unter welchen Hashtags Diskussionen zu einem Thema laufen oder bereits zuvor gelaufen sind. Bei Diskussionen zum Thema MorbiRSA ist es das Hashtag *#MorbiRSA*, nicht #Morbi_RSA. Die benutzten Hashtags *#Manipulationsanfälligkeit* und *#Präventionsfeindlichkeit* hat zuvor noch nie jemand verwendet. Sie laufen also völlig ins Leere.

Auch im Falle der hier beschriebenen Kommunikationsstrategien, bei denen eine eigene Website kaum noch eine Rolle spielt, helfen Use Cases, um die eben dargelegten Schwächen zu vermeiden. Sehen wir uns einmal an, wie unsere Zielgruppe vorgeht:

***Zielgruppe*: Politiker und Meinungsführer**
Die User Story ist naheliegend:

„Als Politiker oder Meinungsführer im Bereich XYZ möchte ich möglichst umfassend informiert sein, um im politischen Diskurs möglichst wirkungsvoll agieren zu können."

Ebenso naheliegend ist der nachfolgend beschriebene Use Case der Überblicksebene, wobei sich aus der User Story natürlich ergibt, dass der Primärakteur Information auch außerhalb der sozialen Medien suchen wird, was wir hier der Einfachheit halber ignorieren:

USE CASE 10.1 (ÜBERBLICKSEBENE)	
Primärakteur	Politiker oder Meinungsführer
Vorbedingungen	Primärakteur möchte so aktuell und umfassend wie möglich über ein bestimmtes Politikfeld informiert sein; er nutzt dazu unter anderem Techniken des Social Webs und ist mit anderen Stakeholdern vernetzt
Standardablauf	Primärakteur sieht in seiner Timeline ein Posting (Tweet o. a.) unseres fiktiven Verbands mit einem Hyperlink zu sachverständigen Inhalten irgendwo im Internet

Natürlich kann der Hyperlink, den der Primärakteur anklickt, auf die Website unseres fiktiven Verbands führen. Beispielsweise hätte der zuvor zitierte Krankenkassenverband auf seiner Website ein Dossier über Fakten zur Manipulation des morbiditätsorientierten Risikostrukturausgleichs anlegen und dorthin verlinken können. Der Vorteil einer Bereitstellung entsprechender Inhalte auf der eigenen Website ist, dass beispielsweise – als Erweiterung des Use Cases – unter dem Dokument ein Call-to-Action platziert sein könnte, beispielsweise ein Button, der den Primärakteur auffordert, das Dokument in sozialen Medien zu teilen oder an einer Online-Petition teilzunehmen.

Kommen wir auf die Anwenderebene unseres Use Cases, so ändert sich am Standardablauf nie etwas. Dafür sind die Kasuistiken, die sich in den Vorbedingungen verbergen, umso vielfältiger. Das beginnt damit, dass möglicherweise nicht alle Individuen unserer Zielgruppe bei Twitter vernetzt sind, sondern in anderen Netzwerken – etwa Facebook, Tumblr oder Xing. Dort sind möglicherweise die technischen Funktionen, wie Repliken anzubringen sind oder wie Diskussionen ablaufen, völlig andere. Diese Funktionen zu kennen trägt aber, wie wir am zitierten Beispiel-Tweet gesehen haben, essenziell zum Erfolg der Kommunikationsstrategie bei. Es ist also durchaus sinnvoll, alle diese Optionen als Use Cases auszuarbeiten. Wir tun das hier nur mit unserem Beispiel, nämlich für Twitter:

Use Case 10.1.1 (Anwenderebene)	
Primärakteur	Politiker oder Meinungsführer
Vorbedingungen	Primärakteur möchte so aktuell und umfassend wie möglich über ein bestimmtes Politikfeld informiert sein; er nutzt dazu *Twitter und ist mit unserem fiktiven Verband vernetzt*
Standardablauf	Primärakteur sieht in seiner Timeline ein Posting (Tweet o. a.) unseres fiktiven Verbands mit einem Hyperlink zu sachverständigen Inhalten irgendwo im Internet

Sofern man diesen Fall in der Realität genauer ausarbeiten würde, ergäbe sich dabei, dass der Primärakteur ein Posting nicht sieht, wenn es als Twitter-Antwort versendet wird, jedenfalls sofern er nicht zugleich auch mit dem Empfänger vernetzt ist.

Die komplementäre Variante des zuletzt beschriebenen Use Cases ist, dass der Primärakteur sich mit unserem Verband nicht vernetzt hat:

USE CASE 10.1.2 (ANWENDEREBENE)	
Primärakteur	Politiker oder Meinungsführer
Vorbedingungen	Primärakteur möchte so aktuell und umfassend wie möglich über ein bestimmtes Politikfeld informiert sein; er nutzt dazu Twitter, *ist aber mit unserem fiktiven Verband nicht vernetzt, sondern verfolgt die betreffende Debatte via Hashtag-Suche*
Standardablauf	Primärakteur sieht in seiner Timeline ein Posting (Tweet o. a.) unseres fiktiven Verbands mit einem Hyperlink zu sachverständigen Inhalten irgendwo im Internet

Hier wird deutlich, dass es für die Reichweite von Postings unmittelbar ausschlaggebend ist, welche Hashtags die Rezipienten verfolgen. Unüberlegt selbst ausgedachte Hashtags sind gleichbedeutend mit dem Verlust von Reichweite. Dies ist nicht nur punktuell in einer Debatte problematisch, sondern auch perspektivisch. Denn weitere Follower findet man ja am einfachsten unter jenen Twitter-Nutzern, mit denen man Interesse an bestimmten Themen teilt. Über die richtigen Hashtags (zur Auswahl von Hashtags siehe Abschn. 4.5.3.4 *Tagging und Benachrichtigungen)* lassen sich diese Nutzer relativ leicht erreichen und möglicherweise dafür gewinnen, sich mit dem Verband zu vernetzen.

Natürlich fehlt hier eigentlich noch ein dritter Use Case der Anwenderebene zu Twitter, nämlich einer, bei dem der Primärakteur weder mit dem Verband vernetzt ist noch ein entsprechendes Hashtag verfolgt. Er sieht ein Posting des Verbands in seiner Timeline deshalb, weil ein anderer Nutzer, dem er folgt, dieses teilt, den Tweet also als Re-Tweet an seine Kontakte weiterleitet. Der Verband sollte deshalb möglichst alles dafür tun, dass seine Tweets möglichst oft geteilt werden. Dazu kann es sinnvoll sein, Stakeholder mit potenziell gleichen Interessen mit ihrem vom @-Zeichen angeführten Benutzernamen im Tweet zu erwähnen,[5] sodass diese ihn aufgrund der dadurch erzeugten Benachrichtigung auf jeden Fall wahrnehmen und sich infolgedessen die Wahrscheinlichkeit erhöht, dass der Tweet geteilt wird.

[5] Wie zuvor bereits beschrieben führt die Nennung eines Benutzernamens mit vorangestelltem @ bei Twitter dazu, dass der Erwähnte eine Benachrichtigung über die Erwähnung erhält. Einen entsprechenden Tweet kann er daher nicht übersehen.

Wir haben es spätestens hier, wie man recht gut erkennen kann, mit einer Kommunikationsaufgabe zu tun, bei der wir in den Use Cases mehrere Akteure berücksichtigen sollten. In Cockburns Schema für Use Cases ist ja die Darstellung anderer Akteure und Stakeholder ausdrücklich vorgesehen (vgl. Abschn. 2.3 *Use Cases).* Es lassen sich aus den zuvor beschriebenen Use Cases für unsere Zielgruppe leicht Use Cases für einen Verbandsrepräsentanten oder eine Online-Redaktion entwickeln, die Hilfestellung dabei geben, wie die Maßnahmen zur Erfüllung der vorliegenden Kommunikationsaufgabe möglichst optimal umgesetzt werden können. So könnten entsprechende Use Cases für Verbandsmitarbeiter darauf abzielen, dass im Falle einer laufenden Debatte in sozialen Medien möglichst bereits Dokumente auf der Website des Verbands vorliegen, die geeignet sind, Sachverstand in die Diskussion zu bringen. Dazu ist unter Umständen ein entsprechendes Social-Media-Monitoring notwendig. Des Weiteren könnten die Use Cases dafür Sorge tragen, dass die Redakteure des Verbandes nur dann eine Twitter-Antwort versenden, wenn dies keinen Verlust von Reichweite und damit politischer Wirkung bedeutet. Schließlich könnten die Use Cases vorbereiten, wie die richtigen Hashtags identifiziert werden können und welche potenziellen Unterstützer ein Tweet unter Umständen erwähnen könnte, damit diese den Tweet eventuell teilen. Und all dies natürlich für alle genutzten sozialen Netzwerke.

Use Cases sind also nicht nur für eine realistische Antizipation der Rezipientensicht eines virtuellen Dialogs sinnvoll, sondern sie können auch komplexe Arbeitsprozesse, wie es ein Twitter-Posting letztlich darstellt, aus Sicht der Verbandsgeschäftsstelle gestalten helfen. Gerade im Bereich Social Media kann dies maßgeblich zum Erfolg beitragen.

2.4.11 Beratung der Mitglieder/Fortbildungsleistungen für Mitglieder

Obwohl Beratung und Fortbildung nach wie vor klassische Domänen der Offlinewelt sind, bieten viele Verbände solche Services zunehmend auch online an. Das beginnt bei geschlossenen Diskussionsforen in Extranets, in denen sich Spezialisten untereinander ungestört austauschen können. Es setzt sich fort in Online-Tutorials, mit denen Verbände ihren Mitgliedern (und oft genug auch anderen Interessierten) Wissen zu berufsspezifischen Fertigkeiten oder zu einschlägigen Rechtsproblemen vermitteln. Immer häufiger aber veranstalten Verbände auch Webinare, also live per Videostream im Internet übertragene Onlineseminare, in denen Dozenten ihre Zuschauer nicht nur schulen, sondern sich auch per Textchat oder Webcam befragen lassen.

Drei willkürlich gewählte Beispiele illustrieren die Vielfalt der Aktivitäten:

- Der Bundesverband der Deutschen Chirurgen betreibt über eine Servicetochter eine eigene Plattform für digitale Ärztefortbildung,[6] auf der Ärzte nicht nur online Fortbildungspunkte im Rahmen der gesetzlich vorgeschriebenen Continuing Medical

[6] Zu finden unter: www.ecme-center.org

Education sammeln, sondern mittels E-Learning auch die fachärztliche Zusatzqualifikation „Hygienebeauftragter Arzt" erwerben können. Bei den kostenpflichtigen Angeboten erhalten Mitglieder Sonderkonditionen.

- Der Deutsche Bibliotheksverband bietet Mitarbeitern von Bibliotheken in seiner Online-Akademie mehrmals im Jahr kostenlose Webinare an.[7] Alle Webinare werden später als Video-on-Demand auf der Website zugänglich gemacht. Zur Nutzung ist eine kostenlose Registrierung erforderlich, auch Nichtmitglieder des Verbands erhalten Zugang.
- Der Bundesverband für die Immobilienwirtschaft veranstaltet regelmäßig halbstündige Webinare, und zwar in erster Linie für Makler.[8] Die Webinare sieht der Verband auch als Möglichkeit, auf die Weiterbildungsangebote und Ausbildungen seiner Akademie hinzuweisen, an der vor allem Fachmakler ausgebildet werden (vgl. Verbandsstratege 2015).

Es nicht untypisch, dass sich Onlineangebote zur Fortbildung nicht ausschließlich an Verbandsmitglieder wenden, sondern an jedermann. Denn der Aufwand für das Erstellen der Inhalte, aber auch jener für die technische Umsetzung von Tutorials oder Webinaren ist nicht unerheblich. Viele Verbände versuchen daher, über die Fortbildungsleistungen für Mitglieder hinaus weiteren Nutzen aus solchen kostenträchtigen Angeboten zu ziehen – und vor allem eine „kritische Masse" an Nutzern zusammenzubekommen, die den Aufwand rechtfertigt. Der online bereitgestellte Content ist somit zugleich auch Marketinginstrument für weitere kostenpflichtige Fortbildungsangebote oder auch für eine Mitgliedschaft im Verband.

Einen gut nachvollziehbaren Eindruck von den erforderlichen Größenordnungen der Zielgruppen beim Bewerben von Webinaren gibt uns ein Verbandsrepräsentant aus dem Bundesverband für die Immobilienwirtschaft (Verbandsstratege 2015):

> Erfolgreich sind die Webinare dann, wenn die Einladungen eine große Anzahl von Empfängern erreichen. Erfahrungsgemäß wird von den Versendungen max. 1/3 gelesen. Damit zum Beispiel 100 Personen am Webinar teilnehmen, müssen die Einladungen ca. 10.000 Empfängern zugehen. Es versteht sich von selbst, dass sich SPAM-Mails verbieten und nur registrierte Personen eingeladen werden.

Viele Verbände werden kaum in der Lage sein, eine solch hohe Zahl von potenziellen Interessenten ausschließlich in der eigenen Mitgliedschaft anzuschreiben. Bei der strategischen Planung von User Story und Use Cases erweitern wir deshalb gegenüber der Systematik von Velsen-Zerweck unsere operative Zielgruppe um die beruflich interessierte Öffentlichkeit, damit wir die strategische Zielgruppe, die Mitglieder, mit unserem Fortbildungsangebot möglichst gut erreichen:

***Zielgruppe*: Mitglieder (und beruflich Interessierte Öffentlichkeit)**

Die User Story lautet entsprechend der zuvor beschriebenen Überlegungen:

---

[7] Zu finden unter: www.bibliotheksverband.de/dbv/fortbildungen-messen-kongresse/webinare.html

[8] Zu finden unter: www.praxisverband.de/WEBINARE.htm

„Als Mitglied der Berufsgruppe XYZ möchte ich Fortbildungsangebote wahrnehmen, um fachlich auf der Höhe der Zeit zu bleiben.“

Zum Veranstalten von Webinaren gibt es zahlreiche Dienstleister und Online-Plattformen. Sofern wir keine allzu spezifischen Anforderungen an Funktionalitäten stellen, genügt jedoch der kostenlose Service des Videoportals *YouTube*. Er ermöglicht es beispielsweise, Präsentations-Charts einzublenden oder Experten an verschiedenen Orten von einem Moderator befragen zu lassen und dabei zwischen den Kameras hin und her zu schalten. Es ist außerdem möglich, Webinare mit einer nicht öffentlichen Webadresse auszulegen, sodass nur teilnehmen kann, wer im Besitz des URLs ist.

Wir wollen an dieser Stelle jedoch nicht ein Webinar detailliert durchplanen, sondern uns mit der strategisch viel anspruchsvolleren Fragestellung befassen, wie es gelingen kann, eine fünfstellige Zahl von potenziellen Interessenten jeweils über anstehende Webinare zu informieren, um dadurch eine adäquate Teilnehmerzahl zusammen zu bekommen.

Nehmen wir dazu noch einmal unseren fiktiven Verband zu Hilfe. Es liegt nahe, dass der Verband seine Mitglieder per E-Mail oder auch postalisch anschreibt. Natürlich richtet der Verband auf YouTube einen eigenen Kanal ein, der nicht nur den technischen Rahmen für Webinare bildet, sondern auch durch jeden YouTube-Nutzer abonniert werden kann, der über kommende Webinare informiert werden möchte. Letzteres wird jedoch anfänglich, solange die Webinare nicht in potenziellen Teilnehmerkreisen Bekanntheit erlangt haben, kaum geschehen.

Unser Verband könnte daher zunächst für jedes Webinar ein kurzes Promotionsvideo produzieren, in dem der Moderator die Lernstoffe des Webinars erläutert und bereits einige nützliche Informationen vermittelt – Letzteres, um den Anreiz zum Teilen des Videos in sozialen Netzwerken zu erhöhen. Jedes dieser Videos könnte dann einige Zeit in sozialen Netzwerken und im Rahmen von Kooperationen berufsspezifisch relevanten Websites beworben werden. Wichtig ist dabei, dass die entsprechende Berufsgruppe wirklich erreicht wird. Eine sinnvolle Maßnahme dazu ist eine Social-Media-Analyse (zu Social-Media-Analysen siehe Abschn. 4.5.3.1 *Social-Media-Analyse, -Monitoring und -Listening)*, mit der ermittelt wird, wo Mitglieder der Berufsgruppe im Web aktiv sind oder wo spezifische Inhalte für die zu finden sind.

Nehmen wir einmal an, eine Analyse von sozialen Netzwerken und berufsspezifischen Websites ergibt, dass in den Karrierenetzwerken *Xing* und *LinkedIn* entsprechende Gruppen existieren und dass sich ein journalistisches Web-Magazin spezifisch mit solchen Themen befasst. Unser Verband könnte nun bei den Betreibern der Gruppen die Erlaubnis einholen, Hinweise auf die Webinare veröffentlichen zu dürfen, und er könnte mit dem Web-Magazin eine Vereinbarung über redaktionelle Hinweise treffen. Eventuell wäre aber auch Werbung denkbar.

Unser Verband könnte es – neben der Fortbildungsleistung für Mitglieder – als Ziel erachten, dass sich möglichst viele Nichtmitglieder registrieren, um an dem Webinar teilnehmen zu können. Diese können dann in einen wachsenden Verteiler aufgenommen werden, den man später direkt anschreiben und auf weitere Webinare hinweisen kann, um so die Anzahl der Teilnehmer kontinuierlich zu steigern und damit auch für den Verband zu werben.

Es müssen demzufolge für jedes Webinar Vorschauvideos produziert und auf den YouTube-Channel des Verbands hochgeladen werden. Sofern wir nun mit der Planung von Use Cases beginnen, werden wir uns intensiver mit YouTube beschäftigen müssen. Dabei werden wir zunächst feststellen, dass YouTube – jedenfalls, sofern Nutzer dort, beziehungsweise beim Mutterunternehmen Google, keinen Account besitzen – nicht die Funktionalität besitzt, mit der die zu unserer Strategie gehörende Registrierung umsetzbar ist. Die Registrierung muss daher auf der Website des Verbandes stattfinden. Ein entsprechendes Formular muss dort angelegt werden. Vom Video muss demzufolge ein Link zur Anmeldeseite verweisen.

Wir werden auch feststellen, dass zu dieser Verlinkung ein entsprechender Genehmigungsprozess bei YouTube durchlaufen werden muss (vgl. Google o. D.). Wenn wir diese Konstruktion weiter durchdenken, werden wir außerdem zu folgendem Schluss kommen: Auch auf der Registrierungsseite, die Teil der Verbandswebsite ist, sollte das YouTube-Video eingebunden sein, da Interessierte möglicherweise den Link zur Registrierungsseite weitergeben und nicht jenen des Vorschauvideos auf YouTube.

Bereits hier zeigt sich erneut, dass das Ausarbeiten von Use Cases auch dann dringend angezeigt ist, wenn man externe Internetplattformen, wie beispielsweise YouTube, nutzt. Denn deren Funktionalität ist zumeist komplex, hat aber dennoch auch Grenzen. Eine Kommunikationsaufgabe strategisch sinnvoll umzusetzen bedeutet daher, die genutzten Funktionalitäten bis ins Detail zu recherchieren und im Use Case zu beschreiben, damit die Schnittstellen zwischen den verschiedenen genutzten Systemen, wie YouTube und der eigenen Website, später kein Hindernis für die Benutzer darstellen oder von ihnen als solches angesehen werden. Im vorliegenden Beispiel ist das umso dringender der Fall, als das Vorschauvideo auf mindestens drei, möglicherweise aber auf noch mehr Plattformen geteilt werden soll. Es ist sicherzustellen, dass dies für die jeweiligen Nutzer einfach umsetzbar ist.

Dabei ist beispielsweise auch Folgendes zu gewährleisten: Sofern ein Rezipient des Vorschauvideos den Link der Registrierungsseite in sozialen Netzwerken weiterverbreiten möchte, sollte er nicht gezwungen sein, dabei die Beschreibung des Webinars selbst vorzunehmen – denn das senkt zum einen die Wahrscheinlichkeit, dass er den Link teilt, aber zum andern auch, dass andere Nutzer ihn anklicken, weil der vom Rezipienten verfasste Text möglicherweise nicht attraktiv genug ist. Es sollten daher unbedingt die korrekten Social-Media-Tags im HTML-Code der Anmeldeseite vorhanden sein, mit denen soziale Medien einen Teaser durch Auslesen der Tags automatisiert erstellen können. Denn dann wird das Posting nicht durch den Rezipienten formuliert und bebildert, sondern vom Verband (zu Social-Media-Tags siehe Abschn. 3.4.6.2 *Offene Schnittstellen).*

Denken wir weiter: Der wichtigste Standardablauf unserer Use Cases ist nun, dass beruflich interessierte Internetnutzer einen der Teaser sehen, die auf das Vorschauvideo verweisen, dass sie diesen anklicken und sich das Video ansehen. Allerdings: An dieser Stelle gibt es mehrere Varianten.

Der Rezipient des Videos kann beschließen, sich für das Webinar anzumelden. Er kann sich aber auch dagegen entscheiden. Denken wir uns in ihn hinein: Es kann sein, dass er gar kein Interesse hat, es kann aber auch sein, dass er zum betreffenden Termin einfach nur keine Zeit hat, aber prinzipiell durchaus interessiert ist. In diesem Fall wäre es im

Sinne beider Seiten, wenn wir dem Besucher die Möglichkeit anbieten würden, dass er sich über künftige Webinare per E-Mail informieren lassen könnte. Natürlich würde es die Chance, dass er diese Option nutzt, deutlich erhöhen, wenn wir ihm gleich mitteilen, dass solche E-Mails nur einmal im Monat für die Seminare im darauffolgenden Monat versendet werden – und er keine Flut von E-Mails zu befürchten hat.

Unser erster Use Case der Überblicksebene sieht daher wie folgt aus:

Use Case 11.1 (Überblicksebene)	
Primärakteur	Mitglied oder sonstiger beruflich Interessierter
Vorbedingungen	Primärakteur nutzt soziale Netzwerke oder liest Fachmedien im Internet
Standardablauf	Primärakteur stößt bei der Rezeption von Onlinemedien auf einen Video-Teaser mit interessantem Inhalt und schaut sich das Video an
Erweiterungen	Primärakteur hat danach folgende Optionen: (1) Registrierung für das Webinar (2) Abonnement des Monatsprogramms (3) Teilen der Webinar-Vorschau

Auf der Anwenderebene haben wir es nun bereits am Beginn des Standardablaufs mit diversen Varianten zu tun: Unser Primärakteur kann ein Leser des Web-Magazins sein, er kann aber auch bei Xing, LinkedIn oder Facebook auf den Teaser gestoßen sein. Oder er ist Empfänger des per E-Mail versandten Monatsprogramms. Für alle diese Fälle sollten Use Cases der Anwenderebene möglichst gut vorausplanen, wie wir möglichst maximale Wahrscheinlichkeiten schaffen, dass die Rezipienten der Teaser sich erstens für das Webinar registrieren, zweitens den Versandverteiler des Monatsprogramms abonnieren und drittens den Teaser oder das YouTube-Video teilen.

Beispielsweise könnte es sein, dass das Web-Magazin aufgrund seiner eigenen Gestaltung keine oder nur schlechte Möglichkeit zum Teilen der Webinar-Ankündigung in sozialen Medien bietet. Und eine Funktion zum Abonnieren des Monatsprogramms der Verbands-Webinare wird auf der Website eines Magazins wahrscheinlich ohnehin nicht zur Verfügung stehen können. In einem Use Case der Anwenderebene könnte daher vorausgeplant werden, wie interessierte Rezipienten der Webinar-Ankündigung möglichst häufig auf die Registrierungsseite gelenkt werden können, auch wenn sie sich vielleicht gar nicht registrieren möchten. Um das zu erreichen, könnte eine Lösung sein, dass Hinweise des Web-Magazins auf Webinare generell nicht das Vorschau-Video selbst einbinden, sondern nur aus einem Texthinweis und einem Link zur Registrierungsseite bestehen, gegebenenfalls illustriert mit einem Screenshot des Videos. Denn dann sind Interessenten gezwungen, zum Ansehen des Videos die Registrierungsseite auf der Website des Verbands aufzusuchen. Dort können dann auch diejenigen, die sich schließlich nicht für das Webinar registrieren, das Monatsprogramm abonnieren und die Ankündigung des Webinars in sozialen Medien teilen. Entsprechende Überlegungen, wie dies möglichst oft erreicht werden kann, sollten unbedingt Teil des Use Cases sein.

Beispielsweise wäre eine denkbare Lösung, zu der man bei diesen Überlegungen kommen könnte, dass auf der Registrierungsseite unterhalb des Videos nicht nur ein deutlich sichtbarer Button „Für das Webinar registrieren" platziert wird, sondern drei Buttons: „Diese Seite teilen", „Monatliche Mail zum Webinar-Programm" und als dritter Button „Für das Webinar registrieren". Es wäre dann mit hoher Wahrscheinlichkeit sichergestellt, dass Rezipienten des Videos alle diese Optionen wahrnehmen.

Der Use Case für Rezipienten der Webinar-Ankündigung des Web-Magazins sähe dann wie folgt aus:

Use Case 11.1.1 (Anwenderebene)	
Primärakteur	Mitglied oder sonstiger beruflich Interessierter
Vorbedingungen	Primärakteur liest das Web-Magazin mit Webinar-Ankündigungen
Standardablauf	Primärakteur klickt auf eine Webinar-Ankündigung mit einem Video-Screenshot und wird, um das Video sehen zu können, auf die Registrierungsseite auf der Website des Verbands geleitet
Erweiterungen	Primärakteur hat danach folgende Optionen: (1) Registrierung für das Webinar (2) Abonnement des Monatsprogramms (3) Teilen der Webinar-Vorschau Damit der Primärakteur möglichst auch dann, wenn er sich nicht für das Webinar registriert, die Ankündigung teilt oder das Monatsprogramm abonniert, befinden sich direkt unter dem Video drei auffällige Buttons mit folgender Beschriftung und in folgender Reihenfolge: „Diese Seite teilen", „Monatliche Mail zum Webinar-Programm" und „Für das Webinar registrieren".

Wie wir sehen, wirken sich auch hier – wie schon in vorangegangenen Beispielen – strategische Überlegungen zur Erfüllung verbandlicher Kommunikationsaufgaben bis in die Gestaltung einer einzelnen Seite hinein aus. Denn nur, wenn es unserem Verband gelingt, eine fünfstellige Zahl von potenziellen Teilnehmern zu informieren, wird die Fortbildungsmaßnahme erfolgreich abgewickelt werden können.

Wenn wir weiterhin überlegen, wie wir zuallererst eine hohe Reichweite unserer Vorankündigungen erzielen können, wird uns möglicherweise ein weiterer Use Case beschäftigen, der ansonsten vielleicht eher als ausschließlich technisch erforderlich erscheinen könnte: der Use Case der Registrierung. Hier könnten wir zu dem Schluss gelangen, dass sich mit einem Call-to-Action weitere Reichweite für unsere Webinar-Ankündigung erzielen ließe:

Use Case 11.2 (Anwenderebene)	
Primärakteur	Mitglied oder sonstiger beruflich Interessierter
Vorbedingungen	Primärakteur hat auf der Registrierungsseite den Button „Für das Webinar registrieren“ angeklickt
Standardablauf	Primärakteur gibt die zur Registrierung erforderlichen persönlichen Daten ein, vor allem seine E-Mail-Adresse (sodass der Verband ihn später gegebenenfalls über weitere Webinare informieren kann); Primärakteur sieht die Option „Senden Sie mir einmal monatlich das Webinar-Programm per Mail zu“, die er gegebenenfalls aktivieren kann; Primärakteur erhält nach Absenden der Daten eine Verifikations-E-Mail (Double-Opt-in[9]); nach Klick auf den kryptierten Link in der E-Mail öffnet sich im Browser eine Seite zur Bestätigung der Registrierung
Erweiterungen	Primärakteur wird mit einem Call-to-Action aufgefordert, seine Teilnahme und die Vorankündigung des Webinars mit seinen Onlinekontakten zu teilen; dafür werden ihm diverse technische Möglichkeiten angeboten (Facebook-Button, Xing-Button, LinkedIn-Button, Twitter-Button, Mail-Funktion[10])

[9] Zur Funktionalität und den rechtlichen Erfordernissen eines Double-Opt-ins siehe Abschn. 4.4.1.2 *Rechtserfordernisse für Newsletter*.

[10] Gemeint ist hier ein Link, der das Standard-E-Mail-Programm des Benutzers öffnet und dessen Mail-Formular bereits mit einigen Angaben ausfüllt, und zwar vor allem dem Link zur Registrierungsseite. Die als „Tell-a-friend“-Funktion verbreitete Variante, dass die E-Mail vom Webserver des Verbands versendet wird, ist rechtlich hingegen problematisch (siehe dazu Abschn. 4.7.1 *Werbung und Spam*).

Eine weitere massive Erhöhung der Reichweite gegenüber dem bisher beschriebenen Vorgehen ließe sich dadurch erzielen, dass man die Webinare nach der Live-Veranstaltung als Video-on-Demand anbietet – aber natürlich auch für das Anschauen des Mitschnitts eine Registrierung verlangt. So erweitern auch ältere Webinare beständig den Verteiler zum Bewerben der künftig stattfindenden. Und auch kostenpflichtige Präsenzveranstaltungen des Verbands zur Fortbildung können gegebenenfalls darüber beworben werden.

2.5 Semantische Konzeption

Wir haben in diesem Teil dieses Buches eine ganze Reihe von Use Cases zu verschiedensten Kommunikationsaufgaben erarbeitet. Wir haben dabei anhand von Beispielen Erkenntnisse von Psychologie und Kommunikationssoziologie einfließen lassen, um die Wahrscheinlichkeit zu steigern, mit der die Kommunikationsmaßnahmen Einstellungen in den Zielgruppen verändern. Wir haben auch bereits Überlegungen dazu angestellt, wie wir entsprechende Zielgruppen und Reichweiten innerhalb dieser Zielgruppen erreichen. Eines haben wir jedoch nur einige Male angeschnitten und müssen es noch genauer vorausplanen: Ein entscheidender Punkt in einer durch die Informationsexploration des Rezipienten geprägten Kommunikationsweise ist die Frage, was genau der Rezipient eigentlich sucht und wie er das tut.

2.5.1 Semantik und Suchmaschinen

Wir haben in einem der vorangegangenen Abschnitte bereits erörtert, dass man die Bekanntheit eines Verbands von Fernverkehrsunternehmen steigern könnte, indem man online qualitativ hochwertige Information zum Thema Fahrgastrechte bereitstellt (siehe Abschn. 2.4.2 *Bekanntheitsgrad fördern*). Stellen wir uns einen Text vor, der ausführlich über die aktuellen Regelungen bezüglich der Entschädigung von Fahrgästen bei Verspätungen im Fernbusverkehr informiert. Dieser Text würde sicherlich erwähnen, dass die gesetzliche Grundlage für die Durchsetzung von Fahrgastrechten das EU-Fahrgastrechte-Kraftomnibus-Gesetz ist. Darüber hinaus würde beschrieben, wie man seine Rechte – etwa auf eine Entschädigung wegen Verspätung – bei der zuständigen Schlichtungsstelle für den öffentlichen Personenverkehr geltend macht. Stellen wir uns nun zwei verschiedene Zielgruppen vor, für die wir diese nützliche Information bereitstellen: Fahrgäste und Politiker mit dem Zuständigkeitsbereich Verbraucherschutz.

Während Fahrgäste wahrscheinlich bei Suchmaschinen nach Begriffen wie *„Busfahrt Entschädigung bei Verspätung"* suchen dürften, wäre es nicht unrealistisch, dass Politiker (zumindest teilweise) bei der Suche viel gezielter den Fachterminus *„EU-Fahrgastrechte-Kraftomnibus-Gesetz"* eingeben. Obwohl der Text für beide Zielgruppen inhaltlich vermutlich weitgehend gleich ausfallen könnte, wird es uns kaum gelingen, bei beiden Sucheingaben auf der Suchmaschinenergebnisseite gleichermaßen gut positioniert zu sein. Hintergrund dafür ist die semantische Bewertung unseres entsprechenden Dokuments durch Suchmaschinen.

Suchmaschinen ermitteln das Thema eines Dokuments beispielsweise danach, welche Begriffe in der Überschrift vorkommen, denn üblicherweise benennt ja die Überschrift eines Textes das Thema möglichst genau, um damit potenzielle Leser zur Rezeption anzuregen. Es gibt einige weitere technische Kriterien, mit denen Suchmaschinen ermitteln, was das Thema eines Dokuments ist. Dazu zählen auch Begriffe, die innerhalb des URLs vorkommen, oder bestimmte *semantische Tags* innerhalb des HTML des Dokuments (eine ausführliche Darstellung zu den technischen Voraussetzungen der Suchmaschinenoptimierung findet sich in Abschn. 3.4.7 *Suchmaschinenoptimierung).* Wir müssen uns also konzeptionell entscheiden, ob wir das fragliche Dokument so gestalten wollen, dass es bei der Suche nach *„Busfahrt Entschädigung bei Verspätung"* im Suchmaschinenresultat weit oben auftaucht, oder ob wir das Dokument im Hinblick auf die Suche nach *„EU-Fahrgastrechte-Kraftomnibus-Gesetz"* suchmaschinenoptimieren. Wir werden dann entweder die zuerst oder die zuletzt genannten Begriffe an diversen Stellen des Dokumenteninhalts, im URL und HTML-Code verwenden müssen, um Suchmaschinen das Thema zu signalisieren – oder um genauer zu sein, die sogenannten Keywords mitzuteilen. Entscheiden wir uns dabei für *„Busfahrt Entschädigung bei Verspätung"*, so wird jemand, der *„EU-Fahrgastrechte-Kraftomnibus-Gesetz"* als Suchbegriffe eingibt, unser Dokument kaum auf einer der ersten Suchmaschinenergebnisseiten finden. Und umgekehrt ist das genauso.

Gehen wir davon aus, dass Fahrgäste nicht nach dem EU-Fahrgastrechte-Kraftomnibus-Gesetz suchen, so benötigen wir ein entsprechendes Dokument nicht, sofern wir nur Fahrgäste als Websitebesucher gewinnen möchten. Sind aber Politiker unsere Zielgruppe und unterstellen wir zugleich, dass von Politikern beide Sucheingaben in relevantem Maße zu erwarten sind, so benötigen wir zwei verschiedene Dokumente, die jeweils auf eine der zu erwartenden Sucheingaben optimiert sind. Es versteht sich von selbst, dass dann auch der Fließtext jeweils spezifisch nur das jeweilige Thema behandelt und auf das andere per Hyperlink verweist. Das ist nämlich insofern unbedingt notwendig, als Suchmaschinen auch Häufigkeit und Verteilung der (oder des) Keywords im Fließtext messen. Ein Dokument, das nur einmal kurz das EU-Fahrgastrechte-Kraftomnibus-Gesetz erwähnt und danach Fahrgästen den Weg zu einer Entschädigung erläutert, wird daher kaum in Ergebnisseiten zur Suche nach *„EU-Fahrgastrechte-Kraftomnibus-Gesetz"* ganz oben stehen.

Aus genau diesem Grund ist es auch nicht ratsam, in einem Artikel, der sich beispielsweise dem Thema von Entschädigungen bei Verspätungen im Fernbusverkehr widmet, gleich noch ausführlich die Leistungen jenes Verbands zu beschreiben, der die Website betreibt. Vielmehr zwingt uns die semantische Analytik der Suchmaschinen dazu, einen Text zu schreiben, der sich intensiv mit Entschädigungen beschäftigt und nur am Rande des Webdokuments einen Teaser anzeigt, der auf die Selbstdarstellung des Verbands verlinkt.

Die Semantik der Zielgruppen bestimmt daher die Strukturierung der Inhalte unserer Website in ganz erheblichem Maße. Das gerade beschriebene Beispiel mit der Zielgruppe von Politikern zeigt, dass wir einen Inhalt, der möglicherweise gut in einem einzigen Dokument untergebracht werden könnte und der üblicherweise auch in einer Broschüre zusammen abgedruckt wird, im Internet auf drei verschiedene Dokumente verteilen müssen, um erfolgreich zu kommunizieren. Es kann in der Praxis durchaus vorkommen, dass von einer Zielgruppe noch weitaus mehr Suchbegriffe verwendet werden könnten. Diese sollten bei der Planung von Inhalten und Struktur einer Website allesamt Berücksichtigung finden.

Google bietet dazu ein sehr nützliches Online-Werkzeug an: den Google Keyword-Planer.[11] Er dient eigentlich der Planung von Anzeigenkampagnen mit dem Produkt *Google AdWords* (zu Google AdWords siehe auch Abschn. 4.2.3.2 *Suchwort-Targeting und Google AdWords)*, kann aber nach einer unentgeltlichen Registrierung kostenlos genutzt werden, um zu ermitteln, welche Suchbegriffe von Google-Nutzern mit welcher Häufigkeit eingegeben werden. Zugleich schlägt der Keyword-Planer aber auch ähnliche oder synonyme Suchbegriffe vor.

Wie wichtig die semantische Konzeption im Hinblick auf Suchmaschinen ist, belegt folgendes Beispiel: In der gesundheitspolitischen Debatte um jene Medikamente, welche von Kritikern als „Scheininnovationen" angegriffen werden, hat ein Verband der Pharmaindustrie sich vor Jahren zu einem strategischen Wording entschlossen. Um dem implizit mit dem Begriff einhergehenden Vorwurf zu begegnen, Pharmaunternehmen würden auf illegitime Weise Arzneien mit wenig oder gar keinem Nutzenvorteil in den Markt drücken, sollte der Öffentlichkeit vermittelt werden, dass Arzneimittel oft von mehreren Unternehmen über mehr als ein Jahrzehnt parallel entwickelt werden – und die jeweiligen Verlierer im Innovationswettlauf zumeist den gleichen Forschungsaufwand betrieben haben wie der Sieger. Der Verband spricht deshalb bis heute konsequent ausschließlich von „Analogpräparaten". Sucht man bei Google nach diesem Begriff, ist einer der ersten Treffer im Suchergebnis ein entsprechender Text ebenjenes Verbands.

Doch wer sich dem Thema ohne Vorkenntnisse über Suchmaschinen nähert, wird die genannten Argumente des Verbands kaum finden. Denn es ist anzunehmen, dass er den Begriff „Analogpräparate" nicht kennt und stattdessen nach jenem Begriff sucht, den man allenthalben hört oder liest – nämlich: „Scheininnovationen". Sucht man bei Google danach, findet sich ein Text des Pharmaverbands erst auf der zwanzigsten Suchergebnisseite – hinter knapp 200 Treffern bei Medien, Krankenkassen, Fachinstituten, Parteien und anderen Stakeholdern, die allesamt auf ihren Websites eine eher pharmakritische Haltung demonstrieren (Google 2017). Und den Eintrag auf Seite 20 gibt es auch nur deshalb, weil in dem verlinkten Dokument im Fließtext doch ausnahmsweise einmal das Wort „Scheininnovationen" vorkommt.

Dieses Problem ließe sich beheben, indem die Website einen Text enthalten würde, der sich kritisch mit dem Begriff „Scheininnovationen" auseinandersetzt. Dieser Begriff müsste im Titel, im URL und diversen anderen HTML-Tags vorkommen – das Dokument müsste also auf den Begriff hin suchmaschinenoptimiert sein. Es könnte dann am Ende mit einem attraktiven Teaser auf das bereits vorhandene Dokument verweisen, das seinerseits nur den

[11] Zu finden unter: https://adwords.google.com/KeywordPlanner?hl=de

Begriff „Analogpräparate" nutzt. Die Semantik des politischen Diskurses würde somit auch hier Inhalte und Struktur der Website determinieren – und einen relevanten Beitrag des Verbands zum Diskurs über eines seiner wichtigsten Themen online erst ermöglichen.

Die Beispiele zeigen: Alle Use Cases, in denen Suchmaschinen eine entscheidende Rolle für die Gewinnung von Rezipienten spielen, bedürfen einer entsprechenden semantischen Analyse. Wir haben die Inhalte danach zu gestalten und zu strukturieren, dass sie in Bezug auf die Informationsexploration durch die jeweilige Zielgruppe mittels Suchmaschinen möglichst optimal funktionieren. Dazu müssen wir auch unsere Use Cases in semantischer Hinsicht durchplanen. Dabei sind gegebenenfalls Personas heranzuziehen.

2.5.2 Semantik und Navigation

Wir haben in einem Abschnitt weiter vorne in diesem Buch einen Use Case entwickelt, in dem Politiker einen Verband der Textilindustrie kennen und sich auf dessen Website darüber informieren wollen, ob der Verband gegebenenfalls etwas unternimmt, um bezüglich der Arbeitsbedingungen in Zulieferbetrieben der Textilindustrie in Entwicklungsländern die Einhaltung von Mindeststandards sicherzustellen (siehe Use Case 3.3.2 in Abschn. 2.4.3 *Image verbessern)*. Wir haben gesehen, dass eine Möglichkeit dazu die Zertifizierung von Betrieben nach dem Standard SA8000 sein kann.

Stellen wir uns nun vor, dass Politiker dieser Zielgruppe die Verbandswebsite besuchen und auf deren Startseite eintreffen. Möglicherweise müssen wir davon ausgehen, dass etliche der fraglichen Politiker vom Standard SA8000 bisher nicht gehört haben, sondern vielleicht erst durch Medienberichte auf das Thema unzulänglicher Arbeitsbedingungen aufmerksam geworden. Andere Politiker hingegen kennen den Standard unter Umständen. Unser Ziel muss deshalb sein, dass beide Gruppen (oder auch Personas) ohne Probleme zu den entsprechenden Informationen gelangen – und dazu in der Navigation[12] entsprechende Links finden.

[12] Prinzipiell bezeichnet man alle Hyperlinks, die dem Benutzer einer Website die Möglichkeit geben, von einem Dokument zum nächsten zu gelangen als Navigation. Dazu zählen beispielsweise Hyperlinks im Text oder Teaser, aber auch Funktionen, wie eine Volltext- oder eine Schlagwortsuche. Fiorito und Dalton kategorisieren die Möglichkeiten der Navigation in *strukturelle Navigation, assoziative Navigation* und *Utility-Navigation* (Kalbach 2008). Strukturelle Navigation bezeichnet jene Navigationsmöglichkeiten, die dem Benutzer Inhalte zugänglich machen, indem sie die Struktur der Website vermitteln – also vor allem die in der Regel aus Menüs bestehende Navigation, die auf jeder Seite oder in bestimmten Gruppen vonseiten gleichbleibt. Assoziative Navigation bezeichnet Verweise zwischen verschiedenen Dokumenten innerhalb von deren redaktionellen Inhalten oder daneben, also etwa Text-Links oder Teaser. Utility-Navigation bezeichnet Navigationselemente, die in erster Linie der Navigation selbst dienen, wie Suchfunktionen oder Sitemaps. Im Kontext dieses Kapitels ist mit dem Begriff Navigation immer die strukturelle Navigation gemeint. Sie besteht in der Regel aus der immer sichtbaren Hauptnavigation und der Subnavigation, die weitere Inhalte unterhalb der Hauptnavigation zugänglich macht. Die Subnavigation wird meist erst dadurch sichtbar, dass man mit der Maus einen Eintrag der Hauptnavigation berührt oder anklickt, und zeigt dann – zum Teil erst nach dem Wechsel zu einer anderen Seite – ein Menü mit den Inhalten der dem Eintrag in der Hauptnavigation untergeordneten Seiten (Kalbach 2008).

Wir haben uns bereits auch mit dem Problem von Abbruchentscheidungen bei der Informationsexploration beschäftigt (Schweiger 2007, S. 185):

> Während der Rezeption überprüft der Mediennutzer ständig unbewusst, ob diese noch ausreichend Nutzen bringt. Ist das nicht mehr der Fall, fällt eine Abbruchentscheidung.

Dies bedeutet auch: Wenn keinerlei Navigationsmöglichkeit den Besuchern Nutzen (beziehungsweise Utility) im Hinblick auf ein bestimmtes Informationsbedürfnis verspricht, werden sie vermutlich in vielen Fällen eine Abbruchentscheidung treffen und die Website verlassen, etwa um bei einer Suchmaschine weiter zu suchen. Wir tun also gut daran, allen Besuchern mit Interesse an den Arbeitsbedingungen bei Zulieferern und ebenso allen Besuchern mit Interessen am Standard SA8000 schon auf der Startseite zu signalisieren, dass sie mit wenigen Klicks fündig werden können.

Sofern unser Verband das Thema dauerhaft kommunizieren möchte, wird also ein Eintrag in der Haupt- oder der Subnavigation notwendig, der vom Umfang her sehr beschränkt ist. Wir müssen also wegen Platzmangels eine Hierarchisierung vornehmen. Wir können dies beispielsweise tun, indem wir unterstellen, dass jene Websitebesucher unserer beiden Personas, die den Standard SA8000 kennen, auch wissen, dass diese mit Arbeitsbedingungen zu tun hat. Wir würden deshalb in der Hauptnavigation einen Eintrag „Arbeitsbedingungen" vorsehen und diesem in der Subnavigation den Eintrag „Zertifizierung SA8000" unterordnen. Wir könnten die Programmierung der Navigation so auslegen lassen, dass in jenem Moment, in dem der Benutzer mit der Maus über den Hauptmenüeintrag „Arbeitsbedingungen" fährt, auch der Eintrag „Zertifizierung SA8000" automatisch – als sogenanntes Pull-down-Menü – eingeblendet wird.

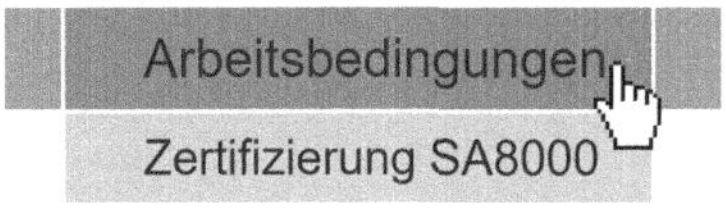

Ausschnitt aus der Navigation aus einer fiktiven Verbandswebsite

Der Benutzer hat dann zwei Links zur Auswahl, die ihn entweder zu einem allgemeinen Text zum Thema Arbeitsbedingungen bei Zulieferern oder zu einem spezifischen Text über die Zertifizierung nach dem Standard SA8000 führen.

In der Regel kommunizieren Verbände so viele Anliegen gleichzeitig, dass in der Hauptnavigation für ein einzelnes Thema kein Platz ist. Themen müssen demzufolge gruppiert werden. Unser Verband könnte beispielsweise im Hinblick auf die Verbesserung des Images seiner Branche auch daran interessiert sein, Fragen der ökologisch nachhaltigen Produktion zu thematisieren. Beiden Themen gemein könnte dann beispielsweise ein Oberbegriff sein, wie „Faire Produktion".

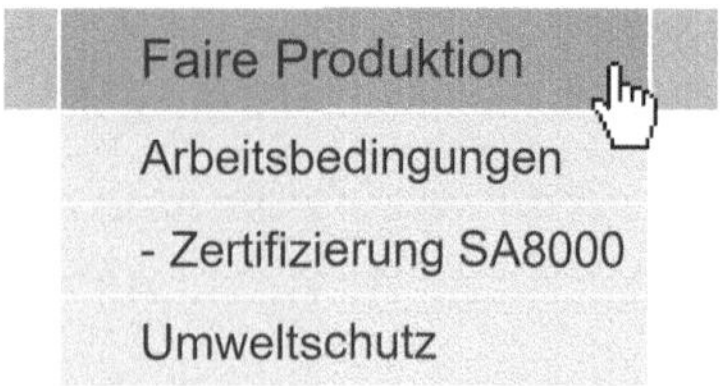

Ausschnitt aus der Navigation mit übergeordneter Ebene und weiterem Thema

Dies bedeutet aber auch: Sofern der Benutzer seine Maus nicht über den Menüeintrag „Faire Produktion" bewegt, wird er die entscheidenden Begriffe unseres Themas nicht zu sehen bekommen. Wir setzen also eine gewisse Assoziationsfähigkeit beim Benutzer voraus, die sich aus einem erforderlichen Kompromiss ergibt: Sofern die Website unseres Verbands viele Use Cases zu bewältigen hat, führt das zu einer Vielzahl von Begriffen (oder Keywords), die notwendig sind, um auf der Startseite eintreffende Benutzer jeweils zu der von ihnen gesuchten Information zu führen. Recht schnell reicht dann der Platz in einer normalen Hauptnavigation nicht mehr aus. Wir müssen also die Keywords in eine zweite oder dritte Ebene der Navigation, die Subnavigation, verschieben und für die Hauptnavigation Oberbegriffe, wie etwa „Faire Produktion", bilden. Die Qualität dieser Oberbegriffe entscheidet später in hohem Maße darüber, mit welcher Wahrscheinlichkeit Benutzer den Weg zur gesuchten Information erkennen, und in der Konsequenz auch, wie häufig sie eine für unsere Kommunikationsstrategie fatale Abbruchentscheidung treffen.[13]

Oberbegriffe in der Navigation müssen deshalb unbedingt auf die Use Cases, ihre Zielgruppen sowie gegebenenfalls auf alle Personas zugeschnitten sein. Zwar sind einerseits Kompromisse dabei unumgänglich, andererseits entscheidet aber jeder Oberbegriff über den Erfolg der Verbandskommunikation mit. Stellen wir uns beispielsweise vor, dass die Themen „Arbeitsbedingungen", „SA8000" und „Umweltschutz" Bestandteil der Navigation im passwortgeschützten Extranet für die Mitgliedsunternehmen unseres fiktiven Verbands der Textilindustrie wären. Dann würde es sich möglicherweise eher anbieten, statt „Faire Produktion" den Oberbegriff „Corporate Social Responsibility" zu wählen oder auch dessen Abkürzung „CSR". Denn für Manager aus den Mitgliedsunternehmen wäre das wahrscheinlich der geläufigere Begriff für dieses Themenfeld, unter dem sie solche Themen vor allem auch selbst bei ihrer Arbeit rubrizieren. Andererseits wäre dieser Begriff für die breite Öffentlichkeit völlig untauglich, weil viele Menschen ihn nicht kennen und jene, die ihn kennen, dazu oft eine kritische Haltung einnehmen, indem sie CSR als „Greenwashing" diffamieren. Je nach Zielgruppe sind also unter Umständen verschiedene Oberbegriffe sinnvoll.

[13] Mit „Qualität der Oberbegriffe" ist vor allem gemeint, dass die Oberbegriffe zum einen selbsterklärend sind und zum anderen möglichst exakt den Erwartungen der Nutzer entsprechen. In der Usability-Forschung spricht man in diesem Kontext von Selbstbeschreibungsfähigkeit und Erwartungskonformität.

Das Bilden entsprechender Oberbegriffe für die Navigation ist – besonders in der Verbandskommunikation mit ihren vielen Zielgruppen und politischen Issues – eine äußerst anspruchsvolle Aufgabe. Diese lässt sich überdies auch schlecht outsourcen, da es gerade zur Kernkompetenz von Verbänden gehört, den politischen Kontext von Begrifflichkeiten zu analysieren – und nicht zur Kernkompetenz von Agenturen, die sich mit Webprogrammierung oder -design beschäftigen. In der Konsequenz scheitern viele Verbände dabei, ihren Websites eine optimale Navigation zu geben.

Ein Beispiel: Es dürfte einleuchten, dass eine Rubrik wie „Mediathek" in aller Regel niemandem nützt – außer vielleicht den Verbandskommunikatoren selbst, sofern sie als Benutzer ihrer eigenen Website auftreten und etwa das ihnen längst bekannte, neuste Video des Verbands noch einmal ansehen oder dessen Link weitergeben möchten. Es dürfte jedoch (über diesen Sonderfall hinaus) für kaum einen Verband ein durchdachter Use Case existieren, in dem ein Benutzer auf der Startseite der Verbandswebsite den Menüeintrag „Mediathek" als zielführend in Bezug auf ein bestimmtes Informationsinteresse ansehen wird. Vielmehr verheißt der Begriff dem Benutzer implizit, dass nach dem Anklicken weiteres Suchen erforderlich sein wird, um erfolgreiche Informationsexploration betreiben zu können – weiteres Suchen, das sich mit einer gewissen Wahrscheinlichkeit langwierig gestalten dürfte, da Videos nur mit vergleichsweise hohem Zeitaufwand zu sichten sind.

Plant man eine Website mittels Use Cases, wird man wahrscheinlich darauf abzielen, Betrachter für Videos vor allem auf zwei Wegen zu gewinnen: erstens im Rahmen von kontextbezogener Verlinkung, also beispielsweise durch einen entsprechenden Video-Teaser neben einem Artikel zum gleichen Thema, oder zweitens durch einen inhaltlich aussagekräftigen Hinweis auf das Video im Rahmen zuvor erfolgter Vernetzung des potenziellen Rezipienten mit dem Verband – beispielsweise also per Newsletter oder in sozialen Netzwerken. Kaum wird es jedoch einen sinnvollen Use Case geben, nach dem sich jemand für die Gesamtheit der Videos des Verbandes interessiert, ohne damit inhaltliche Bedürfnisse zu verknüpfen, und der deshalb „Mediathek" anklickt.

Selbst wenn der Verband ein eigenes, periodisch publiziertes Videoformat entwickelt hätte, über das er etwa mit der breiten Öffentlichkeit dauerhaft kommunizieren möchte, wäre es im Hinblick auf eine erfolgreich geplante User Journey sicherlich sinnvoller, im Hauptmenü nicht allgemein auf eine Mediathek hinzuweisen, sondern Besuchern der Website dann in der Navigation jenen Titel oder Claim anzubieten, unter dem die Videoserie öffentlich promotet würde.

Das Beispiel „Mediathek" ist nur eines von vielen Einträgen in der Hauptnavigation von Verbandswebsites, die für keinen nachvollziehbaren Use Case stehen – und vermutlich vor allem zu unnötigen Abbruchentscheidungen beitragen. Ähnlich kontraproduktiv dürften in den meisten Fällen auch Einträge wie „Service", „Inhalte", „Infothek" oder „Angebote" sein. Problematisch sind solche Menüeinträge nicht nur, wenn sich wichtige Themen hinter zu wenig selbsterklärenden Begriffen verbergen. Sondern sie beanspruchen auch die Wahrnehmungsfähigkeit des Benutzers und führen dazu, dass relevante Informationen weniger Chancen haben, die Aufmerksamkeit des Users zu erhalten (vgl. Feuß 2013).

Auch Menüeinträge in der Hauptnavigation, wie „News", „Themen" oder „Aktuelles", helfen dem Benutzer inhaltlich kaum weiter, sondern teilen ihm nur mit, dass er zunächst eine neue Seite laden muss, um dann sein Glück bei der Informationsexploration erneut versuchen zu können – hier drohen selbstverständlich ebenfalls Abbruchentscheidungen.

Die zuletzt genannten Menüeinträge können allerdings unter Umständen eine sinnvolle Abgrenzung gegenüber anderen Rubriken einer Website darstellen, wenn das gesamte Angebot an Inhalten zu komplex ist. Zu Recht etabliert sich auf Verbandswebsites in diesem Zusammenhang dann allerdings, dass ein Berühren eines solchen Menüeintrags mit der Maus ein großflächiges Pull-down-Menü einblendet, in dem alle untergeordneten Themen mit verständlichen, inhaltsbezogenen Einträgen aufgeführt sind. Ein Laden einer weiteren Seite ist daher zunächst nicht erforderlich, sondern der Benutzer kann nun gesuchte Inhalte direkt erreichen. Eine solche Lösung kann daher durchaus Ergebnis eines sinnvollen Kompromisses bei der Gruppierung von Inhalten in der Navigation sein.

Kompromisse in Form grober Gruppierungen sind vor allem dann relativ unproblematisch, wenn gemäß der Use Cases der Zugriff der angesprochenen Zielgruppen auf Inhalte nicht über die Startseite und die Navigation erfolgen, sondern diese Rezipienten das Zieldokument normalerweise direkt ansteuern, also etwa über Suchmaschinen, abonnierte Newsletter oder soziale Netzwerke. Überall da jedoch, wo die User Journey auf der Startseite beginnt und auf die Hauptnavigation angewiesen ist, sind semantisch treffende Begriffe in der Navigation essenziell für den Erfolg der Kommunikationsmaßnahme. Auch dabei ist natürlich so weit als möglich – wie bei den Keywords für Suchmaschinen – den von Benutzern potenziell genutzten Begrifflichkeiten Rechnung zu tragen.

Anzumerken ist an dieser Stelle zudem, dass ein weiterer Aspekt die Bedeutung der in der Navigation benutzten Begriffe erhöht: Wir haben uns im vorangegangenen Abschnitt (siehe Abschn. 2.5.1 *Semantik und Suchmaschinen)* unter anderem damit beschäftigt, wie wichtig es in Bezug auf Suchmaschinen ist, dass Keywords im Titel des jeweiligen Webdokuments und einigen anderen Elementen des HTML-Codes vorkommen. Suchmaschinen werten aber auch aus, mit welchem Text und welchen darin enthaltenen Begriffen Webdokumente in anderen Webdokumenten, sowohl der eigenen als auch anderer Websites, verlinkt werden (Google 2011). Es wäre also – um das Beispiel des vorangegangenen Abschnitts fortzuführen – nicht sinnvoll, ein Dokument, das auf die Suchbegriffe (beziehungsweise Keywords) „Busfahrt Entschädigung Verspätung" suchmaschinenoptimiert worden ist, in der Navigation mit dem Begriff „EU-Fahrgastrechte-Kraftomnibus-Gesetz" zu verlinken. Optimal wäre hingegen: „Busfahrt: Entschädigung bei Verspätung". Die Keywords in der Suchmaschinenoptimierung und die Begriffe in der Navigation sollten also möglichst weitgehend identisch sein.

2.5.3 Semantik und Taxonomie

Um die inhaltliche Struktur einer Website zu entwickeln und sich zugleich über Optionen und Notwendigkeiten bezüglich der Haupt- und Subnavigation klar zu werden, ist es lohnend, eine Taxonomie zu erstellen.

Als Taxonomie bezeichnet man eine hierarchische Klassifikation von Objekten mit definierten Unter- und Überordnungsbeziehungen (vgl. Gronau und Lindemann 2010).

Bekanntestes Beispiel für eine Taxonomie ist die von der Biologie vorgenommene systematische Einteilung aller Arten von Lebewesen in übergeordnete Familien, Ordnungen, Klassen, Stämme und Reiche.

Zur Nähe zwischen Taxonomie und Navigation beschreibt Joel Sclar wie folgt (Sclar 2015):

> A taxonomy classifies and names content in a hierarchical structure. The taxonomy of the site directly translates to the navigation through the top-level content topics down to individual pieces of information that the user is looking for. The taxonomy is often reflected in topic section names and in the navigation and menu system of the site.

Man kann sich das leicht anhand des Beispiels eines Webshops für Bekleidung vorstellen: Systematisiert man die Produkte nach Damen-, Herren- und Kinderkleidung, nach Ober- und Unterbekleidung, nach Bekleidung für verschiedene Jahreszeiten oder Witterungen und nach Arten von Kleidungsstücken, wie Mäntel, Jacken, Anzüge oder Kostüme, erhält man eine Taxonomie des Produktsortiments, die schon den größten Teil der Navigation des Webshops ausmacht. Das ist bei einem Verband im Prinzip kaum anders, auch wenn es dabei vor allem um Issues der Interessenvertretung geht.

Kommen wir zur Veranschaulichung auf unser Beispiel eines Verbandes der Textilindustrie zurück: Wenn wir alle zum Thema CSR gehörigen Issues zusammentragen und hierarchisieren, ergibt sich eine Taxonomie wie in Abb. 2.1.

Die linke Hälfte kennen wir bereits aus den vorangegangenen Erörterungen. Wir unterstellen aber einmal, dass unser Verband im Rahmen von CSR auch gezielt Projekte durch Spenden und Sponsoring unterstützt. Daher ist nun der Bereich „Corporate Citizenship" hinzugekommen. Unser Verband hat zudem, weil Arbeitsbedingungen nicht ausschließlich durch den Standard SA8000 bestimmt werden, die Zwischenebene Arbeitsrecht eingefügt, unterhalb derer neben „SA8000" in Zukunft weitere Issues eingeordnet werden können.

Natürlich zeigt Abb. 2.1 nur einen Ausschnitt aus der Taxonomie unseres fiktiven Verbands, denn außer Corporate Social Responsibility wird es weitere Issues geben. Tatsächlich wird also die Taxonomie eines realen Verbands weitaus umfangreicher ausfallen.

Aus dem zuvor abgebildeten Teil einer Taxonomie würde sich beispielsweise der Hauptnavigationseintrag „CSR" mit der folgenden als Pull-down-Menü ausgelegten Subnavigation ergeben:

Ausschnitt aus der Hauptnavigation mit aufgeklappter Subnavigation

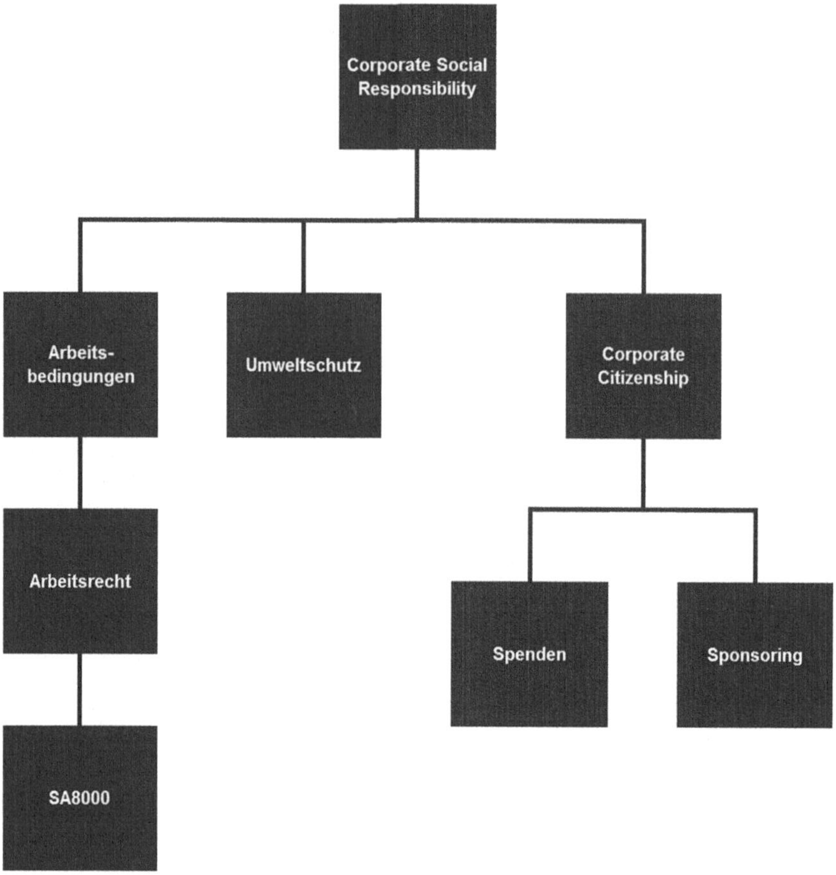

Abb. 2.1 Schematisches Beispiel einer Taxonomie zum Thema CSR

Aber Achtung: Zwangsläufig wird eine Taxonomie verbandspolitischer Issues häufig große Ähnlichkeit mit dem Geschäftsverteilungsplan des Verbands aufweisen. Oft findet man deshalb auf Verbandswebsites eine Navigation, die sich sehr eng an der Struktur der einzelnen Abteilungen der Verbandsgeschäftsstelle und ihren Aufgaben orientiert. Doch an was für eine Zielgruppe richtet sich ein Eintrag in der Hauptnavigation, der „Öffentlichkeitsarbeit" lautet? Welcher Use Case liegt ihm zugrunde? Die Website selbst richtet sich doch offensichtlich an die Öffentlichkeit. Wer also soll einen solchen Begriff anklicken, weil er dahinter vielleicht gesuchte Informationen vermutet? Zumeist verbirgt sich hinter einem solchen Navigationseintrag die Abteilung Öffentlichkeitsarbeit des Verbands, die dort Services für Medienvertreter bereitstellt. Für Journalisten wäre es aber deutlich vielversprechender, wenn der Navigationseintrag „Presse" oder „Medien" hieße.

Ähnlich problematisch ist in der Regel ein Eintrag, wie „Fachbereiche" oder „Arbeitsbereiche". Denn wirklich hilfreich wird die entsprechende untergeordnete Struktur nur für Mitglieder sein, die sich in den einzelnen Abteilungen des Verbands auskennen. Für diese wäre aber vermutlich ein entsprechendes Angebot in einem passwortgeschützten Extranet zumeist viel nützlicher, weil dort auch Dokumente zu verbandsinternen Vorgängen angeboten werden könnten. Für andere Nutzer dürfte eine solche Navigationsstruktur jedoch eher unnütz wirken – und von anderen Informationen der Website ablenken. Wer weiß beispielsweise schon, ob er „Scheininnovationen" beim Fachbereich Recht oder beim Fachbereich Forschung suchen muss?

Wie wir bereits gesehen haben, ist die Entwicklung einer Navigation aus einer Taxonomie in der Verbandskommunikation diffiziler als bei einem Webshop, der Textilien verkauft und bei dem zwischen Kunden und Verkäufer mehr oder weniger Einigkeit über Begrifflichkeiten herrscht. Das liegt vor allem daran, dass Taxonomien genau genommen Objekte ordnen und nicht Bezeichnungen für die Objekte.

Das zuvor ausgeführte Beispiel um „Scheininnovationen" und „Analogpräparate" im Arzneimittelbereich zeigt, dass eine Taxonomie der in der Interessenvertretung relevanten Issues allein nicht genügt. Stattdessen müssen wir für manche Issues verschiedene Begriffe, also Synonyme, berücksichtigen. Genau genommen geht es zumeist jedoch um mehr als nur um Synonyme: Wenn wir beispielsweise systematisieren wollen, dass bestimmte Stakeholder „Corporate Social Responsibility" als „Greenwashing" bezeichnen, handelt es sich nicht mehr um Synonyme, sondern der Kontext beider Begriffe ist verschieden; beide Begriffe würden von ihren Verwendern ganz gewiss in völlig anderen taxonomischen Strukturen eingeordnet werden.

Anders als beim Webshop für Textilien können Taxonomien in der politischen Interessenvertretung nämlich reichlich unterschiedlich ausfallen – je nachdem, aus welcher Perspektive der verschiedenen Stakeholder oder Zielgruppen wir eine Taxonomie definieren.

Das trifft sowohl auf einzelne Begriffe als auch auf die Strukturen einer Taxonomie zu: In einem weiter vorne entwickelten Menüausschnitt *„Ausschnitt aus der Hauptnavigation mit aufgeklappter Subnavigation"* haben wir beispielsweise die Issues „Arbeitsbedingungen" und „Umweltschutz" (in Zulieferbetrieben aus Entwicklungsländern) unter dem Begriff „Faire Produktion" zusammengefasst, der seinerseits dem Begriff „CSR" untergeordnet ist. Die Taxonomie der Issues aus Sicht des Verbands würde auf das dazwischenliegende Element „Faire Produktion" wahrscheinlich verzichten, da der Begriff aus interner Sicht keine ausreichende Bedeutung haben dürfte. Für die breite Öffentlichkeit hingegen ist er durchaus relevant.

Auch wenn der Aufwand nicht unerheblich ist, kann es als Schritt der Strategieentwicklung in der Verbandskommunikation daher von Nutzen sein, wenn man Taxonomien aus Sicht aller relevanten Stakeholder anlegt. Beispielsweise würde der Oberbegriff unserer kleinen Beispiel-Taxonomie dann aus Sicht von Umweltschützern eventuell „Greenwashing" statt „Corporate Social Responsibility" heißen.

In der Literatur werden in diesem Fall verschiedene Modelle genutzt, um die verschiedenen systematischen Ordnungen in einen gemeinsamen Kontext zu bringen:

- Sofern wir nur echte Synonyme zu politischen Issues in unsere Systematik aufzunehmen haben, sprechen wir von einem sogenannten Thesaurus.[14] Dabei handelt es sich um eine systematische Ordnung von Begriffen (nicht Objekten!), die auch die gleichen hierarchischen Strukturen kennt wie eine Taxonomie. Wir können hier also Begriffe wie „Corporate Social Responsibility“ und „Greenwashing“ sowie „Analogpräparate“ und „Scheininnovationen“ als Synonyme erfassen. Doch dies wird uns vor allem dann nicht genügen, wenn auch die Strukturen der aus Stakeholder-Sicht verschieden definierten Taxonomien unterschiedlich ausfallen.
- Erstellen wir hingegen mehrere Taxonomien aus Sicht verschiedener Stakeholder-Gruppen, die eventuell auch unterschiedliche Strukturen haben, können wir diese nur zu einem gemeinsamen Ordnungssystem verbinden, indem wir vielfältige Beziehungen zwischen einzelnen Begriffen beschreiben, wie etwa:

Beispiel einer Beziehung zwischen zwei Elementen einer Ontologie

Eine solche Ordnungsstruktur, in der logische Beziehungen zwischen den einzelnen Elementen beschrieben werden, bezeichnet man als Ontologie. Ontologien sind daher prinzipiell deutlich komplexer als Taxonomien oder Thesauri. In der Informationstechnologie werden Ontologien – vor allem im Hinblick auf semantische Aufgaben – vielfach eingesetzt. Beispielsweise kann die Suchmaschine Google auf der Basis von multilingualen Ontologien fremdsprachliche Sucheingaben eines Nutzers übersetzen und Ergebnisse in dessen eigener Sprache anzeigen.

Nicht nur beim Erstellen einer sinnvollen Navigation oder bei der Suchmaschinenoptimierung hilft eine solche Systematisierung von politischen Issues und Begrifflichkeiten. Sondern sie ermöglicht, sofern das Content-Management-System dafür ausgelegt ist, auch eine Verschlagwortung der Inhalte einer Website, auf deren Basis sich dann diverse äußerst nützliche Funktionen realisieren lassen, wie beispielsweise:

- *Assoziative Navigation*
  In vielen Use Cases der Verbandskommunikation wird es unter anderem darum gehen, Besucher auf der Website zu halten und ihnen dazu weiterführende Dokumente zum gesuchten Thema anzubieten – etwa um den Besucher zu regelmäßigen Besuchen zu bewegen oder sogar dazu, einen Newsletter zu abonnieren beziehungsweise sich

[14] Die Taxonomistin Heather Hedden beschreibt in einem Blogbeitrag aufschlussreich, wie Kunden zwecks Erarbeitung von Navigationen Taxonomien in Auftrag geben, aber tatsächlich die Erstellung von Thesauri erwarten (Hedden 2014).

über soziale Medien zu vernetzen. In manchen Fällen wird der Redakteur der Website bestimmte Dokumente im Blick haben, die er von anderen aus dauerhaft verlinken möchte. Oft wird es aber eher die Leser erfolgreich auf der Website halten, wenn unter einem Text nicht immer gleiche (und mit der Zeit älter werdende) Inhalte, sondern – automatisch wechselnd – immer die neuesten Dokumente zum gleichen Thema verlinkt sind, etwa unter einer Überschrift wie: „Dies könnte Sie ebenfalls interessieren". Eine solche Funktionalität, für die natürlich das Content-Management-System der Website ausgelegt sein muss, wird über die Verschlagwortung realisiert.

- *Schlagwortsuche*
  In enger Verbindung mit assoziativer Navigation stehen Funktionen der Schlagwortsuche: Beispielsweise kann die Suchfunktion einer Verbandswebsite dem Benutzer neben dem Eingabeschlitz zur Volltextsuche auch eine Liste mit Schlagworten anbieten, nach denen gesucht werden kann. Dies kann für den Benutzer in solchen Fällen hilfreich sein, in denen er sich in der Fachterminologie eines Verbands nicht gut auskennt. Es stellt darüber hinaus sicher, dass wichtige Dokumente zu einem Thema, die ein bestimmtes Keyword nicht enthalten, trotzdem gefunden werden.
- *Tagging*
  Schlagworte können auch am Fuß eines Dokuments anzeigt werden – beispielsweise als sogenanntes Hashtag (mit einer vorangestellten Raute). Als Hyperlinks ausgelegt können sie zum Ergebnis einer entsprechenden Schlagwortsuche verweisen. Der Benutzer kann dann also mit einem einzigen Klick eine Liste aller Inhalte zum entsprechenden Schlagwort aufrufen und sich sehr bequem einen Überblick verschaffen, was die Website zum entsprechenden Thema bietet.
- *Schlagwortspezifische Subskriptionen*
  Natürlich kann die Website dem Leser auch anbieten, dass er Newsletter oder per E-Mail versendete Hinweise auf neue Inhalte der Website zu bestimmten Schlagworten abonnieren kann. Wir hatten im Zusammenhang mit Use Cases bereits erörtert, dass damit die Chancen steigen, Abonnenten zu gewinnen.
- *Themenbezogene Evaluation*
  Wir können schließlich über die Verschlagwortung auch ermitteln, welche Themen auf der Website am häufigsten aufgerufen werden, indem wir mit einem Analysetool wie Piwik kumulativ die Schlagworte zählen (zur Evaluation von Schlagworten siehe Abschn. 4.6.3.4 *Schlagwort-Tracking mit benutzerdefinierten Variablen)*, mit denen die von Websitebesuchern abgerufenen Dokumente versehen sind.

2.5.4 Semantik und Folksonomy

Vor allem mit dem Aufkommen sozialer Medien hat das sogenannte Tagging enorm an Bedeutung gewonnen. So werden vielfach Debatten auf Twitter weitaus mehr von einem Hashtag zusammengehalten als von den Follower-Beziehungen der Twitter-Nutzer. Das Hashtag *#aufschrei* hat es deshalb sogar zu einem Grimme-Award gebracht (Zeit Online 2014).

Problem beim Tagging ist allerdings, dass es keine zentrale Instanz gibt, die verwendete Tags in einer Taxonomie verwaltet. Daher ändern diese sich bisweilen während bereits laufender Debatten zu einem Thema. Oft prägen dabei Majoritäten der Internetnutzer die Auswahl von Tags und nicht unbedingt sachliche Korrektheit. Man spricht daher, halb im Scherz, von Folksonomy – einer *taxonomy of folks*. Natürlich hat die Folksonomy mit einer echten Taxonomie wenig gemein, da ihr jegliche Systematik fehlt. Dennoch ist es, wie wir bereits an Beispielen gesehen haben, in der politischen Online-Kommunikation essenziell, die in der Öffentlichkeit verwendeten Begrifflichkeiten zu kennen. So wie die Positionen eines Pharmaverbands zum Thema „Scheininnovationen" über Suchmaschinen nicht auffindbar sind, kann ein Verband ohne Kenntnis von Hashtags und Folksonomy die im Social Web stattfindenden Debatten zu relevanten Themen weder verfolgen noch adäquat daran teilnehmen.

Sofern man als Verband seine politische Online-Kommunikation ohne semantische Zufallsrisiken planen möchte, ist es deshalb dringend erforderlich, über die eigene Taxonomie hinaus Hashtags im Social Web zu beobachten oder auch eine Art systematisierter Folksonomy zu protokollieren. Sofern man als Verband eine eigene Ontologie erstellt, lässt sich die Folksonomy mittels entsprechender Beziehungen integrieren.

2.5.5 Semantik: Welche Systematik?

Ob es für einen Verband sinnvoller ist, eine einfache Taxonomie auf dem Papier zu erstellen oder besser einen Synonyme verwaltenden Thesaurus – oder ob gar die Implementierung einer Ontologie im Content-Management-System der Website erforderlich ist, hängt von vielen Faktoren ab. Sofern ein Verband nur innerhalb der eigenen Fachwelt kommunizieren möchte, spielen – wie wir es bei der Navigation eines Webshops für Bekleidung gesehen haben – Synonyme, die Folksonomy oder politische Kampfbegriffe anderer Stakeholder eine geringere Rolle, da der Verband und seine Zielgruppen mit identischer Terminologie kommunizieren. Sofern man seinen Zielgruppen jedoch beispielsweise themenspezifische Newsletter bieten möchte, kommt man um eine technische Realisierung innerhalb des eigenen Content-Management-Systems nicht herum. Es ist daher eine Einzelfallentscheidung, die sich auch stark aus Strategien und Anforderungen der Use Cases ergibt.

Prinzipiell wird aber selbst die kleinste Website nicht ohne taxonomische Systematisierung ihrer Inhalte und umfassende Analyse der im politischen Diskurs von allen Stakeholdern verwendeten Begrifflichkeiten auskommen. Denn nur unter Einbeziehung der Semantik Terminologien der Zielgruppen können die Use Cases optimal funktionieren.

Jeder User Case sollte schließlich so formuliert sein, dass klar wird, auf welche Elemente oder Bereiche von Taxonomie, Thesaurus, Folksonomy oder Ontologie er sich bezieht.

2.6 Zusammenfassung und Ausblick

Online-Kommunikation stellt eine für Verbände bisweilen immer noch ungewohnte Anforderung: Nicht mehr die Botschaft allein gibt den Ausschlag, sondern im Web ist in besonders starkem Maße auch die Strategie entscheidend, mit welcher die Botschaft ihren Rezipienten zugetragen wird.

Während gute Argumente in der klassischen politischen Interessenvertretung – egal, ob in einer parlamentarischen Anhörung oder im persönlichen Gespräch mit politischen Entscheidern – häufig bereits wesentlich für erfolgreiche Kommunikation sind, genügen sie allein im Internet nicht. Und während es Verbänden im Kontakt mit Mitgliedern und der Fachöffentlichkeit meist relativ leicht fällt, sich als kompetenter Know-how-Träger zu profilieren, genügt das gesammelte Fachwissen allein – selbst, wenn es so weit wie möglich online gestellt wird – nicht, um im Onlinediskurs automatisch eine herausragende Position einnehmen zu können.

Denn: In jenem Maße, in dem es das Internet Verbänden erleichtert, nahezu jedermann eine Information in Echtzeit zugänglich zu machen, wird es zugleich schwieriger, die Aufmerksamkeit des Adressaten tatsächlich auch zu gewinnen.

Damit Online-Kommunikation funktioniert, ist es deshalb erforderlich, den Weg jeder Botschaft in einem strategischen Konzept vorauszuplanen. Dabei müssen Erkenntnisse der Kommunikationsforschung ebenso eine Rolle spielen wie die technischen Details einbezogener Systeme.

Um eine entsprechende Strategie zu entwickeln, ist es sinnvoll, vor allem die Perspektive des Rezipienten einzunehmen und das von ihm zu nutzende Gesamtsystem aus seiner Sicht durchzuplanen. Es empfiehlt sich, dazu das Instrumentarium der Systementwicklung zu nutzen, um die verwendete Softwarearchitektur auf die Kommunikationsstrategie abzustimmen. Dieses Instrumentarium besteht aus Modellen zu Personas, User Storys, Use Cases und Keywords.

Im vorliegenden Kapitel dieses Buchs wurden beispielhaft für elf verschiedene Kommunikationsaufgaben von Verbänden entsprechende Strategien zur Online-Kommunikation entwickelt. Zu allen gibt es in der Praxis der Verbandskommunikation ähnlich gelagerte Kommunikationsprojekte, die zum Teil auch erwähnt wurden. Die Beispiele in diesem Kapitel sind, um sie übersichtlich zu halten, nur in ihren Grundzügen entwickelt worden. So wurden zum Beispiel nicht immer alle Aspekte von Use Cases herausgearbeitet, die Cockburn vorgeschlagen hat. Denn das Ziel der Darstellung war es, Verbänden eine Handlungsanleitung zu geben, wie deren eigene Kommunikationsziele in der Online-Kommunikation konsequent und stringent umgesetzt werden können.

In der Praxis wäre es hingegen dringend angeraten, Use Cases detaillierter und auch im Gesamtumfang von Überblicksebene, Anwenderebene und Subfunktionsebene vollständiger auszuarbeiten und dabei auch semantische Aspekte ausführlich zu berücksichtigen, etwa durch das Erstellen einer Taxonomie. Folgt man der dafür in diesem Kapitel beschriebenen Systematik, wird eine Konzeption entstehen, die allen anschließend am Projekt Beteiligten klare Strukturen und Anforderungen für ihre Arbeit liefert.

Ein Verband, der darauf verzichtet und beispielsweise ohne entsprechende Überlegungen die grafische Gestaltung einer Website outsourct, riskiert, dass die zugrunde liegende Kommunikationsaufgabe nicht ausreichend erfüllt werden kann. Denn immer wieder determinieren strategische Überlegungen kleinste Details der Gestaltung.

Im folgenden Kapitel dieses Buches wird beschrieben werden, wie man – aufbauend auf Use Cases – ein Projekt, vor allem eine Verbandswebsite, praktisch umsetzt.

Literatur

AOK – AOK-Bundesverband (2016). Tweet vom 21.10.2016. https://twitter.com/AOK_Politik/status/789376315946364928. Zugegriffen: 19. Nov. 2016.

Bender, G., & Werner, T. (Hrsg.) (2010). *Digital Public Affairs: Social Media für Unternehmen, Verbände und Politik*. Berlin: Quadriga Media.

BMI – Bundesministerium des Innern (2016). Gesellschaftlicher Zusammenhalt funktioniert nur gemeinsam (Pressemitteilung vom 24.10.2016). http://www.bmi.bund.de/SharedDocs/Pressemitteilungen/DE/2016/10/treffen-mit-vertretern-muslimischer-verbaende.html. Zugegriffen: 19. Nov. 2016.

BPB – Bundeszentrale für politische Bildung (2010). Grassrootscampaigning und Chancen durch neue Medien, Abschnitt: Künstliche Graswurzeln. http://www.bpb.de/apuz/32777/grassrootscampaigning-und-chancen-durch-neue-medien?p=all. Zugegriffen: 4. Apr. 2016.

Cockburn, A. (2003). *Use Cases effektiv erstellen*. Heidelberg: Verlag moderne Industrie Buch AG.

Cooper, A. (1999). *The Inmates Are Running the Asylum*. Indianapolis: Macmillan Publishing.

CSR Germany (o. D.). http://www.csrgermany.de. Zugegriffen: 5. Aug. 2016.

Deutscher Bundestag (2015). Beteiligung von Verbänden an der Vorbereitung von Gesetzesvorlagen der Bundesregierung (S. 3). https://www.bundestag.de/blob/405282/1eea81a3a2736258e123a8359ac84fa3/wd-3-030-15-pdf-data.pdf. Zugegriffen: 16. Nov. 2016

Deutscher Bundestag (o. D.). Richtlinie für die Behandlung von öffentlichen Petitionen. http://www.bundestag.de/bundestag/ausschuesse18/a02/grundsaetze/verfahrensgrundsaetze/260564. Zugegriffen: 30. Aug. 2016.

DJV – Deutscher Journalisten-Verband (2016a). Tweet vom 28.10.2016. https://twitter.com/DJVde/status/791982798886281216. Zugegriffen: 16. Nov. 2016.

DJV – Deutscher Journalisten-Verband (2016b). Islam-Workshops: Keine Nachhilfe nötig (Pressemitteilung vom 28.10.2016). https://www.djv.de/startseite/profil/der-djv/pressebereich-download/pressemitteilungen/detail/article/keine-nachhilfe-noetig.html. Zugegriffen: 16. Nov. 2016.

Donges, P. (2002). Politische Kampagnen. In U. Röttger *PR-Kampagnen – Über die Inszenierung von Öffentlichkeit* (S. 123–138). Wiesbaden: VS Verlag für Sozialwissenschaften.

Eckhoff, A. (2001). *Einführung innovativer Systemgeschäfte: eine empirische Untersuchung telematikgestützter Mobilitätsdienste* (S. 96 f). Wiesbaden: Springer-Verlag.

Einspänner, J. (2010). Digital Public Affairs – Lobbyismus im Social Web. In G. Bender & T. Werner *Digital Public Affairs: Social Media für Unternehmen, Verbände und Politik* (S. 19–49). Berlin: Quadriga Media.

E-Plus (2011). BASE_camp gewinnt Politikaward. Blogbeitrag vom 30.11.2011. https://blog.telefonica.de/2011/11/base_camp-gewinnt-politikaward/. Zugegriffen: 31. Okt. 2016.

E-Plus (2012). Neues BASE_camp in Berlin-Mitte eröffnet. Blogbeitrag vom 25.04.2012. https://blog.telefonica.de/2012/04/neues-base-camp-in-berlin-mitte-eroffnet/. Zugegriffen: 31. Okt. 2016.

FAZ – Frankfurter Allgemeine Zeitung. (2016). AOK wegen Manipulationen bestraft. http://www.faz.net/aktuell/wirtschaft/wirtschaftspolitik/aok-zahlt-hohe-strafe-fuer-manipulationen-14522227.html. Zugegriffen: 19. Nov. 2016.

Feuß, S. (2013). *Auf den ersten Blick: Wie Medieninhalte wahrgenommen und rezipiert werden* (S. 120). Wiesbaden: Springer Fachmedien.

Gawina – Nachrichten und Verbraucherinformation aus der grünen Branche (2015). Imagekampagne für Pflanzen und Blumen gestartet. http://www.gawina.de/imagekampagne-fuer-blumen-und-pflanzen-gestartet/. Zugegriffen: 25. Juli 2016.

Giessmann, M. (2014). Stellenwert von Social Media in der Verbandskommunikation des deutschen Gesundheitswesens (S. 302). In C. Goutrié, S. Falk-Bartz, & I. Wuschig (Hrsg.), *Think Cross – Change Media – Crossmedia im Jahr 2014 – Eine Standortbestimmung* (S. 287–305). Norderstedt: Books on Demand.

Goll, J., & Hommel, D. (2015). *Mit Scrum zum gewünschten System* (S. 39 f). Wiesbaden: Springer Fachmedien.

Google (2011). Einführung in die Suchmaschinenoptimierung (S. 16). http://static.googleusercontent.com/media/www.google.de/de/de/webmasters/docs/einfuehrung-in-suchmaschinenoptimierung.pdf. Zugegriffen: 27. Jan. 2017.

Google (2017). https://www.google.de/search?q=Scheininnovationen. Zugegriffen: 18. Jan. 2017.

Google (o. D.). Deine Website in deinen Videos verlinken. https://support.google.com/youtube/answer/2887282?hl=de. Zugegriffen: 17. Dez. 2016.

Gronau, N., & Lindemann, M. (2010). *Einführung in das Informationsmanagement* (S. 60). Berlin: GITO Verlag.

Hedden, H. (2014). Taxonomies vs. Thesauri. http://accidental-taxonomist.blogspot.de/2014/01/taxonomies-vs-thesauri.html. Zugegriffen: 29. Jan. 2017.

Herkner, W. (1986). *Psychologie* (S. 207). Wien: Springer-Verlag.

Himmelreich, S., & Einwiller, S. (2015). Wenn der „Shitstorm" überschwappt – Eine Analyse digitaler Spillover in der deutschen Print- und Onlineberichterstattung (S. 185). In O. Hoffjann & T. Pleil (Hrsg.), *Strategische Onlinekommunikation: Theoretische Konzepte und empirische Befunde* (S. 183–205). Wiesbaden: Springer VS.

Höfelmann, M. (2013). Digital Public Affairs: Strategische Kommunikation oder politikferne Selbstvermarktung? (S. 155). In F. Roger, P. Henn, & D. Tuppack (Hrsg.), *Medien müssen draußen bleiben: Beiträge zur 8. Fachtagung des DFPK* (S. 139–168). Berlin: Frank & Timme.

Horizont (2011). Gunnar Bender: E-Plus etabliert dialogbasierte Kommunikation. http://www.horizont.net/marketing/nachrichten/-Gunnar-Bender-E-Plus-etabliert-dialogbasierte-Kommunikation-101654. Zugegriffen: 18. Okt. 2016.

Horizont (2013). Streetfighter Öko-Edition: Greenpeace wirbt mit Videospiel für EU-Petition. http://www.horizont.net/marketing/nachrichten/-Streetfighter-oeko-Edition-Greenpeace-wirbt-mit-Videospiel-fuer-EU-Petition-113897. Zugegriffen: 30. Aug. 2016.

Irmisch, A. (2011). *Astroturf: Eine neue Lobbyingstrategie in Deutschland?* (S. 22 ff). Wiesbaden: VS Verlag für Sozialwissenschaften.

Jarren, O., & Donges, P. (2002). *Politische Kommunikation in der Mediengesellschaft* (S. 117). Wiesbaden: Westdeutscher Verlag.

Kalbach, J. (2008). *Handbuch der Webnavigation* (S. 88 ff). Köln: O'Reilly Verlag.

Kubicek, H., Lippa, B., & Westholm, H. (2009). *Medienmix in der Bürgerbeteiligung – Die Integration von Online-Elementen in Beteiligungsverfahren auf lokaler Ebene* (S. 78). Berlin: Edition Sigma.

Marburger Bund (2014). Neue Kampagne: Mitglieder werden zu Botschaftern des Verbands. http://www.marburger-bund.de/artikel/allgemein/2014/neue-kampagne-mitglieder-werden-zu-botschaftern-des-verbandes. Zugegriffen: 25. Juli 2016.

Meyer-Lucht, R. (2011). Tweet vom 13.09.2011. https://twitter.com/romelu/status/113644504690606080. Zugegriffen: 31. Okt. 2016.

Müller, K. (2016). Tweet vom 3.11.2016. https://twitter.com/Klaus_Mueller/status/794221184992866304. Zugegriffen: 16. Nov. 2016.

Münch, S. (2016). *Interpretative Policy-Analyse: Eine Einführung* (S. 127). Wiesbaden: Springer VS.
Münchow, A. V. (2006). Strategische Allianzen: Effektivere Lobbyarbeit für Verbände und Unternehmen durch Koalitionen (S. 40). In *Public Affairs Manager: Zeitschrift des Deutschen Instituts für Public Affairs* (Jg. 1, H. 2, S. 38–45). Berlin: Lit Verlag.
Nielsen, J. (1993). *Usability engineering* (S. 25). San Diego: Academic Press.
Pampuch, A., Balzert, H., & Klug, U. (2009). *Webdesign & Web-Usability: Basiswissen für Web-Entwickler* (S. 26ff). Herdecke/Witten: W3L-Verlag.
Pariser, E. (2011). *The filter bubble: What the internet is hiding from you*. New York: Penguin Books.
Public Affairs Manager (2010). E-Plus und „Digital Public Affairs": Der Lobbyist als Agronom. http://pamanager.blogspot.de/2010/06/e-plus-und-digital-public-affairs-der.html. Zugegriffen: 18. Okt. 2016.
Romba, E. (2006). Verbände bleiben stark – mit ihren Kernkompetenzen (S. 25). In *Public Affairs Manager 1/2006* (S. 25–27). Berlin: Deutsches Institut für Public Affairs.
Ruisinger, D. (2016). Das digitale Schaufenster: Der Social Media Newsroom als kommunikativer Hub (S. 120). In C. Moss (Hrsg.), *Der Newsroom in der Unternehmenskommunikation: Wie sich Themen effizient steuern lassen* (S. 109–136). Wiesbaden: Springer Fachmedien.
SAI – Social Accountability International (o. D.). http://www.sa-intl.org/. Zugegriffen: 5. Aug. 2016.
Schenk, M. (2016). The Effects of Mass Communication (S. 85 ff). In M. Potthoff (Hrsg.), *Schlüsselwerke der Medienwirkungsforschung* (S. 85–96). Wiesbaden: VS Verlag für Sozialwissenschaften.
Scheufele, B. (2004). Massenkommunikation – massenmediale Kommunikation (S. 185). In Gemeinschaftswerk der Evangelischen Publizistik (Hrsg.), *Öffentlichkeitsarbeit für Nonprofit-Organisationen* (S. 167–209). Wiesbaden: Gabler.
Schmidt, J. (2006). Social Software: Onlinegestütztes Informations-, Identitäts- und Beziehungsmanagement. In *Forschungsjournal Neue Soziale Bewegungen, 2/2006* (S. 37–46). Stuttgart: Lucius & Lucius.
Schneider, A., & Schmidpeter, R. (Hrsg.) (2015). *Corporate Social Responsibility: Verantwortungsvolle Unternehmensführung in Theorie und Praxis*. Berlin/Heidelberg: Springer-Verlag.
Schneider, V., & Janning, F. (2006). *Politikfeldanalyse: Akteure, Diskurse und Netzwerke in der öffentlichen Politik* (S. 196). Wiesbaden: VS Verlag für Sozialwissenschaften.
Schönbach, K. (2016). *Verkaufen, Flirten, Führen: Persuasive Kommunikation – ein Überblick* (S. 102f). Wiesbaden: Springer Science + Business Media.
Schrott, P. R. (1997). Politische Kommunikation und Wahlverhalten in der Bundesrepublik (S. 507). In O. Gabriel (Hrsg.), *Politische Orientierungen und Verhaltensweisen im vereinigten Deutschland* (S. 507–531). Wiesbaden: VS Verlag für Sozialwissenschaften.
Schulz, W. (2008). *Politische Kommunikation*. Wiesbaden: VS Verlag für Sozialwissenschaften.
Schütte, D. (2010). Strukturen der Kommunikationsarbeit von Verbänden: empirische Befunde (S. 161). In O. Hoffjann & R. Stahl (Hrsg.), *Handbuch Verbandskommunikation* (S. 155–176). Wiesbaden: VS Verlag für Sozialwissenschaften.
Schweer, M. K. W., & Thies, B. (2005). Vertrauen durch Glaubwürdigkeit – Möglichkeiten der (Wieder-)Gewinnung von Vertrauen aus psychologischer Perspektive. In B. Dernbach & M. Meyer (Hrsg.), *Vertrauen und Glaubwürdigkeit – Interdisziplinäre Perspektiven* (S. 47–63). Wiesbaden: VS Verlag für Sozialwissenschaften.
Schweiger, W. (2007). *Theorien der Mediennutzung: Eine Einführung*. Wiesbaden: VS Verlag für Sozialwissenschaften.
Sclar, J. (2015). *Priciples of web design* (S. 101). Boston: Cengage Learning.
Showalter, A., & Fleisher, C. S. (2007). The Tools and Techniques of Public Affairs (S. 111). In P. Harris & C. Fleisher (Hrsg.), *The handbook of public affairs* (S. 109–122). Thousend Oaks: Sage Publications.

Spriestersbach, K. (o. D.). SEO-Tutorial: Know How für Einsteiger. https://www.search-one.de/seo-tutorial/. Zugegriffen: 11. Sept. 2016.

Stocké, V. (2002). *Framing und Rationalität: Die Bedeutung der Informationsdarstellung für das Entscheidungsverhalten* (S. 10). München: Oldenbourg Verlag.

Trepte, S., & Reinecke, L. (2010). Unterhaltung online – Motive, Erleben, Effekte (S. 212). In W. Schweiger & K. Beck (Hrsg.), *Handbuch Online-Kommunikation* (S. 211–233). Wiesbaden: VS Verlag für Sozialwissenschaften.

U.S. Department of Health & Human Services (o. D.). Use Cases. http://www.usability.gov/how-to-and-tools/methods/use-cases.html. Zugegriffen: 15. Juni 2016.

VCI – Verband der Chemischen Industrie (2016). Tweet vom 5. Okt. 2016. https://twitter.com/chemieverband/status/783574546582470656. Zugegriffen: 16. Nov. 2016.

Velsen-Zerweck, B. V. (1995). Die Kommunikation von Nonprofit-Organisationen: Grundlagen der Pressearbeit (S. 14). In H.-W. Brockes (Hrsg.), *Leitfaden Sponsoring und Event-Marketing. Für Unternehmen, Sponsoring-Nehmer und Agenturen* (Loseblatt-Sammlung, Kapitel C. 2.2, S. 1–16). Düsseldorf: J. Raabe.

Verbandsstratege (2015). Was macht ein Webinar in Ihrem Verband erfolgreich? In *Verbandsstratege 2/2015* (S. 3). Berlin: IFK.

Voss, K. (2014). Grassrootskampagnen und E-Petitionen als Mittel zivilgesellschaftlicher Partizipation. In K. Voss (Hrsg.), *Internet und Partizipation: Bottom-up oder Top-down? Politische Beteiligungsmöglichkeiten im Internet* (S. 149–160). Wiesbaden: Springer.

VPRT – Verband Privater Rundfunk und Telemedien (2016). Europäer vertrauen Radio und Fernsehen. http://www.vprt.de/thema/marktentwicklung/marktdaten/studien/content/europ%C3%A4er-vertrauen-radio-und-fernsehen-0. Zugegriffen: 19. Aug. 2016.

Wikipedia (2010). Wikipedia: Löschkandidaten/10. Juni 2010. https://de.wikipedia.org/wiki/Wikipedia:L%C3%B6schkandidaten/10._Juni_2010#Digital_Public_Affairs_.28gel.C3.B6scht.29. Zugegriffen: 27. Sept. 2016.

ZDH – Zentralverband des Deutschen Handwerks (o. D.). Imagekampagne des deutschen Handwerks. https://www.zdh.de/service/imagekampagne-handwerk.html. Zugegriffen: 25. Juli 2016.

Zeit Online (2014). Der #aufschrei und seine Folgen. http://www.zeit.de/politik/deutschland/2014-01/sexismus-debatte-folgen. Zugegriffen: 11. Febr. 2017.

Konzeption einer Website

3

3.1 Agile Methoden des Projektmanagements

Immer wieder scheitern Softwareprojekte. Je komplexer sie sind, umso häufiger geschieht das. Ein spektakulärer Fall war etwa das Projekt *Fiscus*, mit dem Bund und Länder die IT der Finanzverwaltungen neu und einheitlich gestalten wollten. Zwischen 1992 und 2005 kostete das Projekt den Steuerzahler annähernd 400 Mio. Euro. Dennoch konnte es schließlich so gut wie keine einsatzfähigen Produkte vorweisen. Das Projekt wurde deshalb eingestellt (vgl. Bundesrechnungshof 2012).

Häufiger noch als die komplette Beendigung eines Projekts ohne Ergebnis ist, dass Softwareprojekte im Hinblick auf Entwicklungsdauer und Kosten explodieren. Auch hier muss man von einem zumindest teilweisen Scheitern sprechen, denn wenn der Auftraggeber von deutlich höheren als den ursprünglich geplanten Kosten erst nachträglich erfährt, liegt die tatsächliche Rentabilität des Projekts zwangsläufig niedriger als ursprünglich kalkuliert. Beispiel für einen solchen Fall ist der *Virtuelle Arbeitsmarkt* der Bundesagentur für Arbeit, eine Online-Jobplattform, für die in den Jahren 2002 und 2003 eine Ausschreibung stattfand. Das erste Angebot des späteren Auftragnehmers lag bei 35 Mio. Euro. In Nachverhandlungen erhöhten sich die Kosten noch vor der Auftragsvergabe auf 65,5 Mio. Euro. Bereits im Jahr 2004 musste die Bundesagentur aber einräumen, dass das Projekt bis zu 165 Mio. Euro teuer werde (Welt 2004).

Eine wesentliche Ursache für die Kostenexplosion waren etwa 920 in Nachverhandlungen an das Projekt herangetragene Änderungsanforderungen. Diese betrafen nach Auskunft der damaligen Bundesregierung die Ablösung vorhandener Altsysteme (vgl. Deutscher Bundestag 2005). Dies lässt darauf schließen, dass Aspekte der Migration von Daten zwischen den alten Systemen und dem neuen in der Ausschreibung nicht hinreichend berücksichtigt worden waren oder aber entsprechende Schnittstellen unzureichend definiert waren.

R.-T. Hillebrand, *Online-Kommunikation für Verbände*,
https://doi.org/10.1007/978-3-658-13267-5_3

Studien beziffern den Anteil von IT-Projekten, die komplett scheitern und deshalb abgebrochen werden, auf 11,5 bis 19 Prozent (Liebhart 2009; InfoQ 2015). Jene Projekte, die nicht im Rahmen der ursprünglichen Vorgaben bezüglich Zeitdauer und Kosten abgeschlossen werden, liegen bei bis zu weiteren 52 Prozent.

Es ist dabei keine ungewöhnliche Ursache, dass der Auftraggeber eines komplexen Softwareprojekts in der Projektvorbereitung nicht alle Determinanten für Aufwand und Kosten hinreichend zu beschreiben in der Lage ist. Oftmals verfügt er auch gar nicht über das entsprechende Know-how.

Vor allem aus diesem Grund haben sich in letzter Zeit sogenannte agile Methoden der Softwareentwicklung etabliert. Sie zielen darauf ab, nicht bereits mit einer unzureichenden Planung die Grundlage dafür zu schaffen, dass ein Projekt später scheitert. Ein diesbezügliches, häufig zitiertes Bonmot der Verfechter der agilen Methoden lautet (Wikipedia o. D. a):

> Je mehr du nach Plan arbeitest, desto mehr bekommst du das, was du geplant hast, aber nicht das, was du brauchst.

Das Credo neuerer, agiler Projektmanagementmethoden, wie etwa des Frameworks *Scrum*, lautet: Je weniger bereits vor Projektbeginn detaillierte, möglicherweise schlecht definierte Anforderungen fixiert worden sind, desto eher besteht während des Projektverlaufs die Chance, das Produkt kontinuierlich zu optimieren. Detaillierte Anforderungsbeschreibungen entstehen bei agiler Methodik erst parallel mit dem Produkt – und werden folglich ebenfalls nach und nach kontinuierlich optimiert. Vorgegeben sind bei Beginn des Projekts ausschließlich User Storys oder sogenannte *Epics*, in denen Funktionalitäten abstrakt beschrieben sind (vgl. Wolf und Bleek 2011).

Natürlich bedarf die agile Softwareentwicklung während der gesamten Projektlaufzeit intensiver Kommunikation zwischen Auftragnehmer und -geber, also beispielsweise einer Softwareagentur und einem Verband. Ein ausgeklügeltes Rollen- und Prozessmodell hat vor allem sicherzustellen, dass nicht etwa der Auftragnehmer die Aufgabe an sich zieht, die Anforderungen an das Produkt zu bestimmen, und dabei aus ökonomischer Motivation heraus gegen die Interessen des Auftraggebers handelt.

Selbst Modelle für einen *agilen Festpreis* gibt es, denn grundsätzlich besteht natürlich bei agilen Projekten das Problem, dass sich wegen anfangs nur abstrakt definierter Anforderungen eine verbindliche Kalkulation vor Projektbeginn kaum erstellen lässt. Vereinfacht ausgedrückt, basiert ein agiler Festpreis darauf, dass das Projekt in mehrere Phasen gegliedert wird und für diese dann Festpreise vereinbart werden (vgl. Opelt et al. 2012).

Prinzipiell lässt sich natürlich die Entwicklung und Programmierung einer Verbandswebsite als agiles Projekt umsetzen: Die im vorigen Kapitel aus kommunikationsstrategischen Überlegungen heraus entwickelten Use Cases ließen sich relativ problemlos auch als Epics mit User Storys auslegen – selbst wenn sie bisweilen möglicherweise bereits etwas konkreter waren, als es die anfänglichen Anforderungsbeschreibungen von vielen agilen Projekten möglicherweise sind.

In Bezug auf Projektmanagement soll es in diesem Buch jedoch bei dem vorangegangenen Exkurs zu agilen Methoden bleiben. Denn es bedarf durchaus einiger Erfahrung, ein Projekt mit agilen Methoden optimal umzusetzen – und diese dürfte in den meisten Verbänden kaum vorhanden sein. Insbesondere ist die Vermeidung wirtschaftlicher Interessenkonflikte diffizil (vgl. Bergsmann 2014).

Nicht zuletzt sollen aber auch – der Zielsetzung dieses Buches entsprechend – die Anforderungen an eine Verbandswebsite sehr konkret benannt und nicht erst während eines Projektes entwickelt werden. Vor allem aus didaktischen Gründen ist deshalb für den im Folgenden beschriebenen Projektablauf die klassische Variante des Projektmanagements mit ihrem sogenannten *Wasserfallmodell,*[1] bei dem alle Anforderungen bereits am Anfang erstellt werden, geeigneter. In einem solchen Projektverlauf steht das *Requirements-Management* am Beginn.

3.2 Requirements-Management und potenzielle Interessenkonflikte

In vielen Fällen gestalten Verbände ihre Projekte zur Errichtung oder zum Relaunch einer Website auf eine Weise, die man ohne Frage als erfolgsmindernd ansehen muss.

Problem ist das Requirements-Management: Welcher Verband verfügt schon über das Know-how, seine Anforderungen an die künftige Website so zu definieren, dass er einem Dienstleister, der die Programmierung der Website übernehmen soll, für alle kommunikativen Zielsetzungen schon vor der Auftragsvergabe optimale Vorgaben zur gestalterischen und technischen Umsetzung machen kann? Dazu sind, wie wir im Folgenden sehen werden, umfangreiche Kenntnisse von Software- und Internettechnologien erforderlich.

Die meisten Verbände vertrauen deshalb darauf, dass eine gute Agentur sie entsprechend kompetent berät und vor der Umsetzung eines Projekts auch das Requirements-Management im Sinne erfolgreicher Verbandskommunikation mit übernimmt. Doch genau hier entsteht ein Interessenkonflikt (vgl. PHM o. D.), der die grundlegende Ursache vieler, am Beginn dieses Buches beschriebener Mängel von Verbandswebsites darstellt.

Wie leicht sich dieser Interessenkonflikt bildet und ausweitet, kann man mit wenigen Überlegungen demonstrieren: Stellen wir uns einen Verband vor, der mit einigen, durchaus nachvollziehbaren Schwierigkeiten seine Anforderungsbeschreibung erstellt hat. Der Verband fragt nun seine Agentur, mit welchen Kosten er zu rechnen habe. Die Agentur kalkuliert daraufhin aus den Vorgaben einen zu erwartenden Aufwand und daraus einen Preis. Aufgabe ist es dabei, dem Verband ein möglichst günstiges Angebot unterbreiten zu können, denn anderenfalls besteht das Risiko, dass das Projekt nicht zustande kommt. Theoretisch könnte die Agentur während der Angebotserstellung natürlich prüfen, ob sie

[1] Der Begriff *Wasserfallmodell* ist kein allgemein gebräuchlicher Begriff, sondern wird vor allem von Verfechtern agiler Methoden verwendet, um die Unterschiede hervorzuheben.

die Anforderungsbeschreibung für plausibel, für ausreichend konkret und für zielführend erachtet; sie könnte sich mit Rückfragen oder Zweifeln an den Auftraggeber wenden; sie könnte einwenden, dass ihres Erachtens nach manches ganz anders umgesetzt werden sollte und daher möglicherweise auch mehr Aufwand anfallen könnte. Sowohl der Verband, der mit der Leistung möglichst viel Know-how einkaufen möchte, als auch die Agentur mit ihrer Kompetenz als beratendes Unternehmen könnten die angehende Zusammenarbeit durchaus so verstehen.

Aber es spricht einiges dagegen, dass die Agentur sich in vollem Umfang diesem gemeinsamen Interesse von Auftraggeber und Auftragnehmer entsprechend verhält, denn es entstehen bei der Agentur auch konträre Interessen:

- Das Hinterfragen der Anforderungsbeschreibung selbst zählt etwa üblicherweise in einer solchen Konstellation nicht zu den explizit formulierten oder implizit vereinbarten Aufgaben der Agentur. Es drohen Konflikte mit dem Auftraggeber und möglicherweise auch Ertragsverluste durch ausufernde Diskussionen.
- Für das Angebot selbst und eine eventuelle Ausweitung oder Optimierung der Anforderungsbeschreibung erhält die Agentur in aller Regel keine Vergütung. Es gibt also einen wirtschaftlichen Anreiz zur Hinnahme auch unzulänglicher Anforderungsbeschreibungen.
- Entscheidungen, die in Mehraufwand münden, machen es fast immer erforderlich, hierarchisch höher gestellte Entscheider zu befragen, die ihrerseits von technischen Fragestellungen weniger verstehen. Dadurch wird nicht nur das Projektmanagement komplexer, sondern eine Auftragsvergabe wird darüber hinaus eventuell sogar unwahrscheinlicher.
- Die Agentur kennt – da der Verband sie bei solchem Vorgehen meist nicht detailliert dokumentiert – die zugrunde liegenden politischen Kommunikationsstrategien nicht und kann somit auch kaum wirklich optimierend eingreifen.
- Und vielfach sind Agenturen – etwa Werbeagenturen und Designbüros, die Websites erstellen – nicht mit den spezifischen Anforderungen politischer Kommunikation und Interessenvertretungen intensiv genug vertraut, um die Anforderungsbeschreibung des Verbands in kommunikationsstrategischer Hinsicht qualifiziert zu hinterfragen.

Zwei weitere Faktoren verstärken oft genug den Effekt, dass die Agentur nicht als qualifizierter Ratgeber tätig wird, sondern stattdessen ohne viel Aufhebens ein Angebot kalkuliert:

- Es kann sein, dass der Verband die Agentur unter zusätzlichen Druck setzt, indem er zur Auftragsvergabe eine Ausschreibung durchführt, an der mehrere Agenturen beteiligt sind.
- Es kommt zudem immer häufiger vor, dass Verbände ihre Websites mittels lizenzfreier Open-Source-Software realisieren lassen und dabei den finanziellen

Aufwand unterschätzen, der allein durch die individuelle Anpassung des kostenlosen Content-Management-Systems verursacht wird. Sofern die Agentur von einem solchen niedrigen Kostenrahmen erfährt, wird sie dazu tendieren, ihre Leistungen knapp zu halten.

Unter den genannten Bedingungen sind aufseiten der Agentur weder Arglist noch Unvermögen vonnöten, um zu einer Konstellation zu gelangen, in der ein Verband gerade nur das bekommt, was er in einer unzulänglichen Anforderungsbeschreibung selbst definiert hat. Leicht geschieht dann das, was die agilen Kritiker des Wasserfallmodells, wie bereits zuvor zitiert, befürchten – nämlich, dass der im Hinblick auf Website-Entwicklung vergleichsweise unqualifizierte Verband eine höchstwahrscheinlich viel besser qualifizierte Agentur mit einem unzulänglichen Anforderungspapier beauftragt, das Letztere dann aus den gegebenen Umständen heraus loyal abarbeitet.

Einem solchen Interessenkonflikt hilft es nicht unbedingt ab, den Zeitpunkt der eigentlichen Auftragsvergabe nach hinten zu verschieben – also etwa eine Agentur zunächst mit der Ausarbeitung einer umfangreichen Anforderungsbeschreibung zu beauftragen, um ihr erst danach den eigentlichen Auftrag zu vergeben. Denn die Agentur schreibt dann zunächst ein Konzept und legt darin – als Berater – die technischen Anforderungen fest, die sie hernach – als Auftragnehmer – ausführt. Im Kern bleibt dabei die Ursache widerstreitender Interessen bestehen: Bezüglich des Vertrages zwischen Verband und Agentur kann die Agentur nur ihre eigenen Interessen wirksam vertreten, nicht zugleich die der anderen Vertragspartei.

Die problematischste Version dieses potenziellen Interessenkonflikts ist unter Juristen als Projektantenproblematik bekannt: Als Projektanten bezeichnet man einen Dienstleister, der einen Auftraggeber in Vergabeverfahren bei größeren Projekten berät und dabei vor allem bei der Anforderungsbeschreibung und Ausschreibung mitwirkt. Da er auf Kriterien für das Vergabeverfahren Einfluss nehmen kann, ist es ihm theoretisch möglich, sich oder mit ihm verbundenen Unternehmen Vorteile zu verschaffen. Er kann etwa die Anforderungsbeschreibung dahingehend beeinflussen, dass im Vergabeverfahren ein bestimmter Bieter bessere oder schlechtere Chancen hat. Im Zweifel wird daher in öffentlichen Vergabeverfahren seine Teilnahme als Anbieter weiterer Leistungen im Bieterverfahren ausgeschlossen (Ohle und von dem Bussche 2004). So untersagt § 16 der Vergabeverordnung für alle Ausschreibungen der öffentlichen Hand grundsätzlich, dass ein Projektant persönlich an der Entscheidung in einem Vergabeverfahren mitwirkt, in dem er selbst auch Bieter ist.

Ein bereits auf den ersten Seiten dieses Buches zitierter, recht bedenklicher empirischer Befund zur Qualität der HTML-Programmierung von Verbandswebsites ist vor allem Konsequenz jenes Interessenkonflikts, der sich daraus ergibt, wenn eine mit der Umsetzung eines Webauftritts betraute Agentur zugleich als Projektant tätig ist und somit die Anforderungsbeschreibung für ihre eigenen Leistungen definiert.

Eigentlich wäre die Validität von HTML-Code sehr einfach zu überprüfen: Sofern ein Projektant die Validität in die Anforderungsbeschreibung eines Website-Projekts aufnehmen möchte, drängt sich ein ganz unbestechliches Verfahren dazu geradezu auf – nämlich eine abschließende Überprüfung des HTML-Codes der fertig gestellten Website mit dem online frei zugänglichen HTML-Validator[2] des World Wide Web Consortiums (W3C). Ein solcher Test ist nicht nur einfach umzusetzen, sondern auch objektiv, da W3C die zuständige Institution zur Festlegung der technischen Normen von HTML ist.

Jedoch: Bei einer Stichprobe von 35 Websites großer deutscher beim Bundestag registrierter Lobbyorganisationen fielen 33 Homepages beim Test mit dem W3C-Validator jedoch durch (Hillebrand 2015). In 20 Fällen fand sich sogar eine jeweils mindestens zweistellige Anzahl von Programmierfehlern im Code – das sind 57 Prozent der Websites. Der Befund bedeutet zwar nicht, dass die jeweilige Website von einem üblichen Browser nicht dargestellt werden kann. Aber ein Programmierer überlässt es bei solchen Mängeln der Validität seines HTML-Codes de facto dem Zufall, ob die Browser aller möglichen Endgeräte tatsächlich eine akzeptable Darstellung erzeugen können oder nicht.

Ganz offensichtlich hat in der Mehrzahl dieser Fälle der Auftraggeber keine Kenntnis von dem nützlichen Tool und die als Projektant im eigenen Projekt tätige Agentur hat den Auftraggeber auch in dieser Unkenntnis belassen. Sie hat aber offensichtlich das Tool zudem auch nicht aus eigenen Stücken zur internen Qualitätskontrolle genutzt, um Fehlern vorzubeugen.

Gerade für Verbände, die intern nicht über umfangreiches Know-how bezüglich der technischen Umsetzung von Webauftritten verfügen, ist es daher nützlich, einen unabhängigen Projektanten mit der Beratung hinsichtlich des Requirements-Managements zu beauftragen. Dieser kann zudem Ausschreibungen einzelner Leistungen abwickeln, sodass das Projekt wirtschaftlich effizient gesteuert wird. Die folgenden Darstellungen des Projektmanagements in diesem Buch gehen davon aus, dass – sofern der Verband nicht selbst über entsprechendes Know-how verfügt – ein unabhängiger Projektant zurate gezogen wird, um Interessenkonflikte wie die zuvor beschriebenen zu vermeiden.

3.3 Wireframing

Wir haben in einem vorangegangenen Teil dieses Buches kennengelernt, wie wir mit Use Cases und einer semantischen Systematisierung der Inhalte vorausplanen, wie jeder Besuch eines Benutzers unserer Website prinzipiell verlaufen soll. Die Themen einzelner Inhalte sowie die Struktur und die Funktionalität der Website stehen damit bereits weitgehend fest – allerdings nicht, wie alles online aussehen soll.

Erster und wichtigster Schritt beim Erstellen einer Anforderungsbeschreibung ist daher zu definieren, wie die einzelnen Seiten der künftigen Website auszusehen haben. Dabei geht es zunächst überhaupt nicht um das Design, sondern um das grundlegende Layout – also in erster Linie darum, wie *strukturelle Navigation*, vor allem über die Menüs, *assoziative Navigation*, etwa über Teaser, und *Utility-Navigation*, also Suchfunktionen, in

[2] Erreichbar unter https://validator.w3.org

all unseren Use Cases möglichst gut funktionieren. Daneben sollten wir auch festlegen, inwieweit das Layout der eigentlichen Inhalte die Rezeption im Sinne unserer Use Cases unterstützt. Wir sollten beispielsweise überlegen, ob wir Fotos und Videos innerhalb von Texten einbinden wollen, oder auch, wie Teaser zu platzieren sind, damit sie möglichst oft angeklickt werden.

Das Management für diese Arbeit liegt zwar beim Projektanten, der gegebenenfalls einen erfahrenen UX-Designer hinzuziehen wird. Wichtig ist jedoch sich klarzumachen, dass es hierbei weiterhin um unsere verbandlichen Kommunikationsaufgaben und -strategien sowie unsere daraus entwickelten Use Cases geht, also um ureigenste Aufgaben der Verbandskommunikation. Deren optimale Erfüllung hängt, wie wir bereits an Beispielen gesehen haben, oft von kleinen Details der Funktionalität bestimmter Seiten unseres Webauftritts ab. Es muss daher unser Ziel sein, dass sich alle in den Use Cases beschriebenen Details in den Wireframes adäquat wiederfinden. Im Zweifel kennen Verbandskommunikatoren und Projektant, weil sie die Use Cases erarbeitet haben, diese Anforderungen viel genauer als ein Grafiker, der gerade ins Projekt eintritt. Die aktive Mitwirkung des Verbands insbesondere in den frühen Phasen des Wireframings ist daher ein Muss!

Aber: Es geht zunächst nur um Skizzen, die sich aus den Use Cases und den darin beschriebenen Funktionen ergeben. Wir arbeiten also anfangs grundsätzlich nur das ab, was wir in Use Cases vorbereitet haben.

Wir erstellen damit die *erste Iteration* des Wireframings. Denn Wireframing ist ein Prozess des Ausprobierens und Optimierens, wie beispielsweise Morson beschreibt (Morson 2014):

> … wireframing is an iterative process. You will likely do multiple versions of your wires before they are final. However, each version should bring you closer to your final one and prepare you for the actual design phase.

Natürlich kann man Wireframes auf Papier anfertigen, aber das ist nicht unbedingt sinnvoll. Effektiver ist es, dafür ein Softwaretool[3] einzusetzen, mit dem man Elemente leicht verändern und verschieben kann.

Jedes Wireframe dokumentiert skizzenhaft das Layout einer Seite, und zwar ohne jegliche Farben, Schriftarten oder sonstige Designmerkmale, wie das fiktive Beispiel in Abb. 3.1 zeigt.

Die Grafik zeigt das fiktive Beispiel einer Übersichtsseite für Nachrichten. Doch damit greift das abgebildete Wireframe weit voraus. Denn wenn wir alle unsere Use Cases durchgehen und dabei alle erforderlichen Inhalts-, Navigations- und Funktionselemente der künftigen Website sammeln und anordnen, werden wir uns prinzipiell vom Detail zum Ganzen vorarbeiten.

---

[3] Einen recht guten Überblick über einige solche Tools bietet TN3 (TN3 2016). Der Autor nutzt für dieses Buch die Online-Version von Balsamiq.

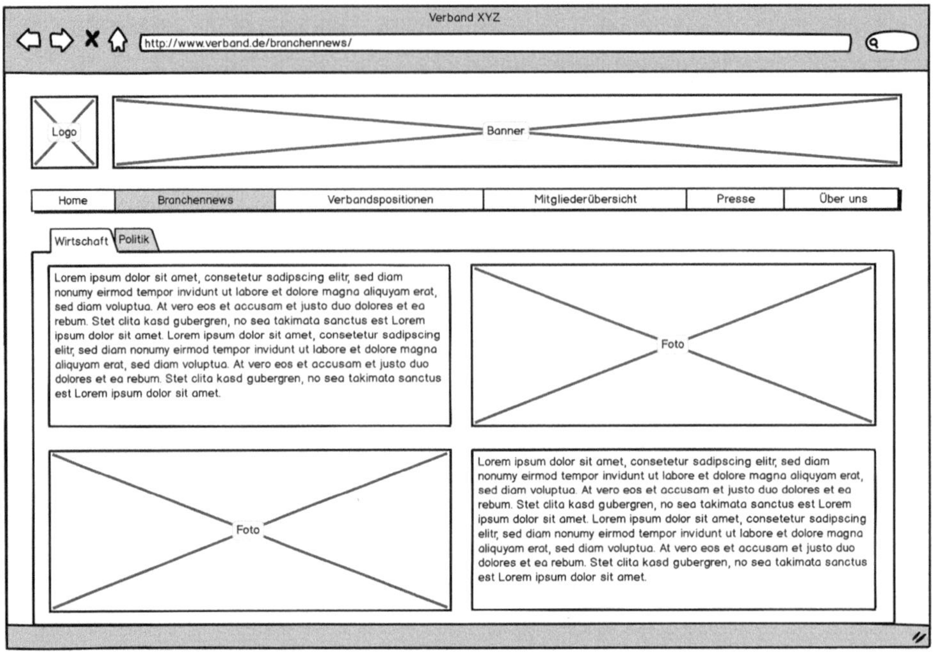

Abb. 3.1 Fiktives Beispiel eines Wireframes (erstellt mit Balsamiq.com)

3.3.1 Wireframes vonseiten mit redaktionellen Inhalten

Wir haben beispielsweise im Use Case 1.1.1.1 (siehe Abschn. 2.4.1 *Artikulation der Verbandsmeinung nach außen*) das Ziel gesetzt, dass möglichst viele Rezipienten eines Artikels einen Newsletter abonnieren, da dies eine Hebelwirkung in Bezug auf die Reichweite der Website haben wird. Statt eines Links wie „Unseren Newsletter abonnieren … " wollen wir deshalb auf themenspezifische Abonnements setzen und haben geplant, diesen Service unterhalb jedes Artikels anzubieten. Ein beispielhafter Link in dem Use Case lautet daher „Alles zum Thema Binnenmarkt abonnieren … ". Wir beginnen deshalb ein Wireframe mit dem entsprechenden Detail:

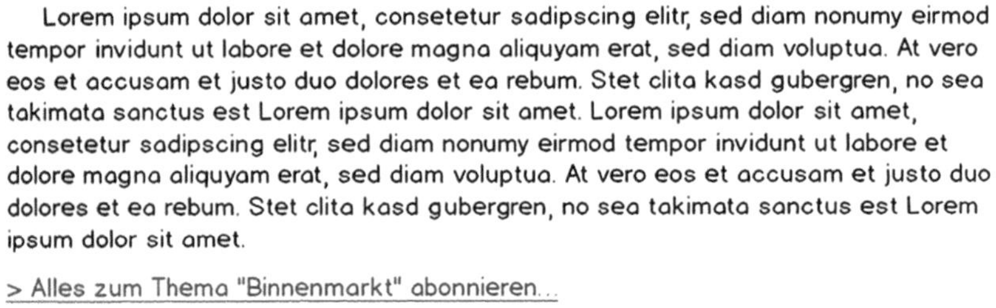
Lorem ipsum dolor sit amet, consetetur sadipscing elitr, sed diam nonumy eirmod tempor invidunt ut labore et dolore magna aliquyam erat, sed diam voluptua. At vero eos et accusam et justo duo dolores et ea rebum. Stet clita kasd gubergren, no sea takimata sanctus est Lorem ipsum dolor sit amet. Lorem ipsum dolor sit amet, consetetur sadipscing elitr, sed diam nonumy eirmod tempor invidunt ut labore et dolore magna aliquyam erat, sed diam voluptua. At vero eos et accusam et justo duo dolores et ea rebum. Stet clita kasd gubergren, no sea takimata sanctus est Lorem ipsum dolor sit amet.
> Alles zum Thema "Binnenmarkt" abonnieren...

Detail des Wireframes für einen Artikel-Footer (erstellt mit Balsamiq.com)

Stellen wir uns vor, wir hätten in einem anderen Use Case beschrieben, dass die Rezipienten eines Artikels auf der Website gehalten werden sollen, indem ihnen per Teaser weitere Leseangebote unterbereitet werden. Wir werden dann unser Wireframe ergänzen:

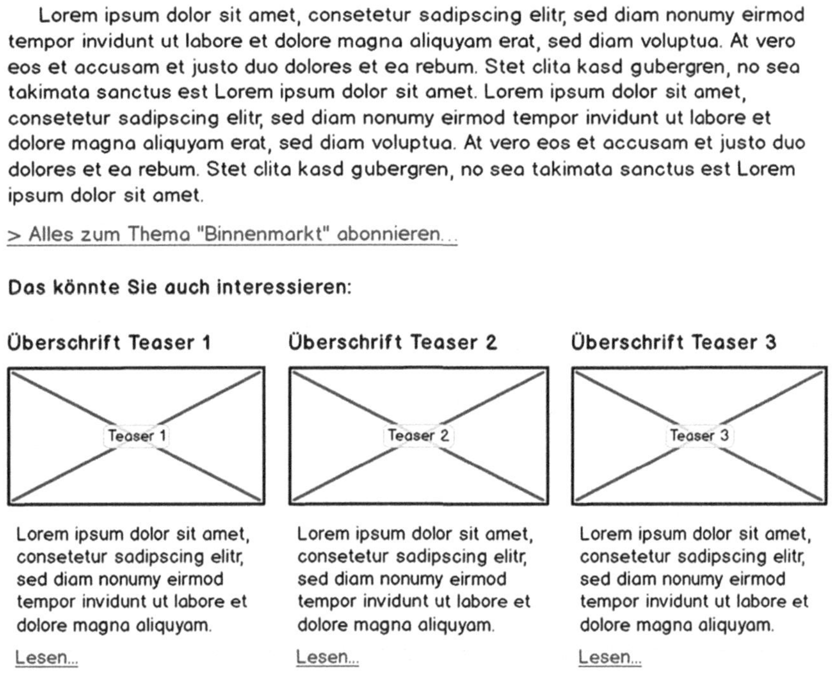

Ergänztes Detail des Wireframes für einen Artikel-Footer (erstellt mit Balsamiq.com)

Im Use Case 1.1.3 (siehe Abschn. 2.4.1 *Artikulation der Verbandsmeinung nach außen*) haben wir zudem die Überlegung entwickelt, dass Dokumente unserer Website am unteren Ende Social-Media-Buttons anzeigen sollten, um Leser zum Teilen in sozialen Netzwerken zu bewegen. Die Frage stellt sich uns nun, wo wir diese Buttons platzieren. Vor dem Link „Alles zum Binnenmarkt abonnieren … " oder besser danach?

Dies ist nur eine Fragestellung von vielen, die bei der Entwicklung von Wireframes im Wege eines Kompromisses entschieden werden müssen: Wir müssen uns hier entscheiden, ob wir dem Link oder den Social-Media-Buttons mehr Aufmerksamkeit zukommen lassen wollen. Unter Umständen werden wir bei solchen Abwägungen einzelne Use Cases gegenüber anderen benachteiligen. In den meisten Fällen werden uns die dahinter stehenden Kommunikationsaufgaben jedoch deutliche Anhaltspunkte dafür geben, welche kommunikativen Ziele zu welcher Priorisierung führen sollten. In der vorliegenden Abwägung dürfte das Wireframe schließlich wie folgt verändert werden:

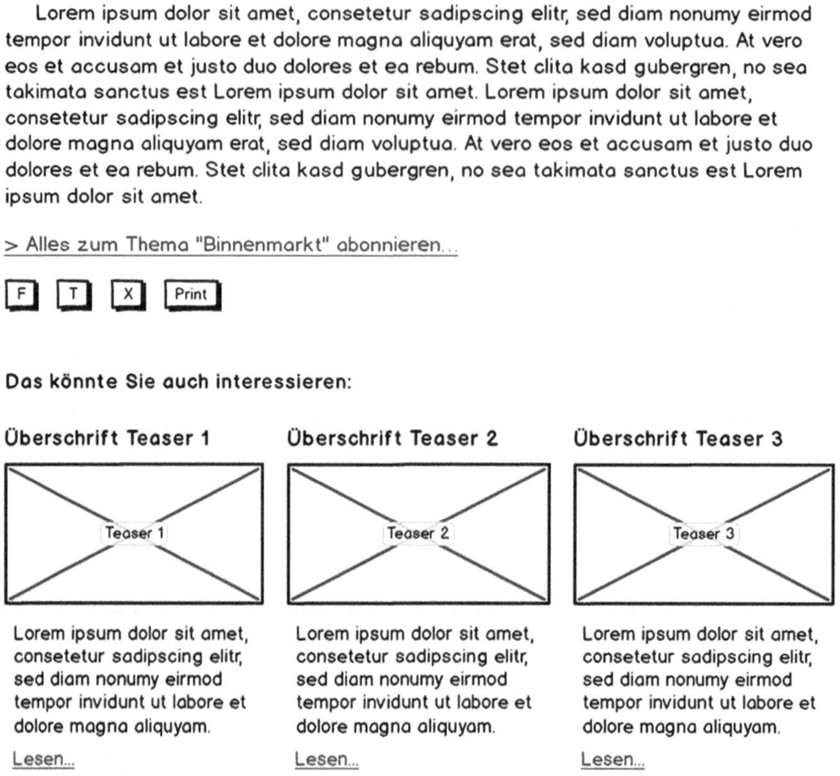

Ergänztes Detail des Wireframes mit Social-Media-Buttons (erstellt mit Balsamiq.com)

Im Use Case 8.1 (siehe Abschn. 2.4.8 *Presse- und PR-Aufgaben für eine Branche übernehmen*), der sich mit Journalisten befasst, haben wir überlegt, dass Pressemitteilungen mit einem Call-to-Action ausgestattet sein sollten, der mit „Abonnieren Sie unsere Pressemitteilungen hier … " beschriftet sein könnte. Auch hinter diesem Link steckt eine gewaltige Hebelwirkung, denn Journalisten, die die Pressemitteilungen eines Verbands abonnieren, erhöhen potenziell die Reichweite von Verbandsbotschaften immens. Wir werden diesen wichtigen Link daher so auffällig wie möglich anstatt des Links „Alles zum Thema Binnenmarkt abonnieren" am Ende von Pressemitteilungen zeigen – aber natürlich nicht unter normalen Artikeln. Es wird somit ein neues Wireframe notwendig – wir haben nun zwei verschiedene, selbst wenn sie sich in Teilen ähneln sollten: Artikel und Pressemitteilungen.

Natürlich erstellen wir Wireframes von kompletten Seiten, nicht nur von ihrem Fußbereich. Beispielsweise skizzieren wir dabei auch, wie Überschriften von Artikeln oder Pressemitteilungen aussehen sollten, ob sie der Redaktion etwa die Möglichkeit geben sollte, Dachzeilen oder Untertitel einzurichten. Wir skizzieren auch die in Use Cases vorgesehenen Teaser aller Art, wie wir sie neben, unter oder mitten in Artikeln benötigen.

Sofern wir unsere Use Cases vollständig abarbeiten, werden wir automatisch auch funktionale Seiten berücksichtigen, die dort beschrieben sind: So haben wir im Use Case 8.1 zur Pressearbeit beispielsweise auch jene Seite entwickelt, die Journalisten erreichen, wenn sie auf „Abonnieren Sie unsere Pressemitteilungen hier … " klicken. Unter der Überschrift „Pressemitteilungen abonnieren" wird darauf laut Use Case eine Liste verschiedener Möglichkeiten angeboten, um Pressemitteilungen per E-Mail, per RSS oder via Twitter zu beziehen. Auch diese Seite erhält ein Wireframe.

3.3.2 Sitemap und Navigation

Die Inhalte der Website sind bereits in den Use Cases und der Taxonomie benannt. Im Rahmen des Wireframings erstellen wir nun eine Sitemap, das heißt, wir sortieren die Inhalte und gruppieren sie – und zwar mit Begriffen der künftigen Navigation. Das Beispiel (Abb. 3.2) zeigt die der weiter vorne skizzierten Übersichtsseite für Nachrichten.

Wir werden hier möglicherweise immer wieder Kompromisse machen müssen, weil einzelne Use Cases bezüglich der Platzierung in Navigationsmenüs miteinander in Konkurrenz treten. Wir werden dann, wie bereits im Kontext von Semantik und Taxonomien erörtert, möglicherweise nicht umhinkommen, wenig aussagefähige Sammelkategorien, wie „News", „Themen" oder „Aktuelles" einzurichten. In der Abb. 3.2 wurde beispielsweise mit „Branchennews" eine Konkretisierung gegenüber dem nichtssagenden Begriff „News" vorgenommen. Bei Platzmangel in der Hauptnavigation wäre das unter Umständen aber nicht möglich.

Aus der zuvor abgebildeten Sitemap ergäbe sich direkt die folgende Hauptnavigation, die ein einziges Submenü besitzt, das hier aufgeklappt ist:

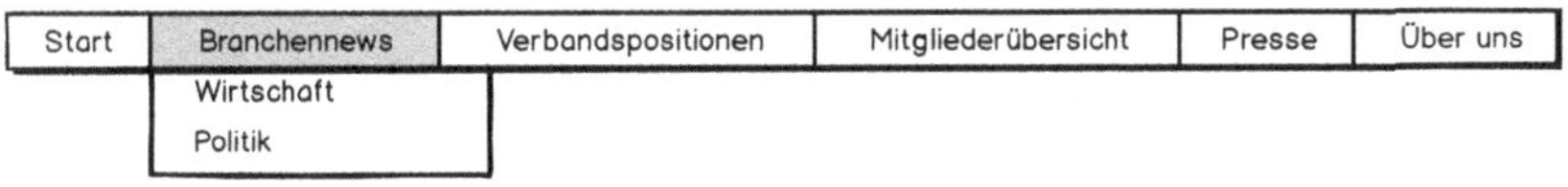

Aus Sitemap abgeleitete Hauptnavigation (erstellt mit Balsamiq.com)

Wenn wir die Hauptnavigation skizzieren, sollten wir berücksichtigen, dass man auch eine sogenannte *Metanavigation* für jene Links einsetzen kann, die möglichst immer erreichbar sein sollten, wie zum Log-in in das Extranet für Mitglieder, zu einer Kontaktseite oder zu juristisch vorgeschriebenen Seiten, wie Datenschutzerklärung und Impressum. Unter

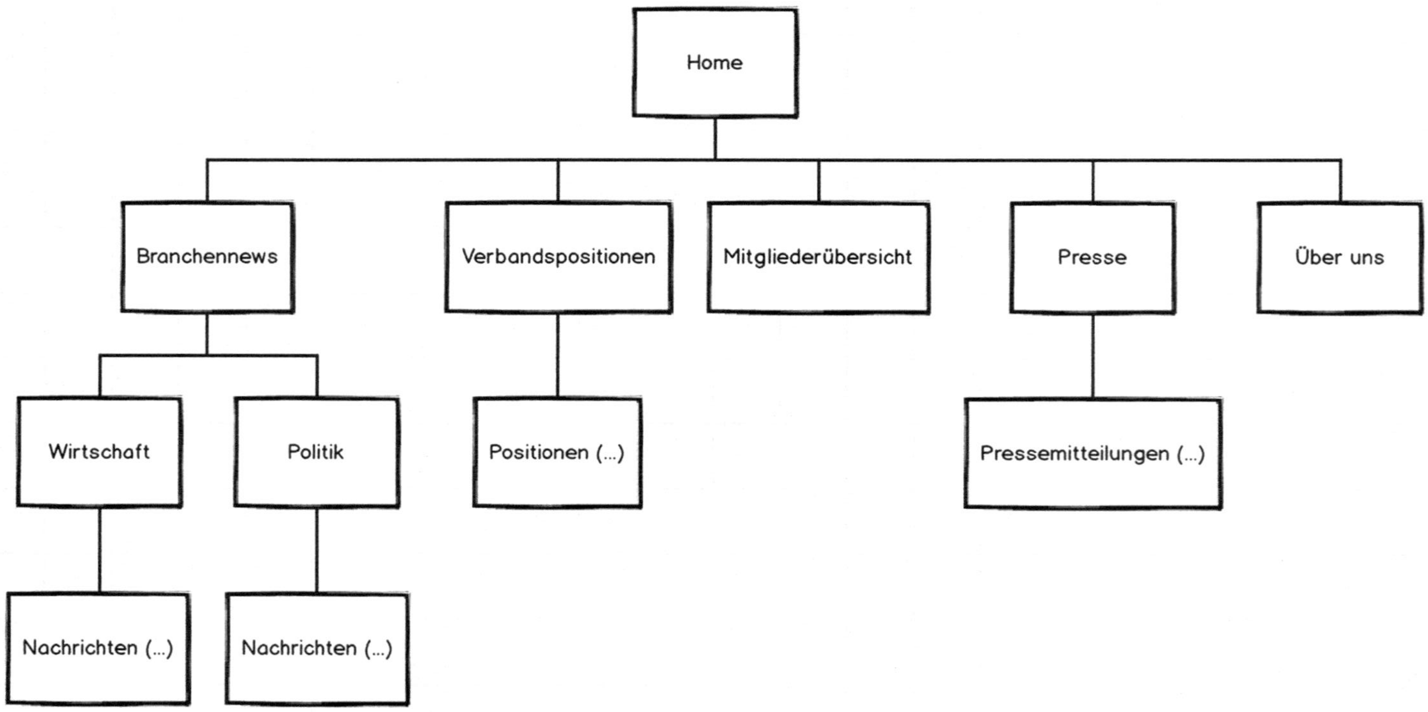

Abb. 3.2 Fiktives Beispiel einer einfachen Sitemap (erstellt mit Balsamiq.com)

Umständen kann man hier auch das Eingabefeld für die Suchfunktion der Website platzieren (und gegebenenfalls Links zu eigenen Social-Media-Seiten):

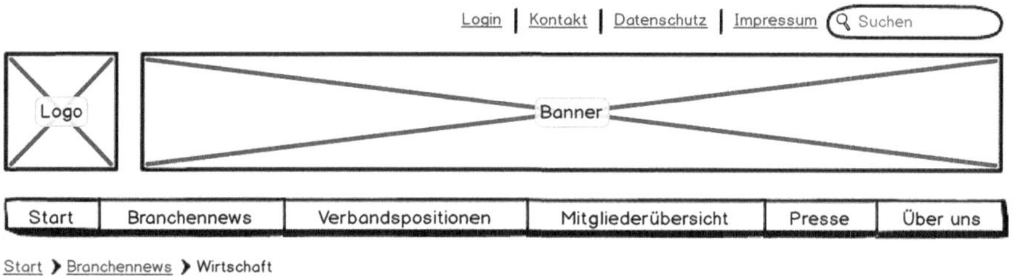

Kopfbereich jeder Seite mit der Navigation (erstellt mit Balsamiq.com)

Apropos: Wenn wir schon den Kopfbereich unserer Website skizzieren, sollten wir gegebenenfalls auch eine sogenannte Brotkrumennavigation integrieren, die dem Benutzer immer zeigt, auf welchem Pfad der Website er sich aktuell befindet. In oben stehender Abbildung ist das der Pfad, „Start > Branchennews > Wirtschaft". Da die einzelnen übergeordneten Begriffe in der Regel als Links ausgelegt sind, kann der Benutzer im Beispiel mit einem Klick zu den übergeordneten Seiten, hier „Branchennews" und Startseite, wechseln.

Wir können im Wireframe unserer Navigation auch den Fußbereich jeder Seite skizzieren und festlegen, ob sich die Metanavigation dort wiederholt und ob wir dort zugleich auch die Einträge der Hauptnavigation inklusive der Submenüs als eine Art allgegenwärtige Sitemap[4] platzieren.

3.3.3 Wireframes von Übersichtsseiten

Schließlich skizzieren wir Übersichtsseiten, auf die man gelangt, wenn man beispielsweise einen Begriff in der Hauptnavigation, wie etwa „Branchennews" anklickt. Abb. 3.5 zeigt eine entsprechende Seite, auf der eine Liste von Branchennews zu sehen ist, und zwar jene, die unterhalb von „Branchennews > Wirtschaft" eingeordnet sind. Solche Übersichtsseiten haben im Prinzip keinen eigenen Inhalt, sondern zeigen nur untergeordnete Inhalte an, etwa durch Teaser oder durch Listen. Entsprechend erstellen Content-Management-Systeme solche Seiten in der Regel automatisch.

Wichtig ist beim Erstellen der Wireframes von Übersichtsseiten vor allem, dass wir alle notwendigen Seitenlayouts berücksichtigen. In unserem Beispiel wird die Übersichtsseite für Branchennews gleich aussehen, egal ob die News zur Rubrik „Wirtschaft" oder zur

[4] Eine Sitemap im Fußbereich jeder Seite kann auch bezüglich der Suchmaschinenoptimierung angezeigt sein. Siehe dazu Abschn. 3.4.7.2 *Reputation*.

Rubrik „Politik“ gehören. Jenen Journalisten, die den Link „Presse“ anklicken, werden wir jedoch möglicherweise nur eine textlich gefasste Liste der Pressemitteilungen zeigen, in der aber jeweils das Datum und der Titel, vielleicht auch ein Kurztext zu sehen ist. Eventuell kann es sinnvoll sein, am Rand der Liste Kontaktangaben zum Pressesprecher unterzubringen. Insofern unterscheiden sich die Übersichtsseiten zu „Branchennews“ und „Presse“ und wir müssen zwei verschiedene Wireframes erstellen. Für „Verbandspositionen“ und „Mitgliederübersicht“ werden wir ebenfalls eigene Wireframes als notwendig erachten.

Übersichtsseiten haben in aller Regel eine *Paginierung*: So wird beispielsweise die Liste der Pressemitteilungen schnell so lang, dass das Laden des Dokuments einige Zeit dauert und dessen Handlichkeit im Browser leidet. Man kann aber beispielsweise immer nur 10 oder 20 Pressemitteilungen auf einer Seite zeigen und dem Benutzer eine Navigation unterhalb der Liste anzeigen, mit der er auf weitere Seiten umblättern kann. Wir sollten in den Wireframes von Übersichtsseiten angeben, wie wir uns das vorstellen:

<< | < | Seite 1 von 12 | > | >>

Paginierung in einem Wireframe
(erstellt mit Balsamiq.com)

Den vorerst letzten Schritt unseres Wireframings bildet – gemäß dem Ansatz, dass wir uns vom Detail zum Ganzen vorarbeiten – die Startseite.

Wir haben die wichtigsten Elemente der Startseite aber bereits skizziert, nämlich vor allem die Navigation. Und auch das Layout von Teasern dürfte auf der Startseite kaum anders ausfallen als auf Übersichtsseiten. Entscheidend beim Wireframe der Startseite ist vor allem, dass wir uns noch einmal genau die Use Cases vornehmen und darauf achten, dass sich alles, was wir darin auf der Startseite erwarten, dort auch an entsprechender Stelle wiederfindet.

Wir haben beispielsweise im Use Case 3.3.2 (siehe Abschn. 2.4.3 *Image verbessern*) Überlegungen dazu angestellt, dass Politiker die Website eines fiktiven Verbands der Textilindustrie besuchen, um sich ein Bild zu machen, ob die Mitgliedsunternehmen Mindeststandards bei den Arbeitsbedingungen ihrer Zulieferer sicherstellen. Ausgangspunkt der Überlegungen in diesem Use Case ist, dass Politiker den Verband kennen und deshalb direkt die Startseite des Verbands besuchen. Wir haben zu diesem Beispiel bereits Menüeinträge entwickelt. Möglicherweise ist das Thema aber so bedeutsam, dass Politiker nicht erst in der Hauptnavigation nachzusehen gezwungen sein sollten – zumal dort unter Umständen der einzig sichtbare Oberbegriff „Corporate Social Responsibility“ lauten könnte. Der Verband würde daher gegebenenfalls auf der Startseite einen aufmerksamkeitsstarken Teaser platzieren wollen, der das Thema explizit aufgreift. Das Thema könnte auch als derartig wichtig angesehen werden, dass der Verband diesen Teaser unbedingt in jenem Sichtbereich platzieren möchte, den der Besucher der Website direkt nach dem Laden der Startseite wahrnimmt.

Solche Fragen der Platzierung, die in der Praxis nachher den Ausschlag geben, ob die Kommunikationsaufgabe erfolgreich erfüllt werden kann, sind ein ganz wesentlicher Grund, warum der Verband selbst sich intensiv am Wireframing beteiligen sollte, wenn er eine neue Website plant. Die Startseite spielt dabei eine ganz wesentliche Rolle.

Es kann im Laufe des Projektes helfen, wenn die Gründe, warum etwas an einer bestimmten Stelle platziert wird, als Anmerkung zum Wireframe schriftlich festgehalten werden.

3.3.4 Design für mobile Endgeräte

Im Jahr 2014 griffen 69 Prozent der deutschen Internetnutzer auf das Internet unter anderem mit mobilen Endgeräten zu (Statista 2017a). Europaweit kamen im Jahr 2016 gut 28 Prozent aller Seitenaufrufe von mobilen Endgeräten und weitere knapp sieben Prozent von Tablet-Computern (Statista 2017b), das sind zusammen 35 Prozent. Global hat die tägliche Nutzungsdauer mobiler Endgeräte jene von Desktop-Geräten im Jahr 2015 sogar überholt (Meedia 2016). Dennoch gibt es im Jahr 2017 immer noch viele, auch große Verbände, deren Websites gestalterisch ausschließlich auf Desktop-Computer ausgerichtet sind.

Auch wenn man davon ausgehen darf, dass – aufgrund des überdurchschnittlich stark von professionellen Benutzern geprägten Publikums von Verbandswebsites – die Anteile an mobilen Nutzern bei Verbänden geringer sind als die zuvor genannten, so riskieren Verbände mit solchen, technisch unzulänglichen Websites dennoch Abbruchentscheidungen eintreffender Besucher in zweistelligem Prozentanteil.

Gravierender kann sich aber noch auswirken, dass ganze Use Cases in ihrer Funktionsweise massiv beschränkt werden. So hatten wir in einem Abschn. 2.4.1 *Artikulation der Verbandsmeinung nach außen* gesehen, dass eine online stattfindende Artikulation der Verbandsmeinung meinungsoffene Rezipienten nur dann erfolgreich erreicht, wenn es dem Verband gelingt, sich über soziale Medien oder auch eigene abonnierbare Push-Dienste intensiv mit der breiten Öffentlichkeit zu vernetzen. Ziel entsprechender Use Cases dürfte meist sein, dass Nachrichten des Verbands, indem sie von Rezipienten an ihre eigenen Kontakte weitergeleitet werden, kaskadierend eine immer weiter anwachsende Reichweite erzielen. Gerade politische Nachrichten und soziale Medien werden aber zunehmend über mobile Endgeräte rezipiert: So verzeichneten die fünf führenden deutschen Nachrichtenportale im November 2016 bei den Besuchen ihrer Nutzer einen Anteil mobiler Endgeräte von mehr als der Hälfte (Statista 2017c). Und so verwenden 62 Prozent der monatlich aktiven Facebook-Nutzer ausschließlich mobile Endgeräte zum Zugriff auf das Netzwerk (Statista 2017d).

Stellen wir uns vor: Ein Rezipient unserer Zielgruppe der breiten Öffentlichkeit findet während der Nutzung des Smartphones im Nahverkehrsmittel in einem Newsletter oder sozialen Netzwerk einen Teaser zu einem Artikel auf einer Verbandswebsite. Er folgt dem angegebenen Hyperlink und sieht eine nur für Desktop-Rechner gestaltete Seite. Die Chance einer Abbruchentscheidung ist nicht nur extrem hoch, wir können auch kaum damit rechnen, dass die Verbandsbotschaft weitergeleitet wird. Die erhoffte Kaskade reißt hier also ab.

Es ist also in aller Regel dringend geraten, dass Verbandswebsites auch auf mobilen Endgeräten, wie Smartphones und Tablet-Computern,[5] adäquat dargestellt werden.

Der Webserver kann entweder für mobile Endgeräte eigene Website-Versionen bereithalten und diese – automatisch oder auch nach einer entsprechenden Frage an den Benutzer – ausliefern. Oder man kann ein sogenanntes *Responsive Design* einsetzen. Dies bedeutet, dass alle Endgeräte die gleiche HTML-Datei laden, sich deren Darstellung aber infolge einer entsprechenden Programmierung automatisch an den Bildschirm des Endgerätes anpasst (zu den technischen Details siehe auch Abschn. 3.4.9.4 *Responsive Design*). Das geschieht beispielsweise, indem Elemente, die bei der Darstellung auf dem Desktop-Computer nebeneinander zu sehen sind, auf einem Smartphone untereinander platziert werden (Abb. 3.3). Eine andere übliche Methode ist es, die Hauptnavigation auszublenden und nur über ein sogenanntes *Hamburger-Menü-Icon* zugänglich zu machen.

Hamburger-Menü-Icon

Oft werden auch weniger wichtige Elemente bei kleineren Bildschirmen ausgeblendet. Weitere häufig eingesetzte Methoden sind die Skalierung von Spaltenbreiten, Grafiken und Schriftgrößen.

Im Rahmen des Wireframings müssen auch dafür Skizzen angefertigt werden. Denn natürlich ist auch hier maßgeblich, was mit den Use Cases beabsichtig wird und wo davon Abstriche zu machen vertretbar ist. Angesichts kleinerer Bildschirme werden Kompromisse zwischen konkurrierenden Gestaltungselementen oft anders ausfallen müssen als bei einem Desktop-Bildschirm.

Doch: Wichtig bei der Erstellung von Wireframes für die kleineren Bildschirme mobiler Endgeräte ist zunächst einmal nur das Schema, nach dem sich Elemente verschieben oder wegfallen. Genaue Vermaßungen, etwa bei welchen Bildschirmbreiten, Elemente umpositioniert werden, wegfallen oder sich in ihrer Größe ändern, sind Angelegenheit des finalen Webdesigns.

Gegebenenfalls ist dabei allerdings zu auch berücksichtigen, wie die Bedienbarkeit der Website sowohl mit einer Maus als auch mit einem Touchscreen sichergestellt ist. Auf einem Touchscreen kann der Benutzer beispielsweise nicht testweise mit der Maus über einen Hyperlink fahren, um auszuprobieren, wohin der Link führt. Sofern die Website bei

[5] Manche Definitionen oder Statistiken zählen Tablet-Computer nicht zu den mobilen Endgeräten. Dies liegt vor allem daran, dass Tablet-Computer vielfach keinen Zugriff auf mobile Datendienste, sondern nur auf W-LANs haben und insofern in gewissem Sinne als stationär gelten müssen. Gerade preiswerte Tablets ohne Zugriff auf mobile Datennetze haben aber häufig auch eine relativ geringe Bildschirmauflösung, sodass Websites darauf einer Anpassung der Gestaltung bedürfen.

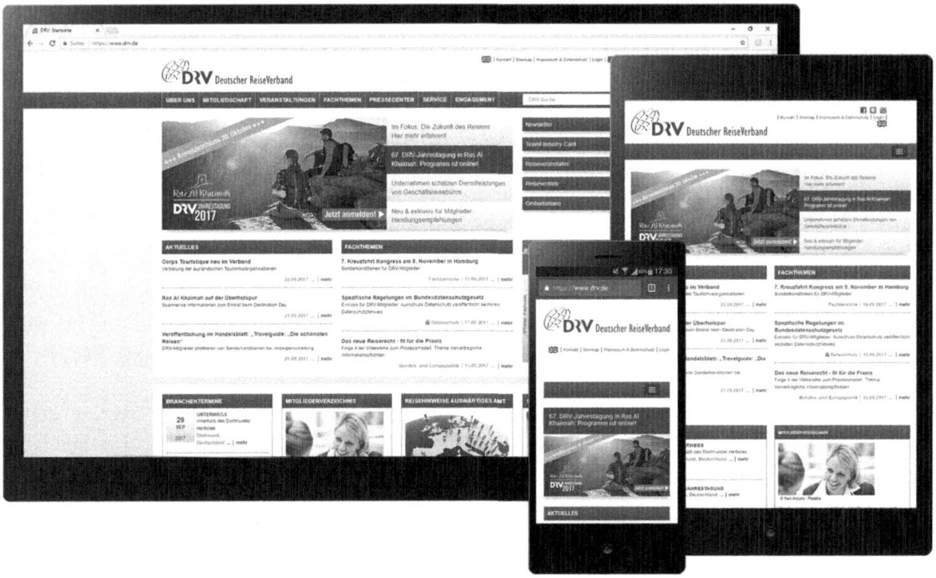

Abb. 3.3 Website des Deutschen Reiseverbands auf Desktop-Computer, Tablet und Smartphone

einem solchen sogenannten Mouseover-Ereignis bestimmte Dinge einblendet, muss dies auf einem Touchscreen-Gerät, das keine Maus kennt, völlig anders konzipiert werden – etwa, indem ein Klick nicht gleich eine neue Seite lädt, sondern zunächst ein erläuterndes Element einblendet (siehe dazu auch Abschn. 3.4.9.4 *Responsive Design*).

Die erste Iteration des Wireframings ist komplett, wenn wir schematisch skizziert haben, wie jedes Wireframe der Desktop-Version sich mit zunehmend schmaleren Bildschirmen verändert.

3.3.5 Weitere Iterationen beim Wireframing

Das Erstellen von Wireframes ist eine äußerst anspruchsvolle Aufgabe. Denn wir legen hier die Grundlage für etwas, das Webdesigner als *User Experience* bezeichnen und im Jargon mit *UX* abkürzen. User Experience stellt eine Erweiterung gegenüber der Vorstellung dar, dass eine Website (oder ein Produkt) nur gebrauchstauglich zu sein hat, wie Richter und Flückiger beschreiben (Richter und Flückiger 2016):

> Der Begriff UX betont die Nutzerperspektive und fordert dazu auf, eine rein funktionale Betrachtungsweise zu verlassen. Es werden vermehrt auch emotionale Faktoren bezüglich Design und Ästhetik einbezogen, die das Vergnügen während der Nutzung („Joy of Use") erhöhen können. Anstelle von pragmatischen Produkten treten großartige Erfahrungen der Nutzer. (…) Aufgrund der umfassenderen Betrachtungsweise wird der Begriff UX immer öfter auch anstelle der Bezeichnung Usability verwendet.

Die User Experience wird also – außer natürlich durch die Utility, über die wir bereits ausführlich gesprochen haben – vor allem durch zwei Aspekte bestimmt:

- *Gebrauchstauglichkeit (englisch: Usability):* Erkennt der Benutzer, wie er die Website effizient zu bedienen hat, um den Ziel seines Besuches zu erreichen?
- *Emotionale Erfahrung (Fachterminus: Joy of Use):* Empfindet der Benutzer die Nutzung der Website als angenehm?

Bedeutung im Webdesign hat *Joy of Use* ursprünglich vor allem im Bereich des Marketings erlangt. Doch heutzutage weiß man, dass emotionale Aspekte auch bei der Informationsexploration eine wichtige Rolle spielen. Kalbach schreibt dazu (Kalbach 2007):

> Traditional academic disciplines related to web design-human-computer interaction and information science-have long focused on the physical and cognitive aspects of computer interface design. Now, in designing for optimal user experiences, user engagement, joy of use, and just plain fun, are all part of the paradigm. Research in psychology and neuroscience reveals a tight connection between affect and cognition: emotions are essential in human thought. Emotions guide social interactions, influence decisions and judgments, affect basic understanding, and can even control physical actions. When you feel good it is easier to make decisions, brainstorm, and be creative, for instance. Attractive things really do work better.

Wir tun also gut daran, eine Verbandswebsite, die erfolgreich kommunizieren soll, nicht nur gebrauchstauglich, sondern auch emotional ansprechend zu gestalten.

Wer Websites gestaltet, begibt sich jedoch bei beiden Aspekten auf ein Terrain, auf dem es kaum feste Regeln gibt. So schreibt der renommierte Usability-Berater Steve Krug in seinem viel beachteten Werk „Don't make me think!" (Krug 2014, S. 7):

> Ich bin schon eine ganze Zeit in diesem Geschäft, lange genug, um zu wissen, dass es keine „richtige" Antwort auf Usability-Fragen gibt. Design ist ein komplizierter Prozess und die ehrliche Antwort auf die meisten mir gestellten Fragen ist: „Es kommt drauf an."

Gerade wegen solcher Unbestimmtheit lauern bei Gebrauchstauglichkeit und Joy of Use viele Risiken, die dazu führen können, dass eine Website nicht wirklich optimal gestaltet wird:

Beispielsweise ist eine Website umso gebrauchstauglicher, je mehr ihre Handhabung den zuvor entwickelten allgemeinen Erwartungen der Benutzer an Websites entgegenkommt – in der Usability-Forschung spricht man von Erwartungskonformität. So erwarten die meisten Benutzer etwa Hyperlinks zum Impressum, zum Kontaktformular oder zur Datenschutzerklärung entweder ganz oben auf der Website in einer Metanavigation oder im Fußbereich jeder Seite. Sind die Links jedoch anders platziert, werden die meisten Benutzer sie als schlecht auffindbar ansehen.

Erwartungskonformität hat mit allgemeinen Konventionen beim Design von Websites zu tun (Krug 2014, S. 29). Doch diese Konventionen verändern sich mit der Zeit. Beispielsweise hat sich das sogenannte *Hamburger-Menü-Icon* zunächst aus Platzgründen auf den kleinen Bildschirmen von Smartphones etabliert, wird aber mittlerweile auch bei Websites eingesetzt, wenn diese auf Desktop-Rechnern dargestellt werden. Denn eine breite Majorität der Internetnutzer weiß mittlerweile, dass sich dahinter üblicherweise ein Navigationsmenü verbirgt. So versteckt etwa die Website des Bundesverbands der Deutschen Industrie ihre Hauptnavigation auch in der Desktop-Version komplett hinter dem Icon und schafft damit Platz im Sichtbereich der Startseite für ein großflächiges, optisch attraktives Banner.[6] Vor nicht allzu langer Zeit hätten die Besucher der Website das Icon jedoch noch nicht verstanden. Freilich ist nach wie vor umstritten, ob ein solches Verbergen der Navigation sinnvoll ist (vgl. Schamber 2015).

Noch diffiziler kann die Frage sein, für welche unserer Use Cases bestimmte Links oder Teaser im Sichtbereich der gerade geladenen Startseite zu sehen sein sollten – damit Erwartungen der Zielgruppe nicht enttäuscht werden und es möglicherweise zu Abbruchentscheidungen kommt. Hierzu hat es unter Usability-Experten über lange Zeit eine fast schon skurrile Debatte gegeben: Der in Sachen Usability renommierte dänische Informatiker Jakob Nielsen hatte 1997 behauptet, Internetnutzer würden bei der Informationsexploration praktisch nie scrollen (Nielsen 1997). Im Jahr 2010 hat er diese These deutlich relativiert (Nielsen 2010) und sich dabei dem Spott mancher Fachmedien ausgesetzt (ComputerWeekly 2010). Zwar kann man heute mit dem Analysetool *Google Analytics* über sogenanntes Scroll-Tracking genau ermitteln, wie weit die Benutzer auf einer Seite scrollen (Herndler 2016). Aber für die Frage, mit welcher Bereitschaft zum Scrollen wir in einzelnen Use Cases rechnen dürfen, hilft uns das kaum weiter.

Noch schwieriger kann es sich gestalten, emotionale Erlebnisse von Benutzern auf einer Website zutreffend zu antizipieren. Fesselt beispielsweise eine bildschirmgroße Slideshow mit attraktiven Fotos den Benutzer so, dass er von der Website kaum noch loskommt? Oder schmälern wir unseren kommunikativen Erfolg mit einem solchen Layout eher, weil wir durch den Platzverbrauch der Slideshow die Chance vertun, den Besucher erkennen zu lassen, dass er einer gesuchten Information bereits sehr nahe ist und nur noch ein oder zweimal klicken muss, um sie zu erreichen?

Sofern wir unsere Use Cases Detail für Detail abarbeiten und alle darin vorgesehenen Navigations- und funktionalen Bedienelemente in Wireframes aufnehmen, werden wir für viele solcher Fragen zumindest ein Gespür entwickeln.

Im Use Case 1.1.1.1 (siehe Abschn. 2.4.3 *Image verbessern*) haben wir es beispielsweise mit einem Meinungsführer zu tun gehabt, der auf der Startseite eines Verbandes eintrifft und sich für das Thema Binnenmarkt interessiert. Haben wir die Persona eines Meinungsführers weit genug ausformuliert, dürfte dort möglicherweise ein Hinweis zu finden sein, dass der Meinungsführer seine Informationsexploration möglichst effizient gestaltet und zu schnellen Abbruchentscheidungen neigt. Wir sollten also nicht unbedingt ein Layout für die Startseite wählen, das mit Bildschirm füllenden Fotos zu beeindrucken versucht, bei dem sich aber das Thema Binnenmarkt erst hinter möglicherweise wenig selbsterklärenden Navigationsfunktionen oder erst nach langem Scrollen finden lässt.

In Abschn. 2.4.3 *Image verbessern* haben wir Überlegungen zu einem fiktiven Verband der Textilindustrie angestellt, der eine eigene Website zum Standard SA8000 einrichtet, um

[6] http://bdi.eu, abgerufen 19. Febr. 2017.

gegenüber der Öffentlichkeit zu dokumentieren, dass die Mitgliedsunternehmen Mindeststandards bei den Arbeitsbedingungen ihrer Zulieferer sicherstellen. Auf dieser Website gibt es grundsätzlich nur ein Thema und niemand muss erst suchen. Der dokumentarische Wert großflächiger Fotos von der Arbeit in Zulieferbetrieben dürfte wirkungsvoller dabei sein, die Nutzer zum Verbleiben auf der Website zu bewegen, als wenn Schrift und Navigationsmenüs dominieren. Hier wäre also eine große Slideshow möglicherweise die richtige Lösung.

Wenn wir unsere Use Cases vollständig in Wireframes übertragen, werden wir daher – trotz aller Unsicherheiten – vieles intuitiv richtig machen. Trotzdem muss an dieser Stelle davor gewarnt werden, Wireframes ohne Unterstützung professioneller, in Sachen UX versierter Designer zu finalisieren und als Grundlage des Webdesigns zu verwenden. Vielmehr sollten die ursprünglichen, auf den Use Cases beruhenden Wireframes als erste Iteration eines Prozesses verstanden werden, für den der englische Produktdesigner Stuart Pugh im Jahr 1990 den Begriff des *Designtrichters* (*design funnel*) schuf (vgl. Buxton et al. 2013). Dabei nähert sich ein Design in mehreren Iterationen, in denen immer weitere Impulse von außen gesetzt werden, dem finalen Ergebnis an. Dieses Vorgehen wenden wir zunächst nur auf das Wireframing an.

Grundlage des Designtrichters sind die aus den Use Cases erarbeiteten Wireframes. Es kommt jedoch in den folgenden Iterationen darauf an, das Wissen und die Erfahrung versierter Webdesigner zu nutzen, um die User Experience sowohl im Hinblick auf Usability als auch Joy of Use zu optimieren.

In dieser Phase ist auch mit zu bedenken, wie beispielsweise Newsletter aussehen sollen, die in den Use Cases eine Rolle spielen. Hier ist allerdings Vorsicht in Bezug auf allzu großen Ideenreichtum geboten, denn komplizierte Layouts werden von vielen Endgeräten, vor allem Smartphones, nur unzureichend dargestellt (siehe dazu Abschn. 4.4.1 *Newslettering*).

Aufgabe von Verband oder Projektant ist es im Designtrichter vor allem, auch weiterhin für eine adäquate Berücksichtigung der Use Cases Sorge zu tragen. Unabhängig davon, kann es den Dialog innerhalb des Designtrichters durchaus anregen, wenn man Beispiele für Websitelayouts, für Navigationsmenüs oder für einzelne funktionale Elemente im Hinblick auf ihre Anwendbarkeit diskutiert. Es gibt im Internet vielfältige Plattformen, auf denen man dazu Beispiele ansehen und testen kann.[7]

Ziel muss es sein, schließlich finalisierte Wireframes für alle Seitentypen der künftigen Website und gegebenenfalls von Newslettern zu haben. Diese werden wesentlicher Bestandteil des Lastenhefts sein, dessen Erstellung der nächste Arbeitsschritt ist.

Sofern es die Umstände, vor allem der zeitliche Rahmen, zulassen, kann aber zunächst auch erst das komplette Webdesign ausgeführt werden. Dadurch wird das Lastenheft deutlich konkreter, was bei einer Ausschreibung der Programmierung durchaus hilfreich sein kann.

Prinzipiell eignen sich die ersten Wireframes und die Niederschriften der Use Cases durchaus dazu, um eine Ausschreibung unter Designagenturen durchzuführen. Der

[7] Mehr als 30.000 komplette Webdesigns („Themes“) finden sich beispielsweise auf https://themeforest.net, unzählige Navigationsmenüs auf http://www.cssplay.co.uk/menus/und eine Vielzahl von funktionalen Elementen auf http://jqueryui.com.

Verband kann diese beispielsweise als Briefing-Unterlagen verwenden und damit einen Pitch[8] veranstalten, bei dem die teilnehmenden Agenturen einen Designentwurf für die Homepage präsentieren. Die Agentur, die den Pitch gewinnt, finalisiert dann zunächst die Wireframes und erstellt dann ein vollständiges Design für die gesamte Website, das anschließend zur Grundlage des Lastenheftes wird.

3.4 Lastenheft

Die Anforderungsbeschreibung von IT-Projekten wird beim Projektmanagement nach dem Wasserfallmodell häufig in einem Lastenheft formuliert.[9] DIN 69901-5 definiert ein Lastenheft als „vom Auftraggeber festgelegte Gesamtheit der Forderungen an die Lieferungen und Leistungen eines Auftragnehmers innerhalb eines (Projekt-)Auftrages" (vgl. Meyer und Reher 2016).

Ein vollständiges Lastenheft für eine Verbandswebsite enthält, wie wir im Folgenden sehen werden, zweckmäßigerweise Angaben zu folgenden Aspekten[10]:

- Wireframing oder Webdesign
- eine Sitemap
- Beschreibung aller Funktionen der Website aus Sicht des Benutzers
- Funktionsumfang des Content-Management-Systems
- technische Standards bezüglich
  - Validität der Programmierung (vor allem in Bezug auf HTML)
  - notwendige Kompatibilitäten (etwa mit verschiedenen Browsern)
  - Schnittstellen (zum Beispiel für Robots von Suchmaschinen und sozialen Netzwerken)
- technische Anforderungen an CMS und Website bezüglich der Suchmaschinenoptimierung
- Art und Umfang notwendiger Migration von Daten zwischen Systemen (wie etwa dem CMS der bisherigen Website)

[8] Ein Agenturpitch bedeutet dabei für teilnehmende Agenturen einen relativ hohen Aufwand. Das Ergebnis eines Pitches kann daher prinzipiell gesteigert werden, indem allen Agenturen für ihren Entwurf ein Honorar gezahlt wird.

[9] Andere Ansätze, wie das erst nach und nach entstehende Product Backlog der agilen Methodik von Scrum oder wie die Software Requirements Specification des Institute of Electrical and Electronic Engineers, in der Lastenheft und Pflichtenheft zusammengefasst sind, werden hier aus didaktischen Gründen nicht weiter beschrieben. Prinzipiell sind aber natürlich andere Formen der Anforderungsbeschreibung denkbar.

[10] Außer Aspekten wie den hier genannten umfasst die Definition eines Lastenhefts nach der DIN 69901 zudem die Festschreibung von Vorgaben bezüglich des Vertrags mit Auftragnehmern, von Anforderungen an das Projektmanagement durch Auftragnehmer sowie gegebenenfalls von Anforderungen an deren Unternehmen, wie Zertifizierungen oder die Einhaltung bestimmter Rechtsvorschriften. Dies ist insbesondere dann wichtig, wenn das Lastenheft als Anforderungsbeschreibung für eine Ausschreibung verwendet werden soll (vgl. Badach und Rieger 2013). Siehe dazu Abschn. 3.4.15 *Regelungen zu Projektmanagement und Pflichtenheft im Lastenheft*.

Im Folgenden soll beschrieben werden, welche Anforderungen ein Lastenheft für eine Website der Verbandskommunikation beschreiben sollte, um zuvor entwickelte Use Cases sicher umzusetzen und technische Mängel eines Projekts weitgehend auszuschließen.

Bei der Erstellung eines Lastenheftes muss es Absicht sein, im Hinblick auf die technische Umsetzung so *lösungsneutral* wie möglich zu bleiben (vgl. Meyer und Reher 2016). Anderenfalls besteht ein hohes Risiko, dass das Projekt eben jenen Verlauf nimmt, den die Anhänger des agilen Projektmanagements zu vermeiden trachten. Beschrieben werden sollte im Wesentlichen also nur, was sich aus den kommunikativen Anforderungen der Use Cases und unseren Wireframes ergibt. Dies wird freilich, wie wir bereits in einigen Use Cases gesehen haben, immer wieder bis ins Detail der Gestaltung einzelner Seiten und deren funktionaler Elemente gehen. Wir tun dennoch gut daran, wertvollen Input von Know-how-Trägern, die erst später in das Projekt eintreten, nicht bereits vorab zu verhindern, indem wir zu viele eigene Lösungen festschreiben.

Ein Beispiel für eine nicht lösungsneutrale Vorgabe ist beispielsweise, was nach den Erfahrungen des Verfassers in Verbänden immer wieder vorkommt: Die Wahl des Content-Management-Systems wird bereits vor Projektbeginn festgelegt, weil Mitarbeiter sich an ein bestimmtes CMS gewöhnt haben. Das ist jedoch aus folgenden Gründen problematisch: Es wird damit zum einen ausgeschlossen, dass ein CMS zum Einsatz kommt, das möglicherweise an neue Anforderungen mit deutlich geringerem Aufwand angepasst werden kann. Zum anderen reduziert eine solche Entscheidung die Zahl möglicher Agenturen, die als Auftragnehmer gewonnen werden könnten, immens. Denn viele Unternehmen, die Webentwicklung betreiben, haben sich auf ein Content-Management-System spezialisiert oder auf einige wenige. Unter jenen Agenturen, die schließlich wegen der Festlegung auf ein bestimmtes CMS nicht mehr infrage kommen, können sich jedoch durchaus besonders kostengünstige oder besonders qualifizierte befinden.

3.4.1 Templates

Jeder Seitentyp, für den wir ein eigenes Wireframe erstellt haben, wird künftig im Content-Management-System eine Vorlage erhalten, in aller Regel mit dem englischen Wort *Template* bezeichnet. Das Template enthält die HTML-Programmierung und unter Umständen weitere Scripte, die den Seiten später bestimmte Funktionalitäten verleihen, in erster Linie mittels JavaScript. Erstellt man später ein neues Dokument für die Website, gibt man Texte in Eingabefelder im Content-Management-System ein, lädt möglicherweise Bilder dorthin hoch – und das Content-Management-System setzt diese Inhalte in das Template ein und veröffentlicht dann die neu entstandene Seite (vgl. Böhringer et al. 2014, S. 58).

Wichtigster Bestandteil des Lastenhefts ist daher die Beschreibung der Anforderungen an die Templates. Dazu haben wir entweder finalisierte Wireframes oder sogar ein fertig gestelltes Grafikdesign. Zu jeder dieser grafischen Darstellungen eines Seitentyps schreiben wir nun Spezifikationen, die folgende Details und gegebenenfalls weitere festlegen:

- Welche Elemente kann das jeweilige Dokument beinhalten?
  - Textstrukturierung: Steht über der Überschrift eine Dachzeile? Gibt es Unter- und Zwischenüberschriften? Gibt es einen Lead-Absatz, der anders aussehen soll, etwa fett formatiert? Gibt es besondere Hervorhebungen, die standardmäßig verwendet werden sollen, etwa bei Zitaten oder Infokästchen?
  - Bilder: Welche Layouts von Bildern im Text soll es geben? Sollen Galerien mit mehreren Bildern eingebettet werden können? Sollen eingebettete Bilder eine Zoom-Funktion haben? Haben Bilder eine Bildunterzeile? Gibt es einen Copyright-Vermerk? Gibt es eine Bildersuche?
  - Multimedia: Sollen in die Seiten Videos oder Animationen eingebettet werden können?
  - Druckfunktion: Gibt es Druck-Icons auf jeder Seite? Wie sieht die Druckversion einer Seite aus, welche Teile der Seite werden zum Ausdrucken ausgeblendet?
  - Gibt es Schlagworte für die Seite? Sind sie sichtbar? Wenn ja: Haben sie eine Funktion (Link zum Ergebnis einer Schlagwortsuche)?
  - Gibt es Social-Media-Buttons unterhalb eines Textes? Welche?
  - Gibt es einen Link, um an den Anfang der Seite zu kommen?
  - Wird auf jeder Seite ein Veröffentlichungsdatum angezeigt? Wird es automatisch eingeblendet?
  - Kann die Seite Eingabeformulare enthalten? Wenn ja: Wohin werden die Daten übertragen und wohin gelangt der Benutzer danach? Werden die Eingaben des Benutzers überprüft –und wenn ja, worauf hin? Wie sehen Fehlermeldungen aus, falls die Daten falsch eingegeben wurden? Welche Daten, wie etwa eine Liste von Ländern, müssen für das Formular zur Verfügung stehen und wo kommen diese Daten her?
  - Welche Arten von Teasern sollen auf der Seite zu sehen sein? Welche Elemente, wie Überschrift, Bild und Kurztext, haben diese Teaser? Und welche Seitentypen werden durch diese Teaser dargestellt und verlinkt? Gibt es dabei Automatismen, beispielsweise aufgrund von Verschlagwortung („Das könnte Sie auch interessieren … “)?
- Welche Arten von Teasern stellen die Seite auf anderen Seiten dar? Welche Elemente haben diese Teaser? Werden Inhalte dieser Teaser automatisch generiert, beispielsweise ein Kurztext aus dem Anfang des Artikels? Oder muss die Redaktion alle Inhalte der Teaser von Hand eingeben?
- Bei Übersichtsseiten: Zeigt die Seite automatisch Teaser aller ihr untergeordneten Seiten an? Oder gibt die Redaktion im CMS von Hand ein, welche Teaser angezeigt werden? Wie sieht die Paginierung aus und wie funktioniert sie?
- Responsive Design: Wie ändert sich das Seitenlayout bei verschiedenen Bildschirmbreiten und welche alternativen Gestaltungen gibt es gegebenenfalls bei Nutzung mit einer Computer-Maus oder mit einem Touchscreen?

3.4.2 Navigation

Um die Navigation zu dokumentieren, stehen bereits die Sitemap und die Wireframes zur Verfügung, die alle Subnavigationen zeigen. Gegebenenfalls ist eine Funktionalität, die sich aus den grafischen Darstellungen nicht verstehen lässt, zu erläutern – wie etwa das Verhalten beim Bedienen sowohl mit der Computer-Maus als auch mit Touchscreens.

Um späteren Missverständnissen vorzubeugen, sollte für jeden Menüeintrag angegeben werden, auf welches Dokument er verlinkt.

Es sollte gegebenenfalls festgelegt werden, ob im Umfeld der Navigation – beispielsweise durch entsprechende Logos von sozialen Medien – auf Social-Media-Seiten des Verbands hingewiesen wird, um dadurch kontinuierlich eine intensive Vernetzung voranzutreiben.

Sofern Sprachversionen der Website geplant sind, gehört zur Navigation auch der Wechsel zwischen ihnen, beispielsweise durch Mausklick auf Flaggensymbole. Das Lastenheft hat diesbezüglich auch darzulegen, ob jedes Dokument in allen Sprachen zur Verfügung stehen soll oder die Sprachversionen unterschiedlich umfangreich sind.

3.4.3 Suchfunktion

Eine Volltextsuche ist heutzutage selbst bei kleinen Websites Standard. Wenn man davon ausgeht, dass viele Websitebesucher diese nutzen, sollte man erwägen, im Lastenheft bestimmte Funktionen festzuschreiben, wie beispielsweise die Suche mit Boolesche Operatoren[11] oder nach Phrasen.[12]

Die Suchfunktion kann darüber hinaus ergänzt werden um eine Schlagwortsuche, sofern die Inhalte der Website verschlagwortet werden.

Die Usability einer Suchfunktion lässt sich auch durch Autovervollständigung erhöhen, bei der dem Benutzer nach Eingabe weniger Buchstaben bestimmte vollständige Begriffe vorgeschlagen werden – etwa existierende Schlagworte oder häufig gesuchte Begriffe.

Es kann die Zahl der Subskriptionen steigern, wenn dem Benutzer im Ergebnis zu jeder Suche ein Abonnement zum gesuchten Begriff angeboten wird, etwa per RSS, Newsletter oder E-Mail-Benachrichtigung.

Das Lastenheft sollte auch Information enthalten, auf welche Weise die Suchfunktion mit passwortgeschützten Bereichen, wie einem Extranet für Mitglieder, umgeht. Gibt es

---

[11] Boolsche Operatoren definieren beispielsweise, ob von zwei eingegebenen Suchbegriffen beide im Suchergebnis vorkommen sollen („Verbände UND Internet") oder einer der Begriffe ausreicht („Verbände ODER Internet").

[12] Als Phrasen bezeichnet man Sucheingaben, die aus einer festen, buchstabengenauen Kombination mehrerer Worte bestehen. Sie werden in der Regel in Anführungsstrichen eingegeben. Die Suche nach „Verbände Internet" als Phrase findet dann nur jene Texte, in der beide Worte nur durch das Leerzeichen getrennt hintereinander vorkommen (was vermutlich selten vorkommt).

innerhalb solcher Bereiche eine zusätzliche Suchfunktion oder ändert sich bei eingeloggten Benutzern das Suchergebnis der standardmäßigen Suchfunktion, indem dort auch passwortgeschützte Dokumente mit angezeigt werden?

3.4.4 Extranet

Ein Extranet ist ein passwortgeschützter Bereich einer Website, auf den nur berechtigte Benutzer Zugriff haben. Die meisten Verbände haben Extranets für ihre Mitglieder. Zentrales Element solcher Extranets ist zumeist ein Archiv von Verbandsrundschreiben und ähnlichen Dokumenten.

In vielen Verbänden gibt es Arbeitskreise zu verschiedensten Themen. Oft sind Extranets für Mitglieder deshalb so angelegt, dass jeder Benutzer neben allgemeinen Informationen nur bestimmte Inhalte zu sehen bekommt, nämlich Dokumente jener Arbeitskreise, denen er angehört.

Extranets, in denen den Benutzern unterschiedliche Inhalte angezeigt werden, basieren technisch auf sogenannten Benutzerrechten, die vom Administrator in einer Datenbank verwaltet werden. Der Administrator gibt hier beispielsweise an, zu welchen Arbeitskreisen ein bestimmter Nutzer gehört. Das Content-Management-System bereitet dann die Seiten des Extranets für diesen Benutzer individuell so auf, wie es die Rechte vorsehen.

Die Wireframes für Seiten in Extranets sind wahrscheinlich meist nicht besonders komplex. Sie allein nützen dem Programmierer jedoch wenig, wenn nicht klar ist, wie die Benutzerrechte die Aufbereitung der Seite steuern. Haben etwa die Benutzerrechte eine Hierarchie, sodass beispielsweise jemand, der dem Arbeitskreis „Vorstand" angehört, automatisch alles sehen darf, was das Extranet anbietet? Oder sieht er nur alles aus dem Arbeitskreis „Vorstand" und bedarf gegebenenfalls weiterer Rechte, um mehr zu sehen? Die Frage klingt zunächst banal, ist jedoch von erheblichem Belang: Sieht der Vorstand alles und es gibt 30 Arbeitskreise, wird das Extranet möglicherweise von den Vorstandsmitgliedern als überfrachtet angesehen. Soll hingegen ein Administrator in der Benutzerverwaltung für jedes Vorstandsmitglied eine individuelle Konstellation der Benutzerrechte erfassen, wird der Pflegeaufwand schnell sehr groß – und das Risiko von Fehlern bei der Vergabe von Benutzerrechten wächst damit ebenfalls.

Oder gibt es – um diesen Problemen aus dem Weg zu gehen – hierarchische Benutzerrechte, zu denen dann die Berechtigung gehört, dass Benutzer bestimmte Arbeitskreise selbst abonnieren und sich somit die angezeigten Inhalte innerhalb ihrer Berechtigungen selbst zusammenstellen können? Das ist komfortabel, aber die Rechteverwaltung des Extranets wird dann zwangsläufig recht komplex. Sie muss im Lastenheft deshalb nachvollziehbar dargelegt werden.

Vor allem bei komplexeren Strukturen von Benutzerrechten im Extranet fallen viele Funktionen mit jenen des Versandsystems zusammen, die im folgenden Abschnitt erörtert werden.

3.4.5 Versandsystem

Die Möglichkeiten, wie Verbände ihr Versandsystem gestalten können, haben eine gewaltige Spannbreite:

- Man kann beispielsweise normale E-Mail-Software, wie Microsoft Outlook, nutzen, um Newsletter und Verbandsrundschreiben zu versenden. Etwas mehr Komfort bieten preiswert oder gar gratis zur Verfügung stehende Dienstleister im Internet – bekannte Anbieter sind etwa MailChimp oder CleverReach.[13] Freilich sollte bei Nutzung externer Dienstleister das Datenschutzrecht beachtet werden, da man persönliche Daten Dritter auf den jeweiligen Systemen des Dienstleisters speichert. (Grundsätzlich ist hierfür eine Vereinbarung zur Auftragsdatenverarbeitung erforderlich. Siehe dazu Abschn. 4.7.2.2 *Datenschutzverpflichtungen gegenüber Dritten.*) Die Inhalte der zu versendenden E-Mail muss man händisch auf das genutzte System übertragen. Die Empfängeradressen und andere Angaben, wie etwa die persönlichen Anreden, muss man als Liste auf das System hochladen. Alles, was die Website und ihr Content-Management-System dann beherrschen müssen (und was deshalb in das Lastenheft gehört), ist, dass die Website die Daten jener Websitebesucher, die etwas abonnieren oder abbestellen möchten, an die Verbandsgeschäftsstelle überträgt. Das geht mit ein oder zwei einfachen Formularen auf der Website und dem Versand der Daten per automatisiert erzeugter E-Mail an einen Verbandsmitarbeiter, der die Daten dann händisch in andere Systeme einpflegt. Bei den genannten Online-Dienstleistern ist eine Abbestellung („*Opt-out*") in den versendeten E-Mails sogar bereits integriert.
- Sofern unsere Use Cases eine der folgenden Möglichkeiten vorsehen, wird es deutlich komplizierter:
  - Man kann Newsletter oder andere Push-Dienste zu bestimmten Themen abonnieren und abbestellen.
  - Mitglieder können in einem Extranet nach Belieben Rundschreiben bestimmter Arbeitskreise oder Themengebiete abonnieren oder abbestellen.
  - Empfänger von Newslettern oder Rundschreiben können in einem persönlichen Profil Daten ändern – etwa die E-Mail-Adresse, an die ihnen die Mails geschickt werden.

  In diesen Fällen wird es unumgänglich sein, dass die Website dem Benutzer seine aktuell gespeicherten Daten anzeigt, damit er sie editieren kann – etwa verschiedene abonnierte Themen oder die aktuell genutzte E-Mail-Adresse. Das Content-Management-System muss daher diese Daten kennen und benötigt eine Nutzerdatenbank, die eine ganze Reihe Informationen zu jedem registrierten Nutzer enthält, wie Namen, E-Mail-Adresse und abonnierte Themen (darüber hinaus muss das CMS auch die Benutzerrechte kennen, die im vorigen Abschnitt erwähnt wurden).

  Häufig wird deshalb – neben einer zentralen Adressdatenbank der Verbandsgeschäftsstelle – im CMS eine zweite Datenbank mit persönlichen Daten von für den Verband

[13] Einen guten Überblick über Newsletter-Tools bietet TN3 (TN3 2017).

wichtigen Personen gepflegt. Der durch die Pflege zweier Datenbanken verursachte Mehraufwand sowie Dateninkonsistenzen, die dabei unumgänglich sind, werden hingenommen.

- Je mehr Komfort und individuelle Auswahl von Inhalten ein Verband den Empfängern von Newslettern und Verbandsrundschreiben bieten möchte, desto eher wird eine Systemarchitektur sinnvoll, bei der ein Content-Management-System mit einem Customer-Relationship-Management-System[14] (kurz: CRM-System) kombiniert wird. Bei einem CRM-System handelt es sich um ein Datenbanksystem, mit dem sämtliche Kundenbeziehungen, daten und -kontakte abgewickelt werden. Kern eines jeden CRM-Systems ist eine Verwaltung der persönlichen Daten aller Kunden, die ähnlich einer Adressverwaltung funktioniert. Das CRM-System fungiert daher bei einer solchen Konstellation zugleich als zentrale Adressverwaltung des Verbandes und als Benutzerdatenbank des Content-Management-Systems. In ihm werden somit auch Benutzerrechte und Abonnements verwaltet.

  Eine solche technische Lösung ist in der Einrichtung aufwendig, bietet aber im Betrieb vielfältige Vorteile sowohl für die Verbandsmitarbeiter als auch für die Benutzer der Website:
  - Es gibt keine doppelte Datenhaltung, sodass der Aufwand bei der Datenpflege deutlich zurückgeht.
  - Da es keine doppelte Datenhaltung gibt, entstehen auch keine inkonsistenten Daten, die in verschiedenen Systemen aus widersprüchliche Angaben enthalten.
  - Alle Mitarbeiter der Verbandsgeschäftsstelle können ihre eigenen Kontakte im CRM-System administrieren und ihnen Benutzerrechte verleihen oder entziehen und ebenso Abonnements einrichten und verwalten.
  - Daten, die Benutzer im Extranet in Formulare eingeben, können direkt im CRM-System gespeichert werden. Benutzer können sich somit selbst registrieren – und richten damit auch ihren eigenen Datensatz in der zentralen Adressverwaltung der Verbandsgeschäftsstelle ein. Und sie können ihre Profile, wie etwa E-Mail-Adressen, sowie ihre Abonnements selbst pflegen. Sie entlasten damit Verbandsmitarbeiter und sorgen zudem für verbesserte Aktualität der Profile.
  - Direkte Interaktion über das Extranet wird möglich: Der Verband kann – soweit entsprechende Funktionen programmiert werden – von Terminabstimmungen über Umfragen bis zur Organisation von Veranstaltungen viele Aufgaben online abwickeln. Antworten der Benutzer werden automatisch in den jeweiligen Datensatz im CRM-System eingetragen.

Vorteile wie die genannten ergeben sich auch für andere Zielgruppen, insbesondere auch für die Kommunikation mit Journalisten im Hinblick auf das Versandsystem für Pressemitteilungen (siehe dazu auch Abschn. 4.4.3 *Medienarbeit im Kontakt mit Journalisten*).

[14] Obwohl die dahinter stehenden Funktionen prinzipiell den gleichen Zwecken dienen, wird teilweise zwischen Customer-Relationship-Management-Systemen (CRM-Systemen) und Member-Relationship-Management-Systemen (MRM-Systemen) unterschieden.

Egal, wie der Verband sein Versandsystem gestaltet: Das, was die Website und ihr Content-Management-System dafür beherrschen müssen, gehört unbedingt – detailliert beschrieben – ins Lastenheft.

Zwar sind in der Praxis die ersten beiden der zuvor beschriebenen Varianten von Versandsystemen bei Verbänden recht weit verbreitet. Im Folgenden wird jedoch davon ausgegangen, dass ein CRM-System existiert und mit dem Content-Management-System so verbunden ist, dass über eine sogenannte *Schnittstelle* die Daten zwischen beiden Systemen ständig automatisiert synchronisiert werden können (mehr dazu im nächsten Abschnitt).

Die folgenden Aspekte der Anforderungsbeschreibung eines Versandsystems betreffen daher im Zweifel auch nur solche integrierten Systeme. Gleichwohl sind aber die zugrundeliegenden Problemstellungen allgemeiner Natur:

- Natürlich gehören zur Anforderungsbeschreibung eines Versandsystems Wireframes, die das Layout von Newslettern und Verbandsrundschreiben skizzieren.[15]
- Es sollte auch festgelegt sein, ob grafische Elemente, wie etwa das Verbandslogo, als MIME-Attachment der Mail beigefügt werden statt sie den Leser aus dem Web herunterladen zu lassen. Dieses ermöglicht nämlich bei den meisten Empfängern, dass das Logo direkt angezeigt wird und die Mailsoftware nicht erst vor dem Herunterladen warnt.
- Festzulegen ist auch, ob Newsletter und Verbandsrundschreiben nur als reine Text-E-Mail oder als HTML-E-Mail oder in Kombination – als sogenannter *MIME-Content-Type alternative* – versendet werden sollen (siehe dazu Abschn. 4.4.1 *Newslettering*). Oder ob die Abonnenten zwischen beiden aktiv auswählen können.
- Sofern die Benutzer die Möglichkeit zu themenspezifischen Subskriptionen haben, muss beschrieben werden, wie die Erzeugung der E-Mails funktionieren soll: Hat ein Benutzer beispielsweise Newsletter zu mehreren Schlagworten abonniert, müssen die entsprechenden Teaser zu einem einzigen Newsletter zusammengefasst werden, damit der Benutzer nicht mehrere Newsletter erhält.
- Und: Sollen die Benutzer den Versandzeitpunkt solcher individueller Newsletter bestimmen dürfen? Oder gibt es feste Zeiten?
- Soll es neben zu bestimmten Zeiten versendeten Newslettern auch die Möglichkeit geben, dass Benutzer sich bei Veröffentlichung eines Dokuments zu einem bestimmten Thema sofort per E-Mail benachrichtigen lassen („Mail-Alerts")?
- In das Lastenheft gehören auch Angaben dazu, ob eine Personalisierung von Newslettern und Verbandsrundschreiben etwa durch persönliche Anrede oder weitere individuelle Elemente gewünscht ist.

[15] Es gilt hier die Faustregel: Je einfacher das Layout, desto größer die Chance, dass möglichst viele Mailprogramme die Mail auch adäquat darstellen und dass die Newsletter beim Empfänger nicht im Spamfilter landen. Zu dieser Problematik siehe Abschn.4.4.1 *Newslettering*.

- Schließlich gehört zur Anforderungsbeschreibung eines Versandsystems auch die Information darüber, ob es eine – jedenfalls teilweise – automatisierte Bearbeitung nicht zustellbarer E-Mails, ein sogenanntes *Bounce-Management*, geben soll und wie der Mailserver konfiguriert sein soll, damit seine E-Mails auf der Empfängerseite möglichst selten im Spamfilter landen (zu beiden Aspekten siehe Abschn. 4.4.1 *Newslettering*).

3.4.6 Schnittstellen

Als Schnittstelle bezeichnet man die Möglichkeit zum Zugriff auf Daten und Austausch derselben zwischen verschiedenen IT-Systemen. Eine Schnittstelle muss in ihrer Funktionsweise sehr genau definiert werden, damit die Kommunikation der Systeme fehlerfrei funktionieren kann. Im Wesentlichen wird eine Schnittstelle durch ein technisches Kommunikationsprotokoll (wie HTTP), die Syntax der Kommunikation und den Funktionsumfang beschrieben.

Eine Verbandswebsite kann eine ganze Reihe von Schnittstellen besitzen, beispielsweise um Suchmaschinen-Robots bestimmte Informationen mitzuteilen. So sollte jede Website aus Gründen der Suchmaschinenoptimierung eine sogenannte XML-Sitemap besitzen (siehe Abschn. 3.4.7.2 *Reputation*).

3.4.6.1 CRM-Schnittstelle

Auch der Datenaustausch zwischen einem CRM-System und dem Content-Management-System der Website basiert auf einer Schnittstelle. Sofern die Verwaltung von Benutzerrechten für ein Extranet und die Verwaltung von Versandverteilern in einem CRM-System erfolgen sollen, muss das Lastenheft ausführen, welche Daten in welcher Weise mit dem Content-Management-System ausgetauscht werden sollen.

Es ist dabei vom Funktionsumfang der Website bestimmt, wie komplex der Austauschprozess ist. Deshalb sollten alle Vorgänge, die einem Besucher der Website möglich sind, im Lastenheft benannt werden. Ein recht einfacher Fall ist beispielsweise das Log-in in das Extranet. Der Benutzer gibt sein Passwort auf der Website ein, aber zur Überprüfung ist der Abgleich mit den Daten aus dem CRM-System erforderlich.

Weitere solcher Interaktionen betreffen Ein- und Austragungen in Newsletter- oder Presseverteiler oder das Editieren von Angaben in einem persönlichen Profil im Extranet. Die Use Cases und Wireframes machen es relativ einfach, alle entsprechenden Benutzeraktionen, für die ein Datenaustausch notwendig ist, zu dokumentieren.

Auch der für die Versandprozesse von Newslettern, Pressemitteilungen und Verbandsrundschreiben erforderliche Datenaustausch gehört dazu.

Hier gilt jedoch besonders, dass ein Lastenheft lösungsneutral zu sein hat. Das liegt vor allem daran, dass CRM-System und CMS ja möglicherweise über bestimmte Module verfügen, die für den Datenaustausch vorgesehen sind. Beschreibt das Lastenheft infolge eines Mangels an Lösungsneutralität Anforderungen, die von den Modulen nicht gedeckt werden können, kann der spätere Programmieraufwand exorbitant ansteigen.

Sofern ein CRM-System bereits existiert, gehört zur Anforderungsbeschreibung im Lastenheft die Nennung von Hersteller, Versionsnummer und eine Schnittstellendokumentation des CRM-Systems. Gegebenenfalls kann es sich lohnen, bei der Erstellung des Lastenhefts den Hersteller zu kontaktieren und abzuklären, ob die Schnittstelle beispielsweise online, etwa unter HTTP, zur Verfügung steht und ob allgemein, bekannte Datenaustauschprotokolle, wie SOAP oder REST, genutzt werden können.

Aus rechtlichen Gründen sollte das Lastenheft vorschreiben, dass der Datenaustausch sicher, das heißt entweder nicht über das Internet oder aber verschlüsselt, stattfindet. Der Zugriff auf das CRM-System sollte zudem, sofern er über das Internet erfolgt, nur bestimmten IP-Adressen erlaubt sein.

3.4.6.2 Offene Schnittstellen

Eine ganze Reihe von Schnittstellen einer Website sind enorm wichtig, um mit der Website Reichweite zu erzielen – über gute Suchmaschinenplatzierung, über soziale Medien und über verschiedenste News-Services:

- *XML-Sitemap:* Bereits erwähnt wurde die XML-Sitemap, auf deren genaue Funktion noch im Kontext von Suchmaschinenoptimierung (siehe Abschn. 3.4.7.2 *Reputation*) einzugehen sein wird.
- *Metatags:* Sie sind ein technisch sehr alter Standard, um Robots Metainformation über das jeweilige Dokument mitzuteilen. Relevant sind heute eigentlich nur noch wenige Metatags, da Suchmaschinen die meisten wegen zu viel Missbrauch ignorieren. Auch auf sie wird im Abschn. 3.4.7 *Suchmaschinenoptimierung* einzugehen sein.
- *Social-Media-Tags:* Diese Bezeichnung umfasst eine ganze Reihe verschiedener Schnittstellen. Sie dienen alle dem gleichen Zweck: Soziale Netzwerke und zunehmend auch Messenger (wie *WhatsApp*) stellen Dokumente, die ein Benutzer mit Kontakten teilt, automatisch in Form eines Teasers dar, den sie aus den Social-Media-Tags der geteilten Seite generieren. Wenn der Benutzer einen Hyperlink zu einem zu teilenden Dokument eingibt, ruft ein Robot des sozialen Netzwerkes im Hintergrund die verlinkte Seite ab und versucht, daraus einen Teaser zu erstellen. Wir hatten bereits erörtert, dass dies ein wichtiger Service ist: Es dürfte einleuchten, dass Social-Media-Nutzer lieber teilen, wenn sie nur einen Hyperlink in ihr Posting einkopieren, aber selbst nichts über den Inhalt schreiben müssen. Von noch größerer Bedeutung ist, dass aussagekräftige Teaser von den Kontakten des Teilenden viel häufiger angeklickt werden. Mit Social-Media-Tags kann also ein Verband steuern, wie seine Seiten dargestellt werden, wenn sie in sozialen Medien geteilt werden. Damit kann er demzufolge direkt Einfluss nehmen auf die Weiterverbreitungsrate.
  - *Open-Graph-Tags:*[16] Diese Schnittstelle wurde 2010 von Facebook eingeführt und wird heute auch von anderen sozialen Netzwerken unterstützt. Die Tags müssen im Kopfbereich des HTML der jeweiligen Seite stehen und sollten mindestens

[16] Dokumentation unter http://og.me.

Abb. 3.4 Posting des Bundesverbands deutscher Pressesprecher und OG-Tags

folgende Information enthalten: *og:type* gibt an, ob es sich um einen Artikel, ein Video, eine Audiodatei oder etwas anders handelt. *og:title* beinhaltet den Titel des von Facebook zu erzeugenden Teasers, *og:description* seinen kurzen Text. *og:image* gibt das im Teaser anzuzeigende Bild an. *og:url* enthält den Hyperlink, auf den der Teaser verweist. Und in *og:site_name* ist der Name der Website anzugeben, auf die der Teaser verweist – hier steht also der Name des Verbands (vgl. Shreves 2015, S. 122 ff.). Wichtig ist dabei natürlich, dass die Tags vom Content-Management-System für jedes Dokument individuell angelegt werden (Abb. 3.4).

– *Twitter-Cards*[17]: Nach einem den OG-Tags ähnlichen System kann man erreichen, dass Twitter unterhalb eines – auf dieser Plattform als Tweet bezeichneten – Postings einen Teaser einer im Tweet verlinkten Seite anzeigt. Gerade angesichts der Begrenzung der Tweets auf 140 Zeichen ist das ein enormer Vorteil. Das Tag *twitter:card* gibt an, dass es sich um eine Zusammenfassung des verlinkten Artikels handelt, und die Tags *twitter:url, twitter:title, twitter:description* und *twitter:image* erstellen den Teaser unterhalb des Postings (vgl. Shreves 2015, S. 125 ff.). In der folgenden Abbildung sehen wir, wie die Bundesvereinigung der Deutschen Arbeitgeberverbände einen Artikel des Deutschen Bundestags zur Bildungspolitik auf Twitter

[17] Dokumentation unter https://dev.twitter.com/cards/overview.

geteilt hat, dessen Twitter-Card-Tags allerdings fehlerhaft mit Inhalten gefüllt sind[18] (und zwar denen der Startseite von bundestag.de):

Posting mit vom Bundestag falsch gesetzten Twitter-Card-Tags

- Google empfiehlt für sein soziales Netzwerk Google+ die Verwendung von Auszeichnungen des HTML nach dem Standard *Schema.org*.[19] Anders als OG- und Twitter-Card-Tags erwartet Google keine Tags im für den Internetnutzer unsichtbaren Headerbereich des HTML, sondern eine (für den Internetnutzer unsichtbare) Markierung der sichtbaren Inhalte beispielsweise als Kurztext für einen Teaser (vgl. Shreves 2015, S. 120 ff.). Google verfolgt dabei prinzipiell eine Philosophie, bei der es Suchmaschinenoptimierern schwer gemacht wird zu tricksen, indem sie in Tags etwas anderes angeben, als der Benutzer tatsächlich sieht.
- https://schema.org ist allerdings für mehr als nur für Google+ entwickelt worden: Es ist eine semantische Technologie, deren Ziel es ist, Inhalte maschinell verstehbar zu machen. Interessant könnten für Verbände beispielsweise die lokale Zuordnung von Inhalten sein, wie etwa die Auszeichnung von Stellenausschreibungen: Um Robots von Suchmaschinen und Jobportalen den Text einer Ausschreibung verständlicher zu machen, kann etwa der Beschäftigungsort im HTML mit dem Attribut *itemprop="jobLocation"* markiert werden. Suchmaschinen oder Jobportale können so die Ausschreibung regional eindeutig zuordnen. In Suchergebnissen führt das später zu besseren Ergebnissen für die Nutzer (vgl. Czysch et al. 2015).
- Sofern Social-Media-Tags nicht gesetzt sind, versuchen sich die Robots sozialer Netzwerke mit anderen Tags zu helfen, die (unter anderem) aus diesem Grund ebenfalls möglichst korrekt gesetzt sein sollen. Das Link-Tag *image_src* erlaubt es, jedem Webdokument als Metainformation ein beliebiges Bild zuzuweisen, das nicht einmal unbedingt im Dokument selbst zu sehen sein muss. Hier sollte unbedingt das für einen Teaser am besten geeignete Bild angegeben werden, sonst zeigen soziale Netzwerke das erste Bild an, auf das sie im HTML stoßen. Die Überschrift gehört in das -Tag und unter den Metatags, die Metainformation zu einem

[18] Zugegriffen: 26. Febr. 2017, https://www.facebook.com/dieBDA/

[19] Dokumentation unter https://schema.org.

Webdokument ausweisen können, ist *description* relevant und entsprechend auszufüllen (vgl. Kulka 2013).

Mit Social-Media-Tags kann ein Verband also deutlich darauf Einfluss nehmen, wie sich seine Onlinemedien im Social Web verbreiten. Eine Fehlerquelle dabei kann allerdings sein, wenn die Texte, die in Social-Media-Tags eingesetzt werden, zu lang sind. Denn die sozialen Netzwerke haben für jedes einzelne mit Text zu füllende Tag maximale Längen, bei deren Überschreiten der weitere Text einfach abgeschnitten wird (vgl. dazu Shreves 2015, S. 120 ff.). Das Lastenheft sollte die Maximallängen der Texte benennen und eine Regelung vorschlagen, wie der Überschreitung begegnet werden soll – beispielsweise einen Warnhinweis des Content-Management-Systems.

- *RSS:* Prinzipiell funktioniert RSS so, dass die Teaser oder auch die kompletten Inhalte einer Website bei Veröffentlichung in einen Newsfeed aufgenommen werden. Dieser besteht aus einer Datei auf dem Webserver, die in der Scriptsprache XML verfasst ist. RSS-Reader, die auch in den meisten Browsern integriert sind, können die Datei laden und somit eine Liste der neuesten Veröffentlichungen der Website anzeigen. Der Benutzer kann also die neuen Publikationen einer Website bequem verfolgen, ohne diese aufsuchen zu müssen.

  Nur scheinbar kann man aus der Abschaltung des webbasierten GoogleReaders im Jahr 2013 schließen, dass RSS bedeutungslos geworden sei (Futurebiz 2014). Im April 2014 meldete beispielsweise einer der zahlreichen Wettbewerber, *Feedly*, über 15 Mio. Nutzer weltweit (Techcrunch 2015). Zunehmend ist die Bedeutung von RSS jedoch vor allem dort, wo man es auf den ersten Blick nicht wahrnimmt – nämlich im Bereich von Newsaggregatoren, wie beispielsweise *Flipboard*. Diese Plattform sucht das Internet nach Nachrichten ab, die Benutzer dann nach Stichworten durchsuchen können, um eine stark individualisierte Nachrichtenauswahl zu erhalten. Zu einem erheblichen Teil aggregiert Flipboard Nachrichten per RSS. Flipboard hatte im Jahr 2015 bereits 70 Mio. Nutzer (Wikipedia o. D. b). Und Flipboard ist nur ein Produkt auf einem wachsenden Markt der Newsaggregatoren.

  Es ist daher nicht nur wichtig, einen RSS-Feed zu implementieren, er muss unbedingt auch per entsprechendem Tag im HTML-Kopfbereich der Website deklariert werden (W3C 2003), damit die Robots der Newsaggregatoren ihn finden und auslesen können.[20]

Offenen Schnittstellen kommt somit eine Schlüsselfunktion von Verbandswebsites im Hinblick auf Reichweiten und meinungsoffene Rezipienten. Insbesondere im Hinblick auf die Kommunikationsaufgaben, wie „Initiierung von Meinungsbildung" (siehe Abschn. 2.4.5

[20] Eine Untersuchung unter deutschen Verbandswebsites kam 2011 zu dem Ergebnis, dass mindestens jede zehnte Verbandswebsite die Deklaration eines vorhandenen RSS-Feeds nicht korrekt vornahm und insgesamt nur 9,4 Prozent aller beim Bundestag registrierten Verbände einen technisch validen und korrekt deklarierten RSS-Feed anboten (Hillebrand 2011).

Initiierung von Meinungsbildung) oder „Presse- und PR-Aufgaben für eine Branche übernehmen“ (siehe Abschn. 2.4.8 *Presse- und PR-Aufgaben für eine Branche übernehmen*), darf die strategische Bedeutung von Vernetzung durch soziale Medien und RSS für die Reichweitenerzeugung nicht unterschätzt werden. Dies setzt gut funktionierende Schnittstellen voraus, die im Lastenheft unbedingt beschrieben werden sollten.

3.4.7 Suchmaschinenoptimierung

Mit der Suchmaschinenoptimierung im redaktionellen Alltag der Verbandskommunikation beschäftigt sich ein eigener Abschnitt im letzten Teil dieses Buchs (siehe Abschn. 4.3 *Suchmaschinengerechte Redaktionsarbeit*). Es sind allerdings im Lastenheft einige technische Details festzuschreiben, damit das Content-Management-System später seinen erforderlichen Teil zur Suchmaschinenoptimierung beiträgt. Diese sollen im Folgenden erläutert werden.

Der Suchmaschinenkonzern Google selbst hat die wichtigsten Kriterien der Suchmaschinenoptimierung in einem erläuternden Dokument veröffentlicht (Google 2011). Soweit es technische Aspekte betrifft, die in der Programmierung eines CMS umgesetzt werden müssen, haben diese daher in jedem Lastenheft zu stehen. Das Lastenheft sollte auch unbedingt eine Klausel enthalten, die sicherstellt, dass mit der Programmierung kein sogenanntes *Cloaking* betrieben wird. Mit diesem Begriff bezeichnet man ein Vorgehen, bei dem der Google-Robot unter dem gleichen URL andere Seiten zu sehen bekommt als normale Besucher der Website. Derartige Täuschung bestraft Google mit herab gestuftem Ranking in den Suchergebnissen oder sogar mit einer kompletten Entfernung, wie es der Autohersteller BMW im Jahr 2006 für einige Tage erleben musste.

Google hat bei der Erstellung eines Suchergebnisses im Prinzip zwei Fragen zu klären: Welche Dokumente passen inhaltlich möglichst gut zu der Suchworteingabe eines Suchmaschinennutzers? Und: Welche Dokumente sind besonders gut beleumundet und sollten deshalb im Suchergebnis weit oben gezeigt werden? Wenn wir ein Dokument bei Google weit vorne sehen möchten, geht es also um zwei Dinge: Die Relevanz des Dokuments für die Suche und seine Reputation, die sich aus der Reputation der gesamten Website ableitet.

3.4.7.1 Dokumentenrelevanz

Wir haben uns bereits mit dem Thema Semantik beschäftigt und – unter anderem anhand des Beispiels mit den Begriffen „Scheininnovationen“ und „Analogpräparate“ – festgestellt, dass es fatal sein kann, wenn man sich keine Gedanken über mögliche Sucheingaben der Zielgruppe macht. Wir entwickeln deshalb mit unseren strategisch angelegten Use Cases auch *Keywords*, mit denen wir antizipieren, was unsere Zielgruppe wahrscheinlich bei einer Suche eingibt. Im Prinzip kommt es nun darauf an, Google wissen zu lassen, dass unsere Website zu diesen Begriffen jeweils Dokumente mit sehr hoher Relevanz bereithält. Vereinfacht ausgedrückt können wir das tun, indem das jeweilige Keyword im dazugehörigen Dokument oft und an prominenten Stellen vorkommt.

Die Idee hinter den Algorithmen Googles zur Ermittlung der Dokumentenrelevanz ist einfach zu verstehen: Wenn ein Text zum Beispiel von Scheininnovationen handelt, dürfte der Begriff auf jeden Fall in der Überschrift auftauchen und sich zudem durch den gesamten Text ziehen – anderenfalls hätte der Text wohl ein anderes Thema. Also zählt Google das Vorkommen von Begriffen und gewichtet dabei die Worte in der Überschrift eines Dokuments und einigen anderen prominenten Stellen besonders stark. Für uns heißt das: Das Keyword muss möglichst überall dort vorkommen.

Allerdings achtet Google mit semantischen und einigen anderen Algorithmen genau darauf, dass das Dokument sinnvollen, die Internetnutzer gut rezipierbaren Text hat. Schreibt man etwa schlechten Text, nur um das Keyword möglichst oft zu erwähnen, betrachtet Google das als sogenannten Keyword-Spam und wertet das Dokument ab. Im Prinzip wertet Google alles ab, was eindeutig nach Suchmaschinenoptimierung aussieht, weil es nicht dem Rezipienten eines Dokuments dient, sondern nur der Positionierung im Ergebnis von Suchmaschinen.

Man sollte daher nicht mechanisch das Keyword wiederholen, sondern auch die an die Rezipienten gerichtete Überschrift, die das Keyword enthält, mehrfach im HTML platzieren. Überschrift oder Keyword sollten an den folgenden Stellen auftauchen:

- *Title-Tag*: Im HTML kann jedem Dokument ein Titel gegeben werden, der wie eine Metaangabe fungiert und im eigentlichen Dokument nicht zu sehen ist. Dazu gibt es das Title-Tag (*<title />*) im HTML-Kopfbereich. Die meisten Browser zeigen den darin angegebenen Titel als Titel des Browserfensters oder des Browsertabs, Suchmaschinen zeigen ihn in der Regel als Überschrift des Eintrags im Suchergebnis. Das CMS sollte die Überschrift des Dokuments in das Title-Tag einsetzen. Die Länge der Überschrift sollte 70 Zeichen nicht überschreiten (Kubitz 2016).
- *Metatag „description"*: HTML sieht einige Tags im HTML-Kopfbereich vor, mit denen Metainformationen über das jeweilige Dokument festgehalten werden können, die ebenfalls vom Browser auf der Seite nicht dargestellt werden. Das Metatag „description" soll eine Kurzbeschreibung der Seite beinhalten. Hier bietet es sich an, einen Teaser-Kurztext des jeweiligen Dokuments zu übernehmen – indem freilich das Keyword prominent vorkommen sollte. Die Länge sollte 175 Zeichen nicht überschreiten (Kubitz 2016).
- *H1- und H2-Tag:* In der ursprünglichen Spezifikation von HTML war vorgesehen, dass Überschriften verschiedener Hierarchieebenen mit Tags von *<h1 />* bis *<h6 />* formatiert werden. Obwohl die Formatierung von HTML heutzutage über Cascading Style Sheets (CSS) vorgenommen wird, ermittelt Google nach wie vor die höchstrangige Überschrift eines Dokuments danach, welcher Text innerhalb des ersten H1-Tags steht. Es ist daher wichtig, dass die Überschrift in einem H1-Tag steht und es auch nur eines davon gibt (vgl. Google 2011, S. 20). Hier gibt es keine Längenbeschränkung, aber je länger die Überschrift ist, desto geringer ist der Anteil des Keywords daran.
  Google gewichtet auch Zwischenüberschriften, die nach der alten HTML-Systematik mit H2-Tags formatiert wurden, als bedeutende Elemente. Das Content-Management-System sollte daher unbedingt Zwischenüberschriften, in denen das

Keyword möglicherweise vorkommt, nicht nur mit CSS formatieren, sondern auch in H2-Tags setzen (vgl. Google 2011, S. 20).

- *Alt-Attribut:* Werden Bilder in ein HTML-Dokument eingebunden, kann man ihnen im Code ein Attribut zuweisen, das Browser normalerweise nicht anzeigen. „Alt" steht dabei für „*alternative*" und ist eine textuelle Beschreibung des Bildinhaltes für den Fall, dass der Browser keine Bilder anzeigen kann. Da Googles Suchmaschinen-Robot den Inhalt von Bildern nicht erkennen kann, empfiehlt Google, allen Bildern unbedingt ein Alt-Attribut zu geben und darin den Bildinhalt zu beschreiben (vgl. Google 2011, S. 18). Google erläutert diese Empfehlung zwar nicht genauer, Suchmaschinenoptimierer gehen jedoch davon aus, dass Google nicht nur Text, sondern auch Bilder bei der Dokumentenrelevanz bewertet. Zeigt also beispielsweise ein großflächiges Bild in einem Artikel über Scheininnovationen einige Medikamentenpackungen und der Text im Alt-Attribut lautet „angebliche Scheininnovationen", so dürfte das Googles Bewertung stärken, dass es sich um einen Text zum entsprechenden Thema handelt (vgl. OnPageWiki o. D. a). Das CMS sollte daher zur Vergabe von Alt-Attributen auffordern und möglichst auf das Keyword hinweisen.
- *Speaking URLs:* Hierbei handelt es sich um Webadressen, die – unter anderem – das Keyword beinhalten. Folgt man Google, ist es für Suchmaschinennutzer ausschlussreicher, wenn der URL zu einem Text über Scheininnovationen *www.verband.de/scheininnovationen.html* lautet und nicht *www.verband.de/id=123* (vgl. Google 2011, S. 8 f.). Tatsächlich dürfte auch hier das Keyword im URL der Bewertung der Dokumentenrelevanz durchaus zuträglich sein. Unter Suchmaschinenoptimierern werden Speaking URLs deshalb auch als Instrument zur Optimierung der Dokumentenrelevanz angesehen (vgl. OnPageWiki o. D. b). Das CMS sollte also automatisch einen solchen URL oder Dateinamen vorschlagen.
- *Anker-Texte:* Als Anker-Texte bezeichnet man jenen Text, der als Hyperlink angezeigt wird. Manchmal ist das der Link selbst, in einer Hauptnavigation etwa sind es jedoch die Bezeichnungen der Rubriken. Google wertet die Ankertexte, die von anderswo auf ein Dokument verweisen, aus und bewertet sie ähnlich wie Überschriften. Verlinkt man also beispielsweise ein Dokument zum Thema Scheininnovationen, sollte das Keyword im Ankertext auftauchen und dominieren. Der Ankertext sollte daher auch möglichst nicht zu lang sein.

Ins Lastenheft gehören nicht nur die hier genannten vom CMS mit Inhalt zu befüllenden Tags eines jeden Dokuments. Sondern es gehören auch Details dazu, wie das CMS mit dem Redakteur interagiert. Wie weit wird beispielsweise der Titel automatisch in alle möglichen Tags übernommen? Was wird dem Redakteur angezeigt, wenn dann ein Titel zu lang ist?

3.4.7.2 Reputation

Dass Google vor etwa zwanzig Jahren die Suchmaschinen-Technologie revolutioniert hat und damit – jedenfalls in Deutschland – nahezu zum Monopolisten geworden ist, liegt im

Wesentlichen an einer einzigen Idee – nämlich, dass sich Reputation zwischen Websites und Dokumenten vererbt.

Bereits zuvor waren andere Suchmaschinen auf die Idee gekommen, Reputation zu messen, indem sie zählten, wie viele Hyperlinks im Internet auf eine bestimmte Website gesetzt waren. Je mehr Hyperlinks von außen gesetzt waren, desto wichtiger schien die Web-Community diese Website einzustufen – und umso höher war demzufolge die Reputation. Doch diese Methode wurde alsbald von Suchmaschinenoptimierern unterlaufen, indem sie sogenannte Link-Farmen errichteten. Das waren an sich sinnlose Websites, die nur dem Zweck dienten, Links auf andere zu „optimierende" Websites zu setzen.

Die Idee der Google-Gründer Larry Page und Sergey Brin für die Messung der Reputation von Websites war eigentlich recht simpel: Links werden nicht einfach nur gezählt, sondern in ihrer Bedeutung gewichtet. Eine Website oder ein Webdokument kann durch einen Link auf eine andere Website für diese nicht mehr Reputation erzeugen, als sie selber besitzt. Links von sinnlosen Websites haben daher keine Wirkung auf die Reputation anderer Websites mehr. Das neue Denkmodell lautet seitdem: Reputation wird über Hyperlinks vererbt (vgl. Schaible 2009). Das neue Maß für die Reputation von Websites, das Google sich patentieren ließ, hieß *PageRank* (vgl. Sitter 2016).

Dies ist wichtig zu verstehen, weil es etliche nach wie vor grundlegende Regeln der Suchmaschinenoptimierung erklärt:

- Es ist extrem wichtig für jede Website, von anderen Websites verlinkt zu werden. Dabei spielt die Reputation der verlinkenden Website, genauer gesagt ihr PageRank, eine ausschlaggebende Rolle.
- Dies gilt grundsätzlich auch für die eigene Website. Sie vererbt nämlich PageRank über Hyperlinks auch an ihre eigenen Unterseiten und gegebenenfalls auch an andere Websites. Das bedeutet:
  - Die Struktur der eigenen Website hat immensen Einfluss darauf, wie viel PageRank ein einzelnes Dokument ererbt. Wichtige Seiten müssen daher möglichst hochrangig in der Struktur der eigenen Website platziert und entsprechend verlinkt sein – bestenfalls auf der Homepage, die in der Regel den höchsten PageRank hat.
  - Es ist nicht ratsam, großzügig mit der Verlinkung externer Websites umzugehen. Denn das vererbt den externen Websites PageRank, der sich somit nicht mehr auf eigene Dokumente vererben kann. So ist es beispielsweise kontraproduktiv, wenn ein Verband seine Mitgliedsunternehmen auf der Homepage verlinkt.

Lange Zeit hat Google den Nutzern seiner *Google Toolbar* ermöglicht, den PageRank jeder besuchten Seite angezeigt zu bekommen, sodass Suchmaschinenoptimierer die Wirkung ihrer Maßnahmen – mit einer von Google vorgenommenen gewissen zeitlichen Verzögerung – evaluieren konnten. Ab dem Jahr 2013 jedoch wurden die per Toolbar öffentlich gemachten PageRank-Daten drei Jahre lang nicht mehr aktualisiert und im Frühjahr 2016 hat Google die Abfragemöglichkeit komplett blockiert (ITespresso 2016).

Hintergrund ist, dass Google seit 2013 – vor allem, um semantische Technologien intensiver einzusetzen – seine Algorithmen stark veränderte (Golem 2013). Es ist bekannt, dass Google mittlerweile 200 sogenannte *Signale* einsetzt, die zur Festlegung des Rankings von Suchergebnissen herangezogen werden (Krcmar 2015). Ziel ist dabei erklärtermaßen, dass Google seinen Nutzern ein möglichst gutes Suchergebnis liefern möchte. Das bedeutet auch, dass Google in Kenntnis einer zunehmenden Zahl von Signalen immer effizienter jene Maßnahmen der Suchmaschinenoptimierung konterkarieren kann, welche die Suchergebnisse schlechter machen – etwa, wenn sich eine wenig informative Website durch geschickte Optimierungsstrategien in Suchergebnissen nach vorne drängelt.

Die im Folgenden dargestellten Maßnahmen werden jedoch von Google empfohlen, da sie auch im Sinne der Suchmaschinennutzer sind. Google geht davon aus, dass wichtige Inhalte auf einer Website gut verlinkt und in der hierarchischen Struktur der Website relativ weit oben angesiedelt sind. Einen wichtigen Artikel erkennen sowohl die Besucher einer Website als auch Google daran, dass er beispielsweise auf der Homepage mit einem Teaser verlinkt ist (Cutts 2009). Das führt entsprechend auch zur Vererbung von PageRank oder – neutraler ausgedrückt – sogenannter *Link-Power*. Ganz wichtig ist es deshalb, dass Google zweifelsfrei die Struktur erkennen kann. Dies kann man wie folgt gewährleisten (vgl. Google 2011) und es sollte deshalb im Lastenheft festgehalten werden:

- *Navigation:* Die Navigation der Website sollte reines HTML sein und Textlinks enthalten – nicht etwa Grafiken mit den Bezeichnungen der Rubriken. Die Verwendung von JavaScript, das bestimmte Menüeinträge erst bei Mausbewegungen des Nutzers einblendet, ist ebenfalls äußerst problematisch (zur Verwendung von JavaScript siehe Abschn. 3.4.9.3 *Einsatz von JavaScript*).
- *Sitemap:* Eine Orientierungshilfe nicht nur für Websitebesucher, sondern auch für Google ist eine einfach gehaltene Sitemap im Fußbereich jeder Seite. Sie verteilt Link-Power recht gleichmäßig auf die gesamte Website. Eine solche Sitemap sollte daher prinzipiell auch bereits in den Wireframes berücksichtigt sein.
- *Brotkrumennavigation:* Um die Übersichtlichkeit der Website für Besucher, aber auch für Google zu erhöhen, empfiehlt Google eine Brotkrumennavigation, die den Pfad der aktuell geladenen Seite anzeigt.
- *Canonical URL:* Es gibt verschiedene Gründe, warum Dokumente auf einer Website mehrfach auftauchen können. Beispielsweise könnte ein Verband es für sinnvoll halten, einen Artikel über ein neues Gesetz sowohl in der Rubrik „Politik" zu platzieren als auch in der Rubrik „Recht". Damit sich der PageRank nicht auf zwei verschiedene Dokumente verteilt, muss das Original benannt werden, sodass Google die Kopie ignoriert. Dazu muss in der Kopie im HTML-Kopfbereich ein Link-Tag (*rel="canonical"*) eingesetzt werden und der URL des Originals angegeben werden. Das Lastenheft sollte festlegen, dass immer ein solches Tag gesetzt wird, sobald es Kopien gibt.

- *Paginierung:* Sofern die Möglichkeit vorgesehen ist, dass das CMS lange Artikel mittels Paginierung auf mehrere Seiten aufteilen kann, sollte Suchmaschinen mitgeteilt werden, dass es sich bei mehreren Seiten um einen aufgeteilten Text handelt. Dazu sind im HTML-Kopfbereich Seite Link-Tags anzugeben (*rel= "prev"* und *rel= "next"*), die den URL des jeweiligen vorhergehenden und folgenden Teils des Artikels ausweist (Google o. D. a). Es ist auch sinnvoll zu jedem aufgeteilten Artikel eine ungeteilte Version anzubieten. Man kann dazu die ungeteilte Version durch ein Link-Tag (*rel= "canonical"*) zum Original erklären (wie im vorangegangenen Absatz erläutert). Google berücksichtigt dann nur die ungeteilte Version.
- *XML-Sitemap:* Google empfiehlt über die sichtbare Sitemap hinaus auch eine sogenannte XML-Sitemap. Sie liegt in der Regel unter einem Namen wie *sitemap.xml* auf dem Webserver und kann von Suchmaschinen-Robots per HTTP abgerufen werden. Sie enthält, formatiert in der Scriptsprache XML, Informationen über alle oder zumindest die wichtigsten Dokumente der Website, vor allem deren URLs. Sie kann Information zu zahlreicheren Dokumenten vermitteln als eine Sitemap im Fußbereich der Website.[21] Die genaue Syntax haben 2006 die Suchmaschinenbetreiber Google, Yahoo und Microsoft beschlossen und veröffentlicht (Google 2006). Der Betreiber einer Website kann Suchmaschinen durch die XML-Sitemap beispielsweise auf bestimmte Seiten hinweisen, die über die Navigation nur nach etlichen Klicks zu erreichen sind und die Suchmaschinen deshalb ignorieren oder fälschlicherweise als unwichtig einstufen. In der XML-Sitemap kann man auch für jede Seite eine *Priority* gegenüber anderen Seiten angeben und somit Google oder anderen Suchmaschinen mitteilen, welche Seiten im Vergleich wie wichtig sind.[22] Sofern es auf der Website eigene Seiten für mobile Endgeräte gibt, sind diese ebenfalls in der XML-Sitemap auszuweisen (Google o. D. b). Das Lastenheft sollte festlegen, dass es eine XML-Sitemap gibt, und es sollte vorgeben, ob sie vom Content-Management-System automatisch aktualisiert wird.
- *Robots.txt:* Es wird von Suchmaschinen (auch von Google) empfohlen, eine Datei namens *robots.txt* im obersten Datei-Ordner einer Website abzulegen. Zweck der Datei ist es vor allem, den Robots von Suchmaschinen mitzuteilen, welche Dateien oder Pfade sie nicht besuchen, einlesen und später in Suchergebnissen darstellen sollen. Google nennt als Beispiele ausdrücklich Logdateien (Google 2007), Bilddateien oder Skriptdateien, warnt aber davor, reguläre Seiten vor den Robots zu verbergen, die von Benutzern über normale Links erreicht werden können (Google o. D. c). Denkbar wäre aber beispielsweise: Sofern ein Verband viele Dokumente immer auch zum Download

[21] Die Syntax wird unter *sitemaps.org* erläutert.

[22] Auf der von den Suchmaschinen gemeinsam betriebenen Website sitemaps.org heißt es dazu (Sitemaps.org o. D.): *„Beachten Sie, dass die Priorität, die Sie einer Seite zuordnen, wahrscheinlich keinen Einfluss auf die Position Ihrer URLs in den Ergebnisseiten einer Suchmaschine hat. Diese Information wird unter Umständen von den Suchmaschinen lediglich zur Auswahl zwischen URLs derselben Website genutzt. Die Verwendung dieses Tags erhöht somit die Wahrscheinlichkeit, dass Ihre wichtigsten Seiten im Suchindex aufgeführt werden."*

als PDF anbietet, könnten sämtliche Dateien des Typs PDF geblockt werden.[23] Die Datei robots.txt hat auch anzugeben, wo sich die zuvor beschriebene Datei mit der XML-Sitemap befindet und wie sie benannt ist. Es sollte im Lastenheft festgelegt werden, dass eine Datei *robots.txt* angelegt wird und ob eventuell eine Pflege über das Content-Management-System als notwendig erachtet wird.

- *Metatag „robots"*: Unter den bereits erwähnten Metatags, die zu jeder Seite Metainformationen beinhalten können, gibt es auch das Metatag *„robots"*. In ihm können Suchmaschinen mit der Anweisung *noindex* aufgefordert werden, die Seite in Suchergebnissen nicht anzuzeigen. Dies kann beispielsweise bei einer Log-in-Seite sinnvoll sein, die ja kaum einen relevanten Inhalt besitzt und die möglichst nicht in Suchergebnissen auftauchen sollte (Google o. D. d). Mit der Anweisung *nofollow* im gleichen Metatag können Suchmaschinen zudem angewiesen werden, die Links auf der entsprechenden Seite zu ignorieren (Google o. D. e). Das Lastenheft muss festlegen, ob und wie die Redaktion das Metatag auf einzelnen Seiten konfigurieren kann – beispielsweise durch das Setzen eines entsprechenden Häkchens in den Eingabemasken des Content-Management-Systems.
- Attribut „NoFollow": Weil es sowohl für Websitebetreiber als auch für Suchmaschinen-Robots wenig nützlich war, sämtliche Links ganzer Seiten mit der Anweisung *nofollow* in einem Metatag im HTML-Kopfbereich für Robots zu blockieren, wurde ein Attribut eingeführt, mit dem einzelne Hyperlinks gesperrt werden können. Gibt man im HTML-Code eines Hyperlinks das Attribut rel="nofollow" an, ignoriert Google diesen Link. PageRank vererbt sich in diesem Falle nicht (Google o. D. f). Google nennt als Anwendungsbeispiel eine Website, die man zwar verlinken möchte, deren Inhalt man aber als „nicht vertrauenswürdig" ansieht. Ein weiteres Beispiel sind Links in bezahlten Anzeigen in Onlinewerbung (Google o. D. f). Das Lastenheft sollte vorgeben, ob eine Möglichkeit vorgesehen sein soll, Hyperlinks das Attribut *„NoFollow"* zu geben.

Dem aufmerksamen Leser wird nicht entgangen sein, dass die letzten vier Punkte prinzipiell geeignet sind, die Vererbung von PageRank massiv zu beeinflussen und dabei so zu lenken, dass die wichtigsten Seiten einer Website den meisten PageRank erben. Dieses Vorgehen nennt man *PageRank-Sculpting* (vgl. Schaible 2009).

Sculpting wird von manchen Suchmaschinenoptimierern intensiv betrieben. Hat man beispielsweise große Bereiche auf der Website, deren Auffindbarkeit über Suchmaschinen man für entbehrlich hält, so kann man diese mit den beschriebenen Instrumenten leicht gegenüber Google blockieren – in der Hoffnung, dass sich PageRank nur auf die

[23] Es kommt immer wieder vor, dass Verbände ihre aktuellen Mitteilungen nur als PDF auf ihrer Website publizieren. Dies führt dann dazu, dass Google diese in Suchergebnissen anzeigt. Problematisch dabei ist jedoch, dass der Browser des Lesers dann ein Dokument anzeigt, mit dem jede vorausgeplante User Journey abreißt. Denn das PDF enthält weder Teaser zu weiterführenden Dokumenten, noch eine Hauptnavigation oder Suchfunktion für die Website. Von solcher Kommunikation via PDF ist daher dringend abzuraten.

verbliebenen, wichtigen Seiten vererbt, sodass diese relativ betrachtet mehr PageRank erben: Man kann in der XML-Sitemap die Priority dieser Bereiche auf null setzen. Man kann die Bereiche in der Datei *robots.txt* gegen den Besuch von Robots schützen. Man kann alle Seiten dieser Bereiche im HTML-Kopfbereich mit der Anweisung „noindex" markieren. Und schließlich alle Hyperlinks, die dorthin verweisen mit „nofollow" blockieren, was ja bei externen Websites, wie Google in seinen Dokumentationen erklärt, die Vererbung von PageRank unterbricht.

Doch Matt Cutts, bis 2015 Chef des sogenannten Web-Spam-Teams bei Google und damit der direkte Gegenspieler aller illegitim agierenden Suchmaschinenoptimierer, hat bereits 2009 generell von Sculpting und insbesondere der Verwendung des Attributs *„NoFollow"* in Hyperlinks zu diesem Zweck abgeraten (Cutts 2009). Schon im Jahr 2008 hatte Google seine PageRank-Algorithmen so geändert, dass die Markierung von Hyperlinks mit *„NoFollow"* die Vererbung von PageRank nur noch bei Links auf externe Websites blockiert. Bei Links innerhalb einer Website wird also der PageRank seit fast einer Dekade trotz des Attributs vererbt, allerdings dann quasi ins Nichts (Cutts 2009).

Google nennt für die fraglichen vier Techniken Anwendungsbeispiele, die mit der Vererbung von PageRank nichts zu tun haben, sondern etwa dem Ziel dienen, persönliche Daten von Mitgliedern einer Community zu schützen oder Inhalte von Drittanbietern auszublenden (Google o. D. g). Die von Google, Yahoo und Microsoft getragene Plattform *Sitemaps.org* lässt hingegen durchblicken, dass Sculpting sinnvoll sein kann (Sitemaps.org o. D.):

> Beachten Sie, dass die Priorität, die Sie einer Seite zuordnen, wahrscheinlich keinen Einfluss auf die Position Ihrer URLs in den Ergebnisseiten einer Suchmaschine hat. Diese Information wird unter Umständen von den Suchmaschinen lediglich zur Auswahl zwischen URLs derselben Website genutzt. Die Verwendung dieses Tags erhöht somit die Wahrscheinlichkeit, dass Ihre wichtigsten Seiten im Suchindex aufgeführt werden.

Man mag in diesem Hinweis einen gewissen Widerspruch dazu sehen, dass Google Sculpting erschwert und Matt Cutts davon generell abrät. Tatsächlich entsteht ein solcher Widerspruch aber erst dann, wenn man mit Sculpting den Suchmaschinen eine andere Struktur oder Gewichtung der Inhalte vorzuspiegeln versucht, als die Benutzer tatsächlich zu sehen bekommen. Solange man jedoch die für Benutzer sichtbare Struktur der Website durch die zuvor genannten Methoden nur plausibler macht, dürfte der Einsatz aller genannten Mittel in jedem Fall unproblematisch sein.

Google betont deshalb immer wieder, dass nicht intensives Sculpting im Rahmen der Suchmaschinenoptimierung am ehesten zum Erfolg führt, sondern eine durchdachte und benutzerfreundliche Struktur der Website (vgl. Google 2011).

Man kann sich dies am Beispiel der Druckfunktion auf einer Website verdeutlichen: Sofern man die Struktur der Website im Hinblick auf Suchmaschinen möglichst optimal gestalten möchte, wird man bezüglich der Druckfunktion eine Programmierung wählen, bei der man grundsätzlich vermeidet, dass es jeden Artikel der Website doppelt gibt, nämlich einmal zum Lesen am Bildschirm und einmal zum Ausdrucken. Dazu wird in den Formatierungsanweisungen, die im HTML-Kopfbereich jeder Seite in der Scriptsprache

CSS angegeben werden können, vermerkt, wie die jeweilige Seite auszusehen hat, wenn sie an einen Drucker gesendet wird (siehe dazu SelfHTML 2017). Weil es keine zwei Versionen einer Seite gibt, ist diese Lösung aus Sicht der Suchmaschinenoptimierung optimal.

Sofern man aber – etwa, weil man sehr unterschiedliche Layouts von Bildschirmseite und Ausdruck für notwendig erachtet – eine eigene HTML-Seite zum Ausdrucken erzeugt, muss diese unbedingt mit einem *Canonical URL* (siehe Abschn. 3.4.7.2 *Reputation*) als Kopie der Bildschirmseite kenntlich gemacht werden. Als schädlich wird es dabei von Suchmaschinenoptimierern übrigens angesehen, wenn man – nach dem Motto „doppelt hält besser" – der Druckseite auch noch das Metatag „robots" mit der Anweisung „noindex" gibt, um sicherzugehen, dass Google nicht Druckversionen im Suchergebnis anzeigt (vgl. CanonicalTag 2016). Hintergrund dafür dürfte sein, dass Google redundante Anweisungen möglicherweise bereits als Indiz für manipulative Suchmaschinenoptimierung wertet. Gleiches dürfte gelten, wenn große Teile einer Website für Robots gesperrt werden.

Alle zuvor benannten Techniken der Suchmaschinenoptimierung sind im Lastenheft explizit zu benennen. Denn sie sind Voraussetzung dafür, dass Rezipienten bei ihrer Informationsexploration mittels Suchmaschinen zu unserer Verbandswebsite finden (den diesbezüglichen Maßnahmen in der redaktionellen Arbeit widmet sich Abschn. 4.3 *Suchmaschinenegerechte Redaktionsarbeit* dieses Buchs).

3.4.8 Tracking

Online-Kommunikation lässt sich sehr detailliert evaluieren, vor allem, wenn man *Tracking* betreibt, indem man den Besuchern ein Cookie setzt, um sie bei jedem weiteren Seitenaufruf und auch bei jedem erneuten Besuch eindeutig wiederzuerkennen. Beim Tracking geht es – anders als häufig unterstellt – keineswegs um persönliche Identifizierung, sondern ausschließlich um die eindeutige Wiedererkennung eines darüber hinaus anonym bleibenden Besuchers.[24]

Sofern man Besuchern kein Cookie setzen möchte, ist die einzige Möglichkeit zur statistischen Auswertung der Nutzung einer Website die Analyse der sogenannten Logfiles. Dies sind Protokolldateien, in denen der Webserver in jeweils einer Zeile Text speichert, wann von welcher IP-Adresse welche Seite abgerufen wurde, welchen Browser der Websitebesucher dabei genutzt hat, und teilweise auch, auf welcher Seite er zuvor einen Link angeklickt hat, um die fragliche Seite zu erreichen.

Die auf Logfile-Auswertung basierenden Webstatistik-Tools, die oft vom Hosting-Dienstleister kostenlos angeboten werden, liefern in erster Linie aggregierte quantitative Auswertungen (vgl. Lammenett 2009), wie die Zahl der innerhalb eines Monats auf

[24] Erst das Sammeln von Daten, die sich aus dem Nutzerverhalten ergeben, erlaubt später unter Umständen eine persönliche Identifizierung. Diese Re-Identifizierung ist nach europäischem Datenschutzrecht rechtswidrig.

der Website erfolgten Besuche *(visits)* und ihrer dabei angefallenen Seitenabrufe *(Page Impressions),* die zum Teil auch nach einzelnen Seiten aufgeschlüsselt werden. Dazu kommen Auswertungen darüber, welche Seiten wie oft Einstiegs- und Ausstiegsseite für einen Websitebesucher waren, welche Browser wie oft verwendet wurden und von welchen anderen Websites wie viele Besucher eintrafen.

Hindernis für eine detailliertere und vor allem qualitativ orientierte Auswertung der Nutzeraktionen mittels Logfiles ist, dass es nicht unbedingt eindeutig zuzuordnen ist, ob zwei Seitenabrufe innerhalb einer gewissen Zeitspanne von demselben Websitebesucher stammen oder von zwei verschiedenen Personen (vgl. Wikipedia o. D. c). Beispielsweise gibt es Telekommunikationsunternehmen, die einem Nutzer kontinuierlich andere IP-Adressen zuweisen. Oder es können zwei Personen über die gleiche IP-Adresse auf den Webserver zugreifen – etwa aus größeren Firmen oder Institutionen oder bei Nutzung von Proxyservern. Darüber hinaus gibt es noch weitere Fehlerquellen für die Zuordnung. Aus diesem Grund weisen die meisten Webstatistik-Tools auch einen sehr wichtigen Wert, nämlich eindeutige Besucher, nicht aus. Wie viele Menschen ein Webangebot tatsächlich nutzen, sagt eine solche Statistik also nicht – und wenn, dann mit hohen Fehlermargen.

Fehlermargen entstehen auch noch aus einem anderen Grund, nämlich wegen des wachsenden Traffics durch Robots, etwa von Suchmaschinen, sozialen Netzwerken und Nachrichten-Aggregatoren. Nach einer Untersuchung des Cloud-Dienstleisters *Incapsula* verursachten Robots bereits im Frühjahr 2014 fast zwei Drittel des gesamten Internet-Traffics – nämlich 61,5 Prozent (TN3 2014a). Ein ganz erheblicher Teil dieses Traffics kann von Webstatistik-Tools nicht als maschinell verursacht erkannt werden und wird daher in der Nutzungsstatistik mitgezählt (Mocigemba 2014).

Zwar lassen sich mittels einer individuellen retrospektiven Logfile-Analyse solche Fehler erheblich reduzieren, aber der Aufwand dafür ist erheblich und kontinuierlich kaum zu leisten.

Wegen solcher Schwächen der auf Logfiles basierenden Evaluation hat sich in den letzten Jahren das Tracking mittels Cookie weithin etabliert. Dem Benutzer wird dabei von einer Website beim ersten Aufruf einer Seite eine einmalige Zeichenkombination auf die Festplatte geschrieben, die der Website später bei jedem Seitenaufruf vom Browser zurückgemeldet wird. Der Benutzer kann dadurch eindeutig wiedererkannt werden. Dies funktioniert prinzipiell auch, wenn der Benutzer seinen Computer ausschaltet und Tage später die Website erneut besucht.

Vorteil ist vor allem auch, dass Robots die Statistik nicht so stark verfälschen, da sie Cookies in der Regel nicht annehmen (vgl. Enge et al. 2015).

Das Tracking per Cookie führt unter anderem dazu, dass man sehr einfach und recht verlässlich die tatsächliche Reichweite nach Zahl der erreichten Nutzer (und nicht nach der Gesamtmenge ihrer Besuche) ermitteln kann, die man *Unique Users* oder *Unique Visitors* nennt. Dieser Wert ist für die Evaluation der Verbandskommunikation von deutlich höherem Gewicht als etwa die *Visits*, die nur die Zahl der Besuche einer nach Anzahl der Rezipienten nicht bekannten Zielgruppe angibt.

Manch ein Kommunikationsverantwortlicher aus Verbänden würde vermutlich über den Effekt seiner Online-Kommunikation bereits ernüchtert sein, wenn aus der

Nutzungsstatistik erst die Robots und dann die Visits von Mitarbeitern der Verbandsgeschäftsstelle vollständig herausgerechnet würden. Eine realistische Einschätzung der Reichweite innerhalb der Zielgruppen erhält man aber erst dann, wenn man zudem statt *Visits* die Zahl der *Unique Visitors* ermittelt, die naturgemäß noch einmal deutlich niedriger liegt. Und auch dieser verbleibende Wert muss noch relativiert werden: Wie wir im vorangegangenen Teil dieses Buchs gesehen haben, erfordern diverse Kommunikationsaufgaben einen Dialog mit einer wachsenden Zielgruppe innerhalb der breiten Öffentlichkeit. Doch ein ganz erheblicher Anteil der *Unique Visitors* einer Verbandswebsite besteht in der Regel aus den Mitgliedern, die mit großem Interesse verfolgen, wie sie vertreten werden. Die Mitglieder sind aber in vielen Fällen gar nicht die Zielgruppe einer bestimmten Kommunikationsaufgabe und der dafür entwickelten Strategie. Insofern verschleiern quantitative Evaluationsmethoden, insbesondere sofern sie auf Auswertung von Logfiles beruhen, oft mehr als sie tatsächlich offenlegen.

Für die Evaluation unserer zu den einzelnen Kommunikationsaufgaben entwickelten Strategien ist es viel aussagekräftiger, wenn wir herausfinden, ob die in den Use Cases vorausgeplanten User Journeys wirklich so stattfinden wie beabsichtigt.

Beispielsweise haben wir uns bei der Kommunikationsaufgabe „Artikulation der Verbandsmeinung nach außen" (siehe Abschn. 2.4.1 *Artikulation der Verbandsmeinung nach außen*) mit der Problematik beschäftigt, dass ein Verband seine Zielgruppen, in diesem Fall Meinungsführer und Öffentlichkeit, nur dann aktiv ansprechen kann, wenn sich diese zuvor vernetzt haben, etwa in sozialen Netzwerken, durch ein Newsletter-Abonnement oder durch die Nutzung von RSS. Wir sollten also evaluieren, ob diese Vernetzung stattfindet – und vor allem: unter welchen Umständen. Welche Themen oder spezifischen Artikel unserer Website animieren besonders viele Besucher, eine Vernetzung einzugehen? Wie lange und wie oft besuchen die Nutzer unsere Website, ehe sie eine Vernetzung eingehen? Oder: Welche Themen, die wir über Push-Dienste lancieren, führen zu besonders vielen Abmeldungen?

Wir haben gesehen, dass die Kommunikationsaufgabe „Initiierung von Meinungsbildung" (siehe Abschn. 2.4.5 *Initiierung von Meinungsbildung*) am wirkungsvollsten erfüllt werden kann, wenn Meinungsführer Einfluss auf ihre Meinungsfolger nehmen, weshalb wir sie in einem Use Case per Call-to-Action dazu auffordern, Informationen unseres Verbands weiterzuverbreiten. Auch hier ist qualitätsorientierte Evaluation hilfreich, um die Weiterverbreitung zu steigern. Wir können beispielsweise messen: Sind bestimmte Themen geeigneter als andere? Welche Formulierungen des Calls-to-Action sind am erfolgreichsten? Sind es immer dieselben Nutzer, die einem Call-to-Action folgen oder gelingt es in bestimmten Fällen, mehr Breitenwirkung zu erzielen?

Solche Fragen lassen sich mit Tracking-Tools leicht beantworten. Die Frage, wie erfolgreich einzelne Kommunikationsaufgaben durch die Online-Kommunikation eines Verbands erfüllt werden und wie sich dieser Erfolg weiter steigern lässt, bedarf also qualitativer Evaluation mittels Tracking.

Die Technologien des Trackings wurden vor allem von Marketingexperten erdacht. Denn im Online-Marketing bedeuten Informationen, die einer Person zugerechnet werden können, bares Geld: Sofern ein Internetuser online ein Geschäft tätigt, kann zurückverfolgt werden, welche Werbung er zuerst gesehen und angeklickt hat. Es kann zudem ermittelt werden, wie oft er sie gesehen hat, bevor er darauf geklickt hat. Die Kosten der Werbung können dadurch in Beziehung zum getätigten Umsatz gesetzt werden. Die Werbewirtschaft kann dadurch ihre relativen Kosten für Onlinewerbung kontinuierlich optimieren.

Tracking-Tools werten in erster Linie die sogenannte *Customer Journey* qualitativ aus. Dieser Begriff bezeichnet im Prinzip nichts anderes als das, was wir unter dem Begriff *User Journey* bereits kennengelernt haben, nur dass es im Marketing natürlich um Kunden geht. Es können also Use Cases evaluiert werden. Es können beispielsweise auch Schritte innerhalb der User Journey identifiziert und analysiert werden, an denen sich Abbruchentscheidungen häufen.

Es gibt insbesondere für den Einsatz im Marketing eine Vielzahl an Anbietern von Tracking-Tools – die, je nach Aufgabenstellung ein erhebliches finanzielles Budget benötigen. In Verbänden kommen daher in erster Linie zwei Produkte zum Einsatz, die kostenlos sind.

Seit 2005 bietet Google das Tracking-Tool *Google Analytics* gratis an (Wikipedia o. D. d). Kunden von *Google AdWords*, der Onlinewerbung von Google, können damit die Anzeigen, die sie selbst online zu schalten und zu verwalten haben, auch unter ökonomischen Gesichtspunkten optimieren (Tusche 2016) – zum Nutzen von Google, denn je erfolgreicher die Werbung mit Google AdWords ist, desto besser verkauft sie sich. Der Marktanteil von Google Analytics unter den Tracking-Tools wird auf 80 Prozent geschätzt (OnPageWiki o. D. c).

Im Jahr 2009 brachte die Open-Source-Bewegung mit *Piwik* ein mittlerweile weit verbreitetes Konkurrenzprodukt zu Google Analytics auf den Markt (Wikipedia o. D. e), das ebenfalls kostenlos ist.

Ganz wesentlicher Unterschied zwischen beiden Systemen ist, dass Google Analytics die Nutzerdaten in eigenen Rechenzentren speichert, verarbeitet und auswertet, während man Piwik zunächst auf einem eigenen Webserver installieren muss und danach dort auch die Daten aus dem Tracking speichert. Dieser Unterschied hat weitreichende Konsequenzen für Google Analytics, denn die Übertragung personenbezogener Daten auf US-Server ist rechtlich umstritten. Zwischen deutschen Datenschutzbeauftragten und dem US-Konzern gab es ein jahreslanges Tauziehen um die Zulässigkeit des Einsatzes von Google Analytics (Wikipedia o. D. f).

Zuletzt war dem zuvor über Jahre zwischen Datenschützern und Google mühsam ausgehandelten Verfahren zum rechtskonformen Einsatz von Google Analytics durch deutsche Websitebetreiber durch die Safe-Harbour-Entscheidung des Europäischen Gerichtshofs vom Oktober 2015 die Rechtsgrundlage entzogen worden (Datenschutzkanzlei.de 2016). Seit September 2016 ist Google nach dem neuen *EU-US Privacy Shield* zertifiziert, sodass der zuständige Hamburger Datenschutzbeauftragte festgestellt hat, ein beanstandungsfreier Einsatz des Dienstes Google Analytics sei möglich (HmbBfDI 2017).

Allerdings stellt er zugleich fest, dass sich die Rechtslage bald wieder ändern könnte (HmbBfDI 2017):

Wir weisen zum einen darauf hin, dass diese Anforderungen den Stand vom Januar 2017 widerspiegeln. Insbesondere im Zusammenhang mit der Datenschutzgrundverordnung und einer geplanten Änderung der E-Privacy Richtlinie können sich ab Mai 2018 weitere Änderungen ergeben.

Generell sind beim Einsatz von Tracking folgende spezifische Maßnahmen bezüglich des Datenschutzes erforderlich[25]:

- Es ist ein Vertrag zur Auftragsdatenverarbeitung zu schließen, sofern ein Dienstleister die Daten verarbeitet. Da Google die Daten außerhalb der EU und des EWR (Europäischer Wirtschaftsraum) verarbeitet, muss für Google Analytics ein Vertrag mit Google geschlossen werden, dessen Rechtsgrundlage gegenwärtig der *EU-US Privacy Shield* ist.[26] Im Fall von Piwik genügt der obligatorische Vertrag zur Auftragsdatenverarbeitung mit dem Webhoster, sofern Website und Trackingdaten gemeinsam gehostet werden (siehe dazu auch Abschn. 3.4.14 *Hosting*).
- Die Besucher der Website sind in der Datenschutzerklärung auf die Nutzung des jeweiligen Tracking-Tools und ihr Widerspruchsrecht hinzuweisen, für das eine technische Möglichkeit zum Opt-out vorhanden sein muss. Denn der Einsatz von Reichweitenanalysediensten ohne Widerspruchsmöglichkeit stellt einen Verstoß gegen § 15 Abs. 3 des Telemediengesetzes dar (ULD 2011a, S. 10). Google bietet für Google Analytics für einige Webbrowser auch ein Browser-Add-on an, mit dem Nutzer das Tracking bequemer sperren können.
- Die IP-Adresse des Websitebesuchers muss vor der Übertragung an Google oder vor dem Speichern in Piwik anonymisiert werden. Das erfolgt bei Google durch Verwendung eines von Google gratis zur Verfügung gestellten JavaScript-Moduls, bei Piwik genügt eine entsprechende Konfiguration.

Wenn man Tracking betreiben möchte, müssen die beiden letzten Punkte natürlich unbedingt Teil der Anforderungsbeschreibung im Lastenheft sein, nach denen später programmiert wird.

Wir hatten bei einigen Kommunikationsaufgaben in diesem Buch (siehe Abschn. 2.4.2 *Bekanntheitsgrad fördern*, Abschn. 2.4.5 *Initiierung von Meinungsbildung* und Abschn. 2.4.7 *Werbung für Dienstleistungen des Verbands/Mitglieder werben*) darüber nachgedacht, dass wir Kontakte zu Menschen, die unserem Verband bisher unbekannt sind, unter Umständen recht schnell und effektiv durch Onlinewerbung gewinnen können. Sofern dazu Suchmaschinenwerbung (zu Suchmaschinen-Marketing siehe Abschn. 4.2.3.2 *Suchwort-Targeting und Google AdWords*) genutzt werden soll, wird man um den Quasi-Monopolisten Google und sein Produkt Google AdWords kaum herumkommen. Dann ist ein Tracking mit Google Analytics komfortabler als mit Piwik, denn Google Analytics importiert automatisch die Daten aus der Kampagne mit Google AdWords.

---

[25] Darüber hinaus gelten weitere Bestimmungen, auf die der Abschn. 4.7.2.3 eingeht.

[26] Das Formular dazu kann bei Google unter folgendem URL heruntergeladen werden: http://static.googleusercontent.com/media/www.google.de/de/de/analytics/terms/de.pdf

Die qualitative Evaluation von User Journey und Use Cases ist jedoch mit Piwik genauso möglich, aber aus den genannten Gründen ist sie datenschutzrechtlich weniger problematisch. Im Folgenden wird deshalb bei allen Beispielen von der Verwendung von Piwik ausgegangen. Prinzipiell funktioniert Google Analytics aber analog zu Piwik.

3.4.8.1 Standardmäßige Auswertungen

In jedes Dokument, das vom Tracking erfasst werden soll, muss dazu entsprechender JavaScript- und HTML-Code eingebettet werden. Insofern ist es sinnvoll, im Lastenheft aufzuführen, was genau evaluiert werden soll. Dafür kommen vor allem die folgenden Werte infrage, die mit einer vollständigen Installation von Piwik bereits zur Verfügung stehen (vgl. Kogis 2012):

- Anzahl der eindeutigen Besucher (*Unique Visitors*),
- Anzahl der Besuche (*Visits*),
- Anzahl der abgerufenen Seiten nach URL und Titel *(Page Impressions)*,
- Anzahl der Downloads von der Website, wie etwa PDFs *(Downloads)*
- Anzahl der Besucher über Links auf externen Websites ankommenden Besucher und URL *(Referer)*,
- Auswertung benutzter Webbrowser *(User Agent)* und Gerätetypen,
- Anzahl der Besucher, die auf der eigenen Website externe Links angeklickt haben, und URL,
- Auswertung der Dauer der Sitzungen der Besucher nach Page Impressions und Zeit,
- Auswertungen der Einstiegs- und Ausstiegsseiten und
- Auswertung der von Besuchern in der Suchfunktion der Website eingegebenen Suchbegriffe.[27]

Zur Evaluation unserer Use Cases steht damit auch bereits eine extrem nützliche Auswertung für jede einzelne Seite unserer Website zur Verfügung, die Piwik *Transitions* nennt (Abb. 3.5).

Wie Abb. 3.5 zeigt, können wir nun für jede Seite unserer Website ermitteln, woher die Leser der Seite kamen und wohin sie die Seite wieder verließen.

3.4.8.2 Kampagnen

Wie Google Analytics ist auch Piwik ursprünglich geschaffen worden, um Onlinewerbung und -handel zu evaluieren. Folglich bestimmen Begriffe aus dem Marketing die Terminologie. Beispielsweise ist von „Konversionen" die Rede, einem Begriff, der dafür steht, dass ein Websitebesucher zu einem Kunden gemacht wird, also etwas kauft. Wir können aber bei der Evaluation unserer Use Cases Konversionen auch so verstehen, dass beispielsweise ein Websitebesucher einen Newsletter abonniert und wir ihn vom Besucher zum Abonnenten „konvertieren".

[27] Diese Analyse stellt eine wichtige Möglichkeit zur Optimierung der von der Website behandelten Themen und ihrer Verschlagwortung dar. Vgl. dazu Abschn. 2.5 *Semantische Konzeption*.

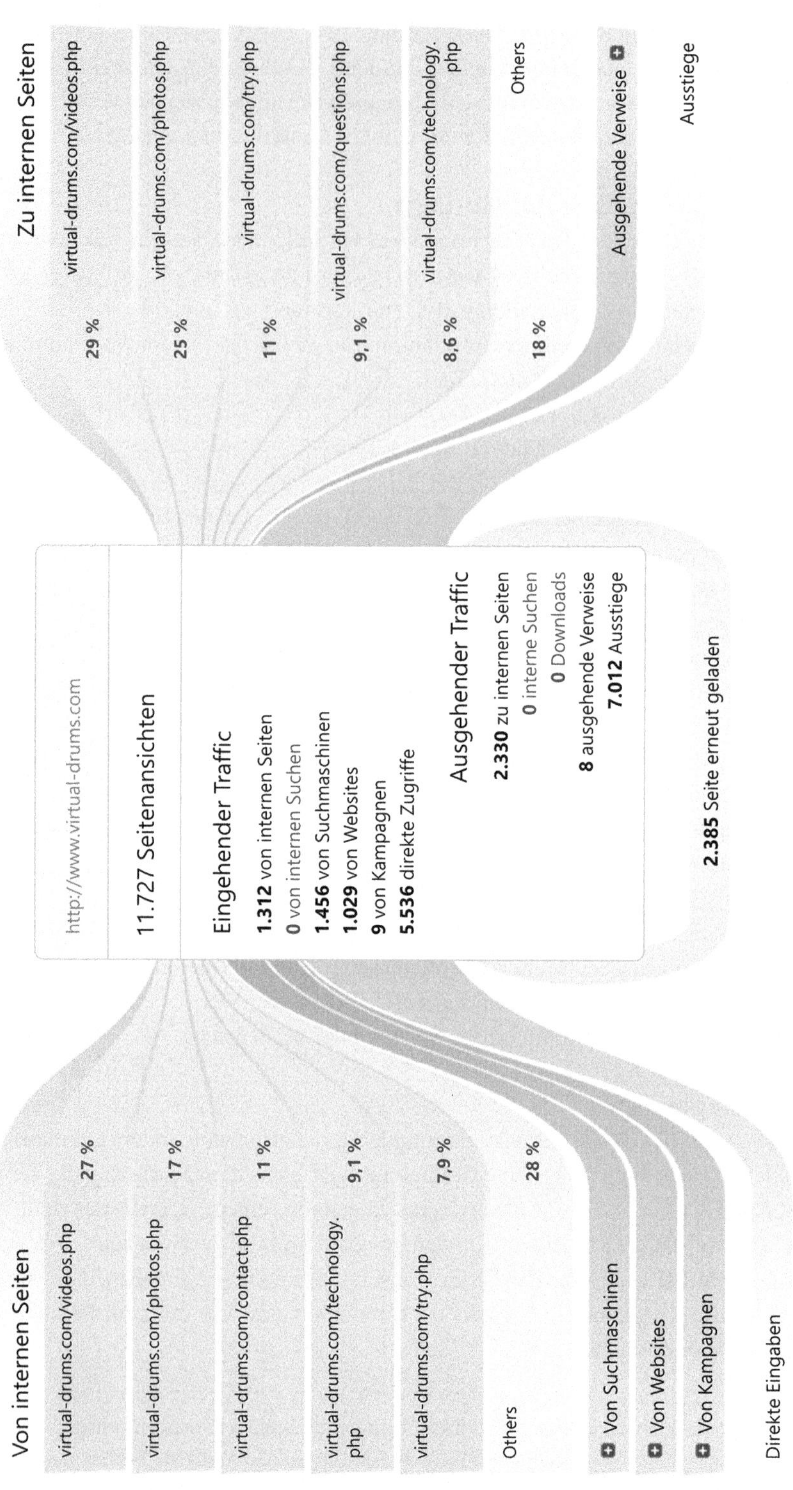

Abb. 3.5 Auswertung der Transitions einer Seite durch Piwik (Beispielseite von demo.piwik.org)

In Piwik geht es auch um „Kampagnen", womit ursprünglich Werbekampagnen gemeint sind. Wir erinnern uns: Tracking-Software wird vor allem dazu verwendet, die Kosten von Werbung zu evaluieren und optimieren, die entstehen, wenn man online etwas verkaufen möchte. Die Idee im Marketing ist, dass eine irgendwo im Internet platzierte Onlinewerbung nicht nur zum Produkt XYZ im Webshop verlinkt, sondern dem Webshop auch mitteilt, welche Anzeige angeklickt wurde. Der Link zum Produkt sieht eigentlich so aus (vgl. Piwik o. D. a):

http://webshop.de/produkte/xyz.html

Mit einem Fragezeichen (dadurch bleibt die eigentliche Adresse des Dokuments unverändert) wird nun eine Information angehängt, die Piwik später auswertet:

http://webshop.de/produkte/xyz.html?pk_campaign=Anzeige_1

Mit dem Parameter *pk_campaign* wird Piwik mitgeteilt, dass der von der Werbeanzeige eintreffende potenzielle Kunde die „Anzeige_1" gesehen und angeklickt hat. Da im Fall von Suchmaschinenmarketing die gleiche Anzeige unter Umständen bei verschiedenen Suchbegriffen des Suchmaschinennutzers eingeblendet wird, gibt es sogar einen zweiten Parameter, der ebenfalls angehängt werden kann, nunmehr mit einem Et-Zeichen:

http://webshop.de/produkte/xyz.html?pk_campaign=Anzeige_1&pk_kwd=ProduktXYZ

Piwik wird nun also mitgeteilt, dass ein Suchmaschinennutzer nach dem Produkt „XYZ" gesucht hat, woraufhin „Anzeige_1" angezeigt wurde und der Nutzer die Anzeige angeklickt hat. Im Marketing kann nun ausgewertet werden, welche Anzeigen und welche dafür gebuchten Suchbegriffe das beste Geschäft verheißen. Die Werbung kann somit optimiert werden. Das Ganze nennt sich *Kampagnen-Tracking* oder auch, wegen der technischen Methodik, *URL-Tracking*.

Wir können die Begriffe natürlich auch im Sinne unserer Use Cases verstehen und analysieren, wo wir am erfolgreichsten Abonnenten unserer Push-Dienste oder Registrierungen für unsere Communitys akquirieren können. Oder wir können messen, welche Themen in Newslettern oder RSS am meisten angeklickt werden. Den jeweiligen Channel betrachten wir dann als Kampagne:

http://verband.de/artikel/news-xyz.html?pk_campaign=newsletter

Oder:

http://verband.de/artikel/news-xyz.html?pk_campaign=rss

Gegebenenfalls können wir auch noch über den Parameter *pk_kwd* das Datum des Newsletters anhängen, um den Traffic verschiedener Newsletter-Ausgaben zu vergleichen.

Schaltet ein Verband gelegentlich Onlinewerbung in geringem Umfang, bedarf es keiner weiteren Programmierung, die Parameter werden beim Erstellen einer Anzeige einfach beim Link mit eingegeben. Aber es kann sein, dass das Content-Management-System solche Parameter automatisiert anhängen muss, etwa wenn Newsletter oder der RSS-Feed evaluieren möchte, die automatisch erzeugt werden. Will man den Traffic von sozialen Medien evaluieren, ist es unter Umständen sinnvoll, in den Social-Media-Tags (siehe dazu Abschn. 3.4.6.2 *Offene Schnittstellen*) der eigenen Website gleich die Parameter zur Evaluation anzuhängen. Auf diese Weise könnte man beispielsweise ermitteln, wie hoch der Anteil des aus sozialen Netzwerken kommenden Traffics ist, der dadurch entsteht, dass Websitebesucher Artikel der Verbandswebsite dort teilen. Der Link in den Social-Media-Tags der Website könnte lauten:

http://verband.de/artikel/news-xyz.html?pk_campaign=social&pk_kwd=website

Die Postings, die der Verband selbst in sozialen Netzwerken tätigt, würden hingegen den folgenden Link enthalten:

http://verband.de/artikel/news-xyz.html?pk_campaign=social&pk_kwd=verband

Piwik würde nun unter den Kampagnen, etwa neben „newsletter“ und „rss“ auch „social“ ausweisen. Für den gesamten Besucherverkehr der Website, aber auch für jede einzelne Seite, würde ermittelt, wie viele Besuche mit einem Klick in den jeweiligen Channels begannen. Unter „social“ gäbe es zwei weitere Teilwerte: „verband“ und „website“.[28]

Mit dem Kampagnen-Tracking können wir also verschiedene Quellen von Traffic detailliert evaluieren. Dazu muss nur festgelegt werden, was evaluiert werden soll und welche Parameter dazu gegebenenfalls an welche Links automatisiert angehängt werden müssen. Dies gehört natürlich in das Lastenheft.

3.4.8.3 Ziele

Das Kampagnen-Tracking führt zu umso interessanteren Ergebnissen, sofern man es mit der Möglichkeit kombiniert, sogenannte „Ziele“ zu definieren. Ziele sind bestimmte erwünschte Aktionen der Websitebesucher, wie etwa das Abonnieren von Newslettern oder eine Registrierung, die wir in Use Cases beschrieben haben.

Um ein Ziel in Piwik festzulegen, benennen wir beispielsweise jene Seite, mit der dem Benutzer seine Aktion abschließend als erfolgreich bestätigt wird, als Ziel. Piwik stellt

[28] Zu bedenken ist bei diesem Beispiel natürlich, dass ein Posting des Verbands selbst, das sich innerhalb eines sozialen Netzwerkes weiterverbreitet, den Parameter „verband“ behält. Teilt also ein Nutzer eines sozialen Netzwerkes dort ein Posting, wird der über dieses Re-Posting erzeugte Traffic später dem unter „verband“ geführten Wert zugerechnet.

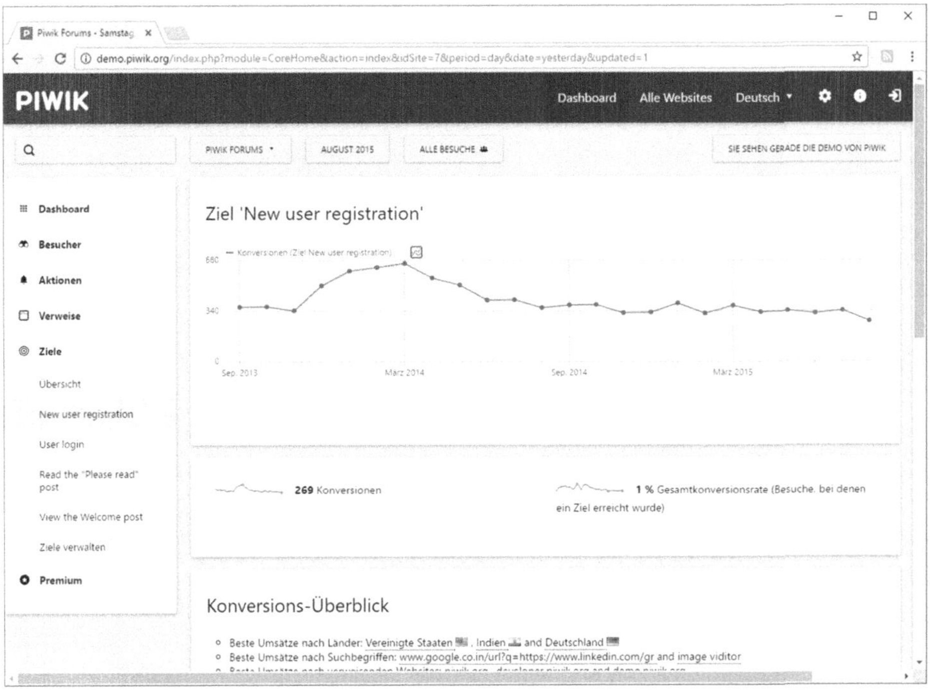

Abb. 3.6 Auswertung eines Ziels durch Piwik (Beispielseite von demo.piwik.org)

daraufhin umfangreiche Auswertungen dazu bereit, unter welchen Umständen es zur Erreichung eines Ziels kam – vor allem unsere Kampagnen. Wir können also etwa untersuchen, auf welchem Wege wir Besucher gewonnen haben, die sich im Rahmen einer Kampagne (wie der in Use Case 6.1 (siehe Abschn. 2.4.6 *Aufmerksamkeit für die Sache/den Anlass erzeugen*) entwickelten) auf unserer Website registrieren. Mit den gewonnenen Erkenntnissen können wir die Kampagne optimieren (Abb. 3.6).

3.4.8.4 Weitere Funktionen

Mit einem gewissen Programmieraufwand lassen sich die Optionen zur Evaluation noch weiter steigern:

- *Event-Tracking:* Mit Event-Tracking lässt sich fast alles überwachen, was der Websitebesucher mit seiner PC-Maus tut. Eines von vielen Anwendungsbeispielen sind etwa mehrfach vorhandene Social-Media-Buttons – sowohl am Beginn als auch am Ende von Artikeln. Mit Event-Tracking lässt sich ermitteln, mit welchen Buttons Besucher den Artikel häufiger teilen (Trendschau 2015).
- *Content-Tracking:* Diese Methode erstellt für einzelne Content-Elemente, also beispielsweise Teaser, eine Statistik aus Einblendungen und Klicks – inklusive der sogenannten Klickrate (*Click-Through-Rate, CTR*). Man kann damit also beispielsweise

herausfinden, wie gut Teaser funktionieren, indem sie Besucher zum Weiterlesen bewegen (TN3 2015).

- *Benutzerdefinierte Variablen:* Das Content-Management-System kann Piwik bis zu fünf Angaben übergeben, die der Websitebetreiber selbst festlegen kann. Beispielsweise kann nachgehalten werden, ob der Abruf einer Seite von einem eingeloggten oder nicht eingeloggten Benutzer kam. Später kann dann ausgewertet werden, wie sich die beiden Gruppen verhalten. Es ist auch denkbar, dass Themencluster ausgewertet werden, indem das Content-Management-System Piwik eine Rubrikenbezeichnung oder ein Schlagwort übergibt. Später kann der gesamte Traffic der Website nach aggregierten Themenclustern ausgewertet werden (Kraehe 2012).
- *Trichter-Analysen:* In den Use Cases haben wir immer wieder User Journeys entworfen, die über mehrere Seiten gehen. Die plastischste Evaluation für solche User Journeys bieten Trichteranalysen (englisch: Funnels), bei denen jeweils für jeden geplanten Schritt der Primärakteure unserer Use Cases ein Quotient ermittelt wird, wie viele Benutzer sich tatsächlich verhielten wie geplant. Zusätzlich wird angegeben, wohin sie von der geplanten User Journey hin abwichen (Piwik o. D. b). Diese sehr nützliche Erweiterung von Piwik ist nicht gratis, sondern lizenzpflichtig.
- *A/B-Tests:* Piwik ermöglicht auch experimentelle Optimierung von Elementen auf einer Website. Bekanntestes Beispiel sind zwei verschiedene Überschriften, die in einem Teaser angezeigt werden. Eine Zeit lang wird gemessen, welche Überschrift mehr Websitebesucher zum Anklicken und Lesen bewegt, danach wird nur noch die erfolgreichere Überschrift ausgeliefert.[29] Es lassen sich prinzipiell aber alle möglichen Gestaltungsmerkmale gegeneinander testen und somit optimieren; auch Fragen der Gebrauchstauglichkeit können so entschieden werden (Piwik o. D. c). Auch diese Funktion ist lizenzpflichtig.

3.4.8.5 Grundsätzliches zum Tracking

Welche Instrumente des Trackings man nutzt, hängt natürlich von der in den Use Cases definierten Aufgabenstellung ab. Wie wir im Abschnitt zur Entwicklung von Use Cases (siehe Abschn. 2.3 *Use Cases*) gesehen haben, beruht deren Planung zunächst überwiegend auf Annahmen von Wahrscheinlichkeiten. Mit Tracking können wir in der Praxis evaluieren, ob diese Annahmen tatsächlich zutreffen. Wir können unsere Use Cases daraufhin optimieren, gegebenenfalls müssen wir Use Cases allerdings auch gänzlich neu konzipieren. Evaluation durch Tracking ist insofern komplementär zur Strategieentwicklung – erst durch sie verlieren die Use Cases ihren spekulativen Charakter. Die Evaluation sollte daher in der Anforderungsbeschreibung unseres Lastenhefts entsprechend konkret definiert sein.

[29] Natürlich muss das Content-Management-System dafür ausgelegt sein, den gleichen Artikel alternativ mit zwei verschiedenen Überschriften anzuzeigen.

Eine wesentliche Fehlerquelle in der Evaluation wurde bereits angesprochen: Eine Verbandswebsite dokumentiert in aller Regel sehr gut den aktuellen Status von Verbandspublikationen und -positionen. Deshalb ist es in vielen Verbänden üblich, dass Verbandsmitarbeiter intensiv mit ihrer eigenen Website arbeiten. Normalerweise sind sie aber nicht die Zielgruppe und verfälschen daher massiv die Nutzungsstatistik. Es sollte deshalb im Lastenheft auch festgelegt werden, ob und wie solcher Traffic aus der eigenen Geschäftsstelle vom Tracking ausgenommen wird. Im Fall von Piwik ist dies einfach in den Konfigurationseinstellungen möglich (Piwik o. D. d).

Ein letzter, vor allem juristisch wichtiger Punkt: Spätestens, wenn die Website online geht, sollte die Lebensdauer des Tracking-Cookies festgelegt und konfiguriert sein. Piwik und Google Analytics setzen diese in ihren Tracking-Tools standardmäßig auf zwei Jahre fest (ULD 2011a, S. 12; Google o. D. h). Das Unabhängige Landeszentrum für Datenschutz Schleswig-Holstein empfiehlt hingegen, eine Lebensdauer von einer Woche nicht zu überschreiten (ULD 2011a, S. 14).

Letzteres bedeutet freilich, dass nur jene Besucher permanent wiedererkannt werden, die öfter als einmal die Website des Verbands aufsuchen (mit jedem Besuch verlängert sich die Lebensdauer des Cookies erneut um eine Woche). Aber schon eine einmalige Pause von mehr als einer Woche lässt die Wiedererkennung abreißen. Eine realistische Überprüfung mancher Use Cases ist damit kaum möglich. In der Praxis setzen viele Verbände, die Tracking betreiben, die vom Hersteller voreingestellte Lebensdauer gar nicht herab – möglicherweise aus Unkenntnis. In diesem Punkt sollte jedoch von jedem Verband eine Entscheidung getroffen werden, die kommunikationsstrategische wie aber auch rechtliche Erwägungen mit einbezieht. Da die Lebensdauer des Cookies in der Datenschutzerklärung zu erwähnen ist, ist es sinnvoll, dass sie ebenfalls im Lastenheft steht.

3.4.9 Technische Kompatibilität und Validität

Der Erfolg von Verbandskommunikation via Internet hängt zu einem nicht unerheblichen Teil auch von technischen Standards ab, deren Einhaltung in einer Anforderungsbeschreibung unbedingt enthalten sein muss. Anderenfalls werden Teile der Zielgruppe nicht erreicht oder treffen Abbruchentscheidungen.

3.4.9.1 Browserkompatibilität

Aus verschiedensten Gründen stellen nicht alle Browser Webdokumente gleich dar. Einer der wichtigsten Gründe ist, dass die Skript- und Auszeichnungssprachen, die auf einer Website verwendet werden, nämlich in erster Linie HTML, CSS und JavaScript, ständigen Veränderungen unterworfen sind. Diese Veränderungen ergeben sich vor allem aus technischen Innovationen. Oft setzen Website-Programmierer und Browserhersteller dann beispielsweise neue Methoden bereits ein, bevor diese vom World Wide Web Consortium (W3C) allgemeingültig spezifiziert worden sind (vgl. Böhringer et al. 2014, S. 192). Das führt immer wieder zu Abweichungen vom W3C-Standard. Andererseits haben auch immer noch Browser einen recht hohen Marktanteil, die technisch längst veraltet sind und gültige Standards nicht beherrschen (vgl. Böhringer et al. 2014, S. 192).

Es ist deshalb erforderlich, dass Browser und ihre Versionen in der Anforderungsbeschreibung benannt werden, wenn sichergestellt sein soll, dass die Darstellung von Webdokumenten korrekt erfolgt. Dabei sind auch Browser von mobilen Endgeräten zu berücksichtigen. Bei der Programmierung kann dann getestet werden, ob es zu Problemen mit bestimmten Browsern kommt.

Es ist dabei kaum zu umgehen, dass Kompromisse gemacht werden. Beispielsweise hatte der völlig veraltete *Internet Explorer 6* im Februar 2017 immerhin noch einen weltweiten Marktanteil von 0,36 Prozent (NetMarketShare o. D.) – und dies obwohl er nicht nur bei der Darstellung von HTML erheblich von heute gültigen Standards abweicht, sondern auch gravierende Sicherheitslücken besitzt. Einer der Gründe ist, dass dieser Browser mit dem erfolgreichen Betriebssystem *Windows XP* ausgeliefert worden ist (Wikipedia o. D. g). Obwohl Windows XP von Microsoft nicht mehr mit Sicherheits-Updates versorgt wird, lag sein Marktanteil in Deutschland im Januar 2017 noch bei 2,37 Prozent (Statista 2017e). Da der Aufwand sehr hoch ist, eine Website so zu programmieren, dass sie auf dem Internet Explorer 6 noch korrekt dargestellt wird, wird heutzutage wohl in den meisten Projekten schlicht darauf verzichtet.

Um sicherzustellen, dass bei solchen Kompromissen keine Browser mit relevanten Marktanteilen ausgeschlossen werden, sollte man entsprechende Statistikdienste[30] im Internet nutzen, die jeweils aktuelle Daten dazu veröffentlichen. Es ist aber durchaus ratsam, auch eine Auswertung der von den Besuchern der eigenen Website genutzten Browser zurate zu ziehen, da diese möglicherweise anders ausfällt.

3.4.9.2 W3-konformer HTML-Code

Das World Wide Web Consortium stellt für HTML, CSS und RSS Validatoren kostenlos bereit, mit denen man sehr einfach die Validität des Codes einer Website testen kann: für HTML unter *https://validator.w3.org*, für CSS unter *https://jigsaw.w3.org/css-validator/* und für den Nachrichtenservice RSS unter *https://validator.w3.org/feed/*.

Das Lastenheft sollte festlegen, dass der Code der geplanten Website Tests mit den Validatoren erfolgreich zu bestehen hat (vgl. Hyslop und Castro 2014).

3.4.9.3 Einsatz von JavaScript

JavaScript ist eine Skriptsprache, die – vereinfacht ausgedrückt – aus einem HTML-Dokument ein Softwareprogramm zu machen in der Lage ist. Während HTML in der Regel im Browser nur ein unveränderliches, statisches Dokument erzeugt, erlaubt der Einsatz von JavaScript, dass eine geladene Seite auf Benutzereingaben oder -aktionen reagiert, Elemente der Seite aktiv bewegt oder ein- und ausblendet, Berechnungen anstellt oder kontinuierlich mit einem oder mehreren Webservern Daten austauscht. Verwendet man

[30] Beispielsweise *NetMarketShare* unter http://marketshare.hitslink.com/oder *stetic* unter https://www.stetic.com/de/market-share/browser/.

ausschließlich HTML, ist hingegen für jede gewünschte Veränderung eines Dokuments immer das erneute Laden des aufgrund von Benutzereingaben veränderten Dokuments vom Webserver erforderlich – unter anderem mit der Konsequenz, dass der Benutzer zunächst wieder das obere Ende der neu geladenen Seite sieht. Man stelle sich vor: Nachdem man einige Zeit bei Facebook in den Mitteilungen seiner Kontakte nach unten gescrollt hat, vergibt man einem Posting ein „Like" – und daraufhin lädt die Seite neu und man befindet sich wieder am Anfang.

Websites wie *Facebook* oder die onlinebasierte Textverarbeitungssoftware *Google Docs* funktionieren daher gar nicht mehr ohne JavaScript. Hat man die Ausführung von JavaScript in seinem Browser deaktiviert, so erhält man dort nur eine Fehlermeldung angezeigt – verbunden mit der Bitte, JavaScript zu aktivieren.

Das *World Wide Web Consortium* empfiehlt jedoch stattdessen bis heute sogenanntes *unobtrusive JavaScript*, ein „unaufdringliches JavaScript", das zwar die Funktionalität und Usability einer Website bereichert, aber nicht Voraussetzung zu ihrer Nutzung ist (W3C o. D.). Dafür gibt das Konsortium eine ganze Reihe von Gründen an, wie etwa, dass manche Webbrowser JavaScript nicht verstehen, dass Internetnutzer JavaScript aus Sicherheitsgründen deaktiviert haben könnten oder dass *„their corporate firewall may block it by removing all <script> tags"* (W3C o. D.).

Eine britische Untersuchung kam 2013 zu dem Ergebnis, dass bei 1,1 Prozent der Internetnutzer JavaScript nicht ausgeführt wird (GDS 2013). Die Untersuchung konnte zwar nicht im Einzelnen quantifizieren, welches die wichtigsten Gründe dafür waren, nannte jedoch an erster Stelle *„corporate or local blocking or stripping of JavaScript elements"* (GDS – Government Digital Service 2013).

Firewalls blockieren JavaScript genau aus dem simplen Grund, wegen dessen es so beliebt ist: Da es aus einem statischen Dokument quasi ein Softwareprogramm zu machen in der Lage ist – woraus sich in der Konsequenz weitaus höhere Sicherheitsrisiken ergeben. Vor allem Nutzer aus Unternehmen und Institutionen mit strengen diesbezüglichen IT-Richtlinien dürften daher unter den 1,1 Prozent dominieren, die JavaScript nicht ausführen. Sofern sich nun gerade dort, nämlich in Unternehmen oder öffentlichen Institutionen, die Zielgruppen einer verbandspolitischen Kommunikationsaufgabe konzentrieren, kann es sein, dass der Anteil jener Internetnutzer, die kein JavaScript ausführen lassen, in dieser Zielgruppe ansteigt. Während es im Fall der zitierten britischen Untersuchung nur einer von 93 Benutzern war, könnte es dann leicht – wenn sich der Anteil nicht einmal verfünffacht – einer von 20 Benutzern sein, der unter Umständen die Website nicht richtig nutzen kann.

Beim Verfassen der Anforderungsbeschreibung sollte daher sorgfältig abgewogen werden: Besteht ein erhöhtes Risiko, dass bestimmte Zielgruppen die in einem Use Case vorausgeplante User Journey nicht durchlaufen, weil dafür JavaScript erforderlich wäre? Wenn dem so ist, sollte das Lastenheft vorschreiben, dass – zumindest in den entsprechenden Bereichen der Website – das Prinzip des *unobtrusive JavaScript* entsprechend der Empfehlungen des *World Wide Web Consortium* eingehalten wird (W3C o. D.). Dies stellt vor allem sicher, dass Benutzer ohne JavaScript nach dem Laden einer Seite die gleichen Elemente zu sehen bekommen wie JavaScript-Benutzer und dass alle Hyperlinks nicht nur per JavaScript funktionieren.

Sofern die geplante Website JavaScript in umfangreichem Maße einsetzen soll, kann es daher sinnvoll sein, im Lastenheft vom künftigen Auftragnehmer auch zu verlangen, dass das von ihm später vorzulegende Pflichtenheft (Abschn. 3.4.15 *Regelungen zu Projektmanagement und Pflichtenheft im Lastenheft*) die technische Umsetzung der zusätzlich auf reinem HTML basierenden Funktionalität dokumentiert.

Sofern die Zielgruppen der Verbandskommunikation in ihrer technischen Ausstattung jedoch eher der Allgemeinheit nahe kommen, ist möglicherweise der Aufwand für die doppelte Auslegung vieler Funktionen, einmal in JavaScript und zum anderen in HTML, zu hoch. Man kann auch davon ausgehen, dass sich der Anteil von Internetnutzern ohne JavaScript weiter verringert.

Von *unobtrusive JavaScript* ausgenommen sollte übrigens das Tracking sein: Denn obwohl *Piwik* prinzipiell mit entsprechender Programmierung der Website auch jene Websitebesucher tracken kann, die kein JavaScript ausführen lassen, inkludiert man damit leider auch alle Robots in die Nutzungsstatistik, die JavaScript nicht ausführen (Piwik o. D. e). (Vgl. dazu Abschn. 4.6.1 *Bereinigte Datenbasis*)

Es gibt ein weiteres Argument für *unobtrusive JavaScript*: Suchmaschinen folgen JavaScript nicht unbedingt. Und wenn sie das tun, dann ist nicht auszuschließen, dass sie dabei vor allem illegitimes Sculpting zu identifizieren versuchen – also den Versuch, im Rahmen von Suchmaschinenoptimierung die Vererbung von PageRank zu beeinflussen (vgl. Schade 2015). Wir erinnern uns: Google empfiehlt ausdrücklich, dass die Struktur einer Website für menschliche Besucher und Robots gleich erscheinen sollte und dies auch möglichst transparent dargestellt wird. Insofern hilft *unobtrusive JavaScript* Suchmaschinen, vor allem bezüglich der Navigation, beim Verständnis der Websitestruktur (vgl. Google 2011, S. 12).

3.4.9.4 Responsive Design

Im Jahr 2010 publizierte der Bostoner Webdesigner Ethan Marcotte einen Aufsatz, in dem er mit der Formulierung *„Responsive Web Design"* einen Begriff prägte, der seitdem die Diskussion über die Darstellung von Websites auf verschiedenen Typen von Endgeräten bestimmt – vor allem auf mobilen, wie den Smartphones (Marcotte 2010). Die von Marcotte beschriebene Methode zeichnet sich durch einen Grundsatz aus: Egal, welches Endgerät ein bestimmtes Webdokument herunterlädt und darstellt, das Template, das der Webserver dafür ausliefert, ist immer das gleiche; es passt sich dem jeweiligen Gerät durch Umformatierung innerhalb des benutzten Browsers an. Bis dato war es Stand der Technik gewesen, dass verschiedenen Endgerätetypen auch verschiedene Templates ausgeliefert wurden.

Voraussetzung für Marcottes Technik war, dass das *World Wide Web Consortium* zuvor Entwürfe für sogenannte *Media Queries* publiziert hatte, die im Jahr 2012 zum gültigen Standard in der CSS-Version 3 erhoben wurden. Media-Queries erlauben eine bedingte Formulierung von Formatierungsanweisungen – abhängig vom Medium, also dem Gerät. Beispielsweise kann der Programmierer den Browser anweisen, eine HTML-Seite im Falle eines Desktop-Computers anders aussehen zu lassen als im Falle eines in der Hand gehaltenen Geräts, also etwa eines Smartphones. Und dieses Aussehen kann der Programmierer jeweils exakt vorgeben (siehe dazu Abschn. 3.3.4 *Design für mobile Endgeräte*).

In der Praxis ist Responsive Design jedoch nicht so einfach umzusetzen, wie dieser simple Ansatz einer grundlegend neuen Architektur vermuten ließe. So ist etwa bislang der Marktanteil von älteren Webbrowsern, die Media-Queries nicht verstehen, auf Desktop-Computern immer noch relativ hoch: Beispielsweise lief in den ersten beiden Monaten des Jahres 2017 noch auf 3,55 Prozent aller Desktop-Computer der Internet Explorer in den Versionen 6 oder 8 (NetMarketShare o. D.). Responsive Design kommt, zumindest in solchen Fällen, in denen der Browser mit Media-Queries nichts anfangen kann, nicht ohne ergänzendes JavaScript aus.

Hinzu kommt, dass es in Bezug auf die Usability oft unumgänglich ist, bestimmte Elemente einer Seite für verschiedene Endgeräte äußerst unterschiedlich zu gestalten. Beispielsweise wird es oft notwendig sein, dass die Navigation für Desktop-Computer völlig anders ausgelegt ist als für Smartphones mit ihrem viel kleineren Bildschirm. Während man auf Desktop-Computern den Websitebesuchern in der Hauptnavigation möglichst viel vom Inhalt anbieten möchte, empfiehlt sich bei Smartphones aus demselben Grund sicherlich oft ein Hamburger-Menü-Icon, denn anderenfalls sähe der Websitebesucher im anfänglichen Sichtbereich auf seinem Bildschirm nur ein Menü und sonst nichts.

Ähnlich verhält es sich auch mit Hyperlinks: Wenn Benutzer von Desktop-Computern mit der Maus auf einen Link fahren, kann ihnen sofort mit einem eingeblendeten Textfeld anzeigen kann, wohin der Link verweist. Der Touchscreen kennt hingegen einen solchen *Mouseover-Effekt* nicht, da es keine Maus gibt. Oft ist es dann weitaus gebrauchstauglicher, auf Touchscreens statt des Links zunächst eine Schaltfläche anzuzeigen: Der Benutzer kann sie anklicken, woraufhin die erläuternde Texteinblendung erfolgt, ohne dass gleich eine andere Seite geladen wird. Erst mit einem zweiten Klick auf einen nun eingeblendeten Link gelangt der Touchscreen-Benutzer dann zur nächsten Seite.

Solche Probleme, wie das zweier Hauptnavigationen und das von Mouseover-Effekten, führen beim reinen Responsive Design dazu, dass es zwar ein einziges Template gibt, welches aber dennoch viel HTML-, CSS- Und JavaScript-Code beinhaltet, der nur für jeweils einen spezifischen Gerätetypen vorgesehen ist und nur auf entsprechenden Geräten angezeigt, auf anderen hingegen ausgeblendet wird. Heruntergeladen und verarbeitet werden muss aber von jedem Gerät dann auch der Code für ganz andere Geräte. Dazu kommt, dass bisweilen relativ viel JavaScript ausgeführt werden muss, um eine korrekte Darstellung zu erzeugen.

Dadurch wird der Code von Websites, die Responsive Design im Sinne Marcottes umsetzen, meist unnötig umfangreich – und langsam in der Ausführung durch den Webbrowser.

Auch gibt es einen weiteren nicht von der Hand zu weisenden Kritikpunkt in Bezug auf die Usability von responsive Design: Der Benutzer hat keine Chance, zwischen den verschiedenen Versionen zu wählen. Zumindest wenn die Version für mobile Endgeräte einige Inhalte der Desktop-Version komplett ausblendet, kann es sein, dass Smartphone-Benutzer zur Desktop-Version wechseln möchten, weil sie Inhalte anders nicht finden können, die sie von einem Besuch mit dem Desktop-PC bereits kennen.

Die Idee eines reinen Responsive Designs wird wegen solcher Schwächen kritisiert. So plädiert der bereits mehrfach zitierte dänische Informatiker und Usability-Forscher Jakob Nielsen dafür, für mobile und für klassische, auf Desktop-Computer ausgerichtete Website-Versionen unterschiedliche Webdesigns zu verwenden (Nielsen und Budiu 2013):

> Es reicht nicht, das Layout einfach dadurch zu ändern, dass man einige Inhalte an andere Stellen platziert und einzelne Designelemente vergrößert oder verkleinert. (…) Wie bereits (…) erwähnt, gehen die Designunterschiede bei mobilen und klassischen Websites weit über Layoutkriterien hinaus (…). Man könnte auch sagen, wenn ein Design nicht zumindest die wesentlichen Unterschiede zwischen den Plattformen abfängt, ist es nicht responsiv genug. Um allerdings wirklich alle Unterschiede berücksichtigen können, muss man wieder zum Ausgangspunkt zurück: zu zwei separaten Webdesigns.

Dies bedeutet, dass man eine serverseitige *Browser-Identifikation* implementiert, die Geräte erkennt und verschiedene Templates ausliefert. Man spricht hier, im Unterschied zum *Responsive Design*, von sogenanntem *adaptiven Webdesign*. Mobile Endgeräte, die in aller Regel einen Touchscreen besitzen, und Desktop-Computer, die per Maus bedient werden, können somit schneller darstellbare, aber funktional unterschiedliche Seiten herunterladen.

Vorteil des adaptiven Webdesigns ist außerdem, dass sich die Größe der zu einer Seite gehörenden Dateien, vor allem Bilddateien, besser an die Bedürfnisse eines Gerätes anpassen lassen. Mobilgeräte laden dann weniger hochauflösende Bilder herunter. Das ist zwar mit einem Responsive Design ebenfalls möglich, aber nur durch zusätzlichen Programmier-Code, der die Seite langsamer macht.

Welche Lösung man als Verband wählt, sollte natürlich vor allem nach Lage des Einzelfalls entschieden werden, nämlich danach, wie unterschiedlich die Templates für verschiedene Endgeräte zu sein haben. Es ist daher ratsam, die Use Cases und ihre jeweilige User Journey mit dem viel kleineren Bildschirm eines Smartphones durchzuexerzieren. Detailliert ausformulierte Use Cases geben deutliche Hinweise, wie unterschiedlich die Seiten zu sein haben: Wir müssen uns beispielsweise fragen, wie wir die von Suchmaschinen auf der Homepage eintreffenden Besucher davon überzeugen wollen, dass sie bei ihrer Informationsexploration auf unserer Website erfolgreich sein werden. Eventuell wird unser Bemühen, Abbruchentscheidungen zu verringern, dazu führen, dass wir die Startseite auf einem Smartphone-Bildschirm völlig anders aufbauen und programmieren müssen als auf einem Desktop-Computer. Denn wir müssen – wie uns die Usability-Forschung allenthalben warnt – damit rechnen, dass die eintreffenden Besucher, die ein Mobilgerät nutzen, nicht unbedingt bereit sein werden, weit nach unten zu scrollen, um sich ein genaueres Bild der Website zu machen (siehe dazu auch Abschn. 4.1 *Onlinegerechte Aufbereitung von Inhalten*).

Genauso müssen wir uns überlegen, wie wir dort, wo wir bei Desktop-Geräten mit Mouseover-Effekten arbeiten, mit Touchscreen-Geräten umgehen. Denn unnötiges Laden von neuen Seiten ist gerade bei Mobilgeräten für die Nutzer zeitraubend. Erläuternde Einblendungen von Text beim Mouseover müssen also beim Touchscreen technisch alternativ umgesetzt werden.

Obwohl es vor allem solche Erwägungen sein sollten, welche die Grundlage der Entscheidung zwischen reinem Responsive Design und gerätespezifischen Templates bilden, gibt es in Kreisen von Webdesignern und -entwicklern geradezu einen Glaubenskrieg um den richtigen Weg. So löste im Jahr 2013 ein gegenüber dem Responsive Design kritischer Beitrag eines deutschen Bloggers 220 Leserkommentare aus, die zum Teil beleidigenden Charakter besaßen (vgl. Voelcker 2013). Eine von generellen philosophischen oder gar emotionalen Beweggründen getragene Positionierung von Dienstleistern hilft jedoch der Verbandskommunikation diesbezüglich kaum weiter. Ausschlaggebend ist, wie die Kommunikationsaufgaben eines Verbands möglichst optimal erfüllt werden können – und wie das auf mobilen Endgeräten umgesetzt werden kann.

In der Praxis entscheiden sich, wie eine Untersuchung zeigt, gerade umfangreiche und komplexe Websites für ein adaptives Webdesign: So nutzen im Jahr 2015 sämtliche zehn laut dem Analytikdienst *Alexa* weltweit meistgenutzten Websites ein adaptives Webdesign, darunter Facebook, Twitter und Wikipedia (Piejko 2015). Auch deutsche Nachrichtenportale wie *bild.de* und *spiegel.de* tun das bis heute.

Als Faustregel darf, von der Eignung bezüglich der Use Cases abgesehen, sicherlich gelten: Umso komplexer eine Website generell aufgebaut ist, desto eher ist ein adaptives Webdesign sinnvoll. Je einfacher die Website ist, desto geeigneter ist sie für ein reines Responsive Webdesign.

Die serverseitige Unterscheidung von Gerätetypen oder -klassen muss dabei gar nicht unbedingt eine Abkehr von Media-Queries bedeuten: Der Webdesigner Luke Wroblewski schlug bereits im Jahr 2011 vor, beide Wege zu kombinieren. Er nannte dies *Responsive Design + Server Side Components*, kurz: *RESS* (Wroblewski 2011). Indem Blöcke von HTML jeweils passend zum Endgerät in den Code eingefügt werden, wird der ausgelieferte Code deutlich schlanker. Eine wachsende Entwickler-Community hat RESS seitdem weiterentwickelt (Wroblewski 2012). Hierin dürfte in den meisten Fällen auch ein gangbarer Weg für Verbände liegen.

Der Ansatz von RESS erlaubt beispielsweise, dass man Desktop-Computern die Media-Queries erspart, die bei ihren großen Bildschirmen nicht unbedingt notwendig sind. Bei mobilen Endgeräten kann man dann hingegen mit deutlich weniger Zurückhaltung programmieren und sämtliche Techniken des Responsive Designs einsetzen; denn Mobilgeräte sind in der Regel so kurzlebig und aktualisieren ihre Software so kontinuierlich, dass es mit Media-Queries und JavaScript keinerlei Probleme gibt. RESS erlaubt schließlich auch, dass man – wenigstens in Bezug auf Desktop-Computer, bei denen das von besonderer Bedeutung ist – das Prinzip des *unobtrusive JavaScript* durchhalten kann.

Das Lastenheft sollte in Bezug auf die Umsetzung eines Designs für mobile Endgeräte möglichst ausführen, wie die Anforderungen der Use Cases am besten umzusetzen sind. Wenn dies nicht zu leisten ist, sollte das Lastenheft dem mit der Programmierung zu beauftragenden Auftragnehmer zumindest abverlangen, dass er in seinem Pflichtenheft ausführlich darlegt, welche technische Methodik in Bezug auf die Darstellung der Website auf mobilen Endgeräten zur Anwendung kommen soll. Diese Entscheidung ist dann im Pflichtenheft hinreichend zu begründen.

3.4.9.5 Barrierefreiheit

Eine Barrierefreiheit von Internetangeboten wird heutzutage zunehmend unabhängiger von persönlichen – etwa körperlichen – Defiziten des Nutzers gesehen, sondern sie schließt technologische, organisatorische und soziale Faktoren mit ein (Vieritz 2015). Barrierefreiheit zielt also in Bezug auf Websites generell darauf ab, möglichst allen potenziellen Nutzern die angebotenen Informationen ohne besondere Vorkehrungen zugänglich zu machen.

Beispielsweise ist dabei mittlerweile auch ein wichtiger Aspekt, dass Websites sowohl von Geräten mit einer Maus als auch von Geräten mit einem Touchscreen problemlos bedienbar sind.

Aber natürlich spielt die Inklusion von Behinderten nach wie vor eine besondere Rolle. Dies besonders auch deshalb, weil das Internet gerade für viele Menschen mit Behinderung eine überaus wichtige Informationsquelle darstellt (Wenz et al. 2011).

Das *World Wide Web Consortium* hat bereits im Jahr 1999 mit den *Web Content Accessibility Guidelines 1.0* (WCAG 1.0) Empfehlungen verabschiedet, die Anleitung dabei geben, wie ein Webauftritt möglichst barrierefrei zu gestalten ist. Die im Jahr 2008 veröffentlichte, überarbeitete Version der Empfehlungen, die *Web Content Accessibility Guidelines 2.0* (WCAG 2.0), bildete die Grundlage für die 2011 in Kraft getretene deutsche *Verordnung zur Schaffung barrierefreier Informationstechnik nach dem Behindertengleichstellungsgesetz*, kurz: BITV 2.0 (Hellbusch o. D.). Die BITV 2.0 schreibt allen Bundes- und zum Teil auch Landesbehörden eine barrierefreie Gestaltung ihrer Webauftritte vor.

Für Verbände hat die BITV 2.0 keinerlei bindenden Charakter und die WCAG 2.0 sind ohnehin nur Empfehlungen. Dennoch gibt es etliche gute Gründe, warum jeder Verband bei der Planung eines Internetauftritts Aspekte der Barrierefreiheit sorgfältig abwägen sollte:

- Zunächst einmal stellt ein hohes Maß an Barrierefreiheit ganz generell sicher, dass die Zielgruppe einer Kommunikationsmaßnahme möglichst vollständig erreicht wird. In vielen Aspekten zielen WCAG und BITV dazu auf rein technische Aspekte ab, die ungewolltem Verlust von Besucherkontakten vorbeugen. Die Empfehlungen zur Barrierefreiheit zu beachten, ist daher durchaus im Sinne eines online kommunizierenden Verbands.
- Vor allem für Sehbehinderte und Blinde bedeutet erst eine barrierefrei geplante Website, dass auf die darauf veröffentlichten Informationen weitgehend ungehindert zugegriffen werden kann. So sehen WCAG und BITV unter anderem vor, dass die Schriftgröße eines Webdokuments durch den Nutzer skalierbar sein und die Website außerdem so aufgebaut sein soll, dass spezielle Software für Menschen mit Sehschwäche die Inhalte vorlesen kann. Vor allem für Verbände aus dem Gesundheitswesen, aber auch aus dem karitativen Bereich stellen Sehbehinderte und Blinde bisweilen einen nicht unerheblichen Anteil der Zielgruppe. Wenn etwa Patienteninteressen vertreten werden oder ein strategischer Schulterschluss mit Patienten oder Patientenverbänden gesucht wird, ist eine barrierefreie Website nicht nur strategisch sinnvoll, sondern alles andere kann

in der öffentlichen Meinung unter Umständen auch äußerst kritisch wahrgenommen werden. Die Kassenärztliche Bundesvereinigung empfiehlt beispielsweise für Websites von Arztpraxen generell Barrierefreiheit (KBV o. D.).
- Die WCAG 2.0 empfiehlt für Texte, die Lesefähigkeiten voraussetzen, „die über das Niveau der niedrigen, sekundären Schulbildung hinausgehen", ergänzende Inhalte oder eine weitere Textversion, die „keine über die niedrige, sekundäre Schulbildung hinausgehenden Lesefähigkeiten verlangt" (W3C 2009). Seit der Novelle des Behindertengleichstellungsgesetzes im Jahr 2016 sind Bundes- und teilweise auch Landesbehörden dazu verpflichtet, Information zusätzlich zur Originalversion in „Leichter Sprache" bereitzustellen (BMAS 2016). Zwar erstreckt sich diese Verpflichtung nicht auf Verbände. Sofern aber bestimmte Zielgruppen der Verbandskommunikation entsprechend geringere Lesefähigkeit besitzen, etwa auch, weil Deutsch nicht ihre Muttersprache ist, könnten ergänzende Inhalte oder sogar zusätzliche Versionen von Texten in Leichter Sprache sehr sinnvoll sein. Das *Netzwerk Leichte Sprache* hat dazu Empfehlungen erarbeitet, wie entsprechende Texte zu verfassen sind (Netzwerk Leichte Sprache 2013). Sofern es User Journeys geben soll, die über mehrere Texte in Leichter Sprache führen, kann dies auch Einfluss auf die gesamte Struktur der Website haben.

Die technische Umsetzung von Barrierefreiheit umfasst jedoch überwiegend viele kleine technische Details, die insbesondere im Zuge der Neuplanung eines Webauftritts mit relativ geringem Aufwand umzusetzen sind.

Im Falle der BITV 2.0 sind darunter uns bereits aus der Suchmaschinenoptimierung bekannte Maßnahmen, wie etwa die Nutzung des Alt-Attributs bei Bildern und Grafiken, die Verwendung von H1-Tags bei den Überschriften oder der Verzicht auf die Darstellung von Schrift in Form von Grafikdateien. Ein weiteres uns bekanntes Kriterium ist die Validität des HTML – zu belegen durch die Prüfung mit dem W3C-Validator. Hinzu kommt beispielsweise, dass die Website auch über die Tastatur benutzbar sein soll. Es gibt zur Überprüfung, ob die BITV 2.0 eingehalten wird, sogar einen Onlinetest.[31]

Die WCAG 2.0 klassifiziert ihren Maßnahmenkatalog nach Konformitätsstufen, bei denen die Stufe A die wichtigsten, aber zumeist einfach umzusetzenden Maßnahmen beinhaltet und die Stufe AAA die komplexesten, aber unter Umständen eher verzichtbaren, wie etwa die Verwendung von Leichter Sprache.

Um die Anforderungen für Barrierefreiheit im Lastenheft zu definieren, stehen also mit der BITV 2.0 und der WCAG 2.0 mit ihren verschiedenen Konformitätsstufen eine ganze Reihe von Katalogen unterschiedlich anspruchsvoller Einzelmaßnahmen zur Verfügung. Das Lastenheft kann darauf zurückgreifen und damit relativ leicht eine sehr konkrete Anforderungsbeschreibung liefern.

---

[31] Siehe: http://www.bitvtest.de/bitvtest/

3.4.10 Rechtliche Anforderungen im Lastenheft

Online-Kommunikation rechtskonform zu gestalten ist mittlerweile eine äußerst anspruchsvolle Aufgabe. Diesem Themenbereich widmet sich deshalb Abschn. 4.7 *Recht* dieses Buchs.

In einigen Punkten müssen jedoch bereits bei der Programmierung einer Website rechtliche Vorschriften umgesetzt werden. Dazu zählt etwa die bereits dargelegte komplexe Rechtssituation in Bezug auf Tracking (siehe dazu Abschn. 3.4.8 *Tracking* und Abschn. 4.7.2.3 *Pseudonymisierung und Anonymisierung*). Die nachfolgend beschriebenen Aspekte sollten deshalb Teil der Anforderungsbeschreibung in unserem Lastenheft sein. Dies ist auch deshalb ratsam, weil nachträgliche Änderungen kostenaufwendiger sind als eine Berücksichtigung entsprechender Funktionen oder Gestaltungsmerkmale von Anfang an.

Am 25. Mai 2018 wird die europäische Datenschutzgrundverordnung in Deutschland wirksam. Damit einher geht das Inkrafttreten einer Novelle des Bundesdatenschutzgesetzes. Gleichzeitig finden alle bisherigen für den Datenschutz relevanten Regelungen des Telemediengesetzes keine Anwendung mehr. Überwiegend setzt die europäische Datenschutzgrundverordnung jedoch die hohen deutschen Anforderungen europaweit um. Insbesondere im Hinblick auf Rechtsprechung legt dieses Buch daher zunächst immer den bisherigen Stand dar, erläutert aber zugleich, ob sich die Rechtslage in für Verbänden relevanten Punkten ändert und benennt die künftig geltenden Rechtsvorschriften. Teilweise ändern sich im Mai 2018 Begriffe: So wird die „verantwortliche Stelle", die personenbezogene Daten speichert, nun zum „Verantwortlichen" und an Stelle der „Datenvermeidung" tritt die „Datenminimierung".

3.4.10.1 Erreichbarkeit obligatorischer Dokumente

Das Telemediengesetz schreibt für alle nicht ausschließlich privat betriebenen Websites sowohl ein Impressum (§ 5 TMG) (zur Impressumspflicht siehe Abschn. 4.7.5 *Impressumspflicht*) als auch eine Datenschutzerklärung (§ 13 TMG, ab Mai 2018 ersetzt durch Art. 13 ff. DSGVO) vor. Nach herrschender Rechtsprechung müssen diese jederzeit und von jeder Seite aus gut erreichbar sein. Vier Mausklicks bis zum Impressum waren dem Landgericht Düsseldorf in einem Urteil (LG Düsseldorf, Az. 34 O 188/02) hingegen bereits zu viel und aufwendiges Scrollen dorthin erklärte das Oberlandesgericht München (OLG München, Az. 29 U 4564/03) ebenfalls für unzulässig (Impulse 2017). Für die Datenschutzerklärung gelten ähnlich strenge Vorgaben der Gerichte. Hyperlinks zu beiden Dokumenten gehören deshalb beispielsweise in die Metanavigation oder, sofern sie dort gut erreichbar sind, in den Fußbereich jeder Seite.

3.4.10.2 Datenschutzerklärung

Der im Telemediengesetz als „Diensteanbieter" bezeichnete Websitebetreiber hat, so steht es in § 13 des Telemediengesetzes, „*Nutzer zu Beginn des Nutzungsvorgangs über Art, Umfang und Zweck der Erhebung und Verwendung personenbezogener Daten*" aufzuklären. Ab Mai 2018 wird diese Vorschrift durch Artikel 13 der europäischen

Datenschutzgrundverordnung ersetzt, der jedoch diese Vorschrift dem Grunde nach beibehält und in einzelnen Punkte erweitert.

Diese Informationspflicht betrifft zunächst einmal jene Daten, die zwangsläufig anfallen, wie die IP-Adresse mit den dazugehörigen Nutzungsdaten, die in der Regel in Logfiles gespeichert werden. Wie bereits weiter vorn in diesem Buch dargelegt sind IP-Adressen nach einem Urteil des EUGH (Europäischer Gerichtshof Rechtssache C-582/14) vom Oktober 2016 (Heise 2017) als personenbezogen anzusehen. Sie dürfen deshalb nicht länger gespeichert werden, als es für jenen Zweck erforderlich ist, wegen dessen ihre Übermittlung an den jeweiligen Webserver erfolgte – also für den Kommunikationsvorgang selbst. Dieser Zweck schließt allerdings, wie sich aus dem EUGH-Urteil ergibt, mit ein, dass im Störungsfall die „*Wiederherstellung der Verfügbarkeit des Telemediums*" möglich sein muss. Der BGH hat diesbezüglich im Falle eines DSL-Anbieters im Jahr 2014 eine Speicherfrist von maximal sieben Tagen für zulässig erklärt (BHG, Az. III ZR 391/13), man darf aber sicherlich davon ausgehen, dass Gerichte diese Frist für Websitebetreiber noch deutlich kürzer ansetzen.

In Logfiles und Tracking-Tools, die ja längere Zeiträume auswerten, ist somit eine Speicherung von IP-Adressen nur anonymisiert zulässig – etwa indem, wie vom sächsischen Datenschutzbeauftragten empfohlen, die letzten beiden Bytes auf null gesetzt werden (SaechsDsB 2014). Diese Lösung hat allerdings den Nachteil, dass unter Umständen die Nutzungsdaten von jeweils mehreren Benutzern unter der gleichen anonymisierten IP-Adresse gespeichert werden und somit der Zusammenhang der Seitenabrufe innerhalb der Sitzung eines einzelnen Besuchers verloren geht (vgl. Datenschutz Berlin 2016). Eine Auswertung der Logfiles führt dann zu völlig falschen Ergebnissen.

Es hat sich daher etabliert, die ganze IP-Adresse oder ihre letzten beiden Bytes mit einem Verschlüsselungsalgorithmus zu kodieren, sodass unterschiedliche IP-Adressen nach der Anonymisierung weiterhin auch unterscheidbar dargestellt werden. Man spricht dann von Pseudonymisierung. Sogenannte Hash-Verfahren zur Verschlüsselung der IP-Adresse werden allerdings oft falsch angewendet. Das Unabhängige Landeszentrum für Datenschutz Schleswig-Holstein weist deshalb darauf hin, dass ausschlaggebend für die datenschutzrechtliche Zulässigkeit die zusätzliche Verschlüsselung mit einer Zufallszahl ist (ULD 2011b):

> Das Hash-Verfahren ist nur sinnvoll, wenn noch eine weitere Zufallszahl hinzugerechnet wird, die regelmäßig geändert bzw. verworfen wird, ohne dass diese Zufallszahl wiederum durch ein Verfahren zurückberechnet werden könnte.[32]

Die Datenschutzerklärung hat den Besuchern der Website darzulegen, wie mit der IP-Adresse umgegangen wird und wie eine anonymisierte Speicherung erreicht wird. Das Lastenheft muss daher festlegen, ob das Nullsetzen der beiden hinteren Bytes ausreicht, etwa weil zur Evaluation Tracking vorgesehen ist, oder ob die Unterscheidbarkeit einzelner Nutzersitzungen gewahrt bleiben soll, weil die Logfiles als Basis

[32] Eine gut verständliche Erläuterung dieses Verfahrens findet sich online in einem Forum der Website der Bundesdatenschutzbeauftragten unter: https://www.bfdi.bund.de/bfdi_forum/archive/index.php/t-5235.html

für Evaluation genutzt werden sollen. In letzterem Falle ist im Lastenheft eine Pseudonymisierung mit Hash-Verfahren und Zufallszahl festzuschreiben, da sie dann aus datenschutzrechtlichen Gründen erforderlich ist.

Außer den Nutzungsdaten, also der IP-Adresse und weiteren mit jedem HTTP-Request vom Browser übertragenen Angaben, wie beispielsweise den abgerufenen Seiten, kann eine Website auch personenbezogene Daten der Besucher erheben, indem sie diese mit Formularen[33] abfragt – etwa im Rahmen von Subskriptionen, Bestellungen oder Registrierungen auf einer Website. Man nennt diese Daten Bestandsdaten.

In Bezug auf die Bestandsdaten ist gemäß § 4a Bundesdatenschutzgesetz (ab Mai 2018: § 51 BDSG) von der betreffenden Person eine Einwilligung über Erhebung, Verarbeitung und Nutzung der Daten einzuholen. In § 13 Abs. 2 des Telemediengesetzes ist geregelt, wie Websites die Einwilligung auf elektronischem Wege einholen können (der ab Mai 2018 stattdessen geltende Art. 7 DSGVO übernimmt diese Regelung prinzipiell):

> Die Einwilligung kann elektronisch erklärt werden, wenn der Diensteanbieter sicherstellt, dass
>
> 1. der Nutzer seine Einwilligung bewusst und eindeutig erteilt hat,
> 2. die Einwilligung protokolliert wird,
> 3. der Nutzer den Inhalt der Einwilligung jederzeit abrufen kann (…).

Daraus ergeben sich Anforderungen an den Umgang mit der Datenschutzerklärung, die von der Rechtsprechung teilweise unterschiedlich beurteilt werden (vgl. LfD Niedersachsen 2016, S. 6):

- *Formulargestaltung:* Damit der Nutzer seine Einwilligung *„bewusst und eindeutig"* erteilt, genügt es nicht, dass er im räumlichen Umfeld des Absende-Buttons eines jeden Formulars auf die Datenschutzerklärung nur hingewiesen wird. Es ist zwar bisher rechtlich nicht immer erforderlich, aber um juristisch auf der sicheren Seite zu sein, empfehlen Juristen überwiegend, dass der Nutzer mit dem Setzen eines Häkchens per Mausklick aktiv seine Einwilligung erklären sollte (Schwenke 2011). Ab Mai 2018 schreibt die europäische Datenschutzgrundverordnung in Artikel 7 Absatz 1 ein solchermaßen eingeholtes Einverständnis für jede Datenerhebung und damit für jedes Formular, das personenbezogene Daten erhebt, vor. Dies macht natürlich nur dann Sinn, wenn dem Nutzer, falls er das Häkchen nicht setzt, eine entsprechende Fehlermeldung angezeigt wird und die eingegebenen Daten nicht verwendet oder gar gespeichert werden. In manchen Fällen kann zwar auf das Häkchensetzen in einer sogenannten Checkbox verzichtet werden – beispielsweise dann, wenn Benutzer und Websitebetreiber in einer Geschäftsbeziehung stehen –, allerdings ist dies von den Umständen des Einzelfalles abhängig (vgl. Ewald 2014). Sofern man befürchtet, dass Newsletter-Subskriptionen oder Onlineverkäufe durch eine Verpflichtung zum Häkchensetzen seltener zustande kommen, sollte man daher bezüglich der Formulargestaltung tunlichst juristischen Rat einholen.

[33] Formulare im Sinne der Webprogrammierung sind Bereiche eines HTML-Dokuments, die Eingabe- oder Auswahlelemente und einen Absende-Button enthalten, der die Übertragung eingegebener Daten an den Webserver auslöst. Ein HTML-Dokument kann mehrere Formulare enthalten.

- *Protokollierung:* Mit der Speicherung der vom Nutzer übertragenen Daten ist auch die Einwilligung zu protokollieren. Festzuhalten sind dabei insbesondere der Zeitpunkt und der durch die Einwilligung geschaffene Umfang der personenbezogenen Daten, die der Diensteanbieter dadurch zu erheben oder zu verwenden berechtigt ist (BayLfD o. D. a).
- *Archiv:* Einstweilen legen Juristen wie auch Websitebetreiber die Vorschrift aus § 13 Abs. 2 Ziffer 3 des Telemediengesetzes unterschiedlich aus, nach welcher der „*Nutzer den Inhalt der Einwilligung jederzeit abrufen*" können soll. Zunehmend setzt sich allerdings die Erkenntnis durch, dass es dafür nicht genügt, nur die jeweils aktuelle Datenschutzerklärung vorzuhalten. Vielmehr muss der Nutzer die Möglichkeit haben, jene Datenschutzerklärung einzusehen, auf deren Basis er seine Einwilligung erteilt hat. Dies bedeutet, dass das Dokument der aktuellen Datenschutzerklärung auch ältere Versionen deutlich erkennbar verlinken muss (Rogosch 2011). Mit Wirksamwerden der europäischen Datenschutzgrundverordnung im Mai 2018 wird diese Vorschrift des Telemediengesetzes hinfällig. Die DSGVO fordert allerdings in Artikel 7 Absatz 1 für jede Datenerhebung eine erneute Einwilligung und schreibt dafür eine Nachweispflicht vor. Im Ergebnis muss ein Websitebetreiber folglich den Zeitpunkt jeder Einwilligung und den dabei jeweils gültigen Wortlaut der Datenschutzerklärung weiterhin archivieren. Das Vorhalten älterer Versionen der Datenschutzerklärung auf der Website ist daher kaum Mehraufwand. Aus Gründen der Transparenz ist es deshalb auch weiterhin empfehlenswert.

Ab Mai 2018 erweitert die europäische Datenschutzgrundverordnung in Artikel 13 die Pflichtangaben der Datenschutzerklärung um vier auch für Verbände wichtige Aspekte: Erstens ist der Datenschutzbeauftragte oder Verantwortliche des Verbands mit Kontaktdaten zu benennen. Zweitens muss auf das Recht auf Beschwerde bei einer Aufsichtsbehörde hingewiesen werden. Dritte neue Pflichtangabe ist „*die Dauer, für die die personenbezogenen Daten gespeichert werden oder, falls dies nicht möglich ist, die Kriterien für die Festlegung dieser Dauer*". Diese dritte Angabe hat es in sich, denn sie bedeutet, dass für jede entsprechende Datenbank ein Mechanismus programmiert werden muss, der einzelne Felder zu löschen in der Lage ist, wenn ein bestimmter Zeitraum abgelaufen ist oder andere Voraussetzungen zur Speicherung entfallen sind. Und die vierte neue Pflichtangabe kommt hinzu, wenn personenbezogene Daten in Länder außerhalb der EU übertragen werden: Dann ist die Rechtsgrundlage dieser Übertragung darzulegen, also etwa der mit den USA ausgehandelte Privacy Shield.

Um von Anfang an Rechtssicherheit des Webauftritts zu gewährleisten und nachträglichen Änderungsbedarf zu vermeiden, sollten die im Zusammenhang mit der Datenschutzerklärung erforderlichen programmiertechnischen Details unbedingt im Lastenheft vorgegeben sein.

3.4.10.3 Europäische Cookie-Richtlinie

Viele Websites weisen Besucher beim ersten Seitenabruf mit einem großflächigen Hinweis auf die Verwendung von Cookies hin (Abb. 3.7).

Inwieweit dies im Einzelfall notwendig, ratsam oder zumindest sinnvoll ist, ist juristisch derzeit umstritten.

Bis Mai 2011 hätte Deutschland die sogenannte EU-Cookie-Richtlinie in nationales Recht umgesetzt haben müssen (Amtsblatt der EU 2009, S. L337/32). Die Richtlinie

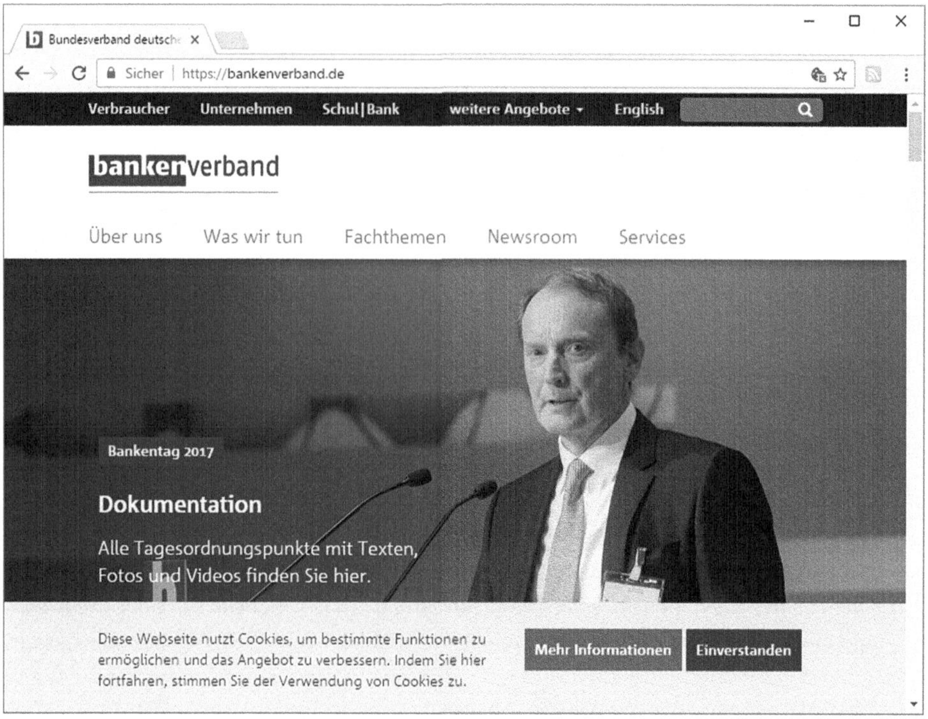

Abb. 3.7 Cookie-Hinweis auf der Startseite des Bankenverbands

schreibt zum einen eine umfassende Informationspflicht von Websitebetreibern gegenüber ihren Nutzern bezüglich der Speicherung und Nutzung von Cookies vor. Zum anderen legt sie aber auch fest, dass Nutzer einer Website ihre Einwilligung zu erteilen haben, bevor auf dem Endgerät des Nutzers gespeicherte Information ausgelesen werden darf – mithin auch Cookies. Ausnahmen davon sind nur dann rechtmäßig, wenn das Auslesen unbedingt erforderlich ist, damit ein vom Nutzer ausdrücklich gewünschter Dienst zur Verfügung gestellt werden kann (Amtsblatt der EU 2009, S. L337/30) – wie es etwa beim Füllen und Nachhalten eines Warenkorbs in einem Webshop oder bei einem Log-in in ein Extranet notwendig ist. In allen anderen Fällen ergibt sich aus der Formulierung der EU-Richtlinie die Notwendigkeit einer aktiven Willensbekundung des Nutzers zur Nutzung von Cookies (vgl. Radlanski 2016).

Im Februar 2014 erklärte das Bundeswirtschaftsministerium, es halte die Richtlinie bereits durch die Vorschriften des seinerzeit geltenden Telemediengesetzes für umgesetzt – eine Auffassung, der sich die EU-Kommission wenig später anschloss (Telemedicus 2014a). Allerdings steht dies im Widerspruch zu § 15 Abs. 3 des Telemediengesetzes, nach dem pseudonymisierte Nutzungsprofile, die ja üblicherweise auf der Nutzung von Cookies beruhen, erstellt werden dürfen, „*sofern der Nutzer dem nicht widerspricht*“. Demnach wären Cookies also auch ohne aktive Willensbekundung des Nutzers rechtmäßig.

Die Datenschutzbeauftragten des Bundes und der Länder protestierten daher im Februar 2015 gegen die Rechtsauffassung der Bundesregierung und forderten diese auf, die EU-Richtlinie vollständig in nationales Recht zu überführen (Datenschutz Hessen 2015). Dies ist bisher nicht geschehen.

Ein aktives Einwilligungserfordernis für den Einsatz von Cookies ist daher angesichts der aktuellen Rechtslage nach Ansicht des Bundesverbands Digitale Wirtschaft nicht gegeben (BVDW 2015). Diese Einschätzung wird auch von anderen Experten geteilt (vgl. Telemedicus 2014b). Sie wird zudem dadurch gestützt, dass die Richtlinie selbst eine unmittelbare Wirkung nur auf das Verhältnis zwischen Staat und Bürgern entwickeln kann, nicht aber auf das Verhältnis zwischen nichtstaatlichen Körperschaften sowie Individuen untereinander (vgl. Sandfuchs 2015). Daran wird auch das Wirksamwerden der europäischen Datenschutzgrundverordnung im Mai 2018 nichts ändern.

Dass man dennoch mittlerweile recht viele Websites findet, die vom ersten Seitenaufruf an bis zur Bestätigung durch den Nutzer explizit auf die Verwendung von Cookies hinweisen, hat vor allem zwei Gründe:

- *Google-Werbung:* Wer mit seiner Website Geld verdienen möchte, indem er auf seinen Seiten Werbung von Google *(„Google AdSense")* einblendet, wird von dem Konzern aufgefordert, entsprechende Funktionen zum „Einholen der Zustimmung für Cookies" zu implementieren. Dazu hat Google unter der Adresse *www.cookiechoices.org* eigens eine Website eingerichtet, die Websitebetreibern bei der Umsetzung hilft.
- *Supranationale Ausrichtung:* Die nationalen Rechtsvorschriften in Bezug auf Cookies sind innerhalb der Europäischen Union sehr unterschiedlich umgesetzt – in etlichen Ländern ist ein Hinweis vom ersten Seitenaufruf bis zur Bestätigung durch den Nutzer Pflicht (vgl. Computerwoche 2015a). Betreiber von Websites, die Zielgruppen auch außerhalb Deutschlands anvisieren, sollten deshalb sorgfältig abwägen, ob sie nicht auch die Rechtsvorschriften anderer Länder einzuhalten haben. So warnen beispielsweise Experten für Webshops davor, Webshops international auszurichten und gleichwohl nur deutsches Datenschutzrecht zu beachten (vgl. 1und1 2016a). Wenn die rechtlichen Risiken innerhalb der Europäischen Union auch eher als gering eingeschätzt werden mögen, muss doch beispielsweise in Betracht gezogen werden, dass Großbritannien die EU-Cookie-Richtlinie sehr viel strenger umgesetzt hat als Deutschland; vor allem nach erfolgtem Brexit könnte das durchaus zu Problemen von supranational ausgerichteten Websites im Vereinigten Königreich führen (vgl. Aricatt 2016). International ausgerichtete Verbände sollten diesbezüglich gegebenenfalls sorgfältig rechtlich prüfen. Die innerhalb Europas unterschiedliche Rechtslage wird sich auch mit Inkrafttreten der europäischen Datenschutzgrundverordnung wegen deren Öffnungsklauseln nicht zwangsläufig ändern.

Die EU-Kommission hat im Januar 2017 den Entwurf einer E-Privacy-Verordnung vorgelegt, die mit Inkrafttreten unmittelbare Rechtskraft erlangen wird. Die Verordnung zielt darauf ab, für das Setzen von Cookies, deren Lebensdauer über den jeweiligen Websitebesuch hinausgeht, die aktive Einwilligung des Nutzers zu verlangen. Noch ist jedoch unklar, ob diese massive Verschärfung der Regeln für Cookies so umgesetzt wird (Golem 2017).

Die korrekte Umsetzung von Funktionen, mit denen von Websitebesuchern eine Einwilligung zur Nutzung von Cookies eingeholt werden kann, bedeutet unter Umständen einen nicht unerheblichen Aufwand bei der Programmierung. Da der Besucher auf jeder beliebigen Seite eintreffen kann, muss jede Seite (beziehungsweise jedes Template) den Cookie-Hinweis anzeigen können. Solange der Nutzer seine Einwilligung nicht erteilt, aber weitere Seiten aufruft, dürfen Cookies – jedenfalls, sofern man sich an den Wortlaut der EU-Cookie-Richtlinie hält – nicht genutzt werden, was unter Umständen einigen Anpassungsaufwand an der Website verursacht (vgl. CookieChoices o. D.).

Will man mit einer Funktion zur Einwilligung in die Nutzung von Cookies ganz auf der sicheren Seite sein, sollte man dabei auch unbedingt auf den Einsatz von JavaScript verzichten. Denn sofern der Benutzer die Ausführung von JavaScript blockiert hat, wird ihm der Hinweis auf Cookies nicht angezeigt.

Die Art und Weise, mit der eine Website die Cookie-Richtlinie oder künftig entsprechende Regelungen der E-Privacy-Verordnung umsetzen soll, kann sehr unterschiedlichen Aufwand bei der Programmierung verursachen. Sie sollte deshalb im Lastenheft beschrieben sein.

3.4.10.4 Social-Media-Plug-ins

Soziale Netzwerke bieten Websitebetreibern eine Vielzahl kostenlos einsetzbarer Social-Media-Plug-ins an. Dabei handelt es sich in der Regel um HTML- und JavaScript-Code, den der Websitebetreiber den HTML-Code seiner Website aufnehmen kann, um Besucher der Website dazu zu animieren, die Inhalte von Dokumenten der Website mit ihren eigenen Kontakten zu „teilen“ (vgl. Use Case 1.1.3 in Abschn. 2.4.1 *Artikulation der Verbandsmeinung nach außen*). Dazu haben Social-Media-Plug-ins häufig umfangreiche Funktionalität. Einige Plug-ins von Facebook beispielsweise zeigen Nutzern an, welche ihrer Kontakte die entsprechende Seite bereits „geteilt“ oder „gelikt“ haben und blenden dazu deren Profilfotos ein (Facebook o. D. a). Die typischen Social-Media-Buttons zum Teilen, die in der Regel möglichst wenig Platz einnehmen sollen, zeigen hingegen meist nur an, wie oft ein Dokument bereits von anderen Nutzern geteilt worden ist (Facebook o. D. b).

Um derartige Funktionalität zu gewährleisten, muss der Browser des Nutzers jedoch Informationen direkt von jenem sozialen Netzwerk abrufen, dessen Social-Media-Plug-ins angezeigt werden. Dabei werden zwangsläufig personenbezogene Daten des Nutzers an das soziale Netzwerk übertragen, und dies sogar von Websitebesuchern, die gar nicht Mitglied im jeweiligen sozialen Netzwerk sind. Das steht, so die Konferenz der Datenschutzbeauftragten des Bundes und der Länder, mit deutschen und europäischen Datenschutzstandards nicht in Einklang (BayLfD o. D. b). Auch ein erstes Gerichtsurteil dazu liegt vor: Im März 2016 hat das Landgericht Düsseldorf im Sinne der Verbraucherzentrale Nordrhein-Westfalen geurteilt (Urteil des LG Düsseldorf vom 9. März 2016, Az. 12 O 151/15), die zuvor mehrere namhafte Großunternehmen abgemahnt hatte, weil diese „Gefällt mir“-Buttons von Facebook auf ihren Websites nutzten (Grudzinski 2016).

Prinzipiell kann man den Besuchern seiner Website durchaus eine komfortable Möglichkeit zum Teilen anbieten, und zwar in Form skriptfreier Social-Media-Buttons, die nur aus den Logos der entsprechenden sozialen Netzwerke und einem HTML-Link bestehen (TN3 2014b). Dies ist jedoch bei Webentwicklern nicht sonderlich beliebt, da solche Social-Media-Buttons kaum Aufmerksamkeit beim Nutzer erzeugen und daher deutlich seltener genutzt werden.

Der schwerpunktmäßig im Bereich der Informationstechnologie aktive Verlag Heinz Heise hat deshalb im Jahr 2011 eine sogenannte 2-Klick-Lösung entwickelt, die von vielen deutschen Websites eingesetzt wurde und bis heute wird. Sie besteht darin, dass die funktional aufwendigeren Social-Media-Plug-ins der sozialen Netzwerke erst dann nachgeladen werden, wenn der Nutzer dies per Mausklick auf einen symbolisch dargestellten Schalter bewusst und aktiv einfordert (Heise 2011).

Social-Media-Plug-ins mit 2-Klick-Lösung des Heise-Verlags (Google+ eingeschaltet)

Letztlich bleibt aber auch hier eine datenschutzrechtliche Problematik bestehen, denn zweifelhaft ist trotzdem, ob ein Nutzer mit dem „Einschalten" eines Social-Media-Plug-ins eine rechtswirksame Einwilligung erteilt, dass seine Daten schließlich doch an soziale Netzwerke übertragen werden – von denen sich die meisten bei der Verarbeitung dieser Daten nicht europäischem Datenschutzrecht unterwerfen (Siebert 2017).

Im Jahr 2014 hat der Heise-Verlag eine zweite, datenschutzrechtlich deutlich bessere Variante mit der Bezeichnung „Shariff" etabliert (Heise 2014).

Social-Media-Buttons der Variante „Shariff" vom Heise-Verlag

Die Social-Media-Buttons zeigen zum Teilen die Logos sozialer Netzwerke an, die mit einem skriptfreien HTML-Link unterlegt sind. Die Anzeige der Anzahl, wie oft ein Dokument bereits geteilt worden ist, ruft nicht der Browser des Nutzers über JavaScript ab, sondern der Server der Website. Dazu muss allerdings ein sogenanntes Backend auf dem Webserver installiert werden, was entsprechenden Programmieraufwand verursacht (Heise 2014). Gegebenenfalls kann darauf aber auch verzichtet werden.

Während oben stehende Abbildung eine (auch nach Wirksamwerden der europäischen Datenschutzgrundverordnung im Mai 2018) datenschutzrechtlich einwandfreie Umsetzung von Social-Media-Buttons zeigt, ist der vierte Button „mail", der das Versenden von Leseempfehlungen an Dritte vorsieht, problematisch zu beurteilen. Siehe dazu Abschn. 4.7.1 *Werbung und Spam.*

Das Lastenheft sollte Auftragnehmer zu datenschutzrechtlich unproblematischer Implementierung von Social-Media-Buttons verpflichten und diese auch entsprechend beschreiben.

3.4.10.5 Verschlüsselte Übertragung

Aus Satz 2 Nrn. 2 bis 4 der Anlage zu § 9 des Bundesdatenschutzgesetzes und aus § 13 Abs. 7 des Telemediengesetzes ergeben sich datenschutzrechtliche Anforderungen auch bezüglich der technischen Übertragung von personenbezogenen Daten. Der Betreiber einer Website hat demnach dafür Sorge zu tragen, dass personenbezogene Daten nur in ausreichend geschützter, also verschlüsselter Weise zwischen dem Webbrowser eines Nutzers und dem Webserver mit der Website ausgetauscht werden (vgl. LfD Niedersachsen – Die Landesbeauftragte für den Datenschutz Niedersachsen 2016, S. 4 f.). Sofern also personenbezogene online Daten erhoben werden, ist als Übertragungsprotokoll *HyperText Transfer Protocol Secure* zu nutzen, abgekürzt: HTTPS. Diese Rechtslage wird auch mit Wirksamwerden der europäischen Datenschutzgrundverordnung gleich bleiben.

Zur Nutzung von HTTPS muss der Webserver das Verschlüsselungsprotokoll *Transport Layer Security* (TLS) beherrschen. Dieses gilt nur in der Version *TLS 1.2* unter gleichzeitigem Einsatz des Features *Perfect Forward Secrecy* (PFS) für den Schlüsselaustausch zwischen Webserver und Webbrowser als ausreichend sicher, wie das Bundesamt für Sicherheit in der Informationstechnik bereits im Jahr 2014 dargelegt hat (BSI 2014).

Das Bayerische Landesamt für Datenschutzaufsicht beispielsweise hat in den letzten Jahren Websites daraufhin überprüft und stellt in seinem 2017 veröffentlichen Tätigkeitsbericht fest (BayLDA 2017):

> Während wir bei Prüfungen im Online-Banking-Segment ebenso wie bei Webshops dies als üblich und meist gut umgesetzt erkennen, müssen wir feststellen, dass bei vielen „gewöhnlichen" Webseiten keine HTTPS-Verschlüsselung zum Einsatz kommt, obwohl die Seiten personenbezogene Daten übertragen.

Das Bundesdatenschutzgesetz stellt an den Schutz besonders sensibler Daten auch besondere Anforderungen – nämlich bezüglich „Angaben über rassische und ethnische Herkunft, politische Meinungen, religiöse oder philosophische Überzeugungen, Gewerkschaftszugehörigkeit, Gesundheit oder Sexualleben".

Diesbezüglich prüfen Datenschutzbehörden zunehmend die Einhaltung gesetzlicher Vorschriften. So hat das Bayerische Landesamt für Datenschutzaufsicht sich zum Beispiel veranlasst gesehen, Ärzte und Apotheker auf ihre Verpflichtung zum besonderen Schutz von Daten zur Gesundheit von Patienten hinzuweisen (BayLDA – Bayerisches Landesamt für Datenschutzaufsicht 2017).

Besonders kritischer Punkt im Hinblick auf die Verschlüsselung können Kontaktformulare auf Websites darstellen: Während der Einsatz von HTTPS eine *Ende-zu-Ende-Verschlüsselung* zwischen Webbrowser und Webserver sicherstellt (vgl. Dithardt 2006), werden die vom Nutzer eingegeben sensiblen personenbezogen Daten anschließend vom Webserver per E-Mail an einen zuständigen Bearbeiter versendet und dabei nicht mehr verschlüsselt. Die Anforderungen des Datenschutzrechts sind aber erst dann erfüllt, wenn entsprechende E-Mails ebenfalls Ende-zu-Ende-verschlüsselt werden (Computerwoche 2015b).

Das Lastenheft sollte die Datenschutzanforderungen bezüglich einer Verschlüsselung personenbezogener Daten benennen und sicherstellen, dass sie auch im Hinblick auf den E-Mail-Versand berücksichtigt werden.

3.4.10.6 Webshops

Sobald Verbände auf ihrer Website Waren, wie etwa Fachliteratur, oder Dienstleistungen, wie etwa Seminare, offen anbieten, betreiben sie damit einen Webshop. Die entsprechenden Seiten unterliegen damit vielfältigen Rechtsvorschriften. Zu nennen sind hier neben dem Telemediengesetz und dem Bundesdatenschutzgesetz vor allem das Gesetz gegen den unlauteren Wettbewerb (UWG), das Gesetz zur Regelung des Rechts der Allgemeinen Geschäftsbedingungen (AGBG), das in den §§ 312 a bis d des Bürgerlichen Gesetzbuches (BGB) geregelte Fernabsatzrecht (FAR) und die Preisangabenverordnung (PAngV).

Die für Webshops geltenden Rechtsvorschriften sind komplex und unübersichtlich (vgl. Siebert o. D.). So haben allein im Jahr 2014 nach einer Umfrage des Händlerbundes 29 Prozent der Befragten über 500 Webshops eine Abmahnung erhalten (Händlerbund 2015).

Das einschlägige Recht ändert sich zudem häufig. Beispielsweise trat im Januar 2016 die ODR-Verordnung der EU in Kraft, nach der Webshops auf die *Online-Streitbeilegungsplattform* der EU-Kommission hinzuweisen und diese zu verlinken haben (Ehmann 2016). Noch sind viele Webshops nicht entsprechend angepasst worden und erhalten daher Abmahnungen, doch seit Februar 2017 gelten bereits wiederum erweiterte Vorschriften durch das deutsche Verbraucherstreitbeilegungsgesetz (Pilous 2017).

Es würde an dieser Stelle nicht nur den Rahmen sprengen, alle relevanten Bestimmungen allgemeinverständlich darzulegen, es ist auch angesichts permanenter Änderungen der Rechtslage im Rahmen einer Monografie kaum sinnvoll. Verwiesen werden soll stattdessen hier auf die kontinuierlich aktualisierten Informationen, die von den Industrie- und Handelskammern, Verbänden und einschlägigen Dienstleistern online bereitgestellt werden. Eine gute Einführung gibt beispielsweise die IHK München und Oberbayern in ihrem Merkblatt „Rechtliche Grundlagen des E-Commerce“ (IHK München 2016). Das im Bereich der Zertifizierung von Webshops tätige Unternehmen *Trusted Shops* bietet beispielsweise Textgeneratoren an, mit denen man passgenau für den eigenen Webshop Allgemeine Geschäftsbedingungen, ein Impressum, eine Datenschutzerklärung und eine Widerrufsbelehrung erstellen kann.[34]

Die Anforderungsbeschreibung in einem Lastenheft wird eine Rechtssicherheit des Webshops nicht unbedingt sicherstellen können. Folgende Maßnahmen können dabei helfen zu gewährleisten, dass der Webshop eines Verbands schließlich rechtlich einwandfrei online geht:

- *Standardsoftware nutzen:* Unter Umständen ist es ratsam, einen Webshop auf der Basis einer entsprechenden vorgefertigten Software aufzusetzen. So bietet beispielsweise die Open-Source-Software *Magento*, mit der man Webshops einrichten kann, eine Erweiterung für den Einsatz in Deutschland. Sie dient dem Zweck, deutsches Recht vollständig umzusetzen (TN3 2013).

[34] Siehe http://shop.trustedshops.com/de/rechtstexte/

- *Vertragsklausel:* Darüber hinaus sollte das Lastenheft aber generell auch vom künftigen Auftragnehmer verlangen, dass ein einzurichtender Webshop zum Zeitpunkt der Freischaltung geltendem Recht zu entsprechen hat – und zwar auch dann, wenn Use Cases, Wireframes oder Beschreibungen im Lastenheft dieser Vorgabe nicht entsprechen sollten. Sollten später Mängel bei der Rechtmäßigkeit der Implementierung offenbar werden, obliegt der Auftragnehmer einer Gewährleistungspflicht.
- *Rechtliche Prüfung:* Diverse Rechtsanwaltskanzleien bieten die rechtliche Prüfung von Webshops an. Zum Teil gehört dazu auch eine kontinuierliche Betreuung, in deren Rahmen der Betreiber eines Webshops über notwendige Anpassungen aufgrund veränderter Rechtsnormen informiert wird.

Gegebenenfalls ist übrigens bei Webshops zusätzlich auch ausländisches Recht zu beachten, nämlich dann, wenn sich der Webshop auch an potenzielle ausländische Kunden richtet. Für die Frage, wann das der Fall ist, hat der EuGH bezüglich innereuropäischen Handels einen Kriterienkatalog entwickelt (Gómez-Lus 2016).

3.4.11 Zertifizierungen

Zu immer mehr Aspekten können Websites zertifiziert werden, um gegenüber Nutzern anzuzeigen, dass sie gegenüber dem Zertifizierer die Erfüllung bestimmter Qualitätskriterien belegt haben. Am häufigsten werden Zertifizierungen von Websites zu folgenden Aspekten durchgeführt:

- *Datenschutz:* Mit Datenschutzzertifizierungen kann vor allem zum Ausdruck gebracht werden, dass nicht nur die Datenschutzerklärung im Einklang mit geltendem Recht steht, sondern auch die Betriebsabläufe und die technischen Einrichtungen.
- *Webshops:* Die Zertifizierung von Webshops kann Kunden über die gesetzlichen Vorschriften hinausgehende finanzielle Absicherung zusichern und demzufolge ihr diesbezügliches Risiko in einem Onlinegeschäft reduzieren.
- *Gesundheitsinformation:* Eine Zertifizierung durch Institutionen wie *afgis* oder *Health On the Net* (HON) zeigt an, dass Gesundheitsinformation auf einer Website bezüglich der Qualität und der Transparenz im Hinblick auf wirtschaftliche Interessen bestimmte Kriterien einhält.
- *Barrierefreiheit:* Eine Zertifizierung der Barrierefreiheit, beispielsweise nach der Verordnung zur Schaffung barrierefreier Informationstechnik nach dem Behindertengleichstellungsgesetz (BITV) (vgl. Abschn. 3.4.9.5 *Barrierefreiheit*), belegt den Besuchern, dass es dem Websitebetreiber ein besonderes Anliegen ist, auch mit behinderten Menschen in Dialog zu treten.

Zertifizierungen sind – gerade in der Verbandskommunikation, wo sie durchaus im Sinne persuasiver Kommunikation oder Vertrauensbildung wirken können – ein nicht zu unterschätzendes Instrument im Hinblick darauf, dass geplante Use Cases mit höherer Wahrscheinlichkeit funktionieren.

In den meisten Fällen hat eine geplante Zertifizierung auch Auswirkungen auf die Programmierung eines Webauftritts. Daher ist es ratsam, im Lastenheft etwaige künftige Auftragnehmer, die den Webauftritt mitgestalten oder programmieren, dazu zu verpflichten, alle notwendigen Anforderungen für die Zertifizierung umzusetzen. Sofern eine Zertifizierung verschiedene Formen oder Stufen kennt, ist genau zu beschreiben, um welche es dabei geht.

3.4.12 Funktionalität des Content-Management-Systems

Die Zahl der auf dem Markt befindlichen Content-Management-Systeme ist kaum noch überschaubar. Einem Verband wird es in aller Regel kaum möglich sein, einen ausreichenden Überblick über das Angebot zu gewinnen. Es ist deshalb aus wirtschaftlichen Gesichtspunkten äußerst leichtfertig, wenn die Auswahl eines CMS in erster Linie danach erfolgt, dass Verbandsmitarbeiter mit einem bestimmten Produkt bereits vertraut sind – und deshalb der geringe Aufwand zur Einarbeitung den Ausschlag gibt.

Denn ein ganz wesentlicher, möglicherweise viel höherer Aufwand entsteht üblicherweise beim sogenannten Customizing des CMSs, also der Anpassung an die spezifischen Bedürfnisse der Website beziehungsweise der Verbandskommunikation. Dazu sind fast immer Programmierarbeiten notwendig. Wenn die Auswahl des CMSs schlecht getroffen wurde und ihm bestimmte Grundfunktionen fehlen, kann der finanzielle Aufwand für das Customizing unter Umständen dazu führen, dass man auf bestimmte Funktionen schlussendlich verzichtet, die in den Use Cases mit erheblichem planerischen Aufwand entwickelt worden sind und eigentlich sicherstellen sollen, dass bestimmte Kommunikationsaufgaben optimal erfüllt werden sollen.

Es ist deshalb – ganz im Sinne der Erkenntnis, dass ein Lastenheft möglichst lösungsneutral sein sollte (siehe Abschn. 3.4 *Lastenheft*) – angezeigt, die Anforderungen an das CMS detailliert zu beschreiben, anstatt das CMS vorzugeben. Im Rahmen der Auftragsvergabe ist es dann Sache der Anbieter, die sich um die Beauftragung zur Programmierung der Website bewerben, ein geeignetes CMS vorzuschlagen, dessen Customizing einen möglichst geringen Aufwand verursacht.

Die folgenden Anforderungen erheben keinen Anspruch auf Vollständigkeit, sie stellen aber typische Funktionen für die Online-Kommunikation von Verbänden dar:

- *Multiuser-Fähigkeit:* Ein Content-Management-System sollte dazu ausgelegt sein, dass mehrere Benutzer gleichzeitig Inhalte einstellen oder auch überarbeiten (WinfWiki o. D.). Das wird zumeist dadurch erreicht, dass das CMS Dokumente oder Dateien, die von einem Benutzer des CMSs zum Editieren geöffnet worden sind, anderen Benutzern nur noch zum Lesen, aber nicht ebenfalls zum Editieren angezeigt werden. Dadurch werden sogenannte Schreibkonflikte vermieden. Ein CMS benötigt dazu eine Benutzerverwaltung, in der jeder potenzielle Benutzer des CMSs mit einem eigenen Benutzernamen und einem Passwort registriert ist.

- *Rechte-Management:* Unter Umständen ist es sinnvoll, Benutzern Zugriffsrechte zuzuweisen (Böhringer et al. 2014, S. 328). Beispielsweise möchte man eventuell bestimmten Benutzern zwar das Recht erteilen, Inhalte zu editieren, aber ihnen nicht erlauben, diese Inhalte auch online zu publizieren. Oder man möchte bestimmten Benutzern nur das Recht geben, Inhalte zu überarbeiten und danach zu veröffentlichen, ihnen aber nicht erlauben, auch neue Dokumente oder Inhalte einzurichten. Oder man möchte nur bestimmten Benutzern das Recht geben, die Hauptnavigation zu ändern. Ein Rechte-Management kann über ein Rollenmodell vereinfacht werden, indem beispielsweise Redakteure, Assistenten und Chefredakteure existieren und diesen Rollen jeweils bestimmte Rechte zugewiesen sind (Kreissl 2004, S. 11 f. und; Dimoulis 2014). Viele Content-Management-Systeme blenden jene Funktionen oder Inhalte, auf die ein CMS-Benutzer gemäß seiner Rechte keinen Zugriff hat, für ihn aus. Dies ermöglicht zugleich oft eine deutliche Reduzierung der Komplexität der Benutzeroberfläche des CMSs für viele Benutzer.
- *Preview und Staging:* In einem Content-Management-System geben die CMS-Benutzer Inhalte zumeist in Textfelder ein, die völlig anders aussehen als die Website selbst. Um zu kontrollieren, ob etwas auf der Website so aussieht wie vorgesehen, benötigt der CMS-Benutzer deshalb eine Vorschauansicht, englisch: *Preview* (Barker 2016, S. 142 ff.). Einfache Content-Management-Systeme, wie etwa *WordPress*, bieten aber nur ein Preview für noch nicht publizierte Dokumente. Ist ein Dokument erst einmal online, bedeutet das Speichern einer Änderung im CMS zugleich auch immer, dass das Dokument im gleichen Moment so bereits auch online steht. Aufwendigere Content-Management-Systeme sind deshalb als Staging-System aufgebaut: Alles, was ein CMS-Benutzer editiert hat, kann er zunächst auf einem Staging-Server[35] kontrollieren. Der Staging-Server stellt die auf dem eigentlichen Webserver befindliche Website, das sogenannte „produktive System" komplett in Kopie dar. Allerdings zeigt er dabei bereits alle Änderungen an der Website an, die noch nicht auf dem produktiven System online sind. Ein Staging-Server geht daher über ein Preview weit hinaus, weil er – über das geänderte Dokument selbst hinaus – auch darstellt, wie sich dessen Publikation insgesamt auf die Website auswirkt (Boiko 2005). Wenn also das Dokument auf Übersichtsseiten mit einem Teaser dargestellt oder in Listen als neuester Eintrag zu sehen sein wird, zeigt ein Staging-Server all das zur Kontrolle durch den CMS-Benutzer an. Erst wenn Änderungen an der Website redaktionell abgenommen und technisch überprüft worden sind, kann ein entsprechend berechtigter CMS-Benutzer die Änderungen abschließend auf den Live-Server übertragen und somit publizieren.
- *Workflows:* Manche Content-Management-Systeme ermöglichen Nutzern mit unterschiedlichen Rechten gemeinsame digitale Workflows zur Bearbeitung oder Veröffentlichung von Dokumenten. Solche Workflows bestehen im Wesentlichen aus

[35] In der Literatur wird der Begriff unterschiedlich verwandt: Zum Teil wird jener Server, auf den Besucher der Website zugreifen, als Staging-Server bezeichnet, und jener, auf dem die Redaktion arbeitet, als Publishing-Server. Zur Qualitätskontrolle kann in diesem Modell ein QS-Server hinzukommen (vgl. Christ 2003).

Benachrichtigungen, die das Content-Management-System an bestimmte Teilnehmer versendet. Beispielsweise könnte das CMS jedes Mal, nachdem ein Benutzer mit der Rolle „Redakteur" ein Dokument erstellt oder verändert hat, einem anderen Benutzer mit der Rolle „Chefredakteur" das Dokument zur Genehmigung vorlegen. Dazu würde dem Chefredakteur jeweils ein Link zugesandt, der auf den Staging-Server verweist, wo das bearbeitete Dokument auf die Freigabe und Veröffentlichung wartet (Barker 2016, S. 157 ff.). Ein weiterer, völlig anders gelagerter Workflow ist die Wiedervorlage von bereits vor Längerem publizierten Dokumenten bei einem Verantwortlichen, die das CMS automatisiert zu einem bestimmten Zeitpunkt per Benachrichtigung durchführt. In Verbänden wird diese Möglichkeit beispielsweise genutzt, um ältere Dokumente gelegentlich einer Prüfung auf Aktualität zu unterziehen. Ebenfalls ein nützlicher Workflow ist die Wiedervorlage von Fotos, für die nur zeitlich begrenzte Nutzungsrechte vorliegen, bei einem Verantwortlichen in der Redaktion.

- *Multisite-Management:* Sofern ein Verband mehrere Websites betreibt, ist es sinnvoll, dass nicht für jede Seite ein eigenes CMS existiert, sondern alle Websites von einem CMS aus bedient werden (Barker 2016, S. 226 ff.). Dies ist insbesondere dann nützlich, wenn das Rechte-Management komplex ist und eventuell auch mit Rollen arbeitet. Denn die CMS-Benutzer müssen dann nur in einem CMS gepflegt werden statt in mehreren. Der positive Effekt von Multisite-Management kann allerdings ins Gegenteil umschlagen, wenn nur wenige Nutzer existieren und auch kaum Inhalte von mehreren Websites gemeinsam genutzt werden (Barker 2016, S. 226 ff.).
- *Multilingualität:* Viele Verbände betreiben ihre Website in mehreren Sprachversionen. Sofern es dabei die Regel ist, dass Dokumente in allen Sprachen zugleich veröffentlicht werden, kann es eine erhebliche Vereinfachung der Arbeit darstellen, wenn das Content-Management-System auf Multilingualität ausgelegt ist (vgl. Volckmann et al. 2005). Jedes Dokument – inklusive etwaiger Teaser und Fotos – muss im CMS dann nur einmal eingerichtet werden. Allein die Texte müssen für jede Sprache einzeln erfasst werden.
- *Caching:* Das Erstellen einer Seite einer Website durch das CMS bedeutet prinzipiell zunächst, dass im Hintergrund – zumeist sehr viele – Datenbankabfragen ausgeführt werden. Das CMS ermittelt in seiner Datenbank beispielsweise, welche Teaser aktuell auf der Seite angezeigt werden sollen oder welches die letzten zehn Pressemitteilungen sind, die in einer Liste anzuzeigen sind. Das alles kostet Zeit und Rechnerkapazität. Und je mehr Besucher die Website hat, umso stärker steigt dadurch die Belastung für den Webserver an. Ein Cache wirkt dem entgegen: Er speichert beim Abruf einer Seite durch einen Websitebesucher eine Kopie des fertig gestellten HTML-Codes der Seite und zugleich den Zeitpunkt der Erstellung. Solange sich an der Seite nichts geändert hat, spart sich das CMS bei erneuten Abrufen der Seite die Abfragen und liefert einfach die Kopie aus (Kreissl 2004, S. 15). Ohne Caching besteht beim gleichzeitigen Zugriff vieler Besucher die Gefahr, dass die Website sehr langsam wird oder eventuell gar nicht mehr erreicht werden kann. Ein Verband, der beispielsweise zu bestimmten Zeitpunkten erfolgreich mit der breiten Öffentlichkeit kommuniziert und daher innerhalb von Stunden Tausende von Besuchern auf seiner Website zu erwarten hat, dürfte ohne Caching kaum auskommen.

- *Load-Balancing:* Bei einer extrem hohen Zahl von gleichzeitigen Zugriffen von Websitebesuchern kann es dazu kommen, dass Caching nicht mehr genügt, weil dem Webserver selbst für das Ausliefern von fertigem HTML-Code aus dem Cache nicht mehr ausreichend Ressourcen zur Verfügung stehen. In einem solchen Fall setzt man Load-Balancing ein – eine Technik, bei der mehrere Server sich unter der gleichen IP-Adresse die Arbeit teilen. Hierauf muss natürlich nicht nur das CMS ausgerichtet sein, es bedarf auch mehrerer Server sowie eines sogenannten Switches zur Umschaltung zwischen ihnen (Herrera 2015). Ein typisches Beispiel für die Last, bei der Load-Balancing angebracht ist, sind im Fernsehen vor Millionenpublikum angebotene Gewinnspiele, die zur gleichen Zeit Tausende von Menschen animieren, dieselbe Website zu besuchen. Nur wenige Verbände dürften je mit einem solchen Ansturm auf ihre Website zu rechnen haben, allerdings wäre das Versagen der Technik dann auch von besonderer Dramatik.
- *WYSIWYG-Editor:* Selbst das gebrauchstauglichste Content-Management-System wird es seinen Benutzern nicht abnehmen können, teilweise innerhalb von Texten Formatierungen anzubringen. Denn ohne Fett- und Kursivsatz, Unterstreichungen, Einrückungen, Bullet-Listen und ähnliche Gestaltungsmerkmale kommt kaum ein Text aus. Einige Content-Management-Systeme zwingen ihre Benutzer auch heutzutage noch damit, bestimmte in spitze Klammern gefasste Formatierungskürzel oder auch HTML selbst zu verwenden. Stand der Technik ist hingegen ein sogenannter WYSIWYG-Editor (vgl. Ramm 2008). WYSIWYG ist ein Akronym und steht für „what you see is what you get". Gemeint ist damit, dass man wie in normaler Bürosoftware bestimmte Textteile markiert und dann über Buttons eine Formatierung zuweisen kann. Man formatiert also den Text in Form der endgültigen Ansicht. Viele WYSIWYG-Editoren erlauben aber darüber hinaus auch das Umschalten zwischen HTML und dem fertig formatierten Text (Strato o. D.). Dies ermöglicht eine gute Kontrolle darüber, ob das vom Editor erzeugte HTML optimal ist. Der Editor eines CMS bestimmt später nicht nur maßgeblich mit, ob die CMS-Benutzer das CMS als gebrauchstauglich empfinden, er hat auch großen Einfluss auf den Zeitaufwand von weniger erfahrenen Nutzern mit dem CMS.
- *Push-Dienste:* Eine Website kann nur funktionieren, wenn sie bei ihren potenziellen Besuchern während deren Informationsexploration auf sich aufmerksam macht. Weiter vorn ist schon umfangreich dargelegt worden, dass dazu optimalerweise ein Customer-Relationship-Management-System und Versandsystem mit einer ganzen Reihe von abonnierbaren Push-Diensten gehören, die auch mithilfe des CMSs implementiert werden müssen (siehe Abschn. 3.4.5 *Versandsystem* und Abschn. 3.4.6.1 *CRM-Schnittstelle*). Ein gutes Content-Management-System sollte dem von vornherein durch entsprechende Funktionalität oder Schnittstellen Rechnung tragen. Absolute Mindestanforderung ist dabei ein vom CMS automatisch erstellter RSS-Feed aller neu veröffentlichten Dokumente (Sauldie 2010).
- *Versionierung:* Manche Content-Management-Systeme speichern, so wie es beispielsweise auch von Wikipedia bekannt ist, geänderte Dokumente unter einer neuen Version ab und erhalten die alte. Somit gibt es eine Änderungsverfolgung und man kann jederzeit ältere Versionen wiederherstellen, etwa im Falle fehlerhafter Änderungen (Kreissl 2004, S. 11).

- *Seitenaufteilung und Paginierung:* Sowohl aus Gründen der Usability als auch wegen der Suchmaschinenoptimierung kann es sinnvoll sein, lange Texte auf mehrere Seiten aufzuteilen. Sofern dies öfters vorkommt, kann es hilfreich sein, wenn das Content-Management-System die Seitenaufteilung und Paginierung weitgehend automatisch erstellt. Dabei ist gegebenenfalls auch das korrekte Deklarieren von Canonical URLs automatisch zu bewältigen (vgl. Abschn. 3.4.7.2 *Reputation*).
- *Kurz-URLs:* Oft ist es äußerst nützlich, wenn ein Content-Management-System kurze und gegebenenfalls auch aussagekräftige Hyperlinks erzeugen kann, wie etwa *www.verband.de/petition*. Ein solcher Link lässt sich leicht merken und ist auch leicht einzutippen, wenn man ihn in einem gedruckten Text findet. Kaum sinnvoll ist es jedoch, dafür wirklich ein Dokument auf der obersten Hierarchieebene anzulegen. Stattdessen leitet man den Besucher einfach auf eine viel längere, tatsächliche Adresse, wie etwa *www.verband.de/politik/aktionen/petition.html* um. Genauso wie für Dokumente mit langen URLs auf der eigenen Website kann es nützlich sein, wenn das CMS auch – ähnlich wie die Dienste *TinyURL* oder *Bit.ly* – Seiten von externen Websites mit solchen kurzen URLs verlinken kann.
- *Schlagworte/Taxonomie:* Wir haben weiter vorne in diesem Buch über die semantische Konzeption der Online-Kommunikation gesprochen und verschiedene Möglichkeiten kennengelernt, Inhalten über einen Thesaurus, eine Taxonomie oder eine Ontologie bestimmte Begrifflichkeiten zuzuordnen, die vor allem im Hinblick auf Suchmaschinenbenutzer als „Keywords" fungieren (siehe Abschn. 2.5.3 *Semantik und Taxonomie*). Viele Content-Management-Systeme besitzen für eine derartige Systematisierung entsprechende Funktionen. In WordPress kann man jedem Dokument Schlagworte vergeben (Steyer 2016), in Drupal hingegen kann man eine Taxonomie aus hierarchisch miteinander in Beziehung stehenden Begriffen erstellen (Graf 2008). Die Ausgestaltung innerhalb des CMSs sollte nicht weniger Funktionalität besitzen, als es die Überlegungen beim Erstellen von Use Cases für notwendig haben erscheinen lassen. Um ein Beispiel wieder aufzugreifen: Wenn wir möglichst mit jenen Menschen kommunizieren möchten, die den Begriff „Scheininnovationen" verwenden (zu diesem Beispiel siehe auch Abschn. 2.5.1*Semantik und Suchmaschinen*), sollte dieser Begriff in einer Schlagwortsuche, sofern diese vorgesehen ist, unbedingt auftauchen. Wahrscheinlich wird man aber darauf verzichten wollen, dass Nutzer zu diesem Begriff etwaige Push-Dienste, wie einen individualisierten Newsletter, abonnieren können. Das CMS muss solchen Begriffen daher Eigenschaften zuweisen können, mit denen eine entsprechende Differenzierung möglich ist.
- *Gültigkeitszeiträume:* Viele Content-Management-Systeme erlauben es, dass man Inhalten Gültigkeitszeiträume zuweist. Das erlaubt es, Dokumente zu einem beliebigen Zeitpunkt zu erstellen und zu bearbeiten und zu speichern, aber die eigentliche Publikation im Internet auf einen späteren Zeitpunkt festzulegen, zu dem das CMS den Inhalt dann automatisch publiziert (Barker 2016, S. 155 ff.). Genauso kann das CMS mittels Eingabe eines Verfallsdatums Inhalte zu einem vorgegebenen Zeitpunkt automatisiert depublizieren. Für eine präzise Pressearbeit oder politische Kampagnen, vor allem, wenn mehrere Webauftritte und Versandaktionen koordiniert werden müssen,

sind diese Funktionen kaum verzichtbar. Darüber hinaus lassen sich mit einem Verfallsdatum aber auch beispielsweise Fotos depublizieren, wenn die für sie eingekauften Nutzungsrechte zeitlich begrenzt waren und abgelaufen sind.

- *Bildbearbeitung:* Aufgrund der immensen Bedeutung von Visualisierung in der Online-Kommunikation (siehe dazu Abschn. 4.1.1 *Content-Usability*) sind in die meisten Content-Management-Systeme Bildbearbeitungsfunktionen integriert – zumeist auf Basis serverseitiger Bibliotheken wie *ImageMagick* oder *GD2* (Henick 2010). Eine bedeutsame Arbeitserleichterung bringt es vor allem, wenn Bilder in beliebiger Größe und Auslösung ins CMS hochgeladen werden können und das CMS sie automatisch auf die im Layout der Website vorgesehene Größe anpasst. Dies ist umso nützlicher, wenn Teaser verkleinerte Versionen von Bildern einer verlinkten Seite anzeigen. Neben einer automatischen Skalierung von Bildern kann es von großem Nutzen sein, wenn beim Hochladen von Bildern ein Bildausschnitt markiert werden kann – vor allem, wenn das Layout der Website ein bestimmtes Seitenverhältnis für Bilder vorsieht, ein hochgeladenes Bild aber ein anderes besitzt. Es kann auch nützlich sein, dass das CMS der Redaktion bestimmte Angaben zum Urheberrecht abverlangt – wie *Credits* zum Fotografen, die Dauer von Nutzungsrechten und der Nutzbarkeit als Vorschaubild, wenn Websitebesucher ein Dokument teilen. Unter Umständen ist es ratsam, solche Fotos, deren Nutzbarkeit als Vorschaubild in sozialen Medien nicht gegeben ist, in den Social-Media-Tags durch ein Standard-Vorschaubild zu ersetzen (siehe dazu auch Abschn. 4.7.4 *Urheberrecht und Social Media*).
- *Galleries und Bildarchive:* Der Aufwand für die Programmierung von Bildergalerien oder gar Bildarchiven kann erheblich sein, insbesondere für individuell gestaltete Lösungen. Viele Content-Management-Systeme beinhalten aber bereits Funktionen für Bildergalerien oder es gibt entsprechende Plug-ins (1und1 2016b). Darüber hinaus haben Open-Source-Projekte eine ganze Reihe von Bibliotheken hervorgebracht, mit denen sich auch relativ leistungsfähige Bildarchive erstellen lassen (Singh 2016; Design3edge 2010). In den meisten Fällen werden Verbände mit solcher freien Software auch Bilddatenbanken realisieren können, die sich etwa im Rahmen der Pressearbeit als Bilderservice für Journalisten eignen, indem sie Bilderzoom und Suchfunktionen bereitstellen (siehe dazu auch Abschn. 4.4.3.5 *Digitale Pressemappe und Bildservice*). Um die Anforderungsbeschreibung im Lastenheft einfach zu halten, bietet es sich an, auf ein Referenzprojekt im Internet zu verweisen, das mit einem Open-Source-Tool umgesetzt worden ist. Das Lastenheft kann sich dann auf die Aufzählung von Grundfunktionen beschränken – wie etwa die Option zum Download der Fotos in hochauflösender Qualität für Medien.
- *Video-Hosting:* Wenn man einem Websitebesucher, der ein Video ansehen möchte, ersparen will, dass er die Datei erst – möglicherweise minutenlang – herunterladen und anschließend mit einem geeigneten Videoplayer öffnen muss, kann man Video-Streaming einsetzen. Das Video wird dann sofort nach dem Anklicken im Browser gestartet. Für Video-Streaming sind auf beiden Seiten, sowohl im Browser als auch auf dem Webserver, entsprechende technische Voraussetzungen gegeben. Der Browser muss entweder bestimmte technische Standards von HTML5 beherrschen oder über ein entsprechendes Plug-in, wie etwa den *Adobe Flash Player*, verfügen. Das ist zwar

fast immer der Fall, leider nutzen aber unterschiedliche Gerätetypen und Betriebssysteme auch unterschiedliche Technologien. Entsprechend muss jedes Video auf dem Webserver in verschiedenen Formaten vorliegen und der Webserver benötigt Software zum Streamen. Für eine möglichst optimale Kompatibilität mit allen denkbaren Endgeräten wird beispielsweise folgende Kombination von Formaten empfohlen, von denen die ersten drei in einem HTML5-Video-Element alternativ angeboten werden können (Pipic o. D.):

- Ogg-Container mit Theora-Video und Vorbis-Audio
- WebM-Container mit VP8-Video und Vorbis-Audio
- MP4-Container mit H.264 Baseline-Video und AAC Low-Complexity-Audio
- FLV-Container beispielsweise mit VB8-Video und HE-AAC

Im Kontext der beiden letzten Formate sind Lizenzgebühren zu zahlen. In vielen Fällen wird ein Verband möglicherweise eine ganz andere Lösung nicht nur als weniger aufwendig, sondern auch als günstiger für eine möglichst hohe Reichweite von Videos ansehen: nämlich das Verbreiten von Videos über soziale Medien, vor allem natürlich *YouTube*. Lädt man ein Video bei YouTube hoch, so lässt sich dieses danach sehr einfach in die eigene Website einbinden – und den gesamten technischen Aufwand übernimmt das Videoportal, das über seine Funktionalität als soziales Netzwerk zudem Zuschauer heranholt. Das Lastenheft sollte, gerade wegen so unterschiedlich aufwendiger Optionen, möglichst genau darlegen, wie Videos zu streamen sind.

3.4.13 Migration

Als Migration, oder exakter *Content-Migration*, bezeichnet man die Übertragung von Daten aus dem Content-Management-System einer bislang genutzten Website in ein neues CMS. Dieser Arbeitsschritt steht normalerweise kurz vor der Freischaltung eines neuen Webauftritts an.

Nur dann, wenn die beiden Content-Management-Systeme ihre Inhalte technisch sehr ähnlich strukturieren, kann man mit vorgefertigten Software-Tools vieles automatisiert migrieren. Eine Liste solcher Tools findet sich beispielsweise bei (CMSWire o. D.).

In den meisten Projekten wird der Aufwand für die Migration jedoch stark unterschätzt (Farstad o. D.). Ursache dafür ist in der Regel, dass überschätzt wird, wie viele Inhalte automatisiert migriert werden können. Denn sehr oft liegen die Inhalte von Websites nicht in einer ausreichend strukturierten Form vor, die eine vollständig automatische Migration erlaubt.

Zur Veranschaulichung ein Beispiel: Wenn beispielsweise im CMS der alten Website die Überschriften und der Fließtext von Artikeln gemeinsam in einem Eingabefeld gespeichert wurden und die Überschriften sich nur durch größere Schrift abheben, ist der Aufwand hoch, ein solches Dokument in ein moderneres CMS zu übernehmen. Denn dieses benötigt die Überschrift beispielsweise separat, um sie in Social-Media-Tags einzusetzen (siehe dazu Abschn. 3.4.6.2 *Offene Schnittstellen*) und zu einem Speaking URL (siehe dazu Abschn. 3.4.7.1 *Dokumentenrelevanz*) zu verarbeiten – sie muss daher im neuen CMS tunlichst auch gesondert abgespeichert werden. Eine automatisierte Migration funktioniert in einem solchen Fall also nicht ohne Weiteres.

Sofern man eine sehr große Anzahl von Artikel mit im Fließtext stehenden Überschriften migrieren möchte, kann man ein Skript programmieren, das die größere Formatierung von Überschriften erkennt und für die automatisierte Migration Überschrift und Fließtext trennt. Die Programmierung eines solchen Skripts ist allerdings aufwendig und lohnt nicht, wenn es nur um einige Artikel geht. Zugleich funktioniert ein solches Skript nur dann, wenn wirklich alle Überschriften auf eine eindeutige und immer identische Weise größer formatiert wurden.

Überschriften sind dabei auch nur ein Problem: Innerhalb des Fließtextes eingebundene Bilder sind ein weiteres und Links, die innerhalb der alten Website auf andere Dokumente verwiesen, führen im neuen CMS wahrscheinlich ins Leere, jedenfalls dann, wenn sie nicht angepasst werden.

Meist ist eine automatisierte Migration von Content daher eine komplexe Aufgabe für Programmierer. Ihr Aufwand lässt sich oft erst während der Arbeit exakt abschätzen, weil kleinste Details im CMS und im gespeicherten Code ausschlaggebend sind. Es gibt deshalb auch kaum eine allgemeine, übergreifende Theorie der Content-Migration, die in der Literatur beschrieben wird (Barker 2016, S. 286).

Ähnlich aufwendig wie eine vollständige Aufwandsabschätzung würde auch das Erstellen einer vollständigen Anforderungsbeschreibung für die Migration ausfallen, wollte man einen Auftrag dazu ausschreiben. Denn auch hierfür müsste man alle Detailaspekte ermitteln und dokumentieren. In vielen Fällen wird ein Effizienzgewinn durch automatisierte Migration deshalb kaum zu erzielen sein. Manche Fachleute raten gar gänzlich davon ab, außer bei serienartigen Dokumenten in großer Zahl, wie etwa Pressemitteilungen (vgl. Kahl 2013). In Verbänden sind Dokumententypen solcher Art allerdings vielfach vorhanden, neben Pressemitteilungen etwa Mitgliederrundschreiben, Positionspapiere oder Sitzungsprotokolle.

Damit ein Lastenheft sich als Basis für die Ausschreibung der technischen Umsetzung eines neuen Webauftritts eignet, sollte daher zwischen jenen Inhalten unterschieden werden, die manuell migriert werden müssen, und jenen, die sich für ein automatisiertes Vorgehen eignen. Für beide Gruppen können wir dann mit relativ überschaubarem Aufwand eine Migrationsstrategie festlegen:

- Für alle Arten von in hoher Anzahl vorliegenden seriellen Dokumenten wird eine vollständige Struktur beschrieben: etwa alle darin vorkommenden Arten von Formatierungen und eingebetteten Grafiken sowie die zu einem Dokument gehörigen Metadaten. Beim Erstellen einer solchen Beschreibung helfen vollständige Screenshots der Eingabeformulare im CMS. Es wird zudem dargelegt, in welcher Art Datenbank die Daten ausgelesen werden können und um wie viele Dokumente es sich jeweils handelt.
- Für alle anderen Arten von Dokumenten wird jeweils nur vorgegeben, dass im neuen CMS ein Dokument an der jeweils richtigen Position in der Seitenstruktur eingerichtet und der reine Text dorthin migriert wird. Für die Anforderungsbeschreibung wird eine Liste der Dokumente dieser Gruppe angelegt, die Hyperlinks zu dem bisherigen Webauftritt enthält

und die Dokumente gegebenenfalls nach bestimmten Typen mit unterschiedlichen Eigenschaften gruppiert. Dokumente dieser Gruppe müssen später intensiv nachbearbeitet werden. Dies wird jedoch nicht Teil des mit dem Lastenheft definierten Projekts sein.

Außer diesen Dokumenten sind zwei weitere Bereiche bei der automatisierten Migration zu berücksichtigen:

- Alle Arten von binären Dateien – beispielsweise Fotos, Videos, Soundfiles oder PDFs – können einfach migriert werden. Allerdings sollte das Lastenheft unbedingt auch alle dazugehörigen Metadaten dokumentieren und deren Migration vorsehen. Auch Beziehungen zu anderen Dokumenten sollten dabei erhalten bleiben – also etwa, dass ein PDF im Anhang eines Verbandsrundschreibens gespeichert war.
- Sofern es für Benutzer der alten Website Nutzerprofile gibt, müssen diese ebenfalls migriert werden. Bei der Dokumentation hilft wiederum ein Screenshot aller Seiten der Nutzerverwaltung.

Eine Anforderungsbeschreibung nach diesem Muster erlaubt einem potenziellen Auftragnehmer eine recht exakte Kalkulation seines Aufwands bei der Migration. Sie lässt allerdings einen Teil der Migration außer Acht, nämlich alles, was manuell nachzubearbeiten ist. Prinzipiell bestehen hierzu drei Optionen (von denen die beiden Letzteren sich überschneiden können):

- Man kann im Rahmen einer Ausschreibung die Bewerber bitten, hierzu ein Pauschalangebot abzugeben, sofern sie sich dazu in der Lage sehen. Zumindest bei kleineren Webauftritten wird das oft der Fall sein.
- Man kann alle nachzubearbeitenden Dokumente oder einen Teil davon dazu nutzen, dass die Redaktion sich unter Anleitung der mit der Programmierung beauftragten Agentur in das CMS einarbeitet. Dazu kann man ein Zeitbudget festlegen, in dem die Agentur Unterstützung leisten soll, und Anbieter darum bitten, dies in ihr Angebot einzukalkulieren.
- Man kann das manuelle Nacharbeiten zu einem Projekt der Redaktion machen und dazu entweder eigene personelle Ressourcen stellen oder entsprechende freie Mitarbeiter beschäftigen, die wahrscheinlich preiswerter sein werden als die Mitarbeiter der mit der Programmierung der Website beauftragten Agentur (Kahl 2013).

Die Anforderungsbeschreibung für die Content-Migration im Lastenheft sollte vor allem darauf abheben, dass potenzielle Bewerber in einem Vergabeverfahren sehr präzise den Umfang der anfallenden Arbeiten einschätzen können. Da er vor einer Auftragsvergabe in der Regel keinen Einblick in die technischen Systeme der bisherigen Website erhält, muss jeder Anbieter sich auf die Anforderungsbeschreibung im Lastenheft verlassen können. Der Verband, der ein Projekt ausschreibt, muss daher hier ein gewisses Kostenrisiko tragen, da der Anbieter eine vollständige Migration unter Umständen nicht kalkulieren kann.

3.4.14 Hosting

Mit dem Begriff *Hosting* bezeichnet man die technische Dienstleistung, eine Website zu speichern und im Internet verfügbar zu machen. Dazu muss ein Webserver zur Verfügung stehen, auf dem die notwendigen Dateien oder Softwareprogramme installiert sind und dieser Webserver muss es Internetnutzern erlauben, Seiten abzurufen. Er muss also dauerhaft an das Internet angeschlossen sein.

Für einen Verband zählen im Hinblick auf das Hosting seiner Website im Grunde nur drei recht simple Aspekte: Der Webserver muss die Website möglichst ohne Unterbrechungen im Internet zur Verfügung stellen, er muss den Abruf von Seiten möglichst schnell und verzögerungsfrei ermöglichen und er muss rechtlichen Anforderungen genügen. Damit diese Aspekte jederzeit gewährleistet werden können, benötigt ein Verband in aller Regel Support durch einen technischen Dienstleister. Zu diesen Aspekten sollte ein Lastenheft Anforderungen definieren.

Darüber hinaus gibt es aber eine Vielzahl von technischen Details, die Hosting-Dienstleister als Qualitätsmerkmale oder als wichtige Funktionalität ihrer Server herausstellen, die ein technischer Laie kaum zu überblicken vermag. Dennoch spielen sie im Hinblick auf die Umsetzung technischer Details teilweise eine ausschlaggebende Rolle. Sofern in einem Lastenheft die Anforderungen an Use Cases und sich daraus ergebender Funktionalität der Website exakt beschrieben sind, kann ein Anbieter im Rahmen einer Ausschreibung sehr genau erkennen, welche Details beim Hosting erforderlich sind, beispielsweise etwa, welche Funktionalität der Webserver besitzen muss. Das Lastenheft sollte daher tunlichst auch hier lösungsneutral sein und nur die grundsätzlichen Anforderungen definieren:

- *Ausfallsicherheit:* Ausfallsicherheit wird üblicherweise in prozentual bemessener zeitlicher Verfügbarkeit angegeben – also etwa mit „99,9 Prozent". Doch was gut klingt, ist möglicherweise für einen Verband nicht tragbar: Eine Verfügbarkeit von 99,9 Prozent bedeutet nämlich im schlechtesten Fall eine Nichtverfügbarkeit von 8 Stunden und 46 Minuten im Jahr (IT-Administrator o. D.). Erst bei einer Verfügbarkeit von 99,99 Prozent wird ein für die meisten Verbände sicherlich beruhigender Wert erreicht: Dann liegt die Nichtverfügbarkeit bei 53 Minuten pro Jahr (IT-Administrator o. D.).

  Zur Ausfallsicherheit gehört auch der Schutz vor Datenverlust: Alle Daten auf dem Webserver sollten regelmäßig gesichert werden, sodass sie im Falle einer Störung wiederhergestellt werden können. Eine komplette Datensicherung findet üblicherweise einmal in 24 Stunden statt. Bei vielen Datensicherungskonzepten wird aber auch zumindest ein Teil der Daten öfters gesichert. Dies macht vor allem dann Sinn, wenn Nutzer in Foren diskutieren oder Push-Dienste abonnieren können, denn dann ändern sich die Daten möglicherweise minütlich (vgl. Münz 2008, S. 503 f.).
- *Anbindung:* Viele Webhoster werben intensiv mit der Bandbreite, mit der ihre Rechenzentren an das Internet angeschlossen sind. Die meisten liegen derzeit bei 10 bis 500 GBit pro Sekunde. Für die einzelne Website bedeutet ein hoher Wert aber nicht unbedingt auch, dass die Website selbst optimale Performance zeigt, denn ausschlaggebend kann etwa durchaus sein, ob der gesamte Traffic des Rechenzentrums häufig hoch ist und dadurch die tatsächliche Bandbreite der einzelnen Website einschränkt.

Bedeutsamer für eine schnelle Auslieferung der von Websitebesuchern abgerufenen Seiten als die Anbindung des Rechenzentrums ist aber meist noch etwas ganz anderes: Viele Webhoster können äußerst attraktive Preise anbieten, weil sie eine große Anzahl Websites auf einem gemeinsamen Server unterbringen. Dies hat unter Umständen Nachteile bei der Geschwindigkeit, mit der abgerufene Seiten erzeugt und ausgeliefert werden (Münz 2008, S. 495). Es birgt zudem auch das Risiko, dass die IP-Adresse des Servers durch massenhaften Mailversand anderer Websites auf dem Server von Spamfiltern als nicht vertrauenswürdig eingestuft wird. Versendet dann ein Verband reguläre Pressemitteilungen oder Mitgliederrundschreiben per E-Mail, landen diese vermehrt in Spamfiltern der Empfänger (Lim 2006). Im Unterschied zu einem solchen, sogenannten *Shared Server* bietet ein *Dedicated Server*, der nur eine Website hostet, deutliche Vorteile. Er ist dafür aber auch teurer in der Miete.

Da es eine ganze Reihe von Ursachen gibt, die zu verlangsamter Auslieferung abgerufener Seiten führen, ist es sinnvoll, ein permanent durchgeführtes Website-Monitoring einzurichten, das die grundsätzliche Erreichbarkeit, aber auch die *Response Time* überprüft, also jene Zeit, innerhalb derer eine abgerufene Seite ausgeliefert wird (Stevens 2016). Durch eine solche Überwachung kann ein Verband sicher sein, dass seine Website abgerufene Seiten schnell ausliefert. Werden beim Monitoring Probleme vorgefunden, kann man die Ursachen ermitteln und beheben – gegebenenfalls auch durch einen Wechsel zu einem anderen Webhoster.

- *Datenschutz:* Zu beachten ist im Kontext mit der Beauftragung eines Webhosters auch das strenge deutsche Datenschutzrecht. Es erlaubt nach vorherrschender Rechtsauffassung einem Websitebetreiber nicht, einen Webhoster ohne Abschluss eines Vertrages zur Auftragsdatenverarbeitung mit dem Hosting einer Website zu beauftragen, sofern dabei personenbezogene Daten anfallen, was bei einer Verbandswebsite zweifellos in aller Regel der Fall sein wird (siehe dazu Abschn. 4.7.2.2 *Datenschutzverpflichtungen gegenüber Dritten*). Von einigen Webhostern wird berichtet, dass sie zu der Frage, ob sie personenbezogene Daten verarbeiten, eine andere Rechtsauffassung haben und deshalb den Abschluss eines Vertrages zur Auftragsdatenverarbeitung verweigern (Audatis o. D.). Sofern ein solcher Vertragsabschluss nicht in rechtswirksamer Weise möglich ist, ist ein entsprechendes Webhosting aus datenschutzrechtlichen Gründen jedoch fragwürdig. Mit Wirksamwerden der europäischen Datenschutzgrundverordnung im Mai 2018 wird die Rechtslage nicht unbedingt eindeutiger. Künftig kann der Vertrag zur Auftragsdatenverarbeitung allerdings elektronisch geschlossen werden, das Schriftformerfordernis entfällt.
- *Support:* Wenn der Server einmal nicht mehr reagiert, benötigt man schnelle Hilfe. Entscheidend ist dann unter Umständen, ob diese auch nachts oder an Sonn- und Feiertagen zur Verfügung steht. Sofern ein Servicemitarbeiter nicht direkt angesprochen werden kann, sondern etwa nur per E-Mail, sollte festgelegt sein, innerhalb welcher Zeit er zu reagieren hat. Die Erreichbarkeit und die Reaktionszeit sollten deshalb unbedingt Gegenstand der Anforderungsbeschreibung sein.

Zum Support beim Webhosting gehört auch das Aufspielen von Software und Security-Updates. Werden diese nicht durchgeführt, kann es sein, dass Hacker leichtes Spiel mit dem Webserver haben. Es sollte daher zur Anforderungsbeschreibung gehören, dass alle für die Sicherheit und einwandfreie Funktionalität erforderlichen Updates zeitnah auf den Server aufgespielt werden.

Die Anforderungsbeschreibung sollte schließlich auch vorgeben, dass für kritische Support-Tätigkeiten maximale Zeitvorgaben definiert werden, etwa für einen Neustart des Webservers, für eine Backup-Wiederherstellung, für einen Hardwaretausch des gesamten Servers und für die Dauer und Häufigkeit eventueller Wartungsfenster (vgl. Münz 2008, S. 504; Pulvermüller 2015).

Für eine ganze Reihe der in den vorstehenden Absätzen genannten Parameter kann hier keinerlei Empfehlung gegeben werden, da dies von Fall zu Fall zu unterschiedlich zu beurteilen ist. Es ist im Rahmen einer Ausschreibung aber durchaus sinnvoll, die Anbieter um entsprechende, konkrete Angaben in ihrem Angebot zu bitten.

3.4.15 Regelungen zu Projektmanagement und Pflichtenheft im Lastenheft

Ein Lastenheft, das als Grundlage einer Ausschreibung fungieren soll, hat auch den zeitlichen Ablauf des Projekts inklusive sogenannter Milestones und Testphasen festzulegen und gegebenenfalls weitere Aspekte des Projektmanagements zu benennen (Volk 2017). Den zeitlichen Ablauf zu beschreiben ist auch deshalb wichtig, weil es unter Umständen für potenzielle Auftragnehmer einen zusätzlichen Aufwand darstellt, ein Projekt unter besonderem Zeitdruck durchzuführen.

Es ist unter Umständen auch angezeigt, dass in der Anforderungsbeschreibung eine begleitende Dokumentation des Projekts und ein Einsichts- oder Zugangsrecht des Auftraggebers zum Projekt festgeschrieben wird (Koch 2007).

Es sollte darüber hinaus vom künftigen Auftragnehmer verlangt werden, dass er die genauen Spezifikationen der Umsetzung des Projekts vor Beginn der eigentlichen Arbeiten in einem Pflichtenheft erläutert. Das Pflichtenheft, das vom Auftragnehmer verfasst wird, ist das Gegenstück zum Lastenheft des Auftraggebers (Jakoby 2013). Die beiden Dokumente unterscheiden sich vor allem darin, dass – anders als das Lastenheft – das Pflichtenheft nicht lösungsneutral ist, sondern ganz exakt beschreibt, wie die Anforderungen des Lastenhefts technisch umgesetzt werden sollen (Jakoby 2013).

Wir sollten uns an dieser Stelle eines Projekts noch einmal vor Augen halten, worüber wir vorne in diesem Buch gesprochen haben – nämlich das agile Projektmanagement und sein Bonmot, welches lautet (Wikipedia o. D. a):

> Je mehr du nach Plan arbeitest, desto mehr bekommst du das, was du geplant hast, aber nicht das, was du brauchst.

Es ist nicht unwahrscheinlich, dass Auftragnehmer bei dem einen oder anderen Detail unserer im Lastenheft formulierten Anforderungsbeschreibung eigene Ideen haben, wie etwas deutlich einfacher, intelligenter oder auch preiswerter umzusetzen ist. Oder sie entdecken Anforderungen, die technisch nicht erfüllbar sind, und haben alternative Lösungsansätze parat. Das Lastenheft sollte deshalb zum Ausdruck bringen, dass Verbesserungsvorschläge erwünscht sind – sei es in den Angeboten von Teilnehmern an der Ausschreibung des Projekts, sei es im Rahmen des zu erstellenden Pflichtenheftes. Ein entsprechender Hinweis kann im Lastenheft beispielsweise als Präambel vorangestellt werden.

Es dürfte also durchaus vorkommen, dass Anforderungen, die im Lastenheft beschrieben wurden, später im Pflichtenheft so nicht enthalten sind (Wannenwetsch 2008, S. 113 f.). Dies birgt bei komplexen Beschreibungen von Website-Projekten eine große Gefahr, nämlich dass Lasten- und Pflichtenheft widersprüchliche Spezifikationen oder Funktionen beschreiben, ohne dass das dem Auftraggeber, in unserem Fall also einem Verband, ohne allzu umfangreiche IT-Kompetenz, in allen Konsequenzen klar ist. Da alle mit der Freigabe eines Pflichtenheftes durch den Auftraggeber getroffenen Vereinbarungen für beide Seiten als verbindlich gelten (Ruf und Fittkau 2008), ist es äußerst wichtig, dass das Pflichtenheft das Lastenheft nicht konterkariert, ohne dass der Auftraggeber dem in voller Kenntnis aller möglichen Konsequenzen ausdrücklich zustimmt.

Auch wenn es allgemein üblich ist, dass der Auftraggeber oder Einkäufer die Übereinstimmung von Lasten- und Pflichtenheft kontrolliert (Wannenwetsch 2008, S. 112), ist daher bei großen Website-Projekten von Verbänden auch eine umsichtigere Vorgehensweise in Betracht zu ziehen, die den Auftragnehmer dafür mit in die Verantwortung nimmt:

1. Der Auftraggeber sollte im Lastenheft festlegen, dass beide Vertragsparteien im Falle jeglicher Widersprüche zwischen Lastenheft und Pflichtenheft zunächst das Lastenheft als maßgeblich anerkennen. Das Lastenheft wird deshalb als Anhang vertragswirksamer Bestandteil des Pflichtenhefts.
2. Sofern das Pflichtenheft Anforderungen des Lastenhefts nicht in vollem Umfang umsetzt, sind die Abweichungen im Pflichtenheft vollständig zu beschreiben und als Abweichung vom Lastenheft kenntlich zu machen. Erst wenn der Auftraggeber einer solchen Abweichung explizit schriftlich zugestimmt hat, wird in diesem Punkt das Pflichtenheft maßgeblich.

3.5 Ausschreibung

Ein Lastenheft, das die in den vorangegangenen Abschnitten beschriebenen Anforderungen eindeutig formuliert, eignet sich sehr gut als Grundlage für Ausschreibungen unter potenziellen Auftragnehmern zur Implementierung eines neuen Internetauftritts (vgl. Bär et al. 2017). Sowohl das endgültige Grafikdesign als auch die Programmierung und das Hosting können damit, gegebenenfalls auch einzeln, ausgeschrieben werden.

Im Fall der meisten Website-Projekte von Verbänden gibt es wahrscheinlich gute Gründe dafür, eine Ausschreibung analog zum Nichtoffenen Verfahren des öffentlichen Vergaberechts durchzuführen (vgl. Knauff 2015).

Während in öffentlichen Vergabeverfahren die erste Runde im Nichtoffenen Verfahren als *Teilnahmewettbewerb* bezeichnet wird und jedem Bewerber offensteht, dürfte es in der Praxis für Verbände nicht unbedingt realistisch sein, die am besten geeigneten Dienstleister zu erreichen und zur Teilnahme zu bewegen, ohne diese aktiv zu kontaktieren.

Insofern dürfte in der Praxis die erste Runde eher einem in privatwirtschaftlichen Vergabeverfahren aus dem angloamerikanischen Raum bekannten *Request of Information* entsprechen, mit dem zunächst geeignete Anbieter identifiziert und zu ihrer Bereitschaft zur Teilnahme befragt werden (vgl. Note 2015). Dazu übersendet der Verband potenziell geeigneten Unternehmen – gegebenenfalls, nachdem er sie zuvor eine Verschwiegenheitserklärung hat unterschreiben lassen – das Lastenheft und eine Darstellung des Ausschreibungsverfahrens. Damit verbunden ist zunächst nur die Bitte, innerhalb einer bestimmten Frist Referenzen ähnlicher Projekte zu benennen und mitzuteilen, ob das jeweilige Unternehmen in der Ausschreibung als Anbieter auftreten möchte.

Das Lastenheft mit seiner umfangreichen, ausführlichen Anforderungsbeschreibung hilft dabei auch aufseiten potenzieller Anbieter zu entscheiden, ob die eigene Qualifikation zu dem Projekt passt und ob entsprechende Kapazitäten zeitlich passend zur Verfügung stehen.

Zum Abschluss des *Request of Information* wählt der künftige Auftraggeber eine bestimmte Anzahl von geeigneten Unternehmen aus, um sie zur Teilnahme an der zweiten Runde, dem *Request for Proposal*, einzuladen (vgl. Note 2015).

Die Anzahl der auszuwählenden Unternehmen hat dabei durchaus Einfluss auf die zu erwartende Qualität der Angebote. Es ist eine allgemeine Erfahrung, dass die Qualität der Angebote bei geschlossenen Ausschreibungen meist besser ist (Abts und Mülder 2010). Bei komplexen IT-Projekten mit einer äußerst umfangreichen Anforderungsbeschreibung, wie etwa einer Verbandswebsite, stellt das Ausarbeiten eines Angebots jedoch eine hohe Anfangsinvestition eines jeden Ausschreibungsteilnehmers dar. Sie kann leicht den Zeitrahmen eines Manntages überschreiten und damit ohne Weiteres Kosten im vierstelligen Eurobereich verursachen. Es ist deshalb nicht nur eine Frage von Transparenz und Fairness, die Zahl der beim *Request for Proposal* eingeladenen Unternehmen überschaubar zu halten, sondern es ist für teilnehmende Unternehmen auch eine recht einfache betriebswirtschaftliche Kalkulation: Die statistischen Erfolgsaussichten in einem Wettbewerb unter drei oder vier Anbietern rechtfertigen einen deutlich höheren Aufwand bei der Angebotserstellung als jene in einem offenen Teilnehmerfeld unbekannter Größe – und damit höhere Qualität (Stoyan 2004, S. 132).

Der Auftraggeber kann mit dem Bemühen um hohe Qualität der Angebote vor allem zwei Problemen vorbeugen: Erstens wird sich ein vom späteren Auftragnehmer unterschätzter Aufwand zwar zunächst in einem günstigen Preis niederschlagen, dies wird der Auftragnehmer aber möglicherweise durch verminderte Qualität bei der Programmierung zu kompensieren trachten. Zweitens wird der Auftraggeber bei einer geringen Angebotsqualität kaum Verbesserungsvorschläge gegenüber der eigenen Anforderungsbeschreibung erwarten dürfen.

Es ist deshalb auch im Interesse eines Verbands, der eine neue Website plant, beim *Request for Proposal* nur eine überschaubare Anzahl von Unternehmen zu berücksichtigen. Die vorgesehene Anzahl von Teilnehmern sollte daher auch in der Darstellung des Ausschreibungsverfahrens, die bereits im *Request of Information* versandt wird, offen benannt werden.

Im Rahmen des *Request for Proposal* werden außer dem Lastenheft die folgenden Unterlagen versandt:

- *Projektbeschreibung:* Sie ist eine sehr kurz gehaltene Zusammenfassung des geplanten Projekts, die auf das Lastenheft verweist. Sie sollte auch die Zahlungsmodalitäten darlegen, also erläutern, wann der Auftragnehmer welche Anteile seines Entgelts erhält. Die Angabe einer Preisobergrenze dürfte im Hinblick auf das beschriebene Ausschreibungsverfahren mit einer kleinen Zahl von Teilnehmern eher kritisch zu sehen sein.
- *Darstellung des Ausschreibungsverfahrens:* Das Ausschreibungsverfahren sollte transparent erläutert werden. Der Auftraggeber sollte sich dabei, besonders im Hinblick auf die Anzahl der beim *Request for Proposal* zu berücksichtigenden Unternehmen, um Transparenz bemühen – damit die Qualität eingehender Angebote möglichst hoch ist.
- *Anbietererklärung:* Dies ist ein zur Unterzeichnung vorbereitetes Formular, mit dem der Auftraggeber sich wirtschaftlich wie haftungsrechtlich absichern kann – beispielsweise gegen Verluste, die dadurch entstehen könnte, dass der Auftragnehmer sich in wirtschaftlicher Schieflage befindet. Die Anbietererklärung ist im öffentlichen Vergabewesen bei größeren Projekten vorgeschrieben, kann aber auch in privatwirtschaftlichen Ausschreibungen nützlich sein. Der Anbieter erklärt darin, dass sein Unternehmen sich weder in Insolvenz oder Liquidation befindet, keine einschlägigen strafrechtlichen Verurteilungen gegen das Unternehmen und seine Geschäftsführer ergangen sind, es seinen steuerlichen und sozialversicherungsrechtlichen Verpflichtungen vollständig nachgekommen ist und alle im Ausschreibungsverfahren gemachten Angaben der Wahrheit entsprechen. Gegebenenfalls kann der Auftraggeber sich weitere Eignungskriterien des potenziellen Auftragnehmers schriftlich bestätigen lassen.
- *Request for Proposal:* Die eigentliche Einladung zur Abgabe eines Angebotes sollte Anbieter – außer um eine Gesamtkalkulation – mindestens um Folgendes bitten:
  - *Komponenten:* Soweit möglich sollten einzelne Leistungen des Anbieters oder Funktionen der Website als Komponenten kalkuliert werden, sodass der Auftraggeber unter Umständen auf einzelne Bestandteile seiner Anforderungen verzichten kann, um nicht finanzierbare Kostenfaktoren auszuschließen. Zum Beispiel könnten Workflows innerhalb des Content-Management-Systems oder seine Befähigung zum Multisite-Management schließlich im Auftrag gestrichen werden, um das Projekt insgesamt finanzierbar zu machen.

- *Verbesserungsvorschläge:* Sofern der Anbieter, worum er ausdrücklich gebeten wird, gegebenenfalls von der Anforderungsbeschreibung abweichende Vorschläge macht, sollten diese möglichst als Alternative zur im Lastenheft formulierten Anforderung kalkuliert werden. So kann der Auftraggeber erkennen, wenn möglicherweise der Verzicht auf ein kleines funktionales Detail hohe Kosteneinsparungen möglich macht.
- *Preise für weitere Leistungen:* Der Anbieter sollte Preise für weitergehende Leistungen benennen, wie etwa für sogenannte Change-Requests,[36] für Meetings, für Wartungsarbeiten oder für das Einspielen von Updates. Er sollte dabei insbesondere auch jene zu erwartenden Arbeiten vom Umfang her benennen, die der Auftraggeber nicht in die Anforderungsbeschreibung aufnehmen konnte oder nicht aufgenommen hat; dazu zählt etwa insbesondere das Einspielen von Updates des Content-Management-Systems.
- *Kosten für anfallende Lizenzen:* Unter Umständen wird der Auftragnehmer bestimmte Softwaremodule nicht selbst programmieren, sondern dafür ein lizenziertes Produkt einkaufen. Die dafür anfallenden Kosten müssen Teil des Angebots sein.
- *Einarbeitung:* Der Anbieter sollte verschiedene aus seiner Sicht sinnvolle Maßnahmen zur Einarbeitung der Verbandsmitarbeiter in das Content-Management-System in sein Angebot aufnehmen.
- *Reisekosten:* Der Anbieter soll darlegen, ob der Auftraggeber mit Reisekosten seitens des Anbieters zu rechnen hat und wie hoch diese jeweils liegen werden.

Nach dem Eingang der Angebote und der Auswertung wird sich eine erste Reihenfolge ergeben, in welcher der Verband die Anbieter bewertet. Die besten Anbieter dieser Reihenfolge sollte man schließlich zu einer Angebotspräsentation einladen (Stoyan 2004, S. 133 f.). Hierbei kann man sich nicht nur einen persönlichen Eindruck von dem jeweiligen Unternehmen verschaffen, sondern man kann sich auch die von ihm vorgesehenen Softwarelösungen präsentieren lassen – vor allem das von ihm präferierte Content-Management-System, mit dem ja die Verbandsmitarbeiter später jahrelang arbeiten sollen.

3.6 Zusammenfassung und Ausblick

Konzeption der Website und Erstellen der Anforderungsbeschreibung bilden die Basis dafür, dass ein Verband eine Website betreiben kann, mit der sich Kommunikationsausgaben überhaupt erst effizient umsetzen lassen. Das Gros der empirisch nachweisbaren Schwächen, die viele deutsche Verbandswebsites haben, hätte sich durch eine fundiertere

[36] Der Begriff *Change-Request* bezeichnet ein vom Auftraggeber gewünschtes, mit Mehraufwand für den Auftragnehmer verbundenes Abweichen von der ursprünglichen Anforderungsbeschreibung eines Projekts. Wegen des Mehraufwands hat der Auftraggeber zusätzliche Kosten zu tragen.

Konzeption und durch eine detailliertere und qualitativ bessere Anforderungsbeschreibung sicherlich vermeiden lassen.

Dabei kommt dem Lastenheft und seiner Konkretisierung durch das ihm komplementäre Pflichtheft entscheidende Bedeutung zu. Die Kenntnis vielfältiger technischer, aber auch juristischer Details ist dabei heutzutage unumgänglich. Verbände ohne ausreichende IT-Kompetenz können dies aber gegebenenfalls durch Hinzuziehen eines unabhängigen Projektanten ausgleichen.

Es dürfte in den vorangegangenen Kapiteln auch deutlich geworden sein, dass ein Vorteil von Content-Management-Systemen aus dem Bereich Open-Source keineswegs darin besteht, dass man Online-Kommunikation mit minimalen Kosten erfolgreich betreiben kann. Die meisten der zuvor dargestellten Details von Verbandswebsites müssen auch bei einem Open-Source-CMS geplant und programmiert werden. Im Einzelfall mögen dabei durchaus Kostenersparnisse gegenüber anderen Content-Management-Systemen möglich sein. Die Vorstellung, dass Online-Kommunikation durch Open-Source-Produkte gratis machbar ist, führt jedoch geradewegs zu untauglichen oder doch zumindest äußerst mangelhaften Websites.

Im folgenden Teil dieses Buches können wir nun jedoch davon ausgehen, dass eine funktional hochwertige, effizient arbeitende Website zur Verfügung steht. Es wird dort Thema sein, wie ein Verband die laufende Kommunikationsarbeit in Bereichen wie Social Media oder Medienarbeit erfolgreich gestalten kann. Aber auch, was die redaktionelle Arbeit in Sachen Suchmaschinen berücksichtigen sollte. Es wird zudem Thema sein, wie man Inhalte speziell für das Internet aufbereitet.

Literatur

1und1 (2016a). Mögliche Folgen der EU-Cookie-Richtlinie für deutsche Shopbetreiber und Nutzer von Google-Programmen. https://hosting.1und1.de/digitalguide/websites/online-recht/eu-cookie-richtlinie-fuer-deutsche-shopbetreiber-teil-2/. Zugegriffen: 7. Apr. 2017.

1und1 (2016b). Webdesign-Basics: Eine Bildergalerie für die Homepage erstellen. https://hosting.1und1.de/digitalguide/websites/webdesign/eine-bildergalerie-fuer-ihre-homepage-erstellen/. Zugegriffen: 17. Apr. 2017.

Abts, D., & Mülder, W. (2010). *Masterkurs Wirtschaftsinformatik: Kompakt, praxisnah, verständlich – 12 Lern- und Arbeitsmodule* (S. 170). Wiesbaden: Vieweg+Teubner.

Amtsblatt der EU (2009). Amtsblatt der Europäischen Union vom 18.12.2009(DE). Richtlinie 2009/136/EG des Europäischen Parlaments und des Rates vom 25. November 2009. http://eur-lex.europa.eu/LexUriServ/LexUriServ.do?uri=OJ:L:2009:337:0011:0036:de:PDF. Zugegriffen: 7. Apr. 2017.

Aricatt, N. (2016). Cookies richtig setzen in UK. In Shopbetreiber-Blog.de (Beitrag vom 24.06.2016). http://shopbetreiber-blog.de/2016/06/24/cookies-richtig-setzen-in-uk/. Zugegriffen: 7. Apr. 2017.

Audatis (o. D.). Datenschutz beim Webhosting – Anbieterübersicht zur Auftragsdatenverarbeitung (ADV) nach § 11 BDSG. https://www.audatis.de/aktuell/datenschutz-beim-webhosting-anbieteruebersicht-zur-auftragsdatenverarbeitung-adv-nach-11-bdsg/. Zugegriffen: 22. Apr. 2017.

Badach, A., & Rieger, S. (2013). *Planung, Realisierung, Dokumentation und Sicherheit von Netzwerken* (S. 380 f). München: Carl Hanser Verlag.

Bär, C., Fiege, J., & Weiß, M. (2017). *Anwendungsbezogenes Projektmanagement: Praxis und Theorie für Projektleiter* (S. 13). Berlin: Springer Vieweg.

Barker, D. (2016). *Web content management: Systems, features, and best practices*. Sebastopol: O'Reilly Media.

BayLDA – Bayerisches Landesamt für Datenschutzaufsicht (2017). 7. Tätigkeitsbericht des Bayerischen Landesamtes für Datenschutzaufsicht für die Jahre 2015 und 2016 (S. 142). https://www.lda.bayern.de/media/baylda_report_07.pdf. Zugegriffen: 9. Apr. 2017.

BayLfD – Der Bayerische Landesbeauftragte für den Datenschutz (o. D. a). Gestaltung des Internetauftritts (3.3 Einwilligungserklärung). https://www.datenschutz-bayern.de/technik/orient/internetauftritt.html. Zugegriffen: 3. Apr. 2017.

BayLfD – Der Bayerische Landesbeauftragte für den Datenschutz (o. D. b). Social Plugins auf Webseiten bayerischer öffentlicher Stellen (einschließlich Stellen nach Art. 2 Abs. 2 BayDSG). https://www.datenschutz-bayern.de/0/soziale-netzwerke-plugins.html. Zugegriffen: 8. Apr. 2017.

Bergsmann, J. (2014). *Requirements Engineering für die agile Softwareentwicklung: Methoden, Techniken und Strategien*. Heidelberg: dpunkt Verlag.

BMAS – Bundesministerium für Arbeit und Soziales (2016). Kabinett beschließt Gesetzentwurf zur Weiterentwicklung des Behindertengleichstellungsgesetzes. http://www.bmas.de/DE/Presse/Pressemitteilungen/2016/gesetzesentwurf-weiterentwicklung-behindertengleichstellungsrecht.html. Zugegriffen: 27. März 2017.

Böhringer, J., Bühler, P., Schlaich, P., & Sinner, D. (2014). *Kompendium der Mediengestaltung: IV. Medienproduktion Digital*. Wiesbaden: Springer Vieweg.

Boiko, B. (2005). *Content management bible* (S. 392). Indianapolis: Wiley Publishing, Inc.

BSI – Bundesamt für Sicherheit in der Informationstechnik (2014). Mindeststandard des BSI für den Einsatz des SSL/TLS-Protokolls durch Bundesbehörden. https://www.bsi.bund.de/SharedDocs/Downloads/DE/BSI/Mindeststandards/Mindeststandard_BSI_TLS_1_2_Version_1_0.pdf?__blob=publicationFile&v=3. Zugegriffen: 9. Apr. 2017.

Bundesrechnungshof (2012). *Bemerkungen 2012 zur Haushalts- und Wirtschaftsführung des Bundes* (S. 24). Bonn: Bundesrechnungshof

Buxton, B., Carpendale, S., Greenberg, S., & Marquardt, N. (2013). *Sketching User Experiences: Das praktische Arbeitsbuch zum Erlernen von Skizziermethoden* (S. 10). Heidelberg: Hüthig Jehle Rehm.

BVDW – Bundesverband Digitale Wirtschaft (2015).Whitepaper: Browsercookies und alternative Tracking-Technologien: technische und datenschutzrechtliche Aspekte (S. 12). http://www.bvdw.org/fileadmin/downloads/cookie-richtlinien/whitepaper_targeting_browsercookies-und-alternative-trackingtechnologien_2015-3.pdf. Zugegriffen: 7. Apr. 2017.

CanonicalTag (2016). Canonical Tags: Informationen zu Canonical Tags – Antworten auf Fragen!. http://www.canonical-tag.de/. Zugegriffen: 5. Mrz. 2017.

Christ, O. (2003). *Content-Management in der Praxis: Erfolgreicher Aufbau und Betrieb unternehmensweiter Portale* (S. 143f). Berlin/Heidelberg: Springer-Verlag.

CMSWire (o. D.). Content migration tools. http://www.cmswire.com/d/content-migration-tools-c000023. Zugegriffen: 19. Apr. 2017.

ComputerWeekly (2010). „Users will scroll“ says Nielsen. http://www.computerweekly.com/blog/The-Social-Enterprise/Users-will-scroll-says-Nielsen. Zugegriffen: 15. Feb. 2017.

Computerwoche (2015a). Opt-in oder Opt-out – nur Deutschland legt sich nicht fest: „Cookie-Richtlinie“ in Europa. http://www.computerwoche.de/a/cookie-richtlinie-in-europa,2518064. Zugegriffen: 7. Apr. 2017.

Computerwoche (2015b). E-Mail-Verschlüsselung für Unternehmen: Warum sich nach der Pflicht die Kür lohnt. http://www.computerwoche.de/a/warum-sich-nach-der-pflicht-die-kuer-lohnt,3219105. Zugegriffen: 9. Apr. 2017.

CookieChoices (o. D.). Einholen der Zustimmung für Cookies. https://www.cookiechoices.org/. Zugegriffen: 7. Apr. 2017.

Cutts, M. (2009). Matt Cutts: Gadgets, Google, and SEO: PageRank sculpting. https://www.mattcutts.com/blog/pagerank-sculpting/. Zugegriffen: 1. März 2017.

Czysch, S., Illner, B., & Wojcik, D. (2015). *Technisches SEO* (S. 56 ff). Köln: O'Reilly

Datenschutz Berlin – Berliner Beauftragte für Datenschutz und Informationsfreiheit (2016). Protokollierung von Nutzungsdaten. https://datenschutz-berlin.de/content/themen-a-z/internet/datenschutzgerechte-gestaltung-eines-webangebotes/protokollierung-von-nutzungsdaten. Zugegriffen: 29. März 2017.

Datenschutz Hessen – Der Hessische Datenschutzbeauftragte (2015). Umlaufentschließung der Datenschutzbeauftragten des Bundes und der Länder vom 05. Februar 2015: Keine Cookies ohne Einwilligung der Internetnutzer. https://www.datenschutz.hessen.de/ub20150205.htm. Zugegriffen: 7. Apr. 2017.

Datenschutzkanzlei.de (2016). Neue Auftragsdatenverarbeitung für Google Analytics. https://www.datenschutzkanzlei.de/neue-auftragsdatenverarbeitung-fuer-google-analytics-abrufbar/. Zugegriffen: 10. März 2017.

Design3edge (2010). 10 Best Free And Open Source PHP Image Galleries – Updated. http://www.design3edge.com/2010/08/26/best-free-and-open-source-php-image-galleries/. Zugegriffen: 17. Apr. 2017.

Deutscher Bundestag, (2005). Drucksache 15/5926: Antwort der Bundesregierung auf die Kleine Anfrage der Abgeordneten Dirk Niebel, Rainer Brüderle, Angelika Brunkhorst, weiterer Abgeordneter und der Fraktion der FDP (S. 6). http://dip21.bundestag.de/dip21/btd/15/059/1505926.pdf. Zugegriffen: 21. Dez. 2016.

Dimoulis, G. (2014). *Die Auswahl des richtigen Open Source CMS: Marktüberblick und Nutzwertanalyse von WordPress, Typo3, Joomla!, Drupal und eZ Publish* (S. 37 ff). Hamburg: Diplomica Verlag.

Dithardt, D. (2006). *Squid: Administrationshandbuch zum Proxyserver* (S. 231). Heidelberg: dpunkt Verlag.

Ehmann, E. (2016). *Lexikon für das IT-Recht 2016/2017: Die 150 wichtigsten Praxisthemen* (S. 13). Heidelberg: Hüthig Jehle Rehm.

Enge, E., Spencer, S., & Stricchiola, J. (2015). *The art of SEO: Mastering search engine optimization* (S. 293). Sebastopol: O'Reilly Media.

Ewald, K. (2014). Konversionkiller Checkbox: Rechtliche Anforderungen und Gestaltungsmöglichkeiten. https://www.de.capgemini-consulting.com/blog/digital-transformation-blog/2014/10/konversionkiller-checkbox-rechtliche-anforderungen. Zugegriffen: 3. Apr. 2017.

Facebook (o. D. a). Seiten-Plug-in. https://developers.facebook.com/docs/plugins/page-plugin. Zugegriffen: 8. Apr. 2017.

Facebook (o. D. b). Button „Teilen". https://developers.facebook.com/docs/plugins/share-button. Zugegriffen: 8. Apr. 2017.

Farstad, B. (o. D.). Why Content Migration is (almost) Always Underestimated in CMS Projects. https://ez.no/Blog/Why-Content-Migration-is-almost-Always-Underestimated-in-CMS-Projects. Zugegriffen: 19. Apr. 2017.

Futurebiz (2014). 40 Mio. Feeds & 10 Mrd. gelesene Artikel – Über das angebliche Ende von RSS Feeds und den Erfolg von Feedly. https://www.futurebiz.de/artikel/angebliches-ende-rss-feeds-erfolg-feedly/. Zugegriffen: 26. Febr. 2017.

GDS – Government Digital Service (2013). How many people are missing out on JavaScript enhancement? https://gds.blog.gov.uk/2013/10/21/how-many-people-are-missing-out-on-javascript-enhancement/. Zugegriffen: 19. März. 2017.
Golem (2013). Neuer Suchalgorithmus bei Google. https://www.golem.de/news/hummingbird-neuer-suchalgorithmus-bei-google-1309-101828.html. Zugegriffen: 1. März. 2017.
Golem (2017). EU-Parlament stimmt ePrivacy-Verordnung zu. https://www.golem.de/news/datenschutz-eu-parlament-stimmt-eprivacy-verordnung-zu-1710-130831.html. Zugegriffen: 27. Nov. 2017.
Gómez-Lus, R. (2016). Wann gilt ausländisches Recht? Können Shopbetreiber im Ausland verklagt werden? http://shopbetreiber-blog.de/2016/02/29/wann-gilt-auslaendisches-recht-koennen-shopbetreiber-im-ausland-verklagt-werden/. Zugegriffen: 10. Apr. 2017.
Google (2006). Major search engines unite to support a common mechanism for website submission. https://googlepress.blogspot.de/2006/11/major-search-engines-unite-to-support_16.html. Zugegriffen: 25. Febr. 2017.
Google (2007). Controlling how search engines access and index your website. https://googleblog.blogspot.de/2007/01/controlling-how-search-engines-access.html. Zugegriffen: 1. März 2017.
Google (2011). Einführung in die Suchmaschinenoptimierung. http://static.googleusercontent.com/media/www.google.de/de/de/webmasters/docs/einfuehrung-in-suchmaschinenoptimierung.pdf. Zugegriffen: 27. Jan. 2017.
Google (o. D. a). Inhalt mit nummerierten Seiten angeben. https://support.google.com/webmasters/answer/1663744?hl=de. Zugegriffen: 3. März 2017.
Google (o. D. b). Unterschiedliche URLs. https://developers.google.com/webmasters/mobile-sites/mobile-seo/separate-urls?hl=de. Zugegriffen: 1. März 2017.
Google (o. D. c). URLs mit robots.txt blockieren: Informationen zur robots.txt-Datei. https://support.google.com/webmasters/answer/6062608?hl=de. Zugegriffen: 1. März 2017.
Google (o. D. d). Aufnahme in den Suchindex mithilfe von Meta-Tags blockieren. https://support.google.com/webmasters/answer/93710?hl=de&ref_topic=4598466. Zugegriffen: 1. März 2017.
Google (o. D. e). Meta-Tags, die Google versteht. https://support.google.com/webmasters/answer/79812?hl=de. Zugegriffen: 3. März 2017.
Google (o. D. f). rel=„nofollow" für bestimmte Links verwenden. https://support.google.com/webmasters/answer/96569?hl=de. Zugegriffen: 3. März 2017.
Google (o. D. g). Sichtbarkeit von Inhalten in Google festlegen. https://support.google.com/webmasters/answer/6062607?hl=de&ref_topic=4598466. Zugegriffen: 5. März 2017.
Google (o. D. h). Google Analytics Cookie Usage on Websites. https://developers.google.com/analytics/devguides/collection/analyticsjs/cookie-usage. Zugegriffen: 13. März 2017.
Graf, H. (2008). *Drupal 6: Websites entwickeln und verwalten mit dem Open Source-CMS* (S. 140 ff). München: Addison-Wesley.
Grudzinski, N. (2016). LG Düsseldorf: Facebook „Gefällt mir"-Button wettbewerbswidrig. http://www.kanzlei-grudzinski.de/facebook-button-wettbewerbswidrig/. Zugegriffen: 8. Apr. 2017.
Händlerbund (2015). Abmahnungen im Jahr 2014. https://www.haendlerbund.de/de/downloads/studie-abmahnung-2014.pdf. Zugegriffen: 10. Apr. 2017.
Heise (2011). 2 Klicks für mehr Datenschutz. http://heise.de/-1333879. Zugegriffen: 8. Apr. 2017.
Heise (2014). Schützen und teilen: Social-Media-Buttons datenschutzkonform nutzen. https://www.heise.de/ct/ausgabe/2014-26-Social-Media-Buttons-datenschutzkonform-nutzen-2463330.html. Zugegriffen: 8. Apr. 2017.
Heise (2017). EuGH korrigiert Urteil zum Datenschutz von IP-Adressen. https://www.heise.de/newsticker/meldung/EuGH-korrigiert-Urteil-zum-Datenschutz-von-IP-Adressen-3595077.html. Zugegriffen: 29. März 2017.

Hellbusch, J. E. (o. D.). Barrierefreie Informationstechnik-Verordnung 2.0. http://www.barrierefreies-webdesign.de/bitv/bitv-2.0.html. Zugegriffen: 27. März 2017.

Henick, B. (2010). *Das Beste an HTML & CSS: Best Practices für standardkonformes Webdesign* (S. 197). Köln: O'Reilly.

Herndler, D. (2016). Scroll-Tracking Analyse mit Google Analytics. https://de.onpage.org/blog/scroll-tracking-analyse-mit-google-analytics. Zugegriffen: 19. Febr. 2017.

Herrera, R. (2015). 3 Benefits that Load Balancing Provides for Your CMS Website. https://blog.wsol.com/3-benefits-that-load-balancing-provides-for-your-cms-website. Zugegriffen: 15. Apr. 2017.

Hillebrand, R.-T. (2011). Lobbyisten scheitern beim Einsatz von RSS. http://www.polkomm.net/blog/?p=408. Zugegriffen: 26. Febr. 2017.

Hillebrand, R.-T. (2015). *Alles außer Kontrolle! – Wer kontrolliert die Entwickler von Webseiten der Verbände? In Verbändereport 5/2015* (S. 22–25). Bonn: businessFORUM.

HmbBfDI – Der Hamburgische Beauftragte für Datenschutz und Informationsfreiheit (2017). Hinweise des HmbBfDI zum Einsatz von Google Analytics. https://www.datenschutz-hamburg.de/uploads/media/GoogleAnalytics_Hinweise_fuer_Webseitenbetreiber_in_Hamburg_2017.pdf. Zugegriffen: 10. März 2017.

Hyslop, B., & Castro, E. (2014). *Praxiskurs HTML5 & CSS3: Professionelle Webseiten von Anfang an* (S. 508 f). Heidelberg: dpunkt Verlag.

IHK München – Industrie und Handelskammer München und Oberbayern (2016). Rechtliche Grundlagen des E-Commerce. https://www.ihk-muenchen.de/ihk/documents/Recht-Steuern/Internetrecht/E-Commerce-Rechtliche-Grundlagen.pdf Zugegriffen: 10. Apr. 2017.

Impulse (2017). So wird Ihr Impressum rechtssicher. https://www.impulse.de/recht-steuern/rechtsratgeber/impressumspflicht/2179271.html. Zugegriffen: 29. März 2017.

InfoQ (2015). Standish Group 2015 Chaos Report – Q&A with Jennifer Lynch. https://www.infoq.com/articles/standish-chaos-2015. Zugegriffen: 21. Dez. 2016.

IT-Administrator (o. D.). Hochverfügbarkeit. http://www.it-administrator.de/themen/server_client/grundlagen/98988.html. Zugegriffen: 22. Apr. 2017.

ITespresso (2016). Google macht PageRank nicht mehr öffentlich einsehbar. http://www.itespresso.de/2016/03/10/google-macht-pagerank-nicht-mehr-oeffentlich-einsehbar/. Zugegriffen: 1. März 2017.

Jakoby, W. (2013). *Projektmanagement für Ingenieure: Ein praxisnahes Lehrbuch für den systematischen Projekterfolg* (S. 97 ff)). Wiesbaden: Springer Vieweg.

Kahl, A. (2013). Warum ein neues CMS selten eine 1:1-Migration von Content sinnvoll macht. http://blog.comspace.de/know-how/warum-ein-neues-cms-nicht-unbedingt-eine-websitemigration-von-content-zur-folge-haben-sollte/. Zugegriffen: 19. Apr. 2017.

Kalbach, J. (2007). *Designing web navigation: Optimizing the user experience* (S. 45). Sebastopol/USA: O'Reilly.

KBV – Kassenärztliche Bundesvereinigung (o. D.). Praxis-Website: Barrierefreiheit. http://www.kbv.de/html/4427.php. Zugegriffen: 27. März. 2017.

Knauff, M. (2015). *Öffentliches Wirtschaftsrecht: Einführung* (S. 208). Baden-Baden: Nomos.

Koch, F. (2007). *IT-Projektrecht: Vertragliche Gestaltung und Steuerung von IT-Projekten, Best Practices, Haftung der Geschäftsleitung* (S. 290). Berlin/Heidelberg: Springer-Verlag.

Kogis – Kompetenzzentrum für die Gestaltung der Informationssysteme der Senatorin für Finanzen Bremen (2012). Logfileauswertung mit Piwik. https://www.yumpu.com/de/document/view/38289336/handbuch-logfileauswertung-mit-piwik-kogis-bremen. Zugegriffen: 12. März 2017.

Kraehe, T. (2012).Benutzerdefinierte Variablen in Piwik. https://www.digitale-wunderwelt.de/entwicklung/benutzerdefinierte-variablen-in-piwik/. Zugegriffen: 20. Juli 2017.

Krcmar, H. (2015). *Informations management* (S. 155). Heidelberg: Springer Gabler.

Kreissl, H. (2004). Workflow Management in Webbasierten Content Management Systemen. Norderstedt: Grin Verlag.

Krug, S. (2014). *Don't make me think!*. Heidelberg: mitp Verlag.

Kubitz, E. (2016). Title-Tags und Description-Metatag: Meta-Angaben in neuer Länge. https://www.seo-book.de/onpage/title-tags-und-description-meta-angaben-in-neuer-laenge. Zugegriffen: 27. Febr. 2017.

Kulka, R. (2013). *E-Mail-Marketing: Das umfassende Praxis-Handbuch* (S. 647). Heidelberg: Hüthig Jehle Rehm.

Lammenett, E. (2009). *Praxiswissen Online-Marketing: Affiliate- und E-Mail-Marketing, Keyword-Advertising, Online-Werbung, Suchmaschinen-Optimierung* (S. 239). Wiesbaden: Gabler GWV Fachverlage.

LfD Niedersachsen – Die Landesbeauftragte für den Datenschutz Niedersachsen (2016). Orientierungshilfe für Anbieter von Telemedien. http://www.lfd.niedersachsen.de/download/54237/Orientierungshilfe_fuer_Diensteanbieter_von_Telemedien_Stand_16. 02. 2016_.pdf. Zugegriffen: 3. Apr. 2017.

Liebhart, D. (2009). *Das Märchen von den gescheiterten IT-Projekten. In Netzwoche 06/2009* (S. 41). Zürich: Netzmedien AG.

Lim, R. (2006). Advantages of cheap virtual dedicated server. http://ezinearticles.com/?Advantages-Of-Cheap-Virtual-Dedicated-Server&id=203708. Zugegriffen: 22. Apr. 2017.

Marcotte, E. (2010). Responsive web design. https://alistapart.com/article/responsive-web-design. Zugegriffen: 20. März 2017.

Meedia (2016). Historische Wende im World Wide Web: Mobile übersteigt erstmals Desktop-Nutzung. http://meedia.de/2016/06/14/historische-wende-im-world-wide-web-mobile-uebersteigt-erstmals-desktop-nutzung/. Zugegriffen: 20. Febr. 2017.

Meyer, H., & Reher, H.-J. (2016). *Projektmanagement: Von der Definition über die Projektplanung zum erfolgreichen Abschluss* (S. 111). Wiesbaden: Springer Gabler.

Mocigemba, D. (2014). *Website-Evaluation: Zur Zielgruppenspezifischen Nutzungsanalyse* (S. 28 f). Hamburg: Diplomica.

Morson, S. (2014). *Learn design for iOS development* (S. 81). New York: Springer Science.

Münz, S. (2008). *Webseiten professionell erstellen. Programmierung, Design und Administration von Webseiten*. München: Addison-Wesley.

NetMarketShare (o. D.). Market Share Reports – Desktop Share by Versions. http://marketshare.hitslink.com/. Zugegriffen: 17. März 2017.

Netzwerk Leichte Sprache (2013). Die Regeln für Leichte Sprache. http://leichtesprache.org/images/Regeln_Leichte_Sprache.pdf. Zugegriffen: 27. März 2017.

Nielsen, J. (1997). Scrolling and attention. https://www.nngroup.com/articles/scrolling-and-attention/. Zugegriffen: 15. Febr. 2017.

Nielsen, J. (2010). Changes in web usability since 1994. https://www.nngroup.com/articles/changes-in-web-usability-since-1994/. Zugegriffen: 15. Febr. 2017.

Nielsen, J., & Budiu, R. (2013). *Mobile Usability: Für iPhone, iPad, Android, Kindle* (S. 49 f). Heidelberg: Hüthig Jehle Rehm.

Note, M. (2015). *Project management for information professionals* (S. 92). Oxford: Chandos Publishing.

Ohle, M. M., & Von Dem Bussche, J. (2004). *Der Projektant als Bieter in komplexen IT/TK-Ausschreibungen: Über das Risiko eines Ausschlusses von der öffentlichen Vergabe und geeignete Gegenmaßnahmen für Auftraggeber und Auftragnehmer. In Computer und Recht, Heft 10/2004* (S. 791). Köln: Verlag Dr. Otto Schmidt.

OnPageWiki (o. D. a). ALT Attribute. https://de.onpage.org/wiki/ALT_Attribute#Bedeutung_f.C3.BCr_SEO. Zugegriffen: 27. Febr. 2017.

OnPageWiki (o. D. b). URL. https://de.onpage.org/wiki/URL. Zugegriffen: 27. Febr. 2017.

OnPageWiki (o. D. c). Google analytics. https://de.onpage.org/wiki/Google_Analytics. Zugegriffen: 9. März 2017.

Opelt, A., Gloger, B., Pfarl, W., & Mittermayr, R. (2012). *Der agile Festpreis: Leitfaden für wirklich erfolgreiche IT-Projekt-Verträge*. München: Carl Hanser Verlag.

PHM projektmanagementhandbuch.de (o. D.). Lastenheft. http://www.projektmanagementhandbuch.de/projektplanung/lastenheft/. Zugegriffen: 23. Apr. 2017.

Piejko, P. (2015). How top Alexa companies use Adaptive Web Design. https://deviceatlas.com/blog/adaptive-web-design-top-alexa-companies. Zugegriffen: 26. März 2017.

Pilous, M. (2017). Streitschlichtung verständlich erklärt: Das kommt noch auf Sie zu. http://shop.trustedshops.com/de/rechtstipps/2017/01/17/streitschlichtung-verstaendlich-erklaert-das-kommt-noch-auf-sie-zu. Zugegriffen: 10. Apr. 2017.

Pipic, D. (o. D.). Video im Web. http://www.html-info.eu/html5/video-und-audio/item/video-im-web.html. Zugegriffen: 17. Apr. 2017.

Piwik (o. D. a). Tracking Campaigns – Analytics Piwik. https://piwik.org/docs/tracking-campaigns/. Zugegriffen: 12. März 2017.

Piwik. (o. D. b). Funels. https://piwik.org/docs/funnels/. Zugegriffen: 12. März 2017.

Piwik (o. D. c). A/B Testing. https://piwik.org/docs/ab-testing/. Zugegriffen: 12. März 2017.

Piwik (o. D. d). How do I exclude traffic from an IP or a range of IP addresses? https://piwik.org/faq/how-to/faq_80/. Zugegriffen: 13. März 2017.

Piwik (o. D. e). How do I enable tracking for visitors that have disabled Javascript? https://piwik.org/faq/how-to/faq_176/. Zugegriffen: 20. März 2017.

Pulvermüller, P. (2015). Managed hosting: Vorteile und nachteile. http://www.pcwelt.de/ratgeber/IT-Infrastruktur-Managed-Hosting-erklaert-4749125.html. Zugegriffen: 22. Apr. 2017.

Radlanski, P. (2016). *Das Konzept der Einwilligung in der datenschutzrechtlichen Realität* (S. 48 f). Tübingen: Mohr Siebeck.

Ramm, O. (2008). *Erfolgspotenziale und Risiken neuer Informationstechnologien für Unternehmen: Eine kritische Darstellung des Web 2.0* (S. 8). Norderstedt: Grin Verlag.

Richter, M., & Flückiger, M. (2016). *Usability und UX kompakt: Produkte für Menschen* (S. 12). Berlin/Heidelberg: Springer Vieweg.

Rogosch, P. M. (2011). Die datenschutzrechtliche Einwilligung im Internet: Elektronische Einwilligung ist nicht gleich elektronische Einwilligung. In DFN-Infobrief Recht 2/2011, S. 6. http://fiz1.fh-potsdam.de/volltext/dfn/12334.pdf. Zugegriffen: 3. Apr. 2017.

Ruf, W., & Fittkau, T. (2008). *Ganzheitliches IT-Projektmanagement: Wissen, Praxis, Anwendungen* (S. 111). München: Oldenbourg Verlag.

SaechsDsB – Der Sächsische Datenschutzbeauftragte (2014). Anonymisierung der IP-Adressen in Webserver-Logfiles. https://www.saechsdsb.de/ipmask. Zugegriffen: 29. März 2017.

Sandfuchs, B. (2015). *Privatheit wider Willen?: Verhinderung informationeller Preisgabe im Internet nach deutschem und US-amerikanischem Verfassungsrecht* (S. 18). Tübingen: Mohr Siebeck.

Sauldie, S. (2010). *Die Geheimnisse erfolgreicher Websites – für Manager und Entscheider: Die iROI-Internet Marketing Strategie* (S. 97). Mannheim: SSX Verlag für audiovisuelle Medien.

Schade, T. (2015). Pagerank Sculpting – Webseitenarchitektur für Fortgeschrittene. https://www.trafficmaxx.de/blog/linkbuilding/pagerank-sculpting-webseitenarchitektur-fuer-fortgeschrittene. Zugegriffen: 20. März 2017.

Schaible, S. (2009). *Suchmaschinenoptimierung: Relevante Faktoren für eine Top-Platzierung am Beispiel Google* (S. 34). Hamburg: Diplomica Verlag.

Schamber, A. (2015). Der Hamburger – Das Menü-Icon von gestern? https://www.digitalmobil.com/hamburger-das-menu-icon-von-gestern/. Zugegriffen: 19. Febr. 2017.

Schwenke, T. (2011). Usability VS Datenschutz – Datenschutzrechtliche Einwilligung ohne Opt-In? https://drschwenke.de/usability-vs-datenschutz-datenschutzrechtliche-einwilligung-ohne-opt-in/. Zugegriffen: 3. Apr. 2017.

SelfHTML (2017). CSS/Anwendung und Praxis/Print-CSS. https://wiki.selfhtml.org/wiki/CSS/Anwendung_und_Praxis/Print-CSS. Zugegriffen: 5. März 2017.

Shreves, R. (2015). *Social media optimization for dummies*. Hoboken, NY/USA: John Wiley & Sons.

Siebert, S. (2017). Neues Urteil: Facebooks Like-Button auf Webseiten kann abgemahnt werden. https://www.e-recht24.de/artikel/facebook/10081-urteil-abmahnung-facebook-like-button.html. Zugegriffen: 8. Apr. 2017.

Siebert, S. (o. D.). Schritt für Schritt zum abmahnsicheren Online Shop. https://www.e-recht24.de/artikel/ecommerce/8060-recht-online-shop-abmahnsicher.html. Zugegriffen: 10. Apr. 2017.

Singh, A. P. (2016). 11 Top Free And Open Source PHP Photo Gallery Scripts. https://www.trixhub.com/free-open-source-php-photo-gallery-scripts/. Zugegriffen: 17. Apr. 2017.

Sitemaps.org (o. D.). Sitemaps-XML-Format. https://www.sitemaps.org/de/protocol.html#prioritydef. Zugegriffen: 1. Mrz. 2017.

Sitter, G. (2016). *Erklärung des PageRank-Algorithmus von Google ohne mathematische Vorkenntnisse*. München: Grin-Verlag.

Statista (2017a). Anteil der Nutzer des mobilen Internets in Deutschland in den Jahren 2012 bis 2014. https://de.statista.com/statistik/daten/studie/197383/umfrage/mobile-internetnutzung-ueber-handy-in-deutschland/. Zugegriffen: 20. Febr. 2017.

Statista (2017b). Anteil mobiler Endgeräte an allen Seitenaufrufen nach Regionen weltweit im Jahr 2016. https://de.statista.com/statistik/daten/studie/217457/umfrage/anteil-mobiler-endgeraete-an-allen-seitenaufrufen-weltweit/. Zugegriffen: 20. Febr. 2017.

Statista (2017c). Nachrichten werden immer mobiler. https://de.statista.com/infografik/7315/traffic-der-top-10-nachrichtenportale-in-deutschland/. Zugegriffen: 20. Feb. 2017.

Statista (2017d). Facebook wächst weiter zweistellig. https://de.statista.com/infografik/1077/facebooks-mobile-nutzer/. Zugegriffen: 20. Febr. 2017.

Statista (2017e). Marktanteile der führenden Betriebssysteme in Deutschland von Januar 2009 bis Januar 2017. https://de.statista.com/statistik/daten/studie/158102/umfrage/marktanteile-von-betriebssystemen-in-deutschland-seit-2009/. Zugegriffen: 17. März 2017.

Stevens, J. (2016). Best website monitoring services 2017. https://hostingfacts.com/website-monitoring-services/. Zugegriffen: 22. Apr. 2017.

Steyer, R. (2016). *WordPress: Einführung in das Content Management System* (S. 117). Wiesbaden : Springer Vieweg.

Stoyan, R. (2004). *Management von Webprojekten: Führung, Projektplan, Vertrag*. Berlin/Heidelberg: Springer-Verlag.

Strato (o. D.). WordPress-Beiträge im WYSIWYG-Modus erstellen. https://www.strato.de/hosting/wordpress-hosting/wordpress-wysiwyg/. Zugegriffen: 15. Apr. 2017.

Techcrunch (2015). Feedly's News Reader Gets Business-Friendly With „Shared Collections," Team Collaboration Features. https://techcrunch.com/2015/09/01/feedlys-news-reader-gets-business-friendly-with-shared-collections-team-collaboration-features/. Zugegriffen: 26. Febr. 2017.

Telemedicus (2014a). EU-Kommission: Cookie-Richtlinie ist in Deutschland umgesetzt. https://www.telemedicus.info/article/2716-EU-Kommission-Cookie-Richtlinie-ist-in-Deutschland-umgesetzt.html. Zugegriffen: 7. Apr. 2017.

Telemedicus (2014b). Die Stellungnahme der Bundesregierung zur Cookie-Richtlinie. https://www.telemedicus.info/article/2722-Die-Stellungnahme-der-Bundesregierung-zur-Cookie-Richtlinie.html. Zugegriffen: 7. Apr. 2017.

TN3 (2013). Magento DE: Vorkonfigurierte Shoplösung für deutsche Händler [CeBIT 2013]. http://t3n.de/news/magento-de-vorkonfigurierte-448288/. Zugegriffen: 10. Apr. 2017.

TN3 (2014a). Gute Bots, schlechte Bots. http://t3n.de/news/hand-roboter-bots-verursachter-528567/. Zugegriffen: 9. März 2017.

TN3 (2014b). Sharing-Plugins: Skriptfreie Alternativen für mehr Performance. http://t3n.de/news/performance-killer-519325/. Zugegriffen: 8. Apr. 2017.

TN3 (2015). Webanalyse-Software Piwik: Der große Starter-Guide. http://t3n.de/news/piwik-starterg-guide-626254/. Zugegriffen: 12. März. 2017.

TN3 (2016). Wireframe bis Prototype: Die besten 5 Tools für dein nächstes Webdesign im Vergleich. http://t3n.de/news/wireframe-prototype-besten-5-677721/. Zugegriffen: 13. Febr. 2017.

TN3 (2017). Newsletter-Tools in der Marktübersicht: Die besten Lösungen für kleine und mittelständische Unternehmen. http://t3n.de/magazin/marktuebersicht-newsletter-tools-238239/. Zugegriffen: 23. Febr. 2017.

Trendschau (2015). Wie eine Webseite entsteht (7): Tracking mit Piwik. http://trendschau.net/blog/wie-eine-webseite-entsteht-7-tracking-mit-piwik. Zugegriffen: 12. März 2017.

Tusche, C. (2016). *Das Google Analytics-Buch*. Heidelberg: dpunkt Verlag.

ULD (2011a). Hinweise und Empfehlungen zur Analyse von InternetAngeboten mit „Piwik". https://www.datenschutzzentrum.de/uploads/projekte/verbraucherdatenschutz/20110315-webanalyse-piwik.pdf. Zugegriffen: 10. März 2017.

ULD (2011b). IP-Adressen und andere Nutzungsdaten – Häufig gestellte Fragen (Abschnitt II, Ziffer 5). https://www.datenschutzzentrum.de/artikel/575-IP-Adressen-und-andere-Nutzungsdaten-Haeufig-gestellte-Fragen.html. Zugegriffen: 29. März 2017.

Vieritz, H. (2015). *Barrierefreiheit im virtuellen Raum: Benutzungszentrierte und modellgetriebene Entwicklung von Weboberflächen* (S. 31). Wiesbaden: Springer Vieweg.

Voelcker, P. (2013). Warum Responsive Design Schrott ist. https://www.mobile-zeitgeist.com/warum-responsive-webdesign-schrott-ist/. Zugegriffen: 26. März 2017.

Volckmann, J., Müller, A., & Schwickert, A. C. (2005). *Anforderungsanalyse zur Mehrsprachigkeit eines Web-Content-Management-Systems. In Arbeitspapiere Wirtschaftsinformatik 04/2005*. Gießen: Justus-Liebig-Universität Gießen.

Volk, M. (2017). *Dienstleistungsmarketing: Produktpolitik und didaktische Gestaltung in der Erwachsenenbildung am Beispiel eines Projektmanagement-Trainings* (S. 40). Hamburg: Diplomica Verlag.

W3C (2003). Use <link>s in your document. https://www.w3.org/QA/Tips/use-links. Zugegriffen: 26. Febr. 2017.

W3C (2009). Web content accessibility guidelines (WCAG) 2.0. https://www.w3.org/Translations/WCAG20-de/#meaning. Zugegriffen: 19. März 2017.

W3C (o. D.). The principles of unobtrusive JavaScript. https://www.w3.org/wiki/The_principles_of_unobtrusive_JavaScript. Zugegriffen: 19. März. 2017.

Wannenwetsch, H. (2008). *Erfolgreiche Verhandlungsführung in Einkauf und Logistik: Praxiserprobte Erfolgsstrategien und Wege zur Kostensenkung*. Berlin/Heidelberg: Springer Science & Business Media.

Welt, D. (2004). Wie aus 35 Millionen 165 Millionen wurden (Artikel vom 28.02.2004). https://www.welt.de/print-welt/article296723/Wie-aus-35-Millionen-165-Millionen-wurden.html. Zugegriffen: 21. Dez. 2016.

Wenz, C., Hauser, T., & Maurice, F. (2011). *Das Website-Handbuch: Programmierung und Design* (S. 831). München: Markt + Technik Verlag.

Wikipedia (o. D. a). Agile Softwareentwicklung. https://de.wikipedia.org/wiki/Agile_Softwareentwicklung. Zugegriffen: 21. Dez. 2016.

Wikipedia (o. D. b). Flipboard. https://de.wikipedia.org/wiki/Flipboard. Zugegriffen: 26. Febr. 2017.

Wikipedia (o. D. c). Web Analytics: Tag vs. Logdatei – Vor- und Nachteile. https://de.wikipedia.org/wiki/Web_Analytics#Tag_vs._Logdatei_.E2.80.93_Vor-_und_Nachteile. Zugegriffen: 9. März 2017.

Wikipedia (o. D. d). Google Analytics. https://de.wikipedia.org/wiki/Google_Analytics. Zugegriffen: 9. März 2017.

Wikipedia (o. D. e). Piwik. https://de.wikipedia.org/wiki/Piwik. Zugegriffen: 9. März 2017.

Wikipedia (o. D. f). Google_Analytics: Rechtslage_in_Deutschland. https://de.wikipedia.org/wiki/Google_Analytics#Rechtslage_in_Deutschland. Zugegriffen: 10. März. 2017.

Wikipedia (o. D. g). Internet Explorer 6. https://en.wikipedia.org/wiki/Internet_Explorer_6. Zugegriffen: 17. März 2017.

WinfWiki (o. D.). Kriterien zur Auswahl von CMS: Multiuserfähigkeit. http://winfwiki.wi-fom.de/index.php/Kriterien_zur_Auswahl_von_CMS#Multiuserf.C3.A4higkeit. Zugegriffen: 15. Apr. 2017.

Wolf, H., & Bleek, W.-G. (2011). *Agile Softwareentwicklung: Werte, Konzepte, Methoden*. Heidelberg: dpunkt Verlag.

Wroblewski, L. (2011). RESS: Responsive Design + Server Side Components. http://www.lukew.com/ff/entry.asp?1392. Zugegriffen: 26. März 2017.

Wroblewski, L. (2012). RESS Multi-Device Design Resources. http://www.lukew.com/ff/entry.asp?1552. Zugegriffen: 26. März 2017.

Permanente Kommunikation

4

4.1 Onlinegerechte Aufbereitung von Inhalten

Im Jahr 2010 publizierte der amerikanische Literaturwissenschaftler und Schriftsteller Nicholas Carr ein bemerkenswertes Buch über Neuroplastizität im Internetzeitalter. Der Begriff bezeichnet eine empirisch nachweisbare Anpassungsfähigkeit des Gehirns an die äußerlichen Umstände von Lernprozessen. Carr legte in seinem Buch auf Aufsehen erregende Weise dar, wie das Metamedium Internet nicht nur Rezeptionsverhalten, sondern sogar die Neuronen des menschlichen Gehirns verändert.

Carr beschrieb damit die neurologischen Konsequenzen, die sich aus der Notwendigkeit zur permanenten Informationsexploration im Internet ergeben: Wer das Internet nach Informationen, sozialen Kontakten oder Unterhaltung durchforstet, verwende, so Carr, anders als beim Lesen von Büchern oder Zeitungen, einen Großteil seiner geistigen Energie auf die Beherrschung des Mediums selbst. Er mache sich daher um die Inhalte selbst zunächst kaum Gedanken. Die Folge sei, so Carrs Befund, dass wir im Internetzeitalter oberflächlicher lesen, schlechter lernen und uns schließlich auch schwächer denn je an das erinnern, was wir rezipiert haben (Carr 2010a).

Carr geht dabei so weit, dies als weithin verbreitete Leseschwierigkeit und mangelnde Konzentrationsfähigkeit zu beschreiben (Carr 2010b):

> Eine Auswirkung des Internets scheint es zu sein, dass es mir zunehmend schwerfällt, mich zu konzentrieren und intensiv nachzudenken. Ob ich nun online bin oder nicht, mein Gehirn erwartet, dass man ihm Informationen so füttert, wie es das Internet tut: in einer schnell dahin fließenden Partikelflut. (…) Wenn ich Freunden von meinen Leseschwierigkeiten erzähle, sagen viele, dass sie selbst ganz ähnliche Probleme haben. Je mehr sie das Internet nutzen, desto schwerer fällt es ihnen, bei längeren Texten die Konzentration zu behalten.

R.-T. Hillebrand, *Online-Kommunikation für Verbände*,
https://doi.org/10.1007/978-3-658-13267-5_4

Carrs Befunde haben für die Online-Kommunikation keineswegs nur den essayistischen Charakter einer kulturpessimistischen Abhandlung. Sie stimmen vielmehr verblüffend mit empirischen Ergebnissen der Usability-Forschung überein:

- So werden 52 Prozent aller im Internet aufgerufenen Seiten nicht länger als zehn Sekunden betrachtet (Weinreich et al. 2010).
- So lesen Nutzer durchschnittlich höchstens 28 Prozent eines Webdokuments, wahrscheinlich aber sogar nur 20 Prozent (Nielsen 2008).
- Und so verbringen Nutzer 80 Prozent der für die Rezeption eines Dokuments aufgebrachten Zeit im anfänglichen Sichtbereich (Nielsen 2010a).

Derartige Erkenntnisse belegen, welche Bedeutung der Gestaltung von Inhalten im Internet zukommt: Bei der Mehrheit der Besucher hat ein Websitebetreiber gerade einmal zehn Sekunden oder weniger, um den potenziellen Leser davon zu überzeugen, dass es sich für ihn lohnen wird, mit dem eigentlichen Lesen zu beginnen. Und für dieses Überzeugen kann der Websitebetreiber meist auch nur den anfänglichen Sichtbereich eines Dokuments nutzen.

Die Problematik wird umso gravierender, wenn wir uns verdeutlichen, dass etwa die Hälfte bis zwei Drittel der Nutzer ohnehin nur ein einziges Dokument aufrufen und dann die Website wieder verlassen. So lagen nach einer Studie von *Adobe* aus dem Jahr 2014 die Absprungraten von 11.000 ausgewerteten Websites aus diversen Unternehmensbranchen in den USA bei durchschnittlich 45 bis 63 Prozent (Adobe 2014). Ein Nutzer, der innerhalb weniger Sekunden nicht zum Lesen bewogen werden kann, liest also zumeist nicht nur einen Text nicht zu Ende, sondern er verlässt oft gleich die Website insgesamt.

4.1.1 Content-Usability

Sofern Online-Kommunikation erfolgreich sein möchte, hat sie sich der gegenüber anderen Medien extrem erhöhten Flüchtigkeit der Rezipienten unbedingt anzunehmen. Es muss eine möglichst hohe Gebrauchstauglichkeit der Inhalte, oft als *Content-Usability* bezeichnet, angestrebt werden. Damit ist vor allem gemeint, dass sich die Inhalte, noch vor dem eigentlichen Lesen, schnell erkennen und dann, beim Lesen, leicht erschließen lassen. Dabei hat zum einen das Layout herausragende Bedeutung, zum anderen aber auch die Struktur der Texte:

- *Titelblock:* Im Zeitungsjournalismus bezeichnet der Begriff „Titelblock" die Überschrift, eine ihr eventuell vorangestellte Dachzeile und einen – oft fett gesetzten – Vorspann (siehe Abb. 4.1). Diese Elemente helfen natürlich auch auf Websites dem Leser beim schnellen Erkennen des Inhalts eines Artikels. Eine treffende Überschrift ist dabei das wichtigste Element (Holzinger und Sturmer 2010, S. 118). Es ist – vor dem Hintergrund unserer Überlegungen zu Use Cases – naheliegend, dass eine Überschrift umso erfolgreicher ist, je mehr sie die Utility eines Dokuments herausstellt, sich also am Erkenntnisinteresse des Nutzers orientiert. Kommen wir dazu auf das Beispiel eines Politikers zurück, der sich auf der Website eines Textilverbands zu den Arbeitsbedingungen in Zulieferbetrieben der Textilindustrie aus Entwicklungsländern informieren will (vgl. Use Case 3.3.2 im Abschn. 2.4.3 *Image verbessern*): Man darf davon ausgehen, dass „Arbeitsbedingungen bei Zulieferern in der Dritten Welt" als Überschrift sehr viel erfolgreicher sein wird als etwa „Wir kümmern uns". Eine hohe Utility eines Artikels wird bei Besuchern, die von Suchmaschinen kommen, aber auch dadurch dokumentiert, dass der eingegebene Suchbegriff in der Überschrift vorkommt. Das Keyword in der Überschrift ist also nicht nur für die Suchmaschinenoptimierung gut (vgl. Abschn. 3.4.7.1 *Dokumentenrelevanz*), sondern hilft genauso dem Rezipienten.

Eine Dachzeile nennt mit wenigen Worten, oder besser nur einem einzigen, ein Oberthema (Külz 2017). Klug gewählt kann es Aufmerksamkeit wirkungsvoll einfangen; denken wir etwa an eine Fachzeitschrift zu allen möglichen Themen des Verbändewesens, in der die Dachzeile eines Artikels „Online-Kommunikation" lautet: Jeder Mitarbeiter der Abteilung für Öffentlichkeitsarbeit dürfte hier sofort genauer hinsehen.

Eine Unterschlagzeile (auch als Unterüberschrift oder Subheadline bezeichnet) ergänzt und konkretisiert die Überschrift. Sie erlaubt es oft erst, die Überschrift selbst wirklich kurz zu halten, da sie weitere Begriffe transportiert, die zum Verständnis der Überschrift wichtig sind.

Der Vorspann erklärt in zwei oder drei Sätzen, worum es in dem Artikel geht (Külz 2017). Oft beschränken sich Layouts entweder auf einen Vorspann oder eine Unterschlagzeile. Der Vorspann wird oft nach dem aus dem Nachrichtenjournalismus stammenden *Lead-Absatz-Prinzip* geschrieben: Es besagt, dass bereits der erste Absatz einer Nachricht die wesentlichen Inhalte transportiert (Boetzkes 2008). Der Vorspann eignet sich daher prinzipiell auch gut zur Verwendung in Teasern, mit denen der Artikel beworben werden soll. Manche Content-Management-Systeme übernehmen ihn daher automatisch in den Teaser. Das Lead-Absatz-Prinzip steht in engem Zusammenhang mit dem *Prinzip der umgekehrten Pyramide* (siehe nachfolgend).

- *Visualisierung:* Die Visualisierung von Inhalten mittels Bildern im Umfeld des Titelblocks kann Nutzern enorm dabei helfen, zu erkennen, um was es in einem Artikel geht. In der Rezeptionsforschung spricht man von *multimodalem Verstehen*, das stattfindet, indem sich modal unterschiedliche Elemente wie Text und Bild gegenseitig „transkribieren", beziehungsweise, indem die abwechselnde Rezeption von Text und Bild die Deutung des Inhalts eines Artikels rekursiv verbessert (vgl. Bucher 2011). Nielsen hat allerdings mit Eye-Tracking-Untersuchungen nachgewiesen, dass das „Aufmöbeln" von Websites, etwa mit Stock-Fotos, keinen Nutzen hat (Nielsen 2010b). Vielmehr zeigen die Resultate seiner Arbeit, dass Internetnutzer Fotos nur dann beachten, wenn sie Informationsgehalt besitzen. Der richtigen Auswahl von Fotos kommt also eine entscheidende Bedeutung zu.
- *Erzählstruktur:* Sofern man Inhalte an die Erfordernisse des von Nielsen ermittelten Rezeptionsverhaltens von Nutzern anpassen will, dürfen die wichtigsten Informationen

eines Artikels nicht erst am Ende stehen. Denn dahin wird der Nutzer im Zweifel gar nicht gelangen, wenn er nicht vorher bereits erkennen kann, wie nützlich der Text für ihn ist. Dafür, wie ein Text im Internet deshalb aufgebaut sein sollte, gibt es im angloamerikanischen Sprachgebrauch den Begriff „*climax first*". Im Deutschen hat sich der aus dem Nachrichtenjournalismus stammende, weniger plastische Begriff des *Prinzips der umgekehrten Pyramide* etabliert, der besagt, dass Nachrichten mit den wichtigsten Informationen beginnen und dann immer unwichtigere Angaben folgen (Hoppe 2011). Diese Erzählstruktur unterscheidet sich eklatant vom chronologischen Aufbau, den Menschen im persönlichen Gespräch intuitiv wählen.

- *Textgliederung:* Eine gute, logisch aufgebaute Textgliederung macht den Text übersichtlicher und verständlicher. Dies erreicht man durch Nutzung folgender Gestaltungsmerkmale: kurze Absätze (Nielsen und Loranger 2006), Abschnitte mit Zwischenüberschriften, Aufzählungen (Bullet Lists), Aufteilung langer Texte auf mehrere paginierte Seiten (vgl. Rupf 2014, S. 60).
- *Sprache:* Die Texte sollten in einfacher Sprache verfasst sein und auf Fachbegriffe so weit wie möglich verzichten. Nielsen hat die vielzitierte Empfehlung gegeben, die wichtigsten Seiten einer Website an das Leseniveau eines Sechstklässlers, weniger wichtige Unterseiten an jenes eines Achtklässlers anzupassen (vgl. Rupf 2014, S. 57). Konkret zu nennen sind hier in jedem Fall: kurze Sätze, einfacher Satzbau, kein Nominalstil.

Abb. 4.1 zeigt das Zusammenwirken von Titelblock und Bild vor dem eigentlichen Text in einem Anschnitt, der dem anfänglichen Sichtbereich eines Desktop-Computers entspricht, allerdings ohne die Navigationselemente der Website. Hingewiesen werden soll hier auch auf das Publikationsdatum, das gerade im Internet einen obligaten Beitrag zur Content Usability leistet.

Es wird gerade in Verbänden sehr oft unterschätzt, wie anspruchsvoll die Aufbereitung von Artikeln nach den hier geschilderten Kriterien ist. Technokratische Terminologie, zu lange Überschriften, „aufmöbelnde" Stock-Fotos oder auch schlicht die Nutzung von viel zu wenigen der genannten Layout-Elemente sind im Verbandswesen gang und gäbe.

Es gibt jedoch eine äußerst wirkungsvolle Methode, um den Umgang mit Überschrift, Dachzeile, Unterschlagzeile, Vorspann und Bildauswahl zu trainieren: Den 5-Sekunden-Test. Dabei wird Testpersonen aus der Zielgruppe der anfängliche Sichtbereich einer Seite genau fünf Sekunden lang gezeigt. Danach werden sie zu dem Inhalt befragt (Preuss 2011). Man kann mit dieser Methode die redaktionelle Arbeit entweder trainieren oder Artikel vor ihrer Veröffentlichung testen. Ziel dabei muss sein, dass die Probanden den Inhalt des Artikels bereits nach fünf Sekunden relativ gut einschätzen können. Das ist wichtig, da wir ja nach den Erkenntnissen der Usability-Forschung nur zehn Sekunden Zeit haben, um die Mehrheit unserer Besucher zum Lesen zu bewegen.

Wir sollten uns aber keinesfalls darum bemühen, jeden, auch den letzten Besucher zu halten, sondern ausschließlich die Zielgruppe unserer Kommunikationsstrategie. Es wird auch zufällige Besucher geben, die etwa von Suchmaschinen kommen und dort einen Begriff eingegeben haben, mit dem unsere Verbandswebsite im Suchergebnis gut platziert

DACHZEILE

Dies ist die Überschrift

Unterschlagzeile konkretisiert den Inhalt des Artikels

01.05.2017 - **Der Vorspann ist bereits erster Absatz des Fließtexts. Er stellt in wenigen Zeilen das Wesentliche des Artikels dar und ist so geschrieben, dass er selbst als Kurznachricht funktionieren würde. Er eignet sich auch als Text für einen Teaser auf der Website, mit dem dieser Artikel beworben wird.**

Bildunterzeile erläutert das Bild (© *Credit*)

Dies ist bereits der zweite Absatz des Fließtextes. Lorem ipsum dolor sit amet, consetetur sadipscing elitr, sed diam nonumy eirmod tempor invidunt ut labore et dolore magna aliquyam erat, sed diam voluptua. At vero eos et accusam et justo duo dolores et ea rebum. Stet clita kasd gubergren, no sea takimata sanctus est Lorem ipsum dolor sit amet. Lorem ipsum dolor sit amet, consetetur sadipscing elitr, sed diam nonumy eirmod tempor invidunt ut labore et dolore magna aliquyam erat, sed diam voluptua. At vero eos et accusam et justo duo dolores et ea rebum. Stet clita kasd gubergren, no sea takimata sanctus est Lorem

Abb. 4.1 Layout-Elemente am Beginn eines Artikels

ist – Benutzer, die sich aber für den Verband und seine Schwerpunkte definitiv nicht interessieren. Es schadet nicht unbedingt, wenn diese innerhalb weniger Sekunden erkennen, dass sie bei uns falsch sind.

In diesem Kontext muss insbesondere vor dem sogenannten *Click-Baiting* gewarnt werden: Dabei handelt es sich um eine bestimmte Form von Teasern, die ausschließlich darauf abzielt, Neugier zu erzeugen. Dazu wird der Kern der Information nicht etwa an den Anfang gestellt und im Teaser bereits transparent gemacht, sondern vielmehr dort verborgen – um Nutzer zum Klicken zu bewegen. Das geschieht nach dem Textschema: „*Erst lief alles wie am Schnürchen. Aber was dann geschah, werden Sie nicht glauben …* “. Es gibt zumindest Indizien dafür, dass sich Click-Baiting durch fortgesetzte Enttäuschung der Nutzer abnutzt (Primbs 2016, S. 28). Im Rahmen der Verbandskommunikation bringt dieser Abnutzungseffekt möglicherweise ein noch viel gravierenderes Risiko hervor: nämlich, dass sich ein genereller Vertrauensverlust gegenüber den für die meisten Kommunikationsaufgaben so wichtigen Teasern entwickelt.

4.1.2 Mediale Eigenschaften der Online-Kommunikation

Befasst man sich mit der Aufbereitung von Inhalten für die Online-Kommunikation, lohnt es – über Fragen der Textgestaltung hinaus – einmal grundsätzlich darüber nachzudenken, warum das Internet so schnell und so erfolgreich eine herausragende Position innerhalb der Mediennutzung der Menschheit eingenommen hat.

Wie so oft ist auch hier das Marketing Vorreiter kommunikationswissenschaftlicher Forschung. Typische Merkmale der Online-Kommunikation beschreibt Florian Maier in einer umfangreichen Auswertung innerhalb einer Arbeit über Markenkommunikation wie folgt (Maier 2016, S. 113):

> Die Kommunikation über das Internet weist besondere Merkmale auf, die sich aus der technisch erweiterten, interaktiven und vielfach durch fehlende nonverbale Kommunikationselemente geprägten Situation ergeben. Dabei sind vor allem Interaktivität, Individualisierbarkeit, Multimedialität, Ubiquität, Vernetztheit, Pull-Kommunikation und Diffusionsreichweite zentrale Spezifika der Online-Kommunikation.

Maier listet insgesamt gut 20 solcher, von vielen Autoren identifizierten abstrakten Merkmale der Online-Kommunikation auf, die Rezipienten, teilweise ohne sich dessen wirklich bewusst zu sein, als nützlich oder angenehm empfinden und die menschliches Mediennutzungsverhalten, zum Teil massiv, verändert haben (Maier 2016, S. 114 f.).

Etliche der genannten Merkmale vermitteln hervorragende Anhaltspunkte dafür, wie Inhalte onlinegerecht aufbereitet werden können:

- *Interaktivität:* Das Internet ist weitaus mehr als eine riesige Textdatenbank. Aufgrund der Notwendigkeit zur Informationsexploration ist das Internet interaktiv: Der Nutzer übermittelt dem Metamedium durch Mausklicks und Dateneingaben kontinuierlich Information, um seine individuellen Rezeptionsbedürfnisse zu befriedigen. Der Betreiber einer Website kann diese Information dazu nutzen, die auf dem Bildschirm angebotenen Inhalte an die zu erwartenden Bedürfnisse des Nutzers anzupassen. Wir kennen das Prinzip vor allem vom Marketing: Geben wir bei einer Suchmaschine einen Suchbegriff ein, zeigt uns die Ergebnisseite außer den Suchresultaten Werbung zu Produkten, die zur Suche passen. Oder: Klicken wir auf der Homepage eines Bekleidungsshops auf ein Kleidungsstück für Damen, gelangen wir auf eine Seite, auf der jedes weitere angezeigte Produkt und der größte Teil der Navigation auf Damenkleidung ausgerichtet ist. Und die Wirtschaft versucht die Vorlieben jedes Nutzers sogar per Cookie über längere Zeit hinweg zu analysieren, um ihm geeignete Werbung zu zeigen.

  Man kann solche Mechanismen statt im Marketing auch bei der Vermittlung von Wissen oder in persuasiven Kommunikationsprozessen anwenden. Entscheidend für das Verständnis der diesbezüglichen Möglichkeiten ist, dass interaktive Kommunikation wechselseitiger Prozess zwischen Mensch und Medium ist – und nicht, wie beim Lesen, etwa eines einzelnen Artikels, ein in einer Richtung ablaufender, zeitlich getrennter Ablauf von Publikation und Rezeption.
  - Ein einfaches Beispiel für die Nutzung von Interaktivität wäre etwa ein Text über Fragen zur Sozialversicherung, der dem Leser relativ schnell zwei Links anbietet: *„Ich bin Arbeitnehmer"* oder *„Ich bin Arbeitgeber"*. Der jeweils dahinter liegende Text könnte ideal auf jede der beiden Gruppen zugeschnitten werden.

- Ein weiteres Beispiel sind Fragen-und-Antworten-Listen aller Art („Q&A"), Glossare und ähnliche Elemente in Webdokumenten, die zunächst nur die Fragen oder zu erläuternden Begriffe zeigen. Erst wenn der Nutzer etwas davon anklickt, öffnet sich die jeweilige Erklärung. Dokumente können dadurch optisch sehr übersichtlich und knapp gehalten werden. Solange der Nutzer also kein Interesse an den verborgenen Inhalten anzeigt, bleiben sie für ihn unsichtbar und stehlen ihm keine Aufmerksamkeit.
- Typisch für interaktive Seitenelemente sind auch Fotogalerien. Sie zeigen nur ein Foto, erlauben aber – innerhalb einer Seite – das Betrachten einer ganzen Serie. Das Gleiche gilt für interaktive Grafikanimationen oder Diagramme.
- Ebenfalls zum Bereich der Interaktivität gehören viele Mouseover-Effekte. Didaktisch nützlich kann es beispielsweise sein, bestimmte Fachbegriffe in Fließtexten mit einem Fragezeichen zu versehen. Fährt der Nutzer mit der Maus darüber, wird eine Erläuterung eingeblendet.

Interaktivität kann also prinzipiell innerhalb eines einzigen Webdokuments ablaufen oder über mehrere Seiten oder, bei Einsatz von Cookies, auch über längere Zeiträume hinweg. Sie zielt oft darauf ab, dass Nutzer erst dann bestimmte Informationen angezeigt bekommen, wenn sie interaktiv um diese nachsuchen. Für andere Nutzer kann somit der jeweilige Inhalt knapp und effizient dargestellt werden.

Bereitet man Inhalte interaktiv auf, kann das zu einem deutlich verbesserten Nutzungserlebnis für den Websitebesucher führen.

- *Nichtlinearität:* Einen Film rezipiert man üblicherweise vom zeitlichen Ablauf her in genau jener Weise, wie der Regisseur es vorgegeben hat. Man spricht deshalb von linearer Rezeption. Niemand würde hingegen ein Lexikon linear, also von vorne bis hinten, durchlesen, selbst wenn er das ganze Lexikon konsumieren möchte. Ein Lexikon nutzt man nichtlinear. Das Internet und auch einzelne Websites nutzen wir ebenfalls nichtlinear. Das hat in erster Linie damit zu tun, dass uns Hyperlinks erlauben, unseren eigenen individuellen Weg durch das Universum des Internets zu beschreiten. Dafür wird oft auch der Begriff der *Hypertextualität* verwendet. Zugleich wird die Nichtlinearität aber auch durch die *Vernetztheit* des Internets erst möglich, weil wir uns – beispielsweise mittels Suchmaschinen – auf beliebigem Weg durch das gesamte Internet tasten können, ohne bei einer einzigen Website länger zu verweilen.

  Die mit der Nichtlinearität verbundene Unstetigkeit in der Rezeption von Onlinemedien wird zwar häufig vor allem kritisch beleuchtet, so wie es ja auch der zuvor zitierte Nicholas Carr tut, der von Konzentrationsstörungen spricht. Prinzipiell erlauben Hyperlinks aber eine nutzerspezifische Rezeption, die unter Umständen höheren Nutzen haben kann als lineare Rezeption. Beispiel dafür ist die von Hyperlinks intensiv durchsetzte Online-Enzyklopädie *Wikipedia:* Versteht der Rezipient beim Lesen eines Artikels irgendeinen Fachbegriff nicht, muss er ihn nur anklicken und gelangt schon zu seiner Erläuterung. Hyperlinks können so zur effizienten Vermittlung von Wissen eingesetzt werden. Inhalte werden dazu nicht mehr linear, beispielsweise nacheinander auf einer Seite dargestellt, sondern mittels Vernetzung einzelner Dokumente so strukturiert, dass nichtlineares Lesen den Nutzen für die Rezipienten deutlich steigert. Hypertextualität erfordert deshalb jedoch auch eine neue Art des Schreibens (Feuerstein 2008).

Der Bundesverband Geothermie hat beispielsweise zur Erläuterung der komplexen naturwissenschaftlichen Zusammenhänge um die Gewinnung von thermischer Energie ein „Lexikon der Geothermie"[1] online gestellt, das Fachbegriffe intensiv untereinander verlinkt.

Aber auch Hyperlinks auf andere Websites dürfen nicht nur als ein Leck für den Besucherverkehr der eigenen Website verstanden werden. Denn auch aus der Nichtlinearität, der Hypertextualität und der Vernetztheit des Internets im globalen Zusammenhang erwachsen Chancen für eine optimierte Aufbereitung von Content. Sogar Hyperlinks, die auf andere Websites verweisen, können für sich genommen ein wertvoller Content sein, nämlich dann, wenn das Auffinden und Selektieren entsprechender Inhalte mit hohem Aufwand, zugleich aber auch hohem Nutzen verbunden ist. In aller Munde ist dafür seit einiger Zeit der Begriff des Kuratierens von Inhalten (vgl. Weck 2013). Es gibt zahlreiche Onlinemedien, die Inhalte anderer Onlinemedien nur kuratieren (Oswald 2016). Hyperlinks zum eigentlichen Inhalt zu machen kann auf verschiedene Weise funktionieren:

– Ein bekanntes, wenn auch veraltetes Beispiel sind Linklisten, die in den Urzeiten des Internets, als Suchmaschinen noch nicht so gut waren wie heute, oft wie der Katalog einer Wissensdatenbank fungierten.
– Beispiel sind auch automatisiert arbeitende Nachrichtenaggregatoren, die Nachrichtenmeldungen im Internet nach verschiedensten Kriterien zusammensuchen und Hyperlinks zu diesen in Echtzeit oder zumindest zeitnah weiterverbreiten. *Google News* beispielsweise tut das mit den Inhalten der Newsportale, während etwa *Rivva*[2] Links zu den in sozialen Netzwerken meistempfohlenen News listet.
– Eine neue Generation von kuratierenden Medien ist mit Communities, wie *Piqd*[3] oder *Scope*[4] (früher: *Niuws*), entstanden: Eine Gruppe ausgewählter Kuratoren, die jeweils für ein Fachgebiet stehen, empfiehlt ihrer Leserschaft Inhalte externer Websites, kommentiert diese aber zudem – gegebenenfalls auch kritisch.
– Kuratieren und kommentieren ist aber letztlich auch das Konzept vieler normaler Social-Media-Accounts, beispielsweise bei Facebook oder Twitter, mit denen die Betreiber ihre Kontakte über Aktuelles in spezifischen Themengebieten auf dem Laufenden halten. Dies ist eine verbreitete Strategie auch bei Verbänden.
– Auch das Kuratieren von Dialogen oder Debatten in sozialen Netzwerken kann einen eigenen inhaltlichen Wert haben. So geben Onlinemedien gerne die Auseinandersetzungen zwischen Politikern auf Twitter oder Facebook wieder oder dokumentieren die Meinung der Öffentlichkeit durch das Auflisten ausgewählter

[1] http://www.geothermie.de/wissenswelt/glossar-lexikon.html

[2] http://rivva.de

[3] https://www.piqd.de

[4] https://www.thescope.com

Social-Media-Posts. Als praktisches Tool dafür hat sich *Storify*[5] etabliert (Primbs 2016, S. 137).

Aus Nichtlinearität und Hypertextualität lässt sich also durchaus ein Nutzen gewinnen, nämlich, wenn man Menschen bei der Informationsexploration unterstützt. Stellt man dies klug genug an, kann man seine Zielgruppe durchaus binden, selbst wenn man sie immer wieder an fremde Websites verweist.

- *Individualisierbarkeit:* Während Medien – wie Bücher, Zeitungen, Filme oder Radiosendungen – üblicherweise allen Rezipienten die gleichen Inhalte zeigen, ist das bei Onlineangeboten nicht zwangsläufig der Fall. Beispielsweise sehen rund zwei Milliarden Menschen, die bei Facebook registriert sind, unter der Adresse *www.facebook.com* völlig Unterschiedliches. Übrigens nicht nur in Bezug auf die „Timeline" mit den Postings anderer, befreundeter Nutzer, sondern auch die Sprachversion von Facebook selbst wird individuell angepasst.
- Viele Verbände haben in ihren Extranets etwas Ähnliches umgesetzt: Die Nutzer sehen dort – je nach Zugehörigkeit zu bestimmten Gremien innerhalb des Verbands – unterschiedliche Dokumente.

Generell ist die Individualisierung von Content nur dann realisierbar, wenn die Website individuelle Informationen über die Nutzer besitzt und diese somit unterscheiden kann. Da Nutzer eines Extranets sich mit Benutzernamen und Passwort einloggen und bei Verbänden in den Extranets zudem meist die jeweiligen Gremienzugehörigkeiten hinterlegt sind, können jedem Nutzer individuell zusammengestellte Listen von Rundschreiben, Protokollen und ähnlichen Dokumenten angezeigt werden. Das gilt aber nicht nur im verbandsinternen Extranet: Überall, wo Nutzer sich registriert haben und einloggen, besitzen sie ein Profil mit bestimmten persönlichen Daten, mit denen unter Umständen Kriterien zur Auswahl individualisierter Inhalte gegeben sind. Dazu können Wohnort, Beruf, Alter, Geschlecht und andere Angaben gehören.

Individuelle Informationen müssen aber nicht unbedingt auf einer aktiven Authentisierung des Nutzers und seinem selbst angelegten Profil beruhen. Ein bekanntes Beispiel für intensive Individualisierung ohne aktives Zutun des Nutzers von Content ist Onlinewerbung. Das jeweilige Werbemotiv wird in vielen Fällen erst während des Abrufs eines Webdokuments, etwa bei einem Newsportal, individuell für den Nutzer ausgesucht und dann innerhalb des Webdokuments angezeigt. Der Grund ist simpel: Jeder Nutzer soll Werbung für Produkte sehen, die er möglichst auch kaufen möchte. Als Grundlage für die Auswahl der entsprechenden Werbung dient das Profil des Nutzers, das mittels Cookie-Tracking und Analyse seines Surfverhaltens erstellt worden ist. Solche Profile zeigen Interessenschwerpunkte des Nutzers auf, können aber beispielsweise mit einiger statistischer Wahrscheinlichkeit auch soziodemografische Merkmale wie Altersgruppe, Geschlecht, Bildungsniveau und sozialen Status bestimmen (Andrews 2011).

Einige Informationen über Nutzer können während eines Seitenabrufs auch auf technischem Wege ermittelt werden – beispielsweise das Land und die Sprache des Nutzers.

---

[5] https://storify.com

Bei dessen Einverständnis steht meist auch die Information über seinen genauen geografischen Standort zur Verfügung.

Mit der Individualisierbarkeit eng zusammen hängt die *Automatisierbarkeit* des Dialogs zwischen Webserver und Nutzer: Sie macht es möglich, für ein einzelnes Individuum völlig neuartigen Content erstmalig zu erzeugen – wie dies viele Internet-Applikationen tun: Online zu nutzende Quiz- und E-Learning-Programme werten die Eingaben des Nutzers aus und bewerten seine Leistung individuell, Ratgeber-Software ermittelt individuelle Strategien in Finanz- oder Versicherungsfragen und errechnet Vermögenswerte, oder internetbasierte Software stellt Kommunikationsnetzwerke zur Verfügung, mit denen online kollaboriert beziehungsweise sogenannter User-generated Content ausgetauscht und individualisiert verwaltet werden kann. In allen Fällen hat Software Kommunikationsprozesse abstrahiert und stellt den Nutzern aufgrund von deren Eingaben in die Software anschließend automatisiert erzeugten, individualisierten Content zur Verfügung.

Der strategische Nutzen von Internet-Applikationen besteht für den Anbieter vor allem in einer immensen Verstetigung des Dialogs mit dem Nutzer: Je mehr persönliche Daten der Anwender erfasst hat, um individualisierten (und im Idealfall entsprechend nützlichen) Content zu erhalten, desto schwerer wird ihm ein Wechsel zu einem Wettbewerber fallen, wo er seine Daten erneut erfassen und einem weiteren System anvertrauen müsste.

Deutsche Verbände nutzen die Chancen, die sich aus der Individualisierbarkeit der Online-Kommunikation ergeben, intensiv:

- *Extranet:* Laut einer Umfrage aus dem Jahr 2016 betreibt ein Drittel der mehr als 1600 befragten deutschen Verbände ein Extranet mit nutzerspezifisch individualisierten Inhalten (Klauß 2016).
- *Soziale Netzwerke:* Rund jeder siebente Verband in Deutschland betreibt zudem ein eigenes soziales Netzwerk, in dem Verbandsmitglieder durch interne Diskussionen *User-generated Content* erstellen (Klauß 2016).
- *Collaboration-Plattformen:* Jeder fünfte Verband betreibt eine Plattform zum kollaborativen Erstellen von Dokumenten, zählt man jene hinzu, die eine solche Plattform aufbauen oder planen, ist es jeder dritte Verband (Klauß 2016).
- *Umfragen:* Knapp die Hälfte der Verbände nutzt Onlineumfragen oder plant dies (Klauß 2016).
- *Personalisierte Newsletter:* Ebenfalls knapp die Hälfte der Verbände versendet personalisierte Newsletter (Klauß 2016). In vielen Fällen dürfte damit allerdings eine personalisierte Anrede gemeint sein und nicht individuell ausgewählte Inhalte.
- *E-Learning:* Viele Verbände bieten Onlinekurse oder -fortbildung an. Der Grosso-Verband trainiert damit Einzelhändler im Verkauf von Presseerzeugnissen,[6] der Bundesverband für Umweltberatung hilft seinen Mitgliedern beim Marketing,[7] der

[6] http://www.virtuellersupermarkt.de/dfv/data/elearning/presse/wbt/index.html

[7] http://www.umweltberatung-info.de/Service-Online-Selbstlernangebote.html

Bundesverband Medizintechnologie erläutert Medizintechnikunternehmen den Umgang mit dem komplizierten Heilmittelwerbegesetz[8] und der Berufsverband der Deutschen Chirurgen offeriert Fachärzten die Fortbildung zum „hygienebeauftragten Arzt".[9] Die Liste ließe sich beliebig fortsetzen.

Verbände, die weitere Ideen entwickeln wollen, um die Nützlichkeit der Online-Kommunikation für ihre Zielgruppe durch individuell zusammengestellte oder gar individuell erzeugte Inhalte zu steigern, können möglicherweise auch in diesem Kontext von Unternehmens-Websites lernen:

- *Lesezeichen und Merklisten:* Je professioneller Rezipienten im Internet Informationsexploration betreiben, desto größer wird in der Regel ihr Bedürfnis, Inhalte zu sortieren, zu sammeln oder in anderen Formaten abzuspeichern. Viele Websites haben beispielsweise eine Funktion, um Lesezeichen zu setzen, Favoriten zu küren oder Merklisten zu kreieren. Bei *eBay* kann man Kleinanzeigen in einer Merkliste sammeln, bei der *ARD-Mediathek* Fernsehbeiträge, die man später ansehen will, und bei vielen Webshops Produkte, die man eventuell einmal kaufen möchte.
- *Dashboards:* Insbesondere Websites, die Echtzeitinformationen zur Verfügung stellen – wie etwa Marketing-, Handels- oder Social-Media-Plattformen – bieten ihren Nutzern Übersichtsseiten an, auf denen sich Anzeigeelemente nach Bedarf platzieren lassen, um die eingehenden Informationen zu bündeln. Solche Seiten werden meist als *Dashboard* (englisch für: Armaturenbrett) bezeichnet.
- *Lokale Informationen:* Überregionale Unternehmen, aber auch überregionale Onlinemedien fragen häufig Geodaten des Nutzers ab, um ihm lokale Informationen anbieten zu können. Handelsunternehmen zeigen dann die nächste Filiale oder den nächsten Repräsentanten an, Medien Lokalnachrichten aus der Nachbarschaft des Rezipienten. Auch die Postleitzahl eignet sich für solche Services.
- *Individualisierte Newsletter:* Unternehmen versenden marketingorientierte Newsletter häufig mit individualisierten Inhalten, um Öffnungs- und Klickraten zu optimieren. Zur Festlegung der für jeden Empfänger geeigneten Inhalte können anonymisierte Profile, persönliche Profildaten oder auch vom Empfänger erfragte Präferenzen herangezogen werden (Cusin-Busch 2015).[10] Eine einfache Strategie kann auch das Versenden verschiedener Versionen von Newslettern sein – etwa für Interessenten, Neukunden und Stammkunden (Kreutzer et al. 2015). Mit individualisierten Newslettern kann man ganz unterschiedlichen Inhalten auch der eigenen Website spezifisch ausgewählte Besucher zuleiten.

---

[8] https://www.bvmed.de/elearning-hwg/

[9] https://www.bdc.de/leistungen/e-learning/

[10] Eine Verknüpfung von aufgrund des Surfverhaltens anonymisiert erhobenen Trackingdaten mit personenbezogenen Daten aus dem Profil registrierter Nutzer ist datenschutzrechtlich jedoch nicht zulässig (siehe auch Abschn. 4.7.2.3 *Pseudonymisierung und Anonymisierung*).

Die Bandbreite möglicher Onlineangebote mit individualisierten Inhalten ist praktisch unerschöpflich. Denn immer weiter verbesserte Webtechnologien führen dazu, dass *Cloud-Computing* und *Software-as-a-Service* mittlerweile fast ebenso leistungsfähig sind wie lokal installierte Software. Zunehmend können also auch Websites beherrschen, wofür man früher Software kaufen und installieren musste. Software, die dem Nutzer bei der Lösung von individuellen Problemen aktiv hilft, besitzt deutlich höhere Utility als beispielsweise reiner Text und bietet Websitebetreibern daher mannigfaltige Chancen zur Optimierung ihres Contents.

- *Multimedialität:* Nirgendwo lassen sich die Eigenschaften von verschiedensten Medienarten so kombinieren wie im Internet – das Internet ist multimedial:
  - *Fotos:* In Onlinemedien können Fotos ihre visualisierende Wirkung gegenüber anderen Medien vor allem dadurch steigern, dass sie als Galerien beliebig viele und mit Zoom-Funktion versehen beliebig tiefe Einblicke ermöglichen können.
  - *Animationen:* Diagramme oder grafische Animationen können beim Überfahren oder Anklicken mit der Maus zusätzliche Erläuterungen einblenden und dadurch verständlicher oder didaktisch wirksamer sein. Sie können gegebenenfalls außerdem kontinuierlich automatisch aktualisiert werden und somit Echtzeitinformationen anzeigen.
  - *Videos:* Filmische Darstellung komplexer Zusammenhänge kann Text und Bild deutlich überlegen sein. Filmische statt textlicher Gebrauchsanweisungen sind ein oft verblüffendes Beispiel dafür. Aber Videos können den Betrachter auch in Räume von mikroskopischer bis zu galaktischer Dimension oder in exotische Welten versetzen. Und nicht zuletzt transportieren filmische Auftritte von Menschen neben faktischer Information auch Emotionen.
  - *Audio-Podcasts:* Radio aus dem Internet ermöglicht Rezeption von Information beispielsweise beim Autofahren oder mit dem Kopfhörer in öffentlichen Verkehrsmitteln.

  Viele Autoren betonen, dass die Multimedialität multisensorisches Erlebnisse ermögliche (Maier 2016, S. 114). Multimedialität muss aber zweifellos auch als Option verstanden werden, mit der man *Usability, Utility* und *Joy of Use* von Inhalten der Online-Kommunikation immens steigern kann.
- *Aktualität in Echtzeit:* Niemals hat – vor dem Siegeszug des Internets – jedermann über die Möglichkeit verfügt, potenzielle Massenkommunikation selbst und in Echtzeit zu betreiben. Ein jeder kann sich heutzutage – jedenfalls prinzipiell – mit relativ geringem Aufwand bei einer vergleichsweise breiten Öffentlichkeit Gehör verschaffen.

  Wir haben uns bereits weiter vorne in diesem Buch mehrfach intensiv mit der Kommunikation in Echtzeit auseinandergesetzt, etwa im Zusammenhang mit RSS und anderen Push-Diensten. Im Kontext dieses Kapitels, in dem es um die onlinegerechte Aufbereitung von Inhalten geht, ist hervorzuheben, dass Aktualität den Wert einer Information maßgeblich mitbestimmt (Malik 2004). Im Journalismus wird oft das Bonmot zitiert, dass nichts so alt ist wie die Zeitung von gestern (Malik 2004).

  Information, auch in der Verbandskommunikation, wird also grundsätzlich umso wertvoller, je schneller sie ihre Rezipienten erreicht. Dies bezieht sich nicht auf online publiziertes Schrifttum allein, sondern immer häufiger nutzen Verbände auch

Live-Streaming – so etwa der Deutsche Sparkassen- und Giroverband, der Bilanzpressekonferenzen live im Internet überträgt.[11]

Überlegungen zur Aktualität in der Online-Kommunikation haben beispielsweise dazu geführt, dass in vielen Zeitungsredaktionen heute der Grundsatz „*online first*" gilt (Wikipedia o. D. a). In vielen Verbänden ist es dagegen üblich, Informationen zunächst als Broschüre gedruckt zu verbreiten und danach eine PDF-Version online zu stellen. Mögliche Aktualität ist damit verschenkt.

Um Ansätze für eine möglichst onlinegerechte Aufbereitung von Inhalten der Verbandskommunikation im Internet zu entwickeln, kann man von den folgenden fünf Fragen ausgehen:

- *Interaktivität:* Kann ich dem Nutzer während des Onlinedialogs besser zuhören, mehr über ihn erfahren und ihm deshalb anschließend mehr bieten?
- *Nicht-Linearität:* Kann ich meine Inhalte besser für inhomogene User Journeys aufbereiten oder kann ich sogar zum Netzwerkmittelpunkt verschiedener guter Websites werden?
- *Individualisierbarkeit:* Kann ich individuelleres Erkenntnisinteresse oder individuellere Fragestellungen durch individuelle Zusammenstellung oder gar individuelle Erzeugung von Inhalten besser bedienen?
- *Multimedialität:* Kann ich die Utility meiner Inhalte für den Nutzer durch Einsatz multimedialer Elemente verbessern?
- *Aktualität:* Kann ich Informationen mehr Nutzern in aktuellerer Form zukommen lassen?

Eine möglichst onlinegerechte Aufbereitung von Information ist ein maßgebliches Qualitätskriterium auch im Wettbewerb mit anderen Informationsanbietern im Internet. Onlinegerechte Aufbereitung steigert sowohl die Attraktivität für Besucher sich zu vernetzen als auch die Chance, dass andere Websites Links setzen. Letzteres trägt seinerseits zu einer verbesserten Positionierung bei Suchmaschinen bei. Beide Aspekte sind, wie wir bereits gesehen haben, ausschlaggebende Faktoren für die Erfüllung diverser Kommunikationsaufgaben von Verbänden.

Die kreative Nutzung der dargestellten Optionen zur Aufbereitung von Inhalten für die Online-Kommunikation ist daher – vor allem in Anbetracht von Carrs und Nielsens Befunden – ein Schlüssel zu erfolgreicher Verbandskommunikation.

4.2 Traffic erzeugen

Stellen wir uns einmal vor, ein Verband hat eine neue Website oder einen neuen Bereich auf seiner Website online geschaltet und möchte nun Besucher dorthin

[11] Siehe https://www.dsgv.de/de/presse/webvideo/bilanzpressekonferenz_video.html, zugegriffen 8. Mai 2017.

bringen – beziehungsweise *Traffic*, wie der Besucherverkehr auf einer Seite im Jargon häufig genannt wird.

4.2.1 Direktes Bewerben der Website

Die ersten Schritte zum Bekanntmachen und Bewerben einer Verbandswebsite sind naheliegend: Man gibt die neue Webadresse in allen Verbandsmedien, von Druckwerken über Geschenkartikel bis hin zur Korrespondenz per Brief oder E-Mail, an. Allerdings wird der Effekt dessen eher bescheiden sein. Denn erstens erreicht dieser Link den Empfänger ja zunächst außerhalb seiner Informationsexploration und zweitens weiß er nicht, was ihm die Website bieten könnte.

Anstatt nur den URL zu verbreiten ist es deshalb sinnvoll, in einer Art Werbekampagne auch auf die Inhalte der neuen Website und ihren Nutzen für potenzielle Besucher hinzuweisen – mit einem ausführlicheren Text. Diesen kann man an bereits geschäftlich mit dem Verband verbundene Personen und Institutionen einfach per E-Mail versenden. Der Versand solcher E-Mails an Unbekannte wäre jedoch in der Regel als Spam einzustufen und daher nicht rechtmäßig.

Johannes Singhammer, heute Vizepräsident des Deutschen Bundestages, wurde 2012 von Netzgemeinde und Massenmedien verspottet, weil er Journalisten per Brief dazu eingeladen hatte, ihm per Twitter zu folgen (Tagesspiegel 2012). Tatsächlich war dieses Vorgehen aus mehreren Gründen durchaus sinnvoll: Potenzielle Rezipienten aktiv auf elektronischem Wege anzusprechen, ist ohne deren vorheriges Einverständnis nicht rechtmäßig. Und nicht nur direkte E-Mails gelten ohne ein sogenanntes *Opt-in* des Empfängers als Spam, sondern auch E-Mails, die durch Empfehlungsfunktionen von Webportalen versendet werden, sind rechtlich äußerst problematisch. Sofern dabei sogar, wie es die Einladungsfunktion von Twitter vorsieht, ganze Listen mit E-Mail-Adressen Unbeteiligter hochgeladen werden, wird eindeutig gegen geltendes deutsches Datenschutzrecht verstoßen (siehe dazu Abschn. 4.7.2.1 *Datenschutzverpflichtungen gegenüber Dritten*).

Ein Brief hat demgegenüber handfeste Vorteile – nämlich zunächst eine persönliche Form und außerdem ausreichend Raum zur Beschreibung des Nutzens der neuen Website (oder Twitter-Seite). Vor allem aber ist er auch ohne zuvor eingeholtes Einverständnis des Empfängers völlig legal.

Ein in diesem Buch bereits mehrfach angesprochenes Grundproblem der Online-Kommunikation ist ja, dass ein Verband zunächst, vor allem aus rechtlichen Gründen, kaum in der Lage ist, aktiv potenzielle Rezipienten seiner Onlinemedien online anzusprechen. Auf postalischem Wege ist das anders.

Insofern wird der Verband, der ein Internetangebot direkt bewerben möchte, alle Kommunikationswege, die er aktiv nutzen kann, tunlichst vollständig bedienen – neben Briefen auch Verbandsinformationen, -rundschreiben und -drucksachen aller Art, aber möglicherweise sogar Reden oder sonstige geeignete öffentliche Auftritte.

Zu den aktiv nutzbaren Kanälen zählt natürlich auch eine Pressemitteilung an Fachmedien, wenn diese den Nutzen des Webangebots für die Leser der Fachmedien deutlich zu machen in der Lage ist.

Es kann dabei durchaus wirkungsvoll sein, unterschiedliche Zielgruppen auf unterschiedliche Inhalte oder Schwerpunkte hinzuweisen, die für sie jeweils besonders nützlich sind. Welche Zielgruppen das sein könnten, ergibt sich aus den Use Cases, die dem Webangebot zugrunde liegen.

Wenn die auf verschiedene Zielgruppen spezifisch zugeschnittenen Bereiche einer Website mit Kurz-URLs (siehe dazu Funktionsbeschreibung *Kurz-URLs* in Abschn. 3.4.12 *Funktionalität des Content-Management-Systems*) promotet werden, können potenzielle Nutzer sich einen solchen Link nicht nur leichter merken, sondern der Absender kann einen Kurz-URL auch als miniaturisierten Teaser gestalten: Der Bankenverband hat beispielsweise unter dem URL *https://bankenverband.de/waehrungsrechner/* ein Tool veröffentlicht, dessen Nutzen kaum einer weiteren Erläuterung bedarf. Auch was der Verband der Gründer und Selbstständigen Deutschland unter der Adresse *https://www.vgsd.de/kostenlos-stundensatzkalkulator-vorwaerts-rueckwaerts/* bereitgestellt hat, erschließt sich quasi von selbst. Das trifft ebenso auf den Börsenverein des Deutschen Buchhandels zu, dessen URL *www.boersenverein.de/ebookstudie* ziemlich eindeutig verrät, was der Nutzer zu erwarten hat.

Die Beispiele belegen, dass wir es schon beim direkten Bewerben eines neuen Internetangebots eigentlich mit einer Art Use Case zu tun haben: Ausschlaggebend dafür, dass potenzielle Nutzer sich die Webadresse für spätere Informationsexploration notieren, ist, wie gut es gelingt, die Utility des Angebotes vom ersten Moment an zu vermitteln.

Wenn wir auch hier – was durchaus hilfreich ist – in Use Cases denken, werden wir schnell darauf kommen, dass es für das neue Onlineangebot nützlicher ist, wenn wir die Rezipienten unserer Direktwerbung nicht nur zu einem Besuch bewegen, sondern dazu, sich gleich dauerhaft zu vernetzen. Denn danach können wir künftig sogar kontinuierlich für unsere Inhalte werben.

Beim direkten Bewerben neuer Websites, Onlineinhalte oder Social-Media-Seiten ist es deshalb potenziell eine sinnvolle Strategie, den Nutzern Funktionen oder Downloads anzubieten, die einen gewissen Wert symbolisieren, und ihnen im Gegenzug dafür eine Registrierung abzuverlangen. Dazu eignen sich beispielsweise Apps oder E-Books. Die Werthaltigkeit steigert sich in der Wahrnehmung des potenziellen Empfängers noch, wenn das digitale Präsent nur für bestimmte Nutzergruppen oder nur für kurze Zeit kostenlos angeboten wird. Im Marketing werden dazu oft auch Vouchers angeboten, mit denen Käufer von Produkten einen Rabatt erhalten.

Zu den Maßnahmen der direkten Werbung gehört selbstverständlich auch die Kommunikation in sozialen Medien. Diesbezüglich wird auf Abschn. 4.4.3.6 *Social Media und Verbände* dieses Buches verwiesen. An dieser Stelle ist dazu nur anzumerken: So wie sich Verbände in sozialen Netzwerken üblicherweise nicht ausschließlich mit ihrer Gefolgschaft, sondern auch mit Meinungsführern anderer Stakeholder vernetzen, ist es beim direkten Bewerben neuer Onlineangebote ganz generell sinnvoll, wichtige Persönlichkeiten mit einzubeziehen, deren Interessenlage mit jener des Verbands nicht unbedingt kongruent ist. Denn diese verweisen möglicherweise ihre große Zahl eigener Kontakte auf das neue Angebot – darunter sicherlich wiederum auch dem Verband nahestehende potenzielle Nutzer.

4.2.2 Content-Kooperationen

Die grundlegendste Quelle von Traffic im Internet ergibt sich aus dessen Hypertextualität: Allen Websites, die im Internet verlinkt sind, fließt prinzipiell über die Links Traffic zu – vorausgesetzt, das Webdokument, innerhalb dessen sich der Link befindet, verfügt selbst über Traffic. Aber auch hier gilt: Die Chance, dass ein Nutzer einem Link folgt oder ihn sich für später notiert (beziehungsweise in seine Browser-Favoriten aufnimmt), hängt maßgeblich davon ab, dass er möglichst unmittelbar einen Nutzen der verlinkten Website erkennt. Ein reiner Link allein, der zwischen vielen anderen in einer Linkliste steht, wird also deutlich weniger Traffic bringen als ein Link in einem guten Text, der auf weiterführende Informationen verweist, die man über den Link erreichen kann.

Ziel beim Generieren von Traffic über Verlinkungen muss es also sein, dass der Link selbst Teil möglichst guten redaktionellen Contents ist. Es ist deshalb eine lohnenswerte Strategie, wenn der Verband selbst Content erstellt und diesen anderen Websites zur kostenlosen Nutzung anbietet. Dazu bieten sich diverse Möglichkeiten an:

- *Gastbeiträge:* Viele Onlinemedien publizieren gerne Gastbeiträge von Experten und Repräsentanten wichtiger Institutionen, wie etwa auch Verbänden. Sofern dabei ein Hyperlink zur Verbandswebsite möglich ist, stellt dies eine hervorragende Möglichkeit zur Verlinkung dar – vor allem, wenn das Medium reichweitenstark ist. Die großen Nachrichtenportale von Tageszeitungen sind jedoch bei der Verlinkung sehr zurückhaltend, weshalb Verbände, die Traffic für ihre Website generieren möchten, bei anderen Onlinemedien oft besser aufgehoben sind. Der Bundesverband der Arzneimittel-Hersteller schreibt für das Online-Magazin „Der Apotheker" und wird verlinkt (Kortland 2016), während der Bundesgeschäftsführer des Deutschen Familienverbands (Huffpost o. D. a) und der Vorsitzende des Wirtschaftsverbandes Die Jungen Unternehmer (Huffpost o. D. b) bei der Huffington Post bloggen und ihre Verbände vielfach verlinken. Der Geschäftsführer des TeleTrusT – Bundesverband IT-Sicherheit hingegen bloggt regelmäßig im technologieorientierten MIT-Blog (MIT-Blog o. D.). Natürlich sind die Grenzen zu sozialen Netzwerken, um die es in einem späteren Kapitel gehen wird, auch hier fließend.
- *News-Ticker:* Als Interessenvertretung von Berufsgruppen oder Wirtschaftsbranchen verfügen Verbände zumeist über einen besseren Überblick über die Nachrichtenlage als beispielsweise Mitglieder oder Unterorganisationen. Es fällt ihnen daher leicht, Nachrichten-Feeds zu erstellen, die für die gesamte Branche von Interesse sind. Auch hierin verbirgt sich eine Möglichkeit, Traffic für die eigene Verbandswebsite zu erzeugen:

Bereits durch die Bereitstellung eines einfachen RSS-Feeds kann ein Verband anderen Websitebetreibern die technische Möglichkeit eröffnen, Nachrichten-Teaser auf ihrer Website anzuzeigen, die auf den vollständigen Artikel auf der Verbandswebsite verweisen. So zeigen etwa der Bundesverband der Deutschen Sicherheits- und Verteidigungsindustrie,[12] der Unternehmerverband,[13] die Unternehmerverbände Niedersachsen[14] und diverse Unternehmen auf ihren Websites die Überschriften der Pressemitteilungen des Bundesverbands der Deutschen Industrie an und damit direkt zur jeweiligen Meldung auf der Website des BDI. Der Handelsverband Deutschland versorgt mit seinen Handelsnews eine Vielzahl von Websites, ebenfalls vor allem von Mitgliedsverbänden einzelner Branchen – wie dem Handelsverband Technik,[15] dem Handelsverband Spielwaren[16] oder dem Handelsverband Juweliere.[17]

- *Content-Syndication:* Viele Verbände bieten Medien, etwa als „Themendienst" oder „Themenservice" bezeichnet, komplette Inhalte an. Teilweise werden dabei auch Hyperlinks zu eigenen Onlineangeboten promotet, wie beim Bundesverband Deutscher Leasing-Unternehmen[18] oder beim Bundesverband Naturkost Naturwaren.[19] Auch wenn es keine reine Content-Syndication ist, sondern vor allem gute Pressearbeit, zeigt doch ein Beispiel des Gesamtverbands der Deutschen Versicherungswirtschaft, welches Potenzial zur Erzeugung von Traffic in der kostenlosen Bereitstellung von guten Inhalten durch Verbände liegt: Der seit einigen Jahren herausgegebene „Einbruch-Report" ist bei Massenmedien und Websites aller Art gleichermaßen beliebter Content (GDV 2017). Allein für den Einbruch-Report 2017 weist Google, abzüglich der Website des Verbands selbst, über 500 Treffer im Internet aus – ein hoher Anteil davon verlinkt auf die Verbandswebsite. Denkbar ist in diesem Zusammenhang sicherlich auch, dass Verbände im Wege fest vereinbarter Content-Partnerschaften Inhalte zuliefern, bei denen sie über exklusives Know-how verfügen. Dies könnte zum Beispiel auch eine regelmäßig zugelieferte Statistik mit Branchendaten sein.

4.2.3 Marketing und Targeting

Verbände sind insgesamt recht zurückhaltend damit, Traffic durch Marketing zu erzeugen. Dies mag daran liegen, dass – anders als im Onlinehandel, der seinen Werbeausgaben immer auch Umsatz gegenüberstellen kann – in der politischen Kommunikation nur

---

[12] Siehe: http://www.ruestungsindustrie.info/

[13] Siehe: http://www.unternehmerverband.org/aktuelles/mediathek/rss-feeds/

[14] Siehe: http://www.uvn-online.de/

[15] Siehe: http://www.bvt-ev.de/

[16] Siehe: http://www.bvspielwaren.de/

[17] Siehe: http://www.bv-juweliere.de/

[18] Siehe: https://bdl.leasingverband.de/presse-aktuelles/themendienst/

[19] Siehe: http://www.n-bnn.de/themendienst

schlecht zu bemessen ist, was ein Besucher oder ein Abonnent eines Newsletters kosten darf. Die Frage der Kosten ist umso weniger zu beantworten, als ohne Weiteres kaum zu sagen ist, wie wertvoll der neue Newsletter-Abonnent für die Interessenvertretung des Verbands tatsächlich ist. Der Wert eines politischen Entscheiders oder eines potenziellen Mitglieds wird dabei sicherlich ganz anders zu bemessen sein als der eines beliebigen Stakeholders oder gar eines interessierten Bürgers ohne jegliche politische Funktion.

Trotz solcher Ungewissheiten kann es – beispielsweise bei der Freischaltung von neuen Internetangeboten oder bei Kampagnen (sowohl politischen als auch solchen zur Gewinnung neuer Mitglieder) – auch für Verbände wünschenswert sein, unter Einsatz monetärer Ressourcen Traffic zu generieren.

Von besonderem Interesse ist es für Verbände deshalb, mit sogenanntem *Targeting* möglichst genau zu steuern, wer die Werbung des Verbands sieht. Denn damit wird klar, für wen man einen bestimmten Betrag ausgibt. Der Begriff Targeting umfasst eine ganze Reihe von Methoden, mit denen man Zielgruppen nach bestimmten Kriterien selektiert, um nur für Kontakte zu bestimmten Nutzergruppen Geld zu investieren.

Auf den folgenden Seiten sollen Möglichkeiten dargestellt werden, die für Verbände interessant sein könnten, um bestimmte spezifische Zielgruppen mit Werbung anzusprechen. Ausdrücklich sollen dabei Werbeplattformen herangezogen werden, die sich für kleine und kleinste Budgets bereits eignen.

4.2.3.1 Kontextuelles Targeting und Affiliate-Marketing

Der augenscheinlich einfachste Weg, ganz spezifische Zielgruppen anzusprechen, besteht darin, in Medien zu werben, die eine der Zielgruppe möglichst ähnliche Leserschaft besitzen. Doch je spezifischer diese Zielgruppe ist, desto weniger reichweitenstark und desto verstreuter sind auch die entsprechenden Onlinemedien. So dürfte etwa Onlinewerbung für einen Verband, der beispielsweise eine Branche von Herstellern industrieller Investitionsgüter vertritt, in großen Nachrichtenportalen nutzlos sein, es könnte aber eine Vielzahl kleiner Fachmedien und Blogs geben, deren Zielgruppen für seine Werbemaßnahmen interessant sind. Man bezeichnet eine solche Selektion der Zielgruppe durch Werben in spezialisierten Medien als *kontextuelles Targeting* (auch: *Content-Targeting*). Es gibt jedoch diverse technische wie praktische Gründe, warum ein Verband auf solchen weniger reichweitenstarken Seiten nicht direkt Werbung schalten dürfte.

Hier setzt Affiliate-Marketing an. Unternehmen wie *Affilinet, Awin, Tradedoubler, Webgains* oder *Belboon* vermitteln Kontakte zwischen Werbetreibenden *(„Advertisern"* oder *„Merchants")* und Websitebetreibern, die mit Werbung Geld verdienen möchten *(„Publishern"* oder *„Affiliates")*. Das Affiliate-Netzwerk stellt dabei auch die technische Infrastruktur zur Verfügung und fungiert als Treuhänder. Advertiser richten auf der Website des Affiliate-Netzwerkes einen eigenen Account ein und laden ihre Werbemittel, also beispielsweise Banner in diversen Größen, auf den Server. Sie können dann entweder Publisher zu einem Werbeprogramm einladen oder Bewerbungen der Publisher entgegennehmen und darüber entscheiden. Sind sich Advertiser und Publisher einig, kann der Publisher Werbemittel herunterladen und auf seiner Website einbinden.

Vor allem, um das System missbrauchssicher zu gestalten, ist die Vergütung fast immer erfolgsabhängig ausgelegt. Die wichtigsten Modelle sind (vgl. Lammenett 2015):

- *Pay per Click:* Der Advertiser zahlt einen bestimmten Betrag für jeden Besucher, den ihm der Publisher durch einen Klick auf das Werbemittel zuleitet. Da auch dieses Vergütungsmodell missbrauchsanfällig ist, wird ein reiner Klick in der Regel nur sehr gering vergütet.
- *Pay per Lead:* Der Advertiser zahlt dem Publisher einen bestimmten Betrag erst dann, wenn der gewonnene Besucher nach dem Klick direkt mit dem Advertiser in Kontakt tritt, etwa indem er sich auf der Website registriert oder einen Newsletter abonniert.
- *Pay per Sale:* Der Advertiser zahlt dem Publisher einen bestimmten Betrag oder eine Umsatzprovision erst dann, wenn der gewonnene Besucher online einen Kauf getätigt hat.

Beim Benutzer wird mit dem Klick auf das Werbemittel ein Cookie gesetzt, sodass getrackt werden kann, ob der Besucher sich registriert oder etwas kauft.

Durch die erfolgsabhängige Gestaltung der Vergütung sind die Kosten für den Advertiser sehr gut kalkulierbar. Über die Auswahl der Publisher und ihrer Medien, das *kontextuelle Targeting*, kann der Advertiser zudem die Zielgruppe recht genau bestimmen. Der Marktführer *Affilinet* hat nach eigenen Angaben ein Netzwerk von 700.000 Publishern.

Insbesondere der Onlinehandel nutzt Affiliate-Marketing intensiv – darunter aus dem Umfeld von Verbänden beispielsweise der ADAC und der Haftpflichtverband der Deutschen Industrie, die Finanzprodukte und Versicherungen bewerben (Affilinet o. D.).

Aber es geht nicht nur um direkten Absatz: Unternehmen zahlen genauso für Newsleter-Anmeldungen und Registrierungen in ihren Communities. Wert ist ihnen das 0,20 bis 2,30 Euro, die an den Publisher gehen, plus etwa ein Drittel für das Affiliate-Netzwerk; dazu kommen bei größeren Affiliate-Netzwerken häufig Anmeldegebühren (Schmidt 2017). Oft werden verschiedene Ziele des Advertisers auch kombiniert: Wenn der Nutzer sich zwar nicht registriert, aber klickt und die Website besucht, werden Beträge von etwa zehn Cent gezahlt, wodurch sich der Reiz für den Publisher erhöht, die Werbemittel gut zu positionieren.

Affiliate-Marketing ist daher ein durchaus probates Mittel, um Traffic zu erzeugen – vor allem wenn man bedenkt, dass eine Newsletter-Anmeldung möglicherweise eine stattliche Zahl an Besuchen des angemeldeten Nutzers nach sich ziehen kann. Auch insbesondere in der Mitgliederwerbung und in politischen Kampagnen können Affiliate-Netzwerke unter Umständen nützlich sein.

4.2.3.2 Suchwort-Targeting und Google AdWords

Wir hatten uns bereits in anderen Abschnitten dieses Buches damit beschäftigt, dass verschiedene Zielgruppen bei der Nutzung von Suchmaschinen unterschiedliche Terminologien verwenden. Beispielsweise können wir davon ausgehen, dass Suchmaschinennutzer, die nach „Entschädigung bei Verspätung“ suchen, mit hoher Wahrscheinlichkeit

Fahrgäste eines verspäteten Verkehrsmittels waren, während die Eingabe des Suchbegriffs „EU-Fahrgastrechte-Kraftomnibus-Gesetz" darauf schließen lässt, dass hier ein Fachmann aus der Verkehrspolitik, sei es aus einem Unternehmen oder aus Politik und Verwaltung, sucht (vgl. Abschn. 2.4.2 *Bekanntheitsgrad fördern*). Die Identifikation und Selektion von Zielgruppen auf Basis von deren Eingaben bei Suchmaschinen nennt man *Suchwort-Targeting*.

Natürlich wird es Ziel eines jeden Verbands sein, dass er mit den für seine Arbeit bestimmenden Begriffen bei Suchmaschinen ganz weit oben auftaucht. Dies wird aber nicht immer gelingen – schon gar nicht, wenn die Website gerade erst online gegangen ist. Suchmaschinen offerieren aber die Möglichkeit, direkt neben oder über dem eigentlichen („organischen") Suchergebnis Werbung zu schalten, die abhängig von der Suchworteingabe des Nutzers eingeblendet wird. Ein Verband, der die Interessen von Fernverkehrsunternehmen vertritt, kann also bei Suchmaschinen Werbung genau für den Fall buchen, dass ein Suchmaschinennutzer den Begriff „EU-Fahrgastrechte-Kraftomnibus-Gesetz" eingibt. Er kann für diesen Fall eine Anzeige mit einem speziellen kurzen Text gestalten, der auf wichtige Informationen des Verbands zu diesem Thema auf der Verbandswebsite hinweist und auch dorthin verlinkt. Auch hier wird nach *Pay per Click* vergütet, das heißt: Nur wenn der Nutzer die Anzeige anklickt und auf der Verbandswebsite landet, muss der Verband bezahlen.

Mit Suchwort-Targeting lassen sich Zielgruppen unter Umständen sehr exakt ansprechen. Voraussetzung dafür ist jedoch, dass man – wie in Abschn. 2.5.1 *Semantik und Suchmaschinen* in diesem Buch bereits dargelegt – deren Terminologien genau ermittelt. Man wird dabei tunlichst nicht die am häufigsten verwendeten Suchbegriffe bewerben, die Bestandteil der Terminologie aller möglichen Personengruppen sind, sondern man wird sich jene speziellen Begriffe heraussuchen, die ausschließlich die Zielgruppe verwendet. Das senkt allerdings die Zahl der zu erwartenden Suchanfragen. Ob es zu einem Begriff überhaupt ausreichend Suchanfragen gibt, kann man beim Marktführer *Google AdWords* herausfinden, indem man den *Google Keyword-Planer*[20] einsetzt. Dieser gibt für beliebige Begriffe oder auch Suchbegriffkombinationen an, mit wie vielen Suchanfragen bei Google pro Monat zu rechnen ist.

Der Keyword-Planer schlägt darüber hinaus für jedes Suchwort beziehungsweise jede Suchwortkombination ein Gebot vor. Denn Google AdWords ist ein Auktionssystem für die Werbeflächen über und unter dem Suchergebnis: Die Werbetreibenden, die ein Suchwort bewerben möchten, treten dabei zueinander in Konkurrenz um die maximal vier Anzeigen, die vor, und die maximal drei, die nach dem Suchergebnis geschaltet werden (Adzine 2016). Dies führt zu äußerst unterschiedlichen Preisen: Während die Empfehlung für die Begriffskombination „Berufsverband Ingenieure" derzeit (im Mai 2017) nur bei 0,18 Euro je klickendem Besucher liegt, rät das Tool dazu, für einen Nutzer, der eine den Begriff „Journalistenverband" bewerbende Anzeige anklickt, immerhin knapp das Achtfache, nämlich 1,41 Euro, zu bieten. Hintergrund ist ganz offensichtlich, dass einige kleinere Journalistenverbände über die Ausgabe von

[20] Zu finden unter: https://adwords.google.com/KeywordPlanner?hl=de

Presseausweisen vor allem auch an nicht hauptberufliche Journalisten gute Einnahmen erzielen (Rath 2017).

Oft genanntes Beispiel für sehr teure Klicks bei Google AdWords ist der Begriff „Festplattencrash", für den der Keyword-Planer derzeit ein Gebot von 11,95 Euro vorschlägt. Dies dürfte unzweifelhaft dadurch zustande kommen, dass man mit dem Suchwort-Targeting mittels dieses Begriffs mit einer hohen Präzision Nutzer gewinnen kann, die gerade den Inhalt ihrer Festplatte verloren haben und nun einen Dienstleister suchen, der ihnen hilft – zu einem Preis, der bei schweren Beschädigungen auch leicht im drei- oder vierstelligen Bereich liegen kann.

Die tatsächlich zu zahlenden Preise von Werbung mit Google AdWords müssen jedoch nicht zwangsläufig identisch mit den Empfehlungen des Keyword-Planers sein, wie Google erläutert (Google o. D. a):

> Der tatsächliche Cost-per-Click (CPC) ist der Betrag, der Ihnen für einen Klick in Rechnung gestellt wird. Mit Ihrem maximalen CPC-Gebot legen Sie fest, wie viel Sie normalerweise höchstens bezahlen möchten. Die tatsächlichen Kosten für einen Klick liegen jedoch häufig unter diesem Betrag – manchmal sogar weiter darunter.
>
> Der tatsächliche CPC ist häufig niedriger als der maximale CPC, da Sie bei der AdWords-Auktion maximal so viel bezahlen, wie erforderlich ist, um Ihre Anzeigenposition (…) beizubehalten.

Über die Festlegung eines maximalen Gebots und zusätzlich eines zeitlichen definierten Werbebudgets lassen sich die Kosten einer Kampagne exakt begrenzen. Um die tatsächlich anfallenden Kosten und den Erfolg einer Kampagne im Hinblick auf Klicks zu überwachen, ist es jedoch erforderlich, kontinuierlich die Statistiken von Google AdWords und Google Analytics auszuwerten.

Das ist auch aus einem anderen Grund empfehlenswert: Problem beim Suchwort-Targeting mit Google AdWords ist – gerade bei Begriffen aus der politischen Interessenvertretung – immer wieder, dass Google Anzeigen automatisiert deaktiviert beziehungsweise nicht anzeigt. Dies kann vor allem aus zwei Gründen geschehen:

- Sofern es ein zu geringes Suchvolumen, also zu wenige Suchanfragen, zu einem bestimmten Suchbegriff gibt, deaktiviert Google die entsprechende Anzeige zeitweise – so lange, bis wieder mehr Suchanfragen eingehen (Google o. D. b).
- Sofern der sogenannte *Anzeigenrang* einer Anzeige zu gering ist, blendet Google stattdessen die Anzeigen anderer Werbetreibender mit einem höheren Anzeigenrang ein. Den Anzeigenrang errechnet Google aus dem Gebot des Werbetreibenden und der sogenannten *Anzeigenqualität* (Google o. D. c). Letztere wird von mehreren Faktoren, vor aber allem von der Klickrate, der *Click-Through-Rate* (CTR), der Anzeige beeinflusst. Einer geringen Anzeigenqualität aufgrund einer niedrigen CTR kann man begegnen, indem man das Gebot erhöht (Google). Das ist leicht nachzuvollziehen, wenn man bedenkt, dass Google bei Erhöhung des Gebots die Chance auf höhere Einnahmen hat und daher eher bereit ist, die Anzeige einzublenden.

Eine Kampagne mit Google AdWords möglichst kostengünstig zu gestalten, setzt aus den beiden genannten Gründen voraus, dass eine permanente Überwachung und Steuerung stattfindet.

Google AdWords schlägt bei entsprechenden Problemen mit nicht angezeigten Anzeigen automatisch vor, andere Begriffe zu bewerben, und macht diesbezüglich auch eigene Vorschläge. Wählt man statt der bislang gewählten jedoch allgemeinere Begriffe, ist das Suchwort-Targeting unter Umständen nicht mehr sehr genau auf eine Zielgruppe zugeschnitten.

Ein unpräzises Targeting führt in der Regel zu einem Effekt, den man im Marketing als schlechte Konversionsrate (englisch: *Conversion Rate*) bezeichnet: Der Anteil jener gewonnenen Besucher, der online etwas kauft und damit vom Besucher zum Kunden konvertiert wird, sinkt. Bei einem Verband könnte sich eine verringerte Konversionsrate beispielsweise auch darin zeigen, dass Werbung, die eigentlich darauf abzielt, Registrierungen oder Newsletter-Anmeldungen zu generieren, vermehrt Websitebesucher anzieht, die die Website ohne eine solche Vernetzung wieder verlassen. Natürlich ist es denkbar, dass diese Nutzer die Website in ihrem Browser zu den Favoriten hinzufügen und später zurückkehren – strategisch wäre es jedoch für einen Verband im Vergleich zur Gewinnung von einmaligen Besuchern deutlich attraktiver, wenn Besucher sich vernetzen und der Verband die Kommunikation mit ihnen jederzeit von sich aus beginnen kann.

Google bietet mit *Google Analytics* ein kostenloses Tool, mit dem man recht einfach die Konversionsrate einzelner Anzeigen und auch der beworbenen Suchbegriffe messen kann (vgl. Abschn. 3.4.8 *Tracking*). Man muss dazu in Google Analytics nur die Bestätigungsseiten der Registrierung oder des Abonnierens von Newslettern auf der eigenen Website als *Ziele* (vgl. Abschn. 3.4.8.3 *Ziele*) des Trackings definieren. Danach wirft die Statistik von Google Analytics aus, wie viel eine Registrierung oder ein Newsletter-Abonnement gekostet hat.

Es ist aber genauso gut möglich, auf Konversionen zu verzichten und eine Kampagne daraufhin zu optimieren, dass man möglichst kostengünstig so viele Besucher wie möglich heran holt, ohne darauf zu achten, ob diese sich vernetzen.

4.2.3.3 Semantisches Targeting und das Google Display-Netzwerk

Auf den gleichen Seiten, auf denen man *Google AdWords* konfigurieren kann, steht ein weiteres Werbesystem zur Verfügung: das *Google Display-Netzwerk*. Dieses Netzwerk ähnelt von der wirtschaftlichen Struktur her einem Affiliate-Netzwerk: Etwa zwei Mio. *Publisher* veröffentlichen auf ihren Websites (und anderen Onlinemedien, wie Apps und Videos) durch Google vermittelte Werbeanzeigen (Google o. D. d). Sie erhalten, ähnlich wie bei Affiliate-Netzwerken, von den Einnahmen rund zwei Drittel, während Google knapp ein Drittel behält (TN3 2010).

Die Publisher binden jedoch keine Werbemittel eines einzelnen Werbetreibenden ein, sondern JavaScript- und HTML-Code von Google ein. Welche Anzeige angezeigt wird, ist mit diesem Code aber – anders als in einem Affiliate-Netzwerk – noch nicht definiert. Denn Google untersucht anschließend mit seiner semantischen Suchmaschinentechnologie die entsprechende Website und ordnet jedes einzelne Dokument genau bestimmten Themen oder Begrifflichkeiten zu. Gegenüber den Publishern vermarktet Google das Netzwerk deshalb auch unter dem Namen *Google AdSense*. In dieser Hinsicht ist das Targeting, das Google zur Verfügung stellt, semantisches Targeting.

Der Werbetreibende, der wie beim Affiliate-Marketing auch im Kontext des Google Display-Netzwerks als *Advertiser* bezeichnet wird, kann seinerseits Themen oder Begriffe angeben, nach denen dann die jeweiligen Medien oder Dokumente ausgewählt werden, auf denen die Werbung erscheint. Advertiser haben dazu diverse Möglichkeiten, für die Google eigene Begriffe des Targetings definiert hat:

- *Kontext-Targeting:* Hier gibt der Advertiser Keywords an. Geschaltet wird seine Anzeige dann innerhalb von Dokumenten, die Google als relevant erachtet. Vor allem dürften das Dokumente sein, die bei ihrer Suchmaschinenoptimierung die gleichen Keywords verwenden (vgl. Abschn. 3.4.7.1 *Dokumentenrelevanz*). Beispielsweise kann also der Advertiser, etwa unser schon mehrfach als Beispiel herangezogene Verband aus dem Bereich des Personenfernverkehrs, das Keyword „EU-Fahrgastrechte-Kraftomnibus-Gesetz" bewerben – und Google ermittelt Websites und -dokumente von Advertisern, wo die Anzeige inhaltlich möglichst genau passt. Dies können durchaus kleine Websites sein, die sich aber sehr intensiv genau mit diesem Themenbereich beschäftigen (Google o. D. e).
- *Themenbezogenes Targeting:* Der Advertiser kann auch aus einem durch Google bereitgestellten systematischen Katalog Themen auswählen (Google). Naturgemäß ist hier das Targeting weniger dezidiert. Statt Themen der jeweiligen Medien der Publisher können auch Interessen der Zielgruppe angegeben werden.
- *Placement-Targeting:* Der Advertiser kann auch Publisher mit ihrer Website vorgeben, auf denen er werben möchte (Google). Google ermittelt dazu individuell für den Advertiser passende Publisher und bietet sie zur Auswahl an – beispielsweise Fachmedien oder Blogs zu einem spezifischen Themenbereich. Der Advertiser kann auch Websites von Publishern selbst angeben, sofern diese Mitglied bei Google AdSense sind.

Zusätzlich zu den beschriebenen Methoden kann der Advertiser auch demografische und geografische Eigenschaften der Zielgruppe vorgeben. Die Anzeigen werden dann beispielsweise nur in einem Land, nur einer Altersgruppe und nur einem Geschlecht angezeigt.

Es stehen auch in Bezug auf das Google Display-Netzwerk alle Möglichkeiten der Auswertung und Optimierung zur Verfügung, die *Google AdWords* und *Google Analytics* bieten.

4.2.3.4 Profile und Behavioral Targeting in sozialen Medien

Soziale Netzwerke, allen voran Facebook, lassen zahlende Werbekunden an ihrem großen Datenschatz teilhaben. Nutzer geben bereitwillig Geburtstag und -ort, Wohnort, Ausbildung, Beruf, Hobbys, Familienstand, Hochzeitstag und vieles mehr in ihrem Profil an. Facebook kann also beispielsweise alle in Berlin wohnenden verheirateten Ingenieure ab einem Alter von 40 Jahren identifizieren, soweit diese vollständige Angaben im Profil gemacht haben. Aktuell (im Mai 2017) gibt Facebook an, dass 1000 bis 1500 Personen zu dieser Gruppe gehören, darunter 15 Prozent Frauen und 85 Prozent Männer. Google ermöglicht Werbekunden, genau dieser Gruppe oder auch nur einen der beiden Geschlechter bestimmte Werbeanzeigen zu präsentieren. Diese Art von Targeting auf Basis der Angaben im Profil nennt man *Profile Targeting* oder auch *User-declared Information Targeting*.

Aber soziale Netzwerke wie Facebook wissen noch weitaus mehr. Denn sie werten systematisch Inhalte aus, die ihre Nutzer posten. Und sie identifizieren Interessen anhand der sogenannten Likes. Beispielsweise kann man Facebook-Nutzer auswählen, die sich für Politik und soziale Themen oder aber – spezifischer – nur für Politik interessieren. Auch Nutzer mit Interesse an Gewerkschaften oder an bestimmten Branchen der Wirtschaft stehen zur Auswahl. Und natürlich kann man bei Facebook auch auswählen, welcher Einkommensgruppe die Zielgruppe angehören soll. Sogar zum Konsum- und Reiseverhalten oder zur Wohnsituation kann der Werbetreibende Angaben machen, um die Zielgruppe zu selektieren. Targeting, das auf solche aus dem Verhalten während Nutzung des sozialen Netzwerkes abgeleiteten Eigenschaften zielt, bezeichnet man als *Behavioral Targeting*.

Diverse große Werbenetzwerke verfolgen Internetnutzer auch über viele verschiedene Websites, etwa Nachrichtenportale, und analysieren dabei ebenfalls deren Verhalten, um Behavioral Targeting zu ermöglichen. Der Vorteil sozialer Netzwerke ist aber, dass hier die Dichte und Präzision der Daten ungleich höher ist, denn die Datenbasis der Werbenetzwerke pro Nutzer ist häufig begrenzt (Hass und Willbrandt 2011). Für das sehr spezifische Targeting der Verbandskommunikation dürften soziale Netzwerke, und allen voran Facebook, daher in aller Regel geeigneter sein.

Auch Facebook arbeitet, wie Google AdWords, mit einem auf digitalen Auktionen basierenden Buchungssystem, das ebenfalls maximale Tagesbudgets kennt und daher eine gute Kontrolle über die Kosten bietet. Der Werbetreibende kann zwischen verschiedenen Kampagnenzielen wählen, aus denen sich dann auch ergibt, ob nach *Pay per View* (bei Facebook: *Pay per Impression*), *Pay per Click* oder *Pay per Lead*, abgerechnet wird. Mögliche Ziele sind unter anderem (Facebook o. D.):

- *Reichweite:* Mit diesem Ziel wird die Werbeanzeige der größtmöglichen Zielgruppe auf Facebook angezeigt. Dabei können auch die Einblendungen pro Nutzer begrenzt werden, sodass sich die Reichweite automatisch erhöht.
- *Traffic:* Mit diesem Ziel werden möglichst viele Facebook-Nutzer zu einem Klick auf die Anzeige bewegt und zu einer Facebook-Seite oder einer Website außerhalb von Facebook geleitet.
- *Interaktionen:* Mit diesem Ziel werden möglichst viele Facebook-Nutzer dazu bewegt, einen Betrag oder eine Seite anzusehen, um damit zu interagieren. Interaktionen können etwa Kommentare sein, das Teilen des Contents, das Anklicken von „Gefällt mir" oder auch Antworten auf Event-Einladungen.

- *Leadgenerierung:* Mit diesem Ziel werden von möglichst vielen Facebook-Nutzern wichtige Informationen eingesammelt, etwa ihre E-Mail-Adresse, indem sie einen Newsletter abonnieren, oder indem sie Kontaktdaten in ein Formular eingeben.

Darüber hinaus gibt es weitere potenzielle Kampagnenziele, wie möglichst viele Installationen einer Smartphone-App, viele Videoaufrufe oder viele Produktverkäufe.

Ein Verband, der Traffic für seine Website erzeugen möchte, hat also zunächst zwei Optionen: Er kann über das Kampagnenziel „Leadgenerierung" E-Mail-Adressen von durch Targeting ausgewählten Facebook-Nutzern einsammeln, die einen Newsletter beziehen oder eine Kampagne unterstützen möchten. Oder er kann mittels des Ziels „Traffic" Facebook-Nutzer aus einer ganz spezifischen Zielgruppe auf seine Website leiten.

Es ist bei Kampagnen mit dem Ziel „Traffic" nicht ohne Weiteres sinnvoll, Nutzer auf eine Facebook-Seite zu lenken, wenn diese nicht zugleich auch mit hohem Engagement redaktionell gepflegt wird – sondern nur „Likes", also Klicks auf „Gefällt mir", und damit „Fans" für die Facebook-Seite gesammelt werden sollen. Zwar sieht ein Fan danach prinzipiell vom Werbetreibenden gepostete Beiträge auf seiner Nachrichtenseite, der sogenannten *Timeline* – aber eben nur prinzipiell.

Viele Facebook-Nutzer glauben, dass sie alles zu sehen bekommen, was ihre Freunde und jene Seiten, deren Fan sie sind, auf Facebook posten. Doch dem ist nicht so. Denn mit jedem Klick auf ein „Gefällt mir" steigt die Zahl der potenziell in der Timeline eines Nutzers eingehenden Postings an. Zudem vernetzen sich die meisten Nutzer kontinuierlich mit weiteren „Facebook-Freunden". Nach Angaben von Facebook würde ein durchschnittlicher Nutzer täglich 1500, in manchen Fällen sogar bis zu 15.000 Postings in seiner Timeline sehen, wenn nicht ein Algorithmus herangezogen würde, um die Masse an Content zu filtern (Constine 2014).

Dieser sogenannte *Newsfeed-Algorithmus* Facebooks wirft im Durchschnitt weit über 90 Prozent all dessen, was ein Nutzer aufgrund seiner Vernetzung innerhalb des sozialen Netzwerkes sehen würde, aus der Timeline der Nutzer hinaus. Das ist zum einen allein wegen der Menge des Contents notwendig, Facebook versucht dabei aber auch, jedem Nutzer in seiner Timeline möglichst passenden und ansprechenden Content herauszufiltern – etwa, indem Postings eher berücksichtigt werden, die bereits bei anderen Nutzern positive Reaktionen, wie Klicks auf „Gefällt mir" ausgelöst haben.

Die sogenannte organische Reichweite, ein Wert, der angibt, wie viele der „Fans" ein Post tatsächlich zu sehen bekommen, lag schon 2014 nur noch bei 6,51 Prozent (Constine 2014) und tendiert seitdem weiter deutlich nach unten (TN3 2017a). Als Betreiber einer Facebook-Seite kann man dem durch außergewöhnlich ansprechenden Content zwar entgegenwirken, der sich dadurch auszeichnet, dass die Nutzer durch Klicks auf „Gefällt mir", durch Teilen oder durch Kommentieren darauf intensiv reagieren. Jedoch setzt dies intensives redaktionelles Engagement auf Facebook voraus (siehe dazu Abschn. 4.4.3.6 *Social Media und Verbände*).

Um der Filterwirkung des Newsfeed-Algorithmus zu entkommen, kann mal als Betreiber einer Facebook-Seite allerdings auch wiederum einzelne Postings auf Facebook bewerben. Dazu zeigt Facebook den Administratoren einer Facebook-Seite unter jedem Posting einen Button mit der Aufschrift „Beitrag bewerben". Der Preis für das Bewerben von Beiträgen wird von Facebook vorab individuell für jedes Posting abgeschätzt. Er liegt oft nur im unteren bis mittleren einstelligen Bereich je Einblendung bei 1000 Nutzern (vgl. Futurebiz 2014) und ist damit – gerade wenn man die damit verbundene Möglichkeit zum zuvor geschilderten Targeting berücksichtigt – sehr günstig im Vergleich zu vielen anderen Formen der Onlinewerbung, etwa bei Nachrichtenportalen oder anderen Onlineangeboten gewerblicher Verlagshäuser, wo der Preis für 1000 Werbeeinblendungen, der sogenannte Tausender-Kontakt-Preis (TKP) oder englisch auch Cost per Mille (CPM), oft ein Vielfaches erreichen kann. Für einen Verband wird sich diese Werbestrategie aber in der Regel wohl nur dann auszahlen, wenn ein relevanter Anteil der Nutzer das beworbene Posting auch anklickt und auf der Verbandswebsite landet. Die Wirtschaftlichkeit des Generierens von Traffic durch das Bewerben von Facebook-Beiträgen kann im Vergleich zu Affiliate- oder Suchmaschinen-Marketing wegen dieses Risikos leicht ins Hintertreffen geraten. Es ist daher dringend dazu zu raten, eine präzise Evaluation zu betreiben (siehe dazu Abschn. 4.6.1 *Reports zur Unterstützung redaktioneller Arbeit*) und dabei die Kosten je gewonnenem Websitebesucher und die Qualität der Besucher im Hinblick auf ein Interesse an dauerhafter Rezeption von Verbandsinformation im Blick zu behalten.

Das Bewerben einzelner Postings macht wegen der geringen organischen Reichweite vor allem dann Sinn, wenn ein Verband eine Facebook-Seite betreibt und dort eine Community aufbauen möchte. Das gilt ebenso für das von Facebook angebotene Kampagnenziel „Interaktionen".

4.2.3.5 Re-Targeting

Als Re-Targeting bezeichnet man ein Targeting, bei dem die Zielgruppe aus Internetnutzern besteht, die sich bereits für ein bestimmtes Produkt oder eine bestimmte Dienstleistung interessiert haben. Die Idee dahinter ist, dass diese Zielgruppe mit höherer Wahrscheinlichkeit als der allgemeine Durchschnitt der Nutzer eine Werbeanzeige anklickt und schließlich auch mit höherer Wahrscheinlichkeit das Produkt online kauft, wenn das Produkt zu sehen ist, das sich die Zielgruppe bereits online angesehen hat. So kam eine Studie im Jahr 2011 auf eine um 75 Prozent erhöhte *Click-Through-Rate* (Kaspers 2011).

Der für potenzielle Kunden oft verblüffende Effekt, sich etwa in einem Onlineshop ein bestimmtes Kleidungsstück angesehen zu haben und es wenig später überall im Internet auf einem Werbebanner zu sehen, ist technisch relativ banal: Will der Werbung treibende Shopbetreiber Re-Targeting einsetzen, installiert er auf der Detailseite zu jedem Kleidungsstück ein wenig HTML- und JavaScript-Code eines Werbenetzwerkes. Dieser Code setzt dann bei jedem Besucher ein Cookie mit der Information, welches Produkt betrachtet wurde. Das Werbenetzwerk wirbt zugleich auf vielen Websites. Ruft ein per Cookie markierter Internetnutzers irgendein Webdokument mit einer solchen Werbefläche auf, überträgt sein Browser zu Beginn des Herunterladens des eigentlichen Werbemittels das Cookie an den Webserver. Dieser kann nun das Produkt identifizieren und liefert daraufhin statt eines gewöhnlichen oder anders ausgewählten Werbemittels jenes mit dem vom Nutzer angesehenen Produkts aus.

Als Nachteil von Re-Targeting wird häufig angesehen, dass es eine gefährliche Gratwanderung zwischen erfolgreichem Kundenfang und lästigem Stalking darstellt (vgl. Reil 2013). Denn potenzielle Kunden bemerken sehr häufig, wenn sie solche Werbung sehen, dass man ihnen bei der Produktsuche nachspioniert hat.

Das muss aber nicht unbedingt so sein, etwa wenn man darauf verzichten kann, ein identisches Produkt anzuzeigen (vgl. SEM Deutschland 2014). Zudem kann man, um den Eindruck von zu intensivem Tracking zu vermeiden, Re-Targeting so konfigurieren, dass jeder Nutzer die Werbung nur wenige Male zu sehen bekommt – dies bezeichnet man als *Frequency Capping* (vgl. SEM Deutschland 2014).

Ein Verband könnte beispielsweise Besucher seiner Website, die sich bestimmte, nur für potenzielle Mitglieder relevante und interessante Inhalte ansehen, mit einem Cookie markieren. Diesen Besuchern könnten später Werbemittel angezeigt werden, die für eine Mitgliedschaft im Verband werben.

Aber auch zur Generierung von Traffic für eine Website kann man Re-Targeting einsetzen: Dazu markiert man Besuchern, die einen Artikel zu einem bestimmten Thema auf der Website lesen, und zeigt ihnen später Werbung, die weitere Artikel mit weiterführenden Inhalten anbieten (Heinrich 2017). Dies kann beispielsweise für einige Zeit mit dem Ziel betreiben, dass sich der jeweilige Websitebesucher mit der Website – etwa durch Abonnieren des Newsletters – vernetzt.

Alle in den vorangehenden Abschnitten beschriebenen Werbesysteme beherrschen Re-Targeting.

4.3 Suchmaschinengerechte Redaktionsarbeit

Wir haben uns in einem vorangegangenen Abschnitt dieses Buches bereits ausführlich mit dem Thema Suchmaschinenoptimierung auseinander gesetzt (siehe Abschn. 3.4.7 *Suchmaschinenoptimierung*). Dabei ging es in erster Linie um die im Lastenheft festzulegenden technischen Voraussetzungen für eine gute Platzierung auf den Suchergebnisseiten. In der Praxis der Verbandskommunikation wird oft davon ausgegangen, damit sei die Suchmaschinenoptimierung getan. Es wird dabei übersehen, dass die redaktionelle Arbeit der eigentliche Schlüssel dazu ist.

Im Abschn. 2.5.1 zum Themenkomplex *„Semantik und Suchmaschinen"* haben wir zudem bereits erörtert, dass ein eingehendes Verständnis für die Terminologie der Zielgruppen notwendig für eine sinnvolle Wahl von Keywords und die Strukturierung von Inhalten ist.

Rufen wir uns noch einmal in Erinnerung: Es gibt zwei sehr wesentliche Voraussetzungen dafür, dass ein Dokument auf einer Suchergebnisseite ganz weit oben platziert ist. Die erste ist die Dokumentenrelevanz bezogen auf die Sucheingaben des

Suchmaschinennutzers, die zweite ist die Reputation einer Website aufgrund externer Verlinkung. Google hat kürzlich deutlich gemacht, dass neben (relevantem) Content und (von guten Websites kommenden) Links eine dritte Komponente immer wichtiger wird: das sogenannte *RankBrain* (Schwartz 2016). Hierbei handelt es sich um Algorithmen, die mittels künstlicher Intelligenz selbstlernend darauf abzielen, Anfragen von Nutzern besser zu verstehen. Gibt man bei Google die Frage *„wie lange kocht man eier"* ein, erhält man seit Kurzem im Suchergebnis nicht mehr Dokumente angezeigt, die genau dieses Wort enthalten, sondern Dokumente, die tatsächlich beschreiben, wie lange man Eier kocht, um einen bestimmten Härtegrad zu erreichen. Google versteht also die Eingabe tatsächlich als Frage und nicht nur als Wortkette – und das sogar trotz des fehlenden Fragezeichens. Gibt man den Begriff „dignity" ein, zeigt Google deutschsprachigen Nutzern zunächst Dokumente an, in denen der Begriff übersetzt wird – und nicht philosophisch oder politisch orientierte Dokumente, wie bei der Eingabe des deutschen Wortes „Würde". *RankBrain* dürfte aber für Verbände im Hinblick auf die Erfordernisse suchmaschinengerechter Aufbereitung von Inhalten einen eher zu vernachlässigenden Einfluss haben.

Es gibt unter Suchmaschinenoptimierern intensive Debatten darüber, mit welchen Methoden Google die Bewertung von Dokumentenrelevanz und Website-Reputation verfeinert. Dabei lässt sich der Suchmaschinenkonzern jedoch nicht unbedingt gern in die Karten schauen. Woran allerdings kein Zweifel besteht, ist, dass jedes Update der Google-Algorithmen erkennbar einem Ziel dient: der immer weiter verbesserten Abwehr von illegitimen Maßnahmen der Suchmaschinenoptimierung. Dies treibe, wie es in der Branche der *Search Engine Optimizer* (SEO) heißt, „jedem SEO den Angstschweiß auf die Stirn" (Schölch o. D.).

Denn natürlich liegt Google viel daran, dass nicht qualitativ schlechte Seiten weit oben im Suchergebnis stehen, nur weil diese geschickt genug auf ein Keyword zugeschnitten sind und von irgendwelchen anderen Websites einigermaßen gut verlinkt sind.

Google misst deshalb zunehmend exakter die Qualität von Inhalten über verschiedenste sogenannte *Signale*, von denen derzeit bereits 200 ausgewertet werden (Krcmar 2015). Es gibt allerdings reichlich Anhaltspunkte dafür, dass diese nicht direkt in das Ranking der Suchergebnisse eingehen, sondern nur dazu genutzt werden, um die eigentlichen Ranking-Algorithmen zu optimieren (Kopp 2017).

Seit Anfang 2011 Googles erstes *Panda-Update* wirksam wurde, können Seiten mit schlechtem Inhalt identifiziert und in den Suchergebnissen herabgestuft oder sogar daraus entfernt werden (TN3 2011). Dies betrifft vor allem solche Seiten, die davon leben, Inhalte anderer Websites, wie etwa Wikipedia, einfach zu kopieren, beispielsweise um darin Werbung zu platzieren und daran zu verdienen (PCWorld 2011). Auch ein extremes Verhältnis zwischen Werbung und eigentlichem Inhalt wird entsprechend sanktioniert. Ein solcher automatischer Filter schlägt allerdings erst an, wenn gewisse Grenzwerte überschritten werden (Priebe 2016).

Ein Jahr später, im April 2012, führte Google das erste von mehreren *Penguin-Updates* durch. Es reagiert seitdem auf eine verdächtige Struktur von Hyperlinks – etwa, wenn eine Website fast ausschließlich von anderen Websites verlinkt wird, bei denen jedermann

Links setzen kann – wie etwa in Foren oder sogenannten Artikelverzeichnissen, die keinen anderen Sinn haben als den Linkaufbau zwecks Suchmaschinenoptimierung. Solche Links werden seitdem durch Google nicht einfach ignoriert, wie es beim PageRank-Verfahren der Fall wäre, sondern sie werden nun sogar negativ bewertet (OnPageWiki o. D. a). Sofern Google auf „unnatürliche Links" stößt oder andere Verstöße gegen seine *Qualitätsrichtlinien für Webmaster* feststellt, kann durch Google-Mitarbeiter auch manuell eine Herabstufung der Seite im Suchergebnis oder sogar eine komplette Entfernung aus den Suchergebnissen erfolgen (Google o. D. f). Diese im Jargon als *Google-Penalties* bezeichneten Maßnahmen sind bei Suchmaschinenoptimierern gefürchtet. Das erste Penguin-Update hatte zur Folge, dass Scharen von Suchmaschinenoptimierern teilweise erhebliche Anteile ihres Linkaufbaus rückabwickeln mussten (vgl. Doerr 2012). Google stellt für diesen *Linkabbau* seitdem auch eine Funktion bereit (Google 2012a).

Ein ehemaliger Google-Mitarbeiter kommentierte das Penguin-Update später (Priebe 2016):

> Dieser quantitative Linkaufbau über Webkataloge, Artikelverzeichnisse, Linkkauf, Bookmarkverzeichnisse und Kommentar- (oder) Forenspam war natürlich immer schon ein Verstoß gegen die Google Richtlinien. Die meisten Beteiligten waren sich dessen auch bewusst.

Google kann aber beispielsweise auch überprüfen, ob verdächtig viele auf eine Website verweisende Links zwar von vielen Websites, aber ausschließlich von einem Rechenzentrum kommen – Hinweis darauf, dass es sich um eine sogenannte *Linkfarm* handelt, die zur Suchmaschinenoptimierung betrieben wird (Gonev o. D.).

Klar ist, dass Google sich bereits vor langer Zeit vom reinen *PageRank-Algorithmus* verabschiedet hat, der in einem vollkommen automatisierten Verfahren ausschließlich quantitative Daten heranzieht: Die öffentlich zugängliche Patentschrift zum sogenannten *TrustRank* zeigt, wie Google auf manuellem Weg besonders vertrauenswürdige und zugleich besonders auf illegitime Suchmaschinenoptimierung ausgerichtete Websites identifizieren und dann über ein mathematisches Vererbungsmodell gute und schlechte Bewertung für alle anderen Websites ermitteln kann (Gyöngyi et al. 2004).

Semantische Technologien und künstliche Intelligenz, die Google zunehmend einsetzt, erlauben es zudem auch, zu überprüfen, ob der Link, den eine Website auf eine andere setzt, inhaltlich sinnvoll ist. Wenn eine Website zum Thema Haustiere einen Link zu einem Anbieter von Hundefutter setzt, gibt es Grund zu der Annahme, dass die Intention für das Setzen des Links sachlich-inhaltlicher Natur war. Verlinkt dieselbe Seite jedoch auf einen Anbieter von Arzneimitteln gegen erektile Dysfunktion, liegt die Vermutung nahe, dass hier ein Suchmaschinenoptimierer am Werk war (RankWatcher o. D.).

Angesichts der immer weiter wachsenden Fähigkeit von Google, illegitime Techniken und Tricks der Suchmaschinenoptimierung zu erkennen, muss man von allen Maßnahmen abraten, die nicht das Ziel Googles unterstützen, den Nutzern Suchergebnisse von bestmöglicher Qualität zu liefern. Es gilt immer unausweichlicher, was der Leiter von Googles Search Ranking Team, Amit Singhal, im Kontext des ersten Panda-Updates schrieb (Singhal 2011):

> Our advice for publishers continues to be to focus on delivering the best possible user experience on your websites and not to focus too much on what they think are Google's current ranking algorithms or signals.

Die dargestellten Zusammenhänge unterstreichen, dass Suchmaschinenoptimierung vor allem in der redaktionellen Arbeit besteht. Guter Content steht bei Google im Suchergebnis weit oben und eine gute, von Google anerkannte Verlinkung der eigenen Website erreicht man am ehesten ebenfalls durch guten Content – und keinesfalls, indem man eine Agentur mit Link-Building beauftragt und dabei inhaltliche Relevanz preisgibt. Für eine suchmaschinengerechte Redaktionsarbeit von Verbänden ergeben sich aus den dargestellten Zusammenhängen folgende Empfehlungen:

- *Keyword*: Thema eines Dokuments, das via Suchmaschine gefunden werden soll, sollte das Keyword sein, das man bei der semantischen Analyse (siehe Abschn. 2.5.1 *Semantik und Suchmaschinen*) identifiziert hat. Es hilft beim Schreiben, wenn man das Keyword von Anfang an als Arbeitstitel nutzt. Das bedeutet: Es geht im zu schreibenden Text durchgängig um dieses Thema und um nichts anders. Will ein Verband mit einem für die Zielgruppe nützlichen Dokument gefunden werden und zugleich aber auch beispielsweise ausführlicher auf seine eigenen Forderungen oder Leistungen hinweisen, wird dafür ein zusätzliches Dokument notwendig, auf das dann verlinkt werden kann.

  Das Keyword wird bei diesem Schreibansatz ganz zwangsläufig relativ häufig vorkommen und das ist gut so. Im Zweifel sollte man auch auf blumige Synonyme für das Keyword verzichten. Aber es gibt Grenzen: Es darf kein schlecht lesbarer Text dabei herauskommen, denn das beurteilt Google möglicherweise „Keyword Stuffing" (vgl. OnPageWiki o. D. b).

  Das Keyword sollte schließlich, wenn das Dokument seinen abschließenden Titel erhält, auch dort dominieren – darin also möglichst das einzige Substantiv sein und von eher bedeutungsarmen Worten, wie etwa Hilfsverben oder Konjunktionen umgeben sein, die dem Keyword keine Relevanz entziehen.

  Das Keyword sollte außerdem im Teasertext oder im Leadabsatz und gegebenenfalls auch in Zwischenüberschriften auftauchen.

  Wenn das Content-Management-System so programmiert ist, wie in unserem Lastenheft beschrieben, steht das Keyword automatisch auch in den Metaangaben der HTML-Headers und wird zudem im URL vorkommen (siehe dazu Abschn. 3.4.7.1 *Dokumentenrelevanz*).
- *Climax first:* Wir haben weiter vorne erörtert, wie wichtig guter Nachrichtenstil, das *Prinzip der umgekehrten Pyramide* und das *Lead-Absatz-Prinzip* für die Content-Usability sind (siehe dazu Abschn. 4.1.1 *Content-Usability*). Ein solcher Aufbau von Texten ist jedoch ebenso für Suchmaschinen wichtig.

  Das hat außerdem eine positive Nebenwirkung: Die Chance auf Verlinkung des Dokuments durch andere Websites oder in sozialen Medien steigt, da Leser sehr schnell den Nutzen des Dokuments erkennen können.

- *Prominente Verlinkung:* Es sollte selbstverständlich sein, dass wichtige Inhalte der Website auch an wichtiger Position der Website verlinkt werden – am besten auf der Homepage. Dazu muss das Content-Management-System darauf ausgelegt sein, assoziative Navigation über Teaser zu unterstützen (wie im Abschn. 3.3 *Wireframing* beschrieben).
- *Landingpages:* Verwenden verschiedene Teilzielgruppen – wie in dem schon mehrfach erwähnten Beispiel mit den Begriffen „Scheininnovationen" und den „Analogpräparate" – unterschiedliche Keywords, ist ratsam, zu jedem dieser Keywords einen Artikel zu schreiben. Auf den so entstehenden zusätzlichen *Landingpages* kann dann erläutert werden, warum die in der Öffentlichkeit verbreiteten Begriffe nicht angemessen sind, – und darunter wird auf den zentralen Text des korrekten Keywords verlinkt.
- *Verlinkbarkeit planen und verhandeln:* Der einfachste Ansatz zum seriösen Link-Building ist, beim Schreiben eines Artikels oder Erstellen eines anderen Inhalts von Beginn an zu überlegen, wer das Dokument verlinken könnte. Die didaktische beste Methode dabei ist, zumindest bei aussichtsreichen Inhalten schließlich dort auch wirklich nachzufragen. Wir hatten bereits zwei Beispiele von Inhalten großer Verbände kennengelernt, die von der Allgemeinheit nicht nur als extrem nützlich angesehen werden, sondern auch ausgesprochen oft verlinkt werden: der BLL, Spitzenverband der Lebensmittelwirtschaft, mit seinen Informationen zu Zusatzstoffen in Lebensmitteln und die GDV DL, Servicegesellschaft der Autoversicherer im Gesamtverband der Deutschen Versicherungswirtschaft, mit ihrer Onlinedatenbank zu Kfz-Typklassen, nach denen sich Versicherungsbeiträge errechnen. Falls ein mit der Bitte um Verlinkung angesprochener Websitebetreiber ablehnt, lernt man immerhin möglicherweise daraus, was man verbessern kann, um besser verlinkt zu werden. Stimmt er zu, hat man möglicherweise einen sehr hochwertigen Link, etwa bei einem Fachmedium oder einem angesehenen Stakeholder. Dieser Link dürfte in aller Regel sowohl im Hinblick auf *TrustRank* als auch in Bezug auf thematische Relevanz von Google eine optimale Bewertung erhalten.
- *Content-Syndication:* Wir hatten weiter vorne bereits erörtert, dass das Bereitstellen von Inhalten für andere Websites oder das Verfassen von Gastbeiträgen Besucher bringt, wenn das mit einem Link zur eigenen Website verbunden ist (siehe dazu Abschn. 4.2.1 *Content-Kooperationen*). Außer Besuchern bringt dies aber vor allem auch relevante Links, die – sofern man die Partner entsprechend auswählt – von Google optimal bewertet werden. Hyperlinks zu Hintergrundinformationen bezüglich eines bestimmten Themas ist dabei natürlich immer der Vorzug vor einem Link auf die Startseite zu geben.

  Dies gilt auch für Pressemitteilungen, die ja bestenfalls von Medien übernommen werden: Sofern es zur eigentlichen Meldung Zusatzinformation gibt, kann man diese mit einem Kurz-URL (siehe dazu Abschn. 3.4.12 *Funktionalität des Content-Management-Systems*) verbunden anbieten. Onlinemedien zeigen diesen dann oft nicht nur als Text, sondern verlinken auch mit einem anklickbaren Link.
- *Evaluation der Links:* Es sollte zum Alltag in der Redaktion gehören, regelmäßig jene Links auf externen Websites, die den meisten Traffic bringen, auszuwerten (Siehe

dazu Abschn. 4.6.2 *Reports zur Unterstützung redaktioneller Arbeit*). Dies zeigt allen Autoren, welche Inhalte für andere Websites attraktiv genug sind, um sie zu verlinken.

Die aus Sicht von Google und anderen Suchmaschinen wertvollsten Links zur eigenen Website gewinnt man durch redaktionelle Arbeit. Es ist allerdings sinnvoll, dies mit einer klugen, kommunikativen Strategie zum Linkaufbau zu verbinden.

4.3.1 Linkaufbau als Offsite-Maßnahme

In der Theorie unterscheiden Suchmaschinenoptimierer zwischen Onsite- und Offsite-Maßnahmen – also Aktivitäten zur Suchmaschinenoptimierung, die auf der eigenen Website oder abseits davon durchgeführt werden. Obwohl guter Content logischerweise *onsite* publiziert wird und in der Regel zu den Links mit der höchsten *Linkpower* führt, zählen Suchmaschinenoptimierer den Linkaufbau zu den Offsite-Maßnahmen.

Das liegt vor allem daran, dass diese Unterscheidung aus einer Zeit stammt, in der es noch einfacher war, Google vorzugaukeln, dass ein neuer Link auch zugleich ein Beweis dafür war, dass der Inhalt von dritter Seite als nützlich und verlinkenswert betrachtet wurde.

Vergegenwärtigen wir uns noch einmal die Möglichkeiten Googles zur Bewertung der Qualität von Hyperlinks in Bezug auf die Reputation von Websites. Und halten wir uns das Zitat von Amit Singhal, dem Leiter von Googles Search Ranking Team, vor Augen, nach dem sich Publisher am besten vor allem um die bestmögliche Erfahrung ihrer Besucher kümmern sollten. Dann wird die Auffassung von offsite durchgeführtem Linkaufbau fast schon obsolet.

Und das zeigt sich auch in der der Geschichte der Suchmaschinenoptimierung, die bezüglich dieses Vorgehens bereits schwere Schlappen hat hinnehmen müssen:

- Die Teilnahme an Linktauschprogramme aller Art oder das Kaufen von Links sind bereits seit dem ersten Penguin-Update Googles eindeutig schädlich für die Reputation einer Website (Graap 2014).
- Der Linkaufbau über sogenannte Artikelportale, also Websites auf denen jedermann Artikel mit einem Link zur eigenen Website veröffentlichen konnte, ist von Google erfolgreich abgestraft worden (Eisenschmidt o. D.).
- Der systematische Linkaufbau über Diskussionsbeiträge in Internetforen, bei dem man mit jedem Beitrag einen Link hinterlässt, gilt längst als riskant für die Reputation einer Website (Doerr 2013).
- Das Gleiche gilt für die Verbreitung von Pressemitteilungen mit Hyperlink auf PR-Portalen (Sauermann 2014).
- Und auch der Linkaufbau mittels Eintrag des Links in Social-Bookmarking-Portale ist mittlerweile keine empfehlenswerte Methode mehr (OnPageWiki o. D. c).

Ein Experte für Suchmaschinenoptimierung fasst die Bewertung dieser und anderer, hier nicht genannter Varianten der offsite durchgeführten Methoden des Linkaufbaus knapp so zusammen (Dziki 2014):

> Was sind absolute No-Gos? Links, die man selbst eintragen kann.

Das kann – im Umkehrschluss – nur eines bedeuten: Links müssen verdient und nicht selbst oder von SEO-Agenturen gesetzt werden. Und dies gilt auch für Links, die – ausnahmsweise – nicht auf nützliche Inhalte verweisen, sondern einfach nur auf die Domain des Verbands.

Nehmen wir ein Beispiel: Wenn die Website der Bundesregierung in ihrer Rubrik für Verbraucher etliche Verbraucherschutzverbände listet,[21] dann steht außer Zweifel, dass man sich dort selbst nicht eintragen oder gar mit Geld einkaufen kann. Ein solcher Link ist, obwohl er nicht direkt auf Content verlinkt, ein wertvoller Beitrag zum Linkaufbau für die dort genannten Verbände. Es geht deshalb bei der Offsite-Optimierung darum, inhaltlich und thematisch passende Seiten auf Websites mit hohem zu erwartenden PageRank und ebenso hohem TrustRank ausfindig zu machen und dort um eine Verlinkung nachzusuchen. Das können insbesondere Websites von Regierungen und Behörden, von Leit- oder Fachmedien, von Dachverbänden und Industrie- und Handelskammern oder von wissenschaftlichen Institutionen sein.

Dabei darf natürlich nicht vergessen werden, was wir über den PageRank und dessen Vererbung bereits wissen: Wenn eine Seite als unendliche Linkliste mit Dutzenden oder Hunderten von Einträgen gestaltet ist, erbt jede einzelne Seite entsprechend wenig oder gar kaum etwas vom PageRank. Eine solche Seite nützt also im Hinblick auf Reputation nicht viel.

Um gute Möglichkeiten zur Verlinkung ausfindig zu machen, kann man beispielsweise gelegentlich folgende Maßnahmen durchführen und die aufgefundenen Websites gegebenenfalls um einen Link bitten:

- *Analyse von Stakeholdern:* Einige Unternehmen, die Suchmaschinenoptimierung betreiben, bieten im Internet gratis Tools an, mit denen man für die eigene, aber auch andere Websites untersuchen kann, welche Links dorthin verweisen.[22] Im SEO-Jargon werden die Reputation vererbenden Links externer Websites als *Backlinks* bezeichnet – und unter diesem Begriff findet man eine Reihe solcher Tools. Häufig bewerten sie – wohlgemerkt mit eigenen, von Googles Algorithmen abweichenden – Methoden die Nützlichkeit eines jeden Links für die Reputation. Dies wird als *Linkpower* oder *Link Juice* bezeichnet.

[21] Siehe https://www.bundesregierung.de/Content/DE/StatischeSeiten/Breg/Tipps-fuer-Verbraucher/0-Buehne/2016-11-24-verbraucherorganisationen.html.

[22] Beispielsweise http://www.seo-backlink-tools.de oder https://www.seo-united.de/backlink-checker.

Untersucht man mit einem solchen Tool die Websites von bei Suchmaschinen erfolgreichen Stakeholdern aus dem eigenen thematischen Umfeld, wird man auf manche Website stoßen, auf der zwar andere Stakeholder, der eigene Verband selbst aber nicht verlinkt ist, obwohl es thematisch sehr gut passen würde (wie etwa, wenn in dem erwähnten Artikel der Bundesregierung der eigene Verbraucherschutzverband nicht verlinkt wäre). Oft dürfte eine E-Mail an den Betreiber genügen, um ebenfalls verlinkt zu werden.

Es ist aber auch nützlich, mit einem solchen Tool die Strategie der anderen Stakeholder zu analysieren, die sie anwenden, um Backlinks zu erhalten. Diese Strategie lässt sich möglicherweise kopieren: Beispielsweise könnte man herausfinden, dass der Stakeholder etwa durch bestimmte Veranstaltungen oder sonstige Aktionen, die er organisiert und die möglicherweise auch von seinen Mitgliedern online unterstützt werden, viele Links erhält.

- *Unverlinkter Verbandsname:* Sehr einfach kann man über eine Websuche nach dem eigenen Verbandsnamen Websites ausfindig machen, die den eigenen Verband zwar erwähnen, aber nicht verlinkt haben. Oft dürfte es hier durchaus möglich sein, den Websitebetreiber um eine Verlinkung zu bitten.
- *Mitgliedschaften:* Nahezu jeder Verband ist Mitglied in Dachverbänden, politischen Initiativen oder Arbeitskreisen, die oft über eigene Websites verfügen. Sofern der eigene Verband nicht verlinkt ist, dürfte dort eine Bitte um Verlinkung durchaus auf Wohlwollen stoßen. Sofern eine Verlinkung der Mitglieder bislang generell nicht erfolgt, könnte es sogar sinnvoll sein, dies gegebenenfalls auch generell durchzusetzen.
- *Mitglieder:* Wohlwollen darf ein Verband in der Regel sicherlich auch bei seinen Mitgliedern voraussetzen, wenn er bei diesen um Verlinkung nachsucht. Wenn etwa Großunternehmen zu Dutzenden einen Wirtschaftsverband oder Tausende von Selbstständigen einer bestimmten Berufsgruppe ihren Berufsverband verlinken, hat dies enorme Auswirkung auf die Reputation der Verbandswebsite.

  Google hat allerdings in einem speziellen Fall davor gewarnt, solche Links im Fußbereich der Website und damit auf allen Seiten sichtbar unterzubringen (Kunz 2015). Viele Webdesigner hatten auf den Websites ihrer Kunden im Fußbereich solche Links zur eigenen Website untergebracht. Es wird daher heute von Suchmaschinenoptimierern von solchen Links im Fußbereich abgeraten (OnPageWiki o. D. d). Sie werden auch – kritisch konnotiert – als *Gefälligkeitslinks* bezeichnet.

  Unproblematischer dürfte es sein, wenn die Mitglieder den Verband in den Inhalten ihrer Website verlinken, etwa in der Selbstdarstellung. Dazu kann der Verband gegebenenfalls auch Textbausteine vorschlagen.

4.3.2 Linkaufbau im Social Web

Natürlich spielen Links, die aus sozialen Netzwerken auf einen Verband gesetzt werden, ebenfalls eine wichtige Rolle. Dabei ist allerdings zu bedenken, dass soziale Netzwerke viele Inhalte nicht öffentlich zugänglich machen. Google und andere Suchmaschinen können also unter Umständen bestimmte Links gar nicht erkennen. Twitter beispielsweise ist jedoch komplett zugänglich, ohne dass man sich als Mitglied eingeloggt hat. Facebook zeigt Fanpages generell auch öffentlich an. Und das Karrierenetzwerk Xing erlaubt auch Nichtmitgliedern den Zugriff gerade auf viele Textdokumente und schützt überwiegend die Profile.

Andererseits führt die unter Umständen rasante Verbreitung von Links, auch wenn diese in geschützten Bereichen sozialer Netzwerke geschieht, zu einer stark ansteigenden Wahrscheinlichkeit, dass mancher Social-Media-Nutzer den Link schlussendlich wieder im offen zugänglichen Internet publiziert – beispielsweise in einem Blog.

Der Erfolg bei der Generierung von Links im Social Web hängt maßgeblich davon ab, dass das „Teilen" eines Artikels oder sonstigen Inhalts leicht durchzuführen ist. Wir hatten uns diesbezüglich bereits ausführlich mit den dafür notwendigen Social-Media-Tags befasst (siehe dazu Abschn. 3.4.6.2 *Offene Schnittstellen*). Es sollte also bei der Planung einer Website und während der redaktionellen Arbeit auch aus Gründen der Suchmaschinenoptimierung immer alles dafür getan werden, dass die Inhalte der Website einfach zu „teilen" sind.

Es ist zudem – gerade vor dem Hintergrund des Linkaufbaus – durchaus sinnvoll, ein Blog zu führen, in dem aktuell über Belange des Verbands geschrieben wird. Denn die Blogosphäre, die Gesamtheit der Blogger, ist – als Teil des Social Webs – sehr gut vernetzt. Da sie aber aus einer riesigen Anzahl einzelner Websites besteht, funktioniert diese Vernetzung zu einem erheblichen Teil über Verlinkung untereinander, beispielsweise auch durch sogenannte *Trackbacks*. Trackbacks sind nichts anderes als Links, die ein Autor automatisiert in einem fremden Blog platzieren kann, sofern er dieses selbst in einem Beitrag verlinkt hat (Wikipedia o. D. b). Das Blog muss, damit diese Strategie Wirkung auf die Reputation der Verbandswebsite entfaltet, natürlich Teil der Verbandswebsite unter der gleichen Domain sein.

Auch ein existierender RSS-Feed führt dazu, dass – teilweise automatisiert – Links im Social Web erzeugt werden. Es gibt zu vielen Themen Websites, die RSS-Feeds – teilweise automatisiert – auswerten und gegebenenfalls auf passende Artikel verlinken. Selbst wenn diese Websites nicht viel Linkpower zu vergeben haben, so sind sie doch fast immer thematisch genau passend ausgerichtet.

Will man erreichen, dass möglichst oft Mitglieder von sozialen Netzwerken Links auf die Website des eigenen Verbands setzen, wird zwangsläufig eines unumgänglich: Diese Internetnutzer müssen optimale Möglichkeiten haben, sich so aktuell wie nur möglich über neue Inhalte eines für sie interessanten Verbands zu informieren – denn wer mag schon alte Nachrichten posten? Es ist deshalb – auch aus Sicht des Linkaufbaus – unbedingt erforderlich, dass die Website eines Verbands möglichst gute Push-Dienste besitzt, also Funktionen, mit denen der Verband bei Publikation eines Inhaltes aktiv von sich aus möglichst viele potenzielle Rezipienten über den neuen Inhalt informieren kann.

4.4 Kommunikation mit Gruppen registrierter Nutzer

Es ist in diesem Buch bereits mehrfach angesprochen worden, dass es eines der wichtigsten Ziele der online stattfindenden Verbandskommunikation sein muss, von möglichst vielen Menschen ein Einverständnis zu erhalten, sie per Mail, per RSS, via Social Media oder auf sonstigen Wegen über neue Inhalte der Website in Kenntnis zu setzen. Nur dann kann ein frisch publizierter Artikel binnen Kurzem eine relevante Reichweite erreichen und damit im Sinne der Interessenvertretung politisch wirksam werden.

Auf den folgenden Seiten soll es um Kommunikation gehen, die nach einer entsprechenden Subskription, Registrierung oder Vernetzung von Nutzern stattfindet. Unabhängig davon, auf welche Weise der Nutzer sein Einverständnis zum Empfang von Nachrichten des Verbands gibt, wird für die Erteilung des Einverständnisses auch übergreifend – analog zum Recht – der Begriff *Opt-in* verwendet.

In diesem Kapitel geht es zunächst um Newsletter-Abonnenten, Mitgliederkommunikation und Medienarbeit. Das nachfolgende Kapitel beschäftigt sich dann mit dem umfangreichen Thema Social Media und Verbände.

4.4.1 Newslettering

Wir haben bereits erfahren, dass nicht nur am Hinblick auf eine namentliche Anrede personalisierte, sondern – beispielsweise durch die Möglichkeit zum Abonnieren von Keywords – inhaltlich individuell zusammengestellte Newsletter in ihrer Akzeptanz deutlich erfolgreicher sind als eine einzige Standardversion (siehe Abschn. 4.1.2 *Mediale Eigenschaften der Online-Kommunikation*). Im Rahmen eines Use Case bezüglich Journalisten ist zudem deutlich geworden, dass die gesamte Gestaltung der Funktionen zum Abonnieren maßgeblich dazu beiträgt, ob Nutzer Vertrauen in die Website gewinnen und ihre E-Mail-Adresse tatsächlich preisgeben, um den Newsletter zu erhalten (siehe *Use Case 5.1.1* im Abschn. 2.4.5 *Initiierung von Meinungsbildung*). Beispielsweise sollte man schon vor dem Abonnieren sehen können, dass es leicht ist, das Abonnement wieder zu beenden. Das unterstützt auch ein Hinweis auf einen Link am Ende eines jeden Newsletters zum Kündigen des Abonnements.

Außerdem haben wir erörtert, dass der Link zum Abonnieren in der Regel, wenn er im Umfeld guten Contents platziert ist, erfolgreicher sein wird als ein Eintrag in einer Unterebene eines Pulldown-Menüs oder in der Metanavigation (siehe dazu Abschn. 2.4.1 *Artikulation der Verbandsmeinung nach außen*). Und wir haben die Überlegung angestellt, ob nicht – sofern der Newsletter thematisch individualisiert ist – ein Link mit dem Text „Alles zum Thema Binnenmarkt abonnieren … " (beziehungsweise anderen Themen) erfolgreicher sein dürfte als „Unseren Newsletter abonnieren … " (siehe dazu Abschn. 2.4.1 *Artikulation der Verbandsmeinung nach außen*).

Sofern die Website nicht über einen thematisch individualisierten Newsletter verfügt, dürfte es in vielen Fällen etwa auch vertrauensbildend wirken, wenn man auf der Website ein Newsletter-Archiv unterbringt, das dem Nutzer die Seriosität und Nützlichkeit dessen, was er nach dem Abonnieren erhalten wird, dokumentiert. Und je früher der Nutzer diese Utility erkennt, desto eher wird er abonnieren; insofern ist es nicht unbedingt die klügste Lösung, das Archiv oder einen Link dorthin ausschließlich neben dem Formular zum Abonnieren zu platzieren. Erfolgreicher mit der Gewinnung von Abonnenten wird man sein, wenn man ältere Newsletter überall auf der Website quasi als Werbemittel für den Newsletter einsetzt.

Strategisch klug entwickelte Use Cases sind also wesentliche Voraussetzung dafür, dass überhaupt Nutzer einen Newsletter abonnieren. Dazu gehört, dass die Redaktion den Newsletter kontinuierlich promotet.

Aber auch für den Newsletter selbst sollte man Use Cases durchexerzieren: Wichtigster Aspekt dabei ist, ob man den Newsletter nur aus Teasern bestehen lässt oder aber aus vollständigen Inhalten. Für beides gibt es gewichtige Gründe:

- *Nur Teaser:* Der Newsletter wird kompakter und übersichtlicher. Er bringt interessierte Leser auf die Website, die möglicherweise mehrere Artikel lesen. Der Klick auf einen Link unter einem Teaser im Newsletter kann getrackt werden, sodass jeder Newsletter einer Evaluation unterzogen werden kann (siehe Abschn. 4.6.2 *Reports zur Unterstützung redaktioneller Arbeit,* hier *Push-Dienste-Report*).
- *Vollständige Inhalte:* Insbesondere in der Zielgruppe der Entscheider gibt es noch einen erheblichen Anteil an von potenziell interessierten Empfängern, denen Mitarbeiter per E-Mail eingehende Informationen ausdrucken (vgl. Hawk 2009). Will man diese erreichen, ist ein vollständiger Inhalt, unter Umständen sogar ein gut layouteter Newsletter im Format PDF, wie ihn Verbände oft verbreiten, wahrscheinlich erfolgreicher.

Darüber hinaus sollte per Use Case abgeklärt werden, ob es im Newsletter eine personifizierte Anrede sinnvoll ist.

4.4.1.1 Darstellung von Newslettern

Auch für Newsletter gilt, was Gegenstand des Abschnitts zur Aufbereitung von Inhalten für das Internet (siehe Abschn. 4.1 *Onlinegerechte Aufbereitung von Inhalten*) war: Der Empfänger einer E-Mail entscheidet nach wenigen Sekunden, ob er die empfangene Nachricht löscht oder zu lesen beginnt.

Das Unternehmen *Newsletter2go*, das sich mit E-Mail-Marketing befasst, hat in einer Studie ermittelt, dass im Jahr 2016 durchschnittlich 23 Prozent der Empfänger eines Newsletters, der Marketingzwecken dient, diesen öffnen (Beins 2016). Folglich löschen ihn 77 Prozent ungelesen.

Sicherlich kann man – zumindest grob schätzend – davon ausgehen, dass sich diejenigen Nutzer, die einen Newsletter öffnen, nicht wesentlich anders verhalten, als uns die Usability-Forschung über Webnutzer berichtet, die eine beliebige Seite im Web aufrufen: Die Mehrheit, nämlich 52 Prozent, verlässt die Seite nach nur zehn Sekunden, und nur wenige Leser scrollen nach unten, denn 80 Prozent der Nutzer verbleiben im anfänglichen

Sichtbereich (siehe Abschn. 4.1 *Onlinegerechte Aufbereitung von Inhalten*). Schließlich, so verrät uns die Studie von *Newsletter2go*, klicken ganze 3,28 Prozent angemailten Newsletter-Abonnenten auf einen oder mehrere Links im Newsletter. Und das sind die Leser, um die es uns in unserem Use Case geht – durchschnittlich 96 Prozent erreichen wir also nicht. Aber wir können versuchen, diese enttäuschenden Werte zu verbessern.

Auch beim Newsletter gelten die Gesetze der Content-Usability: Der Empfänger muss sofort erkennen können, dass er in einem Newsletter nützliche Informationen findet. Doch zunächst ist es keineswegs der Sichtbereich des geöffneten Newsletters, was der Empfänger sieht – sondern Absender und Betreff einer eingegangenen E-Mail. Viele Mailprogramme schneiden den Betreff sogar nach einer gewissen Anzahl von Zeichen ab.

Bevor wir also nach dem Öffnen des Newsletters zehn Sekunden Zeit erhalten, in denen wir versuchen können, einen Nutzer zum Lesen zu bewegen, müssen wir ihn in einem ähnlich kurzen Zeitraum mit einer sinnvollen Absenderangabe und einer 60 bis höchstens 80 Zeichen langen Überschrift vom Löschen abhalten und zum Öffnen bewegen. Es dürfte einleuchten, dass beispielsweise ein Newsletter vom Absender noreply@bvue.de mit dem Betreff „Newsletter KW 19/2017" die Hürde des Öffnens deutlich schwerer nehmen wird als ein Newsletter von *executive-infos@bvue.de* mit dem Betreff „XYZ-Branche steht Umsatzeinbruch bevor". Für einen thematisch ausgerichteten Betreff muss der Newsletter keineswegs monothematisch sein. Man kann den Betreff auch nach einem Schwerpunktthema vergeben und danach, etwa abgesetzt, weitere Themen behandeln.

Man sollte solch einen neuralgischen Punkt, wie den der Öffnung der Newsletter, natürlich unbedingt ständig optimieren und dazu genau evaluieren, wie attraktiv bestimmte Überschriften wirken. Es ist jedoch aus Gründen, auf die im Weiteren noch eingegangen wird (siehe Abschn. 4.4.1.3 *Problem Spamfilter*), ratsam zu überlegen, ob man nicht auf die Messung der Öffnungsrate verzichten kann, und sich stattdessen ganz darauf zu konzentrieren, die Klicks auf Links im Newsletter zu evaluieren (siehe Abschn. 4.6.2 *Reports zur Unterstützung redaktioneller Arbeit*) und daraus Schlüsse auf die Qualität auch der Öffnungsrate zu ziehen.

Hat der Empfänger den Newsletter geöffnet, entsteht möglicherweise das nächste Problem: Sofern der Newsletter Bilder beinhalten soll, kann es sein, dass der Empfänger von seinem Mailprogramm gewarnt wird, dass es ein Sicherheitsrisiko oder auch ein Datenschutzproblem geben könne, wenn nun die Bilder geladen würden. Das mag vor allem Nutzer abschrecken, die noch nicht so enge Bande mit dem Verband geschlossen haben – die aber möglicherweise für eine persuasive Strategie wichtig sind, weil sie sich den Themengebieten des Verbands erstmals nähern. Es kann auch jene abschrecken, die im Rahmen einer Strategie zur Erhöhung der Reichweite von Verbandsbotschaften erstmals dazu bewogen wurden, sich mit dem Verband zu vernetzen. Beide Gruppen sind – je nach Use Case – aber genau jene Nutzer, um die es uns geht.

Ein Ausweg ist, Bilder als Teil der Mail mitzusenden. Dann wird in aller Regel der Newsletter mit den Bildern ohne die problematische Meldung sofort angezeigt. Allerdings:

Das Mitversenden von Bildern als sogenannter *MIME Part*[23] bläht den Umfang der E-Mail gewaltig auf – mit der Folge, dass sie beispielsweise von mobilen Endgeräten nur teilweise heruntergeladen wird und daher zunächst trotzdem nicht korrekt angezeigt wird. Diese Probleme sind am einfachsten zu umgehen, indem man auf Bilder verzichtet. Will man aber Bilder einsetzen, sollten es möglichst wenige mit sehr kleiner Datenmenge sein, beispielsweise nur das Verbandslogo und ein Aufmacherbild – und diese sollten als *MIME Part* Teil der Mail sein.

Hat der Nutzer nun trotz all dieser Schwierigkeiten tatsächlich die Mail geöffnet, muss es unser Ziel sein, ihn innerhalb des anfänglichen Sichtbereiches davon zu überzeugen, dass er im Newsletter für sich wertvollen Content findet. Wir müssen dabei aber berücksichtigen, dass ein erheblicher Teil von E-Mails heutzutage auf Smartphone empfangen wird. Dort wird dann auch für einen erheblichen Anteil der E-Mails die Entscheidung getroffen, ob die Mail gelöscht wird. Entscheidende Herausforderung ist also, dass der anfängliche Sichtbereich, der für unsere Kommunikationsstrategie wie ein Nadelöhr wirkt, bei einem erheblichen Anteil der Empfänger viel kleiner ist als in einem normalen Webbrowser. Daraus ergeben sich zwei Grundanforderungen an die Gestaltung des anfänglichen Sichtbereichs eines Newsletters:

- *Aufmacherbild:* Ein Aufmacherbild nimmt von der kleinen Fläche des Sichtbereiches einen erheblichen Anteil ein. Sofern es das Einordnen des Inhalts durch Visualisierung unterstützt, ist das Aufmacherbild hilfreich. Sofern die Visualisierung, wie Nielsen in Bezug auf Stock-Fotos kritisiert, nur ein „Aufmöbeln" ist, verschenkt das Bild nicht nur den Raum, sondern die Rate derer, die nicht scrollen, nicht weiterlesen und – vor allem – keinem der Links im Newsletter folgen, wird unweigerlich ansteigen. (Zum Thema Visualisierung Abschn. 4.1.1 *Content-Usability*)

  Wir müssen aber immer auch damit rechnen, dass das Aufmacherbild auf Smartphones nicht angezeigt wird. Denn Mailprogramme für Smartphones laden oft nur einen Teil vom Anfang der jeweiligen E-Mail herunter und lassen den Nutzer dann entscheiden, ob die E-Mail vollständig abgerufen werden soll. Bilder als *MIME Parts* befinden jedoch fast immer weiter hinten in einer E-Mail. Der Startbildschirm sollte also unbedingt auch ohne das Aufmacherbild einigermaßen gut den Inhalt des Newsletters deutlich machen.
- *Themen:* Der Startbildschirm hat die Aufgabe, den Empfänger zum Scrollen und Lesen zu bewegen. Er muss daher – und wenn er auch noch so klein ist – die Themen des Newsletters, etwa als kleine Liste mit Links, enthalten. Dabei kann man weniger wichtige Themen durchaus zusammenfassen, etwa zu „Branchennews der Woche". Auch hier kann ein 5-Sekunden-Test helfen, das richtige Maß an Listeneinträge zu finden.

---

[23] Siehe dazu Wikipedia: https://en.wikipedia.org/wiki/MIME

Manche E-Mail-Programme stellen übrigens HTML-E-Mails und darin enthaltene Grafikdateien überhaupt nicht dar, sondern nur Text. Das liegt weniger an deren Fähigkeit, sondern sie extrahieren den Text aus dem HTML. Bei Outlook etwa ist das als Sicherheitsfeature – auch für ganze Firmennetzwerke – einstellbar (Bär und Schlede 2017), weil reiner Text im Gegensatz zu HTML keine Malware enthalten kann und Links auf externe Seiten, die Malware enthalten könnten, anders als HTML mit dem wirklichen URL anzeigt. Das beliebte E-Mail-Programm Thunderbird erlaubt dem Nutzer eine Voreinstellung, die dazu führt, dass Nachrichten, die im HTML-Format verschickt wurden, als reiner Text angezeigt werden (Mozilla o. D.).

Um als Versender die Kontrolle über das Aussehen des Newsletters in einer Nur-Text-Version so weit wie möglich zu behalten, kann man eine solche ebenfalls als *MIME Part* der Kategorie *multipart/alternative* Mail beifügen. Viele Mailprogramme greifen dann in der Darstellung auf diese Version des Newsletters zurück (Kulka 2013, S. 332).

Das schwierigste Problem in der Darstellung grafisch komplex gestalteter Newsletter hat technische Gründe: Es gibt viele Mailprogramme, die sich nicht an die üblichen Standards von HTML halten. Prominentestes Beispiel ist Outlook, das in den noch weit verbreiteten Versionen 2007 und 2010 bei der Darstellung von HTML-Mails statt auf den Internet-Explorer auf ein veraltetes Softwaremodul aus Microsoft Word zurückgreift (Microsoft 2017). Dies führt dazu, dass viele moderne, gebräuchliche Anweisungen in der Formatierungssprache CSS (für Cascading Style Sheets) nicht ausgeführt werden. Für eine genaue Positionierung der einzelnen Elemente eines Newsletters müssen umständliche *Workarounds* programmiert werden, die auf veraltete HTML-Techniken zurückgreifen – wie etwa Tabellen für das Layout oder ausführliche CSS-Angaben mitten im HTML-Code (George 2017). Google unterstützt CSS seit Herbst 2016 immerhin weitgehend, behält sich aber in der entsprechenden Dokumentation vor, dass nicht unterstützte CSS-Elemente von seinem Webmailer *Gmail* ignoriert werden können (Google 2016).

Vor allem komplexe Designs von Newslettern müssen daher ausgiebig getestet werden – besonders mit den eigenwilligen Mailprogrammen auf Smartphones. Möchte man solche Probleme von vornherein minimieren, sollte das Design einfach gehalten werden. Dies liegt ohnehin dann nahe, wenn ein Newsletter mit Inhalten individuell zusammengesetzt wird, die der Abonnent ausgewählt hat, wie etwa Artikel zu bestimmten Schlagworten.

4.4.1.2 Rechtserfordernisse für Newsletter

Mit den vielfältigen Bestimmungen, die Verbände beim Betreiben einer Website zu beachten haben, beschäftigt sich Abschn. 4.7 *Recht* weiter hinten in diesem Buch. Zu nennen ist hier in erster Linie, dass es nicht zulässig ist, Newsletter ohne vorheriges Einverständnis des Empfängers zu versenden – umgangssprachlich als Spam bezeichnet. Die folgenden Aspekte beeinflussen jedoch auch den Inhalt eines Newsletters und die Funktionen der Website, mit denen er abonniert werden kann. Sie sollen deshalb hier bereits angesprochen werden:

- *Datensparsamkeit und Datenvermeidung:* In § 3a des Bundesdatenschutzgesetzes (ab Mai 2018 in § 71 BDSG und in Art. 5 DSGVO) wird vorgeschrieben, dass die Erhebung, Verarbeitung und Nutzung personenbezogener Daten und die Auswahl und Gestaltung von Datenverarbeitungssystemen an dem Ziel auszurichten ist, so wenig personenbezogene Daten wie möglich zu erheben, zu verarbeiten oder zu nutzen. Die europäische Datenschutzgrundverordnung führt hierfür den Begriff der Datenminimierung ein. Daraus folgt, dass man mit dem zum Abonnieren eines Newsletters vorgesehenen HTML-Formular nicht alles Mögliche abfragen darf, sondern nur das, was zum Zweck der Erstellung und des Versands des Newsletters erforderlich ist (Kulka 2013, S. 134). Wer einen einheitlichen Newsletter versendet, darf also nicht auch gleich den Beruf oder die Konfession abfragen und die Angabe speichern – auch nicht, wie es immer wieder zu sehen ist, als „freiwillige Angabe". Man darf jedoch, wenn man dies in der Datenschutzerklärung entsprechend darlegt, die Anrede sowie den Vor- und Nachnamen – als freiwillige Angabe – abfragen, um den Abonnenten später persönlich ansprechen zu können (Kulka 2013, S. 136). Gegebenenfalls muss man aber den Newsletter auch an anonym bleibende Abonnenten versenden.

- *Einwilligung:* Bevor ein Websitebesucher sein Newsletter-Abonnement absenden kann, muss er durch Setzen eines Häkchens bewusst und eindeutig sein Einverständnis zur Nutzung der mit dem Formular erhobenen Daten erteilen. Mit dem Häkchen bestätigt er, dass er die Datenschutzerklärung gelesen und verstanden hat. Die Einwilligung des Nutzers muss protokolliert, der Inhalt der Datenschutzerklärung für den Nutzer jederzeit abrufbar bereitgehalten und der Nutzer muss über sein jederzeitiges Widerrufsrecht unterrichtet werden. Dies ist mit dem weiter vorn genauer beschriebenen Aufbau von Formularen zur Erhebung personenbezogener Daten sichergestellt (siehe Punkte zu Formulargestaltung, Protokollierung und Archiv in Abschn. 3.4.10.2 *Datenschutzerklärung*).

  Auch wenn der Nutzer formal mit Kenntnisnahme und Akzeptanz der Datenschutzerklärung bereits – so wie in § 13 Abs. 3 des Telemediengesetzes (ab Mai 2018: § 51 Abs. 3 BDSG) vorgeschrieben – über sein Recht informiert wird, den Newsletter jederzeit wieder abbestellen zu können, empfiehlt es sich, diesen Hinweis als „vertrauensbildende Maßnahme" auch auf dem Formular zum Bestellen anzuzeigen (Eco 2011, S. 17). Es dürfte sich auch positiv auf Bereitschaft der Websitebesucher zum Bestellen des Newsletters auswirken, wenn man dabei darauf hinweist, dass es zum problemlosen Kündigen des Abonnements in jedem Newsletter einen Link gibt (Eco 2011, S. 17).
- *Double-Opt-in:* In der Rechtsprechung hat sich mittlerweile durchgesetzt, dass das sogenannte Double-Opt-in-Verfahren ein hinreichend sicheres Verifizierungskonzept darstellt, mit dem nachgewiesen werden kann, dass der Besteller eines Newsletters auch wirklich der Inhaber der angegebenen E-Mail-Adresse ist (Hoeren und Bensinger 2014). Dabei versendet nach der Übertragung des Formulars zum Abonnieren der Webserver eine Bestätigungsmail mit einem individuellen Link an die eingegebene Mailadresse. Erst nachdem der Newsletter-Besteller diesen Link angeklickt hat und darüber zur Website zurückgekehrt ist, darf seine Mailadresse in den Newsletter-Verteiler aufgenommen werden. Dieses Double-Opt-in ist zu protokollieren.
- *Absenderverschleierung:* Newsletter müssen ihren Absender stets klar erkennen lassen (§ 6 Abs. 1 Ziffer 2 TMG und § 7 Abs. 2 Ziffer 4b UWG). Außerdem müssen, wie das Gesetz sagt, „kommerzielle Kommunikationen" klar als solche zu erkennen sein (§ 6 Abs. 1 Ziffer 1 TMG). Im Zweifel sollte ein Verband übrigens immer davon ausgehen, dass sein Newsletter rechtlich als Werbung gewürdigt wird (siehe dazu

Abschn. 4.7.1 *Werbung und Spam*). Ein Verschleiern liegt vor, wenn Absenderangabe und Betreffzeile absichtlich so gestaltet sind, dass der Empfänger vor Einsichtnahme in die E-Mail keine oder irreführende Informationen über die tatsächliche Identität des Absenders oder den kommerziellen Charakter der Nachricht erhält (Kiper 2007).

- *Opt-out*: Zwar schreibt § 28 Abs. 4 Satz 2 des Bundesdatenschutzgesetzes vor, dass der Empfänger „bei jeder Ansprache", also in jedem Newsletter, auf seine Möglichkeit zum Kündigen des Abonnements hingewiesen werden muss, aber der Gesetzgeber hat offen gelassen, wie das zu geschehen hat. Prinzipiell ist es bis dato rechtlich zulässig, dass man den Empfänger des Newsletters darum bittet, zwecks Kündigung mit einer E-Mail zu antworten, in der beispielsweise der Betreff „Abbestellung" lautet (Eco 2011, S. 18). Mit Wirksamwerden der europäischen Datenschutzgrundverordnung im Mai 2018 wird diese Rechtslage verschärft: Es gilt künftig das „Simplizitätsgebot", nach dem der Widerruf der Einwilligung „so einfach" sein muss „wie die Erteilung der Einwilligung" selbst. Ein Opt-out per E-Mail dürfte damit obsolet werden.

  Empfehlenswert ist es jedoch, das *Opt-out* möglichst komfortabel zu gestalten und einen entsprechenden Link in den Newsletter einzubauen, der es dem Nutzer auch erspart, seine E-Mail-Adresse einzugeben. Denn viele Menschen besitzen heutzutage diverse E-Mail-Adressen und wissen möglicherweise nicht mehr, mit welcher sie einen Newsletter abonniert haben (Eco 2011, S. 19). Sehr komfortabel für den Nutzer ist es, wenn der Mausklick auf den Link im Newsletter tatsächlich bereits das Abonnement storniert, aber ein Link auf der Bestätigungsseite die sofortige Wiederherstellung ermöglicht, beispielsweise für den Fall, dass der Nutzer den Link nur versehentlich angeklickt hat (Eco 2011, S. 19). Ebenfalls empfehlenswert ist ein *List-Unsubscribe-Eintrag* in den Metadaten der E-Mail. Dies ermöglicht dem Mailprogramm des Nutzers, sofern es über eine entsprechende Funktion verfügt, einen eigenen Button für ein Opt-out anzuzeigen – der Nutzer muss zum Stornieren des Newsletters also nicht einmal mit seinem Browser online gehen (Waßmer 2015). Je unkomplizierter das Opt-out gestaltet ist, desto größer dürfte auch die Chance sein, dass Nutzer den Newsletter irgendwann später vielleicht noch einmal abonnieren. Es hilft außerdem dabei, dass Empfänger eines Newsletters den Bezug einfach stornieren können und sich nicht stattdessen dazu gezwungen sehen, ihn als Spam zu markieren. Denn dies könnte negative Auswirkungen auch auf Spamfilter haben, die dann möglicherweise die E-Mail auch bei anderen Empfängern als Spam klassifizieren (Waßmer 2015).
- *Impressumspflicht:* Newsletter sind nach dem Gesetz ein *Telemedium* und unterliegen daher der nach § 5 Abs. 1 des Telemediengesetzes der Impressumspflicht. Es sind daher – auch in einem Newsletter – folgende Angaben zu machen (vgl. Kulka 2013, S. 387):
  - Namen beziehungsweise Bezeichnung des Verbands
  - Rechtsform und Registereintrag
  - Anschrift
  - Vertretungsberechtigter
  - Angaben zur einfachen Kontaktaufnahme, inklusive E-Mail-Adresse
  - Umsatzsteuer-Identifikationsnummer und Wirtschaftsidentifikationsnummer (soweit vorhanden)

Die Vorschrift des § 55 Ab. 2 des Rundfunkstaatsvertrages erweitert die Impressumspflicht für alle journalistisch-redaktionell gestalteten Telemedien um die Angabe eines oder mehrerer

- *Verantwortlicher nach § 55 Abs. 2 RStV* und ihrer Anschrift sowie – bei mehreren – der Zuständigkeit für einzelne Teile des Newsletters.

4.4.1.3 Problem Spamfilter

Niemand möchte eine E-Mail in seinem Posteingang haben, in der das Wort *Viagra* vorkommt. Außer er ist Apotheker, Mitarbeiter eines Pharmaverbandes oder Arzt – und vielleicht gibt es derer noch weitaus mehr Fälle.

Ein Spamfilter kann also nicht einfach nach bestimmten Worten in eingehenden E-Mails fahnden und diese aussortieren. Stattdessen wird, jedenfalls bei den meisten Spamfiltern, für jede E-Mail eine komplexe Bewertung vielfältiger Details vorgenommen, die darauf schließen lassen könnten, dass es sich um Spam handelt.

Ein fiktives Beispiel: Für das Wort *Viagra* gibt es zunächst nur ein paar Minuspunkte. Wird in der Mail auch das Konkurrenzprodukt *Cialis* erwähnt, kommen weitere Minuspunkte hinzu. Aber auch dann wird die Mail nicht als Spam klassifiziert. Erst wenn beispielsweise der Spamfilter im Hintergrund automatisiert nachfragt, ob denn die Domain der Absenderadresse *diskreteapotheke.de* und die zu einem osteuropäischen Rechenzentrum führende IP-Adresse, von der die Mail gerade gesendet wurde, technisch als zusammengehörend registriert sind, kann es kritisch werden: Wenn das nämlich nicht der Fall ist, gibt es noch mal ordentlich Minuspunkte – und die E-Mail wird als Spam einkassiert.

Die aktuelle Version 3.4 des bekanntesten Spamfilters namens *SpamAssassin* vergibt für mögliche Merkmale einer E-Mail nach über 300 Bewertungsregeln Punktwerte (SpamAssassin o. D.). In der Standardkonfiguration wird eine Mail ab sechs Punkten als Spam klassifiziert. Unter den Regeln sind beispielsweise die folgenden – für Verbandsnewsletter möglicherweise besonders relevanten – zu finden:

- *Tracker-ID:* Zwei Punkte gibt der Filter solchen Mails, in denen er eine alphanumerische Zeichenkette von mindestens 24 Zeichen Länge findet – allerdings am Ende einer Zeile (vgl. GT.net 2004). Dies lässt nämlich darauf schließen, dass es sich um eine „Identitätsnummer zur Nutzerbeobachtung" handelt. Doch während so lange Worte im englischen Sprachraum kaum existieren, bleiben in Deutschland E-Mails mit durchaus gebräuchlichen Begriffen im Text schon mal hängen – wie etwa dem Wort „Sozialversicherungspflicht" (Narkive 2005).
- *Nur HTML*: Fehlt in einer als *MIME multipart/alternative* deklarierten E-Mail die Nur-Text-Version werden 2,199 Punkte vergeben (vgl. Apache.org 2005). Diese Konstellation ist typisch für Newsletter, die besonders auf gutes Design setzen wollen (vgl. dazu auch Abschn. 4.4.1.1 *Darstellung von Newslettern*).
- *Absender ohne Namen:* E-Mail-Programme erlauben in aller Regel, jeder E-Mail-Adresse einen Namen hinzuzufügen. Nach den Regeln der RFC 5322 ist wird eine E-Mail-Adresse dann wie folgt notiert: *„Peter Müller" <p@mueller.org>* (Network Working Group

2008). Sofern die Absenderangabe nur aus einer reinen E-Mail-Adresse (wie *newsletter@verband.de*), aber nicht einem dafür anzuzeigenden Namen besteht, gibt es zwei Punkte.

- *Großschreibung im Betreff:* Sind im Betreff alle Buchstaben groß geschrieben, erhält die E-Mail einen halben Punkt.

SpamAssassin sucht E-Mails aber natürlich vor allem auch nach einer langen Liste von Begriffen ab, die nach marktschreierischer und für Spam typischer Werbung klingen, und vergibt bei deren Vorkommen bis zu fast drei Punkte, wie im Falle dreier Mittel gegen erektile Dysfunktion, sofern deren Namen auch zugleich noch durchgehend groß geschrieben werden.

Allerdings: Die Suche nach „Join Millions of Americans" oder „Dear Friend" fängt zwar eventuell amerikanischen Spam weg, jedoch nicht deutschen. SpamAssassin muss also angepasst werden. Das kann ein versierter IT-Administrator selbst tun, aber freiwillige Open-Source-Aktivisten und kommerzielle Dienstleister bieten dazu auch sogenannte *Regelsets* an, die man einfach installieren kann. Dies bedeutet aber auch: Die Zahl der Konfigurationsvarianten im Web ist riesig. Es lässt sich daher nie genau sagen, welche Begriffe in Newslettern möglichst nicht vorkommen sollten, damit sichergestellt ist, dass der Empfänger wirklich erreicht wird.

Klar ist allerdings: Viele E-Mails, die Spam sind, tarnen sich als Newsletter. Deshalb suchen Spamfilter auch nach deren Merkmalen. Denn es gibt zwei ganz untrügerische Unterscheidungskriterien zwischen persönlichen E-Mails und im Massenversand verbreiteten Newslettern: Nur Letztere haben, meist am Anfang, einen Link zu einer online stehenden Version des Newsletters für den Fall eine schlechten Darstellung im Mailprogramm und, meist am Ende, einen Hinweis darauf, dass man sich aus dem Verteiler austragen kann – per Klick auf einen Link oder per E-Mail.

Viele von Spamfilter-Administratoren konfigurierte Regeln suchen deshalb genau danach. So hat die Universität Innsbruck in ihren SpamAssassin-Regeln, die sie online gestellt hat, fünf verschiedene Prüfungen auf solche Austragungshinweise eingerichtet – die mit bis zu 1,746 Strafpunkten (LFU 2008) geahndet werden. Und ein englischer IT-Dienstleister erläutert auf seiner Website für einen Spamfilter von Microsoft, wie eine Regel zur Suche nach entsprechenden Begriffen aussehen sollte, damit man solche Mails effizient aussortieren kann (CloudDirect o. D.).

Ein Verbands-Newsletter sollte deshalb sorgfältig prüfen, ob er nicht ohne diese einschlägigen Formulierungen auskommt. Völlig überflüssig dürfte in aller Regel ein sogenannter *Permission Reminder* sein, der dem Empfänger erklärt, warum er den Newsletter erhält. Einer der Gründer des E-Mail-Marketing-Dienstleisters MailChimp hat das in seinem Blog so formuliert (Chestnut 2008):

> For the most part, if you send true permission-based email marketing, your recipients don't need permission reminders. They already know how they got on your list.

Zwar ist der an den Empfänger gerichtete Hinweis auf die Möglichkeit, jederzeit aus dem Newsletter auszuoptieren, gesetzlich vorgeschrieben. Wenn man sich dafür eine eigene

Formulierung einfallen lässt und mit einschlägigen Begriffen eher vorsichtig umgeht, dürfte sich das aber gewiss in einer erhöhten Zahl von zugestellten Newslettern auszahlen.

In einem ganz ähnlichen Kontext ist auch das Tracking der Öffnungsrate zu sehen: Zwar ist die im Jahr 2002 eingeführte SpamAssassin-Regel, mit der nach Zeichenketten mit mehr als 24 Zeichen Länge gesucht wird, wie wir gesehen haben, fehleranfällig. Aber gerade deshalb dürften viele abweichend konfigurierten Spamfilter heutzutage umso geschickter nach Trackingcodes suchen. Das ist nicht schwierig: Die übliche Technik, mit der man das Öffnen eines Newsletters tracken kann, ist ein nicht als *MIME Part* bereits in der Mail enthaltenes Bild, das beim Anzeigen der Mail aus dem Internet heruntergeladen werden muss. Dies kann ein sogenanntes Zählpixel, also ein winziges weißes oder transparentes Bild, sein oder ein tatsächlich zum Newsletter gehörendes Bild. Beim Download des Bildes wird der Trackingcode an den Webserver übertragen – beispielsweise durch Anhängen an den URL des Bildes:

http://www.verband.de/bilder/bild123.jpg?id=38reu2fs9s37r8

Die Messung der Öffnungsrate ist jedoch aus diversen technischen Gründen stark fehlerbehaftet. Denn beispielsweise wird die Mail bereits dann als geöffnet gezählt, wenn sie im Vorschaufenster des Mailprogramms angezeigt wird – auch wenn der Empfänger das nicht wahrnimmt und sie vielleicht sofort nach dem Auffinden löscht (Heinemann 2015). Die Messungen sind auch deshalb mit Vorsicht zu genießen, da manche Einstellungen im Mailprogramm des Empfängers, aber auch Firewalls und Spamfilter das Herunterladen von Bildern verhindern (OnPageWiki o. D. e) – und das auch, wenn der Empfänger die Mail – ohne Bilder – gelesen hat. Angesichts der hohen Ungenauigkeit dürfte die Entscheidung möglicherweise oft gegen das Messen von Öffnungsraten ausfallen, wenn man Risiken und Nutzen nüchtern abwägt.

Will man messen, wie viele Nutzer auf einen Teaser im Newsletter klicken, um den kompletten Artikel auf der Website zu lesen, sollte man – wegen möglicher Probleme mit Spamfiltern – nicht unbedingt die typischen Parameter an den Link anhängen, die sofort auf Tracking schließen lassen, wie etwa der Parameter *pk_campaign* von Piwik:

http://www.verband.de/artikel/123.html?pk_campaing=newsletter-kw52

Stattdessen lässt sich mit ein wenig Programmierung ein solcher Link auch so gestalten, ohne dass es den URL auf dem Webserver wirklich so gibt:

http://www.verband.de/newsletter/kw52/artikel/123.html

Über ein sogenanntes *Redirect*[24] kann dann der Nutzer von diesem Link auf den zuvor genannten URL umgeleitet werden. Das eigentliche Tracking findet dann über das Tracking-Cookie beim Besuch auf der Website statt. Es muss dem Webserver nur mitgeteilt

[24] Als Redirect bezeichnet man im Protokoll HTTP eine Antwort des Webservers, die den Browser auf eine andere als die angefragte Adresse verweist, der der Browser automatisiert folgen kann. Es wird auf Apache-Webservern meist mit dem Modul *mod_rewrite* erzeugt (vgl. SelfHTML o. D.).

werden, dass der Besucher in seinem Mailprogramm einen Teaser des Newsletters angeklickt hat. Ein viele Zeichen langer Trackingcode ist dazu nicht notwendig.

Spamfilter untersuchen jedoch nicht nur die eingehenden E-Mails. Sondern Anti-Spam-Systeme verschaffen sich im sofort nach dem Empfang einer E-Mail Einblicke in die Seriosität des Mailservers, der ihnen gerade etwas zugesendet hat. Dazu nutzen sie das *Domain Name System*. Das abgekürzt als *DNS* bezeichnete globale Datenbanknetzwerk aus sogenannten *Name-Servern*, erlaubt es jedem Rechner (auch dem Webbrowser jedes Internetnutzers), numerische IP-Adressen abzufragen, die zu einer Domain, wie etwa *verband.de*, gehören. Denn die eigentliche technische Kommunikation zwischen zwei Computern im Internet basiert auf der Adressierung des Datenverkehrs mittels IP-Adressen. Das DNS kennt diverse Arten von Einträgen, vor allem natürlich die jeweiligen IP-Adressen von Websites und Mailservern.

Soll ein Mailserver eine Mail an die Adresse *peter@mueller.de* versenden, muss er im Domain Name System zunächst nachfragen, welche IP-Adresse der für den Empfang von E-Mails zuständige Server der Domain *mueller.de* hat. Dies erfährt er im DNS, indem er den sogenannten *MX-Eintrag* (für Mail Exchange) zu *mueller.de* erfragt. Dann nimmt er über die IP-Adresse Kontakt mit dem Mail-Server des Empfängers auf und sendet ihm die E-Mail zu. Eigentlich könnte der Vorgang damit abgeschlossen sein. Im Fall des Einsatzes von Anti-Spam-Systemen ist das jedoch anders: Der Mailserver, der die E-Mail empfangen hat, kann nach deren Erhalt genauso Daten aus dem DNS abfragen, bevor er die Mail dem Empfänger tatsächlich zustellt. Und das geschieht auch:

- *HELO-Namen:* Während der sendende Server den empfangenden kontaktiert, sendet er einige vorgeschriebene Daten. Dazu gehört, dass er sich vorstellt: Er sendet ein auf vier Zeichen abgekürztes Hello und seinen Servernamen. Der empfangende Server kann daraufhin mit einer eigenen DNS-Abfrage prüfen, ob es diesen Server überhaupt gibt. Spammer tragen oft keinen korrekten HELO-Namen ein (Schwartz 2005).
- *Reverse DNS:* Der empfangende Server hat aber auch die IP-Adresse des sendenden Servers. Er kann im DNS auch unter der IP-Adresse nach dem Servernamen fragen. Dass dies – anders herum als bei der Kontaktaufnahme, wo mit dem Servernamen nach der IP-Adresse gefragt wird – möglich ist, setzt voraus, dass ein DNS-Eintrag für die IP-Adresse existiert (Neale 2009). Spammer haben oft keinen solchen Eintrag. Teilweise fragen Server, die nach dem Empfang einer E-Mail per *reverse DNS* einen Servernamen erfragt haben, mit diesem im DNS wiederum nach der IP-Adresse – um zu überprüfen, ob sie mit der anfänglich abgefragten IP-Adresse übereinstimmt.
- *Sender Policy Framework (SPF):* Der empfangende Server kann auch die Absenderadresse der E-Mail einer weiteren Prüfung unterziehen: Er kann im DNS unter der Domain des Absenders, beim einer E-Mail von *newsletter@verband.de* also unter *verband.de* abfragen, welche IP-Adressen berechtigt sind, für die Domain E-Mails zu versenden und vergleichen, ob die IP-Adresse dabei ist, von der er eben die E-Mail erhalten hat (vgl. McDonald 2004). Solche SPF-Einträge werden von Spammern oft nicht eingerichtet.

- *DomainKeys Identified Mail (DKIM):* Der versendende Mailserver kann seiner Mail in den Metaangaben des Headers eine Signatur mitliefern. Im Domain Name System wird zugleich ein öffentlich abrufbarer Schlüssel hinterlegt. Der empfangende Server kann nun prüfen, ob Signatur und Schlüssel zueinander passen. Ist das der Fall, ist die Mail von der Absender-Domain autorisiert (Oppliger 2014).

Stimmt irgendetwas mit der auf diese Weise überprüfbaren Konfiguration eines für Newsletter-Versand genutzten Mailservers nicht, so gibt es – obwohl der Versand selbst funktioniert – in den Spamfiltern der Empfänger-Server Punkte (vgl. Huckaby 2017).

Für die versiertesten Spammer sind, anders als für viele Newsletter-Versender, die bisher genannten Abwehrmechanismen keine wirklichen Hürden. Ihnen kommen Spamfilter im Prinzip nur bei, wenn sie nahezu in Echtzeit Information zu drei Fragen abrufen können: Ist die IP-Adresse, von der gerade eine E-Mail eingegangen ist, in den letzten Minuten oder Stunden als Spam-Versender aufgefallen? Und: Führt ein Link, der in einer eingegangenen E-Mail vorkommt, zu den Websites, mit denen Spammer Geld verdienen? Und nicht zuletzt: Ist eine bestimmte, immer gleiche Mail kürzlich von einer hohen Zahl Empfänger per Hand als Spam markiert worden? Solche Fragen beantworten etliche Dienste, wie *DNSBL, Vipul's Razor, Pyzor, DCC, Spamhaus* quasi in Echtzeit (vgl. Spamhaus o. D. a). Diese Antworten gehen in der Regel in die Punktevergabe der Spamfilter ein (vgl. Fischer 2016).

Zur Gewinnung ihrer Daten nehmen diese Dienste zum einen auf digitalem Wege Spammeldungen entgegen, zum anderen arbeiten sie auch mit sogenannten Spamfallen (Pieper 2013). Das sind ehemals aktive Mailadressen, die bei Eingang einer E-Mail mitteilen, dass der Adressat nicht mehr erreichbar ist. Oder es sind eigens dafür angelegte Adressen, die im Internet auf Websites nicht sichtbar im HTML-Code platziert werden, sodass kein Mensch dorthin E-Mails schickt – aber die Harvester der Spammer, Programme, die das Internet nach E-Mail-Adressen absuchen, nehmen sie in ihre Adresslisten auf. Gehen dort E-Mails ein, sind sie mit sehr hoher Wahrscheinlichkeit Spam. Und der Absender läuft Gefahr, auf der Blacklist zu landen.

Gratis-Anbieter von E-Mail-Diensten, sogenannte *Freemailer*, wie Yahoo, Google oder GMX, können darüber hinaus auch in Echtzeit auswerten, wie ihre Nutzer auf eine Mail reagieren, die vielfach im jeweiligen System eingeht. Bei Yahoo etwa gibt es die Möglichkeit, eine Mail nicht nur als Spam zu markieren, sondern sie mit einem einzigen Mausklick als Spam zu melden (Yahoo o. D. a). Tun das viele Nutzer mit einer Mail des gleichen Absenders, findet sich der unter Umständen, jedenfalls zeitweise, auf einer Blacklist von Yahoo wieder (Yahoo o. D. b).

Auch seriöse Versender von Newslettern haben mit dem Blacklisting oft Probleme. Und zwar aus folgenden Gründen:

- *Shared Server:* Die preiswertesten Angebote für das Hosting von Websites und anderen Online-Services basieren auf dem Prinzip, dass sich viele Kunden mit ihren jeweiligen Domains in einem Rechenzentrum eines Webhosters einen Server teilen.

Da bedeutet: Manchmal haben Dutzende oder gar eine dreistellige Anzahl von Websites die gleiche IP-Adresse. Versendet nun ein Verband, der zu diesen Kunden gehört, einen Newsletter über den Server seiner Website, fragen die Mailserver, die den Newsletter empfangen haben, die Blacklists der zuvor genannten Services ab. Wenn unter den vielen anderen Kunden auf dem gleichen Server auch nur einer ins Visier der Spamfahnder geraten ist, melden diese nun zurück, dass die IP-Adresse auf der Blacklist steht. Je nach Konfiguration schlägt der Spamfilter dann oft sofort zu. Es ist daher ratsam, dass ein Verband, für den Newsletter ein relevantes Werkzeug der Kommunikation sind, keinen sogenannten *Shared Server* mietet, sondern einen *Dedicated Server*, der exklusiv nur für die Website des Verbands und seinen Mailserver zum Newsletter-Versand da ist (vgl. PCtipp 2013).

In der Regel bieten Betreiber von Blacklists auf ihren Websites Tools an, mit denen man seine eigene IP-Adresse überprüfen kann. Auf der Website DNSBL kann man eine Vielzahl von Blacklists mit einem einzigen HTML-Formular abfragen.[25]

- *Bounce-Messages:* Je weniger der Verteiler eines Newsletters gepflegt wird, desto größer ist die Gefahr, dass eines Tages ein Exemplar in eine Spamfalle geht. Es ist deshalb dringend erforderlich, die wegen Unzustellbarkeit eines Newsletter-Exemplars zurückkommenden E-Mail-Benachrichtigungen, die sogenannten *Bounce-Messages*, abzuarbeiten und nicht mehr existierende Adressaten sorgfältig aus dem Verteiler zu entfernen (Pieper 2013). Anderenfalls droht Blacklisting.

  Natürlich können auch Freemailer den hereinkommenden Mailverkehr auf einen verdächtig hohen Anteil an nicht mehr existierenden Adressen hin untersuchen – und Absender sperren, bei denen die sogenannte *Bounce-Rate* zu schlecht ist. Bei *Yahoo Mail* steht deshalb das Management der Bounce-Messages an erster Stelle einer der Liste von Empfehlungen, die Yahoo den Absendern von Newslettern und anderen massenhaft versendeten E-Mails zur Vermeidung der Einordnung als Spam gibt (Yahoo o. D. c).

Unter den Maßnahmen, mit denen der Versender eines Newsletters Probleme mit Spamfilter entgegenwirken kann, wird oft auch Whitelisting genannt (vgl. Kulka 2013, S. 836). Whitelisting funktioniert technisch analog zum Blacklisting. Ein Mailserver, der eine E-Mail empfängt, kann bezüglich der IP-Adresse oder Domain des Absenders via Domain Name System bei einem Whitelist-Dienst eine Anfrage stellen, ob der Absender so vertrauenswürdig ist, dass die E-Mail zugestellt werden kann (vgl. Kulka 2013, S. 836). Dadurch soll vor allem die Zahl fälschlicherweise als Spam identifizierter E-Mails deutlich reduziert werden. *SpamAssassin* vergibt in der Standardkonfiguration beispielsweise bis zu fünf Punkte Bonus, wenn die DNS-Anfrage bei der Organisation *DNSWL.org* eine hohe Reputation des Absenders aufgrund eines entsprechenden Whitelist-Eintrags ergibt. Der Bonus reduziert dann die wegen Spammerkmalen ermittelten Punkte entsprechend. Aber natürlich können Spamfilter-Administratoren die Regel aussetzen oder abwandeln.

---

[25] Unter: http://www.dnsbl.info

Sie können den Punktwert ändern. Aber sie können auch andere Whitelists abfragen. Bei *Spamhaus* gibt es beispielsweise ein Projekt für eine Whitelist, das sich zum Ziel gesetzt hat, etwa die Zustellung der E-Mail von Banken, Steuerberatern, Rechtsanwälten, Ärzten, Behörden sicherzustellen. Auch an automatisch generierte E-Mails von Bezahl- oder Buchungssystemen und Fluggesellschaften wird dabei gedacht (Ihlenfeld 2010). Allerdings ist das Projekt ausweislich der Website von Spamhaus auch sieben Jahre nach dem Start, im Frühsommer 2017, noch in der Betaphase (Spamhaus o. D. b).

Während der Eintrag bei *DNSWL.org* (DNSWL o. D.), ebenso wie jener in der *AOL Whitelist* (AOL o. D.), kostenlos ist, ist das innerhalb Deutschlands wichtigste Whitelisting kostenpflichtig. Die *Certified Sender Alliance* (CSA) berechnet dafür monatlich 300 Euro, gemeinnützige Organisationen erhalten einen Vorzugspreis von 100 Euro; hinzu kommt eine Einrichtungsgebühr. Dafür gewährleisten die der CSA angeschlossenen E-Mail-Provider, wie etwa *1&1, AOL, Freenet, GMX, Mail.com, Web.de* und *Yahoo*, dass die E-Mails zertifizierter Kunden ohne weitere Überprüfung zugestellt werden. Bei CSA liest sich das so (CSA o. D.):

> Eine Teilnahme an der Certified Senders Alliance bedeutet, dass serverseitige Spam – Filterungen i.d.R. nicht greifen und eine Filterung, die eine Zustellung von Mails listengeführter Massenversender verhindert, ausschließlich durch individuelle Nutzereinstellungen erfolgen kann.

Relevanz hat das Whitelisting der CSA aber nur bei den angeschlossenen E-Mail-Providern, die typischerweise vor allem von privaten Benutzern in Anspruch genommen werden. Viele international agierende Freemailer, wie etwa Googles *Gmail* oder Microsofts *Outlook.com*, gehören der CSA nicht an (Publicare 2014). Und auch bei Business-Postfächern in Unternehmen greift kein Whitelisting der CSA (vgl. Kulka 2013, S. 865). Für Verbände dürften aber wichtige Teile ihrer Zielgruppen oft gerade auch dort zu verorten sein.

4.4.1.4 Newsletter-Versand

Einige Details beim Versand von Newslettern können immense Auswirkung darauf haben, wie erfolgreich die Zielgruppe erreicht wird und wie die Rate der ausoptierenden Abonnenten möglichst gering gehalten wird:

- *Zeitpunkt:* Von großer Bedeutung dafür, wie viele Empfänger einen Newsletter lesen und wie viele ihn ungelesen löschen, ist der Zeitpunkt des Versands. Eine amerikanische Studie kam zu dem Ergebnis, dass sich die Öffnungsraten von Marketing-Newslettern je nach Wochentag um bis zu 6,7 Prozent unterscheiden. Sonnabends betrug sie 18,7 und mittwochs 25,4 Prozent. Die gleiche Studie fand allerdings auch heraus, dass Öffnungsraten und Klicks auf Links im Newsletter nicht unbedingt korrelierten. Der beste Tag war hier der Sonnabend mit einer Klickrate von 5,0 Prozent, der schlechteste war der Sonntag mit 2,4 Prozent. Der Mittwoch war mit 3,9 Prozent Klickrate immerhin der zweitbeste Tag (Kulka 2008).

Die Studie untersuchte auch die beste Uhrzeit: Die Öffnungsrate und die Klickrate stiegen über den Tag beide gleichmäßig an. Die Klickrate erreicht ihren Höhepunkt gegen 16 Uhr und die Öffnungsrate gegen 17 Uhr. Die Klickrate steigt dabei von 2,6 Prozent um 8 Uhr morgens auf 6,4 Prozent am Nachmittag (Kulka 2008).

Andere Untersuchungen kamen jedoch zu völlig anderen, teilweise konträren Befunden (Kulka 2008). Man kann deshalb davon ausgehen, dass es keine allgemeinen Regeln gibt, wann der Versand eines Newsletters am erfolgreichsten durchgeführt werden wird. Es ist jedoch augenscheinlich, dass der Tagesablauf der Empfänger einen maßgeblichen Einfluss darauf hat. Sofern das Rezeptionsverhalten von signifikant unterschiedlichen Tagesabläufen in unterschiedlichen Zielgruppen beeinflusst wird, werden maximale Öffnungs- und Klickraten mit den Eigenschaften von Zielgruppe zu Zielgruppe unterschiedlich sein. Es ist daher ratsam, zu evaluieren, zu welchem Zeitpunkt ein Newsletter den meisten Traffic auf die Website bringt – und ihn danach möglichst immer zu diesem Zeitpunkt zu versenden.

- *Adressierung:* Sowohl um den Newsletter nicht Opfer eines Spamfilters werden zu lassen als auch im Hinblick auf Vertrauenswürdigkeit beim Empfänger ist die beste Form der Adressierung, wenn die E-Mail vom Absender an ausschließlich eine Person gesendet wird, die im Adressatenfeld der Mail steht, und wenn die Mail eine persönliche Anrede beinhaltet. Denn lange Empfängerlisten sind ein Hinweis auf Spam. Bis zur vorletzten Version genügte es dem *SpamAssassin* zum Beispiel, wenn die Empfängerliste alphabetisch sortiert war, um 1,801 Punkte zu vergeben (vgl. Office Watch 2015).

  Unbedingt vermieden werden sollten zwei immer wieder vorkommende Adressierungsmethoden:
  - *Offene Adressatenliste:* Adressiert man eine E-Mail durch Eingabe mehrerer Empfänger in das Anschriften- oder das CC-Feld, sehen die Empfänger sämtliche E-Mail-Adressen der anderen Empfänger. Abgesehen davon, dass dies aus Datenschutzgründen rechtswidrig ist und auch schon zur Verhängung von Bußgeld geführt hat (Heise 2013), ist es auch gefährlich für die Reichweite. Denn die Gefahr, dass Empfänger angesichts der Verbreitung ihrer E-Mail-Adresse an eine Vielzahl Unbekannter, wird die Opt-outs rasant in die Höhe treiben.
  - *Adressierung per BCC:* Als elegante Lösung für das zuvor geschilderte Problem gilt oft der Versand an eine größere Zahl Adressaten, die im Blind-Copy-Feld (BCC) stehen. Spätestens wenn – der Idee folgend, keine Empfängeradressen publik zu machen – der Absender auch als Empfänger angegeben wird oder aber das Adressatenfeld leer bleibt, vergeben Spamfilter Punkte (vgl. Lion-Arend 2015).
- *Doubletten:* Empfänger, die einen Newsletter mehrfach erhalten, sind oft verärgert (vgl. Haufe 2012). Es muss damit gerechnet werden, dass sie den Bezug des Newsletters vollständig beenden. Auch bei sorgfältigster Pflege der Daten in einem CRM lässt es sich kaum vermeiden, dass Dubletten in die Verteiler kommen, beispielsweise, indem jemand den Newsletter online abonniert und dann nach einer gewissen Zeit Verbandsmitglied wird. Die Verbandsgeschäftsstelle nimmt das neue Mitglied dann erneut

in den Newsletter-Verteiler auf, zum Beispiel, weil das erste Opt-in mit einer anderen Mailadresse erfolgte.

Es besteht auch das Risiko, dass es zwar zwei verschiedene Abonnenten gibt, die aber mit einer identischen Mailadresse in den Verteiler gelangen (vgl. Waßmer 2015). Zumindest sofern der Newsletter nicht personalisiert ist, führt das zum zweifachen Eingang eines völlig identischen Newsletters.

Um die Abmelderate möglichst gering zu halten, muss daher beim Versand sichergestellt sein, dass keine E-Mail-Adresse zwei Newsletter erhält.

4.4.2 Mitgliederkommunikation via Extranet

Es gibt so gut wie keine Literatur, die systematisch untersucht hätte, was deutsche Verbände ihren Mitgliedern in passwortgeschützten Mitgliederbereichen, sogenannten Extranets, anbieten. Eine Studie der Otto-Brenner-Stiftung nennt als wesentliche Inhalte Informations- und Wissensmanagement, betont aber, dass verbandseigene soziale Netzwerke an Bedeutung gewinnen (Hoffjann und Gusko 2013, S. 72). Als Beispiel nennen die Autoren jedoch ausgerechnet ein Projekt des Paritätischen Gesamtverbands, das in seinen Diskussionsgruppen heute, vier Jahre später, keinerlei Aktivität von Nutzern mehr aufzuweisen hat.[26]

Das Problem, dass kleinere, private soziale Netzwerke häufig scheitern, ist von Unternehmen bekannt. Carol Rozwell, Analystin beim renommierten Technologie-Marktforschungsunternehmen *Gartner*, schätzt, dass 70 bis 80 Prozent aller Unternehmen mit Enterprise Social Networks massive Umsetzungsprobleme haben (Lixenfeld 2014):

> Wir erleben sehr oft, dass Vorstände von der Technologie begeistert sind und ihre Erwartungen daran orientieren, wie schnell Consumer-Social-Networks gewachsen sind. Und dann denken sie, mit dem richtigen Tool erreichen wir unternehmensintern ähnliche Mitmach-Quoten. Diese Gleichung geht aber fast nie auf.

Charlene Li, Analystin der Unternehmensberatung *Altimeter Group*, sieht das Problem darin, dass solche Social Networks „als Technologie und nicht als Business-Strategie" implementiert wurden (Cloer 2014).

Derartige Befunde dürften in ähnlichem Maße auch auf die Verbandskommunikation zutreffen. Dass sich viele Verbände schwer damit tun, in ihrem Extranet intensiven Traffic oder gar intensives Engagement zu erzeugen, deckt sich auch mit den langjährigen Erfahrungen des Verfassers.

In einer im Jahr 2010 veröffentlichten Studie gaben 29 der befragten 65 Verbände an, über keinen Mitgliederbereich zu verfügen (Voss 2010). Die anderen nannten als inhaltliche Merkmale des Mitgliederbereichs zu 71 Prozent „exklusive Information" und zu 57 Prozent die „Auflistung von Ansprechpartnern". Nur 37 Prozent der Verbände mit

[26] Zu finden unter: http://www.sozialzentrale.de

Mitgliederbereich gaben an, darüberhinausgehende inhaltliche Angebote bereitzustellen – also nur 13 von 65, also ein Fünftel.

Auch wenn diese Daten nicht mehr aktuell sind und der Anteil von Verbandswebsites mit eigenem Mitgliederbereich gewachsen sein dürfte, bilden bis heute bei der überwiegenden Mehrzahl von Verbänden, soweit sie eine Beschreibung ihres Extranets öffentlich zugänglich gemacht haben, vor allem Dokumentenarchive den Schwerpunkt.[27] Das sind vor allem Archive von Rundschreiben und Protokollen, meist rubriziert nach Gremien und Arbeitsgruppen. Darüber hinaus beinhalten die Extranets oft auch Gesetzestexte und Urteile, Gutachten, Statistiken, Dokumente mit fachspezifischen technischen Normen und Formulare.

Natürlich konkurrieren solche inhaltlichen Angebote oft mit anderen, umfangreicheren Plattformen für Informations- und Wissensmanagement – vor allem im Fall von Verbänden, deren Mitglieder größere Unternehmen sind. Die wirklich aktiven Nutzer im Mitgliederbereich eines Verbands rekrutieren sich daher oft hauptsächlich aus den im Verband aktiven Mitgliedern der Gremien. Damit sind dann die meisten Extranets von Unternehmensverbänden auch viel zu klein, um die Funktion eines sozialen Netzwerks oder wenigstens einer internen Kommunikationsplattform auszuüben, da sie dafür viel zu wenig Aktivität aufzeigen. Diese Funktion zu übernehmen wird zudem zunehmend dadurch erschwert, dass die Extranet-Nutzer immer öfter auch bereits über Plattformen wie *Facebook, Twitter, Xing* oder *LinkedIn* vernetzt sind und die Kontaktaufnahme dort einfacher erscheint oder gar schneller möglich ist.

Soll ein Mitgliederbereich mehr leisten, als Archiv für Funktionsträger innerhalb des Verbands zu sein, müssen bei der Konzeption detaillierte strategische Erwägungen angestellt werden, wie wir sie bei der Entwicklung von Use Cases kennengelernt haben. Es ist nach der Utility zu fragen, aber mehr noch danach, woher potenzielle Nutzer von der Nützlichkeit erfahren sollen. Denn wenn ein Verband nicht aktiv für seinen Mitgliederbereich wirbt, wird sich die Zahl der aktiven Nutzer kaum über die Gruppe der Gremienmitglieder hinausentwickeln können.

Denkbar sind beispielsweise folgende Grundzüge eines Marketings für das Extranet eines Verbands – verbunden mit dem Ziel, dass sich Nutzer registrieren:

- *Hinweise:* In Newslettern, Social-Media-Beiträgen und öffentlich zugänglichen Artikeln der Verbandswebsite wird so oft wie möglich auf weiterführende Inhalte im Extranet hingewiesen, die dort nur Mitgliedern exklusiv zur Verfügung stehen.
- *Externe Administratoren:* Nutzer des Extranets können zu Administratoren ernannt werden und erlangen damit das Recht, den Kollegen in ihrem Unternehmen eine

[27] Drei willkürlich ausgewählte Beispiele finden sich beim *Bundesverband Investment und Asset Management* unter http://www.connecta.ag/cag/referenzen/bvi-typo3-referenz.html, beim *Verband der Hochschullehrer für Betriebswirtschaft* unter http://vhbonline.org/mitgliederbereich/downloadcenter/ und auf der Website der *Arbeitgeberverbände Ruhr/Westfalen* unter http://www.agv-bochum.de/arbeitgeberverband/extranet.html (zugegriffen: 17. Juni 2017).

Zugangsberechtigung zu erteilen. Gegen Missbrauch können die entsprechenden Funktionen dadurch abgesichert werden, dass die externen Administratoren nur Nutzer mit einer E-Mail-Adresse bei bestimmten Domains zulassen können. Der Verband motiviert die Administratoren durch kontinuierliche Kommunikation immer wieder zur Gewinnung neuer Nutzer.

- *Verbandsnewsticker:* Der Verband stellt Mitgliedsunternehmen HTML-Codes zur Verfügung, mit denen Newsticker in den Intranets der Mitgliedsunternehmen angezeigt werden können. Die Nachrichten verweisen jeweils immer auch auf weiterführendes Material im Extranet.

Klickt ein noch nicht registrierter Nutzer einen Link zu weiterführender Information im Extranet an, legt ihm die folgende Seite dar, wie er sich als Nutzer registrieren kann. Die Seite stellt darüber hinaus möglichst attraktiv dar, von welchem Nutzen die Inhalte des Extranets sind. Wichtig bei dieser Strategie ist, dass die Utility der ursprünglich versandten, offen zugänglichen Nachrichten hoch genug bleibt, um Rezipienten nicht zu enttäuschen, wenn diese den Link anklicken und sich dann zunächst nicht oder überhaupt nicht registrieren möchten oder dürfen.

Die Utility eines Extranets muss sich keineswegs darin erschöpfen, den Gremien ein Archiv zu bieten. Einer 2014 publizierten Untersuchung unter rund 100 deutschen Verbänden zufolge sind einfache passwortgeschützte Mitgliederbereiche mit reiner Archivfunktion tendenziell auf dem Rückzug – zugunsten von personalisierten Portalen, Online-Collaboration und Social Communities (Klauß 2014).

Fasst man diese drei Bereiche in weniger technikorientierte, sondern an der Utility ausgerichtete Begriffe, dann machen Extranets von Verbänden den Mitgliedern prinzipiell vor allem Angebote zu: Informationsmanagement, Interner Kommunikation und Kollaboration. Beispiele zu allen drei Bereichen (von denen die namentlich nicht zugeordneten dem Erfahrungsschatz des Verfassers entstammen) zeigen, wo mancher Verband möglicherweise die Chance hat, einer wachsenden Zahl seiner Mitglieder ausreichend zusätzlichen Mehrwert zu bieten und so sein Extranet erfolgreicher machen:

- *Informationsmanagement:* Verbandsmitteilungen werden in der Regel per E-Mail versendet. Oft zeigen statistische Auswertungen des Traffics im Extranet, dass die Dokumente, nach einer Benachrichtigung über deren Publikation an die Nutzer, heruntergeladen werden – und die Sitzung damit auch schon wieder endet. Das Dokument wird vom Nutzer dann gegebenenfalls ausgedruckt oder als Datei lokal dort gespeichert, wo er wichtige Dokumente üblicherweise ablegt. Solche kurzen Sitzungen weisen einen Verband vor allem darauf hin, dass es nicht gelingt, das Extranet mit seinen spezifischen und hochwertigen Informationen zum Mittelpunkt der Informationsexploration der Nutzer zu machen. Mit mindestens zwei Strategien kann man versuchen, Nutzer zu längeren Sitzungen zu bewegen:
  - *Dokumentenmanagement:* Wenn Nutzer Dokumente herunterladen, erachten sie deren Inhalt zweifelsohne als wichtig und nützlich. Sie werden heruntergeladen,

weil das für den Nutzer bequemer ist. Denn lesen kann er sie auch von seiner Festplatte, wo der Zugriff schneller ist und ein umständliches Log-in entfällt. Die Strategie, das Verbandsmitglied zur Nutzung des Extranets zu bewegen, wird daher kaum am Inhalt der Verbandsinformationen ansetzen können – sondern zwangsläufig nur bei Metainformationen, die mit dem Download verloren gehen, weil das Dokument dem Kontext des Extranets entzogen wird.

Deshalb bietet ein großer deutscher Wirtschaftsverband seinen Mitgliedern eine komfortable individualisierte Dokumentenverwaltung: Man kann sich die Startseite des Extranets individuell einrichten. Bereits gelesene Verbandsinformationen sind als solche markiert, sodass die ungelesenen hervorgehoben erscheinen. Wichtige Dokumente kann der Nutzer mit einem Klick in eine Merkliste aufnehmen. Zu jedem Dokument gibt es verlinkte Schlagworte, über die man mit einem Mausklick andere Dokumente zum gleichen Thema findet. Und sofern Mitglieder gegenüber dem Verband zu einem Dokument Stellung nehmen sollen, ist die Frist im Extranet angegeben und das Dokument auffallend markiert. Natürlich kann man Dokumente immer noch herunterladen – aber dann muss man die Verwaltung der Dokumente selbst organisieren und etwa auf Fristen oder eine korrekte thematische Einordnung achten.

Man kann diesen strategischen Ansatz noch erweitern, etwa indem Nutzer die Dokumente kommentieren können. Es entsteht somit im Extranet eine Art rudimentärer, aber schneller verbandsinterne Meinungsbildung, die dem einzelnen Nutzer verloren geht, wenn er ein Dokument herunterlädt und lokal speichert.

Ein echter Mehrwert besteht also hier gerade darin, das Dokument im Extranet zu nutzen und nicht herunterzuladen.

– *Informationsexploration:* Kurze Sitzungen sind oft auch die Folge davon, dass ein Verband sich in seinem Extranet überwiegend auf eigene Information fokussiert. Er unterstützt die Nutzer dadurch nicht übergreifend bei ihrer Informationsexploration, sodass sie das Extranet baldmöglichst wieder verlassen, um mittels Suchmaschinen oder auf anderem Wege einen Überblick über potenziell zur Verfügung stehende Information zu erhalten.

  Man kann dem beispielsweise mit moderner Suchmaschinentechnologie entgegenwirken: Viele Verbände nutzen zwar Google Custom Search,[28] die „benutzerdefinierte Suchmaschine", um damit ihre eigene Website komfortabel durchsuchbar zu machen, so etwa der *Bundesverband Druck und Medien* oder der *Verband deutschsprachiger Übersetzer literarischer und wissenschaftlicher Werke*. Seit den neuesten Änderungen dieses Dienstes von Google kann man aber damit eine internetweite Suche so stark auf spezielle Bedürfnisse anpassen, dass man damit den Rahmen für hochwertige, themenspezifisch äußerst fokussierte Suchergebnisse erzeugen kann – beispielsweise durch Beschränkung der Suche auf fachlich relevante Websites. Solche benutzerdefinierten Google-Suchmaschinen dürften meist

[28] Zu finden unter: https://cse.google.com

bessere Ergebnisse erbringen, als durchschnittlichen Nutzern es bei der regulären Suche mit Google gelingt. Um einen solchen Service im Extranet zu promoten, könnte man sogar unter jedem Text neben der internen Schlagwortsuche zusätzlich auch auf eine Suche mit der benutzerdefinierten Suchmaschine nach dem gleichen Schlagwort verlinken. Man würde damit den Reflex, im Rahmen der Informationsexploration Extranet-Sitzungen alsbald wieder zu beenden und zu Google zurückzukehren, drastisch reduzieren.

Ähnlich verhält es sich mit Social-Media-Newsrooms, die manche Verbände eingerichtet haben: Sie geben oft nur wieder, was der Verband in sozialen Netzwerken geäußert hat. Für Mitglieder dürfte es aber mindestens ebenso nützlich sein, zu verfolgen, wie sich die Regierung oder andere wichtige Stakeholder im Social Web positionieren. Mit einschlägigen Tools lassen sich Social-Media-Newsrooms aufbauen, die vollständige politische Diskurse abbilden. Mit etwas Aufwand kann es auch hier gelingen, Social-Media-Streams von einer Qualität zu erzeugen, die normale Nutzer kaum zusammenzustellen in der Lage sein werden.

Einige Verbände betreiben mit großem Erfolg in ihrem Extranet tagesaktuelle Pressespiegel – so der AOK-Bundesverband oder der Deutsche Fleischer-Verband. Sofern ein solcher Pressespiegel komplette Presseartikel wiedergibt, sind dafür die Nutzungsrechte einzukaufen, wodurch recht hohe Kosten entstehen können. Eine Alternative dazu kann sein, Presseschauen oder Newsfeeds anzubieten, die aus vom Verband geschriebenen kurzen Abstracts oder Teasern bestehen und dann auf Meldungen externer Onlinemedien verlinken.

Ziel solcher oder ähnlicher Angebote muss sein, dass Nutzer in Bezug auf verbandspolitische Angelegenheiten das Extranet mehr und mehr zum Mittelpunkt ihrer Informationsexploration werden lassen.

- *Interne Kommunikation:* Wir haben uns zuvor bereits mit den Schwierigkeiten beschäftigt, mit denen man zu rechnen hat, wenn man ein eigenes Social Network betreiben möchte. Es gibt allerdings Beispiele von Verbänden, in deren Extranets durchaus interne Kommunikation in Diskussionsforen stattfindet.
- In erster Linie ist die Intention der Beteiligten dabei, dass es um äußerst vertrauliche Themen geht, darunter besonders auch der Umgang mit öffentlicher Kritik oder die Bewältigung von Krisen aller Art. In solchen Situationen vertrauen die Verbandsmitglieder den großen sozialen Medien nicht ausreichend und wenden sich lieber einem Verbandsextranet zu.

  Natürlich dürfen entsprechende Diskussionsgruppen nicht zu groß sein, sonst gerät die Vertraulichkeit in Gefahr. Deshalb können erweiterte Funktionen, wie etwa Gruppenchats, an denen man nur auf Einladung teilnehmen kann, die Akzeptanz unter Umständen erhöhen.

  Das Beispiel zeigt: Verbände haben zwar als Konkurrenten der großen sozialen Netzwerke keine Chance. Sie haben aber unter Umständen in besonderen Situationen bestimmte partielle Vorteile, die sie nutzen können. Es ist daher sicherlich nützlich, wenn Verbände die Vernetzung ihrer Extranet-Nutzer gerade im Social Web fördern. Denn das erhöht die Chance, dass im Krisenfall umso regerer Traffic im Extranet entstehen kann. Folgt man diesem Gedanken, ist es ratsam, Kontaktangaben und Nutzernamen im Extranet immer mit Links zu den persönlichen Social-Media-Profilen anzuzeigen – und dadurch Vernetzung anzuregen.

- *Kollaboration:* Es gibt diverse Beispiele für den Einsatz kollaborativer Techniken in den Extranets von Verbänden. Ein deutscher Wirtschaftsverband erstellt seine Positionspapiere im Extranet per Online-Zusammenarbeit mit dem Etherpad, einem gratis nutzbaren Open-Source-Produkt zur kollaborativen Textbearbeitung.[29] Ein anderer pflegt sämtliche Termine des Verbands in seinem Extranet und stellt dabei Importfunktionen zur Verfügung, die jedem Nutzer erlauben, komplette Termineinträge in seinen eigenen Kalender zu übernehmen. Ein Industrieverband befragt regelmäßig seine Mitglieder per Onlineumfrage im Extranet. Der *Bundesverband der Deutschen Volksbanken und Raiffeisenbanken* rollt eine Kampagne zur Digitalisierung im Vertrieb per Extranet an alle beteiligten Banken aus (Netzwerk 2014). Etliche Verbände senken ihre Reisekosten bereits mit Web- und Videokonferenzen (Klauß 2016). Arbeitstechniken der Online-Kollaboration werden also auch im Verbändewesen nach und nach akzeptiert. Verbände, die ihr Extranet beleben möchten, sollten entsprechende Entwicklungen in der eigenen Mitgliedschaft aktiv unterstützen und zudem immer wieder entsprechende Angebote machen.

Die meisten in diesem Abschnitt genannten Beispiele sind wahrscheinlich oft ohne Weiteres kaum auf andere Verbände übertragbar. Man kann aber daraus die Merkmale einer Strategie ableiten, mit der ein Mitgliederbereich erfolgreich werden kann:

- Das Extranet muss offen beworben werben.
- Es muss über die Inhalte hinausgehender Mehrwert im Extranet geschaffen werden.
- Nutzer müssen bei ihrer Informationsexploration unterstützt werden.
- Kommunikationsräume sollten nur für wirklichen Bedarf geschaffen werden.
- Inhaltlich sinnvolle Online-Kollaboration ist zu fördern.

4.4.3 Medienarbeit im Kontakt mit Journalisten

Wir haben uns an mehreren Stellen dieses Buches bereits Gedanken darüber gemacht, wie ein Verband online am besten mit Journalisten kommunizieren kann. Bei den Überlegungen zu entsprechenden Use Cases (siehe Abschn. 2.4.8 *Presse- und PR-Aufgaben für eine Branche übernehmen*) wurde deutlich:

[29] Zu finden unter: http://etherpad.org/

- Es muss einen Pressebereich auf der Website geben, der offen zugänglich und von jeder Seite aus erreichbar sein muss – am besten durch einen Link in der Haupt- oder Metanavigation.
- Der Pressebereich sollte die Pressemitteilungen und Kontaktdaten zur Pressestelle präsentieren.
- Außerdem sollten zu jeder Pressemitteilung Zusatzinformationen in Form einer „digitalen Pressemappe" und kostenlos verwendbarer Pressefotos angeboten werden.
- Links im Umfeld jeder Pressemitteilung sollten zur Eintragung in den Presseverteiler auffordern (*„Call-to-Action"*) und ein Vertrauen erweckendes Formular muss eine einfache Ein- und Austragung ermöglichen.
- Es sollte Journalisten zudem möglich sein, nur Pressemitteilungen zu einzelnen Themenfeldern zu abonnieren.
- Uns ist zudem bereits in einem Abschnitt zum Thema Semantik (siehe Abschn. 2.5.1 *Semantik und Suchmaschinen*) deutlich geworden, dass die Inhalte unserer Website sich am Sprachgebrauch von Journalisten orientieren müssen, wenn sie durch Journalisten über Suchmaschinen auffindbar sein sollen. Gegebenenfalls benötigen wir *Landingpages*, wenn Journalisten Begriffe präferieren, die unser Verband für obsolet erachtet (siehe Abschn. 4.3 *Suchmaschinengerechte Redaktionsarbeit*).
- Wir haben zudem erörtert, dass Journalisten mit ganz unterschiedlichen Aufgabenstellungen betraut sein können und es nützlich ist, unsere Online-Kommunikation im Hinblick auch auf diese Zielgruppe unter Zuhilfenahme von *Personas* zu konzipieren. Beispielsweise unterscheiden sich Fachjournalisten und Journalisten aktueller Massenmedien in ihrer Arbeitsweise enorm.

Einige dieser Punkte sollen auf den folgenden Seiten noch einmal vertieft werden.

4.4.3.1 Selektivität und Flexibilität des Presseverteilers

Es gibt Journalisten, die beklagen, dass sie über einhundert Pressemitteilungen pro Tag in ihrem Maileingang finden (vgl. Frick 2016). Man muss davon ausgehen, dass ein ganz erheblicher Teil davon ungelesen im digitalen Papierkorb landet – so wie es ein Journalist in seinem Blog beschreibt, der nach eigenen Angaben zwei Drittel sofort löscht (vgl. Tißler 2016). Pressemitteilungen per E-Mail zu empfangen, bedeutet für Journalisten einen erheblichen Arbeitsaufwand. Schon deshalb machen viele Journalisten ihre E-Mail-Adressen nicht öffentlich.

Will man als Verband Journalisten dafür gewinnen, sich in einen Presseverteiler einzutragen, sollte man unbedingt berücksichtigen: Die Preisgabe der E-Mail-Adresse bedeutet für jeden Journalisten in der Folgezeit potenziell viel Arbeit durch Selektion zusätzlich eingehender Pressemitteilungen. Seine Erwartungshaltung über eine ausreichende Relation von Aufwand und Nutzen kann jedoch enorm gesteigert werden, wenn er Pressemitteilungen nur zu bestimmten Themen oder Schlagworten abonnieren kann. Dies ist ein qualitativer Sprung für ihn auch deshalb, weil er nicht mehr – absenderorientiert – bekommt, was der Verband verbreiten möchte (nämlich die Gesamtheit seiner Pressemitteilungen), sondern – empfängerbezogen – nur alles zu dem Thema, das ihn, den Journalisten, wirklich interessiert.

Es ist sinnvoll, einen solchen Presseverteiler mit Optionen zur Selektion bestimmter Inhalte unter Verwendung von *Personas* zu planen. Dabei könnte man dann etwa auch potenzielle Fälle von Journalisten erörtern, die vielleicht nur Interesse an der jährlichen Vollversammlung oder einem jährlichen Kongress des Verbands haben – und die aber die Pressemitteilungen deswegen nicht abonnieren, weil sie nicht das ganze Jahr über für sie uninteressante E-Mails aussortieren möchten, die nichts mit dem Event zu tun haben.

Man wird dabei auch andere Eigenschaften bestimmter Journalisten identifizieren, die es sinnvoll erscheinen lassen, dass nicht jeder Journalist alles erhält – was die Akzeptanz der Pressemitteilungen ebenfalls steigern wird. So muss die Pressemitteilung über einen „Tag der offenen Tür" in der Verbandsgeschäftsstelle möglicherweise nicht bundesweit versandt werden. Und eine Pressemitteilung über den Beitritt eines neuen Mitgliedsunternehmens nicht unbedingt an die Deutsche Presse-Agentur. Auf diese Weise wird man seinen Presseverteiler möglicherweise auch mit internen Relevanzkriterien ausstatten, die zwar gelegentlich die Reichweite der Aussendung von Pressemitteilungen begrenzen, aber dafür die Akzeptanz bei den Empfängern deutlich steigern dürften.

Der Presseverteiler wird seine Akzeptanz nicht nur mit der beschriebenen Selektivität steigern, sondern auch, indem er auf verschiedensten Wegen verbreitet wird: Eine Lösung, um Journalisten die Möglichkeit zu geben, Pressemitteilungen auch ohne Herausgabe ihrer E-Mail-Adresse abonnieren zu können, ist ein entsprechender RSS-Feed, der sich ausschließlich an Medien richtet. Auch für Medien können natürlich verschiedene themenspezifische Feeds angeboten werden.

Zunehmend bevorzugen Journalisten auch soziale Netzwerke, um zu recherchieren und Presseinformationen zu erhalten. Ein Grund mag sein, dass Journalisten lieber einem Nachrichtengeber in einem sozialen Netzwerk folgen als ihm die eigene E-Mail-Adresse anzuvertrauen. Ein anderer ist sicherlich ganz allgemein der Medienwandel mit einem sich ändernden Rezeptionsverhalten.

So gaben im Jahr 2015 in einer Onlineumfrage von *news aktuell* unter mehr als 1200 Journalisten 78 Prozent der Altersgruppe bis zu 35 Jahre an, soziale Medien für ihre Recherche zu nutzen. In der Altersgruppe der bis zu 45-Jährigen waren es immerhin noch zwei Drittel (News aktuell 2016, S. 4). Verbände treffen Journalisten somit zunehmend in sozialen Netzwerke an. Die Konsequenz ist, dass eine dortige Verbreitung von Hinweisen auf Pressemitteilungen mehr und mehr zur Notwendigkeit wird. Große Verbände, wie der *Bundesverband der Deutschen Volksbanken und Raiffeisenbanken* sowie der *Verbraucherzentrale Bundesverband*, lassen wohl nicht zuletzt deshalb explizit ihre Pressestellen bei Twitter auftreten und nicht den Verband als solchen. Im Social Web ist es freilich ratsam, Hinweise auf Pressemitteilungen gegebenenfalls an die Erfordernisse des Mediums und der vernetzten Zielgruppe anzupassen (siehe dazu auch Abschn. 4.5 *Social Media und Verbände*).

Ergo: Presseverteiler sind heute kaum noch als eine Liste, etwa von E-Mail-Adressen, zu definieren. Sie müssen vielmehr im Hinblick auf die Verbreitungswege möglichst flexibel gestaltet werden. Dies führt zwangsläufig auch dazu, dass der Verband die Rezipienten seiner Pressemitteilungen nicht mehr unbedingt kennt. Aber immerhin kann er sie jederzeit aktiv und direkt ansprechen.

4.4.3.2 Presseportale

Mancher Verband zählt zu den Verbreitungswegen auch Dienstleister, die versprechen, Pressemitteilungen einer großen Zahl von Journalisten zugänglich zu machen:

- Zum einen sind dies die sogenannten PR-Portale, bei denen man nach einer Registrierung Pressemitteilungen gratis online stellen kann. Solche Portale haben Bedeutung einst insbesondere durch mittlerweile veraltete Methoden der Suchmaschinenoptimierung erlangt. Bereits Ende 2012 hatte Matt Cutts, damals Chef des Web-Spam-Teams bei Google, jedoch durchblicken lassen, dass Linkvererbung von PR-Portalen nicht mehr stattfindet (Google 2012b). Das war acht Monate nach dem ersten Penguin-Update von Google, welches sich genau gegen derartige Techniken der Suchmaschinenoptimierung richtete.

  Ob PR-Portale ihrem zweiten Ziel gerecht werden, nämlich durch bessere Positionierung der bei ihnen online gestellten Pressemitteilungen deren Auffindbarkeit bei Suchmaschinen zu verbessern und ihr dadurch Reichweite zu verschaffen, kann ein Verband leicht testen: Er muss nach der Überschrift oder typischen Keywords aus einer seiner Pressemitteilungen suchen und vergleichen, wo die eigene Website und wo PR-Portale im Suchergebnis platziert sind. Wenn eine Verbandswebsite die in diesem Buch beschriebenen Anforderungen bezüglich der Suchmaschinenoptimierung erfüllt, dürften PR-Portale die Verbandswebsite nur selten ausstechen.
- Die zweite Gruppe von Dienstleistern – darunter beispielsweise *news aktuell*, ein Tochterunternehmen der Deutschen Presse-Agentur – bietet gegen Entgelt an, Pressemitteilungen auch direkt an Journalisten zu zustellen. Wesentliches Merkmal der Werbung solcher Services ist, dass auf große, oft gigantische Reichweiten verwiesen wird, die der Anbieter insgesamt erreicht. *news aktuell* etwa hat nach eigenen Angaben neun Mio. monatliche Besucher auf der Website *presseportal.de* und der damit verbundenen Angebote wie einer App (News aktuell o. D.). Außerdem wirbt *news aktuell* damit, die Pressemitteilungen seiner Kunden *„bundesweit über die technische Infrastruktur der Deutschen Presse-Agentur“* zu verbreiten. Die Botschaft des Kunden gelange *„so auf dem gleichen Weg in die Redaktionen wie dpa-Meldungen"* (News aktuell). Bereits im Jahr 2004 hatte *news aktuell* bekannt gegeben, mittlerweile die Zahl von 100.000 E-Mail-Abonnements erreicht zu haben – 25.000 „akkreditierte Empfänger“, die mit durchschnittlich vier verschiedenen Themenlisten versorgt werden (News aktuell 2004). Seitdem ist das Unternehmen bezüglich aktuellerer Zahlen allerdings zurückhaltend.

  Verständlicherweise gibt es – über solche für den einzelnen Kunden und seine Meldungen weitestgehend irrelevanten Reichweitenangaben hinaus – keinerlei Garantie, dass auch nur eine annähernd so große Zahl an Journalisten die Pressemitteilung eines Kunden lesen oder gar aufgreifen wird. Es verwundert daher umso mehr, dass unter den zahlreichen deutschen Verbänden, die zur Kundschaft von *news aktuell* gehören, ganz offensichtlich kaum Tracking betrieben wird, um zu ermitteln, ob der Inhalt einer Pressemitteilung von der Zielgruppe, den Journalisten, wahrgenommen wurde und möglicherweise zu Publikationen geführt hat. Weder findet man bei einer Stichprobe in den Pressemitteilungen von Verbänden auf *presseportal.de* Beispiele für URL-Tracking (vgl. Abschn. 3.4.8.2 *Kampagnen*), noch werden überhaupt in einem relevanten Maße weiterführende Inhalte per Hyperlink angeboten, sodass darüber der Website zugeleitete Besucher ein Kriterium sein könnten, um ein Interesse von Rezipienten zu evaluieren (Abschn. 4.6 *Evaluation,* hier insbesondere *Abschn. 4.6.3.3 Verdecktes URL-Tracking* weiter hinten in diesem Buch beschäftigt sich mit verschiedenen solcher Evaluationsmethoden). Eine solche Evaluation wäre jedoch unbedingt sinnvoll, um zu ermitteln, ob der entgeltliche Versand sich lohnt. Will man die Wahrnehmung durch Journalisten überprüfen, bietet sich zum Beispiel an, auf eine digitale Pressemappe zu verlinken, die auf der eigenen Website online steht – und dort kann man die Zahl ankommender Journalisten evaluieren.

Die Nutzung von Diensten wie *news aktuell* führt aber vor allem zu einem grundsätzlichen strategischen Problem: Lässt man eine Pressemitteilung durch *news aktuell* versenden, wird sie auf *presseportal.de* veröffentlicht und wirbt dort gegenüber Journalisten fortan für eine Subskription der Pressemitteilungen – jedoch nicht etwa per Eintragung in den Verteiler des Verbands, sondern in jenen von *news aktuell.* Die Konsequenz: Der Verband erhält von jenen Journalisten, die sich eintragen, keinerlei Kontaktdaten. Der Aufbau eines eigenen Presseverteilers wird dadurch nicht nur konterkariert. Dies bedeutet zwangsläufig auch, dass ein Verband für jede Aussendung von Pressemitteilungen an die über *presseportal.de* gewonnenen Subskribenten erneut bezahlen muss.

Zudem können Rezipienten die auf *presseportal.de* online stehenden Pressemitteilungen in sozialen Netzwerken teilen. Dies zahlt jedoch in Sachen guter Vernetzung nicht etwa auf das Konto des Verbands ein, sondern auf jenes von *presseportal.de.* Links, die in sozialen Medien oder anderswo im Internet auf die Pressemitteilungen verweisen, nützen auch in Sachen Suchmaschinen nicht der Reputation des Verbands, sondern *presseportal.de.*

So bequem die Nutzung von Presseportalen und gegen Entgelt zur Verfügung stehenden Presseverteilern auch sein mag: Sie erschwert das Erreichen einer ganzen Reihe von Zielen, die wir zur Bewältigung der Kommunikationsaufgaben von Verbänden in Use Cases festgelegt haben. Zumindest langfristig dürfte es sich daher in jedem Fall für einen Verband auszahlen, einen eigenen Presseverteiler aufzubauen.

4.4.3.3 Aufbau und Pflege des Presseverteilers

Die Gesetzgebung bezüglich elektronischer Kommunikation und die neuere Rechtsprechung dazu machen den Aufbau eines Presseverteilers zu einer anspruchsvollen Aufgabe. Während zu Zeiten postalischen Versands von Pressemitteilung das Erfassen der einschlägigen Angaben aus den Impressen relevanter Medien genügte, gilt in der elektronischen Kommunikation grundsätzlich, dass die Einwilligung des Empfängers vorliegen muss. Auch sofern es sich beim Empfänger nicht um eine Privatperson handelt, sondern um die Redaktion eines Mediums und somit um Mitarbeiter eines Unternehmens, stellte das Versenden einer E-Mail ohne Einwilligung des Empfängers einen rechtswidrigen Eingriff in den eingerichteten und ausgeübten Gewerbebetrieb dar, sodass grundsätzlich ein Unterlassungsanspruch gemäß §§ 1004, 823 BGB besteht, wie das Landgericht Berlin im Jahr 2010 entschied (LG Berlin, Az. 52 O 349/09; vgl. Zlanabitnig 2010).

Nach herrschender Rechtsprechung ist es dabei unerheblich, ob dabei absatzorientierte Werbung versendet wird oder eine Pressemitteilung. Bereits im Jahr 2006 hat das Landgericht Berlin in einem Fall einer Pressemitteilung, die auf die Teilnahmemöglichkeit an kostenlosen Onlineseminaren hinwies, entschieden, dass auch eine solche Pressemitteilung als Werbung zu betrachten ist, da sie dazu diene, *„eigene wirtschaftliche Interessen zu befördern"* (LG Berlin, Az. 16 O 389/06).

Nach überwiegender Ansicht in Rechtsprechung und Kommentaren gilt es schon als Werbung, wenn Äußerungen nur mittelbar dem Absatz von Waren oder Dienstleistungen dienen (Glöckner 2013). Dies dürfte in Bezug auf die Pressemitteilungen von wirtschaftlich ausgerichteten Verbänden in der Regel anzunehmen sein, denn das entspricht prinzipiell dem satzungsgemäßen Zweck von Verbänden.

Um einen Presseverteiler aufzubauen, der auf Einwilligungen der registrierten Journalisten basiert, kann ein Verband folgende Strategien verfolgen:

- *Schriftliche Anfrage:* Der erste Schritt beim Aufbau eines Presseverteilers sollte ein postalisches Mailing sein, in dem der Verband alle relevanten Redaktionen seines Fachgebietes recherchiert und dann bei der Chefredaktion schriftlich anfragt, ob und gegebenenfalls welche Redakteure in den Presseverteiler aufgenommen werden dürfen. Wo Antworten ausbleiben, ist telefonisch nachzuhaken.
- *Direkter Kontakt:* Sofern sich Journalisten telefonisch oder per E-Mail-Verkehr beim Verband melden, sollten sie in der Antwort immer um Erlaubnis zur Aufnahme in den Presseverteiler gefragt werden. Gleiches gilt für Pressekonferenzen und andere Veranstaltungen des Verbands für Journalisten, beispielsweise alle im Rahmen einer Strategie der Digital Public Affairs organisierten Präsenzveranstaltungen (vgl. Abschn. 2.4.9 *Interessenvertretung und -durchsetzung gegenüber Dritten*).

  Dabei gilt: Späteren Missverständnissen oder Rechtsstreitigkeiten kann man vorbeugen, indem man jede erteilte Einwilligung möglichst gut dokumentiert – etwa, indem man immer um eine E-Mail oder eine Visitenkarte bittet und eine Gesprächsnotiz anlegt.
- *Social Media und RSS:* Die Schwelle zum *Opt-in* liegt hier, wie bereits erörtert, deutlich niedriger, da der Subskribent keine E-Mail-Adresse herausgeben muss. Um Journalisten überhaupt auf den eigenen Verband aufmerksam zu machen, empfiehlt es sich außerdem, dass der Verband – sofern er in sozialen Medien aktiv ist – allen relevanten Journalisten und Medien folgt. Dies wird in vielen Fällen dazu führen, dass Journalisten

ihrerseits dem Verband folgen *(„Re-Follow“)*. Es hilft dabei natürlich, wenn der Social-Media-Account explizit von der Verbandspressestelle geführt wird und nicht von dem Verband als solchem. Die Vernetzung ist strategisch nur ein erster Schritt: Man kann nun versuchen, Journalisten von Followern oder anonymen RSS-Subskribenten zu namentlich Registrierten zu konvertieren, indem man gelegentlich via Social Media und RSS Angebote macht, die eine Registrierung auf der Verbandswebsite voraussetzen:

- *Präsenzveranstaltungen:* Man kann für Präsenzveranstaltungen werben und zur Teilnahme eine Registrierung voraussetzen. Sowohl in der Registrierung als auch bei der Veranstaltung selbst wirbt man für eine Subskription der Pressemitteilungen per E-Mail. Sofern die Veranstaltungen regelmäßig stattfinden, lädt man registrierte ehemalige Teilnehmer jeweils erneut per E-Mail ein, selbstverständlich mit der Möglichkeit zum Opt-out.
- *Studien:* Der Download von exklusiven Studien wird so gestaltet, dass er nur mit einer Registrierung der E-Mail-Adresse möglich ist. Während der Registrierung wird dem Nutzer eine gleichzeitige Aufnahme in den Presseverteiler angeboten. Sofern die Studie beispielsweise jährlich wiederholt wird, werden registrierte Journalisten jährlich nicht nur auf die Neuausgabe hingewiesen, sondern auch auf die Möglichkeit, sich in den Presseverteiler einzutragen.

• *Entgeltliche Presseportale:* Sofern man Medienvertretern Präsenzveranstaltungen oder Studien anbietet und dies mit einer Registrierung verbindet, kann auch das Versenden entsprechender Pressemitteilungen über entgeltliche Presseportale, wie das von *News Aktuell*, nützlich sein. Ziel ist dabei aber nicht allein die Verbreitung einer Pressemitteilung, sondern vor allem das Erzeugen von Registrierungen und damit die Erweiterung des eigenen Presseverteilers. Auch hier ist es ratsam zu evaluieren, inwieweit dies gelingt (siehe dazu Abschn. 4.5.3.3 *Verdecktes URL-Tracking*).

• *Kontinuierliche Kontaktpflege:* Sofern es beim Versand von Pressemitteilungen zu Bounce-Messages wegen Unzustellbarkeit einer E-Mail kommt, lohnt ein Anruf bei der Redaktion. Denn bisher lag ja von einem Redakteur die Einwilligung zum Bezug der Pressemitteilungen vor. Es ist zu erwarten, dass sein Nachfolger das gleiche Interesse zeigt.

• *Ein- und Austragungsmöglichkeit auf der Verbandswebsite:* Wir haben bereits bei zwei Use Cases Gedanken darüber angestellt, was wir dafür tun können, dass Journalisten sich auf der Verbandwebsite in den Presseverteiler eintragen (vgl. Use Case 8.1 in Abschn. 2.4.8 *Presse- und PR-Aufgaben für eine Branche übernehmen*), und wie wir ganz allgemein die Chancen verbessern, dass Newsletter abonniert werden (vgl. Use Case 5.1.1 in Abschn. 2.4.5 *Initiierung von Meinungsbildung*). Hervorzuheben sind hier noch einmal folgende Aspekte:
  - *Selektivität:* Die Chance, dass sich Journalisten eintragen, steigt mit den auf der Website angebotenen Optionen bezüglich thematischer Selektivität des Presseverteilers. Kann ein Journalist Themenbereiche oder gar Schlagworte abonnieren, wird er sich eher eintragen als in einen absenderorientierten Gesamtverteiler.

- *Vertrauensbildung:* Wenn Journalisten bei der Eintragung erkennen können, dass die Austragung einfach und unproblematisch ist, wird der Presseverteiler schneller wachsen. Zu möglichen Maßnahmen der Vertrauensbildung kann auch gehören, dass Journalisten auf der Website einen Eindruck erhalten, wie oft der Verband ihre Aufmerksamkeit mit Pressemitteilungen in Anspruch nehmen wird. Es ist dürfte auch sinnvoll sein, dass der Pressesprecher als Kontaktperson mit Foto neben dem Formular zur Eintragung in den Presseverteiler angezeigt wird.
- *Kontextualität:* Im Hinblick auf das Rezeptionsverhalten bei der Informationsexploration ist es wahrscheinlicher, dass Journalisten die höchste Bereitschaft zur Eintragung in den Presseverteiler nach der Rezeption einer für sie nützlichen Pressemitteilung zeigen. Eine Funktion zur Eintragung ist daher direkt im Umfeld jeder Pressemitteilung besser platziert als ausschließlich in der strukturellen Navigation der Website.

Natürlich gilt im Hinblick auf rechtliche Vorgaben auch für Pressemitteilungen, was für Newsletter gilt – etwa die Verpflichtung zum Double-Opt-in und ein obligatorischer Hinweis auf ein Opt-out (siehe Abschn. 4.4.1.2 *Rechtserfordernisse für Newsletter*). Im Falle eines Opt-outs kann man Journalisten jedoch als Alternative zur kompletten Austragung zusätzliche Optionen anbieten, um sie als Bezieher der Pressemitteilungen nicht ganz zu verlieren:

- Mit einem nur temporären Storno können die Pressemitteilungen – beispielsweise für den Fall eines Urlaubs – für einen bestimmten Zeitraum abbestellt werden. Danach setzt der Bezug automatisch wieder ein.
- Es kann auch eine Option zur Reduktion der Pressemitteilungen angeboten werden. Gegebenenfalls sendet man jenen Journalisten, die diese Option wählen, dann nur noch Pressemitteilungen ab einer bestimmten Priorität.
- Ein Journalist, der die Funktion zum Austragen nutzt, kann außerdem online gefragt werden, warum er sich austrägt. Gegebenenfalls kann man ihn kontaktieren und eine optimierte Frequenz, eine exaktere thematische Fokussierung oder sonstige individuelle Verbesserungen des Abonnements vereinbaren.

Ein beabsichtigtes Opt-out eines Journalisten muss nicht kommentarlos hingenommen werden, sondern kann auch als Anlass für einen Dialog mit dem Empfänger von Pressemitteilungen ausgestaltet werden, um die Zahl der Verluste von Kontakten gering zu halten, aber auch, um den Presseverteiler kontinuierlich zu optimieren.

Für die Pflege eines Presseverteilers gilt das Gleiche wie für Newsletter: Nach jedem Versand sollte man sorgfältig die Bounce-Messages abarbeiten. Denn natürlich machen Spamfilter keinen Unterschied zwischen Newsletter und Pressemitteilung.

4.4.3.4 Kauf von Daten für den Presseverteiler

Für den Aufbau von Presseverteilern wird oft der Kauf von Kontaktdaten bei einschlägigen Dienstleistern empfohlen. Auch hier gehört *news aktuell* mit der kürzlich übernommenen

Traditionsmarke *Zimpel* in Deutschland neben *Stamm* und *Kroll* zu den Marktführern, daneben gib es ausländische Unternehmen wie *Cision* und *Meltwater*.

Die gedruckten Verzeichnisse und Datenbanken dieser Unternehmen sind optimale Quellen für eine Recherche nach relevanten Medien beim Aufbau eines Presseverteilers. Sie bieten nämlich eine gute und in der Regel sehr vollständige Datenbasis, um Chefredaktionen mit der Bitte anzuschreiben, Kontaktdaten von Journalisten zu benennen, die in den Presseverteiler eines Verbandes aufgenommen werden können.

Zwar vermittelt die Werbung von *news aktuell* den Eindruck, als könne man solche Kontaktdaten ganz einfach zum Versand nutzen und damit sämtliche Redakteure direkt per E-Mail erreichen, wenn es heißt (Zimpel o. D.):

> So geht's! Zielgruppen erreichen in 3 Minuten (…) Verteiler erstellen Sie mit wenigen Klicks. Unsere Mails (…) haben eine Zustellrate von >97 %.

Doch gerade in Bezug auf den E-Mail-Versand von Pressemitteilungen sind gekaufte Daten in großen Teilen eher von begrenztem Nutzen.

Denn in Bezug auf personenbezogene Daten sind auch die genannten Adresshandelsunternehmen an sämtliche datenschutzrechtlichen Vorschriften gebunden. Sie können also nicht einfach im Internet E-Mail-Adressen recherchieren und verkaufen. Sondern auch sie müssen Kontaktdaten schriftlich in den Medienhäusern erfragen und dabei eine Einwilligung einholen, dass die Daten in Verzeichnissen und Datenbanken gespeichert und von dort aus an zahlende Kundschaft weiterverkauft werden dürfen. Natürlich haben Medienhäuser prinzipiell ein Interesse daran, für Nachrichtengeber auffindbar zu sein und deshalb solche Anfragen zu beantworten. Aber sie haben auch ein Interesse daran, dass ihre Redakteure nicht unkontrollierbare Mengen an Pressemitteilungen zu sichten haben.

Daher geben viele Medienhäuser keine direkten E-Mail-Adressen ihrer Redakteure preis, sondern nennen Sammelpostfächer, die mit *info@, redaktion@* oder ähnlich beginnen. Ob eine Pressemitteilung dann innerhalb der Redaktion an den zuständigen Redakteur weitergeleitet wird, ist zumindest fraglich.

Es kommt ein weiteres Problem hinzu: Medienhäuser tendieren dazu, den Betreibern der Medienverzeichnisse und -datenbanken ganz vorwiegend festangestellte Redakteure zu benennen. Die Kontaktdaten freier Mitarbeiter, die in vielen Redaktionen einen erheblichen Teil des Contents produzieren, bleiben daher in gekauften Datensätzen in der Regel äußerst unvollständig.

Die Schwierigkeiten der Adresshändler, direkte Kontaktdaten relevanter Journalisten zusammen mit deren Einwilligung zu erhalten, illustriert auch der Fall des freien Journalisten und Bloggers Richard Gutjahr. Der beschrieb im Jahr 2016 in einem Blogbeitrag, wie von mehreren Unternehmen der Branche seine E-Mail-Adresse in Umlauf gebracht wurde, obwohl er nach eigener Aussage eine entsprechende Einwilligung dazu nie erteilt hatte (Gutjahr 2016). Hintergrund ist, dass Gutjahr als Blogger zu den sogenannten Social-Media-Influencern gehört, deren Kontaktdaten mit wachsender Bedeutung sozialer Medien für die Medienarbeit von Unternehmen und anderen Organisationen zunehmend interessanter werden.

Kurz danach fügte *news aktuell* in seine Allgemeinen Geschäftsbedingungen eine zusätzliche Passage ein:

> Die in der Anwendung abrufbaren Daten zu Weblogs, Bloggern und anderen Influencern aus den sozialen Medien sind als reines Verzeichnis zu verstehen und unterliegen in Abgrenzung zu den Systemdaten daher folgender separater Regelung: Beim Versand von E-Mails über die Versandfunktion in „zimpel" oder eigene E-Mail-Systeme des Kunden sind die entsprechenden Einwilligungen der Empfänger für die Zusendung von Pressematerial durch den Kunden vorab selbst einzuholen, beim Datenexport werden die E-Mail Adressen nicht mit ausgegeben.

Natürlich betreffen die dargestellten Probleme nur einen Teil des Adressmaterials. Und selbst Pressemitteilungen, die an Chefredaktionen anstatt an die journalistischen Autoren oder an Sammelmailadressen anstatt an den persönlichen Maileingang von Journalisten gehen, können zu Berichterstattung führen. Bestenfalls kann es sogar dazu kommen, dass ein Journalist sich beim Absender einer solchermaßen versendeten Pressemitteilung meldet und mit seiner direkten Mailadresse in den Presseverteiler aufgenommen werden möchte. Doch das Risiko, dass Journalisten nicht erreicht werden, die prinzipiell bereit wären, Pressemitteilungen eines für sie thematisch interessanten Verbands zu empfangen, ist hoch. Ein Verband würde daher in Bezug auf die Erfüllung seiner Kommunikationsaufgaben fahrlässig handeln, wenn er seine Pressemitteilungen ausschließlich an eingekaufte Verteiler versenden würde.

Erwirbt man solche Daten, wird man nicht umhinkommen, bei einem erheblichen Anteil der Adressen die Redaktion selbst schriftlich zu kontaktieren und E-Mail-Adressen abzufragen. Es dürfte dabei übrigens gar nicht unwahrscheinlich sein, dass ein Verband aus einer bestimmten Branche bei den dazugehörigen Fachmedien erfolgreicher direkte Kontaktdaten aus der Redaktion zu erfragen in der Lage ist als ein Unternehmen, das die Daten erhalten möchte, um sie anschließend gewerblich zu verkaufen.

Gekaufte Daten können daher einen eigenen Presseverteiler zwar ergänzen, sie können aber individuelle Recherchen nie überflüssig machen.

4.4.3.5 Digitale Pressemappe und Bildservice

Jeder Verband mit eigener Website kann seine Pressemitteilungen um zusätzliche Inhalte anreichern und dadurch die Chance auf eine Übernahme in die Medien massiv steigern.

In einer im Jahr 2015 durchgeführten Umfrage von *news aktuell* unter rund 1200 Journalisten gaben 88 Prozent der Befragten an, Hintergrundinformation als Link neben der Pressemeldung sei ihnen „wichtig" oder „sehr wichtig" (News aktuell 2016, S. 6). Denn: Natürlich möchten Journalisten eine Pressemitteilung in ihren politischen Kontext einordnen können, sie möchten Originaldokumente oder Belege einsehen oder sie möchten die Vorgeschichte der Pressemitteilung kennenlernen – und das ohne allzu großen Aufwand.

Für ein entsprechendes Paket an Dateien mit Zusatzinformation, das Journalisten von der Website des Nachrichtengebers herunterladen können, hat sich der Begriff der „digitalen Pressemappe" etabliert (Nitzsche und Wulf-Frick 2011). Der Link zum Download muss natürlich, möglichst als Kurz-URL (siehe Abschn. 3.4.12 *Funktionalität des Content-Management-Systems*), in der Pressemitteilung genannt werden – nebst einer knappen Inhaltsangabe der digitalen Pressemappe.

Strategisch besonders wirkungsvoller Inhalt einer digitalen Pressemappe sind Fotos, die Redaktionen kostenlos verwenden dürfen. In der Umfrage von *news aktuell* bezeichneten 87 Prozent der Befragten Bildmaterial zu Pressemitteilungen als „wichtig" oder „sehr wichtig" (News aktuell 2016, S. 6).

Dieses klare Votum lässt sich recht einfach erklären: Wir haben uns in Abschn. 4.1.1 *Content-Usability* in diesem Buch bereits mit der Visualisierung von Inhalten beschäftigt. Ein aussagekräftiges Bild hilft Rezipienten eines Mediums bei der schnellen Einordnung von Inhalten. Bilder unterstützen sowohl bei der Exploration als auch der Selektion von Information. So weiß man beispielsweise aus der Medienwirkungsforschung, dass in Zeitungen Artikel mit Bildern, die Gefahren signalisieren, nicht nur besser beachtet werden als Artikel mit harmlosen Bildern, sondern auch gründlicher gelesen werden (Schenk 2007). Im Prozess der Entwicklung neuer Medien hat die Bedeutung von Bildern noch zugenommen (Ströbel 2013). Und natürlich wissen das Journalisten nicht nur, sie kommen auch nicht umhin, ihre Produkte entsprechend dem Rezeptionsverhalten ihrer Kundschaft zu gestalten.

Ein gutes, frei verwendbares Foto bedeutet daher nichts weniger, als der dazugehörigen Pressemitteilung einen Wettbewerbsvorteil gegenüber anderen inhaltlich gleichwertigen Meldungen, zwischen denen ein Journalist wählen kann, zu verschaffen. Und nicht nur das: Es ist darüber hinaus nicht unwahrscheinlich, dass eine mit Bild übernommene Pressemitteilung im Layout auch besser platziert wird. Zumindest wird sie aber auf die Leser auffälliger wirken als andere Artikel, die ohne Foto auskommen müssen. Das gleiche gilt für Onlinemedien.

Es gibt ausreichend Literatur zu der Frage, welche Eigenschaften ein Foto haben sollte, um von Medien übernommen zu werden (vgl. Puttenat 2012). Der damalige Redaktionsleiter der dpa-Bilderdienste, Bernd von Jutrczenka, hat die Quintessenz dieser Frage im Jahr 2007 zusammenfassend so formuliert (News aktuell 2007):

> Ein gutes PR-Bild zeichnet sich vor allem dadurch aus, dass es als solches nicht erkennbar ist.

Verbände, die politische Interessenvertretung betreiben, haben es dabei natürlich deutlich leichter als Unternehmen, die ihre Marken oder Produkte in den Vordergrund rücken möchten.

Zu nennen sind hier aber unbedingt drei Aspekte, die auf Verbandswebsites oft nicht so umgesetzt sind, wie es sich Redakteure erhoffen:

- *Auswahl:* Damit Medien Bilder übernehmen, muss die Auswahl groß genug sein (vgl. Puttenat 2012). Bildmotive verbrauchen sich in geradezu rasender Geschwindigkeit: Kein Medium wird beispielsweise das gleiche Bild mehrfach verwenden. Und kein Medium wird ein Bild verwenden, das die Konkurrenz gerade einige Tage zuvor eingesetzt hat. Auch eine falsche jahreszeitliche Situation auf dem Bild kann schon das Aus bedeuten.

- *Format und Beschnitt:* Medien müssen die Freiheit haben, ein Motiv als Querformat oder hochkant einzusetzen (Reichardt 1997). Menschen werden oftmals hochkant fotografiert, aber bei vielen Medien sind Layouts so vorgegeben, dass überwiegend nur Querformate genutzt werden können. Noch etwas kommt hinzu: Medien setzen Bilder nicht immer nur im Seitenverhältnis 4:3 ein, sondern möchten unter Umständen ein anderes Seitenverhältnis oder auch einen geeigneten Bildausschnitt selbst wählen. Möchte ein Redakteur beispielsweise ein Portrait als Querformat im Seitenverhältnis 16:9 verwenden, darf das Bild nicht gleich an den Ohren der abgebildeten Person abgeschnitten sein, sondern muss, wie es Fotografen oft nennen, „Fleisch" an beiden Seiten haben (Kindermann 2008). Zugleich muss die Auflösung möglichst hoch sein, damit ein Beschnitt durch die Redaktionen möglich ist, ohne dass die Bildqualität des verbleibenden Ausschnitts zu gering wird.
- *Metadaten:* Damit ein Bild von Medien genutzt werden kann, müssen dazugehörige Informationen vorliegen. Das sind mindestens: Bildbeschreibung mit Zeitpunkt der Aufnahme, Namen und Funktion von abgebildeten Personen, Urhebervermerk („Credit"), Freigabe der Nutzungsrechte, Kontakt für Rückfragen (Evers und Fleing 2014).

Um die hier genannten Anforderungen zu erfüllen und zugleich Journalisten die Suche nach einem geeigneten Bild möglichst leicht zu machen, ist es angezeigt, bei der Planung der Website in der Anforderungsbeschreibung entsprechende Vorgaben zu machen (siehe dazu auch Abschn. 3.4.12 *Funktionalität des Content-Management-Systems*).

4.4.3.6 Live-Streaming von Pressekonferenzen

Pressekonferenzen online zu streamen und dadurch über das Internet Journalisten überall in Deutschland, Europa oder gar weltweit zugänglich zu machen, ist mittlerweile technisch sehr einfach. Beispielsweise beschreiben zwei Journalisten in einem Buch detailliert, wie man mittlerweile mit den kostenlosen Diensten von Google und Facebook Web-TV betreiben und auch Pressekonferenzen live streamen kann (Schleeh und Sohn 2014, S. 169 ff.).

Natürlich benötigt man dafür einen schnellen, sehr zuverlässigen Internetanschluss, Kamera-Equipment inklusive guter Beleuchtung und vor allem – was von Anfängern des Streamings oft unterschätzt wird – Mikrofone und einen Tonmixer, aber all das ist heutzutage nicht mehr unerschwinglich (Schleeh and Sohn 2014, S. 177).

Eine ganze Reihe von Verbänden hat bereits Erfahrung mit live gestreamten Pressekonferenzen, wie der Bundesverband Deutscher Kapitalbeteiligungsgesellschaften (BVK 2017), der Bundesverband der Unternehmensjuristen (BMK.TV 2016) oder der Landesinnungsverband des bayerischen Friseurhandwerks (LIV 2015).

Was die eigentliche Herausforderung beim Streaming für Verbände darstellt, lässt ein Verantwortlicher des Verbands forschender Arzneimittelhersteller durchblicken, dessen

Pressekonferenzen bereits seit mehr als zehn Jahren live im Internet übertragen werden (IFK 2012):

> Unabhängig davon, wie gut die Pressekonferenzen besucht sind, entspricht die Zahl der Online-Teilnehmer stets in etwa der Zahl der Besucher vor Ort.

Natürlich besteht das Risiko, dass Journalisten, anstatt persönlich teilzunehmen, einer Pressekonferenz nur noch online folgen, wenn sie gestreamt wird. Sofern es einem Verband aber gelingt, solcher Kannibalisierung vorzubeugen, oder sofern er sie hinnimmt, erweitert sich nicht nur schlagartig die potenzielle Zahl der an Pressekonferenzen teilnehmenden Journalisten, sondern der Verband kann – durch eine Registrierungspflicht für die Online-Teilnahme – auch überregional wertvolle Kontaktdaten von Journalisten gewinnen. Denn während ausschließlich offline stattfindende Pressekonferenzen in der Regel nur von Journalisten besucht werden, die in der näheren Umgebung leben, befreit die Online-Pressekonferenz den Kreis potenzieller Teilnehmer vollständig von derartigen regionalen Schranken. Sowohl für die Zahl der Teilnehmer insgesamt als auch für die Reichweite der Verbandsbotschaften kann das nur positiv sein.

Ihre Wirkung im Hinblick auf die Gewinnung neuer Journalistenkontakte kann eine online gestreamte Pressekonferenz jedoch nur entfalten, wenn der Verband nicht nur Journalisten zur Teilnahme einlädt, die er bereits im Presseverteiler stehen hat. Zur Überwindung dieser Grenzen sind beispielsweise folgende Strategien denkbar:

- Der Verband ist in sozialen Netzwerken aktiv und kündigt die Pressekonferenz so an, dass sich die Nachricht unter Journalisten, auch dem Verband bislang unbekannten, weiterverbreitet.
- Der Verband erreicht ihm bisher unbekannte Journalisten durch eine vorab veröffentlichte Pressemitteilung, die er beispielsweise über entgeltliche Versender, wie *news aktuell*, verbreitet (siehe dazu auch Abschn. 4.4.3.2 *Presseportale*).

Damit bereits die Ankündigung einer Pressekonferenz neue Rezipienten erreicht, muss sie quasi das Versprechen abgeben, dass die Pressekonferenz für die Medien einen klaren Nachrichtenwert haben wird – beispielsweise einen Skandal, eine Studie oder eine Innovation. Das ist ein hoher Anspruch, angesichts dessen es sich lohnt, zu rekapitulieren, was der PR-Fachmann Markus Reiter über Pressekonferenzen schreibt (Reiter 2006):

> Zur Pressekonferenz sollten Sie Journalisten nur einladen, wenn die Informationen, die Sie vermitteln wollen, zu komplex für eine Pressemitteilung sind. Bedenken Sie, dass Sie mit der Pressekonferenz den Redakteuren eine knappe Ressource abverlangen – ihre Zeit. Die wichtigste Regel für eine Pressekonferenz lautet deshalb: Veranstalten Sie eine Pressekonferenz nur, wenn Sie wirklich etwas zu sagen haben.

Sofern die Pressekonferenzen eines Verbands dieser Anforderung gerecht werden, dürfte Live-Streaming einen wertvollen Beitrag im Hinblick auf die Erweiterung und Intensivierung der Kontakte mit Medien leisten.

Sofern man Live-Streaming plant, ist auch zu klären, ob man Online-Teilnehmern das Stellen von Fragen erlaubt und wie gegebenenfalls die Fragen das Podium erreichen. Eine pragmatische Lösung sind die Kommentarfunktionen sozialer Netzwerke oder ein Kontaktformular auf der Website des Verbands.

Darüber hinaus ist festzulegen, ob die Online-Teilnehmer neben dem Videostream auch ein Fenster mit den in der Pressekonferenz präsentierten Charts auf dem Bildschirm haben sollen oder ob sie Präsentationen zuvor herunterladen und lokal auf ihrem PC ansehen können.

4.5 Social Media und Verbände

In kaum einem Bereich der Online-Kommunikation von Verbänden dürfte es so viele Missverständnisse geben wie in Sachen Social Media. Bereits im Jahr 2010 hat der Blogger Don Alphonso in seiner Kolumne in der Frankfurter Allgemeinen Zeitung eine der wesentlichen Ursachen pointiert dargestellt (Don Alphonso 2010). Er beschrieb, wie ein Heer von Social-Media-Experten es zu seinem Geschäftsmodell gemacht hat, potenziellen Kunden Rückständigkeit in Bezug auf soziale Medien zu unterstellen, um ihnen nicht funktionierende Konzepte zu verkaufen.

Don Alphonso zählte, um die Qualität solcher Expertisen zu illustrieren, eine ganze Reihe von Social-Media-Plattformen auf, die einst von den Consultants bis zum Hype promotet wurden, ehe sie sang- und klanglos in der Bedeutungslosigkeit untergingen – wie *Friendster, Cyworld, SecondLife, MySpace* oder *Foursquare*. Don Alphonso benannte auch die Wortführer dieser Beraterszene: Opinion-Leader der linksalternativen Netzgemeinde – internetaffine Aktivisten einer digitalen Protestbewegung also, die zwar bis dato nicht unbedingt in Sachen Öffentlichkeitsarbeit reüssiert hatten, aber gleichwohl darauf verweisen konnten, zu den versiertesten und bestvernetzten Nutzern sozialer Medien hierzulande zu gehören, und deren Botschaften überdies zumeist geradezu viralen Charakter entfachten. Zu den von Don Alphonso Genannten zählt etwa Sascha Lobo, der 2006 in einem seiner vielgelesenen Blogs prophezeite (Lobo 2006):

> Ich glaube, dass in ein paar Jahren Menschen ohne Blog genauso wunderlich dastehen werden wie heute die versprengten handylosen Gesellen.

Early Adopters wie Lobo bestimmen dank massiver Medienpräsenz seit Jahren das öffentliche Bild vom Social Web, seiner Funktionsweise und seinen politisch-gesellschaftlichen Auswirkungen. So trat Lobo von 2008 bis 2010 zusammen mit Mario Sixtus regelmäßig in einer Fernsehsendung von *3sat* auf. Seit 2011 schreibt er eine vielbeachtete Kolumne auf *Spiegel Online*.

Es gibt reichliche Indizien dafür, dass viele Kommunikationsverantwortliche in Unternehmen, aber auch in Verbänden den lockeren Prognosen und Thesen vieler als Berater auftretenden Aktivisten geglaubt haben, die es scheinbar mühelos mit ein paar Social-Media-Tools zu riesigen Gefolgschaften zu bringen wussten. Und die nun rieten, dass man nur „authentisch" und „menschelnd" mit einem Blog und in möglichst vielen sozialen Netzwerken aktiv werden müsse, damit einem die Unterstützer schon bald nur so zuflögen.

Die Liste nie zu Erfolg gelangter Social-Media-Präsenzen von Verbänden, die auf solche *Viralität* hofften, ist unendlich lang. Und viele der virtuellen Ruinen lassen sich – mit einer Handvoll Fans und ohne jegliche Aktivität zurückgelassen – bis heute auf Facebook und in anderen sozialen Netzwerken finden.

Das gravierendste aller Missverständnisse im Hinblick auf die Funktionsweise sozialer Medien liegt darin, dass sich die Rezepte, mit denen sich die Aktivisten der Netzbewegung einst erfolgreich vernetzten und breites öffentliches Gehör verschafften, nicht auf die Unternehmens- oder Verbandskommunikation übertragen lassen.

Die Early Adopters waren anfangs von der Idee vom emanzipatorischen Charakter des Social Webs erfüllt, die sich – bis heute nachwirkend – einst in der euphoristischen kalifornischen Ideologie manifestiert hatte. Regierungen, Unternehmen und sonstige Machtapparate auf der einen Seite und die Individuen der Zivilgesellschaft auf der anderen stehen sich, so die Idee, im Social Web „auf Augenhöhe" gegenüber. Der Dialog mit einer mächtigen Institution kann vom Individuum jederzeit einer nahezu unbegrenzten Öffentlichkeit zugänglich gemacht werden. Dies macht das Handeln der Institution – quasi global und in Echtzeit – extrem transparent und führt dadurch zu einem maximalen Legitimitätsdruck (vgl. Sandhu 2015).

Die Geschichte schien diese Idee zu bestätigen: Es entstand eine Bewegung, der es zwischen 2009 und 2011 beispielsweise gelang, ein Gesetz, nämlich das Zugangserschwerungsgesetz mit darin vorgesehenen „Netzsperren", zu kippen. Teil der Kampagne war eine Bundestagspetition, die innerhalb kurzer Zeit 134.000 Mitzeichner fand (Wikipedia o. D. c). Und unter Führung von Greenpeace konnten Onlineaktivisten im Jahr 2010 den schweizerischen Nahrungsmittelkonzern Nestlé mit einem sogenannten Shitstorm auf dessen Social-Media-Präsenzen dazu zwingen, kein Palmöl ohne Nachhaltigkeitszertifikat mehr für die Herstellung von Schokoriegeln zu verwenden (Rudolf 2012). Während der Proteste sah sich Nestlé gezwungen, eine Fanpage bei Facebook mit 700.000 Fans zeitweise abzuschalten.

Angesichts der Durchschlagskraft solcher neuartigen Social-Media-Kampagnen konnten ihre Protagonisten in den Medien, in weiten Teilen der Gesellschaft, aber auch in Kreisen professioneller Kommunikationsfachleute, den Eindruck erwecken, eine neue Spezies von Spin-Doktoren darzustellen – mit der Fähigkeit politische Prozesse maßgeblich zu beeinflussen. Aber auch das war ein Missverständnis.

Das Problem ist, dass sich im Social Web beispielsweise viel leichter eine politische Bewegung gegen Tierversuche sammeln lässt als für ein konkretes Gesetzesvorhaben zur Reduktion derselben. Oder leichter eine Opposition gegen Freihandelsabkommen als für irgendwie geartete substanzielle Vorschläge zur Regulierung des Freihandels.

Ihrer Schwäche bei der gestalterischen Mitwirkung im politischen System wurden die Anführer der Netzbewegung im Jahr 2013 auch selbst gewahr, als sich nach den Enthüllungen des Whistleblowers Edward Snowdon zwar viel Protest im Social Web manifestierte, aber die Köpfe der Netzbewegung schon daran scheiterten, ihre Online-Gefolgschaft dafür zu mobilisieren, auf die Straße zu gehen, um wenigstens minimale politische Veränderungen in Bezug auf staatliche Überwachungsmaßnahmen zu initiieren. „Was uns fehlt, sind Robben oder im Öl verendende Vögel", wird Constanze Kurz, Sprecherin des Chaos Computer Clubs, zitiert (taz 2013).

Vergleicht man die Kampagnen der Netzbewegung mit den Erfordernissen, die Verbände an ihre Online-Kommunikation zu stellen haben, muss eigentlich ein gravierender Unterschied auffallen: Im Zentrum der erfolgreichen Protestkampagnen standen nicht etwa dialogische oder gar persuasive Meinungsbildungsprozesse, sondern schlicht eine koordinierte Willenserklärung der Beteiligten. Anders ausgedrückt: Das zentrale Kennzeichen der besonders erfolgreichen Kampagnen war die Organisation politischen Protests auf Basis von schon vorher bestehender hoher Meinungssimilarität. Ein Diskurs mit dem Ziel, im Umfeld hoher Meinungsdiversität zu überzeugen, fand nicht statt. Sondern es ausschließlich um Mobilisierung ging. Und die war und ist häufig mit dem Mausklick, mit dem der Beitritt zu einer Community erfolgt und der Nutzer zum „Fan" oder „Follower" wird, auch bereits schon abgeschlossen.

Es ist einer der Effekte des Medienwandels, dass sich mit dem Siegeszug des Social Webs die subjektive Sicht des Individuums auf politische Gestaltungsmöglichkeiten verändert hat: Auf Politik lässt sich nun scheinbar leichter Einfluss nehmen, weil der Aufwand, die eigene Meinung öffentlich zu äußern und daraufhin Koalitionen mit Gleichgesinnten zu bilden, in extremem Maße geringer geworden ist. Da aber der Aufwand, sich eine eigene fundierte Meinung zu bilden, nicht oder nur geringfügig zurückgegangen ist, verschiebt sich die subjektive Aufwandsökonomie in Richtung „Mitmach-Web": Eigenen Positionen zur Durchsetzung zu verhelfen ist, subjektiv betrachtet, zunehmend Erfolg versprechender als eigene Positionen zu entwickeln, wo man noch keine besitzt. Diese Verschiebung trägt massiv zu dem bei, was unter dem Schlagwort der *Empörungsgesellschaft* diskutiert wird.

Die oft kritisch als *Klicktivismus* bezeichnete Weise der virtuellen politischen Partizipation unterscheidet sich allerdings fundamental von dem korporatistischen Selbstverständnis, das Verbände in der Regel als Grundlage ihrer Aufgaben in der Interessenvertretung ansehen. Denn: Für einen großen Teil der Verbände, insbesondere die Berufs- und Wirtschaftsverbände, steht nicht ein Aufbau von Protestbewegungen im Zentrum der eigenen Arbeit, sondern vielmehr die Vorbereitung von Vorschlägen für normativ umsetzbare Übereinkommen zwischen Verbandsmitgliedern und Politik.

Dem Missverständnis der Öffentlichkeit bezüglich der politischen und kommunikationsstrategischen Fertigkeiten von Aktivisten der Netzbewegung folgte ein weiteres Missverständnis: Weil Verbände sich – ganz zwangsläufig – im Social Web nicht annähernd so verhielten, wie es die Kampagnen der Netzbewegung vorgemacht hatten, begannen Medien, Berater und Kommunikationswissenschaftler die Behauptung aufzustellen, Verbände nähmen die Chancen der Kommunikation im Social Web nicht wahr. Unter der Überschrift „Verbände scheuen das Internet" zitiert etwa das Handelsblatt eine Studie, nach der Verbände die sozialen Medien innewohnenden Potenziale „noch selten" nutzten (Handelsblatt 2011).

Die unzutreffenden Vorstellungen, was Verbände im Social Web tun könnten oder sollten, setzte sich auch in der bereits in Abschn. 4.4.2 *Mitgliederkommunikation via Extranet* in diesem Buch erwähnten Studie der Otto-Brenner-Stiftung aus dem Jahr 2013 fort. Deren Autoren untersuchten 8500 Postings auf 35 Facebook-Seiten von Verbänden und kamen zu dem Ergebnis (Hoffjann and Gusko 2013, S. 8):

> Partizipation ist bei vielen Verbandsangeboten in sozialen Medien mit der Lupe zu suchen (…)

Auch wies die Studie auf Unterschiede hin, die durchaus ein falsches Bild von Berufs- und Industrieverbänden vermitteln könnten (Hoffjann and Gusko 2013, S. 4):

> Deutliche Unterschiede hingegen sind bei den jeweiligen verbandlichen Aktivitäten in den sozialen Medien zu beobachten. Hier sind Industrieverbände mit ihren Unternehmensmitgliedern deutlich weniger aktiv als andere. Überraschender ist, dass die Berufsverbände im Gegensatz zu Gewerkschaften und Public Interest Groups im Durchschnitt deutlich zurückhaltender sind.

Wie im Folgenden zu zeigen sein wird, sind auch Berufs- und Industrieverbände – jedenfalls zum Teil – versierte Nutzer sozialer Medien. Um ein differenzierteres Bild von den Aktivitäten von Verbänden in sozialen Netzwerken zu gewinnen, wurden zunächst einige empirische Daten ermittelt und darüber hinaus Interviews mit den für Kommunikation Verantwortlichen aus drei Verbänden geführt (dem Bundesverband Medizintechnologie, dem Bundesverband der Dienstleistungswirtschaft und dem Verband der Deutschen Biokraftstoffindustrie).

4.5.1 Auswertung empirischer Daten nach Verbandskategorien

Ein ganz wesentliches Ziel von Social-Media-Aktivitäten ist es, eine möglichst intensive Vernetzung mit der jeweiligen Zielgruppe zu erreichen. Vernetzt sich ein Individuum der Zielgruppe mit dem Verband, wirkt dies wie ein Opt-in: Der Verband kann prinzipiell von nun an aktiv und jederzeit die Kommunikation aufnehmen – freilich dadurch behindert, dass der Newsfeed-Algorithmus von Facebook die Botschaft des Verbands in der Timeline des Facebook-Nutzers nicht unbedingt anzeigt (siehe dazu Abschn. 4.2.3.4 *Profile und Behavioral Targeting in sozialen Medien*).

Vergleicht man nun die nach Zahl ihrer Facebook-Fans erfolgreichsten *Public Interest Groups* Deutschlands mit Berufsverbänden, so ergibt sich ein durchaus erstaunliches Bild: Sofern man als Zielgruppe von Public Interest Groups die deutsche Bevölkerung über 18 Jahren annimmt und als Zielgruppe von Berufsverbänden die jeweils in dem entsprechenden Beruf erwerbstätigen Deutschen, so ist die Vernetzung der Berufsverbände um ein Vielfaches besser:

Public Interest Groups vs. Berufsverbände: Vernetzungsgrad

	Zielgruppe	*FB-Fans*	*Vernetzungsgrad*
Campact	68.624.000	459.855	0,67 %
Greenpeace Deutschland	68.624.000	272.743	0,40 %
Ärzte ohne Grenzen	68.624.000	213.608	0,31 %
Amnesty Deutschland	68.624.000	190.622	0,28 %
Deutscher Bauernverband	285.000	34.296	12,03 %
ABDA (Apotheker)	62.757	7344	11,70 %
DJV (Journalisten)	160.000	14.686	9,18 %
VDI (Ingenieure)	1.660.000	37.334	2,25 %

Eigene Berechnung: FB-Fans = „Gefällt mir" per 01.07.2017, Zielgruppen: Bevölkerung Deutschland > 18 Jahre, ABDA, Bauernverband, Bundesagentur für Arbeit/DJV, VDI

Eine solche Statistik birgt natürlich Fehler, denn es ist nicht ausgeschlossen, dass auch Apothekenkunden Fan der ABDA oder Familienmitglieder eines Landwirts Fan des Bauernverbands werden. Dennoch dürfte eindeutig sein, dass es – jedenfalls einigen – Berufsverbänden gelingt, beim Vernetzungsgrad mit ihrer Zielgruppe den Public Interest Groups, wie Campact oder Greenpeace, den Rang abzulaufen.

Industrie- oder Wirtschaftsverbände lassen sich leider in einen solchen Vergleich nicht einbeziehen, da sich keine derartig eindeutige Zielgruppe definieren lässt. Allerdings lässt sich untersuchen, wie aktiv sie mit ihren jeweilig vernetzten Kontakten kommunizieren und wie erfolgreich diese Communities ihrerseits die Botschaften des Verbands durch Kommentare, Likes und Teilen weiterverbreiten. Facebook gibt für die Summe solcher Nutzeraktionen innerhalb der letzten sieben Tage den Wert *„Personen sprechen über diese Seite"* an (*PTAT, People Talking About This*). Auch wenn nicht alle Verbände und Public Interest Groups den Wert anzeigen lassen, ergibt sich erneut ein durchaus überraschendes Ergebnis. Teilt man nämlich den Wert *PTAT* durch die Zahl der Fans, um einen relativen, vergleichbaren Aktivitätswert zu erhalten, liegt ein Industrieverband, nämlich der *Bundesverband Medizintechnologie* mit der aktivsten Public Interest Group, *Campact*, gleichauf:

Public Interest Groups vs. Verbände: Aktivität der Facebook-Fans

	FB-Fans	*PTAT*	*Aktivitätswert*
Campact	459.855	41.727	9,1 %
Lobbycontrol	27.385	2344	8,6 %
Greenpeace Deutschland	272.743	10.616	3,9 %
Nabu	97.250	3192	3,3 %
Welthungerhilfe	23.819	508	2,1 %
BVMed (Medizintechnologie)	1004	91	9,1 %
ABDA (Apotheker)	7344	168	2,3 %
DJV (Journalisten)	14.686	373	2,5 %
GDV (Versicherungswirtsch.)	283	7	2,5 %
VDI (Ingenieure)	37.334	134	0,4 %

Eigene Berechnung: „Gefällt mir" (FB-Fans) und „Personen sprechen über diese Seite" (PTAT) per 01.07.2017

Zum Vergleich: Die entsprechenden Werte US-amerikanischer Konzerne, die bei Facebook mit hohem Aufwand um Aufmerksamkeit für ihre Markenprodukte werben, liegen nach einer Untersuchung aus dem Jahr 2013 im Durchschnitt um etwa ein Prozent. Während es bei Coca-Cola 2,19 Prozent sind, kommen Disney auf 0,78, Nike und Starbucks auf 0,35 und McDonalds auf 0,23 Prozent (Sandhu 2013).

Natürlich ist die in der Tabelle dokumentierte Auswertung nur eine Momentaufnahme aus der letzten Juniwoche des Jahres 2017. Campact organisierte gerade Proteste gegen den G20-Gipfel in Hamburg und der BVMed startete eine breit angelegte Imagekampagne mit emotionalen Patientenstorys. Dennoch zeigen auch diese Daten, dass Verbände im Hinblick auf die Aktivität ihrer Nutzer Facebook genauso versiert nutzen, wie Public Interest Groups.

Ein deutlich vollständigeres Bild ergibt sich aber erst, wenn man auch die Aktivitäten der Twitter-Follower auswertet. Denn die meisten hier verglichenen Public Interest Groups und Verbände sind sowohl auf Facebook als auch auf Twitter aktiv. Für diesen Vergleich wurden zwei Werte errechnet:

1. *Aktivitätswert:* Wie viele Kommentare, Re-Tweets (weitergeleitete Tweets) und Likes erhielt die jeweilige Organisation im Juni im Verhältnis zur Zahl der Follower? Der Wert wurde zwecks Vergleichbarkeit hochgerechnet auf eine (fiktive) Zahl von 100 Tweets.
2. *Re-Tweets:* Wie viele Re-Tweets gab es pro Tweet? Der Wert wurde zwecks Vergleichbarkeit umgerechnet auf 1000 Follower.

Public Interest Groups vs. Verbände: Aktivität der Twitter-Follower

	Follower	*Aktivititäts-wert je 100 Tweets*	*Retweets je Tweet und 1000 Follower*
Deutscher Frauenrat	2065	68,91 %	2,08
Der Paritätische	4755	42,24 %	1,89
Chaos Computer Club	143.103	9,71 %	0,55
Ärzte ohne Grenzen	22.723	9,30 %	0,53
Campact	100.948	12,24 %	0,51
Deutsche Aids-Hilfe	4201	9,94 %	0,40
Amnesty Deutschland	199.155	2,76 %	0,11
Greenpeace Deutschland	335.593	2,74 %	0,09
ZD Baugewerbe	283	75,38 %	3,30
BVMed (Medizintechnologie)	2209	21,34 %	1,01
ABDA (Apotheker)	1521	15,52 %	0,79
BDWi (Dienstleistungen)	1309	15,28 %	0,76
BDA (Arbeitgeber)	4560	14,01 %	0,63
DJV (Journalisten)	23.427	8,68 %	0,47
BDI (Industrie)	9869	11,47 %	0,38
Deutscher Bauernverband	4178	14,05 %	0,37
GDV (Versicherungswirtsch.)	4430	7,55 %	0,36
VDB (Biokraftstoffe)	1935	4,91 %	0,25
VDI (Ingenieure)	10.828	2,35 %	0,10

Eig. Berechnung: Tweets Juni 2017, Follower per 01.07.2017. Aktivitätswert: (Kommentare + Retweets + Likes)/Anzahl Follower hochgerechnet auf 100 Tweets. Retweets: (Retweets/Tweets)/Anzahl Follower*1000

Das Ergebnis dieser Auswertung belegt: Berufsverbände, Industrieverbände und andere Wirtschaftsverbände kommunizieren auf Twitter in gleichem Maße dialogorientiert wie Public Interest Groups und können vor allem auch auf die gleiche kommunikative Unterstützung ihrer Follower bauen.

4.5.2 Interviews: Intentionen und Strategien

Um Intentionen und Strategien von Verbänden bei der Nutzung von sozialen Medien besser und verständlicher dokumentieren zu können, wurden für das vorliegende Buch Interviews mit den Kommunikationsverantwortlichen aus drei Verbänden geführt, die soziale Medien vergleichsweise intensiv nutzen.

Dabei wurde vor allem eines deutlich: Während Public Interest Groups die Allgemeinheit ansprechen, unterscheiden sich die Zielgruppen der Verbände im Social Web davon gravierend. Das hat natürlich auch Folgen für die Priorisierung der genutzten Plattformen. Es dokumentiert aber auch, was wir bereits wissen, seitdem wir uns in Abschn. 2.1 *Typische Ziele der Online-Kommunikation von Verbänden* am Anfang dieses Buches mit den von Velsen-Zerweck aufgelisteten Kommunikationsaufgaben und ihren Zielgruppen befasst haben, nämlich, dass für Verbände riesige Reichweiten in sozialen Medien nicht unbedingt ein relevantes Ziel sind, sondern sehr spezifische Zielgruppen im Fokus stehen:

> *Ich bin in einem Verband tätig. Und Verbandskommunikation richtet sich zunächst an Medien. In einem Lobbyverband, wie dem unseren, richtet sie sich zudem auch an die Politik. Da stellt sich die Frage, ob das überhaupt die richtige Zielgruppe ist, wenn wir da auf Facebook unterwegs sind und versuchen, mit der breiten Öffentlichkeit zu reden.* (Frank Brühning, Pressesprecher, Verband der Deutschen Biokraftstoffindustrie)

> *Facebook ist für uns aus einem einfachen Grund problematisch: Wir haben festgestellt, die Leute, die wir als primäre Zielgruppe für unsere Verbandskommunikation identifiziert haben, erreichen wir nicht auf Facebook. Die Kommunikationsarbeit des BVMed ist ausgerichtet auf die Zielgruppen Entscheider im Gesundheitswesen, Politik, Behörden, andere Verbände, Selbstverwaltung und viel weniger die breite Öffentlichkeit.* (Manfred Beeres, Leiter Kommunikation/Presse, Bundesverband Medizintechnologie)

> *Der aus meiner Sicht wichtigste Aspekt ist der ganze Bereich Lobbying, der viel wichtiger ist als die Kommunikation mit einer relativ diffusen Masse. Da geht es dann gerade für Verbände darum, sich mit politischen Entscheidern zu verknüpfen, mit Politikern. Vernetzt bin ich auch mit anderen Verbänden oder NGOs. Also mit allen, die sich für unseren Bereich der Politik interessieren und die hier im Berliner Politikumfeld unterwegs sind. Es läuft auch immer wieder direkter Dialog. Es werden dann einfach mal bestimmte Dinge gelikt. Auch Politiker liken schon mal das Post eines Verbandes oder eines Lobbyisten. Das läuft auch ein Stück weit in beide Richtungen. Und das ist natürlich Beziehungspflege, also das, was sonst im persönlichen Gespräch bei Veranstaltungen auch stattfindet. Es ist somit ein weiterer Beziehungskanal. Und das ist, glaube ich, schon wichtig und auch ein handfester Mehrwert. Zumal das dann eine persönliche Ebene ist und nicht so eine abstrakte Institutionsgeschichte. Deswegen bin ich auch davon überzeugt, dass soziale Netzwerke am besten auf dieser persönlichen Ebene funktionieren. Also, wenn Menschen mit Menschen kommunizieren.* (Matthias Bannas, Leiter Verbandskommunikation, Bundesverband der Dienstleistungswirtschaft)

In der letzten Äußerung finden wir ein Motiv wieder, das nicht nur ein wesentliches Merkmal des klassischen Lobbyismus darstellt, sondern das wir ganz ähnlich auch beim Ansatz der „Digital Public Affairs" (siehe Abschn. 2.4.9 *Interessenvertretung und -durchsetzung gegenüber Dritten*) kennengelernt haben: die Beziehungspflege und den direkten Dialog mit politischen Entscheidungsträgern und anderen Stakeholdern – hier kontinuierlich betrieben mit den Instrumenten des Social Webs.

Dazu ist zwangsläufig ein möglichst persönlicher Kommunikationsstil erforderlich, der auch dazu führt, dass sich die Aktivitäten eines Verbands in sozialen Netzwerken nicht unbedingt nur über seine offiziellen Social-Media-Präsenzen vollziehen:

> *Wenn Dialog stattfindet, dann über meinen persönlichen Account. Einfach, weil da nicht alles innerhalb des Verbandes abgestimmt sein muss. Weil es dann meine persönliche Meinung ist. Dadurch habe ich dann zum Beispiel die Möglichkeit, in politische Debatten einzugreifen. Das ist als Verband schwieriger, denn es ist nicht so glaubwürdig, wenn sich Organisationen im Debattenmodus äußern. Ich achte darauf, immer klar zu zeigen, dass ich für den BDWi arbeite und meine Meinung natürlich durch mein professionelles Interesse geprägt ist. Aber es ist dann halt meine eigene Meinung und der Verband kann nicht dafür verhaftet werden. Ich nutze meine Social-Media-Accounts eigentlich nahezu ausschließlich in beruflichem Kontext und nicht privat.* (Matthias Bannas, Leiter Verbandskommunikation, Bundesverband der Dienstleistungswirtschaft)

Der hier geschilderte Konflikt zwischen einem möglichst persönlichen Kommunikationsstil und der Beachtung einer organisatorisch erwünschten One-Voice-Policy ist generell ein Aspekt mit Klärungsbedarf in Verbänden. Dieses Problem wird jedoch unterschiedlich gehandhabt:

> *Dafür habe ich mit der Geschäftsführung eine – ich nenne es mal so – Social-Media-Prokura abgestimmt. Denn solcher Dialog muss natürlich immer in einem engen Zeitrahmen möglich sein. Da kann man sich gar nicht im Einzelnen noch mit der Geschäftsführung abstimmen. Als Kommunikationsverantwortlicher telefoniert man täglich mit vielen Journalisten, man führt auf Veranstaltungen Gespräche mit Journalisten und mit Entscheidern und bei diesen Gesprächen käme keiner auf die Idee, wenn er gefragt wird, zu sagen, Moment, da muss ich jetzt erstmal Rücksprache mit meinem Geschäftsführer halten.* (Manfred Beeres, Leiter Kommunikation/Presse, Bundesverband Medizintechnologie)

Die Interviews belegen einen weiteren Unterschied zwischen Verbänden und anderen Akteuren im Social Web: Verbände agieren deutlich weniger fokussiert auf den Aufbau und die Pflege einer eigenen Community, sondern orientieren sich vielmehr an einzelnen Politik-Issues. Während Unternehmen vor allem ihre Communities pflegen, um dort zentralisiert Markenführung zu betreiben, und Public Interest Groups danach trachten, Unterstützer auf ihre Plattformen zu versammeln und für politische Aktionen zu mobilisieren, sind Verbände daran interessiert, Informationsaustausch zu betreiben, Advocacy-Koalitionen zu bilden oder sich dezentral in laufende Diskurse einzumischen.

> *Auf Xing und noch viel ausgeprägter auf LinkedIn werden auch Kontakte unter Fachleuten gepflegt. Wir haben beispielsweise zwei Fachreferenten, von denen ich weiß, dass sie auf LinkedIn intensiv unterwegs sind, weil es da bestimmte Fachgruppen gibt, die sich beispielsweise über die Auswirkungen bestimmter Verordnungen oder Gesetzesparagrafen austauschen. Das ist Fachkommunikation, aber global! LinkedIn ist ja sehr breit aufgestellt, man kann sich also beispielsweise auch mit amerikanischen Unternehmen vernetzen. Das bietet ein Potenzial an Information und an Dialog, das es so früher überhaupt nicht gegeben hat. Da gibt es dann nicht etwa nur eine Gruppe zu Medizintechnik, sondern speziell für Qualitätsmanagementsysteme. Oder für regulatorische Vorhaben der amerikanischen Behörde FDA.* (Manfred Beeres, Leiter Kommunikation/Presse, Bundesverband Medizintechnologie)

Da die sozialen Medien Verbände zu solcher Informationsexploration im globalen Maßstab ermächtigen, spielt dabei auch die Nutzung von Social-Media-Tagging eine wichtige Rolle und somit eine einfache, aber effiziente Form des Social-Media-Monitorings:

> *Und gerade bei Twitter sind die Recherchemöglichkeiten großartig. Es gibt einige Hashtags, die für mich relevant sind und denen ich folge. Natürlich #biokraftstoff, #biodiesel, #biosprit und #e10. Aber auch speziellere, wie #ILUC, Indirect Land Use Change. Das ist eine Abkürzung für einen ganz bestimmten Themenbereich, zu dem es ein Hashtag gibt – und ich bin immer sehr schnell auf dem Laufenden, was dazu in Brüssel passiert, was in Amerika passiert, oder weltweit. Einfach, weil alle zu dem Thema dieses Hashtag benutzen. Das ist wirklich sehr hilfreich. Nicht nur für die Außenkommunikation, sondern auch für Dialog mit der Politik.* (Frank Brühning, Pressesprecher, Verband der Deutschen Biokraftstoffindustrie)

Die Strategie in laufende Debatten einzugreifen und dort aus Sicht des Verbands zu kommunizieren, kann auch wesentlicher Bestandteil von Krisenkommunikation sein. Denn durch schnelle Reaktion auf Kritik haben Unternehmen oder sie repräsentierende Verbände die Möglichkeit, primärer Ansprechpartner in einem Konflikt zu bleiben. Damit kann verhindert werden, dass die Krise auf andere Medien übergeht (Mattl 2014). Dies setzt aber voraus, dass die Bereitschaft besteht, auch gegenüber Majoritäten eine abweichende Position zu vertreten:

> *Es ist auch ein zunehmend wichtiger Aspekt, dass man Kommunikation als Verband und als Kommunikationsverantwortlicher im Verband nicht nur so verstehen sollte, dass man die eigenen Veröffentlichungen möglichst breit streut, sondern dass man auch da mitredet, wo über die eigenen Themen gesprochen wird. Beispiel: Es gibt einen kritischen Fernsehbericht über eine bestimmte medizinische Behandlungsmethode oder über eine Operation, wo etwas schief gelaufen ist – ein Thema, das uns auch betrifft, sofern etwa eine Implantattechnologie Gegenstand ist. Dann ist es schon wichtig, und das tue ich auch, mich dann in den entsprechenden Diskussionsforen zu einem solchen Fernsehbeitrag, direkt auf der Website des Senders, aktiv zu beteiligen. Oder wenn ein Artikel bei Spiegel Online erscheint und ich an den Reaktionen sehe, dass da auch viele verunsicherte Patienten mitdiskutieren, dann bin ich in dem Moment auch in diesen Foren aktiv. Natürlich gebe ich mich immer als Kommunikationsleiter des BVMed zu erkennen, absolute Transparenz ist da mein Grundprinzip. Aber ich nehme dort Stellung und führe auch Gespräche. Das ist, glaube ich, eine zunehmend wichtige Aufgabe der Verbandskommunikation, sich an solchen Gesprächen zu beteiligen und sich in Dialoge einzuschalten.* (Manfred Beeres, Leiter Kommunikation/Presse, Bundesverband Medizintechnologie)

Intensiv werden soziale Medien, allen voran Twitter, auch für das Bemühen genutzt, Einfluss auf die öffentliche Meinungsbildung und damit den politischen Prozess zu nehmen. Wir hatten in Abschn. 2.4.10 *Sachverstand in die politische Diskussion bringen* in diesem Buch bereits entsprechende Beispiele erörtert, in denen der *Deutsche Journalistenverband* und der *AOK Bundesverband* sich entsprechend auf Twitter geäußert hatten. Solche Vorstöße erfolgen äußerst planvoll:

> *Wenn jemand sich zu meinem Thema äußert und das aus meiner Sicht völlig falsch ist, dann versuche ich, demjenigen zu antworten und etwas entgegenzuhalten. Das funktioniert nicht immer, denn bei Kampagnen der NGOs zum Beispiel sind es so viele Leute, die da etwas posten, da kann ich nicht jedem antworten. Was ich dann mache, ist, dass ich speziell die Organisationen anspreche, die besonders aktiv sind und besonders gegen meinen Bereich lobbyieren. Da kommen dann auch Antworten und es gibt so ein Pingpong sozusagen über fünf, sechs Tweets und meistens springen mir auch andere bei, natürlich den anderen auch, und es entsteht dann schon so ein Dialog. Ich glaube nicht, dass ich die Gegenseite von meiner Position überzeugen kann. Dazu sind die Leute, die ich anspreche, auch zu sehr auf ihre Positionen fixiert. Genau wie ich, den Schuh muss ich mir ja genauso anziehen. Aber, was ich natürlich hoffe, ist, dass vielleicht irgendwer anders das auch noch liest und ein bisschen anfängt drüber nachzudenken, wer hier was postet und welche Positionen vertreten werden. Ich habe einige Journalisten, die mir folgen, wo ich auch hoffe, dass die so etwas mitkriegen. Ich folge natürlich umgekehrt auch Journalisten und sehe, was die posten und kann dann darauf antworten.* (Frank Brühning, Pressesprecher, Verband der Deutschen Biokraftstoffindustrie)

Wir erkennen in dieser kurzen Schilderung eine Reihe von kommunikationstheoretischen, soziologischen und politischen Mechanismen wieder, die wir im Kontext unserer Überlegungen zur Strategieentwicklung kennengelernt haben (siehe Abschn. 2.2 *Politische Online-Kommunikation und Medienwirkung*): Da ist der Versuch, die Meinungsführer der politischen Gegenspieler einer kognitiven Dissonanz auszusetzen. Und die Erkenntnis, dass das mit rationalen Argumenten allein schwer ist. Da gibt es das Bemühen, meinungsoffene Rezipienten für die eigene Position zu gewinnen. Da wird ad hoc eine Advocacy-Koalition initiiert. Und es gibt die Hoffnung, über mitlesende Journalisten eventuell Agenda-Setting betreiben zu können.

Schließlich führt der versierte Einsatz von sozialen Medien aber auch zu einer sehr engen Vernetzung innerhalb des engsten Kreises von Akteuren in Diskurs oder Politikprozess – mit der Möglichkeit einer ansonsten kaum möglichen direkten Kommunikation:

Bei der Kommunikation mit Entscheidern aus der Politik, hat sich Twitter als ganz hervorragende Möglichkeit erwiesen, nicht nur eigene Positionen zu veröffentlichen, sondern auch wirklich Gespräche zu führen. Und dabei teilweise mit politischen Ebenen in Kontakt zu kommen, die man auf anderen Wegen, wie einer E-Mail oder einem Telefonanruf, gar nicht mehr erreicht – aber erstaunlicherweise auf Twitter. Es gibt beispielsweise bestimmte Mitarbeiter von Abgeordneten, vor allem im linken politischen Spektrum, die sehr, sehr intensiv Twitter nutzen und teilweise sehr provokant kommunizieren. Aber das bietet dann immer auch die Gelegenheit, mit ihnen in einen Dialog zu kommen und die eigenen Positionen darzustellen. Oder nehmen wir den Gesundheitsminister, Hermann Gröhe, der uns auf Twitter folgt: Aus dem engen Umfeld von Gröhe wissen wir, dass er sich sehr genau informiert und zu eigenen Posts oder Tweets auch sehr wohl die Reaktionen liest, auch wenn er sie nicht erneut kommentiert. Das ist schon ein Wert an sich, wenn man weiß, da gehört der Gesundheitsminister zu den Followern auf Twitter und ist ein sehr aufmerksamer Leser. Oder es gibt Journalisten, die Twitter sehr intensiv nutzen, auch zum kontroversen Meinungsaustausch. Beispielsweise hat eine Redakteurin von Spiegel Online ihren neuesten Artikel über Twitter verbreitet. Ich bin mit ihr via Twitter ins Gespräch gekommen und konnte ihr sagen, dass man bestimmte Sachverhalte ganz anders sehen kann als sie – und dass es Experten und auch Quellen gibt, die diese andere Sichtweise stützen. Das hat dazu geführt, dass der Artikel auf Spiegel Online redaktionell überarbeitet wurde. Die Journalistin hat die neue Version sogar erneut via Twitter ihren Followern bekannt gemacht. Also unsere Erwartungen wurden bei Weitem übertroffen, was die Möglichkeiten des Dialogs in sozialen Netzwerken, insbesondere auf Twitter, anbelangt. Wir erschließen dort Zielgruppen in der Entscheiderkommunikation, die wir mit anderen Maßnahmen – wie Newsletter, Magazine oder E-Mailings – gar nicht erreichen. (Manfred Beeres, Leiter Kommunikation/Presse, Bundesverband Medizintechnologie)

Auch wenn die hier zitierten Interviewpassagen nur für drei Verbände von mehreren Tausend sprechen, sie zeigen, wie strategisch durchdacht und wie effektiv Verbandskommunikation auch in sozialen Netzwerken sein kann.

4.5.3 Social Media als Teil einer Strategie

Die Überschrift zu diesem Abschnitt ist ganz bewusst so gewählt, dass sie den weit verbreiteten Begriff der „Social-Media-Strategie" vermeidet, zu dem es bei Google rund 400.000 Treffer gibt. Denn eine Strategie bei der Nutzung sozialer Medien ist per se sinnlos – solange nicht klar ist, welchem Zweck die Nutzung dient. Soziale Medien zu nutzen, kann für Verbände nie Selbstzweck sein, sondern dient der Erfüllung von Kommunikationsaufgaben, die sich wiederum aus operativen Zielen ableiten.

Die Aktivitäten von Verbänden im Social Web dienen im Kern immer der Interessenvertretung der Mitglieder im politischen Prozess. Erst wenn im Rahmen einer Strategie zur Interessenvertretung definiert ist, warum ein Verband in sozialen Medien kommuniziert, können seine Aktivitäten dort überhaupt erfolgreich sein – und zwar, indem sie Resultate außerhalb der sozialen Netzwerke erzielen. Viele Follower nützen einem Verband überhaupt nichts, solange nicht feststeht, was mit ihnen beabsichtigt ist.

Die Nutzung sozialer Medien wird daher nicht durch eine „Social-Media-Strategie" erfolgreich, wie der vermiedene Begriff impliziert, sondern vielmehr wird die Nutzung sozialer Medien zum Bestandteil einer übergeordneten Strategie der Interessenvertretung sein.

Eine erfolgreiche Nutzung von sozialen Medien in der Verbandskommunikation kann daher auch nur nach dem am Anfang dieses Buches erwähnten Prinzip der „vernetzten Kommunikation" (siehe Abschn. 2.2 *Politische Online-Kommunikation und Medienwirkung*) gelingen: Wir haben im Rahmen der Entwicklung von beispielhaften Use Cases, die der Erfüllung von typischen Kommunikationsaufgaben von Verbänden dienen sollten, bereits vielfach erörtert, wie Social-Media-Aktivitäten die Verbandskommunikation unterstützen können. Immer waren diese Aktivitäten aber darauf ausgerichtet, die in sozialen Netzwerken gewonnenen Kontakte im Rahmen einer systemübergreifenden User Journey an anderer Stelle zu verwerten.

Typische Ziele von Verbänden bei der Kommunikation in sozialen Netzwerken sind:

- *Erhöhung der Reichweite in der breiten Öffentlichkeit:* Beispielsweise für eine Imagekampagne (vgl. Abschn. 2.4.3 *Image verbessern*), eine Petitionskampagne (vgl. Abschn. 2.4.6 *Aufmerksamkeit für die Sache/den Anlass erzeugen*) oder persuasive Kommunikation (vgl. Abschn. 2.4.5 *Initiierung von Meinungsbildung* und Abschn. 2.4.10 *Sachverstand in die politische Diskussion bringen*) muss die Reichweite der Verbandskommunikation über die üblichen Zielgruppen hinaus gesteigert werden.
- *Promotion von Präsenzveranstaltungen:* Im Rahmen klassischen Lobbyings sollen Präsenzveranstaltungen organisiert werden, die kontinuierlicher Beziehungspflege zu politischen Entscheidern und anderen Stakeholdern dienen (vgl. Abschn. 2.4.9 *Interessenvertretung und -durchsetzung gegenüber Dritten*).
- *Promotion eines Extranets:* Um die Nutzung eines für Mitglieder angelegten Extranets zu steigern, wird in sozialen Netzwerken mit kleinen Ausschnitten aus dem passwortgeschützten Informationsangebot öffentlich geworben (vgl. Abschn. 4.4.2 *Mitgliederkommunikation via Extranet*).
- *Gewinnung von Medienkontakten:* Durch Präsenz und Vernetzung in sozialen Medien sollen Journalisten veranlasst werden, die Presseinformationen des Verbands zu nutzen und möglichst auch zu subskribieren (vgl. Abschn. 4.4.3.3 *Aufbau und Pflege des Presseverteilers*).
- *Gewinnung von Mitgliedern:* Durch entsprechende Kommunikation in sozialen Netzwerken soll Mitgliedern der Nutzen einer Mitgliedschaft deutlich gemacht werden, um

diese zum Beitritt zu bewegen. Dies ist beispielsweise Ziel des Vereins Deutscher Ingenieure, der dazu auf Social-Media-Präsenzen URLs, wie *www.vdi.de/mitgliedschaft* und *www.vdi.de/vorteile*, bekannt macht.[30]

- *Gewinnung von Nachwuchs:* In der Zielgruppe junger Berufseinsteiger soll für eine bestimmte Ausbildung geworben werden. Beispielsweise betreibt der Zentralverband des Deutschen Bäckerhandwerks dazu eine Kampagne und hat auf Facebook dafür im Laufe von sieben Jahren rund 180.000 Fans gewonnen.[31]

So unterschiedlich wie die Ziele in dieser – willkürlichen und unvollständigen – Liste sind zwangsläufig die Strategien, die innerhalb der Kommunikation in sozialen Medien zum Einsatz kommen. Es gibt deshalb keine allgemeingültigen „Social-Media-Strategien", sondern es ist vielmehr ratsam, mittels Use Cases genau durchzuplanen, wie die User Journey der Nutzer auch in sozialen Medien verlaufen soll, damit das Verbandsziel erreicht wird.

Im Falle des zuletzt genannten Beispiels wäre etwa vorauszuplanen, über welche Art von Inhalten die Kampagne einen jungen Schulabsolventen überhaupt erreichen kann, aufgrund welcher Utility er Fan der Facebook-Seite zu werden bereit sein wird und wie er schließlich möglichst einfach einen Ausbildungsbetrieb finden kann.

Tatsächlich lebt die Kampagne des Bäckerhandwerks von aufwendig gemachten, auf eine jugendliche Zielgruppe zugeschnittenen und vor allem unterhaltsamen Inhalten, die geeignet sind, Jugendliche zu dauerhafter Vernetzung anzuregen. Die Inhalte werden zu einem erheblichen Teil von erfolgreichen Onlinemedien, wie *Buzzfeed*, durch „Teilen" übernommen. Da die Nutzer die Inhalte aktiv liken und teilen, kann die Community wachsen. Von der Facebook-Seite aus wird häufig auf die Kampagnen-Website[32] verwiesen, unter anderem auch mit Gewinnspielen. Auf der Kampagnen-Website gibt es Information zum Beruf des Bäckers und einen mit umfangreicher geografischer Funktionalität ausgestatteten „Stellenfinder". Facebook ist also quasi ein Generator von Reichweite, aber die Konversion eines Rezipienten zum Bewerber wird auf der Kampagnen-Website initiiert, vor allem, weil das dort komfortabler möglich ist. Man darf davon ausgehen, dass die Reichweite der Kampagne nicht annähernd so groß wäre, wenn die Inhalte ausschließlich direkt auf der Kampagnen-Website publiziert würden, und interessierte Rezipienten einen Newsletter oder RSS-Feed abonnieren müssten, um auf diese regelmäßig hingewiesen zu werden. Die Nutzung von Facebook ist also elementarer Bestandteil der Strategie, mit der schlussendlich Lehrstellenbewerber gewonnen werden sollen.

Das weiter vorne in diesem Buch ausführlich dargestellte Instrumentarium aus User Storys, Use Cases und Personas ist also auch im Hinblick auf Social-Media-Aktivitäten das Mittel der Wahl bei der Strategieentwicklung. Es gibt jedoch bei der Konzeption von

[30] Siehe: *https://twitter.com/WerdeIngenieur*, *https://twitter.com/VDI_Richtlinien* und *https://twitter.com/VDI_News*. Zugegriffen: 5. Juli 2017.

[31] Siehe *https://www.facebook.com/backdirdeinezukunft/*. Zugegriffen: 5. Juli 2017.

[32] Siehe *https://www.back-dir-deine-zukunft.de/*.

Kommunikationsmaßnahmen in sozialen Medien einige zusätzliche Aspekte zu beachten, die in den folgenden Abschnitten dargelegt werden sollen.

4.5.3.1 Social-Media-Analyse, -Monitoring und -Listening

Sofern ein Verband bestimmte Ziele in sozialen Medien verfolgen möchte, muss er zunächst in Erfahrung bringen, wo und wie er die Zielgruppe im Social Web erreicht. Dies zu identifizieren ist Aufgabe einer *Social-Media-Analyse*. Sie versucht, möglichst genau herauszufinden, wo im Social Web sämtliche Stakeholder der eigenen Interessensphäre vernetzt sind und in welchen Communities thematische Bezüge zu dieser Interessensphäre bestehen. Sie versucht darüber hinaus zu analysieren, wer in sozialen Netzwerken die maßgeblichen Meinungsführer, sogenannte „Influencer", sind. Untersucht wird dabei die Gesamtheit von sozialen Netzwerken, Internetforen und Blogosphäre (vgl. Landgraf und Feldkircher 2016).

Die breite Öffentlichkeit erreicht man prinzipiell sicherlich am besten über den Marktführer aus Kalifornien, denn im Juni 2017 konnte *Facebook* vermelden, dass erstmals 30 Mio. Deutsche regelmäßig das soziale Netzwerk nutzen (TN3 2017b), was etwa der Hälfte der 58 Mio. deutschen Internetnutzer ausmacht, die im Jahr zuvor gezählt worden waren (ARD/ZDF 2016).

Aber spezifische Zielgruppen haben sich möglicherweise in anderen sozialen Netzwerken konzentriert oder organisiert. So ist, wer jung ist, weiblich sowie an Mode und Kosmetik interessiert, mit hoher Wahrscheinlichkeit bei *Instagram* aktiv (Horizont 2017). Weil die Kommunikation von Medizinern im Social Web zu besonderen ethischen und rechtlichen Problemen führen kann (vgl. BÄK 2014), nutzen Ärzte intensiv spezielle geschlossene Communities, für die man sich nur unter Vorlage seiner Approbationsurkunde registrieren kann (vgl. Batschkus 2013). Viele Mitarbeiter aus der IT-Branche diskutieren ihre Themen im Forum des Heise-Verlags (vgl. Moskopp und Heller 2013). Innerhalb von Facebook sind die fast 87.000 Fans der Seite „Sexy Landwirtschaft"[33] – einer Fanpage, die sich selbstbewusst gegen falsche Klischees von der Landwirtschaft wendet – eine Community aus Landwirten, die zweieinhalbmal so groß ist wie die Fangemeinde des Deutschen Bauernverbands. Und innerhalb von *LinkedIn* haben sich über 500 Fach- und Führungskräfte aus mittelständischen Unternehmen, der öffentlichen Verwaltung und Verbänden zur geschlossenen Gruppe „Wirtschaft & Umwelt" zusammengeschlossen. Über 4000 Interessierte kommunizieren in der geschlossenen Gruppe „Zukunftsforschung".

Es ist auch ratsam, die technische Funktionalität der einzelnen Netzwerke mit in die Analyse einzubeziehen, wie insbesondere das Beispiel *Facebook* zeigt: Denn, wie wir bereits erfahren haben, kann der Newsfeed-Algorithmus von *Facebook* durchaus ein Hindernis beim Erreichen von Zielgruppen darstellen, sofern man nur eine Fanpage betreibt und nicht Werbung schaltet (siehe dazu auch Abschn. 4.2.3.4 *Profile und Behavioral Targeting in sozialen Medien*). Denn die sogenannte „organische Reichweite", die angibt, wie viele der Fans ein Posting tatsächlich zu sehen bekommen, lag schon 2014 nur noch

---

[33] Siehe *https://www.facebook.com/SexyLandwirtschaft/*.

bei 6,51 Prozent und sinkt weiter (Constine 2014). Im Karrierenetzwerk *LinkedIn* gibt es übrigens einen ähnlichen Algorithmus (Kim 2016; TN3 2015).

Zudem ist es wichtig, die Intention und Tonalität einzelner sozialer Medien oder Communities zu erkennen, um entscheiden zu können, ob und in welcher Weise überhaupt Kommunikation sinnvoll und möglich ist.

Auf der Basis der Social-Media-Analyse kann man strategische Überlegungen zum eigenen Vorgehen weiterentwickeln: Tritt der Verband mit einer eigenen Seite auf oder kommunizieren Verbandsvertreter als Person in bestimmten Communities? Oder geschieht beides parallel? Was für Inhalte und welche Tonalität sind geeignet? Muss die geringe organische Reichweite bei Facebook durch Social-Media-Marketing unterstützt werden? (Vgl. Abschn. 4.2.3.4 *Profile und Behavioral Targeting in sozialen Medien*)

Schließlich ist die einmalig retrospektiv durchgeführte *Social-Media-Analyse* auch eine gute Grundlage, um auch ein kontinuierliches *Social-Media-Monitoring* zu planen, mit dem möglichst weitgehend automatisiert bestimmte Medien oder Communities im Social Web überwacht werden, um gegebenenfalls operativ handeln zu können, etwa in Krisensituationen, wie wir es im vorigen Abschnitt dieses Buchs im Interview erfahren haben (vgl. Landgraf and Feldkircher 2016).

Social-Media-Monitoring wird von Großunternehmen meist mit hohem technischem und finanziellem Aufwand betrieben, um mit seismografischer Sensibilität die Stimmung der Kunden und Verbraucher bezüglich ihrer Markenprodukte quasi in Echtzeit verfolgen zu können. Größte Herausforderung dabei ist, dass beispielsweise die Postings des größten sozialen Netzwerks, nämlich von Facebook, nicht offen einsehbar sind. Zu überwachen, ob sich Facebook-Nutzer gegenüber ihren „Facebook-Freunden" über ein Produkt beschweren, ist also von außen nicht ohne Weiteres möglich. Facebook verkauft aber diesen Datenschatz nach einer aufwendigen Anonymisierung und Big-Data-Analyse unter dem Namen „Topic Data" an zahlungskräftige Unternehmen (vgl. Facebook 2015). Die Überwachung eines Themas mit mehreren Suchworten kostet, so hat eine Marketingagentur vor zwei Jahren in ihrem Blog dargelegt, monatlich etwa 1000 Euro (Praschma 2015).

Verbände werden angesichts solcher Kosten eher darauf verzichten wollen, Social-Media-Monitoring im von außen unsichtbaren Teil des Social Webs zu betreiben. Für ein Monitoring der öffentlich sichtbaren Seiten, wie Blogs, Twitter, Facebook-Fanpages und viele Foren, gibt es jedoch viele kostenlose Online-Tools im Internet.[34] Am praktischsten ist möglicherweise ein Dienst, wie *WatchThatPage.com*. Dort kann man die Überwachung einzelner Seiten veranlassen. Ändert sich darauf etwas, erhält man eine E-Mail, und zwar gegebenenfalls auch nur dann, wenn auf der geänderten Seite ein bestimmter Begriff auftaucht.

Anders als für Markenhersteller ist aber *Social-Media-Monitoring* für Verbände eher auch nur eine Ergänzung zu dem, was viel wichtiger ist und oft als *Social-Media-Listening*

[34] Übersichten mit solchen Tools finden sich beispielsweise unter https://www.crowdmedia.de/blog/kostenlose-social-media-monitoring-tools/ und https://www.brandwatch.com/de/2016/04/15-kostenlose-social-media-monitoring-tools/.

bezeichnet wird: Denn ein Verband tut – vor allem, wenn er vorhat im Diskurs selbst aktiv zu werden – gut daran, nicht nur automatisiert Websites zu scannen, sondern aktiv und kontinuierlich mitzulesen, was die wichtigsten Meinungsführer auf Twitter oder in ihren Blogs zu sagen haben (vgl. Lawal 2016). Gegebenenfalls ist man nämlich dadurch (wie auch von den Interviewpartnern zuvor beschrieben) in der Lage, direkt in den Dialog einsteigen.

Man kann für ein effizientes *Social-Media-Listening* beispielsweise bei Twitter sogenannte „Listen" anlegen. Sofern man dort nur einflussreiche Twitter-Nutzer aufnimmt, muss man nicht die Beiträge all jener lesen, denen man sonst noch folgt, sondern hat eine Seite mit ausschließlich den wichtigsten Nachrichten zur Verfügung. Wichtigen Blogs kann man über deren RSS-Feeds verfolgen. Abonniert man Blogs mit einem RSS-Reader, stehen die Beiträge aller abonnierten Blogger dort ebenfalls in einem Dokument untereinander und sind leicht zu verfolgen. Gegebenenfalls kann man sogar die Listen von Twitter über einen Dienst, wie *FetchRSS.com*, in RSS umwandeln und ebenfalls in den RSS-Reader importieren. Man hat somit eine komplette Übersicht, in der man verfolgen kann, was die *Influencer* gerade publiziert haben. *FetchRSS* erlaubt übrigens auch das Mitlesen öffentlicher Seiten auf Facebook, also in der Regel Fanpages, nicht allerdings persönlicher Profile.

4.5.3.2 Die Basis in sozialen Medien: Vernetzung

Im Jahr 2014 wollte die Initiative *„Mit einer Stimme – Die Fairplay-Initiative für das Handwerk"* eine *E-Petition* beim Deutschen Bundestag einreichen. Hintergrund war eine aus der Sicht von mehreren Handwerkverbänden ungerechte Situation im Haftungsrecht, sofern mangelhafte Materialien verbaut worden waren. Zwar hatte die Bundesregierung im Jahr 2013 im Koalitionsvertrag eine bessere Regelung in Aussicht gestellt (BMJV 2015), aber diesbezüglich war ein Jahr später noch nichts geschehen. Die Petition sollte deshalb dem Anliegen der Handwerksbetriebe Nachdruck verleihen. Ziel war es, auf einer eigenen Plattform genügend Unterstützer zu sammeln, um danach innerhalb von vier Wochen auf der Petitionsplattform des Bundestages 50.000 Mitzeichner aufbieten zu können – denn das hätte, nach dem Reglement des Bundestags, eine öffentliche Anhörung vor dem Petitionsausschuss ermöglicht (vgl. Handwerk.com o. D.).

Es gelang der Initiative jedoch über einen Zeitraum von mehreren Monaten nicht, auch nur annähernd 50.000 Mitzeichnungswillige zu finden. Nach vier Monaten waren es erst 7400. Und noch heute steht auf der Website *www.miteinerstimme.org* der Zähler bei weniger als der Hälfte, die Zahl „bestätigter Unterstützer" steht aktuell bei knapp 18.500.

Die gravierendste Ursache war leicht zu erkennen: Von den zehn die Kampagne tragenden Organisationen waren vier gar nicht in sozialen Netzwerken aktiv, vier andere hatten Facebook-Fanpages mit jeweils weniger als 200 und eine weitere mit gut 300 Fans; und nur ein Verband hatte auf Facebook und Twitter zusammen etwa 1200 Kontakte. Insgesamt konnten also im ersten Schritt – über soziale Netzwerke – nur rund 2300 potenzielle Unterstützer angesprochen und gebeten werden, sich auf der Kampagnenplattform einzutragen (vgl. Hillebrand 2014). Das waren ganz offensichtlich zu wenige.

Das Beispiel zeigt: Vor einer Aktion, die wirklich politische Wirkung entfachen soll, muss zunächst eine tragfähige Vernetzung hergestellt werden. Dies war in diesem Beispiel nicht gelungen.

Eine gute Vernetzung erreicht ein Verband vor allem durch entsprechend gute, bestenfalls virale Inhalte (dazu mehr im nächsten Abschnitt) und ein hohes Maß an eigener Aktivität, die zu gesteigerter Sichtbarkeit führt. Mit den folgenden Schritten lässt sich aber eine relativ gute Vernetzung bereits vor dem Beginn inhaltlicher Aktivitäten vorbereiten:

- *Website:* Jeder Besucher der Verbandswebsite sollte dort jederzeit sehen, dass er sich über soziale Medien mit dem Verband vernetzen kann. Entsprechende Logos mit Links zu der entsprechenden Social-Media-Präsenz sind daher auf jeder Seite ein Muss, am besten in der Metanavigation oder auch am Rand der Website (eventuell sogar unabhängig von der Scrollposition immer sichtbar). (Vgl. Abschn. 3.3.2 *Sitemap und Navigation*)
- *Hinweis versenden:* Sofern ein Verband einen Social-Media-Account aufbaut, kann er mit einem Verbandsrundschreiben und im Newsletter und gegebenenfalls weiteren Medien diejenigen aufmerksam machen, die ohnehin bereits mit dem Verband in engem Kontakt stehen, damit sie sich vernetzen können.
- *Signaturen:* Social-Media-Accounts sollten in der E-Mail-Signatur eines jeden Verbandsmitarbeiters genannt werden und verlinkt sein. Das Gleiche gilt für alle anderen Signaturen oder Absenderangaben des Verbands, beispielsweise auch in Druckwerken und sonstigen Medien (natürlich auch im Newsletter).
- *Unilaterale Vernetzung:* Den aus der Social-Media-Analyse bekannten Nutzern der eigenen Interessensphäre wird der Verband sicherlich schon aus inhaltlichen Gründen folgen wollen (statt des Begriffs „folgen" werden in vielen Netzwerken Synonyme verwendet; im Folgenden werden daher die Begriff „folgen" oder „Follower" generalisierend für alle sozialen Netzwerke verwendet). Die zunächst unilaterale Vernetzung, mit der der Verband Anderen folgt, wirkt sich aber mittelbar auch positiv auf die Zahl der Follower des Verbands selbst aus (vgl. Fink 2017). Deshalb sollte der Verband möglichst allen relevanten Stakeholdern bereits baldmöglichst nach Einrichtung seines Accounts folgen. Dafür, dass die zunächst unilaterale Vernetzung auch zu umgekehrter Vernetzung von Nutzern mit dem Verband führt, gibt es folgende Gründe:
  - *Vorschläge:* Soziale Netzwerke schlagen ihren Nutzern andere Nutzer zum Vernetzen vor. Sobald ein Verband selbst vielen Accounts zu folgen beginnt, die sehr typisch für die Interessensphäre des Verbands sind, kann das soziale Netzwerk den Account des Verbands all jenen zum Vernetzen vorschlagen, die ebenfalls Teil dieser Interessensphäre sind.
  - *Re-Follow:* Viele Nutzer von sozialen Netzwerken schauen sich genau an, wer ihnen folgt. Zum einen sind sie dann wohlwollend im Hinblick darauf, diesem Nutzer ebenfalls zu folgen. Zum anderen besteht ja bei sinnvoller Auswahl derer, denen der Verband selbst folgt, grundsätzlich ein enger thematischer Bezug, sodass ein *Re-Follow* schon deshalb sehr wahrscheinlich ist.

Man sollte allerdings nicht übertreiben: Den Effekt des wohlwollenden Re-Follows schlachten manche Nutzer nämlich aus, um selbst eine große Zahl von Followern aufzubauen. Sie folgen für eine gewissen Zeit einer größeren Zahl anderer Nutzer, nennen wir sie Testgruppe A, woraufhin ein Teil zurückfolgt. Nach einer gewissen Zeit stornieren sie ihr Folgen bei der gesamten Testgruppe A. Ein Teil wird das nicht merken und weiter folgen. Die Anzahl der Follower ist somit gestiegen. Diese Methode, für die es sogar einfach zu bedienende Tools gibt, wird danach mit immer wieder neuen Testgruppen wiederholt. Jedes Mal bleiben ein paar Follower hängen (vgl. Fink 2017).

Verbänden ist von solchen Methoden jedoch dringend abzuraten, da man so vor allem weniger aktive Nutzer aus großen Nutzergruppen herausfiltert, die thematisch mit dem Verbandsgeschehen von Testgruppe zu Testgruppe immer weniger zu tun haben. Sie sind daher in Bezug auf die Verbandsziele recht bald kaum noch von Belang, aber für den Account des Verbands sind sie mit zunehmender Zahl schädlich: Denn sie führen dazu, dass die Gesamtheit der Follower des Verbands statistisch betrachtet immer weniger untereinander und damit interessenspezifisch vernetzt ist. Mit dem *Re-Follow-Effekt* gewonnene Follower des Verbands folgen stattdessen selbst immer häufiger vor allem Nutzern, die nichts mit dem Verband und seiner Branche zu tun haben. Dies hat Folgen für die Vorschlagfunktion, mit denen die meisten sozialen Netzwerke jedem Nutzer Vorschläge unterbereiten, wem er folgen könnte: Denn die dahinter stehenden Algorithmen der sozialen Netzwerke überprüfen für solche Vorschläge statistisch die Übereinstimmung der Kontakte. Je mehr aber der Verband mit ganz beliebigen Nutzern vernetzt ist, desto weniger kann er seinem eigentlich relevanten Umfeld vorgeschlagen werden.

Zweiter Nachteil der Gewinnung von Followern durch den *Re-Follow-Effekt*: Da die so gewonnenen Follower immer weniger aktiv sind, sinken auch die Aktivitätswerte, die das soziale Netzwerk dem Verband zumisst. Das führt dazu, dass die Postings des Verbands Nutzern seltener angezeigt werden. Bei Twitter wird beispielsweise seit dem Jahr 2016 die Timeline nicht mehr chronologisch sortiert, sondern im Hinblick auf Resonanz erfolgreichere Tweets stehen weiter oben (Heise 2016a). Bei der Suche nach einem bestimmten Hashtag zeigte Twitter schon länger zunächst nur die Tweets von im Hinblick auf Resonanz erfolgreichen Accounts an. Und bei Facebook wird die organische Reichweite aufgrund des Newsfeed-Algorithmus gesenkt, wenn Fans oder Freunde nicht auf Postings reagieren.

Bei Twitter kann man den *Re-Follow-Effekt* ohne solche Nachteile ausnutzen, indem man Accounts nicht folgt, um sie auf sich aufmerksam zu machen, sondern sie ausschließlich in Listen aufnimmt. Auch darüber erhalten sie nämlich eine Benachrichtigung und können nachschauen, wer sie aufgenommen hat. Ein Nürnberger Marketing-Spezialist hat nach eigenen Angaben auf diese Weise in sieben Tagen 959 Follower gewonnen (Beilharz 2014).

Unilaterale Vernetzung des Verbands sollte sich aus den genannten Gründen immer auf die wirkliche Zielgruppe beschränken. Man findet solche Nutzer, über die

Social-Media-Analyse hinaus, beispielsweise auch dadurch, dass man sich genau ansieht, wie diejenigen vernetzt sind, denen man selbst bereits folgt. Oder man sucht nach den Hashtags zu bestimmten wichtigen Themen. Oder man geht, nachdem man die ersten Schritte erfolgreich unternommen hat, die Vorschläge durch, die das Netzwerk macht.
- *Social-Media-Marketing:* Es besteht natürlich, möglicherweise gerade während der Startphase eines Verbands in einem Netzwerk, die Möglichkeit zur Schaltung von Werbung. Da soziale Netzwerke die Interessen ihrer Nutzer sehr gut einschätzen können, ist das Targeting auch sehr genau und man kann seine Zielgruppe mit geringen Streuverlusten erreichen. Oft kann man die Kampagnen darüber hinaus so gestalten, dass man nur für neue Follower oder Fans einen Betrag bezahlt (*Pay per Lead*). (Siehe dazu auch Abschn. 4.2.3.4 *Profile und Behavioral Targeting in sozialen Medien*)

4.5.3.3 Inhalte: Was teilt sich?

Die meisten Verbände, die in sozialen Netzwerken aktiv sind, verbreiten dort in erster Linie Informationen, die ihnen selbst politisch oder fachlich wichtig erscheinen. Das sind zunächst ihre eigenen Publikationen, etwa neue Artikel auf der Website und von ihnen publizierte Pressemitteilungen (vgl. Hoffjann and Gusko 2013, S. 57), aber darüber hinaus oft auch Artikel aus Onlinemedien, die für Verbandsmitglieder und andere Stakeholder wichtig oder interessant sein könnten, wie Nachrichtenportale, Websites anderer Organisationen oder Blogs (vgl. Sliwa 2012).

Die eigenen eigentlich für andere Medien aufbereiteten Publikationen auch über soziale Medien anzubieten, wird gelegentlich als *Social-Media-Broadcasting* bezeichnet, weil hier keinerlei Dialog im Vordergrund steht, sondern nur, die eigenen Inhalte nach dem Sender-Empfänger-Schema zu verbreiten, um ihnen zusätzlich Reichweite zu verschaffen. Das Weiterverbreiten einer unter bestimmten Kriterien zusammengestellten Auswahl von Online-Publikationen Dritter bezeichnet man als Kuratieren oder *Content Curation.*

Geht man vom Aspekt der Utility für die vernetzten Follower aus, haben beide Inhaltsstrategien ihre Berechtigung. Es ist beispielsweise sinnvoll, dass Journalisten, aber auch andere Stakeholder Pressemitteilungen auch über soziale Medien verfolgen können (vgl. Abschn. 4.4.3.1 *Selektivität und Flexibilität des Presseverteilers* und Abschn. 4.4.3.3 *Aufbau und Pflege des Presseverteilers*), und Content Curation kann für Rezipienten einen enormen Nutzwert haben, gerade wenn der Rechercheaufwand dafür hoch ist (vgl. Abschn. 4.1.2 *Mediale Eigenschaften der Online-Kommunikation*).

In sozialen Netzwerken ist jedoch solche sachlich orientierte Utility allein kaum ein Garant für Erfolg. Denn die Mechanismen sozialer Netzwerke funktionieren in aller Regel nicht etwa so, dass jemand auf der Startseite der *Social-Media-Präsenz* eines Verbands landet, sich die Inhalte anschaut und dann Follower wird. Seine Startseiten in sozialen Netzwerken kann zwar der Verband auf seiner Website bewerben. Soziale Medien werden potenzielle Follower jedoch auf ganz anderem Wege mit dem Verband in Kontakt bringen:

Der übliche Weg ist hier, dass ein Nutzer beim Verfolgen seiner Timeline ein Posting des Verbands vorfindet, weil es einer seiner eigenen Kontakte geteilt oder mit einer positiven Wertung versehen hat. Gefällt ihm dieses Posting, wird er möglicherweise auch zum Follower des Verbands. Reichweite und insbesondere auch die Frage, ob Nutzer zu Followern werden, hat demzufolge stark damit zu tun, ob Postings Reaktionen auslösen, also geteilt, kommentiert oder positiv bewertet werden (etwa mit einem „Like").

Das ist aber komplizierter, als man meinen könnte: Denn nicht alle Follower eines Verbands bekommen seine Postings überhaupt zu sehen, um es ihren Follower eventuell weiterzuleiten. Denn soziale Netzwerke reduzieren, wie wir bereits erfahren haben, immer häufiger den gewaltigen Strom an Postings, dem Nutzer aufgrund ihrer zunehmenden Vernetzung eigentlich ausgesetzt wären, auf jene Inhalte, die von Algorithmen empirisch als erfolgreich bewertet werden. Ob Facebook, Twitter oder LinkedIn – die Nutzer sehen zunehmend keine wirkliche Timeline mehr – also eine chronologische Liste aller Postings derer, denen sie folgen. Sondern sie sehen, von wenigen Ausnahmen abgesehen, eine von Algorithmen sortierte Hitliste, in denen ausschließlich jene Postings oben stehen, auf die andere Nutzer zuvor bereits positiv reagiert haben (vgl. Wittenbrink 2014). Oder sie sehen nur Postings von Nutzern, auf deren frühere Postings sie selbst bereits positiv reagiert haben. Der simple Grund: Die sozialen Netzwerke möchten durch möglichst attraktive Inhalte ihre Nutzer binden.

Die Konsequenz: Je interaktionsärmer die Follower eines Verbandes dessen Postings rezipieren, desto seltener werden diese überhaupt angezeigt – ganz egal, wie die Utility ist. Rufen wir uns noch einmal in Erinnerung: Die sogenannte organische Reichweite eines durchschnittlichen Facebook-Postings lag schon 2014 nur noch bei 6,51 Prozent (Constine 2014). Das bedeutet: Nur jeder 15. Fan einer Fanpage sieht ein durchschnittliches Posting in seiner Timeline – die anderen 14 Fans bekommen davon gar nichts mit.

Bei diesem Durchschnittswert muss man sich noch vergegenwärtigen, dass Verbände mit anderen Fanpages konkurrieren, die spektakuläre oder höchst unterhaltsame Inhalte präsentieren, und dadurch bessere Reichweiten erzielen. Die organische Reichweite manches Verbandes, der nur nüchterne Informationen verbreitet, dürfte deshalb noch weit unter den 6,51 Prozent liegen. Wenn dann also nur jeder 20. oder 30. Fan ein Posting sieht, dann sind das bei eintausend Fans nur 33 bis 50 oder bei 200 Fans nur sieben bis zehn. Es ist leicht vorstellbar, dass von einer solch kleinen Zahl möglicherweise niemand ein Posting teilt. Dies bedeutet dann, dass es keinerlei positiven Effekt auf die Vernetzung des Verbands gibt: Niemand außerhalb der Gruppe der Fans des Verbands wird das Posting zu Gesicht bekommen. Und der Verband wird sich folglich damit keine neuen Fans erschließen können.

Verbände, die in sozialen Medien aktiv sind, stehen deshalb permanent in einem Konflikt: Einerseits ist die eigentliche Aufgabe die Interessenvertretung und damit zumeist sachliche Information – mit in der Regel relativ komplexen Inhalten. Andererseits erfordert die Logik von sozialen Netzwerken etwas ganz anderes, nämlich Inhalte, die sich gut teilen, etwa weil sie beim Betrachter auf den ersten Blick Emotionen freisetzen und zum Klicken anregen.

Das Grundproblem lässt sich gut an einem beispielhaften Vergleich festmachen: Bundeskanzlerin Angela Merkel hat auf Facebook knapp 2,5 Mio. Fans.[35] Der Fußballnationalspieler Mezut Özil, der ein Jahr später Profi wurde als Merkel Kanzlerin, hat aktuell, im Sommer 2017, fast 32 Mio. Fans,[36] also annähernd 13 Mal so viele. Dies mag illustrieren, inwieweit Relevanz und Medienlogik in sozialen Medien voneinander abweichen können – und welche Auswirkungen das auf die Vernetzung in sozialen Medien hat.

Untersucht man, welche Postings aus dem Umfeld von Verbänden überragende Reichweiten erzielten, stößt man schnell auf Beispiele, wie dieses: Die Nachwuchskampagne des Deutschen Bäckerhandwerks postete im Jahr 2014 ein Foto von einem aufgeschnittenen Laib Brot, dessen Teigblasen – wie zufällig – ein deutlich erkennbares, unglücklich dreinschauendes Gesicht bildeten. Darunter stand die Überschrift: „Warum ist dieses Brot wohl so traurig?" Das Foto erhielt den herausragenden Wert von über 1900 „Likes".

Natürlich ist der Informationsgehalt gleich null, aber ein solcher Beitrag erzielt Reichweite weit über die eigentliche Community hinaus. Im Hinblick auf viele der am Beginn dieses Buches genannten Kommunikationsaufgaben, für die über soziale Medien Reichweite erzeugt werden soll, sind daher solche der Medienlogik sozialer Netzwerke angepassten Postings viel wirkungsvoller als nüchterne Sachinformation (vgl. Eyl 2014). Das schließt beispielsweise auch ein, dass – wie zuvor dargelegt – Empörung eines Nutzers eher zu Reaktion unter einem Posting führt, als wenn er um Mithilfe bei einem online stattfindenden konstruktiven Willensbildungsprozess gebeten wird.

Beim *Social-Media-Broadcasting* besteht ebenso wie bei *Content Curation* das Risiko, dass – wie die meisten Absender – auch die Rezipienten einen Dialog nicht für notwendig erachten, sondern das Sender-Empfänger-Schema, mit dem der Verband Information zur Verfügung stellt, unbedacht hinnehmen. Doch damit bricht unter Umständen die gesamte Reichweitenstrategie des Verbands zusammen.

Es ist deshalb sinnvoll, soziale Netzwerke nicht ausschließlich zur Verbreitung von Information zu nutzen, sondern Postings – zumindest zum Teil – so anzulegen, dass sie Reaktionen und Kommentare im sozialen Netzwerk auslösen. Dies macht beispielsweise der Markenverband intensiv auf Facebook. Er stellt dazu politisch kontroverse öffentliche Debatten mit einer eigenen aufmerksamkeitsstarken Grafik vor und fragt nach der Meinung der Rezipienten. Als sich im April 2017 das Umweltbundesamt für ein flächendeckendes innerstädtisches Tempolimit von 30 Stundenkilometern stark machte, befragte der Markenverband dazu seine Facebook-Fans. Der Beitrag erhielt 402 Kommentare und fast 5000 Likes. Er wurde zudem 55mal geteilt (Markenverband 2017).

Man mag danach fragen, was ein innerstädtisches Tempolimit mit dem inhaltlichen Aufgabengebiet des Markenverbands zu tun hat. Aber: Die Fanpage auf Facebook hat gut 6800 Fans.

Sofern ein Verband dabei nicht übertreibt und etwa seine Glaubwürdigkeit aufs Spiel setzt, kann eine Selbstdarstellung in sozialen Netzwerken durchaus auf die dort

[35] Siehe https://www.facebook.com/AngelaMerkel/.

[36] Siehe https://www.facebook.com/mesutoezil.

vorherrschende Medienlogik abgestimmt sein, so wie es Broschüren oder Imagevideos in Bezug auf ihre eigenen Medien es auch sind. Ausschlaggebend für die richtige Auswahl und Mischung von Inhalten in sozialen Medien sollten dabei vor allem Evaluationsdaten sein, die zeigen, ob eine Social-Media-Präsenz beispielsweise erfolgreich Besucher auf die Verbandswebsite holt (siehe dazu Abschn. 4.6.2 *Reports zur Unterstützung redaktioneller Arbeit*, dort Punkt *Social-Media-Report*) – so wie in Use Cases möglichst vorausgeplant.

Für jegliche Gestaltung von Postings gilt ebenfalls, was wir von Jakob Nielsen in Sachen Content-Usability (siehe Abschn. 4.1.1 *Content-Usability*) gelernt haben: Wenn der Nutzer nicht binnen Sekunden erkennt, was er lesen und liken soll, hat er bereits zum nächsten Posting weitergescrollt. Gute Headlines und klare, möglichst großflächige Visualisierung, etwa durch ein aussagekräftiges Foto, sind also essenziell.

Verbände, die sich ausschließlich auf *Social-Media-Broadcasting* und *Content Curation* beschränken, verschenken eine sehr effiziente Möglichkeit der Erzeugung von Reichweite: Wer Postings Anderer bewertet, kommentiert oder gar teilt, erreicht damit leicht viele andere Nutzer. Dies sind ganz zwangsläufig vor allem die Fans oder Follower desjenigen, auf dessen Posting man reagiert. Mit wenigen (möglichst klug formulierten) Worten kann man daher unter Umständen mehr potenzielle neue Kontakte erreichen als mit einem Posting, das möglicherweise in seiner Reichweite von Algorithmen stark gedeckelt oder ganz weggefiltert wird.

4.5.3.4 Tagging und Benachrichtigungen

Um einem eigenen Posting mehr Reichweite zu verschaffen, gibt es in den meisten sozialen Netzwerken zwei weitere Gruppen von Funktionen: Zum einen kann ein Verband durch geschicktes Tagging seinen Beitrag so markieren, dass dieser auch von Nutzern gefunden werden kann, die dem Verband nicht folgen, sich aber für das Thema interessieren. Zum anderen hat der Verband verschiedene Möglichkeiten zu erreichen, dass Nutzer einen seiner Beiträge nicht nur in die Timeline eingespielt bekommen, sondern eine explizite Benachrichtigung darüber erhalten.

- *Tagging:* Das bekannteste Tagging findet auf *Twitter* statt, wo jeder Absender seine Nachricht mit Hashtags versehen kann, die dann über eine Suchfunktion von anderen Nutzern gefunden und sogar abonniert werden können. Dies kann extrem nützlich sein für schnell aufkeimende Debatten, an denen verschiedene Nutzer teilnehmen, die sich gar nicht untereinander kennen und die deshalb auch einander (zunächst) nicht folgen können. Sie können sich aber auf ein Hashtag einigen und dessen Verwendung verfolgen. Das mit einem Grimme-Award bedachte Hashtag *#aufschrei* ist dafür ein gutes Beispiel, denn jene Frauen, die sexistische Übergriffe beklagten, kannten sich zunächst nicht, fanden aber durch das Hashtag zunächst zu einer gemeinsamen Debatte auf Twitter und dann sogar zu einer Art politischer Bewegung zusammen (Zeit Online 2014).

  Tagging kann also prinzipiell einem Nutzer, der keinen einzigen Follower hat, eine riesige Reichweite verschaffen, wenn das Hashtag bereits von vielen Nutzern verfolgt wird. Dieses Prinzip ist so wirkungsvoll, dass es bis hin zum sogenannten *Hashtag-Hijacking* ausgenutzt wird: Dies hat beispielsweise die Hamburgerkette McDonalds erfahren müssen, die im Jahr 2012 eine Social-Media-Kampagne gestartet hat, bei der Kunden ihre schönsten Restauranterlebnisse unter dem Hashtag *#McDStories* posten sollten. Binnen Kürze wurde das Hashtag jedoch vor allem von vielen Kritikern des Fast-Food-Konzerns genutzt, die damit auch gegenüber den zufriedenen Kunden ihren Unmut adressieren konnten (Dugan 2012).

Es kommt also für einen Verband zumeist nicht darauf an, ein eigenes, möglicherweise originelles Hashtag zu kreieren, sondern entscheidend für hohe Reichweite ist, dass er herausfindet, unter welchem Hashtag er eine große Zahl an potenziellen Rezipienten erreichen kann. Dazu ist intensives *Social-Media-Listening* sinnvoll. Dabei kann es den Verbandskommunikatoren durchaus helfen, wenn sie gebräuchliche Hashtags, die sie ausmachen, an zentraler Stelle notieren.

Auch wenn nur die Hashtags von Twitter in den Blickpunkt der Öffentlichkeit geraten sind: Tagging gibt es in vielen sozialen Medien und sie funktionieren praktisch immer gleich. Nicht überall werden sie aber auch intensiv genutzt.

- *Benachrichtigungen:* Mit dem Auslösen einer Benachrichtigung über ein Posting an einen Nutzer kann man nahezu sicherstellen, dass der Benachrichtigte das Posting auch dann wahrnehmen wird, und zwar selbst dann, wenn er sich zum Beispiel nicht oft genug an seinem Social-Media-Account anmeldet. Wann immer es das tut, wird er eine Nachricht vorfinden, die ihn auf das Posting hinweist. Eine Benachrichtigung kann insbesondere dann eine starke Auswirkung auf die Reichweite des Postings bekommen, wenn der Benachrichtigte das Posting teilt oder anders darauf reagiert.

  Benachrichtigungen löst man beispielsweise aus, indem man den zu Benachrichtigenden im Posting mit seinem Benutzernamen erwähnt. Sowohl bei Twitter als auch bei Facebook gibt es dafür automatische Unterstützung im Editor für Postings. Während eine Erwähnung mit Benachrichtigung bei Twitter auch unter nicht vernetzten Nutzern funktioniert, kann man bei Facebook so nur „Facebook-Freunde" auf ein Posting hinweisen. Dafür kann man bei Facebook eine Benachrichtigung jedoch auch für Unbekannte auslösen, wenn man ein beliebiges Bild hochlädt und die zu Benachrichtigenden darauf markiert (unabhängig davon, ob sie oder überhaupt Personen auf dem Bild zu sehen sind). Diese Funktion wird allerdings auch missbraucht, weshalb Verbänden davon abzuraten ist, sie einzusetzen (Rehbinder 2013). Prinzipiell kann man natürlich Kontakten, die mit dem Verband vernetzt sind, auch eine direkte Nachricht zusenden und um Weiterverbreitung des Postings bitten – sofern das nicht zu aufdringlich wirkt.

  Es hilft sehr, wenn man potenzielle Koalitionäre innerhalb eines sozialen Netzwerkes und auch deren bisherige Bereitschaft zu Unterstützung schriftlich festhält, um später gegebenenfalls erneut eine Benachrichtigung auszulösen und Unterstützung nutzen zu können.

4.6 Evaluation

Ein wichtiger Faktor für erfolgreiche Online-Kommunikation ist eine möglichst genaue Evaluation. Optimal ist es, wenn jede User Journey und jeder Use Case evaluiert werden. Denn erst dadurch besteht nämlich die Möglichkeit zur Optimierung des Onlinedialogs mit dem Nutzer – eines Dialogs, den wir in den Use Cases in erster Linie auf der Basis unserer Einschätzung von Wahrscheinlichkeiten geplant haben. Wir sollten aber herausfinden, ob ein Teaser, der in einem Use Case möglicherweise eine zentrale Rolle bei der Erfüllung einer Kommunikationsaufgabe spielt, wirklich so häufig von Nutzern angeklickt wird, wie wir es bei der Konzeption erwartet haben. Wenn wir dabei beispielsweise herausfinden, dass die Klickrate unsere Erwartungen unterschreitet, können wir möglicherweise die Gestaltung des Teasers verbessern.

Auf den nächsten Seiten soll dargelegt werden, wie wir die kritischen Punkte unserer Konzeption, vor allem an den Schnittstellen zwischen verschiedenen Dokumenten oder gar Medien, identifizieren und evaluieren können. Ziel ist dabei immer die Optimierung aller Einzelschritte.

In aller Regel findet die Evaluation auf der Verbandswebsite unter Nutzung eines Tools, wie Piwik oder auch Google Analytics, statt.

4.6.1 Bereinigte Datenbasis

Um eine gute Datenbasis zur Evaluation von Maßnahmen der Online-Kommunikation zu erhalten, sollte man beim Tracking eine ganze Reihe von Zugriffen ausschließen, die zu verzerrten Ergebnissen führen würden:

- *Robots:* Knapp zwei Drittel des gesamten Internet-Traffics kommen von Robots (TN3 2014). Viele Robots werden zwar deshalb nicht mitgezählt, weil sie Cookies nicht annehmen, allerdings gibt es zwei Schlupflöcher:
  - *Robots mit Cookies:* Es gibt Robots, die Cookies entgegennehmen (vgl. Rosenbaum 2015). Es ist deshalb ratsam, den getrackten Traffic regelmäßig auf Robots hin zu untersuchen, die sich beispielsweise durch Sessions mit sehr vielen Seitenaufrufen verraten. Oft stößt man dabei auf IP-Adressen, die zu einem Rechenzentrum gehören, das Websites hostet – untrügliches Zeichen für Robots. Man kann dann entweder die IP-Adresse vom Tracking ausschließen oder ihr komplett den Zugriff auf die Website verwehren.
  - *Zählpixel:* Manche Tracking-Tools sind so konfiguriert, dass sie außer dem durch JavaScript ausgelösten Tracking per Cookie den Nutzer auch ein Zählpixel, also eine winzige Grafik, herunterladen lassen, um ihn zu tracken. Hintergrund dafür kann beispielsweise sein, dass man Nutzer ohne JavaScript in der Statistik nicht verlieren möchte. Es besteht dabei allerdings ein erhöhtes Risiko, dass Robots das Zählpixel

ebenfalls herunterladen – denn Robots müssen dann nicht JavaScript ausführen, was sie eher selten tun, sondern sie müssen nur auf alle Links zugreifen, die Bestandteil eines Dokuments sind (vgl. Piwik o. D. a). Auf Zählpixel-Verfahren sollte man deshalb besser verzichten.
- *Traffic aus der Verbandsgeschäftsstelle:* Viele Mitarbeiter von Verbänden nutzen die eigene Website als Informationsbasis, da sie am besten aktuell gehalten wird – sind aber keinesfalls Teil der Zielgruppen. Dies trifft unter Umständen auch auf Agenturen zu, die als Dienstleister für den Verband arbeiten. Die IP-Adressen solcher Nutzer sollten vom Tracking ausgeschlossen werden (vgl. Piwik o. D. b).
- *Mitglieder:* Verbandsmitglieder oder deren Mitarbeiter sind in vielen Fällen nicht Zielgruppe, sondern verfolgen Kommunikationsmaßnahmen ihres Verbands, um sich ein Bild von dessen Arbeit in der Interessenvertretung zu machen. Der Verband wird zwar ihr Nutzungsverhalten evaluieren, aber dabei solche Daten von anderen unterscheidbar machen wollen. Dazu bieten Tracking-Tools die Möglichkeit, Nutzer zu markieren (man spricht auch von *Tagging*). Dies kann beispielsweise immer dann erfolgen, wenn sie sich ins Extranet des Verbands einloggen – etwa durch das Setzen einer entsprechenden User-ID (vgl. Piwik o. D. c) oder einer Einordnung als Kunde (vgl. Piwik o. D. d).

  Bei der Auswertung von Nutzungsdaten kann man dann eine sogenannte Segmentierung vornehmen (vgl. Piwik o. D. e). Dabei wird ein Segment aus jenen Nutzern gebildet, die irgendwann das Extranet genutzt haben, und eines aus jenen Nutzern, auf die das nicht zutrifft. Alle statistischen Auswertungen können dann einzeln mit den jeweiligen Segmenten oder mit der Gesamtmenge der Nutzer durchgeführt werden.

  Diese Art der Segmentierung steht allerdings im Konflikt mit der Vorstellung von Datenschützern, dass Tracking-Cookies nach einer Woche verfallen sollten. Denn um Gruppen auf diese Weise mit hoher Genauigkeit zu segmentieren, ist eine deutlich längere Lebensdauer der Cookies erforderlich. So setzen beispielsweise Piwik und Google Analytics die Lebensdauer auf zwei Jahre fest (vgl. Abschn. 3.4.8.5 *Grundsätzliches zum Tracking*).

Erst eine solche bereinigte Datenbasis ohne Robots und ohne Zugriffe von Verbandsmitarbeitern und -mitgliedern erlaubt einen realistischen Blick vor allem auf die tatsächliche Reichweite der Verbandswebsite im Hinblick auf politisch wirksame Interessenvertretung. Dabei wird dem Wert der *Unique Visitors* besondere Bedeutung beizumessen sein, der die Zahl von natürlichen Personen widerspiegelt, welche die Website im Zeitraum eines Monats besucht haben.

4.6.2 Reports zur Unterstützung redaktioneller Arbeit

Die statistischen Daten, die Auswertungstools wie *Piwik* standardmäßig ermitteln, zeigen nicht immer ohne Weiteres an, wie gut bestimmte strategische Maßnahmen der Online-Kommunikation auf einer Verbandswebsite funktionieren. Die redaktionelle Arbeit kann und sollte deshalb durch einige Reports unterstützt werden:

- *Backlink-Report:* Wie wichtig Hyperlinks anderer Websites, die auf die Verbandswebsite verweisen, für die Auffindbarkeit der Verbandswebsite mittels Suchmaschinen sind, war bereits mehrfach Gegenstand in diesem Buch (vgl. vor allem Abschn. 3.4.7.2 *Reputation* und Abschn. 4.3.1 *Linkaufbau als Offsite-Maßnahme*). Wir hatten dabei erörtert, dass der einfachste Ansatz zu seriösem Link-Building ist, beim Erstellen eines Inhalts von Beginn an zu überlegen, wer das Dokument verlinken könnte, und dort gegebenenfalls auch tatsächlich nachzufragen. Für dieses Vorgehen bietet ein Überblick über vorhandene *Backlinks* eine große Hilfe. In einem solchen, regelmäßig zu erstellenden Report sollten die wichtigsten Backlinks sortiert nach der Zahl der darüber ankommenden *Unique Visitors* gelistet werden. Es sollte darüber hinaus monatlich verglichen werden, wie viele Unique Visitors überhaupt über Links auf anderen Websites (ohne Suchmaschinen und soziale Medien) auf die Website gelangen. Besonders aufschlussreich sind auch die von anderen Websites neu eingerichteten und die weggefallenen Backlinks.
- *Push-Dienste-Report:* Wir haben uns in diesem Buch auch vielfach damit beschäftigt, wie wichtig es für einen Verband ist, dass er seine Zielgruppen aktiv und direkt ansprechen kann. Dafür ausschlaggebend ist unter anderem eine möglichst hohe Zahl von Nutzern, die Push-Dienste des Verbands – wie Newsletter, RSS und Pressemitteilungen – abonniert hat. Ein Push-Dienste-Report vergleicht deshalb den monatlichen Verlauf entsprechender Abonnements. Bei RSS lässt sich zwar aus technischen Gründen die Zahl der Abonnenten nicht ermitteln, hilfsweise kann man aber die Zahl der Abrufe der RSS-Datei in den Report aufnehmen, auch wenn diese vielfach über der Zahl der Abonnenten liegen wird.

  Wichtiger aber als die Zahl der Abonnenten ist, ob die mit den Push-Diensten angebotenen Inhalte rezipiert werden. Per *URL-Tracking* (siehe Abschn. 3.4.8.2 *Kampagnen*) sollte deshalb unbedingt ermittelt werden, wie viele Rezipienten über die Push-Dienste auf die Website geholt werden. Es ist aus diesem Grund sinnvoll, in Newsletter und RSS immer nur Teaser aufzunehmen und nie den ganzen Inhalt; wer den Inhalt komplett rezipieren möchte, muss dann auf den Link mit dem Parameter für das URL-Tracking klicken und kann gezählt werden. Bei Pressemitteilungen bietet eine verlinkte digitale Pressemappe zumindest einen Hinweis auf das Interesse der Empfänger.

  Der Push-Dienste-Report sollte deshalb genau aufführen, wie viele Besuche jeweils durch die angebotenen Inhalte erzeugt wurden. Dies ist für die tägliche Redaktionsarbeit vor allem deshalb nützlich, weil es ein aussagekräftiges Feedback dazu ist, welche Inhalte und welche Darstellungsformen als Teaser von den Zielgruppen besonders gut wahrgenommen werden.

  Sofern die Push-Dienste mit themenspezifischen Wahlmöglichkeiten angeboten werden, gehört zum Push-Dienste-Report natürlich auch eine Aufschlüsselung nach Themen.
- *Social-Media-Report:* Dieser Report vergleicht zunächst die Zahl der gewonnenen Social-Media-Kontakte im Verlauf mehrerer Monate. Aber, wie wir im Abschn. 4.5 *Soziale Medien und Verbände* erörtert haben, sind Werte, welche die Aktivität der Kontakte wiedergeben, wichtiger als die reine Zahl vernetzter Nutzer. Der Report sollte daher

alle einschlägigen Aktivitätsindikatoren im Monatsverlauf listen, die von den sozialen Medien angeboten werden, mindestens also „Likes", geteilte Inhalte und Kommentare, sofern vorhanden auch Reichweiten *(Views).* Im Falle von Facebook gehören auch der PTAT-Wert (siehe Abschn. 4.5.1 *Auswertung empirischer Daten nach Verbandskategorien*) und die organische Reichweite hinzu. Denn, wie wir erfahren haben, senkt der Newsfeed-Algorithmus von Facebook die Chance, dass die Postings unseres Verbands von den „Fans" überhaupt gesehen werden können (siehe Abschn. 4.2.3.4 *Profile und Behavioral Targeting in sozialen Medien*). Sofern ein Verband sich bei Facebook engagiert, ist es daher wichtig, die Aktivität der Nutzer soweit positiv zu beeinflussen, dass überhaupt eine relevante organische Reichweite zustande kommt. Es hilft beim Entwickeln einer Strategie zur Aktivierung der Nutzer (siehe dazu auch Abschn. 4.5.3.3 *Inhalte: Was teilt sich?*), wenn der Social-Media-Report die erfolgreichsten und erfolglosesten Postings eines Monats mit den Aktivitätsdaten aufführt.

Wie beim Push-Dienste-Report sind aber letztlich auch beim Social-Media-Report diejenigen Werte am wichtigsten, die aufzeigen, wie viele Rezipienten über die sozialen Netzwerke für die Verbandsbotschaften gewonnen werden konnten. Dies ermittelt man auch hier am besten mit URL-Tracking. Dabei ist es aber durchaus sinnvoll, zwischen zwei verschiedenen Aspekten zu unterscheiden: Zum einen kann der Verband selbst Inhalte teilen, darunter die neuesten Dokumente seiner Website, zum anderen aber können Letzteres auch die Besucher der Website. Ob also relevanter Traffic dadurch zustande kommt, dass Websitebesucher die Social-Media-Buttons unter Artikeln nutzen, kann man nur dann ermitteln, wenn man den Buttons spezifische, eigene URL-Parameter anhängt (zur technischen Umsetzung gab es bereits in Abschn. 3.4.8.2 *Kampagnen* in diesem Buch ein Beispiel).

- *Marketing-Report:* Insbesondere sofern ein Verband Geld für Online-Marketing ausgibt, ist es ratsam, den Erfolg der Maßnahmen zu evaluieren. Grundlage der Evaluation ist die Zielsetzung: Will der Verband möglichst viele Besucher auf seiner Website empfangen? Oder viele Seitenabrufe erzeugen? Will er, dass Besucher sich vernetzen? Oder dass sie sich registrieren? Oder geht es ihm um den ersten Schritt zu einer Mitgliedschaft, der online stattfindet – etwa durch den Download eines Beitrittsformulars? Sofern es nicht nur um Besucher und Seitenabrufe geht, kann man in Tracking-Tools jene Seiten als sogenannte Ziele (siehe Abschn. 3.4.8.3 *Ziele*) definieren, die der Nutzer nach vollzogener Aktion sieht – beispielsweise also die Seite, auf der das Abonnement des Newsletters bestätigt wird. Zugleich nutzt man in der Onlinewerbung URL-Tracking (siehe Abschn. 3.4.8.2 *Kampagnen*). Dabei wird allen Links in der geschalteten Werbung ein URL-Parameter angehängt, der die jeweilige Kampagne in einem Medium identifiziert. Also beispielsweise:

    http://www.verband.de/newsletter-danke.html?pk_campaign=facebook

  Daraufhin wird vom Tracking-Tool automatisch eine Auswertung erstellt, die anzeigt, wie viele Abonnenten des Newsletters über welche Kampagnen – etwa bei Facebook, Google oder auch über Affiliate-Marketing – gewonnen wurden.

Man kann nun durch Gegenrechnen der Kosten für die einzelnen Kampagnen sehr einfach und exakt die Kosten für einen Newsletter-Abonnenten ermitteln – und die Effizienz der verschiedenen Kampagnen vergleichen. Durch die Umrechnung auf die Kosten je Zielerreichung werden die Kampagnen auch dann vergleichbar, wenn sie auf unterschiedlichen Abrechnungsmethoden basieren, wie *Pay per Click, Pay per View* oder *Pay per Lead* (vgl. Abschn. 4.2.3.4 *Profile und Behavioral Targeting in sozialen Medien*).

Sofern man mit Online-Marketing nur Besucher gewinnen oder Seitenabrufe generieren möchte, lassen sich entsprechende Kosten auch ohne die explizite Einrichtung von Zielen evaluieren.

4.6.3 Tests und Analysen

Über regelmäßige Reports hinaus gibt es einige Methoden der Evaluation, die dabei helfen können, Inhalte, Teaser und Gestaltungsmerkmale der Website aber auch bestimmte Maßnahmen in sozialen Medien zu optimieren. Zum Teil bedürfen die dargestellten Tests und Analysen einer Vorbereitung durch Programmierer, aber der Aufwand bleibt trotzdem überschaubar und wird durch die zu gewinnenden Erkenntnisse mehr als aufgewogen.

4.6.3.1 Split-Tests

Split-Tests, auch als A/B-Tests bekannt, testen bestimmte unterschiedliche Gestaltungselemente auf einer Website im direkten Vergleich gegeneinander. Beispielsweise kann ein auf der Startseite angezeigter Teaser zu einem Artikel abwechselnd mit zwei verschiedenen Überschriften beziehungsweise verschiedenen Teasertexten dargestellt werden. Man kann dann nach einer gewissen Zeit auswerten, welcher der beiden Teaser von Besuchern der Website öfter angeklickt worden ist. Sobald sich eine klare Tendenz abzeichnet, zeigt man nur noch die erfolgreichere Variante an (Ash et al. 2013).

Piwik verfügt über ein (allerdings kostenpflichtiges) Modul, das solche Tests ermöglicht (Piwik o. D. f). Außer Teasern lassen sich damit auch verschiedene Gestaltungsvarianten eines *Calls-to-Action* oder Linktexte zum Abonnieren eines Newsletters vergleichen – wie etwa im Beispiel in Abschn. 2.4.1 *Artikulation der Verbandsmeinung nach außen* in diesem Buch, wo wir spekuliert haben, ob der Linktext „Alles zum Thema Binnenmarkt abonnieren … " möglicherweise erfolgreicher ist als „Unseren Newsletter abonnieren … ".

Split-Tests erlauben somit vor allem eine Evaluation der Wirksamkeit von Link-Texten im Hinblick darauf, dass möglichst viele Nutzer dazu veranlasst werden, den Link anzuklicken.

4.6.3.2 Content-Tracking

Mit sogenanntem Content-Tracking erstellen Tracking-Tools für einzelne Bereiche eines HTML-Dokuments, also beispielsweise für Teaser, eine Statistik aus Einblendungen und Klicks – inklusive der *Click-Through-Rate* (Piwik o. D. g). Man kann damit auch Vergleiche der *Click-Through-Rates* von Elementen anstellen, die zum gleichen Dokument verlinken, aber an unterschiedlicher Stelle auf der Website angezeigt werden – also beispielsweise zwischen einem Teaser, der auf der Startseite angezeigt wird, und einer weiteren Instanz des gleichen Teasers auf einer untergeordneten Übersichtsseite.

Es ist genauso möglich zu evaluieren, ob Besucher der Website den Newsletter eher nach dem Lesen eines Artikels abonnieren, wenn sie einen entsprechenden Link unter dem Artikel finden, oder ob sie es vorziehen, den Navigationseintrag zum Newsletter in der Hauptnavigation zu suchen. Man muss dazu nur die beiden Links im Content-Tracking vergleichen.

Content-Tracking kann also vor allem dazu genutzt werden, Vergleiche über eine möglichst erfolgsträchtige Positionierung von Links und Teasern innerhalb der Struktur der Website anzustellen.

4.6.3.3 Verdecktes URL-Tracking

Aus verschiedenen Gründen kann es sein, dass ein Verband nicht direkt zu erkennen geben möchte, dass er mit einem Hyperlink URL-Tracking betreibt. Beispiel könnte etwa eine Pressemitteilung sein, die über einen gewerblichen Versender verbreitet wird (vgl. Abschn. 4.4.3.2 *Presseportale*). Anstatt die üblichen Parameter zum URL-Tracking anzuhängen, kann man nun zunächst für jeden Verbreitungskanal der Pressemitteilung einen eigenen URL zur digitalen Pressemappe oder anderen weiterführenden Dokumenten festlegen. In der vom eigenen System aus versendeten Pressemitteilung lautet der Link dann beispielsweise:

http://www.verband.de/pressemitteilung-01-2017-mappe.html?pk_campaign=direktversand

In der vom gewerblichen Versender verbreiteten Version tauscht man den Link hingegen aus gegen:

http://www.verband.de/pm-01-2017-pressemappe.html

Man richtet diesen Link aber im Content-Management-System nicht als eigenes Dokument, sondern als Kurz-URL (vgl. Abschn. 3.4.12 *Funktionalität des Content-Management-Systems*) ein, der den Nutzer umleitet auf:

http://www.verband.de/pressemitteilung-01-2017-mappe.html?pk_campaign=versender-x

Man kann dann später in seinem Tracking-Tool direkt vergleichen, wie viele Rezipienten der Pressemitteilung die digitale Pressemappe jeweils über die beiden Versionen aufgerufen haben. Dies gibt möglicherweise auch einen deutlichen Hinweis darauf, ob die Kosten für den gewerblichen Versand gerechtfertigt sind.

Sofern ein Verband über verschiedene Kanäle zu Präsenzveranstaltungen einlädt, kann er durch verdecktes URL-Tracking ebenfalls evaluieren, welche Kanäle am besten funktionieren.

Sofern die angezeigten URLs kurz und prägnant gewählt werden, kann man damit sogar Offlinekanäle, wie etwa Flyer, tracken. Der Flyer enthält beispielsweise folgenden Link:

http://www.verband.de/event-123

Er leitet aber um auf eine Seite, die das Anmeldeformular beinhaltet:

http://www.verband.de/events/anmeldungen/123.html?pk_campaign=flyer-xy

Die Seite, mit dem die Anmeldung dem Nutzer abschließend bestätigt wird, wird als Tracking-Ziel (siehe Abschn. 3.4.8.3 *Ziele*) definiert. Daraufhin findet man im Tracking-Tool für jeden Verbreitungskanal der Einladung die darüber gewonnenen Anmeldungen vor und kann diese zudem jeweils miteinander vergleichen.

4.6.3.4 Schlagwort-Tracking mit benutzerdefinierten Variablen

Sofern man ermitteln möchte, zu welchen Themen sich Besucher der Verbandswebsite informieren, kann man dies mithilfe der eigenen Verschlagwortung über ein Tracking-Tool auswerten. Man ermittelt dabei die Anzahl und Zusammensetzung aller Schlagworte, die die in einem bestimmten Zeitraum abgerufenen Dokumente kumuliert gehabt haben (vgl. Abschn. 2.5.3 *Semantik und Taxonomie*). Zwar gibt eine solche Auswertung nur Anhaltspunkte, denn natürlich werden Schlagworte, zu denen es viele Dokumente gibt, auch entsprechend häufiger in der Statistik auftauchen. Aber eine Fortschreibung und ein monatsweiser Vergleich werden trotzdem einen recht guten Eindruck von den Interessenschwerpunkten der Websitebesucher vermitteln.

Für diese Auswertung ist es erforderlich, am Content-Management-System eine geringfügige Programmierung durchzuführen. Es wird dabei das System der *benutzerdefinierten Variablen* genutzt (Piwik o. D. h), mit dem Nutzer von Tracking-Tools eigene Variablen in das Tracking aufnehmen können. Bis zu fünf Schlagworte können vom CMS in den JavaScript-Code eingebunden werden, sodass der Browser des Nutzers diese an *Piwik, Google Analytics* oder ein anderes Tool meldet. Danach liegen in der Nutzungsstatistik Angaben dazu vor, wie viele Seitenabrufe es jeweils zu einem bestimmten Schlagwort gegeben hat (vgl. Kraehe 2012).

4.7 Recht

Die folgenden Ausführungen erheben nicht den Anspruch einer systematischen Darstellung sämtlicher für den Betrieb einer Verbandswebsite relevanter Rechtsvorschriften. Sie sind vielmehr eine in jahrelanger Beratungstätigkeit des Verfassers entstandene Sammlung von Rechtsproblemen, die besonders bei Verbänden immer wieder diskutiert werden und bei denen es auch – zumeist aus Unkenntnis – immer wieder zu Rechtsverstößen kommt.

4.7.1 Werbung und Spam

Die Rechtslage in Bezug auf das Versenden von E-Mails, deren Empfang der Empfänger nicht ausdrücklich zugestimmt hat, ist relativ komplex. Denn die Rechtsgrundlage dafür, dass man den Empfang solcher E-Mails nicht hinnehmen muss, ist in den meisten Fällen nicht etwa ein explizites Verbot von Spam, sondern ein Unterlassungsanspruch, der sich bei Privatpersonen aus dem „allgemeinen Persönlichkeitsrecht" und bei Gewerbetreibenden aus dem „Recht am eingerichteten und ausgeübten Gewerbebetrieb" ergibt – zweier Rechtskonstrukte, die die deutsche Rechtsprechung aus dem § 823 BGB entwickelt hat. Sofern in diese Rechte eingegriffen wird, hat man einen Schadenersatzanspruch und nach § 1004 BGB darüber hinaus einen Unterlassungsanspruch.

Die Rechtsprechung geht nämlich davon aus, dass der Aufwand zum Bearbeiten solcher E-Mails, beispielsweise das Sichten und das Löschen, eine Beeinträchtigung der Persönlichkeitsrechte darstellt, den der Absender dem Empfänger nicht zuzumuten berechtigt ist. Prinzipiell gilt dies nicht zwingend nur für unverlangt zugesandte E-Mails, die Werbezwecken dienen. Denn eine Verletzung des Persönlichkeitsrechts besteht bereits in jedem für den Rechtsträger nachteiligen Eingriff in dessen Intim-, Privat- oder Individualsphäre (vgl. AG Hamburg-St. Georg, Az. 918 C 413/05). Somit könnten grundsätzlich auch andere E-Mails unter Umständen einen Unterlassungsanspruch auslösen, sofern sie Persönlichkeitsrechte verletzen. Im Falle von unverlangt zugesandten E-Mails mit werblichen Inhalten bejaht die Rechtsprechung Mails jedoch durchgängig einen Unterlassungsanspruch, sofern nicht ganz eng definierte Ausnahmen gegebenen sind, wie etwa im Fall einer bereits bestehenden Geschäftsbeziehung. So urteilte der Bundesgerichtshof im Jahr 2015 (BGH, Urteil vom 15. Dez. 2015, Az. VI ZR 134/15):

> Die Verwendung von elektronischer Post für die Zwecke der Werbung gegen den eindeutig erklärten Willen des Klägers stellt einen Eingriff in seine geschützte Privatsphäre und damit in sein allgemeines Persönlichkeitsrecht dar, § 823 Abs. 1, § 1004 Abs. 1 Satz 2 BGB.

Nur weil Gerichte in der Regel den Unterlassungsanspruch daran festmachen, dass eine E-Mail werbliche Inhalte besitzt, darf man sich jedoch nicht dazu verleiten lassen zu glauben, ein Verband könne E-Mails an jedermann versenden, wenn diese sich auf eine nachrichtliche Darstellung politischer Ereignisse oder Zusammenhänge beschränkten. In der Rechtsprechung herrscht eine weitreichende Definition von Werbung vor (vgl. Glöckner 2013)

> Nach überwiegender Ansicht genügt es, wenn Äußerungen nur mittelbar dem Absatz von Waren oder Dienstleistungen dienen. (…) Eine Abgrenzung zwischen unmittelbarer und mittelbarer Absatzförderung würde zudem häufig schwerfallen.

Aus diesem Grund hat, wie bereits in Abschn. 4.4.3.3 *Aufbau und Pflege des Presseverteilers* erwähnt, das Landgericht Berlin im Jahr 2010 eine per E-Mail versendete Pressemitteilung als Werbung eingestuft. Das Oberlandesgericht München hat 2012 sogar geurteilt (OLG München, Urteil vom 27. Sep. 2012, Az. 29 U 1682/12), dass eine E-Mail, die im

Rahmen eines Double-Opt-ins zur Bestätigung der E-Mail-Adresse versendet wurde und nur diesbezüglichen Text enthielt, bereits als Werbung einzustufen sei, wenn keine ausdrückliche Einwilligung des Empfängers vorliege (vgl. Ertel 2012). Der Bundesgerichtshof hat im Jahr 2015 ähnlich geurteilt, weil eine automatisch erzeugte Bestätigungsmail am Ende einen Werbezusatz enthielt, in dem für ein Produkt geworben wurde (BGH 2015).

Und das Oberlandesgericht Frankfurt hat im Jahr 2016 geurteilt, dass auch Hinweise auf ein gemeinnütziges Projekt eines Autohauses, die per SMS versendet wurden, als Spam zu bewerten sind (OLG Frankfurt a. M., Urteil vom 06. Okt. 2016, Az. 6 U 54/16).

Der Bundesgerichtshof hat im Jahr 2013 überdies geurteilt, eine „Tell-a-friend"-Funktion schütze nicht davor, dass die versendete Information werblichen Charakter hat. Schafft ein Unternehmen auf seiner Website die Möglichkeit für Nutzer, Dritten unverlangt eine sogenannte Empfehlungs-E-Mail zu schicken, die auf den Internetauftritt des Unternehmens hinweist, sei dies nicht anders zu beurteilen als eine unverlangt versandte Werbe-E-Mail des Unternehmens selbst, so der BGH (BGH, Urteil vom 12. Sept. 2013, Az. I ZR 208/12).

Die Rechtsfolgen und die Kosten entsprechender Unterlassungsforderungen können erheblich sein. Privatpersonen stehen Abmahnung oder das Verlangen einer strafbewehrten Unterlassungserklärung des Versenders offen, dies gegebenenfalls auch gerichtlich. Das Versenden von Spam kann daher schnell zu Kosten im vierstelligen Bereich je Einzelfall führen (vgl. Goedings 2013). Wenn Geschäftsleute einen Unterlassungsanspruch geltend machen, um ihr „Recht am eingerichteten und ausgeübten Gewerbebetrieb" zu schützen, liegen der Streitwert und damit alle Kosten für einen Spam-Versender meist höher. Ignoriert der Versender eine Einstweilige Verfügung und versendet erneut Spam, kann ein Gericht zudem ein Ordnungsgeld von etlichen Tausend Euro verhängen (vgl. Zlanabitnig 2010). Mit Wirksamwerden der europäischen Datenschutzgrundverordnung im Mai 2018 werden Bußgelder deutlich angehoben.

Im Falle von Wettbewerbern gibt das Gesetz gegen den unlauteren Wettbewerb eine konkretere Rechtsgrundlage vor: Nach § 7 Abs. 2 Nr. 3 UWG haben Wettbewerber einen weiterreichenden Unterlassungsanspruch, der sich nicht nur auf sie selbst bezieht. Vielmehr können Wettbewerber gegenüber einem Spam-Versender auch einen Unterlassungsanspruch geltend machen, der sich auf die Zusendung an Dritte erstreckt, sofern deren Einwilligung nicht vorliegt (Ekey 2016). Ordnungsgelder können noch einmal deutlich höher ausfallen als in den beiden zuvor genannten Szenarien und sechsstellige Summen ausmachen, außerdem droht hier sogar Ordnungshaft (BVDW 2008). Zwar sind Verbände meist nicht unternehmerisch tätig, dennoch können sie unter Umständen Wettbewerber im Sinne des UWG sein, sodass sich entsprechende Unterlassungsansprüche auch gegen sie richten können (vgl. Omsels o. D.).

Nur der Vollständigkeit halber sei hier noch einmal erwähnt, dass das Verschleiern des Absenders oder des werblichen Charakters einer E-Mail eine Ordnungswidrigkeit darstellt, die mit einem Bußgeld bis zu 50.000 Euro geahndet werden kann (Wien 2012). Als Verschleierung wird es dabei bereits angesehen, wenn Absenderangabe und Betreff so gestaltet sind, dass der Empfänger den werblichen Charakter erst nach dem Öffnen der Mail erkennen kann (vgl. Borchardt 2013).

Obwohl ein *Double-Opt-in* nicht explizit gesetzlich vorgeschrieben ist, hat es sich in der Rechtsprechung mittlerweile als hinreichender Beleg durchgesetzt, mit dem ein Newsletter-Versender belegen kann, dass der Inhaber einer bestimmten E-Mail-Adresse auch Besteller eines Newsletters ist (vgl. Hoeren and Bensinger 2014).

Ein Double-Opt-in funktioniert so, dass der Besteller eines Newsletters zunächst (gegebenenfalls neben weiteren Daten) seine E-Mail-Adresse eingibt und an den Webserver überträgt. Der versendet nach der Übertragung seinerseits eine Bestätigungsmail mit einem individuellen Link an die eingegebene Mailadresse. Erst nachdem der Newsletter-Besteller diesen Link angeklickt hat und darüber zur Website zurückgekehrt ist, darf seine Mailadresse in den Newsletter-Verteiler aufgenommen werden. Das Double-Opt-in ist zu protokollieren.

Natürlich kann der Empfänger eine Einwilligung auch anders erteilen, beispielsweise schriftlich oder auch online beim Beitritt zum Verband. Generell gilt jedoch, dass die Einwilligung freiwillig und aktiv zu erfolgen hat – und nicht etwa durch bereits durch serverseitig gesetzte Häkchen in einem Formular (vgl. BVDW 2015, S. 12).

Ein Versand von E-Mails ohne vorher erteilte Einwilligung des Empfängers ist nur in Ausnahmefällen möglich. In der Rechtsprechung wird dies in der Regel daran festgemacht, ob der Empfänger Bestandskunde des Versenders ist. Diese Ausnahme ist in § 7 Abs. 3 UWG definiert. „[Demnach] ist eine unzumutbare Belästigung bei einer Werbung unter Verwendung elektronischer Post nicht anzunehmen, wenn:

1. ein Unternehmer im Zusammenhang mit dem Verkauf einer Ware oder Dienstleistung von dem Kunden dessen elektronische Postadresse erhalten hat,
2. der Unternehmer die Adresse zur Direktwerbung für eigene ähnliche Waren oder Dienstleistungen verwendet,
3. der Kunde der Verwendung nicht widersprochen hat und
4. der Kunde bei Erhebung der Adresse und bei jeder Verwendung klar und deutlich darauf hingewiesen wird, dass er der Verwendung jederzeit widersprechen kann, ohne dass hierfür andere als die Übermittlungskosten nach den Basistarifen entstehen."

Die genannten Voraussetzungen müssen alle zugleich gegeben sein. Vor allem aber darf sich die Werbung definitiv nur auf ähnliche Waren oder Dienstleistungen beziehen. Was im Einzelfall darunter fällt, obliegt im Streitfall letztlich der Einschätzung der Gerichte (BDVW 2015, S. 15).

Verbände dürfen daher davon ausgehen, dass sie ihre Mitglieder und deren Mitarbeiter im Kontext der satzungsmäßigen Aufgabenstellungen jederzeit kontaktieren dürfen, sofern diese nicht widersprochen haben. Sofern Verbände selbst oder gegebenenfalls von ihnen gegründete Serviceunternehmen Waren oder Dienstleistungen, wie Bücher oder Fortbildungsveranstaltungen, vertreiben, können Bestandskunden auch mit Hinweisen auf ähnliche Angebote per E-Mail angeschrieben werden, sofern die Empfänger dem nicht zuvor widersprochen haben (vgl. Kulka 2013, S. 756). Jegliche anderen Formen der Kontaktaufnahme auf elektronischem Wege sind jedoch obsolet.

Dass andere Wege elektronischer Kontaktaufnahme denen per E-Mail rechtlich gleichgestellt sind, zeigt auch ein Beispiel, in dem es zu einer rechtswirksamen Abmahnung kam, weil ein Freiberufler potenzielle Kunden im Karrierenetzwerk Xing kontaktiert und auf sein Leistungsportfolio hingewiesen hatte (Günther 2012).

Aus dem hier Dargestellten ergib sich konsequenterweise auch Folgendes:

- *Visitenkarte:* Das Übergeben einer Visitenkarte mit darauf angegebener E-Mail-Adresse ist keine bewusste, aktive Einwilligung in irgendwelche Verbands-Newsletter. Diese in Verbänden vielfach geübte Praxis ist rechtswidrig und abmahnfähig (vgl. Kulka 2017).
- *Bereinigen eines Verteilers:* Ältere E-Mail-Verteiler, bei denen über die jeweiligen Einwilligungserklärungen der Empfänger Unklarheit herrscht, lassen sich nicht durch Nachfrage per E-Mail bereinigen. Denn sofern Einwilligungen nicht vorliegen, ist auch eine E-Mail, die der Nachfrage nach dem Interesse an einem weiteren Bezug eines Newsletters dient, aus rechtlicher Sicht als Spam zu würdigen (vgl. Kulka 2017).

4.7.2 Datenschutz

Ein erheblicher Anteil der Maßnahmen, die zur Einhaltung datenschutzrechtlicher Vorschriften erforderlich sind, ist – zumindest zum Teil – technischer Natur. Wir haben deshalb – insbesondere in jenen Abschnitten dieses Buches, die sich mit der Planung einer Verbandswebsite beschäftigt haben – bereits viele Aspekte des Datenschutzes erörtert. Es wird im Folgenden zum Teil auf entsprechende Abschnitte verwiesen, diese sind aber auf den folgenden Seiten in grundsätzlicherer Form zu erläutern und ergänzen.

Das 1983 vom Bundesverfassungsgericht formulierte Grundrecht auf informationelle Selbstbestimmung beinhaltet das Recht eines jeden Einzelnen, *„grundsätzlich selbst über die Preisgabe und Verwendung seiner persönlichen Daten zu bestimmen"* (BVerfG, Urteil vom 15. Dez. 1983, BVerfGE 65, 1). Daraus ergeben sich schließlich weitgehende Datenschutzrechte auch im Verhältnis zwischen Internetnutzern und Betreibern von Websites. Letzterer hat dem Nutzer gemäß § 15 Abs. 3 Telemediengesetz (ab Mai 2018: gemäß Art. 13 DSGVO) in einer Datenschutzerklärung unter anderem detailliert darzulegen, welche Daten erhoben werden, wozu sie genutzt werden, wie und wie lange sie gespeichert werden und welche Rechte und Möglichkeiten der Nutzer hat, Auskunft zu den gespeicherten Daten zu erhalten und schließlich auch deren Löschung zu verlangen. Mit Wirksamwerden der europäischen Datenschutzgrundverordnung im Mai 2018 führt Artikel 17 DSGVO hierfür das „Recht auf Vergessen" ein. Nur sofern die Datenschutzerklärung vom Websitebetreiber tatsächlich eingehalten wird, handelt er rechtmäßig. In der Praxis fallen Datenschutzerklärung und tatsächliche erfolgende Datenverarbeitung jedoch oft widerrechtlich auseinander.

4.7.2.1 Datensparsamkeit und Datenvermeidung

Wir haben bereits im Zusammenhang mit Newslettern vom Prinzip der Datensparsamkeit und Datenvermeidung erfahren (siehe Abschn. 4.4.1.2 *Rechtserfordernisse für Newsletter*):

In § 3a des Bundesdatenschutzgesetzes (ab Mai 2018: § 71 BDSG und Art. 5 DSGVO) ist vorgeschrieben, dass die Erhebung, Verarbeitung und Nutzung personenbezogener Daten und die Auswahl und Gestaltung von Datenverarbeitungssystemen, also auch Eingabeformularen auf Verbandswebsites, an dem Ziel auszurichten ist, so wenig personenbezogene Daten wie möglich zu erheben, zu verarbeiten oder zu nutzen. Es ergibt sich daraus eine ganz wesentliche Verpflichtung für Betreiber von Websites, die oft verletzt wird: Es dürfen nur solche Daten erhoben und gespeichert werden, die zur Erfüllung eines angebotenen Services tatsächlich erforderlich sind. Vom Besteller eines Newsletters darf also nicht die postalische Anschrift abgefragt werden. Die wäre hingegen dann zulässig, wenn der Newsletter aus individuell zusammengestellten Nachrichten mit regionalem Bezug zum Wohnort des Bestellers bestünde.

Da für das Erstellen und Versenden eines Newsletters der Name des Empfängers nicht zwingend erforderlich ist, darf auch dieser vom Grundsatz her eigentlich nicht gespeichert werden. Man darf allerdings – sofern der Newsletter eine personalisierte Anrede enthält – den Namen und das Geschlecht als freiwillige Angabe vom Besteller erfragen. Voraussetzung dafür ist dann jedoch, dass man dem Besteller diesen Zusammenhang in der Datenschutzerklärung erläutert und ihm diesbezüglich eindeutig darlegt, wofür sein Name und sein Geschlecht gespeichert und verwendet wird (vgl. Kulka 2013, S. 136).

Das Prinzip der Datensparsamkeit und Datenvermeidung gilt natürlich nicht nur für Newsletter, sondern analog auch für andere personenbezogene Daten, die erhoben und gespeichert werden.

Alle personenbezogenen Daten sind, da sie nur zweckgebunden gespeichert werden dürfen, gemäß § 35 Abs. 2 Nr. 3 BDSG (ab Mai 2018: Art. 17 DSGVO) zu löschen, sobald sie nicht mehr für den ursprünglichen Zweck benötigt werden (Bizer 1999).

4.7.2.2 Datenschutzverpflichtungen gegenüber Dritten

Da die Erhebung, Speicherung und Nutzung personenbezogener Daten von der Einwilligung des Betreffenden abhängt, hat jeder, der personenbezogene Daten erhebt, die Verpflichtung, diese Daten Dritten nicht ohne Weiteres zugänglich zu machen. Sofern er dies tut, muss er diesbezüglich erneut eine explizite Einwilligung des Betreffenden einholen, was er beispielsweise dadurch tun kann, dass er in seiner Datenschutzerklärung entsprechende Details einer Weitergabe darlegt – wie beispielsweise das Erheben von Tracking-Daten mittels Google Analytics.

Wer personenbezogene Daten erhebt (und daraufhin im Datenschutzrecht als „verantwortliche Stelle" bezeichnet wird), hat eine ganze Reihe von Maßnahmen zu ergreifen, die den Schutz der Daten gegen den Zugriff von Dritten sicherstellen, sofern eine Einwilligung des Betroffenen nicht vorliegt:

- *Datenverarbeitung im Auftrag:* Rechtlich ist es prinzipiell zulässig, dass ein Verband seinen Webserver nicht selbst im eigenen Hause betreibt, sondern sich der Dienste entsprechender Dienstleister bedient. Dabei werden jedoch zwangsläufig vielfältige personenbezogene Daten von Verbandsmitgliedern, Newsletter-Abonnenten und Websitebesuchern auf dem System des Dienstleisters gespeichert – und damit diesem zugänglich. Nach vorherrschender Rechtsauffassung ist dies jedoch datenschutzrechtlich nur dann zulässig, wenn der Verband mit dem Webhoster einen *Vertrag zur Auftragsdatenverarbeitung* abschließt, mit dem datenschutzrechtliche Verpflichtungen explizit übertragen werden.

Es reicht dabei nicht etwa aus, dass der Auftragnehmer erklärt, er werde das Datenschutzrecht beachten. Sondern § 11 Abs. 2 BDSG enthält eine Reihe von Punkten, die individuell geregelt werden müssen, wie etwa Gegenstand und Dauer des Auftrags, Zweck der vorgesehenen Datenerhebung, Art der Daten und der Kreis der Betroffenen, Kontrollrechte des Auftraggebers und Regelungen zur Löschung beim Auftragnehmer gespeicherter Daten nach Beendigung des Auftrags (TN3 2009). Die im Mai 2018 wirksam werdende europäische Datenschutzgrundverordnung wird standardisierte Verträge zur Auftragsdatenverarbeitung erlauben, die zudem auf elektronischem Wege geschlossen werden dürfen. Es wird dann also etwas einfacher.

Webhoster lehnen die Schließung eines solchen Vertrages derzeit zum Teil ab, wobei sie sich auf eine anderslautende Rechtsauffassung berufen (vgl. Abschn. 3.4.14 *Hosting*).

Voraussetzung für ein wirksames Zustandekommen eines *Vertrages zur Auftragsdatenverarbeitung* sind auf beiden Seiten geltende Rechtsvorschriften mit entsprechenden Mindestanforderungen an den Datenschutz. Wir haben bereits erörtert, dass der Einsatz von Google Analytics den Abschluss eines *Vertrages zur Auftragsdatenverarbeitung* mit Google erforderlich macht, der jedoch zeitweise nicht rechtswirksam geschlossen werden konnte. Denn von Oktober 2015, als der Europäische Gerichtshofs das *Safe-Harbour-Abkommen* für ungültig erklärte, bis September 2016, als Google nach dem neuen *EU-US Privacy Shield* zertifiziert wurde, fehlte dafür die Rechtsgrundlage (vgl. Abschn. 3.4.8 *Tracking*).

Dieses Beispiel zeigt die Problematik, die für viele Tools gelten dürfte, mit denen personenbezogene Daten erhoben werden: Sobald die Server nicht im Europäischen Wirtschaftsraum stehen, kann es schwierig werden, einen rechtswirksamen *Vertrag zur Auftragsdatenverarbeitung* mit dem Anbieter abzuschließen. Eine rechtmäßige Nutzung US-amerikanischer, nicht nach dem *EU-US Privacy Shield* zertifizierter Tools dürfte damit unmöglich sein, wie etwa für Onlineumfragen oder Newsletter-Versand (vgl. Schwenke 2016). Tools, die auf Servern in Ländern gehostet werden, mit denen es keine zwischenstaatlichen Übereinkünfte zum Datenschutz gibt, können somit gar nicht genutzt werden.

Gelegentlich wird die Brisanz bestimmter Tools auch erst nach längerer Zeit erkannt, wie im Fall von *Akismet*: Diese Erweiterung für das Blogger-CMS *WordPress* dient dazu, in den Kommentaren zu Blogbeiträgen Spam zu erkennen und zu blockieren. Dazu werden allerdings eine ganze Reihe von personenbezogenen Daten des jeweilig Kommentierenden an einen in den USA stehenden Server von *Akismet* übertragen. Rechtlich wäre dies nur zulässig, wenn *Akismet* erstens nach dem *EU-US Privacy Shield* zertifiziert wäre, zweitens der Betreiber eines Blogs mit *Akismet* einen Vertrag zur Auftragsdatenverarbeitung abschließen und er seine Nutzer drittens in der Datenschutzerklärung auf die Weitergabe bestimmter, explizit genannter Daten hinweisen würde. Da diese Voraussetzungen derzeit insgesamt nicht erfüllt werden können, rät sogar die Entwicklergemeinde von WordPress selbst von der Nutzung ab (vgl. WPDE 2011; und WPDE o. D.).

Letztlich ist dies auch einer der Gründe, warum die von sozialen Netzwerken angebotenen Social-Media-Elemente zum Einbau in Websites, wie etwa *„Like Buttons"* von Facebook oder *„Embedded Timelines"* von Twitter datenschutzrechtlich in Deutschland als nicht zulässig angesehen werden müssen. Denn sie übertragen bei jedem Aufruf einer Seite mit solchen Elementen personenbezogene Daten an Dritte, wie Facebook oder Twitter, ohne dass die zuvor genannten Voraussetzungen erfüllt sind. Europäische Datenschützer raten deshalb zu einer ausschließlich normalen Verlinkung sozialer Netzwerke, die der Heise-Verlag 2014 in seiner Shariff-Lösung technisch umgesetzt und der Öffentlichkeit gratis zur Nutzung angeboten hat (vgl. Abschn. 3.4.10.4 *Social-Media-Plug-ins*).

In diesem Bereich lauern also viele Gefahren für unbeabsichtigte Rechtsverstöße.

- *Verschlüsselung:* Zu der Sorgfaltspflicht der verantwortlichen Stelle zum Schutz personenbezogener Daten gegen den unberechtigten Zugriff Dritter gehört auch, wie in Abschn. 3.4.10.5 *Verschlüsselte Übertragung* bereits erläutert, die Verschlüsselung der Kommunikation zwischen Webserver und Besucher durch Verwendung des Übertragungsprotokolls *HyperText Transfer Protocol Secure* (HTTPS).
- *Mitarbeiterschulung:* Um Fehler beim Schutz personenbezogener Daten zu vermeiden, ist es sinnvoll, alle Mitarbeiter im Umgang mit solchen Daten zu schulen. Ein oft vorkommender Fehler ist beispielsweise das Versenden von E-Mails an einen größeren Empfängerkreis mit einem offen einsehbaren Verteiler im Adressfeld der E-Mail (vgl. Abschn. 4.4.1.4 *Newsletter-Versand*). Zum datenschutzrechtlich unzulässigen Vorgehen zählt beispielsweise auch die Nutzung von Einladungsfunktionen in sozialen Netzwerken: Man kann damit Freunde und Bekannte einladen, Mitglied zu werden, indem man das Kontaktverzeichnis seines Computers oder E-Mail-Accounts zum Upload freigibt. Besonders bekannt geworden ist der Freundefinder von Facebook, den im Jahr 2016 der Bundesgerichtshof für nicht rechtmäßig erklärt hat – allerdings in seiner Version von 2010, die so heute nicht mehr existiert (Zeit Online 2016): Wenn Facebook-Nutzer ihre Kontaktdaten zum Hochladen freigaben, wurden sämtliche E-Mail-Adressen von Facebook importiert und anschließend dem Nutzer in einer Versandfunktion angezeigt, mit der Einladungen zur Registrierung bei Facebook an die E-Mail-Adressen von Nichtmitgliedern versendet werden konnten. Bei anderen sozialen Netzwerken gibt es ähnliche Funktionen bis heute. Zwar hat der BGH insbesondere die unzumutbare Belästigung im Sinne von § 7 Abs. 1 und Abs. 2 Nr. 3 UWG moniert, aber im Zuge des Verfahrens wurde auch deutlich, dass Facebook die Adressen von Nichtmitgliedern – zumindest für eine gewisse Zeit – speicherte, um Erinnerungsmails zu versenden (BGH, Urteil vom 14. Jan. 2016, Az. I ZR 65/14).

4.7.2.3 Pseudonymisierung und Anonymisierung

Personenbezogene Daten, die erhoben wurden, aber keinem personenbezogenen Zweck dienen oder deren personenbezogener Zweck nicht mehr besteht, dürfen grundsätzlich nur in einer Form gespeichert werden oder bleiben, in der ein Bezug zu der Person, von der sie stammen, nicht mehr oder nur mit großem Aufwand hergestellt werden kann. So fordert es § 3a Satz 2 des Bundesdatenschutzgesetzes als Konsequenz des *Prinzips der Datensparsamkeit und Datenvermeidung*. Ab Mai 2018 ist in Art. 5 DSGVO von Datenminimierung die Rede und in § 71 BDSG von Datensparsamkeit. Um den gesetzlichen Erfordernissen

Rechnung zu tragen gibt es zwei Möglichkeiten: die Pseudonymisierung und die Anonymisierung (Arndt und Koch 2002).

Eine Anonymisierung ist das Beseitigen jeglichen Bezuges zur Person. Es wäre beispielsweise denkbar, dass nach Kündigung eines Newsletter-Abonnements zwar die E-Mail-Adresse des Empfängers – wie gesetzlich vorgeschrieben – gelöscht wird, aber gespeichert bleibt, dass ein nun anonymer Nutzer von Zeitpunkt A bis zum Zeitpunkt B das Thema XYZ per Newsletter abonniert hatte. Die Information darüber wäre dann anonymisiert.

Pseudonymisierung wird vor allem bei Daten eingesetzt, die in Form von Verkehrsdaten in den Logdateien des Webservers gesammelt oder die beim Tracking (vgl. Abschn. 3.4.8 *Tracking*) gespeichert werden. Eine Pseudonymisierung ist das Ersetzen des Namens und anderer Identifikationsmerkmale, wie etwa der E-Mail-Adresse, durch ein Kennzeichen ohne Personenbezug, durch das die Identifizierung des Betroffenen ausgeschlossen oder zumindest wesentlich erschwert wird (Arndt and Koch 2002). Pseudonymisierung wird beispielsweise bei der Speicherung der IP-Adresse in Tracking-Tools wie Piwik eingesetzt, um einerseits sicherzustellen, dass der Websitebesucher nicht mehr über die IP-Adresse identifizierbar ist, aber der Bezug verschiedener Seitenabrufe desselben Websitebesuchers während seines Besuchs zueinander erhalten bleibt, sodass Auswertungen seiner Sitzung unter verschiedensten Kriterien möglich bleiben. Dazu kann man beispielsweise, wie wir bereits erfahren haben, ein Hash-Verfahren einsetzen (vgl. Abschn. 3.4.10.2 *Datenschutzerklärung*).

In § 3 Abs. 6 BDSG (ab Mai 2018: in Erwägungsgrund 26 DSGVO) werden anonymisierte Daten so definiert, dass sie *„nur mit einem unverhältnismäßig großen Aufwand an Zeit, Kosten und Arbeitskraft einer bestimmten oder bestimmbaren natürlichen Person zugeordnet werden können"*. Solche Daten unterliegen nicht mehr dem Bundesdatenschutzgesetz (Schwenke 2006, S. 98) oder künftig der Datenschutzgrundverordnung. Sie können somit, etwa als Datenbasis für statistische Auswertungen, dauerhaft gespeichert bleiben. Es ist dabei freilich zu berücksichtigen, dass dies nur für die jeweilige verantwortliche Stelle gilt: Denn unter Umständen könnte eine andere verantwortliche Stelle, wenn sie in den Besitz der anonymisierten Daten gelangen würde, den Personenbezug wieder herstellen (Schwenke 2006, S. 98).

Pseudonymisiert werden Daten jedoch durch bloßes Zwischenschalten eines Platzhalters an der Stelle eines eindeutigen Identifikationsmerkmals, wie etwa des Namens. Es gibt jedoch einen Zuordnungsvorgang des Platzhalters mit einer Zuordnungsregel, deren Kenntnis es unter Umständen erlaubt, den Personenbezug wieder herzustellen (vgl. Schwenke 2006, S. 100). Beim Pseudonymisieren fordert das Bundesdatenschutzgesetz in § 3 Abs. 6a deshalb, die *„Bestimmbarkeit des Betroffenen auszuschließen oder wesentlich zu erschweren"*. Dieses Rechtserfordernis hat auch nach Wirksamwerden der europäischen Datenschutzgrundverordnung im Mai 2018 Bestand. Die DSGVO fordert „ein dem Risiko angemessenes Schutzniveau zu gewährleisten" und schreibt die Pseudonymisierung in Art. 25, Art. 32 und den Erwägungsgründen 28 und 29 vor.

Welche Informationen eine Person im Sinne dieser Vorschrift *bestimmbar* machen, lässt sich jedoch nicht allgemeingültig beurteilen, sondern ist stets im Hinblick auf die konkreten Umstände des Einzelfalls zu beurteilen (Tinnefeld et al. 2012).

Gemäß der EU-Datenschutzrichtlinie soll die rein hypothetische Möglichkeit nicht ausreichen, um eine Person als bestimmbar anzusehen. Entscheidend ist vielmehr, ob es im

Rahmen eines realistischen Aufwands an Zeit, Kosten und Arbeitskraft möglich ist, Informationen einer bestimmten Person zuzuordnen (Tinnefeld et al. 2012). Bei dieser Beurteilung ist dem Aufwand auch der mögliche Vorteil einer Bestimmung gegenüberzusetzen, wobei insbesondere der durch die Bestimmung zu erlangende Informationswert und ein wirtschaftlicher Nutzen zu berücksichtigen sind (Kroschwald 2016).

Zu den technisch-statistischen Möglichkeiten der Bestimmbarkeit von Personen mittels digital verfügbarer scheinbar anonymisierter oder pseudonymisierter Daten gibt es immer wieder verblüffende Publikationen: So lassen sich beispielsweise allein anhand der Kombination aus Postleitzahl, Geburtsdatum und Geschlecht 87 Prozent aller US-Amerikaner eindeutig bestimmen (Moutafis 2013). Und im Jahr 2010 konnten IT-Forscher zeigen, dass sich 750.000 der damals 1,8 Mio. Nutzer des Karrierenetzwerkes *Xing* allein über ihre Zugehörigkeit zu den rund 6500 öffentlichen Diskussionsgruppen eindeutig identifizieren ließen (Spiegel Online 2010).

Sofern also ein Websitebetreiber den Aufwand zur Bestimmbarkeit der Personenzugehörigkeit von anonymisierten oder pseudonymisierten Daten falsch einschätzt, handelt er gegen das Recht der Betroffenen „selbst über die Preisgabe und Verwendung seiner persönlichen Daten zu bestimmen". Dies wird sich höchstwahrscheinlich auch darin manifestieren, dass die Datenschutzerklärung den tatsächlichen Umgang mit den personenbezogenen Daten in fahrlässiger Weise inkorrekt darstellt.

Natürlich ist die Bandbreite möglicher Datenschutzverstöße in diesem Kontext unendlich groß. Das für typische Verbandswebsites größte Risiko besteht aber darin, dass pseudonymisierte Daten aus dem Tracking viel leichter einer Person zugeordnet werden können als beabsichtigt. Beispiele dafür sind:

- *Auflösung der IP-Adresse:* In der Standardinstallation stellt das Tracking-Tool *Piwik* ein Besucher-Log zur Verfügung, in dem für jeden Besucher diverse erhobene Daten angezeigt werden (Piwik o. D. i). Dazu gehört auch die aufgelöste IP-Adresse. Bei dynamischen IP-Adressen ist das also der Internet-Provider, aber bei statischen IP-Adressen steht folglich der zur IP-Adresse gehörende Unternehmensname im Besucher-Log. Sofern dort der Unternehmensname eines Mitgliedsunternehmens angezeigt wird und zugleich etwa, dass der Besucher auf eine nur für Mitglieder eines bestimmten Gremiums zugängliche Seite aufgerufen hat, kann man – jedenfalls mit Kenntnis der Gremienstruktur des Verbands – auf einen Blick erkennen, um welche Person es sich in der Darstellung des Besucher-Logs handelt.
- *Intranets als Referer:* Ähnlich wie die Auflösung der IP-Adresse wirkt es auch, wenn man in einem Tracking-Tool mittels der Auswertung des HTTP-Referers ablesen kann, dass der Besucher den Link zur Verbandswebsite in einem Intranet angeklickt hat, das zur Domain eines bestimmten Mitgliedsunternehmens gehört (vgl. Gonzalez 2016).
- *Anzeige des Nutzernamens:* In Logfiles wird üblicherweise der Nutzernamen einer HTTP-Authentifizierung gespeichert aus der Servervariablen REMOTE_USER gespeichert (W3C 1995). Sofern für diesen Klarnamen oder E-Mail-Adressen als Nutzernamen verwendet werden, lassen sich in den Logfiles und gegebenenfalls auch in Tracking-Tools Seitenabrufe einzelnen Personen zuordnen.

- *Nutzerprofile:* Das größte und am wenigsten abwägbare Risiko sind jedoch Nutzerprofile, die durch eine lange Lebensdauer des Cookies viele Daten akkumulieren, wodurch zwangsläufig mehr und mehr Möglichkeiten zur Zuordnung der Daten zu einzelnen Personen entstehen. Auch *Piwik* zeigt per Mausklick solche Profile für „wiederkehrende Besucher" an, die aus über viele Besuche hinweg erhobenen Daten bestehen (Piwik o. D. j). Das Risiko ist gerade bei Verbänden mit sehr wenigen Nutzern je Mitgliedsunternehmen hoch, dass solche Profile ohne Aufwand zu erkennen geben, wessen Daten darin gespeichert sind.

  Es hilft diesem Problem aber nicht unbedingt ab, wenn man sich an der Empfehlung des schleswig-holsteinischen Unabhängigen Landeszentrums für Datenschutz (ULD 2011) orientiert und das Tracking-Cookie in seiner Lebensdauer auf eine Woche begrenzt (vgl. dazu auch Abschn. 3.4.8.5 *Grundsätzliches zum Tracking*). Denn unter Umständen nutzen Mitglieder das Onlineangebot ihres Verbands viel häufiger als einmal pro Woche, sodass sich die Lebensdauer des Cookies immer wieder um eine Woche verlängert.

4.7.2.4 Inhalte der Datenschutzerklärung

Nach § 13 Abs. 1 des Telemediengesetzes hat der im Gesetz als Diensteanbieter bezeichnete Websitebetreiber „den Nutzer zu Beginn des Nutzungsvorgangs über Art, Umfang und Zwecke der Erhebung und Verwendung personenbezogener Daten (...) in allgemein verständlicher Form zu unterrichten". Die europäische Datenschutzgrundverordnung übernimmt dieses Erfordernis dem Grunde nach ab Mai 2018 in Art. 13 und Art. 14 DSGVO. Wie wir bereits in Abschn. 3.4.10.2 *Datenschutzerklärung* in diesem Buch erfahren haben, hat diese Unterrichtung durch eine gut erreichbare Datenschutzerklärung zu erfolgen.

Es gibt im Internet eine ganze Reihe von Tools, mit denen man eine Datenschutzerklärung erzeugen kann. Es ist allerdings ratsam, zunächst von der eigenen Website auszugehen und alle Elemente zu identifizieren, mit denen Daten erhoben werden oder bei denen sie anfallen. Dies sind außer Logfiles, Tracking-Tools, eventuellen Social-Media-Plug-ins (siehe dazu auch Abschn. 3.4.10.4 *Social-Media-Plug-ins*) sowie anderen eingebetteten HTML-Elemente von Servern Dritter, wozu in der Regel auch Werbung gehört, zunächst vor allem alle eigenen Seiten mit HTML-Formularen. Für jedes Formular sollte ein Abschnitt in der Datenschutzerklärung erläutern, was mit den erhobenen Daten geschieht– inklusive des Hinweises, dass sie nach Fortfallen des Nutzungszwecks gelöscht werden. Das abschnittweise Abarbeiten der HTML-Formulare in der Datenschutzerklärung ist auch deshalb notwendig, weil Nutzer mit dem Absenden der Formulardaten ihre Einwilligung zur Speicherung und Nutzung der Daten erteilen müssen, indem sie Kenntnisnahme und ihr Einverständnis mit der Datenschutzvereinbarung erklären (vgl. Abschn. 3.4.10.2 *Datenschutzerklärung*).

Darüber hinaus hat die Datenschutzerklärung den Umgang mit Logfiles, Tracking-Tools und eingebetteten HTML-Elementen Dritter zu erläutern. Dazu gehören folgende Aspekte:

- *Logfiles:* Sofern Logfiles gespeichert werden, muss dargelegt werden, wie mit den IP-Adressen umgegangen wird. Dabei sollte möglichst das Hash-Verfahren korrekt eingesetzt und dies in der Datenschutzerklärung erläutert werden (vgl. Abschn. 3.4.10.2 *Datenschutzerklärung*).

- *Cookies:* Teilweise nutzen Websites Cookies, um bestimmte Informationen zwischen zwei Seitenaufrufen oder auch zwei Sitzungen zu speichern, wie etwa ein Log-in, das es erlaubt, längerfristig angemeldet zu bleiben. Die Funktionsweise sollte in der Datenschutzerklärung dargelegt werden.
- *Tracking:* Es sollte in der Datenschutzerklärung exakt dargelegt werden, inwieweit Daten anonymisiert oder pseudonymisiert werden. Es muss dabei sichergestellt sein, dass Nutzungsprofile aus dem Tracking nicht mit Angaben zur Identifikation des Nutzers zusammengeführt werden können.

  Es wäre ein Verstoß gegen geltendes Recht, wenn in der Datenschutzerklärung Anonymisierung zugesagt würde, aber in der Praxis die zuvor beschriebenen Mängel hingenommen würden, aufgrund derer man einzelne Nutzer in einem Besucher-Log oder -Profil ohne Aufwand identifizieren kann.

  Zur genauen Beschreibung der Datenerhebung mittels Tracking gehört auch die Nennung der Lebensdauer des Cookies.
- *Eingebettete HTML-Elemente:* Zu den erforderlichen Zusagen in der Datenschutzerklärung gehört auch, dass dem Nutzer zugesichert wird, dass er das Onlineangebot grundsätzlich in Anspruch nehmen kann, ohne dass Dritte davon Kenntnis erhalten. Häufig wird aber übersehen, dass jegliche Art von auf Websites eingebetteten HTML-Elementen, die von anderen Websites abgerufen werden, dazu führen, dass personenbezogene Daten, wie die IP-Adresse und die Webadresse der vom Besucher aufgerufenen Seite als Referer, auch bei dieser anderen Website anfallen. Dies betrifft Social-Media-Inlays, Displaywerbung und vieles andere mehr. Auch hier ist explizit zu benennen, welche Daten gegebenenfalls an Dritte gelangen.

Zur Datenschutzerklärung gehören außerdem folgende vom Gesetz explizit genannten Bestandteile:

- *Datenverarbeitung außerhalb des Geltungsbereichs europäischen Datenschutzrechts:* § 13 Abs. 1 TMG (ab Mai 2018: Art. 13 Abs. 1 Buchst. f DSGVO) schreibt vor, den Nutzer gegebenenfalls darüber zu informieren, sofern seine Daten in Staaten außerhalb des Europäischen Wirtschaftsraums verarbeitet werden. Diese Regelung kommt vor allem dann zum Tragen, wenn Google Analytics, Social-Media-Plug-ins, Displaywerbung oder ähnliche Technologien eingesetzt werden. Es ist hier allerdings unbedingt darauf hinzuweisen, dass eine bloße Darlegung in der Datenschutzerklärung keinen Mangel heilen kann, der entsteht, wenn ein Vertrag über Auftragsdatenverarbeitung nicht vorliegt oder mangels gemeinsamer Rechtsgrundlage der beteiligten Staaten nicht rechtswirksam zustande gekommen ist (vgl. Abschn. 4.7.2.2 *Datenschutzverpflichtungen gegenüber Dritten*).
- Der Nutzer ist in der Datenschutzerklärung schließlich auch auf bestimmte, ihm zustehende Rechte hinzuweisen:
  - Er kann die Einwilligung in die Erhebung, Speicherung und Nutzung seiner Daten jederzeit mit Wirkung für die Zukunft widerrufen. Zum Widerrufsrecht gehört auch,

dass der Nutzer das Recht hat, den Bezug eines Newsletters jederzeit zu kündigen. Er kann zudem auch die Löschung seiner Daten verlangen.
- Er kann das Onlineangebot anonym oder unter Pseudonym nutzen, soweit dies technisch möglich und zumutbar ist.
- Er kann vom Websitebetreiber gemäß § 34 des Bundesdatenschutzgesetzes (ab Mai 2018: Art. 15 Abs. 1 DSGVO) Auskunft über die zu seiner Person oder zu seinem Pseudonym gespeicherten Daten verlangen, dies gegebenenfalls auch elektronisch.
- Nach § 15 Abs. 3 TMG (ab Mai 2018: Art. 21 DSGVO) darf zwar grundsätzlich Tracking betrieben werden, jedoch hat der Nutzer das Recht, dem zu widersprechen (vgl. Golem 2014). Tut er das, darf ihm das Recht zur anonymen Nutzung nicht verwehrt werden. Es hat sich deshalb etabliert, in die Datenschutzerklärung eine Möglichkeit zum Opt-out per Mausklick zu integrieren, die Piwik als fertige Lösung anbietet (Piwik o. D. k).
- Mit Wirksamwerden der europäischen Datenschutzgrundverordnung ist ab Mai 2018 ist darüber hinaus der Datenschutzbeauftragte oder Verantwortliche des Verbands mitsamt Kontaktdaten zu benennen.
- Die DSGVO fordert außerdem künftig den Hinweis auf ein Beschwerderecht des Nutzers bei einer Datenschutzbehörde.
- Potenziell problematischste mit der DSGVO im Mai 2018 entstehende Pflichtangabe ist „*die Dauer, für die die personenbezogenen Daten gespeichert werden oder, falls dies nicht möglich ist, die Kriterien für die Festlegung dieser Dauer*". Wie bereits weiter vorn in diesem Buch erwähnt setzt das unter Umständen die Implementierung eines komplexen Löschkonzepts für gespeicherte personenbezogene Daten voraus.
- Bei Übermittlung von Daten in Länder außerhalb der EU ist der Nutzer ab Mai 2018 darüber zu informieren. Dazu gehört auch die Nennung der Rechtsgrundlage, aus der sich eine datenschutzrechtliche Rechtmäßigkeit der Speicherung außerhalb der EU ergibt, also etwa des mir den USA vereinbarten Privacy Shields.

4.7.3 Disclaimer: Haftung für Links, Kommentare und Downloads

Viele Websites, auch von Verbänden, versuchen sich mit dem folgenden *Disclaimer* von Haftungsrisiken freizustellen, die sich daraus ergeben könnten, dass eigene Links zu rechtswidrigen Dokumenten verweisen:

> Mit Urteil vom 12. Mai 1998 – 312 O 85/98 – ‚Haftung für Links' hat das Landgericht Hamburg entschieden, dass man durch das Setzen eines Links, die Inhalte der gelinkten Seite ggf. mit zu verantworten hat. Dies kann – so das LG – nur dadurch verhindert werden, dass man sich ausdrücklich von diesen Inhalten distanziert. Hiermit distanzieren wir uns ausdrücklich von den verlinkten Seiten.

Dieser Text wird seit fast 20 Jahren von Website zu Website kopiert, obwohl er das Landgericht Hamburg völlig falsch interpretiert: Im fraglichen Fall hatte sich der Beklagte nach Ansicht des Gerichts ein auf einer anderen Website publiziertes Dokument mit beleidigenden Inhalten durch dessen Verlinkung zu eigen gemacht und dadurch die Persönlichkeitsrechte des Klägers verletzt. In dem Urteil stellt das Gericht explizit fest, dass ein pauschaler Verweis auf die alleinige Verantwortlichkeit des Autors eines verlinkten Dokuments nicht als „Haftungsfreizeichnungsklausel" geeignet ist (Richard o. D.).

So wie das Landgericht Hamburg geht die Rechtsprechung generell – sowohl bei Links als auch bei Kommentaren oder Forenbeiträgen – davon aus, dass der Betreiber einer Website sich Inhalte „zu eigen" macht, wenn er ihnen ohne eigenen Widerspruch Publizität gewährt (Schwenke 2014). Widerspruch hilft beispielsweise in folgendem Fall: Das Setzen eines Links auf eine nationalsozialistische Propaganda-Website ist dann unproblematisch, wenn es sich etwa um eine Dokumentation über behördliche Sperrverfügungen gegen Internetprovider handelt und der Linksetzende sich konkret und ausdrücklich von der verlinkten Website distanziert (Keber 2014).

Sofern das Verlinken rechtswidriger Inhalte jedoch beispielsweise weitere Rechtsbrüche fördert oder einen Schaden verstärkt, nützt auch eine kritische Würdigung nicht mehr unbedingt: Der Verlinkende kann, sofern er die Rechtswidrigkeit erkennen kann, in Haftung genommen werden (Schwenke 2012, S. 448). Es besteht also eine Pflicht für Websitebetreiber Inhalte, die verlinkt werden sollen, zu prüfen.

Die Prüfpflicht hat jedoch Grenzen bezüglich ihrer Zumutbarkeit. Nicht jede Rechtswidrigkeit von Onlineinhalten ist ohne Weiteres von außen erkennbar. Auch muss ein Websitebetreiber nicht ständig prüfen, ob sich Inhalte auf einer verlinkten Website möglicherweise nachträglich geändert haben und dabei rechtswidrige Inhalte hinzugekommen sind (vgl. AG Berlin-Tiergarten, Urteil vom 30. Juni 1997, Az. 260 DS 857/96). Ganz ähnlich ist es auch mit Kommentaren und Forenbeiträgen: Es ist einem Betreiber nicht unbedingt zuzumuten, dass er ständig kontrolliert, was seine Nutzer posten.

Der Gesetzgeber hat deshalb in § 10 des Telemediengesetzes ein sogenanntes Haftungsprivileg eingerichtet, aus dem sich ergibt, dass ein Websitebetreiber nicht für auf seiner Website publizierte Inhalte Dritter haftet, solange er keine Kenntnis davon hat: „Diensteanbieter sind für fremde Informationen, die sie für einen Nutzer speichern, nicht verantwortlich, sofern

1. sie keine Kenntnis von der rechtswidrigen Handlung oder der Information haben und ihnen im Falle von Schadensersatzansprüchen auch keine Tatsachen oder Umstände bekannt sind, aus denen die rechtswidrige Handlung oder die Information offensichtlich wird, oder
2. sie unverzüglich tätig geworden sind, um die Information zu entfernen oder den Zugang zu ihr zu sperren, sobald sie diese Kenntnis erlangt haben."

Es ist allerdings ausdrücklich darauf hinzuweisen, dass es Urteile gibt, die recht strenge Maßstäbe an die Prüfungspflichten von Websitebetreibern anlegen, damit diese sich gegebenenfalls Kenntnis über etwaige rechtwidrige Inhalte verschaffen:

- So hat das Landgericht Hamburg im Jahr 2007 entschieden, dass ein prominenter Blogger, der mit einem pointierten Beitrag seine Leser zu Schmähkritik in der Kommentarspalte erkennbar anstachele, nicht acht Stunden warten dürfe, ehe er rechtswidrige Kommentare lösche (Schwenke 2012, S. 445).

- Dasselbe Gericht hat im Jahr 2016 geurteilt, dass von einem Medienhaus, welches ein Onlineangebot mit Gewinnerzielungsabsicht betreibe, erwartet werden könne, dass es beim Verlinken einer externen Website überprüfe, ob die verlinkte Website die Grenzen des Urheberrechts im Hinblick auf gezeigte Fotos einhalte (Heise 2016b).

Ein Disclaimer sollte daher, anders als der am Anfang dieses Abschnitts zitierte, deutlich machen, dass der Websitebetreiber seine Prüfpflichten kennt und ihnen nachkommt. Er sollte allerdings auch auf verbleibende Risiken hinweisen, dass Rechtsverstöße bei fremden Inhalten möglicherweise nicht erkennbar waren oder sind. Es sollten dann – für den Fall von auftretenden Rechtsverstößen in den Inhalten Dritter – Kontaktmöglichkeiten benannt werden, durch die der Verband gegebenenfalls informiert werden kann.

Dies gilt übrigens ähnlich auch für die Haftung in Bezug auf Downloads von dritter Seite: Zu den Pflichten eines Websitebetreibers gehört es, bei Verlinkung oder Übernahme der Dateien von Dritten zum Download durch die eigenen Nutzer ein Mindestmaß an Sicherheit gegen Malware zu gewährleisten (Hoeren 2013). Ein Webserver muss also mit den gängigen technischen Instrumenten gegen Schadsoftware – wie etwa Virenscanner und Firewall – ausgestattet sein und bezüglich aller Updates auf dem neuesten Stand gehalten werden. Diese sogenannte Verkehrspflicht unterliegt jedoch dem Grundsatz der Verhältnismäßigkeit: Es ist genügend, was nach den konkreten Umständen des Einzelfalles erforderlich und zumutbar ist, um die Gefahr zu beseitigen (Oettinger 2010).

Ein Disclaimer sollte im Falle von angebotenen Downloads der Software Dritter deshalb auf die außerhalb der Verkehrspflicht verbleibenden Risiken hinweisen und dafür eine Haftung ausschließen. Ähnlich wie beim Haftungsprivileg für Inhalte gilt jedoch auch hier: Sofern einem Verband mitgeteilt wird, dass eine von ihm angebotene Software Dritter ein Sicherheitsrisiko darstellt, entsteht unmittelbar ein Haftungsrisiko. Auch hier kann eine im Disclaimer angegebene direkte Kontaktmöglichkeit sicherstellen, dass die Information über ein solches Sicherheitsrisiko ein sofortiges Handeln des Verbands ermöglicht.

4.7.4 Urheberrecht und Social Media

Wir haben uns in diesem Buch bereits häufig damit auseinandergesetzt, wie erstrebenswert es für eine möglichst erfolgreiche Erfüllung diverser Kommunikationsaufgaben ist, dass Besucher der Verbandswebsite deren Inhalte mit ihren Kontakten in sozialen Netzwerken teilen. Unabhängig davon, dass ein für den Nutzer einfach gestaltetes „Teilen“ vor allem auf Social-Media-Tags (vgl. Abschn. 3.4.6.2 *Offene Schnittstellen*) beruht, haben wir deshalb auch erörtert, die Websitebesucher durch die Einbindung von Social-Media-Buttons zum „Teilen“ zu motivieren (vgl. Abschn. 3.4.10.4 *Social-Media-Plug-ins*).

Allerdings setzen wir mit dieser Strategie die Websitebesucher unter Umständen einem durch das Urheberrecht bedingten Risiko aus: Wenn nämlich zu den von sozialen Netzwerken automatisch erstellten Teasern Fotos von der Verbandswebsite übernommen werden, dann nutzt *je jure* nicht der Verband ein solches Foto, sondern der Websitebesucher, der etwas teilt. So warnt der Bundesverband Digitale Wirtschaft in einem diesbezüglich verfassten Whitepaper (BVDW 2013):

> Der Nutzer haftet im Zweifel für ein rechtswidriges Vorschaubild eines geteilten Links auch dann, wenn die empfohlene Webseite (…) für einzelne Abbildungen zwar Rechte für die Verwendung auf der Webseite, nicht jedoch für die Weiterveröffentlichung existieren (z. B. Stockfotos).

Besonders problematisch ist dies dadurch, dass viele Verbände auf ihren Websites überwiegend mit preiswerten Stockfotos arbeiten, für die sie aber nur sehr begrenzte Nutzungsrechte erwerben (Schwenke 2010).

Um Besucher der Website gegen Urheberrechtsverstöße zu schützen, gibt es folgende beiden Optionen:

- *Ausreichende Rechte sichern:* Die sicherste Methode, um Probleme mit dem Urheberrecht auszuschließen, ist es, in teilbaren Artikeln nur Fotos zu verwenden, für die der Verband alle Nutzungsrechte hat, zu denen dann auch das Recht gehört, Websitebesuchern die Nutzung eines Fotos in deren Social-Media-Profilen zu nutzen. Dies können eigene Fotos sein. Es können aber auch Fotos von beauftragten Fotografen sein, wenn der Vertrag eine entsprechend weitreichende Übertragung von Rechten vorsieht (Schwenke 2010).
- *Social-Media-Tags:* Etwas weniger sicher ist es, in den Social-Media-Tags (siehe dazu Abschn. 3.4.6.2 *Offene Schnittstellen*) gegebenenfalls ein von den im Artikel verwendeten Fotos abweichendes Bild als Vorschaubild anzugeben, an dem der Verband alle Rechte besitzt – beispielsweise das Verbandslogo (vgl. Kelz 2013). Das Risiko kann hier theoretisch aber sein, dass ein Robot eines sozialen Netzwerkes, das im Social-Media-Tag angegebene Bild verwirft und ein im Artikel vorkommendes Bild einsetzt.

4.7.5 Impressumspflicht

Wir haben uns bereits im Zusammenhang mit der Planung von Websites und mit der Gestaltung von Newslettern mit der Impressumspflicht beschäftigt. Im Abschnitt zum Impressum in Newslettern sind auch bereits die gesetzlichen Pflichtabgaben aufgelistet worden (siehe Abschn. 4.4.1.2 *Rechtserfordernisse für Newsletter*). Es soll an dieser Stelle deshalb nur noch ergänzend darauf hingewiesen werden, dass die Impressumspflicht gemäß § 5 Abs. 1 Telemediengesetz sich auf alle Telemedien bezieht – also nicht nur auf Websites und Newsletter, sondern auch auf Profile und Fanpages in sozialen Netzwerken und auf Smartphone-Apps (Schwenke 2015).

In sozialen Netzwerken stehen oftmals nicht ausreichend Gestaltungsmöglichkeiten zur Verfügung, um ein komplettes Impressum gut erreichbar unterzubringen. In diesem Fall ist nach herrschender Rechtsprechung das Verlinken erlaubt. Der Link muss dabei klar zu erkennen geben, dass er zum Impressum führt. Und das Impressum muss sich eindeutig (auch) auf das Telemedium beziehen, von dem aus es verlinkt ist. Insbesondere, wenn die Betreiber der Social-Media-Präsenz und der Website mit dem verlinkten Impressum nicht eindeutig identisch sind, muss das Impressum einen Hinweis enthalten, dass es auch für die Social-Media-Präsenz gilt (Schwenke 2015). Dies kann etwa sein, wenn ein Verband aus einer für eine Kampagne angelegten Social-Media-Präsenz, die nach der Kampagne benannt ist, auf das Impressum seiner eigenen Website verlinkt. Das Impressum muss dann um eine Anmerkung wie die Folgende ergänzt werden:

> Dieses Impressum gilt auch für die Facebook-Seite XYZ (www.facebook.com/XYZ).

4.7.6 Websites und Preisangaben

Unabhängig davon, ob eine Website einen kompletten Webshop beinhaltet, in dem man einen Kaufvorgang online abwickeln kann, oder ob eine Website nur für Produkte oder Dienstleistungen wirbt, die man dann auf andere Weise kauft: Jede Preisangabe in einem solchen Kontext hat sich nach den Vorschriften der Preisangabenverordnung zu richten. Und die schreibt in § 1 Abs. 1 Satz 1 PAngV vor:

> Wer Verbrauchern gemäß § 13 des Bürgerlichen Gesetzbuchs gewerbs- oder geschäftsmäßig oder wer ihnen regelmäßig in sonstiger Weise Waren oder Leistungen anbietet oder als Anbieter von Waren oder Leistungen gegenüber Verbrauchern unter Angabe von Preisen wirbt, hat die Preise anzugeben, die einschließlich der Umsatzsteuer und sonstiger Preisbestandteile zu zahlen sind (Gesamtpreise).

Da Verbände Waren und Dienstleistungen oft gegenüber Mitgliedsunternehmen oder selbstständigen Kaufleuten anbieten, die ihrerseits vorsteuerabzugsberechtigt sind und daher mit Nettopreisen kalkulieren, ist der Anreiz groß, nur solche Nettopreise auf der Verbandswebsite anzuzeigen.

Die Rechtsprechung geht diesbezüglich jedoch durchgängig von einem Verstoß gegen die Preisangabenverordnung aus, wenn die entsprechende Werbung nicht ausschließlich gewerblichen Kunden, sondern auch Endverbrauchern offen zugänglich ist; es muss vielmehr dauerhaft sichergestellt sein, dass Verbraucher keine Bestellungen ausführen können (Felling 2012). Es genügt dazu nicht allein der Hinweis, dass nur an Gewerbetreibende verkauft werde (Felling 2012).

Eine Lösung für dieses Problem kann ein Extranet sein, in dem nur gewerblich tätige Mitglieder die Werbung sehen und Bestellungen auslösen können. Sofern ein Verband sich entschließt, für Produkte oder Dienstleistungen offen und damit für Endverbraucher zugänglich zu werben, müssen mindestens folgende Voraussetzungen erfüllt sein (vgl. Boos 2015, S. 92 ff.; Bruggmann et al. 2017):

- Der Bruttopreis muss zusammen mit der Angabe *„inkl. MwSt."* angegeben sein.
- Versandkosten müssen entweder Teil eines angegebenen Gesamtpreises *„inkl. MwSt. und Versandkosten"* sein oder es muss neben jedem Gesamtpreis der Zusatz *„zzgl. Versandkosten"* stehen, der mit einem Link auf eine Übersicht aller infrage kommenden Versandpreise verweist.
- In Fällen bestimmter Waren ist um der Vergleichbarkeit willen zusätzlich ein Grundpreis, etwa für einen Liter oder ein Kilogramm, anzugeben.

Die Preisangabenverordnung verbietet zwar nicht, dass Komponenten des Preises, wie etwa auch der Nettopreis und die Mehrwertsteuer zusätzlich zum Gesamtpreis einzeln ausgewiesen werden, sodass letztlich sowohl der Brutto- als auch den Nettopreis zu sehen sind. Damit allerdings der Endverbraucher den Preis eindeutig erkennen kann, darf es nicht zu widersprüchlichen Angaben kommen. So darf vor allem nicht ein Angebot mit mehreren unterschiedlichen Preisen gekennzeichnet sein – um leicht erkennbar zu sein, müssen die Preisangaben ohne Schwierigkeiten auffindbar und feststellbar sein (Boos 2015, S. 95). Dies zeigt sich beispielsweise auch in einer Entscheidung des Oberlandesgerichts Hamm (OLG Hamm, Urteil vom 02. März 2010, Az. 4 U 208/09) aus dem Jahr 2010, nach der die Zuordnung von Preiskomponenten immer „augenfällig" zu sein hat (Justiz NRW 2010).

Es ist daher auch obsolet, sowohl Brutto- als auch Nettopreise gleichberechtigt nebeneinander anzuzeigen, um gewerblichen Kunden eine ins Auge springende Preisangabe für ihre Nettokalkulation zu liefern.

4.8 Zusammenfassung

Verbandskommunikation über das Internet kommunikativ erfolgreich, technisch zuverlässig und rechtlich zulässig zu gestalten, erfordert heutzutage umfangreiche Kenntnisse oft komplexer Zusammenhänge. Diese reichen von Kommunikationspsychologie und -soziologie über Rechtsfragen zu Datenschutz- oder Medienrecht bis hin zu technischen Dingen, wie Netzwerktechnik und Softwareprogrammierung.

Die Risiken zum Scheitern sind dagegen übermächtig: Die Veränderung des Rezeptionsverhaltens erfordert ein Umdenken in der Aufbereitung von Inhalten, sonst entschwindet der Rezipient binnen Sekunden per Mausklick. Die Algorithmen von Suchmaschinen und sozialen Netzwerken blenden die Botschaften derjenigen einfach aus, die sich nicht an bestimmten Regeln orientieren. Reichweite kann Verbandskommunikation zunehmend nur noch erzielen, wenn die Zielgruppe sich vorher freiwillig mit dem Verband vernetzt hat. Die rechtlichen Anforderungen an die Online-Kommunikation sind so komplex, dass eine Abmahnwelle in Sachen Onlinerecht der nächsten folgt. Und technisch ist Online-Kommunikation so kompliziert geworden, dass Verbände oft schwerwiegende Mängel ihrer eigenen Website, die leicht zu beseitigen wären, nicht erkennen.

Dieser vierte und letzte Teil dieses Buches gibt den für Kommunikation Verantwortlichen in deutschen Verbänden eine ganze Reihe von Werkzeugen an die Hand, um die Herausforderungen der täglichen redaktionellen Arbeit zu meistern: Ob dies der 5-Sekunden-Test ist, mit dem man die adäquate Gestaltung von Inhalten überprüfen kann. Ob es vielfältige Möglichkeiten zum Targeting sind, um Zielgruppen im Internet ausfindig zu machen. Ob es Grundlagen der Suchmaschinenoptimierung, des Newsletterings, der Kommunikation in sozialen Medien oder die Gefahren potenzieller rechtlicher Stolperfallen sind. Wer alle diese Werkzeuge nutzt, wird – vor allem, sofern er seine Maßnahmen intensiv evaluiert – die Online-Kommunikation seines Verbands professionalisieren. Vermutlich wird das bei manchem Verband eine Steigerung des Aufwands, mit dem Online-Kommunikation betrieben wird, erforderlich machen. Viele der in diesem Buch angeführten Beispiele und Bezüge haben aber gezeigt, dass Unternehmen, staatliche Institutionen oder Public Interest Groups diesen intensiveren Aufwand längst betreiben. Für eine wirkungsvolle Interessenvertretung dürfen Verbände dem nicht nachstehen.

Literatur

Adobe (2014). Best of the Best Benchmarks (US): Adobe Digital Index 2014 (S. 3). http://www.cmo.com/content/dam/CMO_Other/ADI/BoB2014/BoBB_2014_ADI.pdf. Zugegriffen: 30. Apr. 2017.

Adzine (2016). Google streicht rechte Seite der AdWords-Anzeigen. https://www.adzine.de/2016/02/google-streicht-rechte-seite-der-adwords-anzeigen/. Zugegriffen: 29. Mai 2017.

Affilinet (o. D.). Partnerprogramme von ADAC und HDI. https://www.affili.net/de/partnerprogramme/auto-verkehr/adac-finanzprodukte und https://www.affili.net/de/partnerprogramme/wirtschaft-handel/versicherungen/hdi-de-top-versicherungen. Zugegriffen: 22. Mai 2017.

Alphonso, D. (2010). Die Schelmexperten des sozialen Internets. http://www.faz.net/aktuell/feuilleton/debatten/digitales-denken/soziale-netzwerke-die-schelmexperten-dessozialen-internets-1940399.html. Zugegriffen: 2. Juli 2017.

Andrews, L. (2011). *I know who you are and i saw what you did: Social networks and the death of privacy* (S. 36). New York: Simon & Schuster.

AOL (o. D.). AOL Whitelist Information. https://postmaster.aol.com/whitelist-request. Zugegriffen: 16. Juni 2017.

Apache.org (2005). Spamassassin-users mailing list archives. https://mail-archives.apache.org/mod_mbox/spamassassin-users/200507.mbox/%3C42CAEA61.4030401@evi-inc.com%3E. Zugegriffen: 12. Juni 2017.

ARD/ZDF – ARD/ZDF-Onlinestudie (2016). ARD/ZDF-Onlinestudie 2016: 84 Prozent der Deutschen sind online – mobile Geräte sowie Audios und Videos mit steigender Nutzung (S. 1). http://www.ard-zdf-onlinestudie.de/fileadmin/Onlinestudie_2016/PM_ARD-ZDF-Onlinestudie_2016-final.pdf. Zugegriffen: 5. Juli 2017.

Arndt, D., & Koch, D. (2002). Datenschutz im Web Mining – Rechtliche Aspekte des Umgangs mit Nutzerdaten (S. 91 f). In H. Hippner, M. Merzenich, & K. D. Wilde (Hrsg.), *Handbuch Web Mining im Marketing: Konzepte, Systeme, Fallstudien* (S. 77–103). Braunschweig/Wiesbaden: Vieweg.

Ash, T., Page, R., & Ginty, M. (2013). *Landing Pages: Optimieren, Testen, Conversions generieren* (S. 382 ff). Heidelberg: Hüthig Jehle Rehm.

BÄK – Bundesärztekammer (2014). Handreichung der Bundesärztekammer: Ärzte in sozialen Medien – Worauf Ärzte und Medizinstudenten bei der Nutzung sozialer Medien achten sollten. http://www.bundesaerztekammer.de/fileadmin/user_upload/downloads/Aerzte_in_sozialen_Medien.pdf. Zugegriffen: 5. Juli 2017.

Bär, T., & Schlede, F.-M. (2017). E-Mail-Knigge: Tipps für Profis. https://www.computerwoche.de/a/E-Mail-knigge-tipps-fuer-profis,2509182,6. Zugegriffen: 10. Juni 2017.

Batschkus, M. M. (2013). Ärzteforen und Portale. In *Bayerisches Ärzteblatt 9/2013* (S. 448–449). München: Atlas Verlag.

Beilharz, F. (2014). 959 Twitter-Follower in 7 Tagen: Interview + Tipps + Experiment. https://felix-beilharz.de/959-twitter-follower/. Zugegriffen: 8. Juli 2017.

Beins, F. (2016). Klickraten und Öffnungsraten 2016: Der große Branchen-Benchmark. https://www.newsletter2go.de/blog/klickraten-oeffnungsraten-2016-email-marketing/. Zugegriffen: 9. Juni 2017.

BGH – Bundesgerichtshof (2015). Mitteilung der Pressestelle Nr. 205/2015: Bundesgerichtshof zur Zulässigkeit sogenannter „No-Reply" Bestätigungsmails mit Werbezusätzen. http://juris.bundesgerichtshof.de/cgi-bin/rechtsprechung/document.py?Gericht=bgh&Art=en&Datum=Aktuell&nr=73125&linked=pm. Zugegriffen: 21. Juli 2017.

Bizer, J. (1999). Datenschutz im Data Warehouse: Die Verwendung von Kunden- und Nutzerdaten zu Zwecken der Marktforschung (S. 67). In P. Horster & D. Fox (Hrsg.), *Datenschutz und Datensicherheit: Konzepte, Realisierungen, Rechtliche Aspekte, Anwendungen* (S. 60–81). Wiesbaden: Vieweg.

BMJV – Bundesministerium der Justiz und für Verbraucherschutz (2015). Wer trägt die Kosten mangelhafter Baumaterialien? – Umfang der Mängelhaftung und Regress – Tagungsband (S. 5). https://www.bmjv.de/SharedDocs/Downloads/DE/PDF/Aus-Einbaukosten-Tagungsband.pdf?__blob=publicationFile&v=5. Zugegriffen: 7. Juli 2017.

BMK.TV (2016). CMS Deutschland und der Bundesverband der Unternehmensjuristen (BUJ) haben in einer Online-Pressekonferenz die Studie „Digital Economy & Recht" vorgestellt. Live aufgezeichnet und gestreamt von BMK.TV. http://www.bmk.tv/blog/cms-hasche-sigle-online-pressekonferenz-live-aus-frankfurtm/. Zugegriffen: 28. Juni 2017.

Boetzkes, C.-E. (2008). *Organisation als Nachrichtenfaktor: Wie das Organisatorische den Content von Fernsehnachrichten beeinflusst* (S. 52). Wiesbaden: VS Verlag für Sozialwissenschaften.

Boos, C. (2015). *Verbraucher-und Datenschutz bei Online-Versanddiensten: Automatisierte Einschätzung der Vertrauenswürdigkeit durch ein Browser-Add-on*. Kassel: ITeG.

Borchardt, J. (2013). Aus für das Double-opt-In?: Die aktuelle Rechtslage beim E-Mail-Marketing. http://www.e-commerce-magazin.de/aus-fuer-das-double-opt-die-aktuelle-rechtslage-beim-e-mail-marketing. Zugegriffen: 21. Juli 2017.

Bruggmann, T., Ferner, J., & Klebs, H. (2017). *Lexikon für das IT-Recht 2017/2018: Die 150 wichtigsten Praxisthemen* (S. 338). Heidelberg: Hüthig Jehle Rehm.

Bucher, H.-J. (2011). Multimodales Verstehen oder Rezeption als Interaktion: Theoretische und empirische Grundlagen einer systematischen Analyse der Multimodalität (S. 145 ff). In H. Diekmannshenke, M. Klemm, & H. Stöckl (Hrsg.), *Bildlinguistik: Theorie – Methoden – Fallbeispiele* (S. 123–156). Berlin: Erich Schmidt Verlag.

BVDW – Bundesverband Digitale Wirtschaft (2008). Rechtliche Empfehlungen für SPAM – Opfer (S. 6). http://www.bvdw.org/fileadmin/downloads/wissenspool/empfehlungen/BVDW_Handlungsempfehlungen_bei_Erhalt_von_SPAM_01.pdf. Zugegriffen: 21. Juli 2017.

BVDW – Bundesverband Digitale Wirtschaft (2013). Whitepaper: Vorschaubilder in Sozialen Netzwerken. http://www.bvdw.org/mybvdw/media/download/whitepaper-vorschaubilder-in-sozialen-netzwerken.pdf?file=2649. Zugegriffen: 24. Juli 2017.

BVDW – Bundesverband Digitale Wirtschaft (2015). Whitepaper: Rechtssicheres E-Mail-Marketing. http://www.bvdw.org/presseserver/WP_EMail_Marketing/bvdw_whitepaper_email_marketing_2015.pdf. Zugegriffen: 22. Juli 2017.

BVK – Bundesverband Deutscher Kapitalbeteiligungsgesellschaften (2017). Vorstellung der BVK-Jahreszahlen 2016. http://geldanlagen-nachrichten.de/event/bundesverband-deutscher-kapitalbeteiligungsgesellschaften-german-private-equity-and-venture-capital-association-e-v-bvk-vorstellung-der-bvk-jahreszahlen-2016/. Zugegriffen: 28. Juni 2017.

Carr, N. (2010a). Seicht, seichter, online. http://www.theeuropean.de/nicholas-carr/4965-wer-bin-ich-wenn-ich-online-bin. Zugegriffen: 29. Apr. 2017.

Carr, N. (2010b). *Wer bin ich, wenn ich online bin … und was macht mein Gehirn solange? Wie das Internet unser Denken verändert* (S. 23). München: Karl Blessing Verlag.

Chestnut, B. (2008). What makes a good permission reminder? https://blog.mailchimp.com/what-makes-a-good-permission-reminder/. Zugegriffen: 12. Juni 2017.

Cloer, T. (2014). Enterprise Social braucht ein Geschäftsziel. http://www.computerwoche.de/a/enterprise-social-braucht-ein-geschaeftsziel,3063982. Zugegriffen: 17. Juni 2017.

CloudDirect (o. D.). Blocking email spam with the Office 365 spam filter (for administrators): Blocking bulk mail with transport rules. https://www.clouddirect.net/knowledge-base/a/KB0011008/blocking-email-spam-with-the-office-365-spam-filter-for-administrators. Zugegriffen: 12. Juni 2017.

Constine, J. (2014). Why Is Facebook Page Reach Decreasing? More Competition And Limited Attention. https://techcrunch.com/2014/04/03/the-filtered-feed-problem/. Zugegriffen: 2. Juni 2017.

CSA – Certified Senders Alliance (o. D.) Die Certified Senders Alliance. https://de.certified-senders.eu/uber-csa/. Zugegriffen: 16. Juni 2017.

Cusin-Busch, C. (2015). *10 Schritte zu einem wirkungsvollen Newsletter: Psychologische Überzeugungsstrategien im Marketing* (S. 68 f). Hamburg: Diplomica Verlag.

DNSWL (o. D.). Do you manage the reputation of your IPs? https://www.dnswl.org/?p=209. Zugegriffen: 16. Juni 2017.

Doerr, F. (2012). Linklöschungen – Googles Irrsinns fette Beute. https://www.seo-scene.de/linkbildung/linkloeschungen-googles-irrsinns-fette-beute-2367.html. Zugegriffen: 4. Juni 2017.

Doerr, F. (2013). Forenlinks und die Blödheit der SEO-Linkspammer. https://www.seo-scene.de/linkbildung/forenlinks-und-die-bloedheit-der-seo-linkspammer-2807.html. Zugegriffen: 5. Juni 2017.

Dugan, L. (2012). How Not To Get Your Hashtag Hijacked (Like McDonald's Did). http://www.adweek.com/digital/hijacked-hashtag-infographic/. Zugegriffen: 9. Juli 2017.

Dziki, J. (2014). „Was gehört zu nachhaltiger Optimierung?". https://www.netzeffekt.de/nachhaltige-suchmaschinenoptimierung/#julian-dziki. Zugegriffen: 5. Juni 2017.

Eco – Verband der deutschen Internetwirtschaft (2011). eco Richtlinie für zulässiges E-Mail-Marketing: Leitlinien für die Praxis. https://www.eco.de/wp-content/blogs.dir/richtlinie-zulaessiges-E-Mail-marketing-2011.pdf. Zugegriffen: 11. Juni 2017.

Eisenschmidt, S. (o. D.). Google verabschiedet kommerzielle Artikelverzeichnisse. https://www.eisy.eu/google-verabschiedet-kommerzielle-artikelverzeichnisse/. Zugegriffen: 5. Juni 2017.

Ekey, F. L. (2016). *Grundriss des Wettbewerbs- und Kartellrechts: Mit Grundzügen des Marken-, Domain- und Telekommunikationsrechts* (S. 112 ff). Heidelberg: C.F. Müller.

Ertel, S. (2012). OLG München: Bestätigungs-E-Mail einer Newsletter-Bestellung, kann bereits Spam sein. https://www.datenschutz-notizen.de/olg-muenchen-bestaetigungs-e-mail-einer-newsletter-bestellung-kann-bereits-spam-sein-173293/. Zugegriffen: 21. Juli 2017.

Evers, M., & Fleing, E. (2014). *Hervorragend positioniert: Wie Sie erreichen, dass Kunden Sie finden – Wirkungsvolles Selbstmarketing statt teurer Akquise – Mit den besten 20 Marketing-Instrumenten* (S. 153). München: Redline Verlag.

Eyl, S. (2014). Studie: Was Wut, Angst und Freude bei Fans auslösen … http://blog.fanpagekarma.com/2014/10/27/emotionen-facebook-social-media-interaktionen-reichweite/?lang=de. Zugegriffen: 8. Juli 2017.

Facebook (2015). Topic Data: Learn What Matters to Your Audience. https://www.facebook.com/business/news/topic-data. Zugegriffen: 5. Juli 2017.

Facebook (o. D.). Werbeanzeigenmanager: Wie lautet dein Marketingziel? https://www.facebook.com/ads/manager/creation/creation/. Zugegriffen: 1. Juni 2017.

Felling, W. (2012). Abmahnungen wegen Nettopreiswerbung. http://www.ra-felling.de/2012/02/abmahnungen-wegen-nettopreiswerbung/. Zugegriffen: 24. Juli 2017.

Feuerstein, R. (2008). *Strukturmerkmale des Lernens computerinteressierter und begabter Schüler* (S. 19). Wiesbaden: VS Verlag für Sozialwissenschaften.

Fink, S. (2017). Microblogging am Beispiel von Twitter (S. 282). In A. Zerfaß & T. Pleil (Hrsg.), *Handbuch Online-PR: Strategische Kommunikation in Internet und Social Web* (S. 273–288). Köln: Herbert von Halem Verlag.

Fischer, A. (2016). SpamAssassin Erkennungsrate (deutlich) verbessern. https://www.syn-flut.de/spamassassin-erkennungsrate-deutlich-verbessern#Verwendet_Pyzor_und_Razor. Zugegriffen: 14. Juni 2017.

Frick, M. (2016). Blogger Relations: Warum Pressemitteilungen sinnlos sind. https://www.basic-thinking.de/blog/2016/06/20/pressemitteilungen/. Zugegriffen: 18. Juni 2017.

Futurebiz (2014). Facebook Page Post Calculator: Ihr wollt 100% eurer Facebook Fans erreichen? Mit diesen Kosten müsst ihr rechnen. http://www.futurebiz.de/artikel/kosten-hervorgehobene-beitraege-facebook-fans/. Zugegriffen: 2. Juni 2017.

GDV – Gesamtverband der Deutschen Versicherungswirtschaft (2017). Einbruch-Report 2017: Einbruchzahlen gehen leicht zurück. http://www.gdv.de/2017/04/einbruchzahlen-gehen-leicht-zurueck/. Zugegriffen: 21. Mai 2017.

George, K. (2017). Email Rendering Issues in Outlook and Hacks to Save the Day. http://www.emailmonks.com/blog/email-coding/email-rendering-issues-in-outlook-and-hacks/. Zugegriffen: 10. Juni 2017.

Glöckner, J. (2013). § 6 Vergleichende Werbung (S. 1236). In O. Teplitzky, K.-N. Peifer, & M. Leistner (Hrsg.), *UWG: Gesetz gegen den unlauteren Wettbewerb – Großkommentar* (S. 1157–1371). Berlin: De Gruyter.

Goedings, F. (2013). Werbemails ohne Einwilligung sind im privaten Bereich (immer noch) keine Lappalie – SPAM. http://www.multimediarechtler.de/werbemails-ohne-einwilligung-spamsind-im-privaten-bereich-keine-lappalie/. Zugegriffen: 21. Juli 2017.

Golem (2014). Nutzer müssen Piwik-Analyse widersprechen können. https://www.golem.de/news/urteil-zu-tracking-nutzer-muessen-piwik-analyse-widersprechen-koennen-1403-105055.html. Zugegriffen: 21. Juli 2017.

Gonev, M. (o. D.). Darauf musst Du bei der Wahl von Backlinks achten, die deiner Website die nötige Ranking-Power verleihen. http://www.martingonev.de/backlink-qualitaet-pruefen-und-bewerten/ Zugegriffen: 4. Juni 2017.

Gonzalez, F. (2016). HTTP Referer Header: Wie Browser private URLs kompromittieren. https://www.oneconsult.com/de/http-referer-header-wie-browser-private-urls-kompromittieren/. Zugegriffen: 23. Juli 2017.

Google (2012a). Webmaster-Zentrale Blog: Links für ungültig erklären: neues Tool. https://webmaster-de.googleblog.com/2012/10/links-fur-ungultig-erklaren-neues-tool.html. Zugegriffen: 4. Juni 2017.

Google (2012b). Webmaster Central Help Forum. https://productforums.google.com/forum/#!msg/webmasters/O178PwARnZw/RenG_wrRRwgJ. Zugegriffen: 18. Juni 2017.

Google (2016). Gmail & Inbox Sender Resources: CSS Support. https://developers.google.com/gmail/design/css. Zugegriffen: 10. Juni 2017.

Google (o. D. a). Tatsächlicher Cost-per-Click (CPC). https://support.google.com/adwords/answer/6297?hl=de. Zugegriffen: 31. Mai 2017.

Google (o. D. b). AdWords-Hilfe: Geringes Suchvolumen. https://support.google.com/adwords/answer/2616014?hl=de. Zugegriffen: 29. Mai 2017.

Google (o. D. c). Informationen zur Anzeigenposition und zum Anzeigenrang. https://support.google.com/adwords/answer/1722122?hl=de. Zugegriffen: 31. Mai 2017.

Google (o. D. d). Displaynetzwerk: Definition. https://support.google.com/adwords/answer/117120?hl=de. Zugegriffen: 31. Mai 2017.

Google (o. D. e). Targeting-Tools. https://www.google.de/ads/displaynetwork/manage-your-ads/targeting-tools.html. Zugegriffen: 31. Mai 2017.

Google (o. D. f). Bericht „Manuelle Maßnahmen“. https://support.google.com/webmasters/answer/2604824?hl=de. Zugegriffen: 4. Juni 2017.

Graap, A. (2014). So erholen Sie sich vom Penguin-Update. https://blog.hubspot.de/marketing/so-erholen-sie-sich-vom-penguin-update. Zugegriffen: 5. Juni 2017.

GT.net (2004). TRACKER_ID_BODY. https://lists.gt.net/spamassassin/users/8727. Zugegriffen: 12. Juni 2017.

Günther, R. (2012). Abmahnung nach Mailanfrage: Wenn die werbliche Kontaktaufnahme per XING teuer wird. http://www.rgblog.de/abmahnung-kontakt-xing/. Zugegriffen: 22. Juli 2017.

Gutjahr, R. (2016). Influencer-Marketing: Die illegalen Methoden der PR-Adressbroker (Blogbeitrag vom 14. Juni 2016). http://www.gutjahr.biz/2016/06/influencer-marketing/. Zugegriffen: 26. Juni 2017.

Gyöngyi, Z., Garcia-Molina, H., & Pedersen, J. (2004). Combating Web Spam with TrustRank. http://ilpubs.stanford.edu:8090/638/1/2004-17.pdf. Zugegriffen: 4. Juni 2017.

Handelsblatt (2011). Verbände scheuen das Internet. In Handelsblatt vom 11. Juli 2011.

Handwerk.com (o. D.). Haftungsrisiko bei Bauproduktmängeln: Unterstützer für Online-Petition gesucht. https://www.handwerk.com/archiv/haftungsrisiko-bei-bauprodukmaengeln-unterstuetzer-fuer-online-petition-gesucht-150-3-84001.html. Zugegriffen: 7. Juli 2017.

Hass, B. H., & Willbrandt, K. W. (2011). Targeting von Online-Werbung: Grundlagen, Formen und Herausforderungen (S. 16). In *Medienwirtschaft – Zeitschrift für Medienmanagement und Medienökonomie, 1/2011* (S. 12–21). Hamburg: New Business Verlag.

Haufe (2012). Bereinigung: Dubletten sind ein verbreitetes Problem. https://www.haufe.de/marketing-vertrieb/crm/das-1x1-der-datenqualitaet/bereinigung-dubletten-sind-ein-verbreitetes-problem_124_95368.html. Zugegriffen: 16. Juni 2017.

Hawk, T. (2009). Geistiges Eigentum – Schräger als Fiktion. http://www.presseschauer.de/?p=760. Zugegriffen: 9. Juni 2017.

Heinemann, K. (2015). Gut gesendet – E-Mail- und Permission-Marketing (S. 98 f). In C. Wenz & T. Hauser (Hrsg.), *Websites optimieren – Das Handbuch* (S. 75–100). Wiesbaden: Springer Vieweg.

Heinrich, S. (2017). *Content Marketing: So finden die besten Kunden zu Ihnen: Wie Sie Ihre Zielgruppe anziehen und stabile Geschäftsbeziehungen schaffen* (S. 96). Wiesbaden: Springer Gabler.

Heise (2013). E-Mail-Fehlbedienung zieht Bußgeld wegen Datenschutzverstoßes nach sich. https://www.heise.de/ix/meldung/E-Mail-Fehlbedienung-zieht-Bussgeld-wegen-Datenschutzverstosses-nach-sich-1902442.html. Zugegriffen: 16. Juni 2017.

Heise (2016a). Relevanz vor Chronologie: Twitter bietet neue Sortierfunktion. https://www.heise.de/newsticker/meldung/Relevanz-vor-Chronologie-Twitter-bietet-neue-Sortierfunktion-3098895.html. Zugegriffen: 8. Juli 2017.

Heise (2016b). Gericht bestätigt Haftung für Urheberrechtsverletzungen auf verlinkten Seiten. https://www.heise.de/newsticker/meldung/Gericht-bestaetigt-Haftung-fuer-Urheberrechtsverletzungen-auf-verlinkten-Seiten-3566919.html. Zugegriffen: 23. Juli 2017.

Hillebrand, R.-T. (2014). Alles nur Handwerk. http://www.polkomm.net/blog/?p=844. Zugegriffen: 7. Juli 2017.

Hoeren, T. (2013). Urheberrecht und Internetrecht (S. 51). In R. Kuhlen, W. Semar, & D. Strauch (Hrsg.), *Grundlagen der praktischen Information und Dokumentation: Handbuch zur Einführung in die Informationswissenschaft und -praxis* (S. 39–55). Berlin: Walter de Gruyter.

Hoeren, T., & Bensinger, V. (Hrsg.) (2014). *Haftung im Internet: Die neue Rechtslage* (Kapitel 13, Rn 35). Berlin/Boston: Walter de Gruyter.

Hoffjann, O., & Gusko, J. (2013). *Der Partizipationsmythos – Wie Verbände Facebook, Twitter & Co. nutzen*. Frankfurt/Main: Otto Brenner Stiftung.

Holzinger, T., & Sturmer, M. (2010). *Die Online-Redaktion: Praxisbuch für den Internetjournalismus*. Berlin/Heidelberg: Springer-Verlag.
Hoppe, K. (2011). *Multimedia News Release: Die Pressemitteilung im Internetzeitalter* (S. 42). Hamburg: Diplomica Verlag.
Horizont (2017). Nicht jedes soziale Netzwerk eignet sich für das eigene Unternehmen. http://www.horizont.net/marketing/nachrichten/Facebook-Instagram--Pinterest-Nicht-jedes-soziale-Netzwerk-eignet-sich-fuer-das-eigene-Unternehmen-158239. Zugegriffen: 5. Juli 2017.
Huckaby, J. (2017). 3 DNS Records Every Email Marketer Must Know. https://www.rackaid.com/blog/email-dns-records/. Zugegriffen: 14. Juni 2017.
Huffpost – Huffington Post Germany (o. D. a). Siegfried Stresing: Beiträge von Siegfried Stresing. http://www.huffingtonpost.de/siegfried-stresing/. Zugegriffen: 21. Mai 2017.
Huffpost – Huffington Post Germany (o. D. b). Dr. Hubertus Porschen: Beiträge von Dr. Hubertus Porschen. http://www.huffingtonpost.de/hubertus-porschen/. Zugegriffen: 21. Mai 2017.
IFK – Institut für Kommunikation (2012). Wie wird das Online-Streaming einer Pressekonferenz zum Erfolg? In *IFK Der Verbandsstratege, 03/2012* (S. 3). Berlin: IFK.
Ihlenfeld, J. (2010). Spamfilter: Whitelist von Spamhaus. https://www.golem.de/1009/78246.html. Zugegriffen: 16. Juni 2017.
Justiz NRW – Justiz-Online: NRWE – Rechtsprechungsdatenbank der Gerichte in Nordrhein-Westfalen (2010). Oberlandesgericht Hamm, 4 U 208/09. http://www.justiz.nrw.de/nrwe/olgs/hamm/j2010/4_U_208_09urteil20100302.html. Zugegriffen: 24. Juli 2017.
Kaspers, M. (2011). *Retargeting als Tool im Online-Marketing* (S. 33). Hamburg: Diplomica Verlag.
Keber, T. O. (2014). IT-Strafrecht (S. 1079). In R. Schwartmann (Hrsg.), *Praxishandbuch Medien-, IT- und Urheberrecht* (S. 1068–1107). Heidelberg: C.F. Müller Verlag.
Keller, M. (2017). E-Mail-Marketing 2018: Was ändert sich durch die DSGVO in Bezug auf Newsletter? https://www.it-recht-kanzlei.de/newsletter-datenschutzgrundverordnung-dsgvo.html. Zugegriffen: 27. Nov. 2017.
Kelz, B. (2013). Abmahnung für Vorschaubilder pragmatisch gesehen. http://blog.queospark.com/2013/01/abmahnung-fur-vorschaubilder-pragmatisch-gesehen/. Zugegriffen: 24. Juli 2017.
Kim, L. (2016). 11 Ways to Hack the LinkedIn Pulse Algorithm. http://www.wordstream.com/blog/ws/2016/11/08/linkedin-pulse. Zugegriffen: 5. Juli 2017.
Kindermann, K. (2008). *Profibuch Nikon D300: Kameratechnik, RAW-Konvertierung, Fotoschule* (S. 272). Poing: Franzis Verlag.
Kiper, M. (2007). Telemediengesetz – Rechtsgrundlage für Internet und E-Mail (S. 30). In *Computer und Arbeit 5/2007* (S. 30–32). Frankfurt: Bund-Verlag.
Klauß, T. (2014). *Verbände digital: Grundlagen, Strategie, Technologie, Praxis* (S. 49). Berlin/Heidelberg: Springer Vieweg.
Klauß, T. (2016). Status Quo! Stand der digitalen Entwicklung von Verbänden in Deutschland (S. 18). In *Verbändereport 5/2016* (S. 12–19).
Kopp, O. (2017). Nutzersignale Rankingfaktor/Rankingsignal für Google? Really?? http://www.sem-deutschland.de/nutzersignale-rankingfaktor-google/. Zugegriffen: 4. Juni 2017.
Kortland, H. (2016). Gastbeitrag: Gute Gründe für rezeptfreie Arzneimittel. http://www.der-apotheker-info.de/gute-gruende-fuer-rezeptfreie-arzneimittel. Zugegriffen: 21. Aug. 2017
Kraehe, T. (2012). Benutzerdefinierte Variablen in Piwik. https://www.digitale-wunderwelt.de/entwicklung/benutzerdefinierte-variablen-in-piwik/. Zugegriffen: 20. Juli 2017.
Krcmar, H. (2015). *Informationsmanagement* (S. 155). Heidelberg: Springer Gabler.
Kreutzer, R. T., Rumler, A., & Wille-Baumkauff, B. (2015). *B2B-Online-Marketing und Social Media: Ein Praxisleitfaden* (S. 66). Wiesbaden: Springer Gabler.
Kroschwald, S. (2016). *Informationelle Selbstbestimmung in der Cloud: Datenschutzrechtliche Bewertung und Gestaltung des Cloud Computing aus dem Blickwinkel des Mittelstands* (S. 59). Wiesbaden: Springer Vieweg.

Kulka, R. (2008). Der beste Versandzeitpunkt: Drei Studien sowie generelle Überlegungen. http://www.emailmarketingtipps.de/2008/12/17/versand-zeitpunkt-studien-anregungen/. Zugegriffen: 16. Juni 2017.

Kulka, R. (2013). *E-Mail-Marketing: Das umfassende Praxis-Handbuch*. Heidelberg: Hüthig Jehle Rehm.

Kulka, R. (2017). 5 häufige Rechtsirrtümer im E-Mail-Marketing. http://www.internetworld.de/onlinemarketing/expert-insights/5-haeufige-rechtsirrtuemer-im-e-mail-marketing-1190911.html. Zugegriffen: 22. Juli 2017.

Külz, H. (2017). *Einfach schreiben im Beruf: Wie Sie sich und Ihrem Leser eine Freude machen* (S. 182). Freiburg: Haufe.

Kunz, C. (2015). Google rät Webdesignern, ihre Footer-Links auf „nofollow" zu setzen. https://www.seo-suedwest.de/1042-google-empfiehlt-webdesignern-footer-links-nofollow-setzen.html. Zugegriffen: 7. Juni 2017.

Lammenett, E. (2015). *Praxiswissen Online-Marketing: Affiliate- und E-Mail-Marketing, Keyword-Advertising, Online-Werbung, Suchmaschinen-Optimierung* (S. 56). Wiesbaden: Springer Fachmedien.

Landgraf, R., & Feldkircher, M. (2016). Du bist, was Du misst (S. 410 f). In S. Regier, H. Schunk, & T. Könecke (Hrsg.), *Marken und Medien: Führung von Medienmarken und Markenführung mit neuen und klassischen Medien* (S. 393–417). Wiesbaden: Springer Fachmedien.

Lawal, M. (2016). Social Media Listening: Leitfaden für Unternehmen. https://blog.hootsuite.com/de/social-media-listening-leitfaden-fuer-unternehmen/. Zugegriffen: 7. Juli 2017.

LFU – Leopold-Franzens-Universität Innsbruck (2008). (Ohne Titel). https://www.uibk.ac.at/zid/systeme/mail/mailrelay/sarules.html. Zugegriffen: 12. Juni 2017.

Lion-Arend, F. (2015). Newsletterversand per „BCC"-Verteiler: Zu Risiken und Nebenwirkungen von BCC-Verteilern im Newsletterversand. http://magazin.bb-one.net/newsletterversand-per-bcc-verteiler/. Zugegriffen: 16. Juni 2017.

LIV – Landesinnungsverband des bayerischen Friseurhandwerks (2015). HAARE 2015: Wir sind live auf Sendung. https://friseurebayern.com/?s=live. Zugegriffen: 28. Juni 2017.

Lixenfeld, C. (2014). Internes Social Media wird scheitern. https://www.computerwoche.de/a/internes-social-media-wird-scheitern,3066710. Zugegriffen: 17. Juni 2017.

Lobo, S. (2006). 10 Gründe, warum jeder bloggen sollte (Blogpost vom 13. 10.2006). http://wirnennenesarbeit.de/index.html?nr=20061013221540. Zugegriffen: 2. Juli 2017.

Maier, F. (2016). *Trialogische Markenführung im Business-to-Business: Der Einfluss von Social Media auf die identitätsbasierte Markenführung* (S. 113 ff). Wiesbaden: Springer Gabler.

Malik, M. (2004). *Journalismusjournalismus: Funktion, Strukturen und Strategien der journalistischen Selbstthematisierung* (S. 42). Wiesbaden: VS Verlag für Sozialwissenschaften.

Markenverband (2017). Tempo 30 in allen Ortschaften? – Facebook-Posting vom 3. Mai 2017. http://tinyurl.com/y76bwn5b. Zugegriffen: 9. Juli 2017.

Mattl, T. (2014). *Krisenkommunikation von Unternehmen im Social Web: Erfolgsfaktoren beim Einsatz von Social Media* (S. 89). Hamburg: Diplomica Verlag.

McDonald, A. (2004). *SpamAssassin: Leitfaden zu Konfiguration, Integration und Einsatz* (S. 36). München: Addison-Wesley.

Microsoft (2017). Outlook 2010 and Outlook 2007 use only Word as the email editor. https://support.microsoft.com/en-us/help/933793/outlook-2010-and-outlook-2007-use-only-word-as-the-email-editor. Zugegriffen: 10. Juni 2017.

MIT-Blog (o. D.). Autor Dr. Holger Mühlbauer. http://mit-blog.de/author/drholger_muehlbauer/. Zugegriffen: 21. Mai 2017.

Moskopp, N. D., & Heller, C. (2013). *Internet-Meme: kurz & geek* (S. 188f). Köln: O'Reilley Verlag.

Moutafis, J. (2013). Re-Identifizierung: Die neue Kunst der Datenkraken: Anonymität kann geknackt werden. http://www.chip.de/artikel/Re-Identifizierung-Die-neue-Kunst-der-Datenkraken-3_46575146.html. Zugegriffen: 23. Juli 2017.

Mozilla (o. D.). Mozilla Support: Menü-Referenz (Thunderbird). https://support.mozilla.org/de/kb/Menue-Referenz_Thunderbird. Zugegriffen: 10. Juni 2017.

Narkive (2005). Discussion: Spamassassin und seine Regeln überprüfen. http://de.admin.net-abuse.mail.narkive.com/Z5NQKpXR/spamassassin-und-seine-regeln-uberprufen. Zugegriffen: 12. Juni 2017.

Neale, E. (2009). *Small Business Server 2008: das Praxisbuch für kleine und mittlere Unternehmen* (S. 269). München: Addison-Wesley.

Network Working Group (2008). Internet Message Format. https://tools.ietf.org/html/rfc5322. Zugegriffen: 12. Juni 2017.

Netzwerk (2014). Der Anfang ist gemacht: Auftaktveranstaltung webErfolg: Alle Genossenschaftsbanken in SchleswigHolstein und Mecklenburg-Vorpommern wurden umfassend informiert In *Netzwerk: Magazin für Kooperation & Management 5- 6/14* (S. 34). Neu-Isenburg: Genossenschaftsverband.

News aktuell (2004). Presseservice news aktuell beliefert mehr als 100.000 E-Mail-Abonnements. http://www.presseportal.de/pm/6344/553420. Zugegriffen: 25. Juni 2017.

News aktuell (2007). Ein gutes PR-Bild enthält keine werblichen Aussagen. http://www.presseportal.de/pm/6344/1085849. Zugegriffen: 28. Juni 2017.

News aktuell (2016). *Recherche 2016: Wie Journalisten heute arbeiten.* Hamburg: news aktuell.

News aktuell (o. D.). Das Netzwerk für mehr Reichweite und Relevanz: Über das ots Netzwerk erreichen Ihre PR-Inhalte deutschlandweit und international die richtigen Zielgruppen – nachhaltig und messbar. https://www.newsaktuell.de/ots. Zugegriffen: 25. Juni 2017.

Nielsen, J. (2008). How Little Do Users Read? (S. 5). http://faculty.washington.edu/farkas/TC510-Fall2011/NielsenHowLittleDoUsersReadDF.pdf. Zugegriffen: 30. Apr. 2017.

Nielsen, J. (2010a). Scrolling and Attention. https://www.nngroup.com/articles/scrolling-and-attention/. Zugegriffen: 30. Apr. 2017.

Nielsen, J. (2010b). Photos as Web Content. https://www.nngroup.com/articles/photos-as-web-content/. Zugegriffen: 30. Apr. 2017.

Nielsen, J., & Loranger, H. (2006). *Web usability* (S. 278). München: Addison-Wesley.

Nitzsche, I., & Wulf-Frick, H. (2011). *Die Pressearbeits-Mappe: 33 Beispiele aus der Praxis* (S. 116). Wien: Linde Verlag.

Oettinger, R. (2010). Digitale Verkehrspflichten: Ihr PC hat Viren versandt – wer haftet? https://www.computerwoche.de/a/ihr-pc-hat-viren-versandt-wer-haftet,1939381,3. Zugegriffen: 24. Juli 2017.

Office Watch (2015). Outlook default triggers spam warning. https://office-watch.com/2015/outlook-default-triggers-spam-warning/. Zugegriffen: 16. Juni 2017.

Omsels, H.-J. (o. D.). omsels.info – Der Online-Kommentar zum UWG. http://www.omsels.info/glossar-oder-was-bedeutet-was/a-mitbewerber/5-verbaende. Zugegriffen: 21. Juli 2017.

OnPageWiki (o. D. a). Penguin Update. https://de.onpage.org/wiki/Penguin_Update. Zugegriffen: 4. Juni 2017.

OnPageWiki (o. D. b). Keyword Stuffing. https://de.onpage.org/wiki/Keyword_Stuffing. Zugegriffen: 4. Juni 2017.

OnPageWiki (o. D. c). Social Bookmarks. https://de.onpage.org/wiki/Social_Bookmarks. Zugegriffen: 5. Juni 2017.

OnPageWiki (o. D. d). Footer. https://de.onpage.org/wiki/Footer. Zugegriffen: 7. Juni 2017.

OnPageWiki (o. D. e). Open Rate. https://de.onpage.org/wiki/Open_Rate. Zugegriffen: 12. Juni 2017.

Oppliger, R. (2014). *Secure messaging on the internet* (S. 216). Norwood/USA: Artech House.
Oswald, B. (2016). Kuratieren im Journalismus: Kontext ist King. http://www.fachjournalist.de/kuratieren-im-journalismus-kontext-ist-king/. Zugegriffen: 5. Mai 2017.
PCtipp (2013). Hosttech Mailserver blacklisted. http://www.pctipp.ch/forum/showthread.php?30506-Hosttech-Mailserver-blacklisted. Zugegriffen: 14. Juni 2017.
PCWorld (2011). Google's War Against Scraper Sites Continues. http://www.pcworld.com/article/239007/google_war_against_scraper_sites_continues.html. Zugegriffen: 4. Juni 2017.
Pieper, S. (2013). 8 Tipps: So vermeiden Sie Spamfallen. https://www.artegic.com/de/blog/8-tipps-so-vermeiden-sie-spamfallen/. Zugegriffen: 14. Juni 2017.
Piwik (o. D. a). Does Piwik track visitors without Javascript? Does Piwik track search engine bots or other spider/robots? https://piwik.org/faq/new-to-piwik/faq_63/. Zugegriffen: 19. Juli 2017.
Piwik (o. D. b). How do I exclude/ignore my traffic from Piwik? https://piwik.org/faq/how-to/faq_126/. Zugegriffen: 19. Juli 2017.
Piwik (o. D. c). User ID. https://piwik.org/docs/user-id/. Zugegriffen: 19. Juli 2017.
Piwik (o. D. d). Custom segment: Returning customers. https://piwik.org/docs/segmentation/#custom-segment-returning-customers. Zugegriffen: 19. Juli 2017.
Piwik (o. D. e). Segmentation – Compare segments of visitors. https://piwik.org/docs/segmentation/. Zugegriffen: 19. Juli 2017.
Piwik (o. D. f). A/B Testing. https://piwik.org/docs/ab-testing/. Zugegriffen: 19. Juli 2017.
Piwik (o. D. g). Content Tracking. https://piwik.org/docs/content-tracking/. Zugegriffen: 19. Juli 2017.
Piwik (o. D. h). Custom variables. https://developer.piwik.org/guides/tracking-javascript-guide#custom-variables. Zugegriffen: 20. Juli 2017.
Piwik (o. D. i). Visitor Log. https://piwik.org/docs/real-time/#visitor-log. Zugegriffen: 23. Juli 2017.
Piwik (o. D. j). The Visitor Profile. https://piwik.org/docs/user-profile/. Zugegriffen: 23. Juli 2017.
Piwik (o. D. k). Step 3) Include a Web Analytics Opt-Out Feature on Your Site (Using an iFrame). https://piwik.org/docs/privacy/#step-3-include-a-web-analytics-opt-out-feature-on-your-site-using-an-iframe. Zugegriffen: 23. Juli 2017.
Praschma, M. (2015). Wird Facebook Topic Data die Wunderwaffe der Marktforschung? http://www.heise-regioconcept.de/social-media/facebook-topic-data. Zugegriffen: 6. Juli 2017.
Preuss, S. (2011). Five Second Tests: Measure Content Usability and Get a First Impression in Five Seconds. https://blog.seibert-media.net/blog/2011/06/01/five-second-tests-measure-content-usability-and-first-impression/. Zugegriffen: 1. Mai 2017.
Priebe, A. (2016). Wie Google bestraft – Ex-Googler Jonas Weber mit Insights zum Penguin 4.0 Update. https://onlinemarketing.de/news/google-penalty-jonas-weber-penguin-4-0-interview. Zugegriffen: 4. Juni 2017.
Primbs, S. (2016). *Social Media für Journalisten: Redaktionell arbeiten mit Facebook, Twitter & Co* (S. 28). Wiesbaden: Springer VS.
Publicare (2014). Hält die CSA, was sie verspricht? Warum E-Mail-Marketing-Verantwortliche zweimal hinsehen sollten. https://hive.publicare.de/de/csa-whitelisting/. Zugegriffen: 16. Juni 2017.
Puttenat, D. (2012). *Praxishandbuch Presse- und Öffentlichkeitsarbeit: Der kleine PR-Coach* (S. 36 ff). Wiesbaden: Springer Gabler.
RankWatcher (o. D.). Wie bewertet man die Qualität eines Backlinks? http://www.rankwatcher.de/qualitaet-eines-backlinks-bewerten/. Zugegriffen: 4. Juni 2017.
Rath, C. (2017). Mit schönem Gruß der Innenminister (S. 57). In *Journalist: Das Medienmagazin (01/2017)*. Hamburg: New Business Verlag.
Rehbinder, O. (2013). Black Hat Facebook-Marketing über Bildmarkierungen. https://rehbinder.de/black-hat-facebook-marketing-uber-bildmarkierungen/. Zugegriffen: 9. Juli 2017.

Reichardt, I. (1997). *Das praktische 1 × 1 der PR: Leitfaden für erfolgreiche Kommunikation nach innen und außen* (S. 66). Wiesbaden: Gabler.

Reil, H. (2013). *Retargeting – Gefährliche Gratwanderung zwischen erfolgreichem Kundenfang und lästigem Stalking (eBook).* München: Genios Verlag.

Reiter, M. (2006). *Öffentlichkeitsarbeit: die wichtigsten Instrumente, die richtige Kommunikation, der beste Umgang mit Medien* (S. 40). Heidelberg: Redline.

Richard, J. (o. D.). Link-Disclaimer – Legenden des Internets und relativ sinnlos. http://www.internetrecht-rostock.de/SNewsH/link-disclaimer.htm. Zugegriffen: 23. Juli 2017.

Rosenbaum, M. (2015). Google is Now Using Cookies when Crawling. http://luckyboost.com/google-is-now-using-cookies-when-crawling/. Zugegriffen: 19. Juli 2017.

Rudolf, E. (2012). *Shitstorm und Social-Media-Krise als Herausforderung für die Krisen-PR im Internet* (S. 53 ff). Mittweida: Hochschule Mittweida, Bachelorarbeit.

Rupf, J. (2014). *Web-Usability: Die benutzerfreundliche Gestaltung von Webseiten am Beispiel der Webseite der Baden-Württembergischen Übersetzertage 2013.* Hamburg: Diplomica Verlag.

Sandhu, S. (2013). What% „people talking about this", is a good average for your Facebook business pages? https://www.quora.com/What-people-talking-about-this-is-a-good-average-for-your-Facebook-business-pages. Zugegriffen: 3. Juli 2017.

Sandhu, S. (2015). Dialog als Mythos: normative Konzeptionen der Online-PR im Spannungsfeld zwischen Technikdeterminismus und strategischem Handlungsfeld (S. 66). In O. Hoffjann & T. Pleil (Hrsg.), *Strategische Onlinekommunikation: Theoretische Konzepte und empirische Befunde* (S. 57–74). Wiesbaden: Springer VS.

Sauermann, M. (2014). Online-PR: Was bringen Presseportale wirklich? https://der-onliner.blogspot.de/2014/10/online-pr-was-bringen-presseportale.html. Zugegriffen: 5. Juni 2017.

Schenk, M. (2007). *Medienwirkungsforschung* (S. 122). Tübingen: Mohr Sieback.

Schleeh, H., & Sohn, G. (2014). *Live Streaming mit Hangout On Air: Techniken, Inhalte & Perspektiven für kreatives Web TV* (S. 169 ff). München: Carl Hanser Verlag.

Schmidt, D. (2017). Kannst du rechnen? Kosten im Affiliate Marketing korrekt berechnen. http://affiliate-marketing-deutschland.de/kosten-im-affiliate-marketing-berechnen. Zugegriffen: 22. Mai 2017.

Schölch, C. (o. D). Panda, Penguin und Hummingbird: Die Google-Updates im Überblick. http://www.tma-pure.de/panda-penguin-und-hummingbird-die-goolge-updates-im-ueberblick#Der_Hummingbird. Zugegriffen: 4. Juni 2017.

Schwartz, A. (2005). *SpamAssassin* (S. 64). Köln: O'Reilly.

Schwartz, B. (2016). Now we know: Here are Google's top 3 search ranking factors. http://searchengineland.com/now-know-googles-top-three-search-ranking-factors-245882. Zugegriffen: 4. Juni 2017.

Schwenke, M. (2006). *Individualisierung und Datenschutz: Rechtskonformer Umgang mit personenbezogenen Daten im Kontext der Individualisierung.* Kassel: Deutscher Universitätsverlag.

Schwenke, T. (2010). Urheberrechtsverletzung durch Verwendung von Stock-Fotos auf Facebook. https://drschwenke.de/urheberrechtsverletzung-durch-verwendung-von-stock-fotos-auf-facebook/. Zugegriffen: 24. Juli 2017.

Schwenke, T. (2012). *Social Media Marketing und Recht.* Köln: O'Reilly.

Schwenke, T. (2014). Social Media Marketing und Recht (S. 78). In M.-C. Schindler, T. Liller, T. Schwenke, T. Weinberg, C. Pahrmann, W. Ladwig, A. H. Bock, M. Kruse-Wiegand, A. Busse, C.-N. Ziegler, & J. Lambertin (Hrsg.), *Social Media Wissen von O'Reilly – Ein Sampler aus sechs O'Reilly-Basics* (S. 45–104). Köln: O'Reilly.

Schwenke, T. (2015). Nach Abmahnungen – Impressum bei Facebook, Instagram, Google+, Twitter, Youtube, Xing und LinkedIn umsetzen. https://drschwenke.de/impressum-facebook-instagram-google-plus-twitter-youtube-xing-linkedin/. Zugegriffen: 24. Juli 2017.

Schwenke, T. (2016). MailChimp, Newsletter und Datenschutz – Anleitung mit Muster und Checkliste. https://drschwenke.de/mailchimp-newsletter-datenschutz-muster-checkliste/. Zugegriffen: 22. Juli 2017.

SelfHTML (o. D.). Webserver/mod rewrite. https://wiki.selfhtml.org/wiki/Webserver/mod_rewrite. Zugegriffen: 12. Juni 2017.

SEM Deutschland (2014). Retargeting Definition & Best Practices – Relevanz statt Reichweite. http://www.sem-deutschland.de/retargeting-definition-best-practices-relevanz-statt-reichweite/. Zugegriffen: 3. Juni 2017.

Singhal, A. (2011). Google Webmaster Central Blog: More guidance on building high-quality sites. https://webmasters.googleblog.com/2011/05/more-guidance-on-building-high-quality.html. Zugegriffen: 4. Juni 2017.

Sliwa, A. (2012). *Verbandskommunikation in Sozialen Medien: Eine inhaltsanalytische Untersuchung zur Nutzung von Facebook in der Verbandskommunikation – Bachelorarbeit* (S. 39). Salzgitter: Ostfalia Hochschule für angewandte Wissenschaften.

SpamAssassin (o. D.). Apache SpamAssassin: Rules. https://wiki.apache.org/spamassassin/Rules/. Zugegriffen: 11. Juni 2017.

Spamhaus (o. D. a). Frequently Asked Questions (FAQ). https://www.spamhaus.org/faq/section/DNSBL%20Usage. Zugegriffen: 14. Juni 2017.

Spamhaus (o. D. b). https://www.spamhaus.org/whitelist/. Zugegriffen: 16. Juni 2017.

Spiegel Online (2010). Sicherheitslücke: IT-Forscher enttarnen Internetsurfer. http://www.spiegel.de/netzwelt/web/sicherheitsluecke-it-forscher-enttarnen-internetsurfer-a-675395.html. Zugegriffen: 23. Juli 2017.

Ströbel, K. (2013). *Wortreiche Bilder: Zum Verhältnis von Text und Bild in der zeitgenössischen Kunst* (S. 116). Bielefeld: Transcript Verlag.

Tagesspiegel (2012). Das Netz lacht: Politiker lädt Journalisten per Brief zu Twitter ein. http://www.tagesspiegel.de/medien/das-netz-lacht-politiker-laedt-journalisten-per-brief-zu-twitter-ein/7222162.html. Zugegriffen: 19. Mai 2017.

taz (2013). Netzbewegung nach Snowden: Die große Stille. http://www.taz.de/Netzbewegung-nach-Snowden/!5061067/. Zugegriffen: 2. Juli 2017.

Tinnefeld, M.-T., Buchner, B., & Petri, T. (2012). *Einführung in das Datenschutzrecht: Datenschutz und Informationsfreiheit in europäischer Sicht* (S. 227). München: Oldenbourg Verlag.

Tißler, J. (2016). Wie ich als Journalist viele Dutzend Pressemitteilungen pro Tag abarbeite. https://medium.com/@jati/wie-ich-als-journalist-viele-dutzend-pressemitteilungen-pro-tag-abarbeite-10f6bf995a50. Zugegriffen: 18. Juni 2017.

TN3 (2009). Internetrecht: 15 Irrtümer bei der Auftragsdatenverarbeitung. Stopp! Wichtig! Bitte Lesen! http://t3n.de/news/internetrecht-15-irrtumer-auftragsdatenverarbeitung-255133/. Zugegriffen: 22. Juli 2017.

TN3 (2010). Tipps & Tricks: Werben im Google Display-Netzwerk – Teil 1. http://t3n.de/news/google-display-netzwerk-teil-1-278458/. Zugegriffen: 31. Mai 2017.

TN3 (2011). Panda Update: 5 Sünden, die Google jetzt bestraft. http://t3n.de/news/panda-update-5-sunden-google-bestraft-326682/. Zugegriffen: 4. Juni 2017.

TN3 (2014). Gute Bots, schlechte Bots. http://t3n.de/news/hand-roboter-bots-verursachter-528567/. Zugegriffen: 9. März 2017.

TN3 (2015). Pulse: LinkedIn bringt seine Autorenplattform nach Deutschland. http://t3n.de/news/linkedin-pulse-start-deutschland-641491/. Zugegriffen: 5. Juli 2017.

TN3 (2017a). Facebook: „Bei großen Marken tendiert die organische Reichweite fast gegen null". http://t3n.de/news/facebook-reichweite-omr-801942/. Zugegriffen: 2. Juni 2017.

TN3 (2017b). Facebook zählt in Deutschland erstmals mehr als 30 Millionen Nutzer. http://t3n.de/news/facebook-30-millionen-nutzer-in-deutschland-827172/. Zugegriffen: 5. Juli 2017.

ULD (2011). Hinweise und Empfehlungen zur Analyse von InternetAngeboten mit „Piwik". https://www.datenschutzzentrum.de/uploads/projekte/verbraucherdatenschutz/20110315-webanalyse-piwik.pdf. Zugegriffen: 10. März 2017.

Voss, K. (2010). Online-Kommunikation von Verbänden (S. 300). In O. Hoffjann & R. Stahl (Hrsg.), *Handbuch Verbandskommunikation* (S. 239–316). Wiesbaden: VS Verlag für Sozialwissenschaften.

W3C (1995). The Common Logfile Format. https://www.w3.org/Daemon/User/Config/Logging.html#common-logfile-format. Zugegriffen: 23. Juli 2017.

Waßmer, M. (2015). List-Unsubscribe-Header vereinfacht Newsletter-Abmeldung. https://www.inxmail.de/blog/list-unsubscribe-header-newsletter-abmeldung. Zugegriffen: 16. Juni 2017.

Weck, A. (2013). Content Curation is King – Wie kuratierte Inhalte das Markenimage schärfen. http://t3n.de/news/content-content-curation-456349/. Zugegriffen: 5. Mai 2017.

Weinreich, H., Obendorf, H., Herder, E., & Mayer, M. (2010). Not Quite the Average: An Empirical Study of Web Use (S. 15). https://vsis-www.informatik.uni-hamburg.de/getDoc.php/publications/315/Weinreich-2008_-_Empirical_Study_of_Web_Use.pdf. Zugegriffen: 30. Apr. 2017.

Wien, A. (2012). *Internetrecht: Eine praxisorientierte Einführung* (S. 71). Wiesbaden: Springer Gabler.

Wikipedia (o. D. a). Web-First-Prinzip. https://de.wikipedia.org/wiki/Web-First-Prinzip. Zugegriffen: 8. Mai 2017.

Wikipedia (o. D. b). Trackback. https://de.wikipedia.org/wiki/Trackback. Zugegriffen: 7. Juni 2017.

Wikipedia (o. D. c). Zugangserschwerungsgesetz. https://de.wikipedia.org/wiki/Zugangserschwerungsgesetz. Zugegriffen: 2. Juli 2017.

Wittenbrink, H. (2014). Medienkompetenzen in der Vernetzten Organisation (S. 62). In A. Richter (Hrsg.), *Vernetzte Organisation* (S. 55–68). München: Oldenbourg Wissenschaftsverlag.

WPDE – wpde.org (2011). Verwendung von Akismet in Deutschland rechtlich fragwürdig – Konsequenzen? http://blog.wpde.org/2011/03/01/verwendung-von-akismet-in-deutschland-rechtlich-fragwuerdig-konsequenzen.html. Zugegriffen: 22. Juli 2017.

WPDE – wpde.org (o. D.). Hinweise zum Datenschutz beim Einsatz von Akismet in Deutschland. http://faq.wpde.org/hinweise-zum-datenschutz-beim-einsatz-von-akismet-in-deutschland/. Zugegriffen: 22. Juli 2017.

Yahoo (o. D. a). Verwalten von Spam und Mailinglisten in Yahoo Mail. https://de.hilfe.yahoo.com/kb/SLN3402.html. Zugegriffen: 15. Juni 2017.

Yahoo (o. D. b). Error: „421 4.7.0 [XXX] Messages from x.x.x.x temporarily deferred due to user complaints – 4.16.55.1" when sending email to Yahoo. https://help.yahoo.com/kb/postmaster/SLN3434.html. Zugegriffen: 15. Juni 2017.

Yahoo (o. D. c). Bulk email industry standards and best practices. https://help.yahoo.com/kb/postmaster/recommended-guidelines-bulk-mail-senders-postmasters-sln3435.html. Zugegriffen: 15. Juni 2017.

Zeit Online (2014). Der #aufschrei und seine Folgen. http://www.zeit.de/politik/deutschland/2014-01/sexismus-debatte-folgen. Zugegriffen: 11. Febr. 2017.

Zeit Online (2016). Facebook darf nicht ungefragt einladen. http://www.zeit.de/digital/datenschutz/2016-01/bundesgerichtshof-facebook-freunde-finden-adressbuch-urteil. Zugegriffen: 22. Juli 2017.

Zimpel (o. D.). zimpel – PR-Software und Journalistendatenbank. https://www.zimpel.de/. Zugegriffen: 26. Juni 2017.

Zlanabitnig, S. (2010). 5000 EUR Ordnungsgeld bei E-Mail-Spam. http://www.zlanabitnig.de/news/5000eurordnungsgeldbeiemailspam.php. Zugegriffen: 25. Juni 2017.

Ihr Bonus als Käufer dieses Buches

Als Käufer dieses Buches können Sie kostenlos das eBook zum Buch nutzen. Sie können es dauerhaft in Ihrem persönlichen, digitalen Bücherregal auf **springer.com** speichern oder auf Ihren PC/Tablet/eReader downloaden.

Gehen Sie bitte wie folgt vor:

1. Gehen Sie zu **springer.com/shop** und suchen Sie das vorliegende Buch (am schnellsten über die Eingabe der eISBN).
2. Legen Sie es in den Warenkorb und klicken Sie dann auf: **zum Einkaufswagen/zur Kasse.**
3. Geben Sie den untenstehenden Coupon ein. In der Bestellübersicht wird damit das eBook mit 0 Euro ausgewiesen, ist also kostenlos für Sie.
4. Gehen Sie weiter **zur Kasse** und schließen den Vorgang ab.
5. Sie können das eBook nun downloaden und auf einem Gerät Ihrer Wahl lesen. Das eBook bleibt dauerhaft in Ihrem digitalen Bücherregal gespeichert.

EBOOK INSIDE

eISBN 978-3-658-13267-5

Ihr persönlicher Coupon dhaxkjyMCkFgYjE

Sollte der Coupon fehlen oder nicht funktionieren, senden Sie uns bitte eine E-Mail mit dem Betreff: **eBook inside** an **customerservice@springer.com.**